八閩文庫

福建文獻集成

吴格 主编

續編 史部 五六

文獻集成

296

海峡出版發行集團
THE STRAITS PUBLISHING & DISTRIBUTING GROUP
福建人民出版社

本册目次

學宫樂譜二卷

［清］晉江許宗鶴撰

中國國家圖書館藏清抄本

學宮樂譜二卷，清許宗鶴撰。宗鶴字雲皋，晉江人。諸生。通音律，善琴。嘉慶間奉邑侯學師之聘，教佾生以樂舞，親爲學宮增置鐘磬琴鼓笙笛塤篪之器。曾於吴中購得宋咸平五年（一〇〇二）刻字石磬，奉置縣文廟以當特磬之用，事見語石。

古之爲士，未有不知樂而可與學校者。自樂官與學校不相屬，於是師儒不能審律，學士不能安絃。宗鶴憮然於樂之不講，不足以崇祀先聖而昭來學，乃遵御製律吕正義及後編諸書，並依闕里之制，審音辨器，述爲是書。書分二卷，前有汪潤之、陳壽祺、徐汝瀾、蕭漢傑四序及凡例、目録。書中首敘律吕本原、曲譜調式、樂器總考、考選佾生、丁祭樂章，次論諸樂器之來歷、款式、制度、尺寸、奏法、取音之位，末記文舞籥翟、舞容舞譜等。

其於律吕淵源、尺寸度數，悉遵清朝樂制，未逾大清會典、御製律吕正義與後編、欽定文廟樂譜、御製補笙詩樂譜、欽定學政全書諸書藩籬。如十二律吕相生，自蕤賓以後，古説有上生、下生之異，取御製律吕正義下生之説，謂蕤賓三分益一，適得大吕之全。又如旋宫，明朱載堉不取三分損益，别造新法密率，「置一尺爲實，以密率除之，凡十二遍」，旋宫還宫，聲韻不失，至爲周詳精密。然是書不采朱説，而引律吕分用、陰陽各自成均，以成旋宫轉調之説，制器審音，未嘗悖於御製律吕正義。書中又仿闕里之制，採摭諸書，述中和韶樂器尤詳。舉凡鐘、磬、瑟、簫、笛、笙、篪、塤、鼓、柷、敔，皆敘其來歷、款式、制度、奏法等，且配以圖。所敘樂器來歷、器形圖多出大成通志，尺寸形製多本曲阜縣志，奏法或取御製律吕正義後編。復經整合，條理明貫，頗便查考。末敘舞容舞譜，均采自闕里文獻考。

唐宋以降，多以工尺字記譜，陰陽、正變、倍半之别悉爲合四乙上尺工凡所掩，故此書並注工尺字及宫商字，以便參證。又如尺寸之度，古以横黍度尺，今以縱黍度尺，書中諸器多取今尺，引古制則取古尺，纖毫不爽，亦稱謹嚴。

撰成後迄未刊刻，僅存此抄本一種。書末稍有殘損，「舞譜三成」所闕八十餘字，可據闕里文獻考補全。書中鈐有「都門正雅堂經藏書籍印」朱文方印、「李卓然印」朱文方印。

（田聰甫）

敘

律呂之難言一在於算術一在於還宮一在於絲竹之不相合黃鍾之管古以黍之廣度之廣者為横知以黍亂實管中及縱黍累尺之非也黃鍾半律不與黃鍾合而太簇之半律反合黃鍾知古所謂倍半相應為絃音

而非管音也黃鍾爲宮徵聲應於夷則而不應於林鍾知三分損益宮下生徵亦絃度而非管律也宋史燕樂書黃鍾用合字今制以古尺制爲黃鍾之管於簫應工字於笛應四字盖漢以後皆以琴之一絃爲宮而不知爲徵遂以笛之淂徵分者誤爲黃鍾

之宮也積訛相仍至我

朝

聖祖御製律呂正義出而後千古之疑義析

是時　安溪李文貞公日侍

内廷備聞

睿訓其著於榕村語錄者皆淂自

聖人指授較所輯古樂經傳之僅研古訓者

為倍精後百餘年余奉
命視學閩土而文貞公之同郡國學許生
宗鶴以所著學宮樂譜問序於余余
細繹之知其製器審音悉淵源於
御製律呂正義生際
明備之世遵循依永和聲之盛軌而文貞
公之遺學亦於以不孤矣余鄉先生

吳君頴芳著爲吹豳錄其詳晰亦能
宣揚
御製律呂正義之説卷帙較富遺稾僅存無
能梓行之者喜生書之簡而易循且
合於古周官成均之以樂德教國子
之義故樂爲序之時
嘉慶十有九年甲戌冬十月督學使

者錢塘汪潤之書

學宮樂譜序

古者斆士之官以樂為主虞書命后夔典樂教胄子禮記小樂正學干大胥贊之籥師學戈籥師丞贊之胥鼓南春誦夏弦大師詔之瞽宗瞽宗者祀先聖先師之學周官大司樂掌成均之法而合國之子弟以樂德樂舞

教國子樂師教國子小舞師學士而
歌徹大胥徵學士春入學舍采合舞
秋頒學合聲籥師掌教國子舞羽龡
籥然則古之爲士未有不知樂而可
與於學校者也三代之後學校廢而
樂以漢淂竇公所獻大司樂篇不聞
付博士讀說傳教而樂官制氏僅能

記鏗鏘鼓舞之節其既則制氏之樂
亦不復傳古者五聲六律十二管旋
相為宮後世展轉相加有八十四調
百四十四律三百六十律新聲競起
條理彌棼儀禮經傳通解有風雅十
二詩譜傳於趙彥肅以為即開元遺
聲然以一聲叶一字一均並用七聲

恐非古法宋沈括言得唐賀懷智琵琶譜與今樂全異俗槩且然况其上乎宮商角徵羽變而工凡合四乙上尺五六等管色之名則陰陽正變倍半之義掩而宋史樂志載之沿襲至今宋之燕槩以合字配黄鍾下四字配大呂高四字配太簇下乙字配夾

鍾高乙字配姑洗上字配中呂勾字配蕤賓尺字配林鍾下工字配夷則高工字配南呂下凡字配無射高凡字配應鍾六字配黃鍾清下五字配大呂清高五字配太簇清緊五字配夹鍾清然諸調殺聲不能盡歸本律故有正犯傍犯又有寄殺側殺遮殺

順殺之類與古法不同燕樂且然況其大乎蓋自樂官與學校不相屬於是師儒不能審律學士不能安絃所謂樂者徒付之眠瞭矇瞍笛員鼓吏之手而其聲之清濁抗隆曲直繁瘠亦與時遷變而不齊雖知音者莫究其所由然也如是而又何以責之學

學宮樂譜　卷

校之士乎哉我
國家德尊皋達神人允諧以闕里
先聖廟海内毗庶所觀仰庠序所則效康
熙末
詔頒中和韶樂之器令太常皋工往敎肄之
乾隆三十年復
詔頒鎛鐘特磬陳之簨簴歲二祀春用夾鐘

爲宮秋用南呂為宮備哉條爛前世
未之有也然天下郡縣學祀
先聖鮮有倣闕里之制行之者将政事之
不暇及抑知樂之難其人歟晉江許
生雲阜通音律善琴嘗觀祭於學病
樂器殘缺慨然請於學官自以貲增
置鐘磬琴鼓笙笛壎篪之屬如㳒且

親率佾生敎之歌舞既成因以其所

訂樂罷樂譜敬遵

御製律呂正義述為書生之志為舉世之所

不為獨冥求於古人依詠和聲之隆

緒是可尚也夫治國之道莫大於庠

序庠序之教莫大於禮樂知樂則幾

乎禮矣閩之民朴而好利婞直而不

静揆之於音則粗厲流辟之所形清
勝而弗能反於人道之正其敝也彊
脅弱衆暴寡智詐愚勇苦怯此不學
樂之效也誠使學者盡如生之志優
游律度以繩德厚聽雅頌志意得廣
爲習俛仰詘伸容貌得莊爲視綴兆
節奏進退得齊爲百體順正血氣和

平淫慝不接於性術邪慢不奸於聰明好惡節而喜怒中風俗淳而民氣樂使親疎貴賤長幼男女之理皆得其倫則所以裨於庠序之教豈其微哉余覽生之書竊感致樂以治心之義而憮然於庠序之士之不可斯須而去身也

嘉慶十有九年甲戌秋九月清源

長福州陳壽祺序

序

記有之生民之道樂莫大焉又曰化民成俗其必由學盖庠序爲觀型之地而聲音之感人最深故樂行而民鄉方君子以好善小人以聽過移風易俗天下皆寧虞書命夔典樂教胄子周官大司樂掌成均之法此道尚

也耶則樂之有裨於學校匪直侈從[illegible]容之美善備祭祀之儀文可知矣士苟有志當引爲治心之具於是語於是道古德成而上藝成而下樂云樂云鐘鼓云乎哉雖然論樂于三代以後難且論樂于三代以後之學尤難何者三代以上教樂於學以時習之

則知樂易後世學不教樂樂與學若不相屬則知樂難噫嘻是果樂之難知哉亦知樂之難其人耳夫匠樂莫要於審音莫先於辨罷君子本之情性稽之度數制之禮義而樂作爲情深而文明氣盛而化神固將極乎天蟠乎地行乎陰陽通乎鬼神而無所

合者也頎李照不辨鑄工之受賂[illegible]傑不辨梟人之易鐘魏漢津不辨工人之變法制度未協則音義弗諧徒工議論奚益哉所謂不學操縵不能安絃則欲尋墜緒于數百年後而望之膠庠之士不益難乎晉江許生宗鶴好古通音律嘗憮然于樂之不講

不足以崇祀
先聖而昭來學也既遵
御製律呂正義竝倣闕里之制脩治樂器躬
親教習茲復述為學宮彝譜傳之其
人生之苦心孤詣其志遠矣書成而
質於予披覽之餘喜其辨氣審音皆
能準律呂正義之說而宣揚之述者

學宮樂譜　序

之謂明如生者殆可謂知樂者歟嘗
荀勗正雅樂而見譏于始平太守阮
咸生則無慮此也由是反情以和其
志廣樂以成其教將使曲直繁瘠廉
肉節奏皆足以感動人之善心而滌
蕩其邪穢順氣成象家誦户絃雍雍
乎和其聲以鳴

國
家之盛則庶幾此物此志也夫
嘉慶二十年歲在旃蒙大淵獻陽月
上澣郡守析津徐汝瀾書

自樂經廢而知音者希前代如荀阮

諸公皆以宿悟神解故能精探其奧

妙吾鄉　許君雲凖幼通律呂掭縵

安絃夙為都人士推奬近奉

邑侯　學師之聘教演樂佾生徒敬

共

文廟祀典二丁觀聽者靡不羨聲歌叶律
舞蹈中節而虛懷善下復以其所導
循
國朝樂製著述爲生徒指授者示予予
於斯道茫無有知何能爲君擊節第
以所聞諸識者之評歎知君之賦才

獨優其用心已苦而非茍爲辨習鏗鏘鼓舞者所能與於斯也爰畢讀之而弗能已於言

嘉慶戊辰青陽之季蒢日敦堂蕭漢傑拜題

凡例

一此譜皆恪遵

國朝樂制不敢雜以臆見。合將所遵之書。開列于左。

一遵

大清會典定制。

一遵

御製律呂正義制度尺寸。

一遵

御製律呂正義後編

上諭奏議通例。

一遵
欽定文廟樂譜。

一遵
御製補箋詩樂譜之圖說例言。

一遵
欽定學政全書考取樂舞生及服色諸例。

一遵大成通志闕里文獻考。及曲阜縣志所載
列聖欽頒樂器圖式教肄樂舞等制

一樂之制度。因革損益。歷代不同。今謹遵

本朝定制。則與前朝樂制各殊矣。

一此譜所述諸樂器。大抵首敘其來歷款式。次述其制度尺寸。末述其奏法。而取音之位。應列於奏法中。今多列在制度者。蓋制作具有尺寸之制。亦必規之以音。庶無錯悮。因列在制度中。故列於奏法者。僅從其略而已。

一諸器於首敘中並引古制者。以古制雖非所宜。然學其事者。亦不可不知其原。故備述之。以便觀覽焉。

一諸器制度中所述尺寸。皆以今尺而言。其列在首。所謂引古者。則又以古尺而言矣。

學宫樂譜目録

學宫樂譜

鎛鐘
編鐘
特磬
編磬
卷下
琴
瑟
鳳簫
洞簫
笛

敔

節

籥翟

舞説

舞譜

學宮樂譜卷上

閩晉水許宗鶴述編

音律說 附尺寸數度配合諸式

樂本於心。發於聲。播諸音。而正之以律。三分損益。制律之則也。隔八相生。審音之法也。損益相生之法。下生者三分損一。上生者三分益一。漢志宗司馬氏律書。以陽律生陰呂。皆主下生。陰呂生陽律。皆主上生。通典宗呂氏淮南之說。則自黃鐘至蕤賓。均以陽下生陰。陰上生陽。自蕤賓以下。則反以陽生陰為上生。陰生陽為下生。蓋以黃鐘十一月之律一陽来復為陽息陰消之候故陽常下生而有餘陰常上生而不足蕤賓五月之律一陰始生為陽消陰長之時故陽常上生而不足陰常下生而有餘伏讀

御製律呂正義謂蕤賓下生則三分損一僅得大呂之半必倍之始得其全上生則三分益一適得大呂之全與其下生而得其半孰若即用上生之直截簡當而朱子儀禮經傳通解亦取上生之説無疑至若律有陰陽倍半音有正變清濁而倍半之律原不能與正律相應此又不可不知夫陽律

陰呂陽為聲之正。陰為聲之清。此人知之矣。倍半之説。以其倍正律之數謂倍（如夷則四寸五分五厘一豪倍之得九寸一分二豪）。折正律之數謂半。（如黃鍾七寸二分九厘半之得三寸六分四厘五豪）正變之説。乃以合數之管。平和吹之為正。着力吹之為變。半數之管。和吹為正半。重吹為變半。正則音濁。變則音清。可按管而得也。而倍半之律。又不能與正律仝音。如夷則應徵聲一字。倍之應下羽上字。無射應羽聲上字。倍之應變宮低尺字。黃鍾應宮聲上字。半之應變宮尺字。（此以簫之管位言。至於笛之字色則又不同。詳見圖中）猶簫笛之最上一孔。適當出音孔上第一孔之半。而聲低一字。即宮聲之半。不應宮。而爲變宮者也。但倍管自應鍾上至蕤賓可倍。仲呂以上。聲折而啞。則不堪倍。半律自黃鍾下至中呂可半。蕤賓以下。聲噍〃促。亦不堪半。所以律呂成于六。而倍半之數。亦至限于六。故古樂有起下徵。而終清商者。以其叶聲音之正。而得備于用耳。此律呂正義。截竹為管。詳審其音而得其理之說。若夫旋宮之說。他書所載。俱以律呂兼用。而律呂正義獨分用者。何也。蓋他書所配之次。如以黃鍾為宮。太簇爲商。姑洗為角。蕤賓為變徵。屬陽律。林鍾鐘為徵。南呂為羽。應鐘為變宮。屬陰呂。至半黃鐘復為清宮。大呂為宮。夾鐘為商。仲呂為角。林鐘為變徵。屬陰呂。夷則為徵。無射為羽。黃鐘為變宮。屬陽律。而半大呂復為清宮。律呂正義。謂其陽律而雜陰呂。陰呂復雜陽律。陰陽相雜。而取聲之原。亦未為得。故以半黃鐘半大呂為變宮。如黃鐘為宮。至半黃鐘為變宮。大〻為宮。至半大呂為變宮。詳見旋宮圖。陰陽以類相從而不雜。驗之樂器。如排簫鐘磬是也。有取黃鐘大呂相併。折中。合而為宮。至半黃鐘半大呂而為變宮。陰陽唱和。律呂合用。如簫笛一孔而兼律呂一音而高下是也要之他書立論雖殊而於音律之本猶為近似至近代用工尺等字以名聲調而宮商之名昧焉莫講于是陰陽正變倍半之說悉為合四乙上尺工凡所掩夫工尺字譜不知起自何時考楚辭大招即有四上競氣極聲變只之說宋史載燕樂書又有合四乙工凡上勾尺六五則其由來已久一時難正而配合之道務必縷舉詳晰庶可潛移默化故謹述律呂正義尺寸之度旋宮配合諸式以存真歸正云爾

損益相生尺度

黄鍾古尺九寸三分損一得六寸下生林鍾林鍾三分益一得八寸上生太簇太簇三分損一得五寸三分三厘三毫三絲三忽三微三纖有奇下生南呂南呂三分益一得七寸一分一厘一毫一絲一忽一微一纖有奇上生沽洗姑洗三分損一得四寸七分四厘〇七絲四忽〇七纖有奇下生應鍾應鍾三分益一得六寸三分二厘〇九絲八忽七微六纖有奇上生蕤賓蕤賓三分益一得八寸四分二厘七毫九絲八忽三微五纖有奇上生大

呂。大呂三分損一。得五寸六分一厘八毫六絲五忽五微六纖有奇。下生夷則。夷則三分益一。得七寸四分九厘一毫五絲五忽。九纖有奇。上生夾鍾。夾鍾三分損一。得[illegible]寸九分九厘四毫三絲六忽。六纖有奇。下生無射。無射三分益一。得六寸六分五厘九毫一絲四忽七微四纖有奇。上生仲呂。仲呂三分益一。得八寸八分七厘八毫八絲六忽三微三纖有奇。比之黄鍾九寸。不足一分二厘一毫一絲三忽六微六纖有奇。而其數仍與黄鍾相近。不得自成一律。其聲亦與黄鍾相近。不能自成一音。故相生之法。僅止於此。至尺寸之度。以黍度之。故考音而不審度。固無特契之理。審度而不驗黍。亦無恰符之妙。然黍有横黍縱黍之異形。故尺有古尺今尺之異制。大約古人立尺。以横黍度之。今人制尺。以縱黍為之。故古尺十寸。度之今尺。僅得八寸一分。適合横黍縱黍之度。則黄鍾古寸九寸。度之今尺。得七寸二分九厘。其餘他律。可因損益而得今尺之度矣。

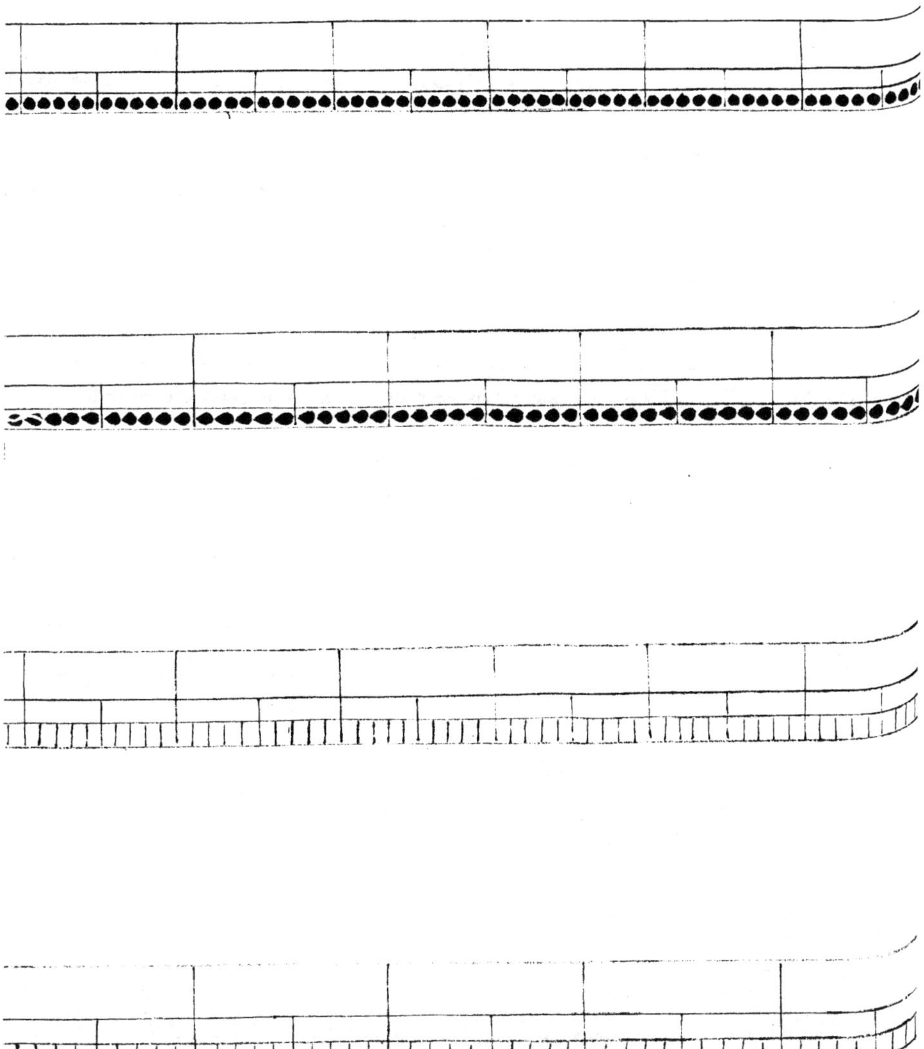

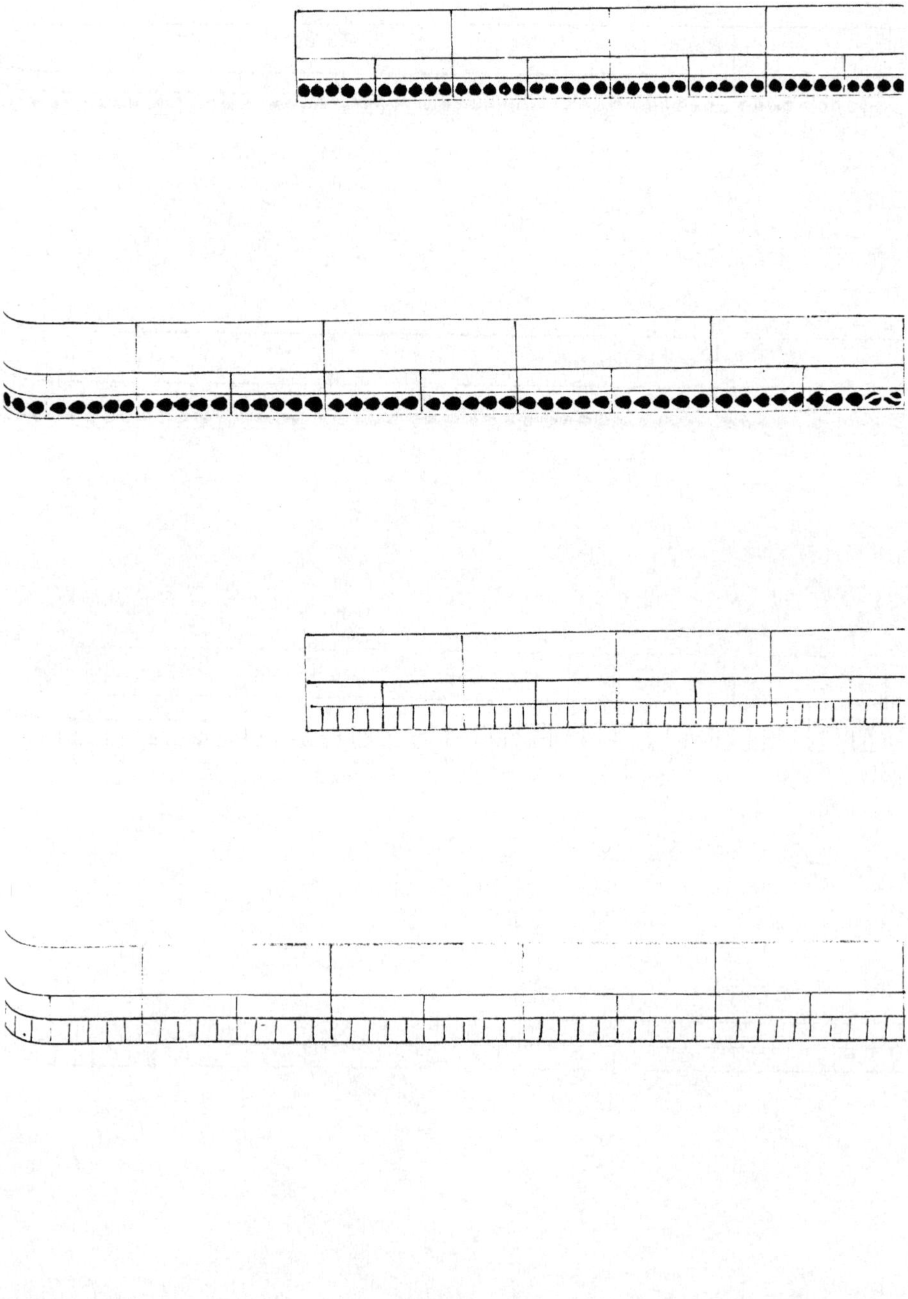

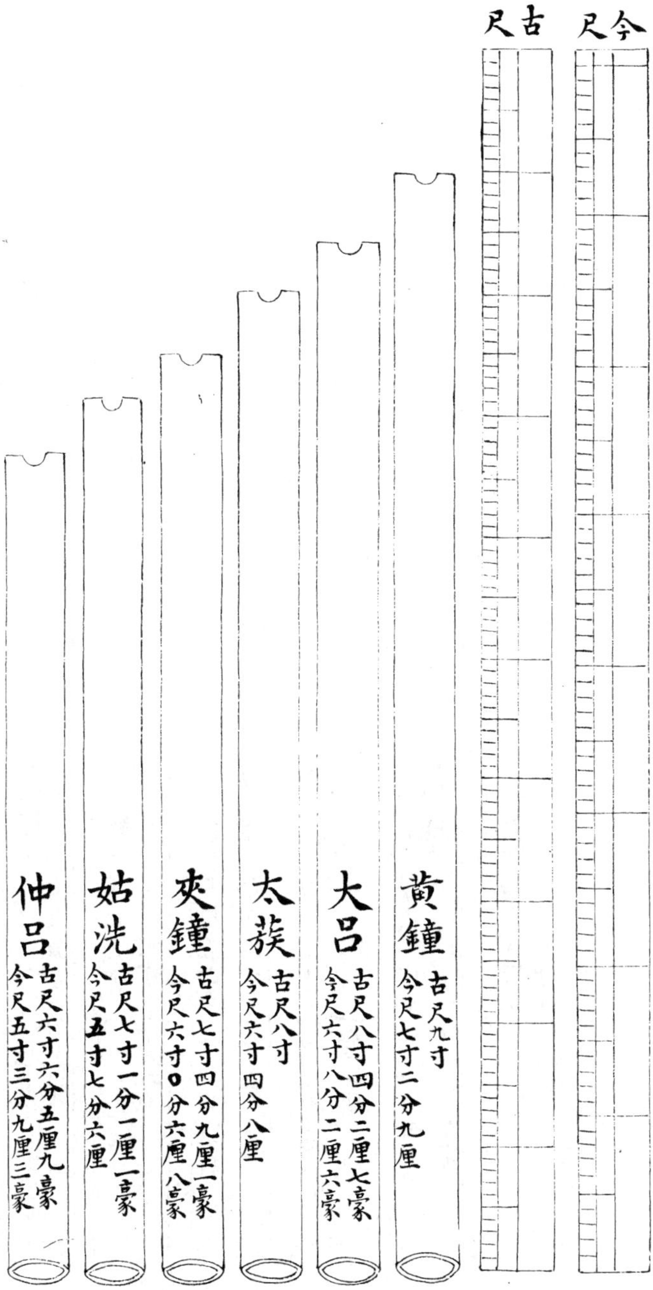

今尺
古尺
黃鍾
古尺九寸
今尺七寸二分九厘
大呂
古尺八寸四分二厘七豪
今尺六寸八分二厘六豪
太簇
古尺八寸
今尺六寸四分八厘
夾鍾
古尺七寸四分九厘一豪
今尺六寸〇分六厘八豪
姑洗
古尺七寸一分一厘一豪
今尺五寸七分六厘
仲呂
古尺六寸六分五厘九豪
今尺五寸三分九厘三豪

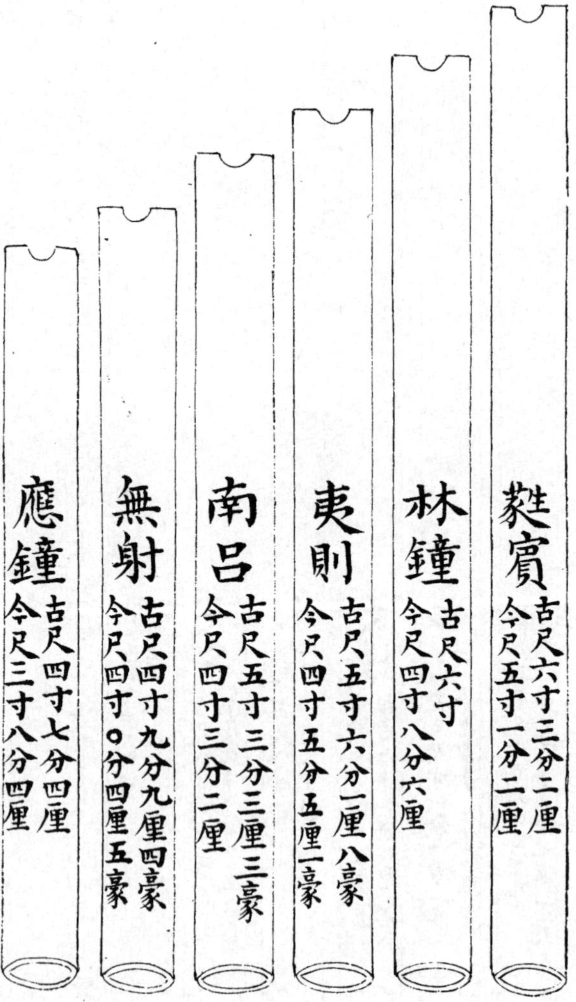
蕤賓
古尺六寸三分二厘
今尺五寸一分二厘
林鐘
古尺六寸
今尺四寸八分六厘
夷則
古尺五寸六分一厘八豪
今尺四寸五分五厘一豪
南呂
古尺五寸三分三厘三豪
今尺四寸三分二厘
無射
古尺四寸九分九厘四豪
今尺四寸〇分四厘五豪
應鐘
古尺四寸七分四厘
今尺三寸八分四厘

第一層七聲定位

第二層旋宮主調

第三層律呂管音

第四層洞簫聲字

第五層橫笛聲字

旋宮圖解

黃鐘配宮於 簫爲工 笛爲四

大呂配清宮於 簫爲工 笛爲伍

太簇配商於 簫爲凡 笛爲乙

夾鐘配清商於 簫爲仉 笛爲亿

姑洗配角於 簫爲合 笛爲上

仲呂配清角於 簫爲仸 笛爲仩

蕤賓配變徵於 簫爲四 笛爲尺

林鐘配清變徵於 簫爲伍 笛爲伬

夷則配徵於 簫爲乙 笛爲工

南呂配清徵於 簫爲亿 笛爲仜

無射配羽於 簫爲上 笛爲凡

應鐘配清羽於 簫爲仩 笛爲仉

半黃鐘爲變宮於 簫爲尺 笛爲合

半大呂配清變宮於 簫爲伬 笛爲仸

旋宮圖外倍半字色

半太簇爲少宮仩字　半夾鍾清少宮高仩字

半姑洗爲少商伬字　半中吕清下商高伬字

倍㽔賓爲下徵低亿字　倍林鍾清下徵高亿字

倍夷則爲下羽低上字　倍南吕清下羽高上字

倍無射爲變宮低尺字　倍應鍾清變宮高尺字

學宮樂譜

立調說

古之言樂者知有立宮之名而不知有主調之說羣書多不言及惟律呂正義首推定之律書云宮音至濁羽音至清大不踰宮細不過羽就其音而言也不知濁者半之則清清者倍之則濁故宮音雖濁而倍數之律大於宮則宮雖立一均之主而下羽之聲又為一調之首即國語所云宮逐羽音管子云徵羽之數大於宮是也羽主調宮立宮一均七聲之位已定則徵音及變宮變徵三聲皆與羽音淆雜不合不得起調故當二變之位與五正

聲中當徵位者。俱不得起調。至於止調。亦取本調相合可以起調之聲。終之當二變與徵位者亦不用焉。所謂羽音者。如上字調簫取高尺字并六字。為下羽低上字。吹法放後出孔并第三孔音出於通長之位。律應倍夷則。而為一調之首。故曰下羽主調。其出音孔為變宫音尺字。吹法六孔皆閉此所謂居變之位不得起調。出音孔上第一孔為工字。律應黃鐘。此正宫位也。居於第三音。而為一調之主。故為一均主至於名調。則就下羽之音而名。如所言下羽音上字。則曰黃鐘宫聲立宫。倍夷則下羽主調為上字調。

學宮樂譜

如大呂清宮立宮。倍南呂清下羽主調為高上調。音同黃鍾宮之聲。但分清濁耳。次一調。則太簇商聲立宮。倍無射變宮主調。為尺字調。則第一孔宮音。應太簇商之凡字。通長下羽音。應倍無射變宮尺字。餘可類推。上字調。尺五不用。尺字調。工凡不用。工字調。上凡不用。凡字調。合尺不用。六字調。五工不用。四字調。乙凡不用。乙字調。上六不用。皆以簫言。此律呂正義立調之義也。謹識立調總目簫笛調式。及正宮音上字調附後。

十四調總目

黃鐘宮聲立宮倍夷則下羽主調爲上字調
大吕清宮立宮倍南吕清下羽主調爲高仩調
太簇商聲立宮倍無射變宮主調爲尺字調
夾鐘清商立宮倍應鐘清變宮主調爲高伬調
姑洗角聲立宮黃鐘宮聲主調爲工字調
中吕清角立宮大吕清宮主調爲高仜調
蕤賓變徵立宮太簇商聲主調爲凡字調
林鐘清變徵立宮夾鐘清商主調爲高仉調
夷則徵聲立宮姑洗角聲主調爲六字調
南吕清徵立宮中吕清角主調爲高六調
無射羽聲立宮蕤賓變徵主調爲五字調
應鐘清羽立宮林鐘清變徵主調爲高伍調
倍無射變宮立宮夷則徵聲主調爲乙字調
倍應鐘清變宮立宮南吕清徵主調爲高亿調

簫笛調式

簫：上（通長）尺（出音）工（一孔）凡（二孔）合（三孔）四（四孔）乙（五孔）上（通長）

上字調 簫 上（二孔）尺（三孔）工（四孔）凡（五孔）合（通長）四（出音孔）乙（一孔）上（二孔）
笛 凡 合 四 乙 上 尺 工 凡

尺字調 簫 尺 工 凡 合 四 乙 上 尺
笛 合 四 乙 上 尺 工 凡 六

工字調 簫 工 凡 合 四 乙 上 尺 工
笛 四 乙 上 尺 工 凡 六 五

凡字調 簫 凡 合 四 乙 上 尺 工 凡
笛 乙 上 尺 工 凡 六 五 乙

合字調 簫 合 四 乙 上 尺 工 凡 六
笛 上 尺 工 凡 六 五 乙 上

四字調 簫 四 乙 上 尺 工 凡 六 五
笛 尺 工 凡 六 五 乙 上 尺

乙字調 簫 乙 上 尺 工 凡 六 五 乙
笛 工 凡 六 五 乙 上 尺 工

簫笛字色配七音各異之圖

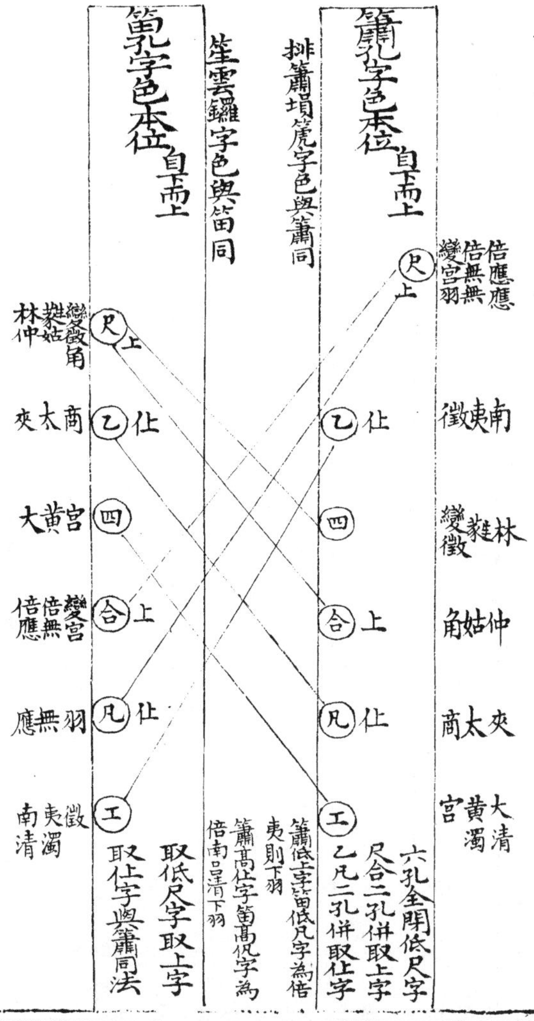

黄鐘宮聲立宮倍夷則下羽主調爲上字調

七聲定位	旋宮主調	律管鐘磬	洞簫塤篪	笛笙	起調
下羽	下羽	倍夷則	上	凡	正羽調
變宮	變	倍無射	尺	合	不起調
宮	宮	黄鐘	工	四	正宮
商	商	太簇	凡	乙	正商
角	角	姑洗	合	上	正角
變徵	變徵	蕤賓	四	尺	不起調
徵	徵	夷則	乙	工	不起調
羽	羽	無射	上	凡	同調首

學宮樂言 卷

樂器總攷 附管說

聖王作樂。合天地之性。類萬物之情。以致鬼神。以和邦國。而釋奠之必有合樂。詳於禮經。雖歷代樂舞之制。因革損益。各自不同。而其尊敬之心則一。按漢時用大合樂。劉宋設軒縣之樂。唐用宮縣之樂。歷稽所奏。迄無定制。即舞亦各殊。古有文舞武舞。二體兼備。其後以崇文德。罷武功。而干戚之舞遂為闕典。今所傳。大抵本宋時大樂正葉防奏定者也。但歷代所頒闕里之樂。雖有其式。而制度尺寸。未及咸備。至我

國朝文教誕敷。崇祀
先聖。釐定樂譜。頒行天下。其音律足以和神人而諧上
下。其舞蹈足以昭文德而宣化理。其制器命名足
以垂象像而呈法物。依古以來。孰能臻其盛哉。謹
按康熙五十八年
欽頒中和韶樂之器一副於闕里。柷一。敔一。編鐘十六。編
磬十六。琴六。瑟四。笙六。簫六。笛六。塤二。篪四。排簫
二。歌用六人。舞用六佾。三十六人。麾二。節二。乾隆
八年。
欽頒新樂譜。乾隆十二年秋。太常樂工來闕里教肄新樂。

乾隆十三年。親幸魯。和碩莊親王先期視樂器。見廟中舊有足鼓鼗鼓相鼓奏准並施於樂。以足鼓與楹鼓同節。鼗相與搏拊同節。其陳設之位。亦與古異。明時闕里舊樂。堂上編鐘一簴。在東。編磬一簴。在西。楹鼓一。在編鐘之東。足鼓一。在編磬之西。瑟四。在鐘磬之北。琴六。在瑟北。皆北向。歌生六人。在琴北。搏拊二。鞉鼓二。在歌生北。皆東西相向。麾一。在北西向。堂下東階。笙洞簫笛各三。塤篪排簫各一。皆北向。以三人為列。凡四列。西階亦如之。柷一。在匏竹東。敔一。在匏竹西。相向。文舞六佾。三十六人。在匏竹之南。執節二人。在文舞北。夾午階而立。

國初猶沿舊制。分堂上堂下。至乾隆十二年。教習新樂成。始一遵今制。陳設樂器於露臺上。舞佾之外。編鐘在東。編磬在西。塤一。篪二。排簫一。為一列。在編鐘之北。西上。笛三。一在塤北。一在篪北。一在排簫北。洞簫三。在笛北。瑟二。在洞簫北。琴三。在瑟北。編磬之北。亦如之。東上楹鼓一。在編鐘之東。皆北向。歌生三人。在琴東北。西三人。在琴西北。笙六人。在歌生後。搏拊二。在歌生北。東柷一。西敔一。在搏柎北。麾二人在柷梧北。皆東西相向。文舞六佾。三十六人。在樂縣之中。節二。在舞佾之北。相向。足鼓設於編磬之西。北向。鼗相設。搏柎之下。東西向。乾隆

三十年。新

頒鎛鐘特磬於闕里。春用夾鐘之鐘磬。秋用中呂之鐘磬。鎛鐘在編鐘之東。特磬在編磬之西。其制。備載闕里文獻考。今錄之。以見樂舞之大備云。

管之器不入於雅樂。故律呂正義。雖有頭管之制。而不頒於闕里。今惟奏慶神歡。及闕里引導樂用之。餘皆不用。故不備載。至詩所云嘒嘒管聲。記曰下管象武者。乃排簫之管也。

考選樂舞生及服色諸例 附笏制

謹按

欽定學政全書。載雍正五年。議准山東曲阜縣樂舞生一百五十四名。學臣於考試之前。先將樂童音律。當堂考驗。果能諳練通曉。然後考其文理優長者。酌取四人。入曲阜縣充附。

乾隆五年六年八年。奏准各省府州縣學樂舞生。令各州縣會同教官。考選本籍俊秀。照考試儒童之例。責令取具廪保甘結。由教官加結送縣審音。委係本籍儒童。通曉音律。嫻習禮儀者。方准充補遇有缺出。另行考選足數。不許浮充。及張冠李戴。
父業子承。目不識丁之人充補。仍造冊申報學臣
查核。每遇學臣按臨。免其府縣兩試。由教官冊送
府縣。敘入考案之後。申送院考。憑文錄取。
乾隆五十年。奏准順天府樂舞生先儘童生挑選。
如不能足額。准於願習樂舞之生員內挑取。至童
生由樂舞入學者。毋庸開缺。俟鄉試中式。另選充
補。其童生選充者。免其府縣考。至樂舞之生員。除
歲科兩試。照舊考試外。如有科考列在三等之人。
遇鄉試時。免其錄遺。一體送考。

謹按

御製律呂正義後編。樂舞生服色各有所宜。

文廟樂舞生。用紅色補服。綠紬帶。裹金銅頂。闕里文獻考。亦載樂生服紅緞葵花補袍。綠紬帶。銅裹金起焰金梭帽頂。皂靴。但各直省樂舞生服色。當與太常闕里有別。因再復

謹按

欽定學政全書。載乾隆七年。議准太常寺樂舞生常服。帽頂戴金盤光銀頂。至各省

文廟樂舞生。較之太常寺。應加區別。除祭丁仍用襴衫

雀頂外。其常服帽頂。但許用銀盤起花銀頂。按此則府州縣學之樂舞生。祭丁時用襴衫雀頂。常服用銀盤起花銀頂。

國朝太常寺歌生皆執笏。闕里雍正二年、禮部侍郎王　始奏定冠服、一如國子監之制、故歌生亦增用笏、其制木質粉飾、長一尺三寸五分、寬二寸五分、上殺三分、通厚三分、外省歌生、雖未經　朝廷定制、不敢施用、然有其制、合謹識以附焉、

歌

詩言志。歌永言。然必依永和聲。斯直已陳德。而神人以和也。詩三百篇。歌詠之節。雖不傳。紬繹其詞。未始不可神領意會也。故以古証今。審其唇喉齒舌牙。以求音律。間有一二不能諧音。則以落韻叶之。須字字輕圓。融入聲中。於轉換處無磊塊之病。方謂之善歌。記曰。歌者上如抗。下如隊。曲如折。止如槁木。倨中矩。句中鉤。纍纍如貫珠。又曰。歌之為言也。長言之。長言之不足。故嗟嘆之。嗟嘆之不足。故不知手之舞之。足之蹈之。神而明之。雖謂古樂至今存也可。

學宮樂記　卷　一

丁祭樂章 附譜及調式

春用夾鐘清商立宮 春者何、春丁也、何謂春丁、以仲春首丁之日爲祭日也、夾鐘者、二月所中之律也、其曰商者何、夾鐘所屬之音也、商而何以加之曰清、以其音高於正商也、蓋太簇爲商音之正、而夾鐘爲商音之清、在律爲正、在呂爲清、以所中之律用以爲宮、故曰立宮、倍

應鐘清變宮主調 倍、倍數也、應鐘、清羽也、何以曰清變宮、倍數之音也、主調者何、下羽之位、一調之主也、何謂一調之主、夾鐘宮也、宮位之下、有出音孔之音爲變宮位、通長之音爲下羽位、變之位不起調、故以下羽主調、而爲一調之首音、下羽以降、雖有倍徵之音、其聲清雜、亦不得起調、若以尺工論、則夾鐘清商立宮、在簫爲第一孔凡字、在笛爲第四孔乙字、倍應鐘清變宮主調、在簫爲通長之音尺字、在笛爲第二孔之音合字、餘可類推、

迎神昭平 簫譜 塤箎排簫同

大清變宮伬　哉清商仉　孔清角伏　子清變徵伍　先清變宮伬　覺清羽仩　先清變徵伍　知清角伏

與清商仉　天清角伏　地清羽仩　參清變徵伍　萬清變宮伬　世清羽仩　之清變徵伍　師清變徵伍

祥清變徵伍　徵清羽仩　麟清商仉　紱清角伏　韻清商仉　答清羽仩　金清變宮伬　絲清羽仩

日清商仉　月清角伏　旣清變宮伬　揭清變徵伍　乾清商仉　坤清角伏　清清商仉　夷清變宮伬

奠帛初獻宣平

子清變宮伬　懷清商仉　明清角伏　德清變徵伍　玉清羽仩　振清商仉　金清變宮伬　聲清羽仩

生清角伏　民清商仉　未清羽仩　有清變徵伍　展清商仉　也清角伏　大清變徵伍　成清角伏

俎清變徵伍　豆清羽仩　千清變宮伬　古清變徵伍　春清角伏　秋清角伏　上清變徵伍　丁清角伏

清清變宮伬　酒清羽仩　旣清商仉　載清變宮伬　其清商仉　香清角伏　始清商仉　升清變宮伬

亞獻秩平

式清變宮伬 禮清商仉 奠清角伏 懋清變徵伍 升清羽仩 堂清變徵伍 再清商仉 獻清變宮伬

響清羽仩 協清變徵伍 鼗清商仉 鏞清角伏 誠清變徵伍 孚清羽仩 罍清變徵伍 甗清變宮伬

肅清變徵伍 肅清變徵伍 雍清角伏 雍清角伏 譽清商仉 髦清變宮伬 斯清羽仩 彥清變宮伬

禮清羽仩 陶清變徵伍 樂清商仉 淑清角伏 相清變徵伍 觀清角伏 而清商仉 善清變宮伬

終獻敘平

自清變宮伬 古清商仉 在清變徵伍 昔清角伏 先清羽仩 民清變徵伍 有清商仉 作清角伏

皮清變徵伍 弁清羽仩 祭清商仉 菜清變宮伬 於清羽仩 論清變徵伍 思清角伏 樂清商仉

惟清變徵伍 天清羽仩 牖清變宮伬 民清變徵伍 惟清商仉 聖清羽仩 時清商仉 若清角伏

彝清變徵伍 倫清變徵伍 攸清羽仩 敘清變宮伬 至清羽仩 今清變徵伍 木清商仉 鐸清變宮伬

徹饌懿平

先清變宮伬 師清商仉 有清角伏 言清變徵伍 祭清變宮伬 則清羽仕 受清變宮伬 福清變徵伍

四清商仉 海清變宮伬 黌清變徵伍 宮清羽仕 疇清商仉 敢清角伏 不清商仉 肅清變宮伬

禮清變徵伍 成清羽仕 告清變宮伬 徹清變徵伍 毋清商仉 疏清角伏 毋清商仉 瀆清變宮伬

樂清變徵伍 所清羽仕 自清商仉 生清變宮伬 中清變徵伍 原清角伏 有清商仉 敎清變宮伬

送神德平

皃清變宮伬 繹清商仉 峩清角伏 峩清變徵伍 洙清羽仕 泗清變宮伬 洋清商仉 洋清角伏

景清羽仕 行清變徵伍 行清變徵伍 止清羽仕 流清商仉 澤清角伏 無清變徵伍 疆清角伏

聿清變徵伍 昭清羽仕 祀清商仉 事清變宮伬 祀清變宮伬 事清羽仕 孔清商仉 明清角伏

化清變宮伬 我清變徵伍 烝清變宮伬 民清羽仕 育清商仉 我清角伏 膠清商仉 庠清變宮伬

笛譜 笙同

大清變宮伏 哉清商亿 孔清角仩 子清變徵伬 先清變宮伏 覺清羽仉 先清變徵伬 知清角仩

與清商亿 天清角仩 地清羽仉 參清變徵伬 萬清變宮伏 世清羽仉 之清變徵伬 師清變徵伬

祥清變徵伬 徵清羽仉 麟清商亿 紱清角仩 韻清商亿 答清羽仉 金清變宮伏 絲清羽仉

日清商亿 月清角仩 既清變宮伏 揭清變徵伬 乾清商亿 坤清角仩 清清商亿 夷清變宮伏

笛譜

予清變宮伏 懷清商亿 明清角仩 德清變徵伬 玉清羽仉 振清商亿 金清變宮伏 聲清羽仉

生清角仩 民清商亿 未清羽仉 有清變徵伬 展清商亿 也清角仩 大清變徵伬 成清角仩

俎清變徵伬 豆清羽仉 千清變宮伏 古清變徵伬 春清角仩 秋清角仩 上清變徵伬 丁清角仩

清清變宮伏 酒清羽仉 既清商亿 載清變宮伏 其清商亿 香清角仩 始清商亿 升清變宮伏

笛譜

式清變宮伏禮清商亿奠清角仩愆清變徵伬升清羽仉堂清變徵伬再清商亿獻清變宮伏

響清羽仉協清變徵伬鼓清商亿鏞清角仩誠清變徵伬孚清羽仉罍清變徵伬甗清變宮伏

肅清變徵伬肅清變徵伬雍清角仩雍清角仩譽清商亿髦清變宮伏斯清羽仉亦清變宮伏

禮清羽仉陶清變徵伬樂清商亿淑清角仩相清變徵伬觀清角仩而清商亿善清變宮伏

笛譜

自清變宮伏古清商亿在清變徵伬昔清角仩先清羽仉民清變徵伬有清商亿作清角仩

皮清變徵伬弁清羽仉祭清商亿菜清變宮伏於清羽仉論清變徵伬思清角仩樂清商亿

惟清變徵伬天清羽仉牖清變宮伏民清變徵伬惟清商亿聖清商仉時清商亿若清角仩

彝清變徵伬倫清變徵伬攸清羽仉敘清變宮伏至清羽仉今清變徵伬木清商亿鐸清變宮伏

笛譜

先清變宮伏師清商亿有清角仩言清變徵伬祭清變宮伏則清羽仉受清變宮伏福清變徵伬

四清商亿海清變宮伏黌清變徵伬宮清羽仉疇清商亿敢清角仩不清商亿肅清變宮伏

禮清變徵伬成清羽仉告清變宮伏徹清變徵伬毋清商亿疏清角仩毋清商亿瀆清變宮伏

樂清變徵伬所清羽仉自清商亿生清變宮伏中清變徵伬原清角仩有清商亿菽清變宮伏

笛譜

皃清變宮伏繹清商亿峩清角仩峩清變徵伬洙清羽仉泗清變宮伏洋清商亿洋清角仩

景清羽仉行清變徵伬行清變徵伬止清羽仉流清商亿澤清角仩無清變徵伬疆清角仩

聿清變徵伬昭清羽仉祀清商亿事清變宮伏祀清變宮伏事清羽仉孔清商亿明清角仩

化清變宮伏我清變徵伬蒸清變宮伏民清羽仉育清商亿我清角仩膠清商亿庠清變宮伏

乾隆十二年秋太常樂工来闕里教肄新樂其奏

歌章。惟懿平凟字。用下羽。餘皆歌正羽高聲。又昭平章之韻字。宣平章之振字。既字。秩平章之再字。譽字。叙平章之祭字。懿平章之四字。不字。自字。德平章之祀字。此十字皆歌半宮高聲。闕里文獻考云。半宮之用也。意其清濁懸遠。難合抗墜之節。故以子聲間正奏歟。然此亦太常歌工之通變也。以上見於闕里文獻考。

夾鍾清商立宮倍應鍾清變宮主調為高尺調春丁用之

七聲定位	旋宮之音	洞簫鍾磬	排簫塤篪	笛笙
下羽主調之位	清變宮	倍應鍾	尺放後出孔及第三孔	六放二孔
變宮	清宮	大呂	工六孔俱開變位不用	五放三孔變位不用
宮立宮之位	清商	夾鍾	凡放一孔	乙放四孔
商	清角	仲呂	合放二孔	上放五孔
角	清變徵	林鍾	四放三孔	尺放第三第六孔
變徵	清徵	南呂	乙放四孔變位不用	工六孔俱開變位不用
徵	清羽	應鍾	上放五孔	凡放一孔
羽	清變宮	倍應鍾半大呂	尺放第一第二第五孔	六放二孔

學宮樂譜

二月律中夾鍾。故所用皆陰呂。所謂陰陽以類相從而不雜也。惟用呂。故七音皆清。而為高尺調。八月亦然。

秋用南呂清徵立宮 八月仲秋律仲南呂南呂之音曰清徵故秋丁以南呂清徵為立宮之位

仲呂清角主調 夫既以南呂清徵為立宮之位推及下羽之聲乃仲呂清角以之主調故曰仲呂清角主調

迎神昭平

簫譜 塤篪排簫同

大清 角伕哉清 徵亿孔清 羽仩子清變宮 伬先清 角伕覺清 商仉先清變宮 伬知清 羽仩

與清 徵亿天清 羽仩地清 商仉參清變宮 伬萬清 角伕世清 商仉之清變宮 伬師清變宮 伬

祥清變宮 伬徵清 商仉麟清 徵亿紱清 羽仩韻清 徵亿答清 商仉金清 角伕絲清 商仉

日清 徵亿月清 羽仩旣清 角伕揭清變宮 伬乾清 徵亿坤清 羽仩清清 徵亿夷清 角伕

奠帛初獻宣平

予清 角伕懷清 徵亿明清 羽仩德清變宮 伬玉清 商仉振清 徵亿金清 角伕聲清 商仉

生清 羽仩民清 徵亿未清 商仉有清變宮 伬展清 徵亿也清 羽仩大清變宮 伬成清 羽仩

俎清變宮伬 豆清商仉 千清角伏 古清變宮伬 春清羽仩 秋清羽仩 上清變宮伬 丁清羽仩

清清角伏 酒清商仉 旣清徵亿 載清角伏 其清徵亿 香清羽仩 始清徵亿 升清角伏

亞獻秩平

式清角伏 禮清徵亿 莫清羽仩 愆清變宮伬 升清商仉 堂清變宮伬 再清徵亿 獻清角伏

響清商仉 協清變宮伬 鼓清徵亿 鏞清羽仩 誠清變宮伬 孚清商仉 罍清變宮伬 斝清角伏

肅清變宮伬 肅清變宮伬 雝清羽仩 雝清羽仩 譽清徵亿 髦清角伏 斯清商仉 彥清角伏

禮清商仉 陶清變宮伬 樂清徵亿 淑清羽仩 相清變宮伬 觀清羽仩 而清徵亿 善清角伏

終獻敘平

自清角伏 古清徵亿 在清變宮伬 昔清羽仩 先清商仉 民清變宮伬 有清徵亿 作清羽仩

皮清變宮伏 弁清商仉 祭清徵亿 菜清角伏 於清商仉 論清變宮伬 思清羽仩 樂清徵亿

惟清 變宮伬 天清 商仉 牖清 角伏 民清 變宮伬 惟清 徵亿 聖清 商仉 時清 徵亿 若清 羽仩

彝清 變宮伬 倫清 變宮伬 攸清 商仉 敘清 角伏 至清 商仉 今清 變宮伬 木清 徵亿 鐸清 角伏

徹饌懿平

先清 角伏 師清 徵亿 有清 羽仩 言清 變宮伬 祭清 角伏 則清 商仉 受清 角伏 福清 變宮伬

四清 徵亿 海清 角伏 黌清 變宮伬 宮清 商仉 疇清 徵亿 敢清 羽仩 不清 徵亿 肅清 角伏

禮清 變宮伬 成清 商仉 告清 角伏 徹清 變宮伬 毋清 徵亿 疏清 羽仩 毋清 徵亿 瀆清 角伏

樂清 變宮伬 所清 商仉 自清 徵亿 生清 角伏 中清 變宮伬 原清 羽仩 有清 徵亿 斁清 角伏

送神德平

鳧清 角伏 繹清 徵亿 峩清 羽仩 峩清 變宮伬 洙清 商仉 泗清 角伏 洋清 徵亿 洋清 羽仩

景清 商仉 行清 變宮伬 行清 變宮伬 止清 商仉 流清 徵亿 澤清 羽仩 無清 變宮伬 疆清 羽仩

學宮樂譜

聿清變宮 伬 昭清 商 伬 祀清 徵 亿 事清 角 伏 祀清 角 伏 事清 商 伬 孔清 徵 亿 明清 羽 仩

化清 角 伏 我清變宮 伬 蒸清 角 伏 民清 商 伬 育清 徵 亿 我清 羽 仩 膠清 徵 亿 庠清 角 伏

笛譜 笙同

大清 角 仩 哉清 徵 仩 孔清 羽 伬 子清變宮 伏 先清 角 仩 覺清 商 亿 先 知清 羽 伬

兴清 徵 仜 天清 羽 伬 地清 商 亿 参清變宮 伏 萬清 角 仩 世清 商 亿 之清變宮 伏 師清變宮 伏

祥清變宮 伏 徵清 商 亿 麟清 徵 仜 紱清 羽 伬 韻清 徵 仜 答清 商 亿 金清 角 仩 絲清 商 亿

日清 徵 仜 月清 羽 伬 旣清 角 仩 揭清變宮 伏 乾清 徵 仜 坤清 羽 伬 清清 徵 仜 夷清 角 仩

笛譜

予清 角 仩 懷清 徵 仜 明清 羽 伬 德清變宮 伏 王清 商 亿 振清 徵 仜 金清 角 仩 聲清 商 亿

生清 羽 伬 民清 徵 仜 未清 商 亿 有清變宮 伏 展清 徵 仜 也清 羽 伬 大清變宮 伏 成清 羽 伬

俎清變宮伬豆清商亿千清角仩古清變宮伬春清羽仉秋清羽仉上清變宮伬丁清羽仉

清清角仩酒清商亿旣清徵仜載清角仩其清徵仜香清羽仉始清徵仜升清角仩

笛譜

式清角仩禮清徵仜莫清羽仉愆清變宮伬升清商亿堂清變宮伬再清徵仜獻清角仩

響清商亿協清變宮伬鼗清徵仜鏞清羽仉誠清變宮伬孚清商亿罍清變宮伬虧清角仩

肅清變宮伬肅清變宮伬雝清羽仉雝清羽仉譽清徵仜髦清角仩斯清商亿彥清角仩

禮清商亿陶清變宮伬樂清徵仜淑清羽仉相清變宮伬觀清羽仉而清徵仜善清角仩

笛譜

自清角仩古清徵仜在清變宮伬昔清羽仉先清商亿民清變宮伬有清徵仜作清羽仉

皮清變宮伬弁清商亿祭清徵仜菜清角仩於清商亿論清變宮伬思清羽仉樂清徵仜

惟清變宮伏天清商亿牖清角仩民清變宮伏惟清徵仜聖清商亿時清徵仜若清羽仉
彝清變宮伏倫清變宮伏攸清商亿敘清角仩至清商亿令清變宮伏木清徵仜鐸清角仩

笛譜

先清角仩師清徵仜有清羽仉言清變宮伏祭清角仩則清商亿受清角仩福清變宮伏
心清徵仜海清角仩亹清變宮伏宮清商亿疇清徵仜敢清羽仉不清徵仜肅清角仩
禮清變宮伏成清商亿告清角仩徹清變宮伏毋清徵仜疏清羽仉毋清徵仜瀆清角仩
樂清變宮伏所清商亿自清徵仜生清角仩中清變宮伏原清羽仉有清徵仜菽清角仩

笛譜

皇清角仩繹清徵仜峩清羽仉峩清變宮伏洙清商亿泗清角仩洋清徵仜洋清羽仉
景清商亿行清變宮伏行清變宮伏止清商亿流清徵仜澤清羽仉無清變宮伏疆清羽仉

聿清變宮 伏 昭清 商 亿 祀清 徵 仜 事清 角 仕 祀清 角 仕 事清 商 亿 孔清 徵 仜 明清 羽 伬

化清 角 仕 我清變宮 伏 蒸清 角 仕 民清 商 亿 育清 徵 仜 我清 羽 伬 膠清 徵 仜 庠清 角 仕

學宮樂[illegible]　卷

一

南呂清徵立宮仲呂清角立調為高六調秋丁用之放孔法同春丁

七音定位	旋宮之音	洞簫鐘磬	排簫塤篪	笛笙
下羽主調之位	清角	仲呂	六	上
變宮	清變徵	林鐘	五不用	尺不用
宮立宮之位	清徵	南呂	乙	工
商	清羽	應鐘	上	凡
角	清變宮	倍應鐘	尺	六
變徵	清宮	大呂	工不用	五不用
徵	清商	夾鐘	凡	乙
羽	清角	仲呂	六	上

中和韶樂麾

巾車氏掌木路建大麾以封蕃國而後協律郎執之以節樂歌立於樂懸之前明時用紅羅長七尺兩面繪雲龍一升一降自明以前麾止用一今增為二

麾制

國朝定制朝會中和韶樂麾黃緞為之長五尺四寸六分濶一尺八分繡雲龍其端龍皆朝上飾藍緞首長八寸一分繡星雲紋中為日華金篆中和二字上下皆綴橫木上縱五寸七分縷双龍下縱三寸六分縷山水形皆塗金結黃絨紃銜於龍口懸

以朱杠長八尺一寸圍三寸三分杠端飾金銅龍長一尺九分曲首向前四寸六分座高二尺五寸六分濶一尺五寸三分髹以金祀饗樂麾同以下樂器通此本曲阜縣志

執法

麾生執麾俟通贊生唱迎神麾生高唱曰迎神樂奏昭平之章兩麾生聽敔聲畢高唱曰樂止遂各植麾架上以下初獻亞獻終獻徹饌送神亦如之

自舞以上鍾柄通謂之甬而衡旋幹三者在甬而異名者也
自舞以下至于皆鍾體通謂之鉦而于鼓篆枚欒銑舞皆在鉦而異名者也

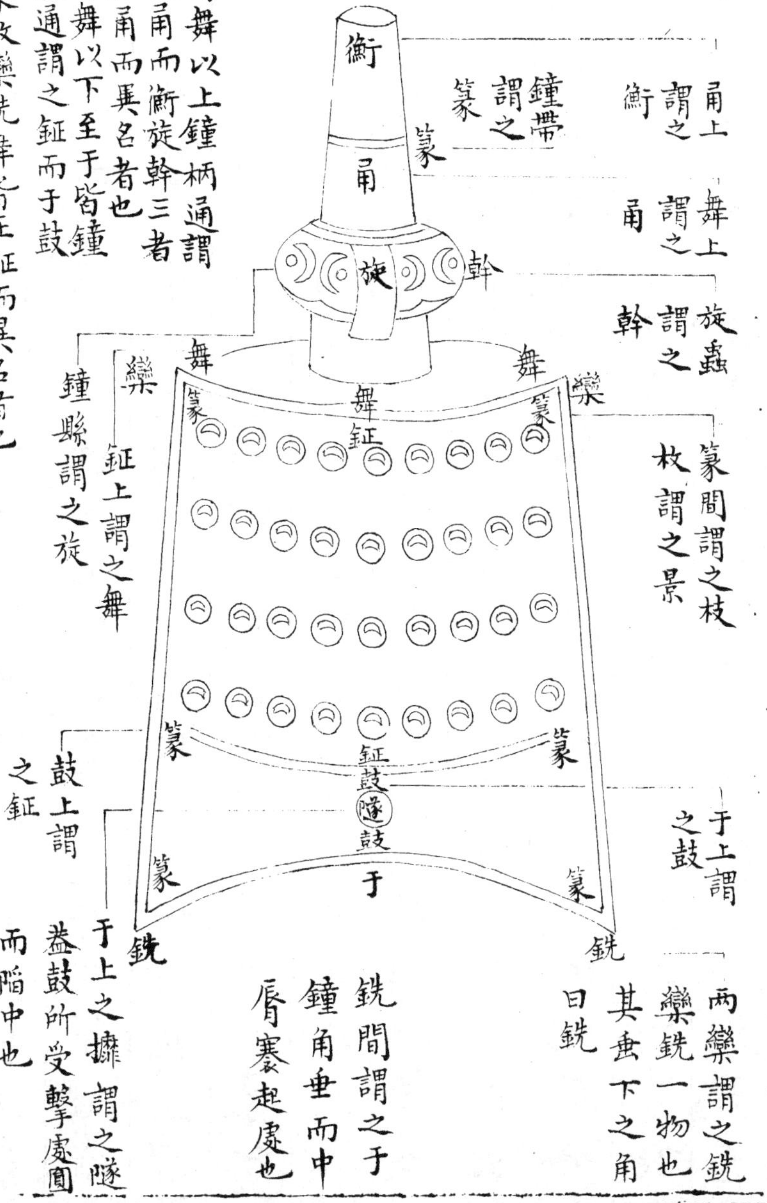

書曰笙鏞以間詩曰賁鼓維鏞註鏞大鐘也爾雅
亦云大鐘謂之鏞考工記曰鳧氏爲鐘兩欒謂銑
銑間謂于于上謂鼓鼓上謂鉦鉦上謂舞舞上謂
甬甬上謂衡鐘懸謂旋旋蟲謂幹鐘帶謂篆篆間
謂枚枚間謂景于上之欐謂隧十分其銑去二以
爲鉦以其鉦爲之銑間去二分以為鼓間以其鼓
間為舞脩去二分以為舞廣以其鉦之長為甬長
以其甬長爲之圍參分其圍去一以爲衡圍參分
其甬長二在上一在下以設其旋薄厚之所震動
清濁之所由出侈弇之所由興又鐘已厚則石已

薄則播侈則柞弇則鬱長甬則震是故大鐘十分其鼓間以其一為厚小鐘十分其鉦間以其一為厚鐘大而短則聲疾而短聞鐘小而長則聲舒而遠聞為隧六分其厚以其一為之深而圜之謹按闕里設於杏壇上

文廟懸於大成門右與鼖鼓相配朱子曰鐘有編懸者有特懸者其特懸器大而聲宏雜奏於八音之間絲竹之音皆為所掩故但擊之以為作止之節

大鐘制

律呂正義定制詳在鎛鐘編鐘推而廣之無不通

馬。

奏法

於迎神送神之時。與鼗鼓齊鳴。所謂鼓鐘送尸也。

祭畢。再擊一百八响。

中和韶樂鎛鐘

金聲其卦兌。其方西。其風閶闔。其聲尚羽。其音鏗。立秋之氣也。呂氏春秋。黃帝使伶倫鑄十二鐘。各應十二律呂。以和五音每鐘懸一簨簴。鎛鐘。即十二鐘之總名也。至鐘之形式不一。惟上下一致。而中腰獨大者。其制為正。而聲音堅然渾厚。且無餘音。比之中腰細。口徑大者。制多而體堅。即今太常所用。謹按乾隆二十四年。江西臨江府。得古鎛鐘。撫臣以獻。適西師奏凱之時。功成樂作允彰瑞應。

上稽考古制。釐定其名。復

詔樂部仿鑄鎛鐘十二。以應十二律呂之音。春丁用第四鐘。聲應夾鐘之呂。兩欒高一尺五寸一分七釐。中高一尺三寸四分八釐。于徑一尺二寸六分四釐。横九寸四分八釐。兩舞相距一尺七分八釐。横八寸六分三釐。甬長八寸九分八釐。徑三寸五分九釐。衡徑二寸三分七釐。旋徑一寸九分九釐。濶一寸一分九釐。蟲長二寸五分二釐。濶一寸五分一釐。厚一寸一釐。蟲孔長一寸二分六釐。濶八分四釐。乳凡三十六。高一寸一分九釐。鐫識處高七寸五分八釐。上濶二寸五分二釐。下濶三寸三分七釐。前鐫御製銘。後鑄鎛鐘第四夾鐘。

大清乾隆二十有六年歲在辛巳冬十一月乙未朔。越六日庚子鑄成。皆篆文。

秋丁用第十鐘。應南呂之呂。兩欒高一尺八分。中高九寸六分。于徑九寸。橫六寸七分五厘。兩舞相距七寸六分八厘。橫六寸一分四厘。甬長六寸四分。徑二寸五分六厘。衡徑一寸六分八厘。旋徑二寸八分四厘。潤八分五厘。蟲長一寸八分。潤一寸八厘。厚七分二厘。蟲孔長九分。潤六分。乳凡三十六。高八分五厘。鐫識處高五寸四分。上潤一寸八

分下濶二寸四分鐫式同一體

架式

鐘之架橫曰簨直曰簴詩曰虡業維樅業乃大板安于簨上以為飾錯落如鋸齒樅即崇牙懸鐘磬之處以采色為犬牙樅樅然也以簨上加業繪博山簨上業下橫安崇牙牙端施銅鈎以懸鐘鎛鐘則以篆練之簨上刻龍首于兩端中刻鳳趺上木刻羸屬如狻猊猙獰可畏伏于趺考工記謂羸屬恒有力而不能走聲大而宏虡貫其背而植之龍簨兩端頷下各施環以啣翣曰啣璧璧爲五層各一色間而簇之貫以紅絲絲末有結磬虡及鼓

罩四垂皆然。

架制

第四鍾簨簴。通高九尺二寸五分。厚二寸五分。上簨左右刻龍首。濶四尺七寸。高一尺一寸。中簨濶二尺一寸。高三寸六分。左右兩簴高六尺三寸五分。濶三寸六分。趺高九寸。縱[illegible]尺一寸。橫一尺垣高二寸五分。獅身出垣六寸五分。下施几二。縱二尺三寸。橫一尺一寸。高一尺三寸。以符第一簴高下之制。餘俱同第一簨簴。皆塗金。

第十鍾之簨簴。通高仝第四架。厚二寸八分。左右兩虡高五尺六寸五分。濶三寸六分。上簨中簨獅趺。尺寸仝第三簨簴。下施几三。縱三尺六寸六分。横二尺三寸。高二尺。餘俱仝第一簨簴。

鎛鐘制

鑄鐘之銅。以本色紅銅七分。倭鉛三分。鎔開一處。鑄時復用黑鉛一分。以調其汁。

奏法

金聲也者。始條理也。朱子曰。八音之中。金石為重。故特為衆音之綱紀。又金始震而玉終詘然也。故並奏八音。則於其末作。先擊鎛鐘以宣其聲。

中和韶樂編鐘

周禮小胥凡縣鐘磬半為堵全為肆鄭氏註鐘磬者編懸之二八十六枚而在一虡謂之堵鐘一堵磬一堵謂之肆懸必以十六者盖取十二律正聲及四清聲也（即黃鐘大呂太簇姑洗之半音）又隋書樂志金之屬有二一曰鎛鐘已詳於前二曰編鐘小鐘也各應律呂大小以次編而懸之上下皆八合十六鐘於一簴（編鐘即歌鐘也以十二枚應十二律而加四清聲于後後人有誤以編與歌爲二器者盖後魏公孫崇合律呂正倍参縣之為二十四鐘隋復縣十六鐘至唐分大小二架兼用十六二十四之法故有小大二式後人遂誤以為二器然自唐以後皆用十六枚為一虡今仍之則非分為二器也明矣）律呂正義去四清聲用四倍聲列於黃鐘

大呂之前。即夷則南呂無射應鍾之倍音。猶鳳簫用四倍聲之義也。謹按律呂正義後編置鍾之式。以陽律置上簨。陰呂置下簨。自東而西懸之。如用陽律為宮。則擊上鍾。陰呂為宮。宜擊下鍾。臨期以下鍾易置上位而擊之。

編鍾制

十六枚。外形仝一制。而中之容積依律遞減。紐為双龍。中為雲龍文。近唇如滿月。六以受擊。前鑄其年製。後鑄律名。

倍夷則之鐘倍者、非言鐘之倍體、乃聲應倍律、倍呂之鐘也、故列

於黃鐘之前、

内高七寸三分一釐六豪七絲　中徑六寸八分八釐零一絲　上頂下口内徑俱四寸七分七釐三豪一絲　中容積二百二十五寸一十六分七百五十五釐八百四十豪　體厚一分三釐三豪重一百七十九兩七錢合斤一十一斤三兩七錢

倍南呂之鐘

内高七寸三分零七豪七絲　中徑六寸八分六釐二豪一絲　上頂下口内徑俱四寸七分五釐五豪一絲　中容積二百二十三寸四百六十分

十六編鐘外同一制隨體厚而內高與徑遞減其度

黃鐘正體鐘

繪圖用半度

三百十一釐六百八十豪　體厚一分四釐二豪
重一百九十二兩合斤一十二斤
倍無射之鐘
内高七寸三分零一絲　中徑六寸八分四釐六
豪九絲　上頂下口内徑俱四寸七分三釐九豪
九絲　中容積二百二十二寸一百五十分二百
一十一釐二百豪　體厚一分四釐九豪六絲
重二百零二兩二錢合斤一十二斤十兩二錢
倍應鐘之鐘
内高七寸二分九釐二豪一絲　中徑六寸八分

三釐零九絲　上頂下口內徑俱四寸七分二釐
二毫九絲　中容積二百二十寸七百七十分二
十三釐四十毫　體厚一分五釐七毫六絲　重
二百一十三兩（合斤一十三斤五兩）

黄鐘之鍾

內高七寸二分九釐　中徑六寸八分二釐六毫
六絲　上頂下口內徑俱四寸七分一釐九毫六
絲　中容積二百二十寸三百九十九分二百一
十一釐五百二十毫　體厚一分五釐九毫八絲
重二百一十六兩（合斤一十三斤八兩）

大呂之鐘

内高七寸二分八釐一豪四絲　中徑六寸八分零九豪五絲　上頂下口内徑俱四寸七分零二豪五絲　中容積二百一十八寸九百二十五分三百四十八釐四百八十豪　體厚一分六釐八豪三絲　重二百二十七兩五錢（合斤一十四斤三兩五錢）

太簇之鐘

内高七寸二分七釐二豪四絲　中徑六寸七分八釐一豪四絲　上頂下口内徑俱四寸六分八釐四豪四絲　中容積二百一十七寸三百七十

二分六百三十六釐八百豪　體厚一分七釐七豪三絲　重二百三十九兩七錢合斤一十四斤一十五兩七錢

夾鐘之鐘

內高七寸二分六釐零四絲　中徑六寸七分六釐七豪四絲　上頂下口內徑俱四寸六分六釐零四絲　中容積二百一十五寸二百九十七分三百七十七釐九百二十豪　體厚一分八釐九豪三絲　重二百五十六兩合斤一十六斤

姑洗之鐘

內高七寸二分五釐零二絲　中徑六寸七分四

釐七豪一絲　上頂下口內徑俱四寸六分四釐零一絲　中容積二百一十三寸五百五十分五百七十七釐二百八十豪　體厚一分九釐九豪五絲　重二百六十九兩六錢合一十六斤一十三兩六錢

仲呂之鍾

內高七寸二分三釐六豪七絲　中徑六寸七分二釐　上頂下口內徑俱四寸六分一釐三豪中容積二百一十一寸二百一十五分九百一十一釐四十豪　體厚二分一釐三豪　重二百八十八兩合一十八斤

勾之一矩有半。譬如小矩勾。為一尺八寸。則大矩股為二尺七寸。即所謂為一為二為三之意也。博為一。謂股濶廣一分。計九寸。股為二。謂股長二分。計尺八。鼓為三。謂鼓長三分。計二尺七寸。參分股博。去一為鼓博。則鼓廣六寸。參分鼓博以一為厚。則通上下其厚二寸。此黃鍾特磬之磬。其他磬皆依律起度。又磬之厚者聲清。薄者聲濁。太上聲清。故摩使薄。薄而廣則濁。太下聲濁。由薄不可使厚。故摩使短。短則形小。小則厚。厚則清。正義云。若以股博為股之半。則鼓廣復去三分之一。毋乃太狹若以股博為鼓之半。而鼓廣為股博三分之二。則體制適合。彼鼓大至二尺七寸者。為黃鐘特磬。至編磬則用其半。

特磬制

乾隆二十四年。西域耆定。和闐悉入版圖。采玉豐博。式叶鳴球。

上允廷議。依律琢特磬十二。以儷鑄鐘。春丁用第四磬應夾鐘之呂。股倨一尺二寸一分三厘六毫。博九寸一分四毫。鼓倨一尺八寸二分四毫。博六寸六厘八毫。厚八分六厘四毫。前鐫

中和韶樂特磬

按皇圖要覽云。帝嚳造鐘磬。昔人有言玉磬在堂上。玉美石也不必藍田夜光而後謂之玉石磬在堂下。又樂記云。石聲磬。磬以立辨。宋儒謂石聲難和。石聲和。則八音無不和矣。故詩曰。既和且平。依我磬聲。其是之謂歟。考工記云。磬人之為磬也。倨句一矩有半。其博為一。股為二。鼓為三。參分其股博。去一以為鼓博。參分其鼓博。以其一為之厚。已上則摩其旁。已下則摩其耑。夫倨句一矩有半者。倨之為言曲也。禮記註。微曲曰倨。大曲曰句。律呂正義謂矩之小者為勾。矩之大者為股。勾為二分。股為三分。則股為古闊一丈中下二簨俱闊六尺四寸高三寸五分刻朶雲各八下垂金鈎以懸鍾上業縷雲龍文高七寸四分下業鏤山水形高二寸五分虡高六尺四寸闊四寸一分厚亦如之承以五彩伏獅高一尺六分下為趺縱二尺四寸横一尺高如之趺上垣高三寸鏤山水形上簨脊樹金鸞五咮銜五彩短流蘇龍首亦如之垂至趺

奏法

每奏一字之始以歌聲所屬之律先擊之以導衆音每句四字四响為一字之始條理（椎詳於磬椎）

口釐一豪一絲　上項下口內徑俱四寸五分三
釐四豪一絲　中容積二百零四寸四百一十二
分四百六十六釐二百四十豪　體厚二分五釐
二豪五絲　重三百四十一兩三錢合斤二十一斤五兩三錢

無射之鐘

內高七寸一分八釐三豪七絲　中徑六寸六分
一釐四豪一絲　上項下口內徑俱四寸五分零
七豪一絲　中容積二百零二寸八十四分三百
九十八釐七百二十豪　體厚二分六釐六豪
重三百五十九兩五錢合斤二十二斤七兩五錢

應鐘之鐘

内高七寸一分六釐五豪七絲　中徑六寸五分七釐八豪　上頂下口内徑俱四寸四分七釐一豪　中容積一百九十八寸九百七十一分五百一十釐四百豪　體厚二分八釐四豪　重三百八十四兩十四斤二合

以上所紀重數乃本體之重而懸鐘之甬鈕不與焉

簨虡制

皆塗以金。通高九尺。中横爲三簨。上簨左右刻龍

蕤賓之鐘

內高七寸二分二釐五豪三絲　中徑六寸六分九釐七豪二絲　上項下口內徑俱四寸五分九釐零二絲　中容積二百零九寸二百五十分七百六十釐三百二十豪　體厚二分二釐四豪四絲　重三百零三兩四錢（合斤一十八斤一十五兩四錢）

林鐘之鐘

內高七寸二分一釐六豪五絲　中徑六寸六分七釐九豪六絲　上項下口內徑俱四寸五分七釐二豪六絲　中容積二百零七寸七百二十九

分二百零八釐八百八十八豪　體厚二分三釐三豪二絲　重三百一十五兩三錢（合斤一十九斤一十一兩三錢）

夷則之鐘

內高七寸二分一釐三豪三絲　中徑六寸六分七釐三豪二絲　上頂下口內徑俱四寸五分六釐六豪二絲　中容積二百零七寸一百八十分四百七十八釐八十豪　體厚二分三釐六豪四絲　重三百一十九兩六錢（合斤一十九斤一十五兩六錢）

南呂之鐘

內高七寸一分九釐七豪二絲　中徑六寸六分

御製銘後鎛特磬第四夾鐘乾隆二十有六年歲在辛巳冬十一月乙未朔越九日癸卯琢成秋丁第十磬應南呂之呂八月用之股脩八寸六分四厘博六寸四分八厘鼓脩一尺二寸九分六厘博四寸三分二厘厚一寸一分五厘二毫鎛式同一體若夫取材之地載于禹貢徐州則泗濱浮磬雍州則璆鐵銀鏤砮磬圖書編謂泗濱浮磬後世以其聲下不和易以華原所出則雍州之產也延及近世多用靈璧石則仍徐州境要以應律諧聲不失聖人制作之意何必以地拘爲

鐘磬椎制

鐘磬之椎。古俱以棗木爲之。削竹作柄。垂絲固結。令太常所用。以檀木爲卧鼓形。柄髹朱。磬椎比鐘椎差小。

磬架制

梓人以羽屬爲磬簴。謂羽恒無力而輕。其聲清揚而遠聞。其制方趺刻羽屬。如鵝狀伏于趺。白羽朱喙。上簨左右刻鳳首。塗以金崇牙。不施銅鉤。用黃絨絲穿磬孔中。懸之鳳項下。設環。御翣簨簴。尺寸制度。則第四磬與第四鐘架同。第十磬與第十鐘架同。

奏法

樂既闋。而後擊特磬以收其韻。所云玉振也者。終條理也。擊之時。厚者宜重。不宜輕。輕則不清。薄者宜輕。不宜重。重則不和。故擊諸器不詳輕重。獨磬及之者。以輕重之中有妙義爲。

學宮樂譜

中和韶樂編磬

上下簨共十六枚編懸于一架其音律列序與編鐘同一名歌磬玉振其卦乾其時秋冬之交其方西北之維其風不周其聲角其音辨立冬之氣也

編磬制

用靈璧石為之兩面繪雲龍股側鐫年號鼓側鐫律名中穿小孔以黄絨紃懸之體製無别而厚薄有差故聲得分清濁

股各七寸二分九厘　鼓各一尺零九分三厘五毫

股博各五寸四分六厘七毫五絲　鼓博各三寸六分四厘五毫

倍夷則之磬六分零六毫八絲　倍南呂之磬六分四厘八毫

倍無射之磬六分八厘二毫六絲　倍應鐘之磬七分一厘九毫一絲

黃鐘之磬七分二厘九毫　大呂之磬七分六厘八毫

太簇之磬八分零九毫　夾鐘之磬八分六厘四毫

姑洗之磬九分一厘零二絲　仲呂之磬九分七厘二毫

蕤賓之磬一寸二厘零四毫　林鐘之磬一寸零六厘四毫

夷則之磬一寸零七厘八毫七絲　南呂之磬一寸一分五厘二毫

無射之磬一寸二分一厘三毫六絲　應鐘之磬一寸二分九厘六毫

簨簴制

簨簴制尺寸皆同編鐘惟上簨左右刻鳳首脊樹

金鳳五上業縷鳳文趺飾卧鳧白羽朱喙

十六編磬形同一制厚薄有損益故聲得分清濁

繪圖用其半度

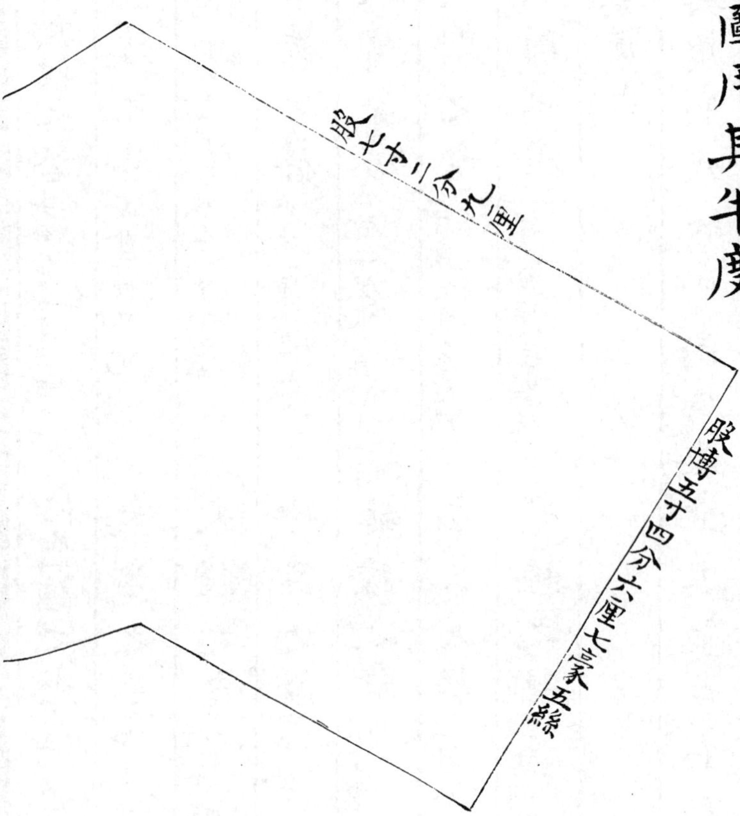

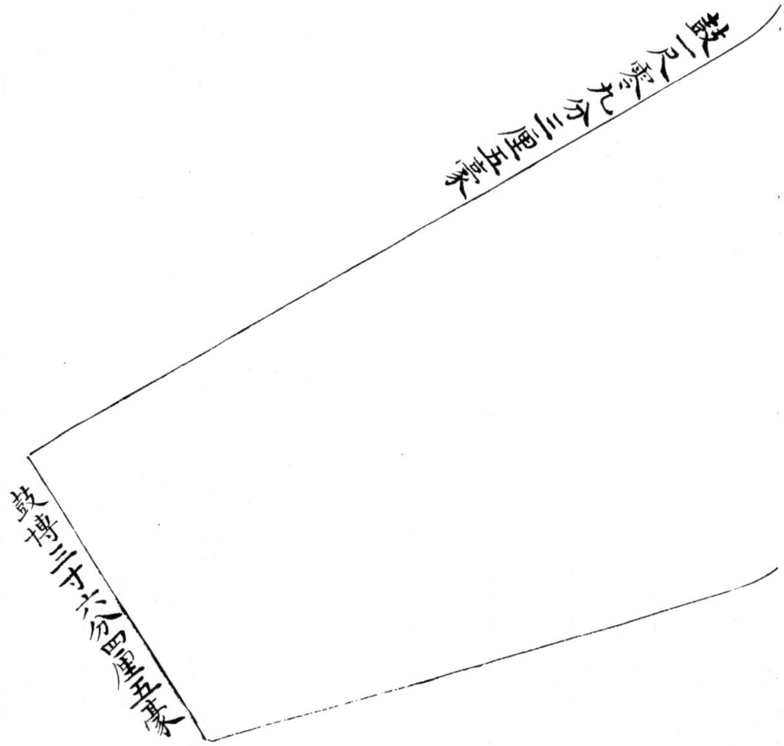
鼓一尺零九分三厘五毫
鼓博三寸六分四厘五毫

奏法

每奏一字。聽歌聲所屬之音將終。即擊所屬之磬。以收衆音。每句四字四响。乃一字之終條理也。

學宮樂譜卷下

閩晉水許宗鶴述編

中和韶樂琴

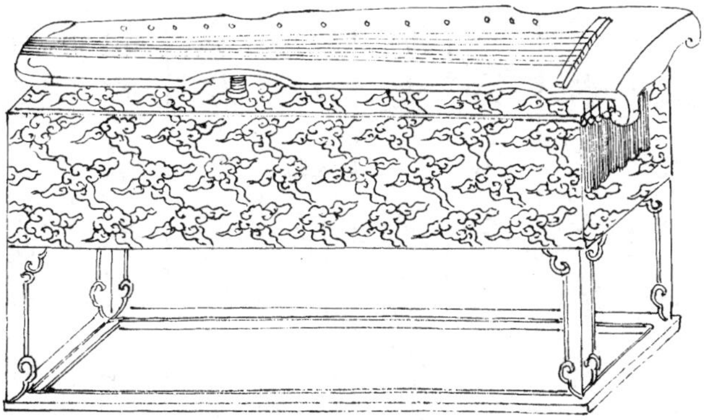

粤自伏羲既感河圖以畫八卦爰聽八風而製音律採嶧山孤桐則鳳凰之形合隂陽之材造為雅樂名之曰琴琴者禁也禁邪僻而防淫佚範心思以式中正所以脩身理性返其天真忘形合虛凝冲太和者也琴有大小兩器禮記云大琴大瑟中琴小瑟大琴謂之離長七尺二寸二十七絃絃用純素絲為之今用朱絃中琴制長三尺六寸五分象周天三百六十五度一歲三百六十五日首廣五寸五分象五行有餘身廣六寸象六合尾廣四寸五分象四時有餘閏額長二寸四分象二十四

氣頷高五分象五鎮厚三分象三德或云五分以三為上二為下象參天兩地首足尾翅脩四象也上圓象天厚八分象八風下方象地厚三分象三光天取向東之桐欲知木之向東南者投於水中陽浮於上者是也陰沉於下則向西也其音與向陽者不同製琴之木必使木液竭而濁性盡先刳其中圓其外投瀑水中周歲垂烈日經年又閣于廚房累月然後晝成其美地取向西之梓以象剛柔合而為之漆以鹿角漆中藏天地二柱天柱圓厚七分居四徽之間地柱方厚六分居八九徽之界額廣腰狹象尊卑十三徽象十二月配十二律餘一徽為君徽居中象閏月以七徽應之龍池長八寸以通八

風鳳沼長四寸以合四氣用五絃以按五音象五行備君臣民物事也泛音輕清而上浮天也實音重濁而下凝地也散音居中人也三才之道備矣

琴制

夫子之琴三尺六寸四分為古尺四倍黃鐘之度時用大琴通體三尺八寸上下命為古尺之度約以今尺得三尺一寸三分四厘七毫製為通體之長以夫子之琴古尺三尺六寸為岳山至焦尾絃度之數約以今尺得二尺九寸一分六厘其岳山內際至額之度用二寸一分八厘七毫額廣五寸

一分零三毫。肩濶五寸八分三厘二毫。腰廣四寸三分七厘四毫。尾如之。岳山高四分八厘六毫。厚二分四厘三毫。龍齦濶一寸二分。龍池長六寸二分三厘。鳳沼長二寸五分一厘一毫。濶皆六分四厘八毫。皃掌高一寸一分三厘四毫。雁足高八分九厘一毫。軫長一寸五分三厘九毫。軫池長三寸七分二厘六毫。濶五分六厘七毫。穿孔以受軫。軫用黄絨紃上出以綰絃。岳山焦尾俱用檀木。設雁足於絃度四分之三。冪用黄緞。承以几。

安徽說

琴必先安七徽者以十三徽中第七徽得絃度之半謂之中徽以其平分五聲之正位也七徽既平分絃度之半復以半度平分為二則四徽與十徽之分以四徽至岳山十徽至焦尾之度平分為二則一徽與十三徽之分於是以絃之全度三分之其一分為五徽其二分為九徽復以五徽至岳山之度半之為二徽以九徽至焦尾之度半之為十二徽仍以絃度五分之其一分為三徽其二分為六徽其三分為八徽其四分為十一徽此琴徽折取之定分也至取音於徽分間有上下者盖以五

音相生之度有當徽不當徽之別也其當徽而七絃俱用者惟七徽四徽一徽皆得本絃之正聲故又謂之三準七徽為七絃全度之半四徽為七徽之半而一徽又為四徽之半也五徽九徽十徽之音雖當徽然七絃之中間有不用者所以徽分與絃度不可不並舉而詳覈之也徽飾以蠃殼

製絃法

夫絃之巨細所以分各絃全度之音徽之疏密所以節各絃之七音律呂正義據管子摟律之數以製絃法用十二絲為一綸一絃應倍徵用百零八

綸二絃倍羽用九十六綸三絃為宮用八十一綸
四絃為商用七十二綸五絃為角用六十四綸六
絃為徵用五十四綸七絃為羽用四十八綸此依
三分損益之法以為七絃巨細之分色用朱其絲
必附于木者以絲為離音盛德在火子不離母也
離其音徵此大絃所以尚徵而用倍徵之數也

上琴法

絃綰於黃絨紃繞龍齦下繫於雁足法用布帕卷
作團將絃尾纏諸其上平坐置琴膝上如上一二
三四絃琴面向身底向外夾兩膝間右雁足抵於

右膝。右手將帕連絃扯緊。左手將絃助送過焦尾。試絃之和否。如未和。再扯送。至和。以左手按琴。右手將絃纏於左雁足。如上五六七絃。琴面向外。底向身。以左雁足抵於左膝。用左手扯絃帕。右手助送和絃。絃纏於右雁足。上第一絃。以笛之頭管合字。和一絃之七徽。次上二絃。用無名指按一絃之十三徽。以大指托二絃和之。次上三絃。以一絃十徽和之。餘他絃各間一絃之十徽和之。惟第五絃則和以三絃之十徽八分。絃以外極粗者為一絃。漸次而細。至近身之絃極細。為七絃。

和絃

先取七絃為準○七絃之散聲○和以五絃之十徽○六絃之散聲○和以四絃之十徽○五絃之散聲○和以三絃之十徽八分○四絃之散聲○和以二絃之十徽○三絃之散聲○和以一絃之十徽○

定調

黃鐘宮聲立羽絃起調姑洗角聲立宮絃主調為正宮調

徵一絃 定倍無射之律 變宮合字 得下徵之分

羽二絃 定黃鐘之律 宮聲四字 得下羽之分

應太簇之律 商聲乙字 為變宮之分

宮三絃　定姑洗之律　角聲上字　得宮絃之分

商四絃　定蕤賓之律　變徵尺字　得商絃之分

角五絃　定夷則之律　徵聲工字　得角絃之分

應無射之律　羽聲凡字　為變徵之分

徵六絃　定半黃鐘之律　變宮六字　得徵絃之分

羽七絃　定半太簇之律　宮聲五字　得羽絃之分

絃音諸調。雖無二變。而定絃取音。必審二變之聲。必計二變之位。故並載之。至於清宮調。音仝而聲清。其餘他調。皆以正宮調推轉。而成清濁二均十四調之法。茲不備載。以上和絃定調之式。乃謹遵

御製律呂正義成憲而言今太常樂部奏法又有定規謹按
御製律呂正義後編通例惟照各宮各調按律定七絃散聲如黃鐘為宮以一絃為下羽二絃為宮三絃為商四絃為角五絃為徵六絃為羽七絃為宮則先以黃鐘之律定七絃使應簫之工字笛之五字而按五絃之十徽以應之次以無射之律定六絃使應簫之上字笛之凡字而按四絃之十徽以應之次按三絃之十徽使與五絃應次按二絃之十一徽使與四絃應次按大絃之十徽使與三絃應則五音散聲無不悉叶而成黃鐘一均又如太簇為

宮。亦以一絃為下羽。二絃為宮。三絃為商。四絃為角。五絃為徵。六絃為羽。七絃為宮。則先以太簇之律定七絃。使應簫之凡字。笛之乙字。餘可類推。按徵和絃之法。與黃鐘宮調同。茲

文廟奏樂之琴。當依

例以一絃為下羽。二絃為宮。三絃為商。四絃為角。五絃為徵。六絃為羽。七絃為宮。春丁一絃和倍應鐘。應簫之尺字。笛之六字。二絃和夾鐘。應簫之凡字。笛之乙字。三絃和仲呂。應簫之六字。笛之上字。四絃和林鐘。應簫之五字。笛之尺字。五絃和應鐘。應簫之上字。笛之凡字。六絃倍應鐘。應簫之尺字。笛之六字。七絃和夾鐘。應

琴絃度得四倍黄鐘之分
為今尺二尺九寸一分六
釐繪圖約以四分之一
通體長三尺一寸三分四
釐七豪
絃度長二尺九寸一分六
釐自岳山内際至焦尾計算
[illegible]

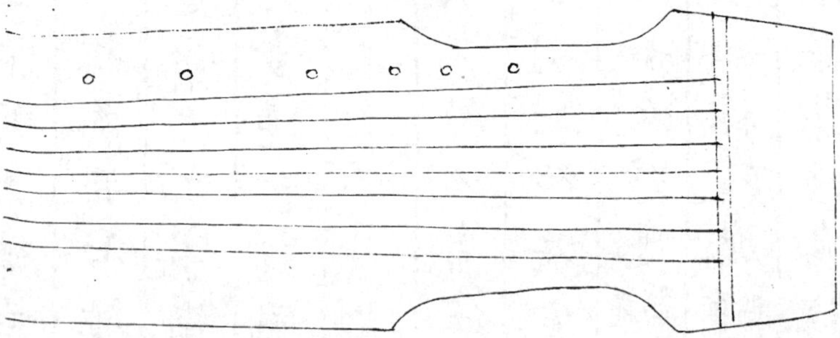

額廣五寸一分零三毫
肩濶五寸八分三厘二豪

岳山至額二寸一分八厘七豪自岳山內際至額計算

岳山厚二分四厘三豪

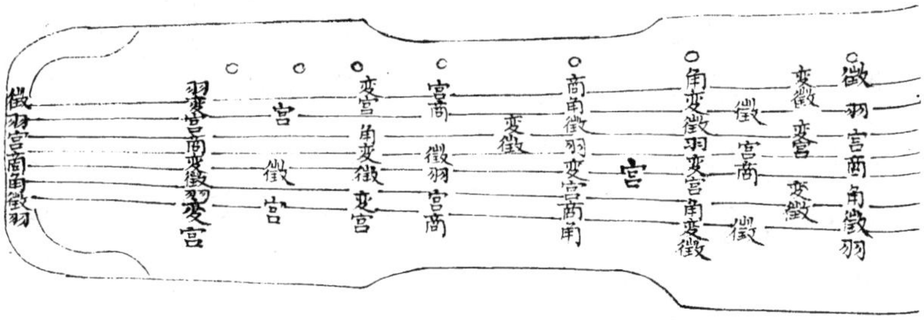

腰廣四寸三分七厘四豪

尾闊四寸三分七厘四豪

簫之凡字笛之乙字秋丁一絃和仲呂應簫之六字笛之上字二絃和南呂應簫之乙字笛之工字三絃和應鍾應簫之上字笛之凡字四絃和倍應鍾應簫之尺字笛之六字五絃和夾鍾應簫之凡字笛之乙字六絃和仲呂應簫之六字笛之上字七絃和南呂應簫之乙字笛之工字按譜以奏則琴之道備矣

指法

指法之字難以全寫故用字之偏旁與徽之分數合成一字然後得其樣字邊應用其指法其徽位如右手指法寫乙者用食指向外挑之寫勹者用中指向內勾之一二三四五六七者絃數也瑟之

指法同此。

鼓琴法

立對於四五徽之間。用右手鼓絃。與瑟相和。聲音如一。勿使有出入於其間。

中和韶樂瑟

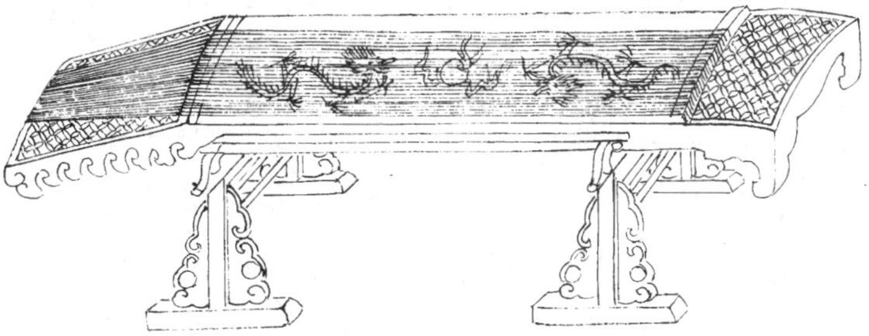

庖羲氏所作也絃五十黄帝使素女鼓之哀不自勝破為二十五絃爾雅云大瑟謂灑長八尺一寸言瑟變聲流離布出如灑又瑟者閑也所以懲忿窒慾正人之德於卦為離於方為南於風為景於氣為夏至其制以其一為首之長而尾倍之四分其尺有八之廣去一以為尾之廣桐為面梓為腹首廣尾狹腹下開二越使其聲條達首越對首岳形圓尾越對尾岳形方中施九梁梁下相連使其聲得以從容瑟體云武崇武崇言厚也四隅刻雲以緣其武取雲之和古瑟以栽漆蒙其壁與首尾

腹其背不漆。恐柱之蹶也。

瑟制

黃鐘之度。七寸二分九厘也。今以九倍之數。而為瑟通體之長。得六尺五寸六分一厘。適合古尺之八尺一寸。首用倍黃鐘之度為廣。得一尺四寸五分八厘。自首至尾。分為四節。以首廣之倍黃鐘。分為二十分。即黃鐘之十分也一節遞減一分。每分得七分二厘九毫以二十分之十九分為前腰。得一尺三寸八分五厘一毫。二十分之十八分為後腰。得一尺三寸一分二厘二毫。二十分之十七分為尾廣。得一尺二

學宮樂譜

寸三分九厘三毫。前梁一云梁者即岳山是也至首額用黃鍾之分。為七寸二分九厘。後梁至尾末用倍黃鍾之分。為一尺四寸五分八厘。前後梁之廣高俱用黃鍾十分之一。為七分二厘九毫。用以檀木。除首尾共三倍黃鍾之分。二梁以內絃分之長用六倍黃鍾之分。為四尺三寸七分四厘。飾以雲龍。前後錦文。側為流雲。至體之高。則前首面以黃鍾之分為通高。得七寸二分九厘。以黃鍾十分之六為額厚。得四寸四分一厘四毫。自邊至足。以黃鍾三分之二為通高。得四寸八分六厘。其後尾面以黃鍾十分之八為通高。得五寸八分五厘二毫。以半黃鐘為尾厚。得三寸六分四厘五毫。自邊面至足。亦以半黃鐘為通高。以黃鐘四分之一為邊厚。得一寸八分二厘二毫五絲。越二。前方。徑四寸三分七厘四毫。後上圓下平。徑如之。下濶五寸一分三厘。梁外各設穿絃孔二十五。飾以蚌。髹金座二承之。柱用桑木。

制絃法

絃二十五。以外一絃為第一絃。近身一絃為第二十五絃。古者以外十二絃用大絃。近身十二絃用小絃大絃絲用八十一縷小絃絲用七十二縷絃別以五色每絃施一柱惟第十三絃居中不用柱亦不彈以為君絃後世所用二十四絃均仝一體只有中絃為君較他絃稍大色用純素律呂正義定制絲仝一制以三倍黃鐘為之得二百四十三綸蓋以設柱別清濁故不分巨細中一絃用黃色以別之兩邊各用朱絃十二

上絃法

先以絃穿入首岳旁竅內以手探越取出絃頭繫以絨條將絃抽抵其竅即以絃尾穿入尾岳旁竅

以手探岳取出纏於食指着力緊拽用濕布巾按住和音然後以餘絃綰本絃之梁外取黃鐘正宮之下徵以定中絃之散聲復以中絃全度四分之三設柱以和之黃鐘正宮之聲為一瑟之主而他絃皆取法乎此於是以上十二絃為濁音一均之分散聲皆和以黃鐘宮之徵音下十二絃為清音一均之分散聲皆和以大呂之徵音取徵音者以絲音尚徵之義也

定調

黃鐘宮聲主調姑洗角聲立宮為正宮調

第一絃 十四絃 定以正無射之律 正應鐘之呂 變宮合字 高合字 爲下徵之分

第二絃 十五絃 定以正黃鐘之律 正大呂之呂 宮聲四字 高四字 爲下羽之分

第三絃 十六絃 定以正姑洗之律 正中呂之呂 角聲上字 高上字 爲宮絃之分

第四絃 十七絃 定以正蕤賓之律 正林鐘之呂 變徵正尺 高尺字 爲商絃之分

第五絃 十八絃 定以正夷則之律 正南呂之呂 徵聲工字 高工字 爲角絃之分

第六絃 十九絃 定以倍無射之律 倍應鐘之呂 清變宮六字 高六字 爲徵絃之分

第七絃 二十絃 定以正黃鐘之律 正大呂之呂 清宮五字 高五字 爲羽絃之分

第八絃 二十一絃 定以正姑洗之律 正中呂之呂 應三絃之半聲上字 高上字 為半宮之分

第九絃 二十二絃 定以正蕤賓之律 正林鐘之呂 應四絃之半聲尺字 高尺字 為半商之分

第十絃 二十三絃 定以正夷則之律 正南呂之呂 應五絃之半聲工字 高工字 為半角之分

第十一絃二十四絃定以半黄鍾之律半大呂之呂應六絃之半聲六字高六字為半徵之分

第十二絃二十五絃定以半太簇之律半夾鍾之呂應七絃之半聲五字高五字為半羽之分

以笛之頭孔合字定一絃聲音字色亦與笛同若定商調則以濁音均十二絃内第二絃下羽之分定以太簇之律清音均十二絃内第二絃下羽之分定以夾鍾之呂其餘各絃依次遞遷旋相為用爲

文廟奏樂之調鼓清音均之絃舂丁第十四絃應下徵音第十五絃聲應清變宮六字以笛之字色言下同十六絃應清商乙字十七絃應清角上字十八絃應清變徵尺字十九絃應清羽凡字二十絃應十五絃之

瑟絃度得六倍黃鐘之分為今尺四尺三寸七分四釐繪圖約以八分之一

通體長六尺五寸六分一釐

絃度長四尺三寸七分四釐自前梁內際至後梁內際計算

前梁至首額七寸二分九釐自前梁內際至首額計算

後梁至尾末一尺四寸五分八釐自後梁內際至尾末計算

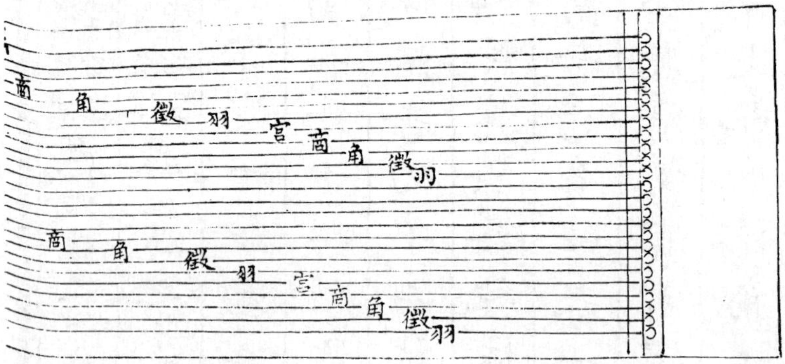

首廣一尺四寸五分八釐

前腰一尺三寸八分五釐一豪

前後梁廣高俱七分二厘九豪

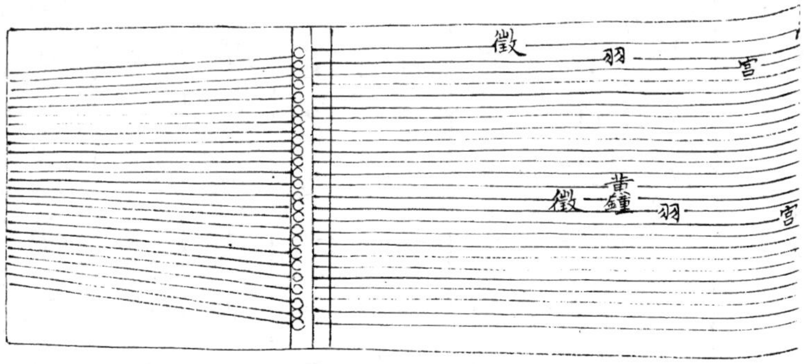

後腰一尺三寸一分二厘二豪

尾廣一尺二寸三分九厘三豪

半聲。二十一絃應十六絃之半聲。二十二絃應十七絃之半聲。二十三絃應十八絃之半聲。二十四絃應十九絃之半聲。二十五絃應二十絃之半聲。秋丁十五絃應清角上字。十六絃應清徵工字。十七絃應清羽凡字。十八絃應清變宮六字。十九絃應清商乙字。二十。二十一。二十二。二十三。二十四。二十五。仍與十五。十六。十七。十八。十九。二十之半聲應。指法之字與琴同。

鼓瑟法

陽調鼓黃鐘宮一均之絃。陰調鼓大呂宮一均之絃。合二絃以取音。使高下相宜。全半相叶。不偏不倚。不咽不撇。翕然得中和之聲。故琵之用。先取音於兩均。復於各均內合兩絃以取聲。是則兩絃之應於一聲者。分高低於一均之內。而一律一呂。各聲之分清濁者。又合二均於一器。上下符湊。高低應和。始為樂之成也。

中和韶樂鳳簫

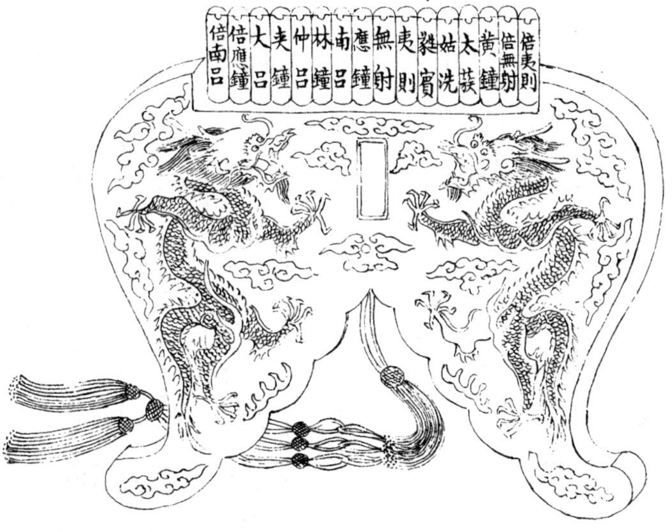

狀如鳳翼音著鳳聲謂之鳳簫簫者肅也其聲肅肅而清又名排簫史稱伶倫取嶰谷之竹斷節為筩聽鳳凰之音雄鳴六雌鳴六遂制為律本五音正變由此而生其形長短並列參差以象鳳翼其用單吹無旁出孔廣雅云籟謂之簫大者二十四管小者十六管以十二管配十二律餘四管為清聲配黃鐘大呂太簇夾鐘之半音律呂正義以四清聲過高其聲靡靡不合音律改為四倍聲即夷則南呂無射應鐘之倍管其音恰與正律相配而施於正律之前以備旋宮轉調之用為諸樂之綱

領管列一櫝夫古者以律呂兼配其音清濁自右而左右最濁左最清故以黄鍾為右之首管而大呂次之太簇又次之至尾管為夹鍾之半管正義以陰陽相雜不得其宜乃分陰陽為二均並分左右翼而置之如陽律則以黄鍾為倍音均之主立於第三位而倍夷則下羽立於東首第一管向西而序之則倍無射變宮為第二管至第八管為無射之正管此左翼列管之序也陰呂以大呂為清聲均之主立於第三位以倍南呂下羽立於西首第一管向東而序之則倍應鍾變宮為第二管至

第八管為應鍾之正管。此右翼列管之序也。是以黃鐘大呂自統一均。所謂陰陽以類相從而不雜者此也。

鳳簫制

截有十六管。分陰陽二均。徑各二分七厘四毫二絲。管口開半竅。以為吹口。列管於櫝。上齊下參差。櫝以木為之。中四而虛。以受管。高九寸四分七厘七毫。厚一寸九厘三毫。口濶六寸九分九厘八毫。肩濶一尺一寸六分一厘。緣以朱。足相距一尺一寸三分三厘五毫。隨管之長短。左右漸張以掩之。

古者面制金鳳文綵。

聖祖仁皇帝頒於闕里。則繪双金龍於兩旁。中金書康熙

御製。管端露上一寸九分。以便於吹。管面各鐫律名。左第一管長九寸一分零二毫。聲應倍夷則之律下羽低上字。（聲字與洞簫同）第二管長八寸零九厘。聲應倍無射之律變宮低尺字。第三管長七寸二分九厘。聲應黄鐘之律宮音工字。第四管長六寸四分八厘。聲應太簇之律商音凡字。第五管長五寸七分六厘。聲應姑洗之律角音合字。第六管長五寸一分二厘。聲應蕤賓之律變徵四字。第七管長四寸五

繪圖用半度

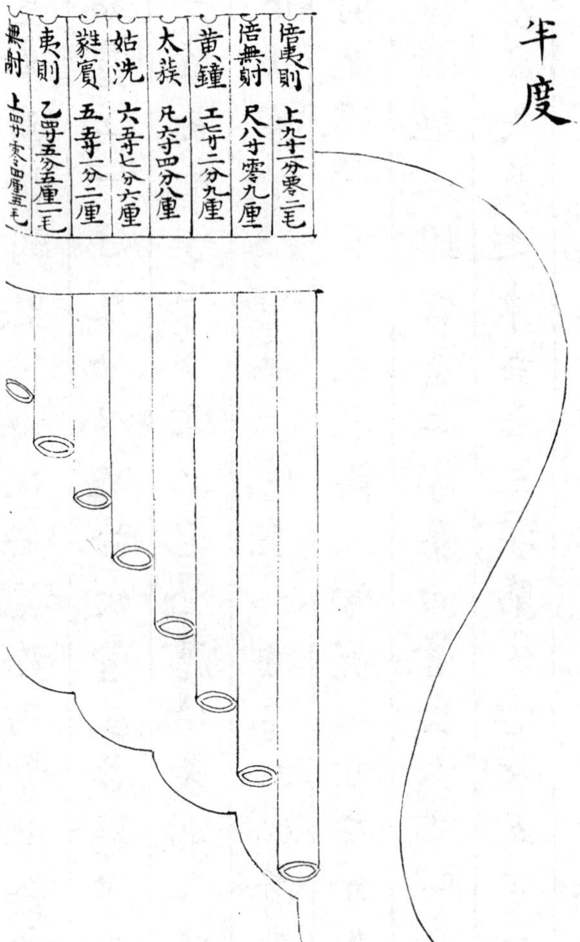
倍夷則 上九寸一分零二毛
倍無射 尺八寸零九厘
黄鐘 工七寸二分九厘
太簇 凡六寸四分八厘
姑洗 六五寸七分六厘
蕤賓 五五寸一分二厘
夷則 乙四寸五分五厘一毛
無射 上四寸零四厘五毛

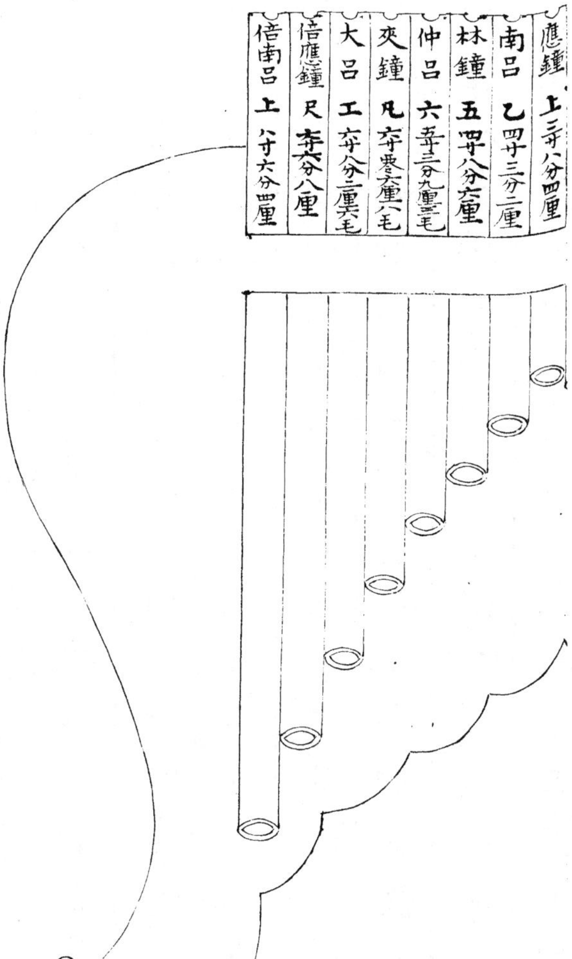
應鍾 上 三寸八分四厘
南呂 乙 四寸三分二厘
林鍾 五 四寸八分六厘
仲呂 六 五寸三分九厘二毫
夾鍾 凡 六寸四分六厘八毫
大呂 工 六寸八分二厘六毫
倍應鍾 尺 七寸六分八厘
倍南呂 上 八寸六分四厘

分五厘一毫。聲應夷則之律徵音乙字。第八管長四寸零四厘五毫。聲應無射之律羽音上字。此左翼八管也。右第一管長八寸六分四厘。聲應南呂之呂下羽上字。第二管長七寸六分八厘。聲應倍黃鐘之呂變宮尺字。第三管長六寸八分二厘六毫。聲應大呂之呂清宮高工字。第四管長六寸零六厘八毫。聲應夾鐘之呂清商高凡字。第五管長五寸三分九厘三毫。聲應中呂之呂清角高六字。第六管長四寸八分六厘。聲應林鐘之呂清變宮高五字。第七管長四寸三分二厘。聲應南呂之呂清徵高乙字。第八管長三寸八分四厘。聲應應鍾之呂清羽高上字。此右翼八管也。

吹法

兩手捧持。陽律倚於左手。陰呂倚於右手。陽調則吹黃鍾宮一均之管。陰呂則吹大呂宮一均之管。仍按歌聲所屬之音而吹之。

學宮樂記　卷

一

中和韶樂洞簫

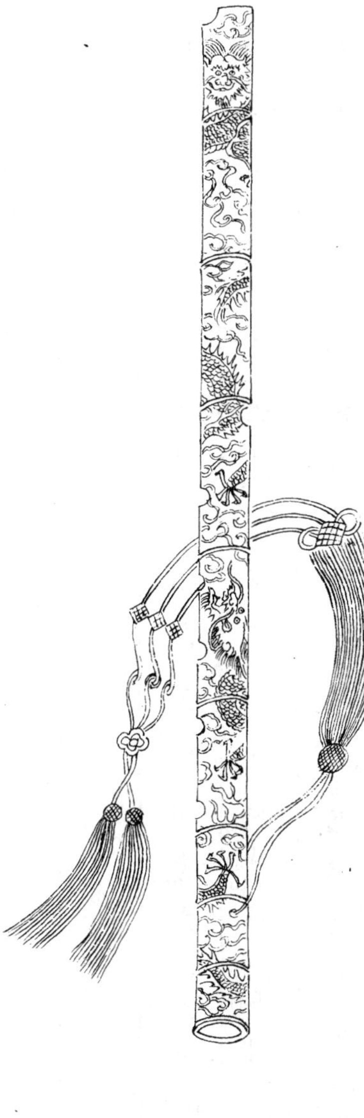

簫以洞名言空洞無底以通衆音之壅滯而使之疏暢用紫竹為之本於鳳簫而作中呂之器夏至之音欲定黄鍾者非簫不為功

洞簫制

備七音於一管寓十二律於其間古之制法不一難得其準律呂正義定為四管而姑洗簫配排簫之陽律仲呂簫配排簫之陰呂二管得音尤為協和故謹述兩管之制以備律呂二均之用為笙笛及壎篪亦然按姑洗簫以四倍黄鍾為體徑四分三厘五毫通長一尺七寸七分零五毫聲應夷則之律下

羽上字。聲之字色從排簫通長之上設出音孔。聲應倍無射之律變宮尺字。得一尺五寸八分四厘二毫。出音孔上第一孔之聲。應黃鐘之律宮聲工字。得一尺四寸零八厘一毫。第二孔應太簇之律商聲凡字。得一尺二寸五分一厘七毫。第三孔應姑洗之律角聲六字。得一尺一寸二分零四毫。第四孔應蕤賓之律變徵五字。得九寸九分五厘九毫。第五孔應夷則之律徵聲一字。得八寸五分。第六孔應半黃鐘之律變宮尺字。得七寸零四厘。其音與出音孔相應。其分得第一孔之半。居最上後出。此姑

繪圖用半度

仲呂簫

六十七分三厘四豪

八十一分二厘九豪

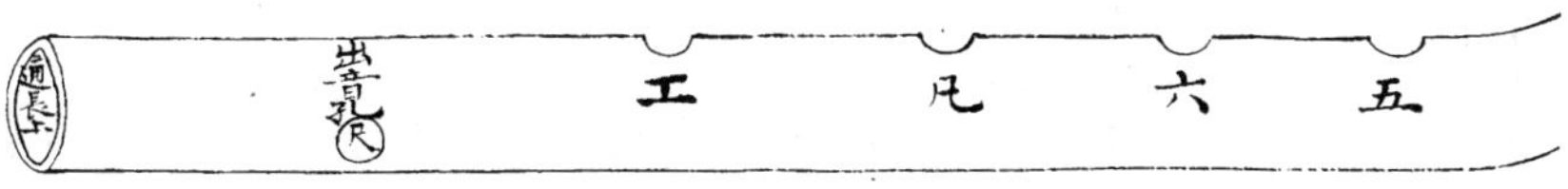

九寸五分二厘五豪

一尺零七分一厘六豪

一尺一寸九分七厘二豪

一尺三寸四分六厘八豪

一尺五寸一分五厘二豪

一尺六寸九分三厘四豪

徑四分一厘六豪

洗簫也。其仲呂簫。用三倍半黃鐘為體。徑四分一厘六毫。通長一尺六寸九分三厘四毫。出音孔一尺五寸一分五厘二毫。第一孔一尺三寸四分六厘八毫。第二孔一尺一寸九分七厘二毫。第三孔一尺零七分一厘六毫。第四孔九寸五分二厘五毫。第五孔八寸一分二厘九毫。後出孔六寸三厘四毫。應律用呂。聲音字色。與姑洗簫同。管首開半竅以為吹口。通髹以朱。繪雲龍。下有二孔相向。繫以紅絛。即出音孔也。

吹法

低上字之音。放後出孔。并第三孔。高上字。放第一孔。第二孔。第五孔。尺字六指皆閉。工字止放第一孔。凡字放第一孔。第二孔。六字放第一第二第三孔。五字止按第五六孔。乙字獨按第六孔。高尺字獨放後出孔。

學宫樂譜 卷

中和韶樂笛

龍笛者橫笛古所謂橫吹始自黃帝使伶倫伐竹於昆漢取而裁焉泝創於漢丘仲也夫笛者滌也所以蕩滌邪心納於雅正又滌衆音之煩穢而使之清朗是以笛音一定諸絃歌皆從此出笛之為物其節直而有制其心虛而能通其卦震其方東其時春其聲姑洗其風明庶其音濫春分之氣也周官笙師掌焉

龍笛制

龍笛之制四倍黃鐘之積為體謂之姑洗笛徑得四分三厘五毫通長一尺二寸五分一厘七毫聲

應乙字之分。與簫太簇商聲凡字同音。通長之間下一孔。長一尺一寸五分七厘二毫。通長之間上一孔。長一尺零八分三厘六毫。同為上字。與簫姑洗角聲六字同音。通長之上有二孔相向。為出音孔。長九寸九分五厘九毫。為尺字。與簫蕤賓變徵五字同音。出音孔上第一孔。長八寸八分五厘二毫。為工字。與簫夷則徵聲乙字同音。第二孔長七寸九分二厘一毫。為凡字。與簫無射羽聲上字同音。第三孔長七寸零四厘。為六字。與簫半黃鐘變宮尺字同音。第四孔長六寸二分五厘八毫。為五字。與簫黃鐘宮聲工字同音。第五孔長五寸三分四厘二毫。為乙字。與簫太簇商聲凡字同音。第六孔長四寸四分二厘六毫。為第一孔之半音。同為尺字。與簫蕤賓變徵五字同音。以尺字孔六字孔為低上字。以乙字孔凡字孔工字孔為高乙字。仲呂笛。用三倍黃鐘為體。徑四分六厘一毫。通長一尺九分七厘二毫。通長之間。下一孔。一尺一寸零六厘八毫。上一孔。一尺零三分六厘四毫。出音孔九寸五分二厘五毫。第一孔八寸四分六厘七毫。第二孔七寸五分七厘六毫。第三孔六寸七分三厘四毫第四孔五寸九分八厘六毫第五孔五寸一分零九毫第六孔四寸二分三厘三毫取聲字色與姑洗笛同律配仲吕簫之陰吕盡頭處開一孔以為吹口吹口上用布包小木塞斷以閉音（塞頭須臨吹口則氣輕易吹稍離則氣重矣）塞頭之外留長以接龍頭長短不拘惟取雅觀而已出音孔繫以紅絲外加龍尾通髹以朱繪花文龍首尾皆木質塗金首長二寸四分尾減二分古笛無膜今笛加膜謹按曲阜縣志載

朝會中和韶樂之笛吹口下有孔加竹膜是也

繪圖用半度

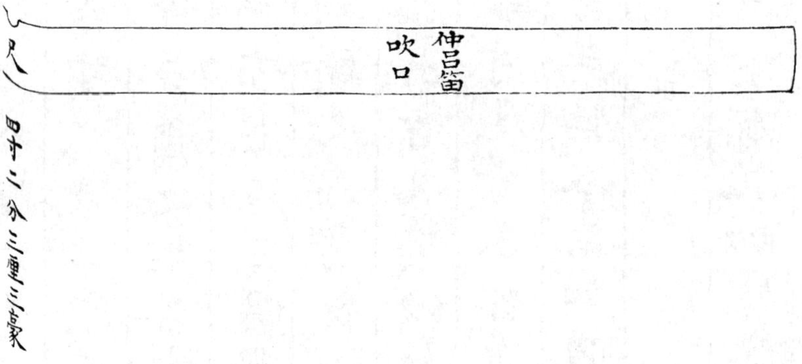

五寸一分零九豪

五寸九分八厘六豪

六寸七分三厘四豪

七寸五分七厘六豪

八寸四分六厘七豪

九寸五分二厘五豪

一尺零三分六厘四豪

一尺一寸零六厘八豪

一尺一寸九分七厘二豪

吹法

法橫吹而右偏。吹口在左。取音之理。與簫一體。茲不再贅。至簫之後出孔。即笛之第六孔。但取音之法雖同。而配合之音。比簫高四字。詳載制法中。

中和韶樂笙

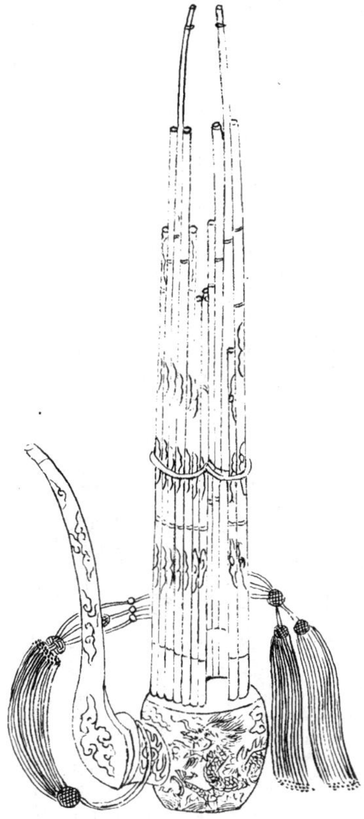

女媧命臣隨制笙以通殊風以財民用爾雅云大笙謂之巢小者謂之和世本云隋作笙以象鳳亦稱為鳳笙與竽器同和竽三十六簧笙十九簧皆言笙也周官竽笙均掌之笙師即八音中之匏也其卦艮其方東北其風條其氣春其音啾其思清稱以匏者所重在匏匏母而竹子也盖匏性輕而浮中虛而通匏面盖木貼以白角穿小孔以植管中管最長以次短象鳳翼本豐末歛象鳳身共一吹口設於匏之半而為聲（曲阜縣志圖有吹管接吹口外垂五彩流蘓吹管及匏皆髹漆鏤金雲龍）故名曰匏然更名曰笙者何笙生也以管豎在匏

下。象物之貫地而生也。自令人以匏難周正易壞。而易以堅木與竹為之。八音中於是乎缺匏之實。夫笙不自為聲。故有簧。而簧之數不同。大者十九。小者十三。令禮部太常所用。俱十七管。有全用者。有空二管。或三管不設簧。而用十五管。或十四管者。俗所用亦十七管。而只用十三管。其餘皆不設簧。蓋去其重複。但取一均之聲以備用也。

笙制

笙管以小紫竹為之。開出音孔。即管上向内之方孔、名曰山口、按律之度以取音。而别為高低。此音所由生也。復於近匏處設孔按孔而吹以紅木接竹為脚脚内旁開半竅施簧簧用響銅打成薄片用方剛鏟剷之如雀舌狀看厚薄得宜平正嚴密於耳畔先彈試其聲之中律然後已如未和仍再修治之盖一笙之内管體長者簧宜大短者簧宜小各有其準若泛焉雜施則或咽或揭不能成聲故笙之於簧必隨管長短為大小猶絲樂用絃之巨細是也至簧之硬者應聲徵高點以蠟珠則音低簧之軟者應聲徵低不施蠟珠如太低須易以硬簧則音高然所差不過半音未若管體長短之分音至晰也匏

高二寸三分。徑二寸五分三厘。吹口高一寸二分五厘。管取黄鍾八分之一以為本。則十三管之徑皆同一分三厘七毫。自簧口至出音孔分最長者為第一管長八寸八分七厘。音應變徵低尺字。近世以笛和笙故笙音皆以笛之聲字名之第二管長七寸八分八厘四毫。應徵音低工字。第三管長七寸零五厘八毫應羽音低凡字。第四管長六寸二分七厘四毫應變宮合字。第五管長五寸五分七厘六毫。應宮音四字。第六管長四寸九分九厘。應商音乙字第七管長四寸三分五厘。應角音上字。第八管長四寸四

分三厘五毫。應角音高上字。第九管長三寸九分
四厘。應變徵高尺字。第十管長三寸五分二厘九
毫。應徵音高工字。第十一管長三寸一分三厘七
毫。應羽音高凡字。第十二管長二寸七分八厘八
毫。應變宮六字。第十三管長二寸四分九厘五毫。
應宮音五字。其應陰呂十三簧小笙者。以黄鍾六
十四分之七為徑一分三厘一毫。第一管八寸四
分八厘二毫。第二管七寸五分四厘。第三管六寸
七分五厘。第四管五寸九分九厘九毫。第五管五
寸三分三厘三毫。第六管四寸七分七厘二毫。第

七管四寸二分四厘一毫第八管四寸二分四厘一毫第九管三寸七分七厘第十管三寸三分七厘五毫第十一管二寸九分九厘九毫第十二管二寸六分六厘六毫第十三管二寸五分八厘六毫聲音同上

吹法

吹竹器者以放孔取音惟笙放孔無聲按孔有聲故謂之鼓簧鼓動也按孔則氣從山口出其簧自動而聲發但制法所序之次第皆以山口之長短為甲乙至植匏中別有其序第一管為匏中之十

五管二管為匏中第七管三管為第五管四管為第十四管五管為第四管六管為第三管七管為第二管八管為第六管九管為第十二管十管為第十一管十一管為第十管十二管為第十三管十三管為第八管十四十五十六十七為十六十七第一第九此四管不設簧吹時取音以匏中十五管十二管為尺小工合字字七管三管為低工小工四字字或以七管配十一管亦和五管二管為凡小工乙字字十四管十二管為合小工上字字或以十四管配十三管四管十一管為四小工尺字字或以四管配八管亦和三管十管為乙小工工字字二管

繪圖用半度

應陰呂十三篔小笙以黃鐘六十四分之七之管為本 其分自黃口至出音孔為度

徑一分三厘一毫

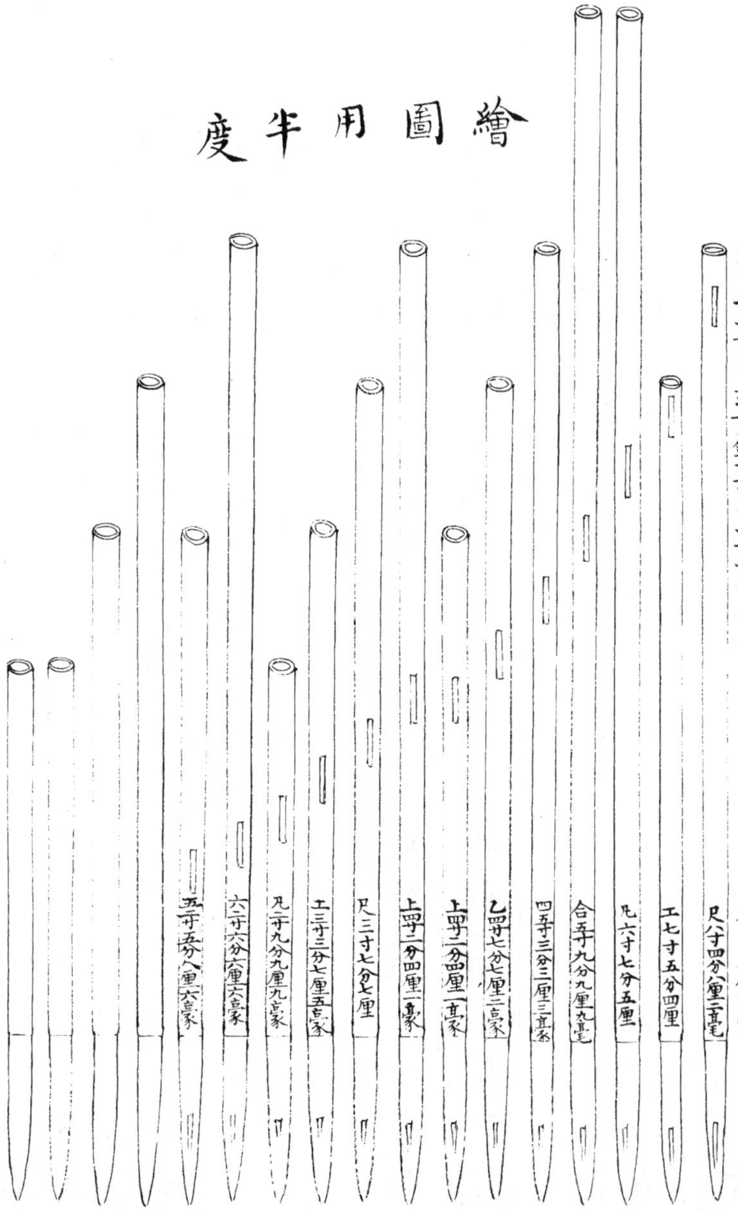

八管為上（小工凡字）字（或以二管配六管亦和）六管十三管為高上（小工凡字）字十一管獨用為高工（小工五字）字十管獨用為高仩（小工仩字）字十三管獨用為高六（小工上字）字八管獨用為五（小工伬字）字此十三簧取音之大概也

點簧法

吹法備而點法宜詳笙之取聲由於簧而簧以點處見工則厚薄高低畢具於應律和音之中故笙之最要在是其最難亦在是法用黃蠟松香黄之作點頭隨寒暑而調如春氣暖則松蠟對分秋氣冷則蠟七分松三分音低於笛則用小刀將點頭

削薄。高於笛。則再加點。臨點時以針尾將簧舌挑起架。定而後點。和後以翠石磨而水滌之。晒日待乾而用。若非雨水晒日。則音不能鏗鏘。

中和韶樂篪

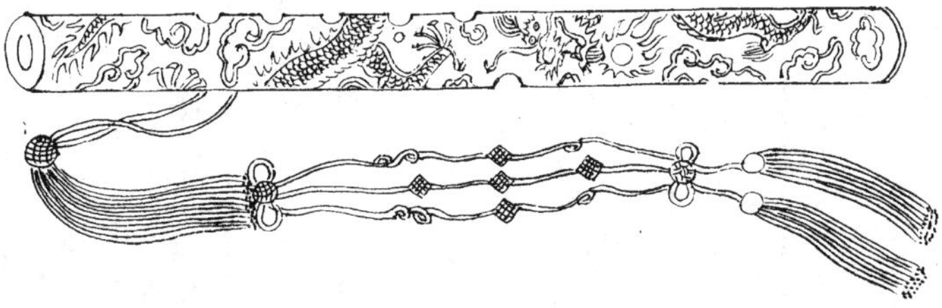

篪之取義曰嗁以聲從孔中出有類嬰兒之啼春分之音也始自帝嚳平共工之亂作鼗鼓椌柷也楬敔也壎篪其形同於横笛而别為義嘴爾雅云大者謂之沂長尺四寸小者尺二寸

篪制

篪之制以竹為之髹朱漆繪金雲龍有設底者有不設底者于近底設二小孔僅容粒米以為出音孔如過大則音不準繫以紅絨條五孔向外一孔向内其吹口上出為一大孔形如酸棗即謂之義嘴吹口上用布包木塞頭以閉音聲應洞簫之音

洝姑洗篪。用三十二倍黃鍾爲徑。得八分七厘。自吹口至管末。得九寸九分五厘九毫。出音孔得八寸三分八厘六毫。應簫之角聲六字。向外最下之第一孔。得七寸零四厘。聲應變徵五字。第二孔得五寸九分三厘。應徵聲乙字。第三孔得四寸九分九厘九毫。應羽聲上字。第四孔得三寸九分六厘。應宮聲工字。第五孔得二寸九分六厘五毫。應商歛凡字。第六孔爲向内最上之孔。得二寸四分八厘九毫。應角聲六字。管末不設底。其音通出。應簫之六字。笛之上字。管末設底。底中放一孔。則低二

繪圖用半度

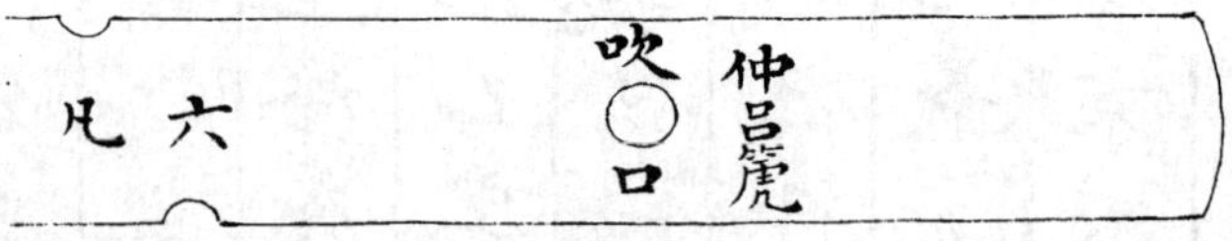

二寸三分八厘一豪

二寸八分三厘六豪

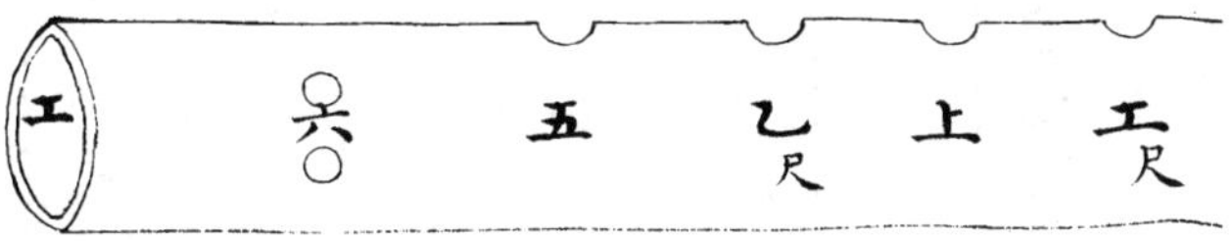

三寸七分八厘七毫

四寸七分六厘二毫

五寸六分七厘二毫

六寸七分三厘四毫

八寸零二厘一毫

九寸五分二厘

音。應簫之工字。笛之五字。仲吕篪用二十八倍黄鐘為體。徑八分三厘二毫。通長九寸五分二厘五毫。出音孔八寸零二厘一毫。第一孔六寸七分三厘四毫。第二孔五寸六分七厘二毫。第三孔四寸七分六厘二毫。第四孔三寸七分八厘七毫。第五孔二寸八分三厘六毫。第六孔二寸三分八厘一毫。聲音字色。同姑洗篪。古者向外用四孔。則去九字。至律吕正義定制。始增入之。

吹法

篪之器。其體大。其韻輕揚。律吕正義定制。吹口在右篪用左吹。六孔俱按為六字。放一孔為五字。放二孔為乙字。放三孔為上字。放四孔為工字。尺字不設孔。放第二孔乙字。第四孔工字用之。前五孔俱放為凡字。獨放向内之孔為六字。此義嘴篪取音之法也。

中和韶樂壎

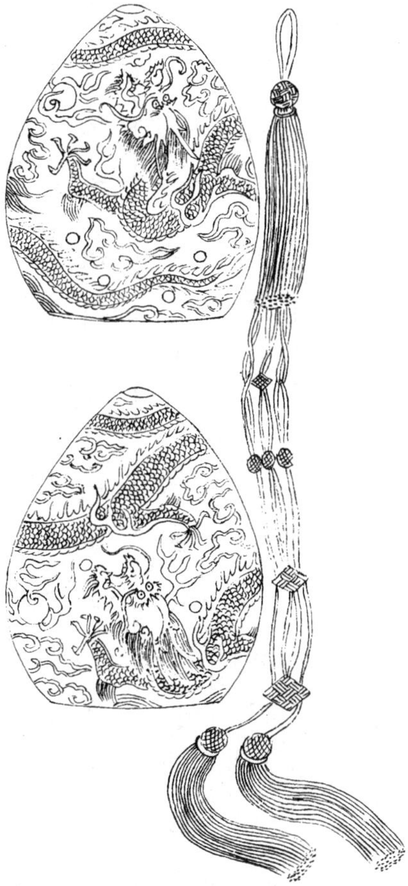

樂之有壎與篪相爲偶者也詩曰伯氏吹壎仲氏吹篪蓋塤篪異器而同聲伯仲異體而同氣詩人特取倣焉其爲器也以燒土爲之今以漆爲之不必再燒詳見制法中大如鵝子中虛銳上以象火其底平以象水其體圓以象土其卦爲坤其方西南其風涼立秋之氣也古之土器有土鼓及缶今惟有塤周禮小師職作塤是也復有雅塤頌塤者則又別以小大言之耳

壎制

壎制有二式八倍黃鐘之壎全體所得聲字適

應黃鐘之宮。名曰黃鐘壎。定雅樂所用。其制內高二寸二分一厘七毫。其大徑一寸七分二厘二毫。居內高三分之一。底徑一寸一分四厘八毫。頂孔所生之音。按簫之聲字應黃鐘之律宮聲工字。即塤全體之聲字也。前居中者為第一孔。得一寸九分七厘一毫。音應角音六字。前居左者為第二孔。得一寸七分六厘四毫。聲應變徵五字。前居右者為第三孔。得一寸五分六厘八毫。聲應徵音乙字。後居左者為第四孔。得一寸三分二厘。聲應羽音上字。後居右者為第五孔。得九分八厘五毫。聲應變尺字。太簇商音凡字無孔。借頂孔之工字代之。
大呂壎峯應大呂宮之音。內高二寸一分二厘。大
徑一寸六分四厘七毫。底徑一寸零九厘八毫。第
一孔一寸八分八厘五毫。第二孔一寸六分八厘
六毫。第三孔一寸四分九厘九毫。第四孔一寸二
分六厘三毫。第五孔九分四厘二毫。聲字同黃鐘
壎。作者以米瀋和灰依制法作模。俟既燥用磬石
屑如無、以細瓦灰代之。熟搗如塵。水澄極細。滲調如飴。搏埴、
模上。隨模之式。大小得體。外週不具論者、蓋埴之器、全於中空容積之度分、而外週則以土為體、或厚或薄、無關于聲音也、上銳處留一竅。即為吹

後面式　大呂塤　前面式

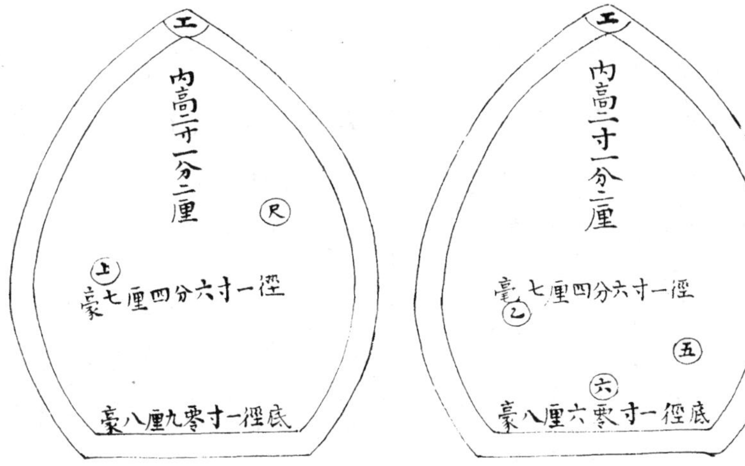

塤律

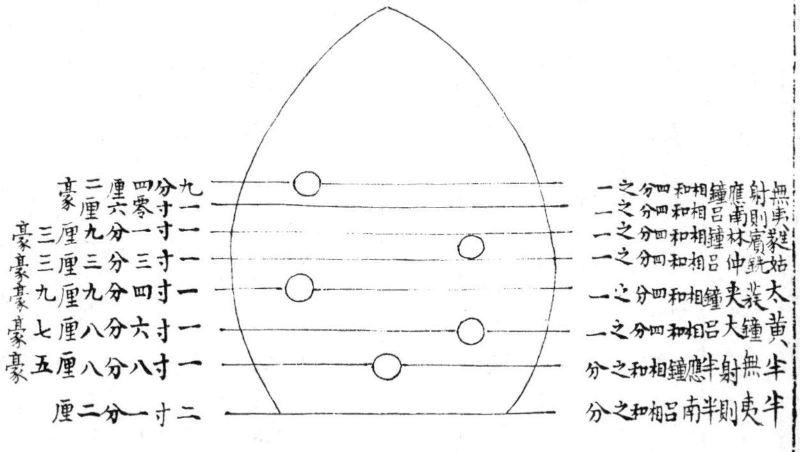

口。待乾將內灰從竅口挖出。必圓淨如拭。前開三
孔。上二孔平開。下一孔近底而居中。如倒品字式。
後開二孔相對。大僅容一米許。髹以朱漆。繪金雲
龍為飾。孔必圓。內必淨。乃叶音律。合樂時。司壎者
以五彩流蘇懸棒壎底之指。

吹法

以左右手無名指。及小指。托壎底。作環抱狀。三孔
向外為前。二孔向內為後。兩手大指按後二孔。兩
手食指按前之上二孔。左手中指按前之下一孔。
五孔俱按。平氣吹之為工。加氣為凡字。啟左手中

指為合字。啟左手中食二指為四字。前三孔俱啟
為乙字。再開左手大指為上字。五孔俱開為尺字。

中和韶樂鼖鼓

嘗稽黃帝制鼓鼙以當雷霆而伐蚩尤。厥後伊耆氏之土鼓。夏后氏之足鼓。殷之楹鼓。周之縣鼓。皆鼓也。周禮地官。鼓人掌六鼓四金之音聲。以節聲樂。以和軍旅。以正田役。爾雅大鼓謂之鼖。小鼓謂之應。考工記韗人為皋陶。鼓之木腔也、長六尺有六寸。舉晋鼓之度以例其餘也、左右端廣六寸。木版兩頭各廣六寸、周二十版、則圍丈有二尺、而徑四尺也、中尺厚三寸。版之中幅廣一尺、令得鼓之腰圍二丈、版中幅厚三寸、漸殺而兩端二寸可知也、穹者三之一。申言鼓腰中徑之數、以鼓面徑四尺而三分之得一尺三寸三分零、各加於面徑之兩旁、為腰圍之徑六尺六寸有奇也、上三正。言兩端與中腰三處、立尺度之正數、為諸鼓定式、以諸鼓長短雖不同、而圍徑皆同也、以上晋鼓之制也、鼓長八尺。（版兩端相距也）鼓四尺（即面徑也）中圍加三之一。（即腰穹之徑六尺有奇也）謂之鼖鼓。（以上鼖鼓之制也）為臯鼓。（以下臯鼓之制也，即鼛鼓）長尋有四尺。（兩面相距二尺也）鼓四尺。（面徑同前也）倨句磬折。（倨句漸殺，如磬股之折也）凡冒鼓必以啟蟄之日。（象雷發聲也）良鼓瑕如積環。（鼓之中腰廣，而兩端狹，亦腔衆幅輻湊，其縫如積環也）鼓大而短。則其聲疾而短聞。（晉鼓之類也）鼓小而長。則其聲舒而遠聞。（朔鼙之類也）但革之生聲。在緊慢尤關燥濕。燥則聲宏。濕則聲濁。故禮記曰。鼓無當於五聲。五聲弗得不和。

文廟所用大鼓。即鼖鼓也。置大成門之左。與鏞鐘配一

名鼉鼓詩所謂鼉鼓逢逢是也或曰鼉善鳴其聲如鼓故以其皮蒙鼓曰鼉鼓

大鼓制

大鼓之制三尺三寸面徑四尺五分腹徑五尺繪以金雲龍五采鼓腰有四環平縣於架架四柱柱高七尺二寸縱橫各五尺三寸本闕里文獻考

擊法

各官初至先擊三百六十聲以警衆今分為三次作頭二三鼓其擊法各官初至先頭鼓各官具朝服擊二鼓諸事齊備然後三鼓又擊三通以節其進初起樂舞生卷班第一通畢俱升堂第二通

畢。俱入室。第三通畢。俱就位。又連加二擊以結之。

然後從容三擊以起奏。謂之著往。所以秩其始也。

全樂奏終。其擊法如前。初起卷班。第一通畢。離位。

第二通畢。下堂。第三通畢。連加二擊以結之。然後

從容三擊。諸班皆散。全樂之收宫。謂之飾歸。所以

謹其退也。始終擊鼉鼓。皆取儆戒之義。至迎神送

神。同鏞鐘齊鳴。謂之鼓鐘送尸。

凡鼓字用左手擊。鼕字用右手擊。左手欲輕

右手欲重。札札者兩搥連擊鼕也。

初起擊法　札札鼕　札札鼕　札札鼕鼕

第一通　鼓鼕　鼓鼕　鼓鼕

第二通　鼓鼕鼕　鼓鼕鼕　鼓鼕鼕

第三通　鼓鼕鼓鼕鼕　鼓鼕鼓鼕鼕　鼓鼕鼓

鼕鼕　結尾　鼕鼕

以上左右手共擊三十六聲。以當一歲之數。又從容三擊以象閏。皆用右手。本大成通志之法

中和韶樂楹鼓

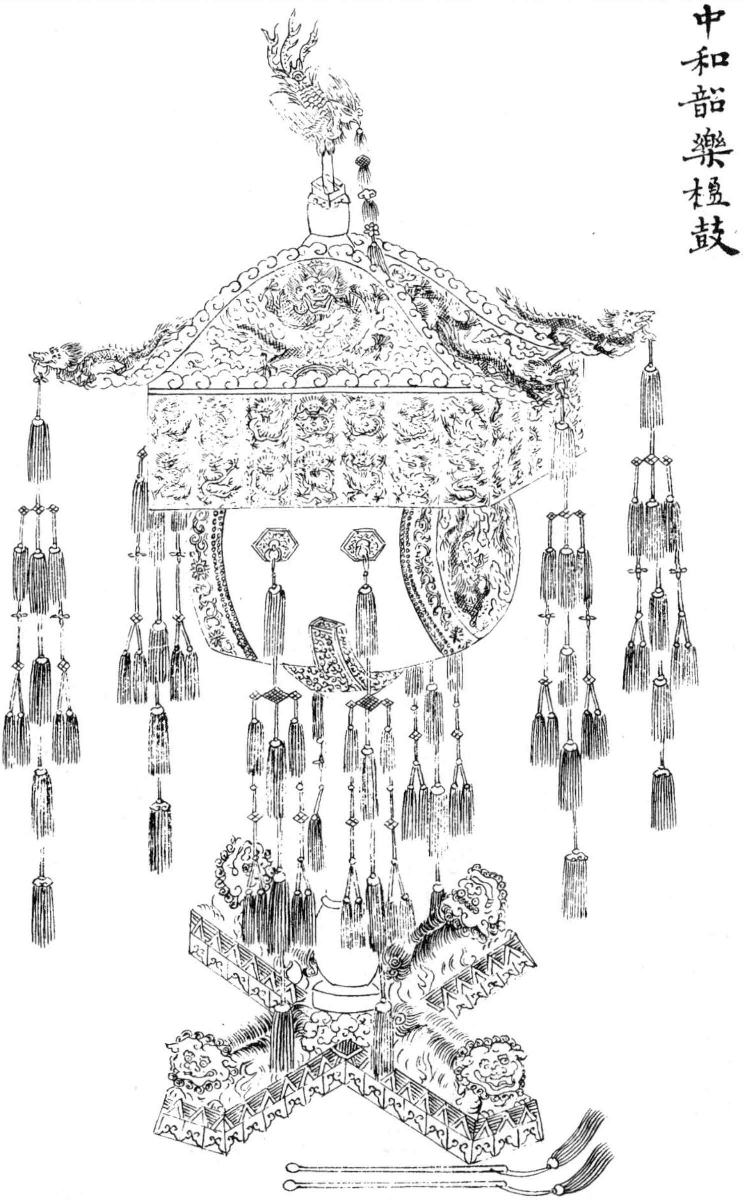

楹鼓。殷之制也。鄭氏註云。楹謂之柱。貫中上出也。草之音。於卦為坎。其方北。其時冬。其風廣莫。其律黃鍾。其聲一。其音讙。冬至之氣也。

楹鼓制

長三尺四寸五分七厘。面徑二尺三寸四厘。中圍九尺六寸五分一厘。面繪雲龍。緣邊繪花文。俱五彩。兩端塗金釘二層。匡兩旁飾六角鏤金盤龍各二。銜金鐶。匡半穿方孔以貫柱。

架式

柱上出欒蓋。下植至趺。蓋上穹（穹、鼓腰也）下。方高一尺四寸三分徑四尺四寸。冪以黃緞繡雲龍。曲梁四垂加龍首。出檐一尺二寸。重檐四周深一尺三寸一分。中繡正龍。旁行龍。蓋頂高九寸三分。塗金。上植金鸞承鼓。以曲木四岐抱匡縷金雲紋。其下高二尺四寸三分。末為圓座。高一尺九寸二分。趺四出有垣。各飾伏獅。鐶及鸞咮龍口。並垂五彩流蘇。

擊法

御製律呂正義後編云。鼓無當於五聲。而五聲非鼓不和。惟其無當於五聲。故無庸立譜。惟其非鼓不和。故附其節奏於每句之下。至於拊之為器。與鼓為偶。

故從同。每句之終。鼓一聲。摶拊左右各一聲。樂闋

時。鼓迭擊二聲。少停再擊一聲。拊亦如之。

鼓槌制

擊以桴。髹朱。直柄圓首。凡鼓槌皆如之。

中和韶樂足鼓

足鼓

夏之制為足鼓。亦曰應鼓。應鞞。皆所以應楹鼓者也。

足鼓制

律吕正義云。應鞞長尺四寸。面徑一尺。一名應鼓。鼓承以足。高三尺六寸。上端木刻為雲。横鼓於上。其下施四足如十字。縱横二尺二寸。高六寸五分。

擊法

大成通志云。每奏一句。三擊以為節。闕里文獻考云。編磬响畢。擊楹鼓三以為節。足鼓三以應之。搏拊及鼗皆隨楹鼓相也。即輮與拊同節。

中和韶樂搏拊

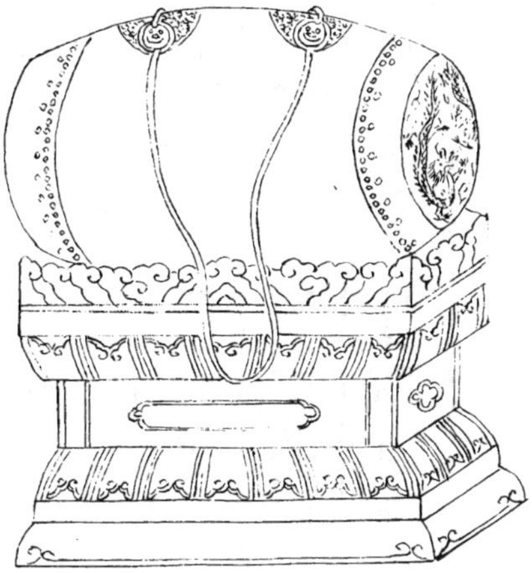

古之拊以韋為之實以糠形如小鼓聲音和柔恐壓絲絃設於堂上以引絃歌之樂近世以木為皷而無糠面用熟皮為之

拊鼓制

面徑用黃鐘之數得七寸二分九厘長用黃鐘倍數得一尺四寸五分八厘中圍得三尺五分三厘六毫繪飾與鼓同匡旁飾六角鏤金盤龍二銜金環繫黃絨紃卧置趺上

趺制

趺凡三層通髹以金高一尺一寸五分二厘縱一

尺三寸六分五厘二毫。橫九寸一分二毫。垣為雲文以承鼓。

搏法

合樂時。以紃懸於項。擊以左右手。每句之終。楹鼓一聲。搏拊左右各一聲以為節。樂闋。仍卧於趺上。

中和韶樂鞉鼓

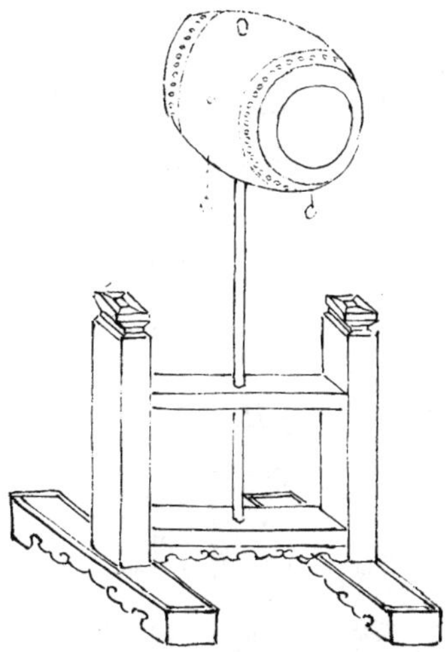

鞉

鞉。小鼓也。兩旁有耳。持其柄而搖之。爾雅大鼗謂之麻。小謂之料。麻聲槩而長。料聲清而不亂。

鞉制

面濶六寸。高厚相等。柄長一尺九寸。貫中上出五分許。兩旁當匡之半。安銅鈕。繫以紅絲繩。繩末繫以珥。其長短稱鼓面之中。用木為架。兩縱兩橫。下各施方趺。横木上開一孔。下開半孔。植鼓柄于中。架高一尺九寸。横九寸。

播法

播時持柄左轉。兩耳自擊其面。每奏一句之終。皆隨楹鼓以播之。

中和韶樂𢄊鼓

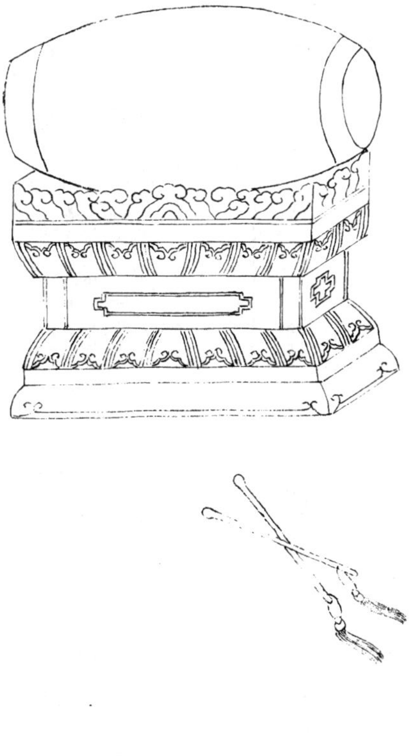

鞞

鞞。一名懸鼓。一名相鼓。一名田鼓。設於堂下。以引管音。制如搏拊。設架置於其上。與拊相爲用。樂記曰。絃匏笙簧。會守拊鼓。拊，搏拊也。鼓，鞞鼓也。蓋以樂器雖多。必會合相守。待擊拊鼓。然後作。

鞞制

長二尺。大面徑一尺。小徑七寸。以桴擊之。

擊法

與拊同節。

中和韶樂柷

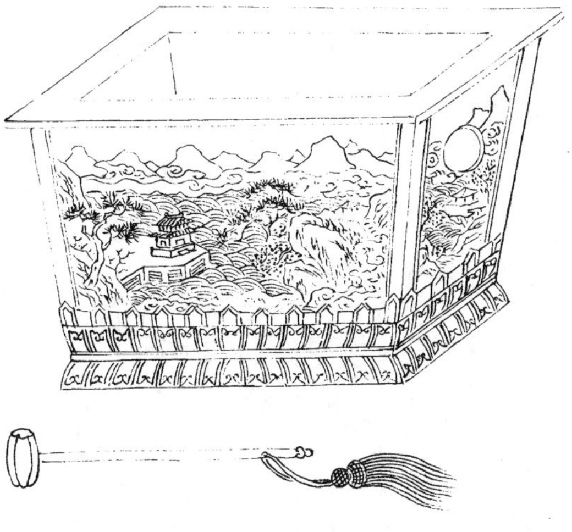

柷眾也以舉眾音如物始見柷柷然也居宮縣之東象春物之始所以起堂上堂下之樂也其撞之器曰止欲戒止於早也八音之中惟木最為質樸而木之器曰柷敔為樂曲終始之節蓋樂勝則流先王同民心而出治道始於質終乎文仍成於質而不敢或過焉書曰下管鼗鼓合止柷敔樂之始作擊柷以合之樂之將終櫟敔以止之木之器其卦為巽其方東南其風清明立夏之器也爾雅云柷中有椎柄連底撞之令左右旬擊外三面繪山一面繪水旁有孔圓徑四分象日之浮于海上

柷制

上濶下狹。狀如斗。深一尺四寸五分八厘。二倍黃鍾之數。上方二尺一寸八分七厘。三倍黃鍾之數。下方一尺六寸九分零四毫。厚七分二厘九毫。邊徑二寸二厘。厚一寸二分一厘。外繪山水樓閣。口及柱皆塗金。裏髹以朱。三面隆起為鼓形。以受擊。一面中穿孔以出音。趺高三寸三厘。方二尺四分八厘。亦塗金。

止制法

止長四寸八分六厘。髹以綠。柄。一尺二寸一分三

匣髹以朱。其端為金雲。繫以黃絨紃。本曲阜縣志之制

擊法

律呂正義後編云。柷以舉樂。柷三擊而鐘鳴。此指編鐘而言。故每奏一章之始。兩手舉止撞底一聲。次擊左旁一聲。又次擊右旁一聲。共三聲以為度。於是編鐘鳴而樂作矣。

中和韶樂敔

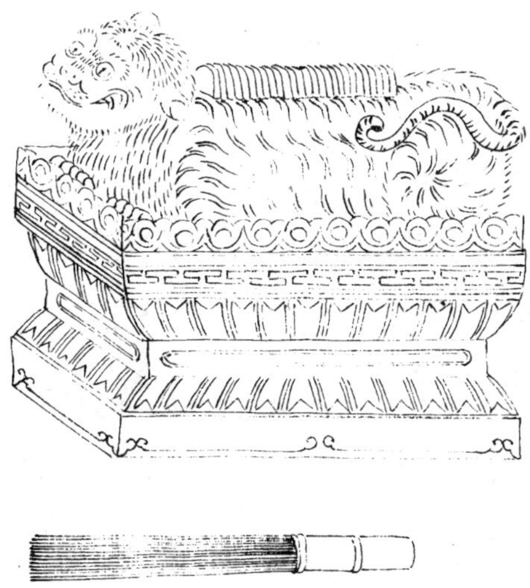

敔狀如伏虎背上有二十七齟齬（齟齬齒不相拂植也）卧於方版之上以止堂上堂下之樂居宮縣之西象秋物之成終也律呂正義云木音屬巽巽為風風從虎故象形以為制櫟之器曰籈欲脩潔于其後也

敔制

長二尺一寸八分七厘三倍黃鐘之數首高九寸四分七厘尾高八寸一分濶六寸四分八厘紅黑班文齟齬之分七寸二分九厘黃鐘之數具五色以崇牙承之趺高一尺二寸四厘縱二尺一寸八分四厘橫一尺二寸一分三厘旁施兩耳長三寸

六分四厘。以置籈。通塗以金。

籈制

律呂正義云。唐制用竹二尺四寸。折為十二莖。曲阜縣志載長二尺四寸三分。圍四寸五分六厘四毫。折其半為二十四莖。籈之制也。

櫟法

律呂正義後編云。敔以止樂。鼓畢曲而敔響。故每奏一章之終。聽懸鼓响畢。即而手擧籈先擊其首三。次逆櫟齟齬三。共為六响。

中和韶樂節

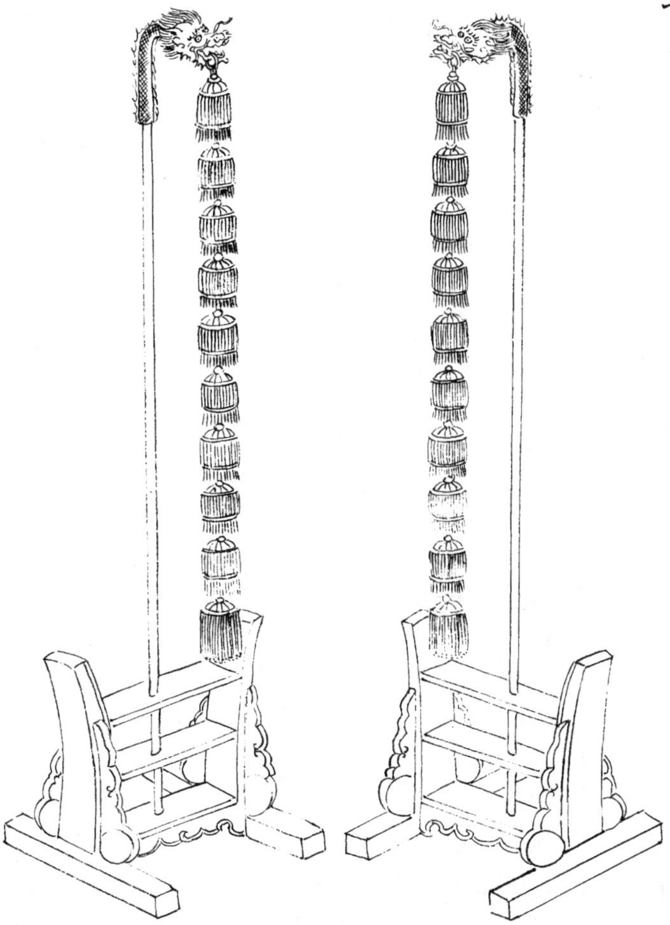

舞師執節以為綴兆行列進退疾徐綴舞者行位相連綴也兆位外之營兆也爾雅謂和樂為節葢樂之聲節以鼓而樂之容則節以節

節制

結旄為之朱杠長七尺二寸九分圍三寸二分七釐上曲安塗金龍首長九寸七分二釐啣旄九層各六寸四分八釐葢以金葉束以綠皮繫長五寸七分六釐綏長七寸二分九釐架縣以朱式同麾架

執法

舞生陳列執節前導既就位分東西立舞生之前

麾生唱幾獻樂奏其平之章畢○東階節生亦揚節唱曰○幾獻奏其平之舞○三獻皆同○每獻奏畢○西麾生唱樂止○西階節生亦抑節唱曰○舞止○遂各植節架上○三成舞畢○引舞生退○

中和韶樂籥翟

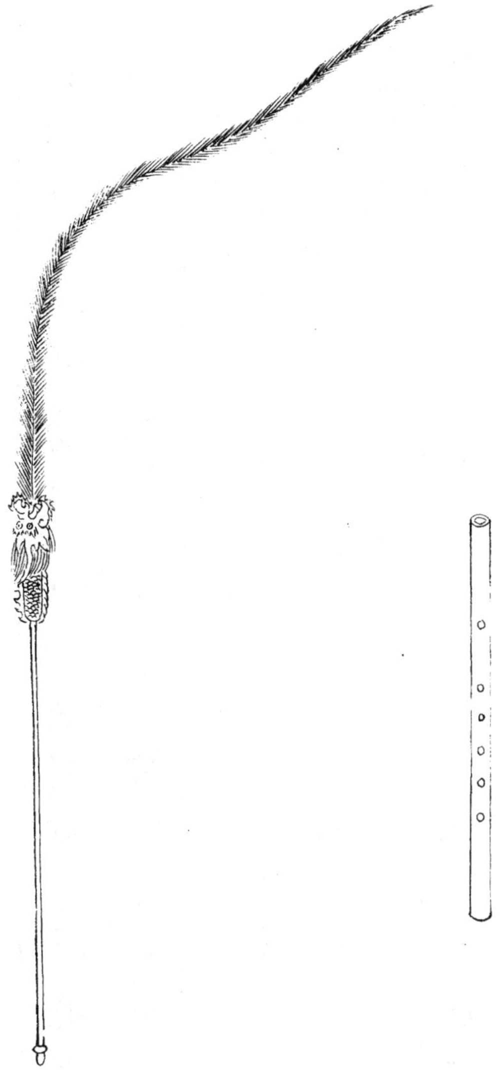

樂其有容容徵於象故聖人假干戚羽籥以表其容發揚蹈厲以見其意則人之動而有節者其惟舞乎舞必藉於籥翟者所以動陽氣而導物也文王世子秋冬學羽籥其此意乎按羽籥之舞為文舞本舜之韶舞歷代命名各異

國朝曰文舞

籥翟制

韋籥古矣今則以竹為之長一尺七寸五分一厘徑四分六厘八毫六孔朱飾

翟以木為柄長一尺九寸四分四厘圍九分七厘

髹朱。柄端刻龍首。長四寸八分六厘。飾以金雉尾。長二尺九寸一分六厘。揷龍口中。

執法

詩云。左手執籥。右手秉翟。故籥以左手橫執。有孔而不吹。翟則執以右手。翟縱籥橫。齊肩執之爲執。起與目齊爲舉。平心爲衡。盡柄向下爲落。向前正舉爲拱。向耳邊舉爲呈。縱橫兩分爲開。縱橫相加爲合。縱橫如一爲相。各分順手向下爲垂。兩執相接爲交。凡執籥秉翟。俱右手在外。左手在內。大指在內。四指在外。縱則如繩。橫則如衡。司舞者。于初

卷班時。將翟加于籥中。以左手奉之。此之謂。秉至
執節生唱奏舞。然後施而左右執。聽鐘聲而後舞。
餘皆聽鐘聲而轉。聽磬聲而止。至三獻禮畢。執節
生復唱舞止。仍以翟植於籥中。左手奉之。

舞說

執干戚習俯仰詘伸容貌得莊焉行綴兆要節奏行列得正焉進退得齊焉周官教國子以舞有大司樂小樂師下士諸屬唐初取品官適子之修潔者二十以下備二舞郎之員後爲雲門生至大觀中而罷別立屠沽羽林習舞于是貴介志行之士羞與爲伍而先王立舞之道無存矣迨洪武初始于國學中擇監生之端嫻與文職大臣子弟之在學校者習樂舞然後復見古之遺意至

國朝遴選樂舞生尤加慎重（詳在考選樂舞生諸例中）古之舞立

定四表。三進三退。文取六爻變化。武取步伐止齊。文俯象陰。武仰象陽。文先舉左手足。武先舉右手足。文左旋。武右旋。動盪迴旋。進旅退旅。奮疾而不拔。所以奮至德之光。動四氣之和。以著萬物之理者也。近世之舞。只微示手足之容。聽堂上歌聲而動。則與古異矣。以上本大成通志

立容五

兩階相對爲內內　兩階相背爲向外　俱面正北爲朝上　兩兩相對爲相對　兩兩相背爲相背

舞容二

两階相顧作勢爲向内　西階相負作勢爲向外

首容三

舉頭朝上爲仰　俯面向下爲俯　左右顧爲側

身容五

起身正立爲半身　曲其背爲躬身　正立左右

轉爲側身　轉過爲回身　開左右膝下坐爲蹲

身

手容五

一手高舉爲起手　順手下垂爲垂手　前伸出

爲出手　兩手合舉爲拱手　相持爲挽手

步容二

前邁爲進步　後縮爲退步

足容七

起足前尖以足跟着地爲蹺足　起足後跟以足尖着地爲點足　進足稍前爲出足　膝前足後爲曲足　履位遷換爲移足　左足加右右足加左爲交足　反履底向上爲蹈足

禮容九

屈身出手下踢爲授　更屈身出手上承爲授

拱手後退爲辭　拱手向左右爲讓　低首屈身

拱手爲謙　平出兩肘拱手齊心爲揖　低首屈

身至地爲拜　屈膝至地爲跪　點首爲叩頭

蹺一足屈一足拱手左右讓爲舞蹈以上見於闕里文獻考

學宮樂記　卷

一

舞譜第一成

初向上垂籥出翟出右足。次微向外衡合籥翟。次轉向内。次向上掖翟呈籥平身立。次植籥横翟羽並籥。次向外垂籥出翟出右足。次起手開籥翟。次向上衡合籥翟。次向内躬身開籥翟。次向上合籥翟躬身。受。次平身植籥横舉翟於籥末。次向内合籥翟躬身受。次向上平身出籥翟於外。次向外合籥翟躬身受。次向上開籥翟。次向内合舉籥翟。次向上合舉籥翟。次點左足於前植籥横落翟加於膝。次大開籥翟。次合舉籥翟。次籥支翟。次向外衡合籥翟。次向上平身出籥翟於內。次躬身右植翟左橫落籥至地相並。次平身直交籥翟。次向內衡合籥翟。次出籥翟於南。次向上合舉籥翟。次合籥翟躬身受。次橫落翟植籥於上。次合執籥翟跪。次頓首。

舞譜第二成

初向上植翟橫籥。次向外掖翟舒籥並肩出右足。次橫落籥植翟於上。次向上開籥翟。次合籥翟舞蹈向內躬身南讓。次舞蹈北讓。次向上平身抱手開籥翟。次合籥翟躬身受。次向內肩翟垂籥躬身出右足。次肩籥垂翟出左足。次向上植籥橫翟羽

立籥。次向內合籥翟拜。次向上合舉籥翟。次向內
合籥翟拜。次向立合舉籥翟。次向外合籥翟拜。次
向上垂籥出翟出左。次開籥翟。次合籥翟平身內
讓。次外讓。次向外合籥翟拜。次向上衡合籥翟。次
躬身垂籥肩翟於內出左足。次斜落籥斜植翟於
籥末。次舉籥懷翟。次點左足於前。植籥橫落翟加於
膝。次向內掖翟舒籥並肩出左足。次向上出籥翟
於外。次向內橫落籥植翟於上。次開籥翟。次向上
掖翟出手垂籥。次向內衡合籥翟。次合執籥翟跪。
次頓首。

舞譜第三成

初揚雉平身側首向上呈籥並耳點左足於後○次植籥橫舉翟於籥末○次合舉籥翟○次向內掖籥垂翟○次向上橫落籥植翟於上○次橫交籥翟○次向外合籥翟躬身受○次向上平身植籥橫翟柄末並籥○次躬身衡籥出翟○次向外掖翟舒籥並肩出右足○次向上合籥翟拜○次向內出籥翟於南○次向上開籥翟交足立○次合籥翟內讓次外讓○次合落籥翟至地躬身外俯首出右足○次合籥翟躬身受○次微向內舉籥翟○次向上植籥橫翟羽並籥○次向外衡

原書缺

原書缺

東關紀略二卷東陽隨筆一卷

[清]侯官林慶炳撰

上海圖書館藏清光緒九年刻本

東關紀略二卷東陽隨筆一卷，清林慶炳撰。慶炳字耀如，號愛梅居士，侯官人。林昌彝子。曾於閩省各道府縣遊幕二十年，後至廣州辦理鹽務公所事務，任鹽運司知事。克承家學，於經學、小學、醫學、鹽業等均有涉獵。撰有周易集解補箋四卷、説文字辨十四卷、四書註解撮要二卷、焚餘偶録二卷續編一卷等，彙爲愛梅樓雜著十四種。

此東關紀略二卷、東陽隨筆一卷，皆係愛梅樓雜著之零種。東關紀略卷首有丁杰序、林氏自序。東陽隨筆卷首有葉大煊序、林氏自序。二書目録及各卷端均題「侯官林慶炳耀如輯」。

清代廣東産鹽場有近三十處之多，分佈於廣州、惠州、潮州、肇慶、高州、雷州、瓊州等地，徐世昌等撰清鹽法志稱「粤自東起潮、惠，西抵欽、廉濱海之地，俱有鹽場」。粤鹽行銷至兩廣、閩、贛、湘、滇、黔七省，「北渡大庾，東達楚閩，西溯灘流而上，由梧桂以及滇黔，水浮陸挽，亘越千里」（道光兩廣鹽法志）。清末納餉近七十萬兩，僅次於淮鹽。爲防私鹽蠹弊，官府規定省内産鹽需集中赴兩處配運，一爲東關，即省城東匯關（又稱省河），一爲潮橋，即潮州廣濟橋。由運同批發調配各埠，故有「省配」，有「橋配」，有「場配」（由産鹽場直接配運）。東關紀略即作於林氏由東關督配調辦公所事務時。自序稱，先是粤省東關遍河私鹽，當事者講求鹺務，乃先將省河東關力除弊竇，次及六門，暨西北兩江各要隘，於是省河風清弊絶。林氏始終參與其役，復以新定條例章程頗多，乃體察商情，並批閱公牘，擇其要者而録之，輯爲是編。其於折引完餉配運緝私，及省河六門情形，莫不潛心考究，删繁就簡。

東陽隨筆專記粤東鹽場博茂場之情形，自序云：「鹽廠有八：曰東廠，曰登樓，曰水東，曰巷口，皆大廠也；曰紅花，曰西廠，則爲中廠；曰南洲，曰沙院，則爲小廠。緝私廠有二，曰白廟緝私，曰三洲緝私。」記各廠詳情及林氏爲整肅場規、振興場務所撰禁令、規條、示諭等項。葉大煊序稱林氏「疊當鹽務公所清鹾局暨東關督配，蘆苞、甘竹、馬口、白坭緝私各差使，清慎逾恒，歷任都轉皆器重之」，故其於鹾務如數家珍。另撰有粤鹾紀要、鹾論偶存各一卷，與此二書皆可謂考粤東鹽法之要籍。

東關紀略半葉十行，行二十二字，白口，左右雙邊，單魚尾，鈐有「王培孫紀念物」朱文方印。内封三欄，中鐫書名，右題「光緒癸未仲夏鐫」，左下題「襲易圖署籤」。東陽隨筆半葉十行，行二十一字，白口，左右雙邊，單魚尾。内封三欄，中鐫書名，右題「光緒乙酉季秋鐫」，左下題「古播王藻章署」。可藉知刊刻時間及遞藏情形。（樊長遠）

光緒癸未仲夏鐫

東闗紀略

龔易圖署籤

序

居其職必思稱其職以無曠其職然茍不知其職所當盡之事不惟不能稱其職且恐必至曠其職林耀如鹺尹予友林薌溪先生令嗣也少讀父書克承家學連不得志於有司援例以鹽知事來粤謀祿養也予曩間與論鹺務各場得鹽之衰旺各埠銷鹽之多少各口之險要及緝私之關鍵與夫旗程價款興廢沿革之類莫不娓娓言之如聚米如畫沙如數家珍如觀掌上紋有老於鹺綱者不能及心竊異之茲以所著說文易說暨鹺務偶鈔東關紀畧見示且乞序焉取而讀之綱舉目張有條而不紊乃歎日前

與言者皆其素所蓄積者然也洵足備粤鹺之典要矣耀如勉乎哉目今

大憲求才若渴吾知必將拔之於叢眾之中授之以繁劇之任尚其益盡乃心以求稱其職而無致曠職焉當於是編卜之矣丁杰序

自序

粤鹽引地行銷七省東至閩汀西達黔滇北倚江楚南抵瓊海其間別之曰江者三曰西江曰北江曰中江分爲六櫃西北中爲內三櫃由省配鹽東南平爲外三櫃就場坐配皆以省河言之而潮橋不與焉省河東關爲鹽艚總滙之區各場程船入港灣泊東關以上下棋杆爲界各埠配鹽皆由東關配運當事者須清其源則其流不濁蓋六門爲外洋之關鍵而東關爲省河之關鍵也東關遍河私鹽由來久矣飛籌打斗扒夜水等弊不堪聞問蒙

院憲 段都轉講求鹺務由近及遠先將省河東關力除弊竇次

及六門暨西北兩江各要隘省河風清弊絕飛籌打斗扒夜水等弊盡除矣其新定章程各條以配鹽不准駁船祇用上河虆船開配最爲妙策蓋不准盤運駁船則私鹽無可容留亦不能影射矣又恐小艇走私凡鹽船開配准用拖包艇蒲包艇華光艇暨拖包工人艇蝦春工人艇皆插旗也無旗小艇不准灣泊鹽艚尤難走漏矣新章匪少當輯東關紀畧一書逐條登記皆千古不易之妙策也辛巳閏秋七月蒙

段都轉檄委東關督配半挑行李下楊東關時則

段都轉慎重省河拔炳於叢眾之中責任綦重惟是益加

勤慎不敢少懈半年期滿仰蒙
大憲以炳辦事認眞留辦一次東關情形畧知梗概嗣蒙檄
調來省辦理鹽務公所事務炳管見所及謹進芻言凡有
一知半解悉錄之不敢少靳以備採擇之意云爾歲次元
黓敦牂星躔大梁之次侯官林慶炳序

東闗紀畧目錄

侯官林慶炳耀如輯

卷上

緝私廠羨鹽籤

蝦春工鹽籤

滇鹽籤

各埠菜鹽籤

西櫃引鹽

北櫃引鹽

中櫃引鹽

西北中三櫃配鹽

各埠成本

快艇

此集於折引完餉配運緝私暨省河六門各要隘舉所知者悉錄之緣于役東關公餘之暇秉筆紀載顏曰東關紀畧非徒東關督配之事也

東關紀畧卷上

東關

侯官林慶炳耀如輯

東關爲上下河鹽船總滙之區。由小東門外覓艇過河約八里許，俗呼鴨墩，即廣糧通判之東滙關也。臨江而建，歷有年矣。規模宏敞，環抱欄杆，海濶天空，輪船來往。前後廳堂數丈，房舍十楹，開門見山，一片如畫。對河數里即沙頭廠也。廳後一亭，左右修竹，亭外小河一灣，水鴨數足。後屋空野，樹木林立，舉目瞭望，臨水數十村，魚鳥相親，雲霞煥色。順德陳朗川山人詩：春水兩三雙畫鴨，夕陽四五十人

家恰是東關景象但年久未修勢將傾倒辛己仲春蒙
段都轉捐廉六百金召匠修整煥然一新爲東關委員住
宿辦公之所閏秋七月既望蒙
院憲段都轉檄委東關督配半挑行李下榻東關計一載矣勉
竭心力黽勉從公省河情形瞭如指掌悉照新章辦理未
敢偷閒惟恐辜負
憲恩矢勤矢愼時凜氷淵當將遵辦事宜条列於左

上下旗杆

東關數里上下立有棋杆二枝由關口至上棋杆約三里
許由上棋杆抵下棋杆約五里中間設立界牌以別上下

棋杆之界東塲程船泊在上棋杆西塲程船泊在下棋杆不准遠出棋杆之外當於鹽艚到關時嚴諭船戶均於上下棋杆鱗次停泊便於瞻望但下棋杆水深泊船較易上棋杆水淺東塲程船或泊水深之處而香港渡暨澳門渡皆由此經行嘗聞程船泊於衝途則香港渡暨澳門渡即以石擲之恐有碍事炳嚴諭運館不准程船泊在衝途但河面不甚遼濶每泊程船一隻須留泥牌艇暨上河船地步其河面寛濶者程船鱗次灣泊不過橫泊五隻其河面稍窄者尚不能也邇來程船不多皆係鱗次灣泊或遇到關船多停泊參差尚須留意必不准遠出棋杆之外並不

淮泊在衝途也

驗艙盖印

東西各場海運鹽船先由三門廠掛號盖印丈量開列艙口摺報明監掣通判即於鹽船投關之日查驗丈量另由三門廠司友開列艙口摺報明東關查驗當於開配之時每日清晨委員司事按照三門廠艙口摺查驗丈量如有不符便爲盜賣卽將船戶懲究四點鐘收秤委員司事又往丈量盖印但上下棋杆計隔五里烦接管督配每日七點鐘先往上棋杆停舟以待俟司友快艇八點鐘由省前來先至上棋杆後到下棋杆逐船逐艙驗明尺寸鹽印無

訛方准開秤向來四點鐘收秤炳每日三點鐘先往上下棋杆或有上河船裝足不待四點鐘而先收秤者飭令先盖鹽印免滋弊端其餘各鹽船沿河往收或司友快艇泊在下棋杆則由下棋杆同往上棋杆收秤其未清艙鹽船仍將艙鹽鋪平逐船逐艙密盖印花但清艙鹽船船身甚高船旁臨空懸梯遇有風雨向無阻止尙慮他人觀望不前炳舉趾先登徐徐而上或程船無梯即將快艇之梯移靠程船往驗也

小艇插旗

省河搬運私鹽皆用小艇私鹽愈甚則小艇愈多幸

段都轉整頓省河立定新章每程船開配准用小艇四隻皆須插旗曰蒲包艇曰華光艇曰拖包工人艇每日清晨由巡丁領旗四面收秤後繳回東關另給上河船蝦春工人旗四面由總廠司友收發凡遇無旗小艇不准灣泊艚船立法盡善炳到關伊始開秤收秤留意觀望每見快艇到時尚有無旗小艇望風而逃然較諸前此遍河小艇勝之遠矣炳當囑誠實可靠並熟識鹽務之人又能說羊城土語者密往上下棋杆鹽船假裝從化縣人僞買私鹽咸稱

段都轉涖任以來功令森嚴飛籌打斗及扒夜水必不敢

也且配鹽之時、祇用上河船配兑、不准駁艇盤運、則私鹽無可容留、蒙

段都轉新定章程、最爲得法、惟恐以工鹽爲影射、由無旗小艇渡河、炳防微杜漸、未雨綢繆、壘傳三廠頭役、嚴行約束、飭令各巡丁、認眞守看配鹽、並嚴諭運館、不准走漏、倘有走漏、惟運館是問、皆係事機未萌、卽行阻壓、炳往驗開艙之時、先囑小艇插旗、無旗小艇、不准灣泊艚船、自巳至未、又獨坐快艇、親往上下棋杆、驅逐無旗小艇、並督查配鹽、或往沙罅沙北一帶巡查、不敢稍懈、近日無旗小艇、則罕見也、數日之間、皆囑友人密往上下棋杆查察、皆以爲

不能走漏矣利之所在恐其變幻花樣由小而大不敢不思患豫防也

三廠巡丁

三廠設立久矣曰總廠頭役一名巡役二十名曰沙頭廠頭役一名巡役二十七名現改十六名曰沙尾廠頭役一名巡役二十七名現改十六名皆隔東關不遠東關配鹽每程船派定巡丁三名三廠各派巡丁一名其巡丁二名終日在程船守看配鹽尚有巡丁一名終日在坨牌艇督看開秤立法盡善倘鹽船或有走漏三廠巡丁無不知之必須串通三廠頭役巡丁始能走漏若三廠頭役不敢舞

弊則各巡丁不敢也。炳約束三廠頭役暨各巡丁最爲嚴密，遣人密查鹽船，有形跡可疑，卽傳三廠頭役巡丁厲聲嚴斥，不下數十次矣。曩時三廠巡丁按月限解私鹽二百四十包，其所解私鹽，究由鹽船走漏，且巡丁藉端勒索，飛籌打斗之弊由此而生。蒙

段都轉新定章程，准免三廠巡丁按月繳鹽，嚴禁飛籌打斗。又查三廠巡丁共七十二名，每名工食銀貳兩伍錢，蒙

段都轉飭令裁減巡丁二十二名，尚留巡丁五十五名，工食不減，仍照七十二名之數，按月給發各巡丁，渥沭

憲恩高厚，當知激發天良。炳縷述情形，再三開導，該三廠

頭役尚知感奮。炳約束至再。三廠頭役暨各巡丁亦皆畏懼。該頭役遇有秤多之時。每於十二點鐘。覓坐長龍艇馳往上下棋杆查河。炳親往巡查之時。已遇數次。足見人心各存天理。能以理諭之。亦知感奮也。向來充當三廠頭役巡丁。皆由總辦。近來緝私公局總辦操守清廉。各巡丁亦不敢放膽違法矣。

配鹽回數

凡鹽船配鹽以五十包爲一回。炳開秤後又往巡查。先查該鹽船幾點鐘開秤。已配幾回。並檢閱配鹽單。或上下棋杆同時開秤。而回數不符。卽將回數少者查問情形。或埠商急於多配另加蝦春工食配至一千零包者有之并查其再配幾回始能收秤大約適中配兑自辰至申配鹽六七百包約有十二三回也或蝦春勤力遲速一二回者亦有之或上河鹽船裝配足數則不待四點鐘而先收秤者又有之惟中櫃配鹽不肯另加蝦春工食也

東關羨鹽籤

東西程船開配始則東關各巡役每船皆取鹽斤名曰更鹽以養津貼工食嗣後飛籌打斗其弊不可勝言則更鹽亦不能計數當經

國都轉限定東關更鹽包數新秤若干包舊秤一包嗣蒙

段都轉立定新章設立東關更鹽籤十枝改名羮鹽按照新舊秤限定鹽包由東關委員繕籤給與關役持往下河船領取廣粮通判慎重公務亦不准多取也

緝私館羮鹽籤

緝私館巡役向有更鹽藉資辦公嗣有飛籌打斗情弊則更鹽不計包數矣蒙
國鼎臣都轉檄査緝私館暨東匯關西滙關虎門厰情形即因緝私館東滙關更鹽過多也茲奉
段都轉設立更鹽籤四枝改名羮鹽新秤若干包舊秤一包由東關委員繕籤給與緝私館巡役往下河程船領取

不准多取也

蝦舂工鹽籤

蝦舂頭役一名，管帶蝦舂十五班，每班名下約二十餘人。凡遇程船配鹽、絞鹽之車，須用蝦舂九人，每三人輪流替換。每程船約三四艙，每艙扒鹽須用蝦舂四五名，約用十二名。每配鹽一千包，蝦舂工鹽一包；或配一百包，則工鹽一角，計二十一斤，其餘多寡則照算也。奉

段都轉設立工鹽籤二十枝，由東關按照配鹽若干，繕籤給付蝦舂往下河程船領取，以杜影射工鹽之弊。查蝦舂工鹽，遇有開配之時，每於次日黎明由下渡口上岸，挑入

各鄉售賣其銷售工鹽臨近東關各鄉曰大塘曰路江曰康樂曰沙頭曰伍村曰黃岡頭或由小港橋入隔山皆銷售工鹽之鄉也另有華光工人專綑鹽包每程船約用三四人則由鹽船另給工資各埠艇工人早經折價不給鹽矣東關工鹽不少但工鹽之籤發給之後卽須收回倘日久未收又恐影射或將工鹽轉賣他人則無籤矣殊難辦其眞僞嘗聞咸豐年間會於沙頭沙尾設立委員嚴拏走私嗣因誤拏工鹽幾釀事端蓋蝦春工人約有千餘人最易鼓眾爲東關委員者尙須體察情形俾免滋事惟工鹽折價最爲上策但蝦春工人必不肯折價也

來賓暨古州各埠大江額引原係一十六萬零八百七十六包水客認銷引一十二萬包柳州約銷鹽三萬包來賓約銷鹽二萬包古州約銷鹽七萬包此以旺銷之年言之不能一概而論也其餘各埠地或近平櫃則食平櫃之鹽或近廉州府屬各邑常有安南洋鹽充銷則大江各埠配運稍少蒙

院憲段都轉飭令執中輪船截阻洋鹽但大江引地究不免平櫃充銷督辦臨全大江官局者認眞奉公嚴限水客配鹽皆將配足額引矣

北櫃引鹽

即送還不准延擱每月向章限定茶鹽若干包平時領給茶鹽尚少每至歲暮領取茶鹽者較多緣各項人役終歲勞苦各向商人求取茶鹽以爲醃菜之用究有限定茶鹽之數也

西櫃引鹽

臨全十五埠大江四十二埠皆西櫃也臨全額引十一萬一千八百九十四包官招水客認足額引其所配之鹽運至梧局由梧州水客購買轉運桂林昭平全州各埠地銷售桂林較近淮界淮鹽原易充銷所幸淮鹽釐金甚重成本匪輕所以淮鹽充銷桂林者少也大江各埠祇銷柳城

籤五十条插在鹽包其無籤者即係多餘鹽包一望而知易於點驗俟點驗後即將小籤收回邇來船戶亦習製此籤矣炳點驗之時皆出其不意而點驗之又查潰鹽向有貼補滷耗半包今亦照章貼補也

各埠菜鹽籤

查各埠商所需菜鹽先由商人繳清鹽價若干另繳價襍銀肆錢零領給各埠聯票向東關下河船照票給鹽奉段都轉新定章程設立各埠菜鹽籤二十枝凡遇領取菜鹽按照各埠聯票繕籤給發以杜影射炳接管督配查閱各項鹽籤所短不少立限巡丁取回凡有領籤者飭令速

滇鹽籤

凡遇程船配鹽每百包抽收三包名爲滇鹽若未及百包則七十包以上始收滇鹽二包若係六十九包仍是抽一包其實三包之中滇鹽一包八旗菜鹽一包土司鹽一包邇年土司鹽停止配兌滇省鹽銅互易亦停運矣惟八旗菜鹽照章給發仍舊抽取滇鹽由東關給照藏貯南倉蒙段都轉愼重鹺政恐有私鹽以滇鹽爲影射設立滇鹽籤十枝由東關按照滇鹽若干包另由督配驗艙繕籤給照運往南倉炳接管東關另設小籤一百条點驗滇鹽每条小籤計長一尺顏曰點驗鹽包籤若滇鹽五十包卽以小

北櫃四埠、曰連陽、曰樂桂、曰雄贑、曰仁化、各埠配鹽原以連陽爲最、連陽額引無多、計五萬零八百八十九包、融引十六萬包、籌補引二千七百零二包、派銷積引一萬八千二百三十九包、共引二十四萬零四包、又帶辦中櫃清遠埠額引一萬一千五百三十包、籌補引六百二十一包、派銷積引七百九十八包、共一萬二千九百四十八包、又帶辦滃洸子埠額引五千九百九十二包、籌補引三百二十一包、派銷積引六百三十包、共引六千九百四十三包、又帶辦象岡子埠額引三千包、籌補引一百六十一包、派銷積引五百零四包、又帶辦胥江子埠額引一千四百四十九包籌補引七十五包淸遠埠另由中櫃拆引浛洸象岡胥江各子埠則歸連陽拆引也又查樂桂與連陽引地接壤桂陽與臨武交界或連陽引鹽少銷則樂桂引鹽必暢銷也各埠配鹽以連陽爲最暢銷之時配至三十餘萬包者有之連陽引地無多其能多銷者充銷淮界查雄贛埠亦充銷淮界尚不多充也

中櫃引鹽

中櫃四十五埠新甯恩開陽春陽江五埠皆係坐配雙恩場鹽恩平開平額引原分兩埠今則合爲一埠龍門一埠久已懸宕博羅一埠歸入東櫃帶辦四會一埠歸入北櫃

仁化帶辦淸遠胥江兩埠歸入北櫃連陽帶辦鹿步游魚蜆塘各埠皆係七門埠之子埠歸於七門埠拆引除坐配懸宕連陽帶辦外中櫃在省拆引配鹽者共三十五埠封川富川開建賀縣高明鶴山各有額引原分六埠此六埠係在三十五埠之内也今則合封富爲一埠合高鶴爲一埠合開賀爲一埠又查西甯開賀歸於封富帶辦不另拆引皆歸封富埠拆引配鹽矣滋湖一埠歸於大朗帶辦不另拆引歸於大朗埠拆引配鹽矣是中櫃在省拆引配鹽者分而言之共三十五埠合而言之共二十九埠也中櫃各埠額引每年二十四萬九千九百七十四包除就場坐

配暨連陽帶辦及懸岩外計三十五埠共認銷引一十七萬二千四百五十二包惟德慶羅定神安陳村富川五斗花縣增城黃鼎東安高要計十一埠共融引五千六百一十七包合共認引融引統計一十七萬八千零六十九包向來中櫃配運寥寥每年約配鹽數萬包甚至經年不行拆動者蒙

院憲段都轉整頓省河認眞緝私中櫃配鹽最多洵爲效驗倘省河走私則中櫃皆買私鹽矣茲查辛巳正月上旬計至臘月下旬爲止中櫃配鹽二十六萬三千八百一十九包內除清遠埠配鹽九千六百六十九包歸入北櫃連陽帶

辦外，是中櫃二十九埠共配鹽二十五萬四千一百五十包，今以中櫃認引暨融引計之，長配鹽六萬六千零八十一包，查同治二三年間緝私認眞，中櫃各埠引鹽配足，未嘗過額至七萬六千七百餘包之多，辛巳年中櫃配鹽之多，亘古所未有也，且中櫃早領餘鹽五萬餘包，其過額多配者實不止此數也。

西北中三櫃配鹽

西北中三櫃配鹽，辛巳年正月至臘月下旬，臨全官局配鹽十一萬一千五百六十七包，大江官局配鹽十萬零六千五百三十二包，此西櫃共配鹽二十一萬七千七百九十九包、連陽埠配鹽二十一萬一千七百零八包、雄贛埠配鹽一十五萬一千二百四十二包、樂桂埠配鹽二十萬零七千三百一十七包零八十斤、仁化埠配鹽五萬零二百一十包、此北櫃共配鹽六十二萬零四百七十七包零八十斤、中櫃各埠除坐配懸宕暨連陽帶辦不計外、配鹽者三十五埠、共配鹽二十六萬三千八百一十九包、今以各埠認引融引籌補引暨公所派銷積引計之、歸全配足大江短配不多、又查北櫃雄贛埠則長配四萬八千七百七十四包、樂桂埠則長配一萬八千七百四十五包零八十斤、仁化埠配足額引、惟連陽埠因換新商短配四萬零八百零七包較諸上年所配之數則勝之遠矣中櫃長配者二十埠短配者九埠截長補短長配鹽七萬六千零八十一包矣 炳 壘向中櫃管事催配並詢問支茨筠鹺尹皆以爲短配各埠早領餘鹽不少非短配也查各埠所配餘鹽倉鹽六門各口私鹽計有五萬六千九百一十五包零總共配鹽一百一十五萬七千二百八十四包零七十斤若以通綱計之辛巳年共長配鹽一十五萬七千餘包也

各埠成本

北江各埠成本鹽價水脚餉褋暨價款躉船蒲包關廠釐金每鹽一包仁化連陽雄贛各埠約須成本銀貳両柒錢

惟樂桂餉本較重每包成本約須銀三兩臨全大江各埠每包成本約須銀二兩五錢西江水脚銀三錢北江水脚銀則須五錢緣西江直抵梧州水脚較廉也中柜各埠成本約須銀二兩二三錢各埠餉糶或認足額或認幾折曩時配鹽祇交價款七成其餘准欠嗣緣入欠不繳欠款太多近將價款全交始准請照此就現時成本舉其大畧究無定數各埠售賣鹽包每包約取銀三四錢遞來價款全完每包約取銀一二錢或二三錢不等或欲設法減輕成本實無可減輕也

快艇

東關向有快艇四隻曰正差快艇曰跟差快艇皆司友開秤收秤所用緣上下棋杆司友九人輪流分身常泊鹽船邊旁一快艇在上棋杆一快艇在下棋杆也委員快艇一隻又雜差快艇一隻一則開秤收秤之用一則委員輪班往來查河之用每快艇月給工食銀一十五兩嗣後快艇二隻移駐河南緝私公局東關司友秖有快艇一隻緣下棋杆程船較多常泊下棋杆而上棋杆秖用小艇往來照料究竟上棋杆較近沙鏬沙北一帶最易走漏或遇風雨或北風太甚則小艇難行矣 炳接管督配上棋杆鹽船倍加稽查每日七點鐘先往上棋杆停舟以待俟司友船到

逐艙查驗印花開秤以後疊往巡查當經添設快艇或遇上棋杆鹽船開配並囑司友酌派兩人常泊鹽船查察較爲週密也

埠艇

各埠商配鹽皆有司友督配其所坐之艇名爲埠艇司友之外另有工人照料配鹽名爲攬頭又有管理鹽包名爲拖包也

坭排艇

各埠配鹽之時每程船皆用坭排艇一隻泊在程船邊旁執秤者運館看秤者埠商司友暨下河船戶三面言議配

兌鹽包皆在坭排艇炳每日查河常往坭排艇查驗看秤防其寬包究竟一買一賣中人者海運館斷不肯多付鹽斤然查察稍鬆恐其私向運館商議多付鹽價囑其每包加多鹽斤矣

值日輪班

省河東關向設督配委員歷有年矣嗣因驗艙蓋印或遇開秤過多恐有不及添設驗艙蓋印委員帮理其事輪流雙單日期曩時督配驗艙兩委員每於值日偶往緝私館查問鹽價及到關船隻若干蒙

段都轉整頓東關飭令督配驗艙兩委員輪流當差輪班

值日每員三天並另擇馬口甘竹潭洲兩委員帮辦東關事務巡查夜河炳每遇屆班必先一夜來關住宿東關應爲之事按照新章必盡厥職或同班者另有要務則互相代替也

催配

各埠配鹽或多或寡原有額引然有認足額引者亦有不認足額引者當照認引催配炳或遇下班回省先查各埠認引若干融引若干籌補引若干現年公所派銷積引若干或有短配者開單親往該埠商催配或往鹽務公所面催各總商配鹽也

督配鈐記

東關督配委員蒙給鈐記一顆顔曰東關鹽務督配委員查驗鹽包鈐記係布字二百四十六號同治七年二月刊給凡上行申文鹽船月報放關執照滇鹽執照以及請領薪水並查驗

將軍買馬船隻查驗　貢差船隻俟過東關皆將牌照會同總巡委員蓋印也

放關

凡各埠鹽船配足先由督配委員暨廣糧通判按照鹽包給照即由西滙關查驗放關將東關執照收換運照查驗

放行炳每遇鹽船放關親往沙鋪沙北查驗或沙鋪沙北水淺之時各鹽船泊在沙河口地方當查該鹽船共裝若干鹽艙若干每艙幾包高幾包橫計算包數與艙口搯相符即放往西滙關查驗也

上河鹽船限期請照開行

各埠配鹽之船謂之上河鹽船名爲蔑船每有裝鹽延不滿載者有滿載後延不開行者曩時鹽帮之弊指不勝屈有加大包頭則包內之私有溢出數目則包外之私以一票而重複照驗名曰重運以私鹽隨官引而上名曰跟帮船有夾旁艙有夾底皆散載私鹽甚至官引一千夾帶私

鹽數百皆緣照與鹽離所以易生弊端蒙
段都轉立定新章限二十天請照又限二十天開行共限
四十天中櫃各埠路途較近限十五天請照又限十天開
行共限二十五天惟每年臘月配鹽西北櫃各埠另加寬
限十天係限二十五天請照又限二十五天開行中櫃各
埠另加寬限十天係限二十天請照又限十五天開行共
限三十五天光緒八年仲冬緣久旱未雨河乾水淺鹽船
難行各埠商恐逾限期不敢配鹽蒙
周都轉檄行公所嚴催運陽埠暨中櫃各埠配運並體恤
商情變通辦理准自壬午年臘月初一日起至三十日止

西北中各埠臘月配鹽按照尋常臘月配鹽限期再加寬限西北櫃加限二十天中櫃加限十天嗣據各總商求准將請照開行限期懇勿勻開准其統算屈計西北櫃請照開行皆在七十天之內中櫃請照開行皆在四十五天之內如再遷延卽將所配之鹽存儲南倉充公祇准臘月除夕爲止正月朔日以後仍照舊章邇來上河鹽船皆依限請照開行無論駁船若干隻按照章程隨同大船連檣行走一齊過闗查對運照小票數目並查母船及子船所裝包數是否相符鹽不離照照不離鹽所以別官私而杜影射也

西北兩江上河鹽船

西江鹽船曰麻洋裝鹽二三千包每艙七八包高十二包橫曰大石馬裝鹽七八百包每艙四包高七八包橫曰橫州曰開洋曰森板曰波山曰河西皆裝鹽二百餘包每艙二包高七八包橫也北江鹽船曰標仔曰沙河曰河西曰小石馬曰恩平曰扒江裝鹽約百餘包或二百餘包每艙二三包高五六包橫也

存關淸艙船隻

趙子耀二尹由緝私公所渡河來關以總辦劉太守謁見張制軍飭查到關船隻暨淸艙船若干柄檢簿縷查計自

辛已年正月迄至十二月二十七日止共到關船四百七十六隻另庚辰年存關船三十七隻總共存關船五百一十三隻除已清艙船計至十二月二十七日止共四百九十六隻外尚存關未清艙船一十七隻計存程鹽一萬八千八百九十一包清艙之船由驗艙委員給單並蓋圖章始能回埸若無驗艙委員之單則虎門委員不肯放矣

督配司友

東關督配司友皆係總辦延訂督配總兩人單日司友三人雙日司友四人共司友九人也每月脩脯數金司事總較多其所靠者稍分緝私館羹鹽也曩時各司友船泊東

關不往上下棋杆鹽船蒙
段都轉認眞磋政司友快艇終日泊在鹽船邊旁督配鹽
包每日由省往來風雨無阻甚屬勤勞矣 炳 接管督配常
往上下棋杆查看配鹽各司友於秤多之時亦坐小艇往
來巡查足見人心易於觀感倘委員不肯認眞則司友亦
漸疎忽巡丁更不待言矣上下棋杆各埠配鹽或能於開
秤鹽船每友看秤一杆較爲週密但司友單雙值日或囑
終日盡在鹽船實爲難事也

丈量

東關開配鹽船查驗鹽印必須先行丈量向有丈量手四

人皆係快艇頭役也丈量之時丈量手兩人一在鹽艙邊旁一在司友快艇邊旁高聲傳唱某艙離盖板幾尺幾寸某艙鹽印幾個某艙硬板某艙中空由司友登記簿內以便查對也

尺水

凡各場鹽船到關先報廣粮通判次報東關當往丈量並往尺水驗對丈尺盖丈量之法查由鹽艙離盖板若干尺水之法查船外離水若干也昨誦

段都轉新定章程進口到關泊船過厰其言督收鹽觔配發旗程進口量艙驗戳開秤及西關查對鹽包開行巡察

各事宜是表裏相符互相查察則程鹽顆粒歸公私販自無希冀矣

鹽船回關

東西場鹽船每多延不回關不免沿途盜賣蒙段都轉新定章程於光緒七年八月初一日爲始所有程船由場截角計算到虎門日期西場限三個月東場限兩個月逾限十天免罰逾限二十天罰銀肆拾両逾限三十天罰銀捌拾両逾限四十天罰銀壹百陸拾両並將船內鹽斤照旗程鹽數提出五成充公應領晒駁期溢亦祇准五成請領逾限五十天當將船隻鹽斤全行充公應領晒

駁期溢銀兩一概不准請領並將船戸及經手給交旗程之運館發縣訊究也

候官林慶炳耀如輯

五日船報放關月報

東關督配向辦船報始則每旬一報邇來五日一報當將程船某埠某日或未清艙或已清艙暨上河躉船船戶姓名列摺五日禀報每月放關鹽船按月禀報炳接管督配設立按日配鹽簿按月配鹽簿放關鹽船簿鹽價簿存河鹽船暨配鹽總數到關船清艙船簿逐日登記縷晰條列分門別類以便查對庶免錯悞各埠配鹽瞭如指掌因思五日船報於配鹽總數尚未明晰另具西北中三櫃按月

配鹽月報又另查西北中三櫃配鹽自光緒七年正月起至十二月下旬各埠共配鹽若干包列摺呈報也

東關柱聯

東關麒麟門外向有柱聯一對其柱聯云守百三埠要津通商裕課總十四場挽運挾筴持衡查東西各場柵十二場一巡檢係經制缺又七柵一廳係委員管理其餘雷州廉州瓊州各府屬有場名而無場官此柱聯所謂十四場者係合東西各場柵而言祇以省河言之其在潮橋者不計也又查省河共一百五十九埠此柱聯所謂百三埠者亦祇以西北中三櫃各埠在省配鹽者言之而東南平三

櫃不由省配者不計也

東關各項鹽觔

凡吏鹽滇鹽工鹽菜鹽皆有籤矣尚有快艇籮頭鹽新秤有之爲津貼辦公之用此外尚有艙口鹽一捧係快艇水手火食鹽也另有丈量鹽一籮係丈量手火食鹽也又東關各神廟香油鹽一籮由關役走領埠商司友向有鹽樣皆新秤則有舊秤則無也垢牌艇掃地之鹽係蝦春得之清艙之時蝦春工人另有一籮以購各件曰蔶蔴曰包針縫鹽包所用曰絞篆係絞鹽之車大木棍也曰馬甲係用木製圓以爲車鹽之用曰繩索曰鹽插皆絞鹽所用也各

項之鹽由來久矣皆不多也炳到關伊始詢查同事各委員皆以爲早經列摺稟明在案邇來東關各委員在關輪班開秤收秤所用快艇已不暇矣炳居班之時另往上下棋杆梭巡配鹽暨往沙錍沙北一帶巡查則快艇尤爲忙碌籮頭鹽艙口鹽向來有之亦當酬其辛勞計自段都轉蒞任以後飛籌打斗諸弊早絕丈量手早晚奉公亦祗靠此新秤一籮也

飛籌打斗扒夜水

各埠配鹽皆以竹籌覈計五十籌爲一圓謂之大籌當防其不放一圓則少五十包矣蓋串同攬頭暨巡丁私賣與

上河鹽船或賣與私販轉賣名曰飛籌俗呼食湯丸也曩時量鹽用斗每斗二十六觔計七斗零三觔爲一包共一百八十五觔呼爲打斗譬如打水之類斗有大小或不止二十六觔之斗則爲舞弊邇來新章不准用斗祇用蒲包過秤按照一百八十五觔之數且配鹽不准駁船祇用躉船配鹽不能盤駁船舞弊矣又有夜半私名曰扒夜水此弊已𠙚蒙

段都轉功令森嚴飛籌打斗扒夜水諸弊早經盡除且海運館會經具結或有此種情弊卽將鹽船充公立法甚嚴巡船成本甚重諒不敢以身試法然防範不可疎也

鹽秤

東關鹽秤計二十一杆每杆潮秤二百一十五觔開秤之時按照鹽包之數秤尾用布綑紮之截至一百八十五觔爲止潮伸司每觔加二兩八歸九還伸得鹽二百零八觔二兩司伸潮九歸八還每觔十六兩也

正鹽溢鹽

各場程船到關正鹽若干包旗程暨三門廠所寄艙口摺皆有登記惟溢鹽若干向無登記大約子母相對究屬多寡無定也炳 每逢開秤查明正鹽若干溢鹽若干緣查溢鹽之多寡始知走漏之有無也茲查辛己臘月上旬到關

鹽船程名安吉仁領運電茂正鹽一千二百包約溢鹽一
千包安信閏領運博茂正鹽一千一百一十六包約溢鹽
一千包長樂花領運雙恩正鹽一千包約溢鹽九百包祥
德祿領運電茂正鹽一千五百包約溢鹽一千包安吉祥
領運電茂正鹽一千包約溢鹽一千包裕興益領運電茂
正鹽一千三百包約溢鹽七百包連有全領運墩白正鹽
九百包約溢鹽七百包隆而旺領運大洲正鹽五百包約
溢鹽五百包連有財領運墩白正鹽九百包約溢鹽九百
包兆多壽領運博茂正鹽一千三百包約溢鹽九百包宏
發貴領運電茂正鹽一千七百包約溢鹽一千七百包安

生華領運墩白正鹽八百包約溢鹽八百包長得玉領運
墩白正鹽七百包約溢鹽七百包長得寶領運墩白正鹽
七百包約溢鹽一千包德有興領運大洲正鹽七百包約
溢鹽六百包興有祿領運淡水正鹽五百包約溢鹽五百
包安生榮領運墩白正鹽八百包約溢鹽一千包各程船
正鹽溢鹽姑舉一旬錄之藉知其梗概也

東鹽西鹽

上川司歸於西場久不產鹽矣電茂博茂雙恩茂暉白石
各場皆屬西場所到程鹽皆西鹽也隆井招收東界河西
以及惠來海山小江等場柵向歸潮橋各埠及大小河配

兒惟淡水大洲墩白小靖海甲石橋碧甲常有東鹽到關西場之鹽以雙恩爲最色極潔白各場皆不及也東場之鹽以大洲潔白者爲最其不潔白者與東場之鹽無異也

海運館

凡各場領給旗程皆由運館經管省河運館統計十餘欄住羊城門外曰全福堂曰成遠堂曰旋安堂皆住增沙曰永安隆曰德連堂皆住廻龍社曰宜德堂曰成記堂曰泰和軒曰裕祥安曰順興隆曰和安堂皆住太平沙曰恩儉堂住愛育東街曰悅和安曰寶善堂曰新厚安皆住海味街曰榮利堂住麥欄街曰源記堂住石基里蒙

段都轉新定章程各鹽船或有走漏惟運館是問卽將鹽船充公倘有遭風失水當向地方官具報或向營汎具報亦可也運館字號四十二家每以一家運館標寫三家字號其實僅十餘家也

旗程

海運館領給旗程告運鹽觔多者領運正鹽二千包或千餘包不等少者七八百包曩時程船較小邇來程船較大程船大者裝至四千包者有之其餘或裝三千零包或裝二千餘包或裝千餘包正鹽一千包溢鹽則加倍不止也原係加三溢鹽或正鹽一千包准帶溢鹽三百包給發溢鹽價其餘溢鹽則不能領鹽價也炳每日查閱配鹽報單

計算溢鹽配運若干計其溢鹽之多寡即可知其走漏之有無溢鹽多配自無走漏矣

程船

程船大小不一適中鹽船頭樑面離水三尺八寸尾樑面離水四尺二寸頭桅前後寬一丈九尺一寸頭艙前後寬二丈三尺五寸長二丈九尺八寸深一丈一尺五寸第二艙寬與頭艙相同長二丈二尺一寸三艙寬二丈二尺九寸長一丈一尺三寸四艙寬與三艙相同長一丈五尺一寸船身或長七丈八尺或長九丈七尺此惟舉其大略近日鹽船較曩時寬大矣

程船入港

各場程船惟未入港則防盜賣或於澳門鯉魚尾地方暨馬溜洲另派輪船各一隻鎮守該處則程船不能到澳門香港盜賣矣但慮程船有所畏阻不樂作此生理轉於配運有碍又慮該處風浪太緊輪船扒船難於灣泊凡入港程船無不到關若未入港催程船者惟是駛往鯉魚尾地方催其入港或往佛頭洲長洲一帶查催程船遡來程船回關限期甚嚴却不慮其回關延擱矣

艙口摺

凡東西場程船回抵虎門先由三門廠掛號某場配若干

包某月某日由場配足開行某月某日到虎門某艙幾槅離盎板幾尺幾寸某槅或係中空某槅梗板某艙花印幾包當於丈量之時丈量手按照艙口摺唱明查對也

輪船

省河大輪船二隻曰鎮東曰執中皆堪出駛大洋又小輪船七隻曰永安曰靖海曰廣靖曰利川僅能駛往香港澳門一帶曰化善曰裕民向係洋人管駕並有文委員管帶其餘大小各輪船拖船多係武弁管帶邇來添設文委員矣曰霞飛泊在東關飭令馬口甘竹兩委員住宿東關管帶輪流值日巡查夜河或曰武弁管帶輪船其緝私出力

者有之而不能緝大夥私梟徒與各渡船暨漁船爲仇者亦有也蓋虎門外私鹽小艇多者數十隻聯帮而行每小艇私鹽數十包或追拿小艇數隻其餘皆星散矣若硬艇販私恃其人多砲大器械精利每船裝千餘包或二三千包緝私輪船不敢對敵轉相逃避且私販沿途皆有線人查探或先躲避緝私輪船而管帶輪船者多係拿獲蝦笱艇約裝一百包係漁船囑往各場買鹽以爲醃魚之用該艇以船爲家每船約有數口之人靠此養活若被拿獲則數口之人絶食矣兄蝦笱艇所裝鹽包爲數不多其所拿者少其所害者大也或向海邊窮民之漁船設法查拿然

漁船所買之鹽皆往各場買之沿海十三埠俱係乾標無鹽可買打魚多少不定故所帶之鹽亦不能定多寡該漁戶出洋捕魚皆望多捕不能不多帶鹽勅其實非私鹽也此種窮民捕魚爲業自食其力居住海邊不爲强盜實屬良民或以良民誣爲私販當有不不忍更不容有勒索渡船情弊惟望管帶各輪船者認眞巡緝冀於緝私有裨也

各場晒鹽

東西各場晒鹽當將海水放入鹽池先過鹽墹祗有一半海水可用當俟晴霽始能晒鹽初次晒鹽約六七天始能成鹽緣鹽池濕也二次晒鹽約四五天三次以後三天則

成鹽矣所用之人曰堀戶曰圍長曰圍巡曰晒丁東闕雖非晒鹽之地係鹽漕總滙之區姑錄之而知晒鹽之大畧也

晒駁

各場晒駁其價不一每鹽一包晒駁自一錢六分二釐至二錢零一釐不等晒係晒鹽之價駁係駁脚卽在場柵配鹽搬過大船之駁價及挑脚也其船戶在場墊過晒駁價由場員備文給付辦運帶回省垣赴庫請領近時皆由埠商收回作抵應領鹽價謂之晒駁也

鹽樣

各埠商向程船商議買鹽必留鹽樣爲憑或艙面鹽佳而
半艙以下與鹽樣不符則埠商不肯配矣遇有鹽樣不符
先行收秤該埠商另行議價或程船另賣他埠炳立即覓
坐快艇親往查驗囑令司友先蓋鹽印並不准其多取也

鹽價

西鹽潔白其鹽價較東鹽稍貴東鹽或四五毫或六七毫
或八毫六或九毫四或一元零五西鹽或一元一毫五或
一元零八或一元一鹽價賤時西鹽或八毫二或七毫二
或七毫五則東鹽價更賤也遇有鹽價昂貴西鹽一二元者
有之其謂四毫者計銀二錢八分八釐其謂五毫者計銀

三錢六分其謂六毫者計銀四錢三分二釐其謂七毫者計銀五錢零四釐其謂八毫者計銀五錢七分六釐其謂九毫者計銀六錢四分捌釐蓋以每銀七錢二分計算也又查鹽價欲其貴不欲其賤倘鹽價太賤各程船恐其虧本不往各場配鹽然亦不宜太昂或程船高抬鹽價過於昂貴又恐各埠少配當傳諭運館不准太昂也

西埠鹽

西埠鹽係閩省詔安之鹽也鹽價較賤而鹽亦不潔白皆由東場小靖海甲石橋截角運至東關配兌西場必不肯截角也查每年配兌西埠鹽計將四十萬包或靠各場之

鹽則不敷配矣從前餘鹽局招買氷鐵鹽即洋鹽也或西埠缺鹽則購金門鹽亦由西埠購買但金門鹽醃物易壞迺年祗有西埠鹽罕有洋鹽及金門鹽矣

巡查夜河

各廠巡查夜河最須認眞白晝走私者少夜半走私者多似須兩人輪流一查上半夜一查下半夜且須黎明後回廠方爲週密若以一人獨查雖以終夜不寢也或能照辦則扒夜水之弊永除矣若以東關言之沙鋪沙北一帶尚有小港水淺港窄小輪船不能駛入似用快艇較宜但查夜河須往花埭口暨中流砥柱一帶或遇逆風逆水則快

艇難行亦不若小輪船之捷夜河嚴查雖無拿獲私鹽譬如貓之捕鼠或有貓在則鼠不敢肆行近來省河私鹽肅清久無扒夜水矣然不能不防微杜漸倘稍鬆勁則弊恐漸生炳常囑三廠頭役以炳下班之時以及夜間查河尤宜勤謹近來三廠頭役常坐長龍巡查夜河炳遣人密查詢其巡查夜河之時實在有遇私鹽與否據稱夜間實無走私惟偶遇賣菜小艇或鹽數斤或十餘斤此爲醃菜之用一月統計不及一二包也

省河例禁

省河鹽務向來所禁者四條各場程船不准灣泊旗杆外

鹽印不准模糊丈量尺寸必須相符西埠鹽爲閩省鹽觔由場截角或有違此四禁曩時司巡藉索陋規近來公事認眞罕犯此禁各友亦皆奉公守法矣然或程船到關日久始行開配則鹽必實丈量之時稍差一二寸不足爲異鹽艙鼠多且螳螂不少印花踐踏最易模糊不盡舞弊近來鹽船印花皆用木盤或用竹片蓋之不致模糊矣偶遇各場鹽缺程船凊河則西埠鹽亦屬得力凡事惟當察其眞僞並擇其要也邇來西埠鹽則不禁矣

省河要隘

東關整頓以後省河私鹽肅清此　國朝二百餘年所未

有也足徵

段都轉振興鹺政惟附近東關要隘若大沙二沙之間沙尾近田之處爲東關門戶却成犄角之勢中流砥柱向爲東路走私之進路南石頭炮台地方向爲西路走私之進路東路岸上尙有鄉村名曰寺貝底向有售賣私鹽今則罕少矣東關對河卽是沙頭廠該廠背後卽是沙鋳沙鋳背後卽是沙北沙北背後卽是寺貝底也近來東關風清弊絕各鄉罕有私鹽矣其在東關之西向有私鹽者若坭城地方隔西關外十里荷塘尾鄉村隔花埭里許古料村地方隔石門三里由省城先到古料村後到石門又石井

橋地方由石井橋出南江口計二十里南江口隔石門五里或由坭城右邊進石井橋計十五里又裏水地方由坭城進沙村口計五里又由黃沙村口進裏水地方計三十里隔金溪五里曩時各鄉村私鹽頗多今尤少矣查花埭河南一帶皆有小河可抵石門由石門可抵北江以及五丫口地方皆爲西北江要路五丫口隔省三十里該處河面小港頗多或往佛山則必由五丫口經過矣北江以蘆苞爲總路該處盤查實爲要隘蓋香山順德新會東莞一帶皆近大洋港汊紛歧私鹽之進路不少防不勝防所以設立各廠擇其西北江總路而防之也然此就省河各廠

言之查緝私要隘六門爲重各廠次之東關則省河一撮之區蓋六門地方曠濶其走漏私鹽之路不少又查每年緝私經費不下數萬兩緝私花紅一半充公爲修船置械之用一半充賞如獲私鹽一萬觔應得例賞銀四十五兩是所費匪少所賞亦匪輕爲頭役巡丁者當知激發天良也

省河各廠緝私

西北兩江皆有緝私廠立法盡善其緝西江者白沙緝私爲西江關鍵隔肇慶府城十餘里都城緝私亦西江要隘離西甯縣三十里西江上游商販到局拆配轉運往臨全

者必先過龍母廟卽係紅簰在梧州城外因設龍母廟緝
私往西江者必先過三角嘴因設大黃江緝私其實非在
大黃江廼在三角嘴地界尚有昭平緝私設於粤西平樂
府之昭平縣城河面對岸距梧州約二百餘里東通梧城
西達桂省所有臨全商販鹽船轉運必經此路且有貴縣
緝私查緝大江各船以防平欖之私其緝北江者蘆苞廠
緝私爲北江之咽喉在三水胥江司屬白廟緝私上通英
德下達三水爲北江船隻往來必經之路隔淸遠縣三十
里且有雄韻緝私專緝北江韻縣之私白坭緝私爲北江
蘆苞之後路以防江水泛漲之時由此遶越其緝西北兩

江總路者則有馬口緝私在三水縣屬隔省一百八十里又有潭洲緝私移駐西南鎮對河之老沙係三水縣屬北至蘆苞七十里西至馬口三十里又有甘竹緝私移駐平洲離省三十里該三口關厰馬口巡船較爲要隘邇年裁撤馬口甘竹潭洲三口巡船西江鹽船直抵白沙北江鹽船直抵蘆苞恐隔緝私厰太遠矣盍馬口甘竹潭洲皆係西北江總路應請於三厰中擇其要者設立巡船一厰照舊盤查似於鹽務有裨也其緝東江者則觀音閣緝私在河源縣外觀音閣地方向歸埠商經理又有虎門緝私專查進口鹽船總巡緝私設立總巡厰沙頭厰沙尾厰總查

省河之私其實沙頭沙尾兩處為東關要隘若能於沙頭沙尾認眞稽查則已足矣按鹺政備覽六門為私鹽進口之處加以總巡三廠蘆苞白廟白沙沿路稽查上至梧韶兩關節節防範不為不密倘由省河三廠查出私鹽惟六門是問蘆苞白沙查出私鹽惟省河三廠是問白廟查出私鹽惟蘆苞是問梧韶兩關查出私鹽惟白廟白沙是問等語然各廠小河不少港汊紛歧究不能歸咎於前廠也

四行頭

各埠配鹽當待四行頭到關始能開配曰蝦春凡程船綏鹽之車須用蝦春工人由程船鹽包用木車綏入埞排艇

暨在艙內扒鹽成包曰華光係用竹篾一環專綑鹽包之工人也曰埕牌艇開秤所用執秤者運館呼為館頭係運館之人也曰拖包係埠艇配鹽之工人也曰攬頭係在埕排艇將過秤之鹽包拖往上河船之工人也每日配鹽之時必須此四行頭矣又查緝私館亦有四行頭係門房號房茶房書役與此不同也

蒲包

各場程船之鹽皆散在鹽艙俟開配時當用蒲包查蒲包每隻銀五分由上河船備購向有請領包價可抵也

諭各運館各船頭館此諭謹遵段都轉諭令總辦轉飭會同總

巡驗艙盖印各委員傳諭各斤
運館船頭館並諭三廠頭役

照得東關程船逐日配兑引鹽聞向有各船小艇工鹽等名目自光緒七年二月間奉
段運憲嚴行整頓凡有南倉滇鹽東關羡鹽緝私局羡鹽各埠柴鹽蝦春工鹽每日給籤填明包數觔數方准開行其餘各館小艇工人從前或有工鹽本年祇准折價不准取鹽早經諭飭遵照在案前奉
憲諭誠恐日久怠生廠役等巡緝未週難免陽奉陰違飭令重申諭禁嗣後各館小艇務遵定章祇准折價不准取鹽所有滇羡柴鹽工鹽給有木籤而不插籤者及祇准折

價而朦混取鹽者一經拿獲不特鹽觔充公本人從重治罪且追究該館該船從嚴懲辦三廠看秤巡役一并革究等因奉此合行轉飭諭遵諭到各運館各船頭館等即便

遵照務須仰體

運憲諄諄告誡之意幸勿仍蹈前轍自取咎戾凜之慎之毋違特諭

擬擇各廠頭役巡丁章程　附錄

各廠頭役巡丁必須嚴定章程庶可收緝私之效各巡丁聽命於頭役是頭役爲一廠之主利弊攸關最宜選擇應請將各廠頭役巡丁挑選的實姓名并勤妥之人驗明左

右手指箕斗取具的實店保及各役連環保結造具年貌
籍貫箕斗各册然後按照舊章掣籤廠分方免冒名頂替
移甲作乙之弊皆以半年爲期再行籤掣更調廠分並請
出示曉諭不准用錢買充所有各廠委員到廠之日卽取
具該廠頭役巡丁等並無買充甘結呈報當定值日巡丁
每日四名守更巡丁每夜二名由本廠委員嚴察巡丁勤
惰分别功過如果勤勉安分當記功留辦三個月記兩功
者留辦半年並將緝私花紅酌賞記過一次扣除一個月
記過兩次扣除四個月記過三次者革記大過兩次者亦
卽革矣功過准其相抵倘巡查不力致被偷漏别經發覺

鹽止百餘觔者即將該頭役值日巡丁各記大過一次若夜間走私當將守夜巡丁暨頭役記大過兩次也抑或走漏私鹽數至五百觔以上及受賄故縱者即隨時嚴提究辦當由該廠文委員按月造具巡丁功過冊呈報

運憲又按季造具管收除在四柱淸冊稟繳如遇事告假應計道路遠近予以限期逾限不回即行斥革以杜行街包私等弊且巡丁駕船緝私必須熟悉道路應請選擇精壯勤能者錄用其老弱奸猾者不選巡丁在廠日久弊竇慣習必須該廠文委員嚴行管束禁其肆意妄行也

甘竹馬口潭洲三口緝私 附錄

省河設立三口緝私一則甘竹巡船原設在甘竹灘下離省一百二十里嗣緣往來船隻多不由此經行於同治七年移駐平洲計離省河三十里並無陸路可通所有西北兩江鹽船由省河上駛一由花埭一由大黃滘皆由斯道而行嗣因五丫口地方港汊紛歧私鹽出没另撥甘竹扒船鎮守五丫口也一則馬口巡船專緝西北江私鹽向以上半年水大則泊大路墟下半年水淺則泊思賢滘嗣因船身朽爛不能駕駛常泊思賢滘岸邊一則潭洲巡船原泊嗣經移駐西南鎮對河之老沙係三水縣屬爲西北江轄香山在橫門之北因該處濱臨海邊洪濤巨浪難以停

之總路緣三口巡船年久未修不能駕駛又因該三口巡
丁向係抽取上河船鹽船藉解私鹽並非認眞緝私實於
公事無裨蒙
段都轉新定章程將甘竹馬口潭洲各巡船撤回修整各
巡丁亦撤散矣查三口巡船移駐之地皆西北兩江總路
但三口相隔不遠節節盤查似過週密各船戸投照請驗
延擱時日應請於三口中擇其要者復回一廠其餘兩廠
委員一派東闕巡查夜河一派新復三口之一廠巡查夜
河又查三口巡船向有司事請將該司事修金暨頭役工
食略再加增移作管帶薪水飭令幫同文委員巡查夜河

一則上半夜一則下半夜一年期滿另換人員似於公事有裨卽使未能拏獲私鹽譬如閽人看守門戶縱不能捕盜而盜不敢入也惟三口曩時頭役巡丁徒知舞弊積習已久牢不可破實不可用將來或將三口巡船擇其要者復回一厰應請另擇巡丁凡願充當巡丁者當着妥人保認具結准充並將該巡丁暨保認人列冊稟報

運憲（缺）查舊時巡丁亦皆有保認半屬虛假或保認之人卽匪徒也當飭管帶巡船者親往保認人查詢該巡丁或有舞弊惟保人是問則巡丁有所顧慮矣所有新換巡丁半月之間由文委員點名一次考察勤惰將各巡丁登記

東關紀略　卷二　附錄　一七

功過記過三次者革若記大過二次亦卽革矣或勤於緝私者記功功過准其相抵記功者將緝私花紅酌賞賞罰分明巡丁當能感奮矣或留或革或記功或記過每月朔日由文委員造具巡丁功過冊呈報

運憲則巡丁更有顧慮若革巡丁則由文委員專政或補巡丁當由總辦專政惟不准買充則文委員無私意矣管帶巡船之員當歸文委員節制則事權歸一不致紛爭如身使臂如臂使指則文委員責有專歸亦易於指使矣爲委員者稍有天良皆欲緝私爲頭役巡丁者惟利是圖盡欲放私委員與頭役巡丁不能一氣呼應不靈安望其緝

私得力耶皆由曩時頭役巡丁多係買充有所恃而無恐邇來總辦淸廉久無買充之弊惟文委員終日在船或遇酷暑颶風恐非所宜應請臨近巡船空地設立篷廠仍令往來巡船稽查或有私鹽按照舊章准其押解來省不必限解私鹽若干包或實在拿獲若干隨時報解亦不准抽取鹽船鹽觔並請給發鈐記一顆爲按月造報巡丁功過冊暨查驗鹽船並請領薪水之用甘竹潭洲現經移駐地方應請改用移駐地名惟馬口與思賢滘祇隔五里仍用馬口可也但三口巡船撤回頗久或新復舊廠尚恐船戶不循理者不肯服查應請諭知各埠商暨各船頭照舊投

照請驗不准闖關又查各關口走私殊多詭計或船底皆鹽而上面假裝石灰亦有假裝糞草且武弁查河船戶暨往來差船各船戶慣帶私鹽或夜半走私則用小艇其實夜半走私者多而白晝走私者少爲委員者卽使終夜不寢而頭役巡丁不能同心協力欲其緝私也難矣曩時三口巡丁亦查夜河並輪流支更究皆虛假或委員遣人同查該巡丁則往無鹽之地終夜勞苦不能一獲蓋巡丁皆有線工報信何地有私何地無私巡丁知之而委員不知也縱使委員亦覓線工而巡丁在廠者或十餘年或二十餘年線工與巡丁皆係一氣而委員何能爲耶是三口或

復一廠必須慎選頭役另換巡丁洵爲妙策也

六門暨各縣要隘附錄各要隘皆係隨時查問秉筆紀載非身歷其境姑錄之以備考

東西各場配鹽後皆由海道回關所經洋面則以虎門爲總滙之所向派武弁一員往紮三門局廠查旗程截角入關嗣後另設虎門廠緝私委員并派司事二名專管丈量蓋戳查三門局廠設在虎門係東莞縣屬所謂三門者因虎門內一邊名橫檔一邊名阿娘鞋是以俗稱三門其實即是虎門廠也虎門以外尚有焦門橫門桅夾門虎跳門厓門共曰六門歧而別之又以虎焦橫爲東三門桅夾虎跳厓爲西三門分隸於東莞香山新會等縣鄰近之鄉村

其以東三門水路言之由省河至虎門一百八十里由虎門至焦門四十里由虎門至橫門一百二十里由焦門至橫門八十里其以西三門水路言之由虎門至梔夾門三百二十里由虎門至虎跳門四百五十里由虎門至厓門六百里東場進路則由東三門西場進路則由西三門前因省河有事各艚船多從虎跳門橫門等處進關每藉遇淺分駁爲名任意偷漏且叢泊紫泥水枝花甘竹灘等處沿途盜賣邇來東西各場鹽船皆由虎門而入不准再入虎跳門等處也其私之入順德香山及番禺縣屬南排頭大龍口東莞縣屬蘇涌增城縣屬仙村者皆經東三門其

入西三門者必先經芙蓉沙塔東尾兩海口再分而之高明高要及新會之江門三水之白坭南海之九江順德之甘竹黃連等處轉入西北兩江洋面之道里遼濶繞越之路徑分歧惟梔夾一門其水稍淺私鹽重載鮮得灣泊此外尚有澳門更爲私梟淵藪但其進口之私亦必經芙蓉沙塔東尾而入是該二處最爲扼要之區也其在厓門地方最稱扼要者曰外海村該處係新會縣屬因厓門堵截海匪多設水柵重船不能直入惟外海村一路可入重船由芙蓉沙尾駛入灣泊其大夥私梟向在此處收買私鹽囤積東北直充甘竹九江江浦黃連等處西北直充高要

高明等處西北兩江埠地向受其害其在厓門之下最稱扼要者曰黎岳口該處卽虎跳門之背亦係新會縣地界貼近銀湖三沙此處一由外口直達外海村卽江門頭並轉入九江江浦黃連甘竹地界一由內口江門轉達高明高要三水白坭各路直充西北兩江引地六門以外向有神灣門又查虎跳神灣二門均在厓門之下該二門私鹽入口必經芙蓉沙尾若旣於黎岳外海設守則虎跳神灣兩處毋庸再設巡船矣其在香山縣屬最稱扼要者曰桅夾門其對門爲磨刀砲台入口卽芙蓉沙第六沙等處其在焦門地方最稱扼要者曰黃角村查焦門之上爲大虎

山係東莞縣屬焦門之下爲黄角村係香山縣屬重載私鹽必由此門直達番禺之南排頭大龍口轉入東莞蔴涌直至內河中江各埠向受其害其在三門之下又有一口名爲亭步口此處私鹽直入廣濟墟太平墟鎮口白沙蔴涌等處其在横門之北最稱扼要者曰潭洲係香山縣屬其南岸爲烏猪山大黄蒲此口前後均可灣泊重船若鹽船不入三門多於此處寄椗其私鹽入口必由潭洲直入火燒沙尾紫坭勒竹碧江陳村等處其在新甯新會開平三縣交界海面最稱扼要者曰長沙向有私鹽充斥一由恩平縣屬之那扶東山各港汊而來一由新甯縣屬之冲

篗上澤三合各港汊而來直充廣肇二府一帶引地也又查獵德海面向有鹽船灣泊盜賣兼有東江渡船及柴草船夾私充賺應設巡船與蔴涌口巡船互爲聲應梭巡也其在順德新會交界最稱扼要者曰甘竹灘該處爲私鹽入口必經之路又查橫門厓門梔夾門焦門虎跳門係中江西路五門連東路之虎門共計六門是中江東路之虎門亭步蔴涌獵德中江西路之黃角大龍梔夾潭洲外海甘竹各岸皆爲要隘若以六門之內言之東則有增城縣屬之仙村東莞縣屬之蘆村暨蔴涌地方番禺縣屬之沙灣獵德崇下神山暨車陂宗溪等處尚有榕樹頭地方暨

新造烏涌各鄉村其在番禺之東南也西則有番禺縣屬之石獅橋茭塘獨洲暨順德縣屬之黃連勒竹南海縣屬之九江江浦蘭石汎等處南則有番禺縣屬之登舟頭香山縣屬之潭洲皆屬緝私要隘也凡大夥私梟必由六門進口邇來販私路徑多由橫門暨潭洲一帶倘六門巡船僅祇一隻則恐眾寡不敵緝私反爲放私須廣購線工往海外各處偵探并派巡役四處密查暗訪私鹽船隻由何處而來何處進口報知該門巡船卽會同六門巡船前後協拏庶不至力單放走其六門巡船不必限在本門口岸灣泊須令不時梭巡六門信息相通合力緝拏也前經

段都轉慎重緝私專派輪船住紮東三門西三門暨各路要隘分別巡緝是管帶輪船者當能聯絡聲勢互相策應倘遇大夥私梟船孤不敵諒必飛報各輪船協力會拿矣

釋放漁船附錄

昨晤鹺局總辦夏子新太守談及

龔廉訪兼理鹺篆悉照前任章程惟拿獲漁船關禁殊爲可憫則不照前任辦理飭即釋放等語足徵

龔廉訪明察秋毫恩及海隅蒼生同深感戴邇來洋面大夥私梟硬艇一二千包者頗少皆係一二百包之私鹽艇成羣結隊或數十隻聯帮而行皆在磨刀口一帶曾經

段都轉檄飭海防局輪船並磨刀口躉廠暨各武弁扒船一體協拿則磨刀口無私鹽矣嗣後私鹽艇多由橫門而入潭洲一帶究竟蹤跡無定或遇緝私輪船先開放大砲而緝私輪船寡不敵眾轉相躲避或謂輪船巡丁每與漁船暨渡船爲仇甚至渡船實無私鹽輪船以他處之私鹽誣陷渡船希圖勒索者有之幸蒙

龔廉訪整飭艖綱力除情弊管帶輪船者始認真緝私也

潮橋要隘 附錄

查潮橋二十九埠其隸潮屬者曰海陽曰潮陽曰揭陽曰饒平曰惠來曰澄海曰普甯名爲橋下八埠其隸嘉應州

屬者共五埠曰嘉應曰興甯曰長樂曰平遠曰鎭平其隸閩省汀州府屬者共八埠曰長汀曰甯化曰淸流曰歸化曰連城曰上杭曰武平曰永定其隸江西贛州府屬者共四埠曰雩都曰興國曰會昌曰長甯其隸江西甯都州屬者共三埠曰甯都曰瑞金曰石城惟潮屬大埔一埠暨嘉應州屬五埠並閩省之汀洲八埠江西之贛州四埠以及甯都州三埠名爲橋上二十一埠於是閩汀八埠暨大埔一埠爲大河嘉贛兩屬暨甯都州一屬爲小河又查潮橋配鹽向在廣濟橋其額引每票約九萬餘觔其銷鹽引地以揭陽黃岡爲最揭陽埠每年可銷鹽五十票由湯坑過

言嶺關充銷小河黄岡埠每年可銷十餘票由石溪至高坡充銷大河又查豐順縣屬言嶺關爲潮揭私鹽必經之路該處山路崎嶇易於扼守倘設卡駐紮則潮揭私鹽無從衝入小河又大埔縣屬楓浪高陂兩處爲黄岡私鹽必經之路每於秋冬之間私販結黨成羣倘在楓浪一帶設卡巡緝則黄岡私鹽無從充入大河是言嶺關高陂楓浪等處實屬要隘又查潮橋緝私下河則有磊口最爲緊要長橋東隴急水炎之上河則有廣濟橋葛布塘高陂三河壩此外大小關卡林立倘能認眞緝私則私梟必能斂跡也

連陽埠十四商各肩引餉 附錄

查連陽埠務原分十四商各肩引餉嗣因年限期滿奉段都轉飭照道光十三年間章程改設公堂合辦十四商各湊股本設立公堂以爲上餉運鹽之用公舉四商總理其事原冀事權專屬秉公合辦庶期埠務有裨詎料各執偏見紛紛爭訐幸蒙

龔廉訪兼署運篆洞悉情形飭令十四商各肩引餉仍留公堂爲議事之所始解十四商寃結之仇連陽埠務藉免决裂衆商感戴稱道弗衰也

洋鹽

洋鹽充銷内地久干例禁各場鹽𣊓未開配西埠鹽截角入關原屬權宜之計或以洋鹽假充西埠鹽竟在香港澳門售賣尤屬不宜應將售賣之人嚴行查究或曰既經程船購買洋鹽假西埠鹽截角運入省河則餉𥟖一切照完化私爲官則不必拿倘必嚴禁則恐西埠鹽不運省河或遇各場乏鹽配運則未免清河於配運有碍等語殊不知洋鹽不禁則洋鹽源源而來其假西埠鹽者其患尤小其在香港澳門私賣者其患尤深安得不禁耶

擬諭緝私廠巡丁條規

一諭本廠頭役暨各巡丁等知悉本員曡經管理緝私所有緝私情形瞭如指掌該頭役暨巡丁等各宜勤愼奉公倘有放私情弊定卽據實稟請嚴辦茲列條規於左

一每日派定查河巡丁若干名另扒船亦派若干名查探私鹽船隻暨查夜半走私倘有私受隱匿不報惟頭役暨值日查河巡丁是問

一夜間向派巡丁輪流支更查獲走私當着頭役五日

一報某夜某更係某巡丁守更繕寫明白交司友謄
清列冊倘有偷漏惟值夜巡丁是問
一夜間查探走私或有探悉何處私鹽當回明委員暨
司友後飭往查拏或擅自前往希圖受賄殆至勒索
不遂始行禀報定將該巡丁禀請嚴辦
一本廠頭役暨各巡丁姓名住址以及認保巡丁之人
列冊查閱
一各商船過境按照向章查秤放行倘有夾帶當查明
若干起獲報解

一本員派人密查暗訪倘有走私情弊定即嚴辦

一每日另派巡丁二名聽候差遣

一無論有無鹽船過境按照向章屈計五天稟報

運憲一次

一本廠頭役巡丁旬日之間點名考察一次設立功過

簿分別緝私勤惰以便賞罰

一本廠頭役巡丁不准擅自他往或有要事當稟明本

員不得自來自去違者稟革

一本員隨帶鈐記在廠遇有鹽船放行俟查秤後隨時

蓋用鈐記不准先放鹽船亦不准由他廠設法補蓋
致滋弊端倘有此種情弊立卽稟請嚴辦
一設立鹽船號簿某埠商人暨船戸姓名運照小票某
字第幾號當由司友登記再由頭役另簿登記隨時
查對庶免錯誤每月另定日期報解私鹽進省也

光緒乙酉季秋鐫

東陽隨筆

古播王藻章署

序

曩讀　尊箸東關紀畧一書丁仲文觀察所撰序言以居其職則必思稱其職以無曠其職苟不知其職所當盡之事不惟不能稱其職且恐必至曠其職等語誠哉是言也耀如宦粵十餘載疊當鹽務公所淸釐局暨東關督配蘆苞甘竹馬口白坭緝私各差使勤慎逾恆歷任　都轉皆器重之茲以儘先插委勞績輪委到班權篆東陽振興場務力除弊端其於各鹽廠暨緝私廠情形瞭如指掌所撰示諭皆嚴禁場中積習或禁其既往或儆其將來皆他人所未能及者而耀如一片苦心孜

孜然惟日不足以場務爲重自履任後司友皆往收配
一也晒丁不敢走漏二也船塭不敢把持三也丐鬼不
敢强悍四也圍巡不敢舞弊五也糶如整肅場規洵能
盡厥職矣若各廠收配朔望給發銀米俾免枵腹從公
傳播口碑無不銘心刻骨目今　大憲求才若渴倘於
一年期滿之後久於其任洵於場務有裨糶如裒集成
書郵寄校訂謹誌數語以誌紉佩云爾世愚弟葉大煊
序

自序

粵東博茂場一缺鹽廠有八曰東廠曰登樓曰水東曰巷口皆大廠也曰紅花曰西廠則爲中廠曰南洲曰沙院則爲小廠緝私廠有二曰白廟緝私曰三洲緝私事務紛繁防範宜密倘稍鬆勁則弊端漸起抑或嚴厲則謗語叢生惟猛以濟寬有功卽賞有過卽罰則人心畏服船場相安矣且場中專靠天時又須兼以人事一則常開鹽埠一則鹽價時昂一則各埠暢銷三者兼而有之頗爲難事而各鹽廠暨緝私廠以及書差丁役皆須解囊與之或籌款借之炳勉竭庸材常以清慎勤三字

暨天理國法人情六字時存於心兢兢乎不敢稍懈所
發示諭暨新定章程秉筆紀載輯成東陽隨筆一書友
人勸付手民謹記數語於簡端以誌權篆東陽倘非虛
度昕夕云爾候官林慶炳序

東陽隨筆

侯官林慶炳耀如輯

目錄

禁鬻私販運示

諭八廠收鹽比較賞燒豬銀牌

諭八廠圍甲議價配鹽

諭各廠報卯不准虛報

諭八廠圍甲修整鹽埇

諭各運館開列程船

諭各廠收配巡晒分別勤惰

諭某廠圍甲配鹽

諭三洲白廟緝私兩廠巡丁輪往八廠巡查

諭運館圍甲嚴催配鹽

東陽隨筆

侯官林慶炳耀如輯

各廠規條

一各廠配鹽之時水單暨收配司友嚴密稽查不准斗工索取鹽船規費倘有違犯當將斗工送署懲治

一收配各友專管收鹽配鹽蓋印歸堆配鹽之時必須看明斗頭不可報少收鹽後蓋印須密不可太疎其四大廠請副水單者專管收配之事所有水單應辦事宜歸於正水單一手管理責有攸歸

一水單報夘另報晴雨單倘晒丁偷鹽當即送署懲治

一裝鹽之船各廠司友暨頭役巡丁人等查明運館並另行密查向來裝鹽若干包不准少裝至鹽船標票或配廠上之鹽一萬包當防其只配八千包恐留買私地步

一緝獲私鹽報明署中卽將私鹽放在廠中歸配

一各廠收配司友暨各廠水單有兼收配者收鹽配鹽之時必須親到督同曬丁收配不得專諉曬丁前往致滋弊端亦不得私罰肥己又聞各廠水單不兼收配者配鹽之時向往督配收鹽之時不常往收究竟收鹽最須查察亦宜常往也

一各廠收鹽應由水單報卯比較各廠收鹽額數或收鹽不及比較之額爲水單者難辭其咎當加意急公也

一空船未裝鹽者或有進港須由緝私司友並頭役報信到署以便稽查

一緝私司友巡丁不得擅收鹽船私規致滋弊竇

一基圍如有損壞即須通知⿰土扁戶修整

以上規條十則各廠水單收配督同圍巡晒丁人等認眞辦理切勿視爲具文隨時由署派人密查並本場親到各廠稽查其大廠水單收配或有懶惰不力

立卽更換或改調小廠其在小廠水單收配果能勤勞者遇有大廠水單收配更換卽以小廠水單收配調補兩月之間並將各廠水單收配互調數天稽查情弊據實密函到署當再由署覆查或有舞弊營私定必破除情面認眞辦理當將報信之人酌賞也

八廠情形

博茂場晒鹽計有八廠東廠乃八廠之領袖鹽田連聚豐肥丐鬼強悍（丐鬼係乞鹽之人）必擇剛柔相濟之人前往監收方能日有喜色登樓離署較遠弊竇多端非精明才幹兼操守清廉者難除俗弊水東鹽田散漫重

在那行（水東分廠）巷口鹽丁刁猾約束須嚴西廠大坪（大坪係西廠之分廠）最關緊要聯絡那行直迫海口紅花平穩之廠南洲全靠大洲（大洲係南洲之分廠）四面皆水必須收鹽認眞察視池底池角沙院荒廢多年尤宜整頓此八廠之情形皆須收配水單用人得力（炳）履任以來各廠收配水單量才器使俱能勝其任矣

晒鹽

查博茂場原煎熟鹽乾隆五十七年以後因柴薪昂貴難以煎熬改晒生鹽其收滷晒生應用水車鹽耙鹽箕等物海中鹹水晒鹽須過三傾始將海水先進水

塘次進泥塘一天繼進沙池一傾又進沙池一傾後入石池晒水成鹽夏季秋初天時晴霽一日可收兩臤春季秋末以及冬初天時晴霽一日一臤或遇雨後天晴五日成臤夏間雨後三日成臤最患忽雨忽晴則欲成臤也難矣

額鹽

查博茂場奉行核定每年原收額鹽一十九萬六千一百五十六包嘉慶二十二年奉准派撥海⿰火坐場額鹽增入博茂場六千一百一十三包通共應收額鹽二十萬零二千二百六十九包外加增額鹽八萬三千

五百六十包所定額鹽當嚴催配兌也

鹽印

查東廠各㙣一百二十工五正印五副印一駁印西廠各㙣八十二工三正印三副印一駁印巷口廠各㙣八十六工四正印四副印一駁印水東廠各㙣一百二十四工五正印五副印一駁印登樓廠各㙣一百一十三工五正印五副印一駁印紅花廠各㙣八十三工三正印二副印一駁印南洲廠各㙣三十九工二正印二副印一駁印沙院廠各㙣六十工二正印二副印一駁印共七百二十三工也又查各廠鹽印

計用五十七箇正印副印當同一式自作花押草字
發刋長約一尺一寸闊約八寸板厚約一寸二分字
深八分駁印八箇另作花押草字發刋長約九寸闊
約八寸當照此式也

鹽斗

各船戶塥戶製造鹽斗取其便也用熟鐵火烙印之查
火烙長約一寸八分闊一寸斗口斜抵斗底以排十
六箇半銅錢爲準每斗鹽約重二十四斤也

鍼秤

粤鹽行銷各省向用鍼秤以一百五十斤成包又改綱

案內每包奉准另加耗鹽二十斤計每包秤重淨鹽

一百七十斤連皮絡尾量每杆應較准一百八十斤

方資秤用查歸綱配運十五場於嘉慶十三年領部

頒針秤十五枰東西兩闗各一枰備存運庫一枰共

領部秤一十八枰又查潮屬向用鑼秤名爲潮秤嗣

後潮屬招收等七場領部秤七枰又備存運同一枰

共領部秤八枰以便遵用也

海運

各船戶往場運鹽當先具單開列船戶姓名并告運鹽

斤數目投繳

運署卽將旗程塡註明白發與該船戶收領前此舊章省發六兌場發三兌運鹽回關再發一兌分爲上中下三期嗣因虧缺帑脚均經停給各商自備本脚赴場買鹽由場官申文載明水脚若干於價款扣抵查現辦章程各商請給旗程交與海運館由海運館自備本脚赴場購買俟運回關賣與各埠配運每包潮秤一百八十斤晒駁若干隨時議價多餘之鹽則爲溢鹽也

路程

查博茂場在高州府電白縣屬水東地方或由省城到

任一搭恩平渡船直抵恩平又行五十里抵那龍山由那龍搭渡抵石灘由石灘行十八里抵羊邊由羊邊搭渡抵織貫由織貫一天抵五藍直至登樓由登樓到署此路三陸三水較見快捷另由大路前進自省河偃河頭船到河頭起旱抵黃泥灣由黃泥灣偃船抵八甲由八甲至何莫山直抵水東此通衢大道兩陸兩水便於往來也

旗程回關

查海運館領給旗程告運鹽斤多者領運正鹽二千包或千餘包不等少者七八百包曩時程船較小遞來

程船較大程船大者裝至四千包者有之其餘或裝三千零包或裝二千餘包或裝千餘包正鹽一千包溢鹽則加倍不止原係加三溢鹽或正鹽一千包准帶溢鹽三百包給發溢鹽價其餘溢鹽不領鹽價又恐程船延不回關沿途盜賣蒙

段都轉新定章程所有程船由場截角開行計到虎門日期西場限三箇月東場限兩箇月逾限十天免罰逾限二十天罰銀四十兩逾限三十天罰銀八十兩逾限四十天罰銀一百六十兩并將船內鹽斤照旗程鹽數提出五成充公應領晒駁期溢亦祇准五

成請領逾限五十天當將船隻鹽斤全行充公應領晒駁期溢銀兩一概不准請領并將船戶及經手給交期程之運館發縣訊究或有遭風失水該船戶當往地方官或營汛稟報拙著東闗紀畧已詳載之姑錄於此也

廉工役食銀兩

查博茂場原係委缺於乾隆五十六年二月內奉准部文改爲大使實缺所有廉工役食銀兩照裁撤東莞場開銷每年額設俸銀四十兩養廉銀一百兩每月八兩三錢三分三厘三毫逢閏每月七兩六錢九

分二厘三毫司總二名每名每月辛力銀四兩共銀
八兩攢典一名每月工食銀四兩書識一名每月工
食銀二兩各廠書識八名每名每月工食銀二兩共
銀一十六兩皂役二名每名每月工食銀九錢共銀
一兩八錢巡丁五十三名每名每月工食銀九錢共
銀四十七兩七錢巡艇水手八名每名每月工食銀
九錢共銀七兩二錢攢書六名每月額給工食銀六
兩正副總頭人散役水火夫內外更夫燈油並看守
保生堂共工食錢二十八千一百六十文暨馬夫茶
房在內門號皂役每月支給工食錢五千八百文另

大蛋厰書識一名每月工食銀一兩巡役二名每名每月工食銀六錢共銀一兩二錢所有廉工役食銀兩於乾隆五十五年改綱奉文就近在局商帑內支給邇年皆捐廉自用久不領給矣

津貼暨攤賠銀兩

查津貼暨攤賠各項爲數不少每年津貼餉差盤費銀一百四十兩道光十八年奉文加派銀八錢四分一厘每年殘引路費銀四十兩每年公捐備濟銀四十兩遇閏加銀三兩三錢三分三厘每年攤賠惠來柵無着丁課銀四十七兩四錢七分一厘每年又捐千

里馬捷足工食等銀二十四兩九錢一分六厘遇閏

加銀二兩零七分六厘三毫每年賓興生息銀一百

二十兩遇閏加銀一十兩每年春秋祭費息銀三十

六兩每年育嬰堂生息銀五十兩每年加增育嬰堂

經費銀六十兩報配鹽包每包應解潮橋飯食銀一

分二厘今於請旗程時在省先行扣繳配出鹽包照

程歸還運館矣

場課銀兩

查場課一款每年征銀二百六十五兩七錢五分三厘

部飯銀三兩九錢八分六厘加平銀八兩七錢七分

充公銀七錢九分七厘添平銀三兩九錢八分六厘
共銀二百八十三兩二錢九分二厘於乾隆五十五
年奉文將春鹽加價內征收解繳也

晒價駁脚銀兩

查晒價駁脚銀兩俱係各商自備墊支其晒價每包一
錢五分六厘二毫駁脚每包三分五厘二毫自正月
初一日起至四月底止每包加春價銀一分

禁走私示

爲嚴禁走私事照得各廠存鹽顆粒皆關
國課現蒙

大憲最重緝私本場尤宜認眞辦理訪聞新舊任交
卸之時新任未經接印各廠水單收配枝棲未定每
多前來水東祇恐圍巡晒丁乘機舞弊走漏私鹽本
場接篆後隨時親往各廠嚴查並派人密查或有營
私難逃法網白廟三洲兩廠爲私梟必由之路最宜
嚴密稽查本場需次羊城多歷年所屢當緝私差使
深悉緝私情弊各廠緝私巡丁皆聽命於緝私頭役
夜半走私者多合行出示爲此示仰白廟三洲兩廠
頭役巡丁人等知悉爾等當知守法奉公不准收受
私規任聽走漏夜間輪流支更或拏獲私鹽一半充

公一半充賞該頭役亦有所得何必受私違法致干嚴辦倘有私鹽暨漁拖船重運走私由白廟三洲兩廠經過該頭役巡丁等未經拏獲一經查出惟該廠頭役巡丁是問照例治罪決不寬貸毋違特示

禁巡丁私收車規示

為嚴禁私收車規事訪查各廠凡遇開朳晒丁自雇帮工收鹽最慮留角留底本場叠經示禁在案茲訪聞各廠司友巡晒其認眞辦公不允營私者有之亦有不顧公務之大體而懷小利之私心擬假帮工之名而收車規之實或有開端舞弊若不遏其初萌則為

害匪淺合行出示嚴禁如有假帮工之名目收車規之絲毫一經發覺本場斷不徇薦主之情並將晒丁嚴辦該廠巡丁或知不稟報亦即責革各宜自愛毋違特示

禁各廠弊竇示

爲嚴禁各廠弊竇事照得各廠存鹽顆粒均關
國課現奉
大憲慎重場務本場尤宜認眞辦理訪聞各廠情弊或新舊交卸之時乘機走漏或收晒兩天隔日往收或報卯不實或晴雨錯報或收鹽留角不收或收鹽

留底不收種種弊端皆留走私地步合行出示曉諭爲此示仰各廠圍巡晒丁人等知悉爾等當知守法奉公不准絲毫走漏每日收朳速卽歸堆隨晒隨收不准隔日收朳各廠收鹽不准留角留底此後收朳報卯皆須實報不得以多報少亦不得虛報晴雨本場隨時密查如有故違一經查出决不寬貸毋違特示

禁招謠示

爲曉諭事照得本場莅任以來各鹽廠暨緝私廠認眞整頓事無大小皆係躬親向不假手於人恐其舞弊

至族閉兄弟戚屬防範尤嚴爲此示仰各廠知悉本場居官秉正一視同仁無論同鄉異鄉視同一體有功必賞有過必懲斷不偏枯毫無私意凡在署在廠者疊經諄囑愼重奉公倘有假言招謠一經察出立即驅逐決不寬貸毋違特示

禁把持配鹽示

爲嚴禁把持配鹽事照得各廠存鹽理宜隨時配兌截角開行藉濟各埠銷售無虞淡食本場仰蒙

大憲委任斯場配鹽最關緊要且接奉鹽務公所委員

來函仰荷

運憲傳諭飭令嚴催配鹽不准晒丁巡丁走漏等因本場履任以來疊經嚴催配運屈計配兌寥寥顯有從中把持情弊或係運館船戶貪得無厭或係團甲場戶抬價居奇倘有此種弊端未免貽害大局本場居官秉正一視同仁斷不偏枯毫無私意遇有把持公事定即照例嚴辦決不寬貸毋違特示

禁私鹽示

為嚴禁私鹽事照得本場仰蒙
大憲委署斯缺遇事認真辦理隨時親往各廠並派人密查倘圍巡暨緝私頭役巡丁人等膽敢私售定即

照例嚴辦各廠圍甲暨緝私廠頭役皆有身家責任尤重茲嚴定章程或查出某廠圍巡暨緝私頭役公事不勤致有走漏即記大過一次連記大過兩次立即革換其有記小過者連記小過四次亦即革矣勤慎奉公計及半年記大功一次遇記大過准其抵銷三箇月勤謹辦公記功一次亦准照抵言出法隨決不寬貸

禁强乞廠鹽示各鄉窮民無靠來廠乞鹽由來久矣惟强乞幾同搶奪者自當禁也

爲嚴禁强乞廠鹽事照得各廠產鹽顆粒均關課餉不准走漏訪聞附近各廠窮民求乞鹽羹此風日熾竟

有身家之人不顧廉恥結隊成羣來廠乞鹽俟收䀚之時膽敢强乞甚至幾同搶奪成何事體爲此示仰各廠巡晒知悉倘乞鹽之人實有身家並非窮民者膽敢强乞廠鹽該巡丁等當竭力阻止其恃勢强横不服阻止者着卽回署稟報候移縣拘究毋得徇忍以成積重難返切切特示

禁本署差役聚賭示

爲嚴禁賭博事照得賭博一事最易誤人其始不過逢場作戲聊以消遣閒情久之習染漸深遂覺刻難割舍雖至廢寢忘餐恬不爲怪於是狡獪之徒乘機圖

陷設局鈎稽而彼昏不知誤墮其術頓使半生之積蓄累代之遺留盡歸烏有且貪於財則心壞荒於嬉則業荒因私廢公莫此爲甚爲此示仰書差丁役人等知悉爾等各宜安分守業勤慎奉公如有不肖者流設局引誘恣意蕩廢一經察出定卽移縣嚴辦按律懲治決不寬貸各宜凜遵毋違特示

勸戒各鹽廠司事暨本署書差宿娼示（水東娼妓最多各廠友多住娼家因以勸戒）

爲勸戒娼妓以敦風化事照得閨房以禮教爲先婦女以名節爲重寡廉鮮恥受辱滋深冶容誨淫貽害不

淺卽或家貧無靠紡織皆可營生奚容獻媚爭妍妝抹公然賣笑乃有尋花問柳漫詡風流宿妓窩娼多方引誘綠樽紅袖費百般白鏹青蚨錦帳繡幃誤幾輩端人正士甚至父兄不能禁絕夫婦因而乖違傷俗敗風莫此爲甚本場披圖式化方期上叶騶虞殊嫌藏垢納污一任妄施狐媚合行出示勸諭爲此示仰各廠暨書差丁役人等知悉爾等仰事俯育各有室家勿因私而廢公當明善而改過并勸娼妓頓改前非悔過自新毋墜淫惡勿輕染贈芍秉蘭之習宜各效雞鳴戒旦之風本場職任熬波雖無守土敎民

之責情殷善政卻存移風易俗之心各宜凜遵毋違
特示
禁私偷鹽堆示
爲嚴禁私偷鹽堆事照得各廠鹽堆顆粒均關課餉不准走私倘敢私偷少者重責之後枷往八廠示衆多者照例嚴辦本場履任以來疊經示禁在案姑恐無知愚民不知守法合再出示曉諭爲此示仰巡曬知悉爾等所司何事每日巡查鹽堆或有偷漏情事該巡丁等具稟來署立卽飭差拿辦決不寬貸毋違特
示

禁程船拖尾示

爲嚴禁程船拖尾事照得各船戶運鹽回關正鹽溢鹽顆粒皆歸配兌訪聞澳門香港暨省河一帶每有船戶夾帶私鹽拖在程船之後私自售賣名爲拖尾本場履任以來疊經示禁在案合行曉諭爲此諭仰各船戶知悉凡遇配運回關不准拖尾情弊倘經察出定卽照例嚴辦決不寬貸毋違特諭

禁巡晒盜賣廠鹽票

爲飭差查拏究辦事照得本場現奉

運憲札開嚴禁場鹽不准絲毫走塌屢次出示在案

茲訪聞八廠竟有不法匪徒每日收鹽之際膽敢串同堀晒下堀强討藉名鹽羮倘無叽開即將存堆之鹽盜挖私賣實屬不成事體不法已極合行飭差查拏爲此票差本役即速前往八廠密查巡緝如有私販串同巡晒盜賣者立即拘拏帶案按律究辦去役毋得受賄包庇縱放致干革究不貸速速須票

禁司事越廠示

爲嚴禁司事越廠事照得本場叠奉

大憲札飭認眞場務自宜明查暗訪興利除弊各廠司事認眞公事者不少本場實深銘感祇有一二劣

友曾經本場懲戒姑暫寬容未經更換者該劣友不知悔過不思理短不知寬待之恩轉見懷恨於心聚集丹步無事生波無端擬議冀可挾制官長此種惡習良堪痛恨爲此示仰各厰司事知悉本場認眞奉公有功必賞有過必懲居官秉正斷不畏首畏尾本場曾讀十年之書卻有三畏畏天命畏大人畏聖人之言或以蜉蝣而撼大樹本場則不畏矣司事在厰收配各有專責不得越厰唆事倘有無事生端貽誤收配立卽驅逐决不寬貸毋違特示

禁斷私販運示 此間私販係收丐鬼之鹽尙非走漏姑嚴示禁以防舞弊

爲嚴禁走漏鬻私以肅鹺政事照得塲產鹽觔上關
國課下濟埠銷顆粒不容走漏查律載凡販無引私鹽
不計贓多少杖一百徒三年帶有軍器者杖一百流
二千里通同貨賣者與犯人同罪等語又奉
大憲札飭嚴禁私鹽不准巡曬走漏等因仰蒙
功令森嚴豈可明知故犯本場訪聞各廠附近鄉村匪
徒不務正業每於收鹽配鹽之際蜂擁成羣前赴各
廠各塲恃強取鹽稍有不遂卽行硬搶辱駡毆打甚
至黑夜放水放滷多方侵害又訪聞不法私販或敢
暗地勾引串同晒丁走私希圖漁利在丹步墟那行

巷口村暗鏡鹽坡各處屯積鬻私該管圍巡等并不認眞查緝一味瞻徇包庇此等弊端深堪痛恨若不澈底根究大爲鹾務之害除經飭差并飭白廟三洲緝私各巡丁嚴密查拏外合行出示嚴禁爲此示仰各塌圍巡晒丁并該處附近居民人等知悉爾等須知晒鹽辦課首重緝私嗣後務宜各安本分凜遵法紀勤愼收晒顆粒歸堆認眞蓋印隨時發配毋得仍蹈故轍勾串售私自示之後倘復不知悛改仍敢任意强索鹽羹偷放滷水一經查覺定卽拘案按法究辦至晒丁自僱帮工惟開大帆之時實在收鹽不及

始用帮工亦不得任意增加藉端走漏如有從中舞
弊許地保巡甲指名禀究該處圍巡隱瞞不報倘經
察出一併治罪本場爲剔除利弊起見言出法隨决
不稍寬各宜凜遵毋違特示

諭八廠收鹽比較賞燒猪銀牌

查八廠收鹽比較立定章程兩月之間比較一次兹查
水東廠卯簿以兩月報卯計之共報三十五成東廠
三十一成登樓廠三十一成巷口廠三十三成西廠
三十一成紅花三十一成南洲三十成沙院三十成
合而觀之各大廠不及於水東當以水東爲巨擘該

廠水單收配各友丁殊堪嘉尚當賞燒猪全尾并另
賞巡丁銀牌若干面又查各廠比較以成數相符雖
有高低不過一二成之間何至現短四五成實屬不
成事體此後東登西紅四廠各宜愼重公務不得比
較短少各廠前有存鹽未經配兌俟各印口倉口送
册查核其中有無開空尙未查明若已開配者祈將
每票所配之鹽各倉口印口比較詳細列册來署以
便查核分别賞罰或印口比較不及者惟該巡丁是
問倉口比較不及者惟該晒丁是問當將該管巡晒
送署究治即祈各廠水單詳晰列册送署勿延爲要

諭八廠圍甲議價配鹽

諭八廠圍甲知悉查各廠存鹽或多或寡雖不一律倘再晴霽數天皆可配兌合行曉諭爲此諭仰八廠圍甲豫先議價庶免臨時周章延緩配運毋違此諭

諭各廠報卯不准虛報

諭八廠巡丁知悉照得各廠報卯皆須實報本場履任後早經再三傳諭不准以多報少亦不准以少報多至到任以及新年喜卯皆飭稟報實數以便稽查庶免藉端朦混合再出示爲此示仰各廠巡丁知悉新年端月度過元宵鹽甿初開天時晴霽此後各廠報

卯某墈收眂若干某廠共收眂若干皆須實在數目不准以多報少亦不准以少報多致兹弊竇殆至配鹽虧空藉詞粉飾斷不姑容各宜凜遵毋違特示

諭八廠圍甲修整鹽墈

諭八廠圍甲知悉查各廠鹽墈每逢夏間狂風暴起鹽墈打壞者恐所不免必先未雨綢繆先期修整合行曉諭爲此諭仰八廠圍甲速卽查看各鹽墈如有破壞未修或有未能堅固者須向墈戶商議速卽修理毋得延緩此諭

諭各運館開列程船

爲曉諭事查各船戸配運廠鹽皆須旗程茲據各運館聲稱旗程未到未由配運爲此諭仰卽飭查各船戸輪配之船若干已配之船若干候配之船若干是否均無旗程分別稽查刻日開列清單送署查核勿延切切此諭

諭各廠收配巡晒分別勤惰

諭各廠巡晒知悉查各廠收鹽專靠巡晒出力倘稍懶惰則報卯必少本場履任後明查暗訪各廠水單收配暨圍巡晒丁其能勤慎辦公者皆經奬賞此外收配或辦事平穩未甚出力或嗜賭嗜嫖常不在廠皆

經密查存記隨時更換或改調小廠倘知改過自新自宜姑容至各廠巡晒勤惰祈各廠水單立簿登記旬日一報以便賞罰此諭

諭某廠團甲配鹽

諭某廠團甲知悉本場曾經專差到廠諭令該廠團甲趕緊議價配鹽迄今尚未開配亦不來署殊屬玩延本擬將該團甲等革換姑暫寬免爲此諭仰該廠團甲限卽日來署諭話倘敢違延決不寬貸本場新定章程凡記大過兩次者革倘有違諭不遵立記大過并通諭各廠團甲知之毋違特諭

諭三洲白廟緝私兩廠巡丁輪往八廠巡查

諭三洲白廟廠巡丁知悉查八廠巡晒最防走墹茲每日派定巡丁若干名輪流前往八廠密查水單收配是否認眞收䎳巡丁晒丁有無走墹來署密禀旬日之間係派何人前往該廠司友開單來署立簿登記以便賞罰此諭

諭運館圍甲嚴催配鹽

爲嚴催配鹽事照得本場接准鹽務公所委員來函奉運憲面諭以刻屆各埠冬銷飭令本場嚴催配鹽回關并不准晒丁走漏等因本場履任以來叠催開配

據運館圍甲等皆以旗程未到疊經本場專差進省請領旗程茲查各船旗程已到尚未開配爲此諭仰運館船戶圍甲埔戶等趕緊議價配鹽限卽日開配毋得觀望倘再遲延恐干
憲詰各宜凜遵毋違特諭

諭各船戶配鹽回關不准夾帶私鹽每配鹽船回關皆加一諭

爲曉諭事照得各船戶運鹽回關顆粒皆關課餉訪聞香港澳門暨省河東關一帶每有船戶夾帶私鹽盜賣鹽觔并鹽船後拖尾情弊疊經
大憲示禁在案合行曉諭爲此諭仰各船戶人等知

悉茲值
督運憲慎重場務嚴禁各船戶沿途盜賣爾等當知守法奉公切勿夾帶私鹽盜賣鹽觔以及重運情弊致干嚴辦勿違特諭

諭巡丁常川在廠

爲曉諭事案查各廠巡丁之設原期管束晒丁及經理收晒配鹽之事理應常川在廠勤慎奉公豈容他往茲查彭村暨上那行巡丁常不在廠業經差傳到案嚴行申飭本擬責懲用警效尤姑暫寬免俾其自新以觀後效合行曉諭爲此諭仰各廠巡丁知悉自後

各廠暨分廠巡丁等必須常川在廠勤愼奉公本場明查暗訪遇有巡丁不在廠者一經查出立卽責革斷不稍寬各宜凜遵毋違特諭

諭白廟三洲巡丁常川各鹽廠巡查

爲曉諭事查白廟三洲緝私巡丁若干名除留頭役火夫看館看船共若干名外當以若干名跟隨緝私司友巡查爲此諭專派巡丁若干名往東廠登樓水東巷口西廠紅花南洲沙院各廠彈壓丐鬼強討廠鹽並查察鹽堆不准偷漏督同巡晒收帆倘有留角留底立將該晒丁拿署究辦每次巡丁若干名輪流半月互

相替換前往各廠認真奉公如有圍巡晒丁等串同舞弊立卽回署稟報加差拘究從嚴懲辦决不姑寬毋違此諭

諭各廠巡丁領取銀米

爲曉諭遵照事近以春陰漠漠各廠收晒稀疏各廠水單收配約數十人月間向無實款當此收晒既少配兑何由固不能枵腹以從公豈竟聽斂手而待斃本場特定章程每月預借各廠水單收配每人米三十斤薪銀若干元當分朔望散放嗣後陸續歸還今日燎眉魯囷既指他時就手趙璧仍歸義深切於轉移

情已備乎體恤矣爲此諭仰各廠巡丁知悉毋届朔望卽到場署領取米粒薪銀回廠按名俵分免慮炊烟之或斷益宜收晒其竭力焉毋違特諭

諭各廠配鹽不准舞弊

爲曉諭事照得本場履任以來叠經示禁走私并嚴禁收鹽留角留底各在案茲值各廠配鹽各宜勤愼奉公不准營私舞弊茲查配鹽之時向來各廠正副水單暨各印口收配仝往察看必須督飭巡晒嚴密稽查不准走漏倘有失察卽將水單收配立卽改換爲此諭仰各廠圍巡晒丁差役以及緝私巡丁羅扛挑

驗人等知悉倘敢營私或串同船戶舞弊一經察出立卽分别照例懲辦决不寬貸毋違特諭

諭各厰收配

爲曉諭事查各厰天晒大開收配最關緊要各厰水單皆兼收配理宜親往收晒除在署辦事外各厰水單收配如有不往者當將該司事幇補按日計算扣除分與該厰各收配以昭公允或長久不往收配實屬不成事體立卽更換斷不狥情此諭

諭驗役給付驗單

諭八厰驗役知悉凡遇各厰配鹽理宜每驗船領給驗

單一紙以別公私查近來所給騐單竟不按船給付

俟各騐船路過三洲緝私廠一併統繳未免朦混疊

經諭飭各騐役照章辦理茲再嚴諭此後騐船務須

各給騐單本場俟各廠配鹽親往密查倘有騐船無

騐單者即以私鹽論各宜凜遵毋違特諭

諭差役不准滋事

諭差役知悉查本署差役頗多凡有飭查各鹽廠公事

本場自宜給付差票倘差役等未奉差票私往各處

勒索私規以及無端滋事一經察出定即責革嚴辦

決不寬貸毋違特諭

諭飭查修築基圍鹽田

爲飭查修築基圍暨修鹽田事案經本場履任後曉諭各圍甲勸令各埇戶隨時修築基圍鹽田務期堅固以免海潮冲壞在案茲訪查各埇基圍鹽田均經隨時修築亦有未經興修者爲此諭仰圍甲知悉刻下某埇基圍某處鹽田經已修理者刻日明晰具稟開列清單呈核其有未經修理者趁此清秋晴爽工作易爲當卽勸令各埇戶趕緊興修仍陸續稟報察核各宜遵照毋違此諭

諭各厰收帆蓋印歸堆

各塥收帆　密蓋鹽印

隨時歸堆　毋違例禁

倘敢私偷　送署嚴訊

諭各厰認眞收配

正副水單　一厰之主

收鹽配鹽　不辭勞苦

收配友丁　益宜鼓舞

親往監收　衆目所覩

底角留私　報夘難補

斗尾受規　愼勿亂取

率己正人　當循規矩

晒丁巡丁　自不敢侮

倘敢走私　嚴拿送署

禁私鹽示

嚴禁走私　不准走漏

如敢故違　照例懲辦

禁私鹽示

拿獲私鹽　一半充賞

來署報信　賞給銀牌

申報配足鹽包截角開行

爲申報配鹽事光緒某年某月某日據某埠船户某人投繳某字若干號旗程桅封運鹽若干包到場請配等情前來卑職當將收存某季生鹽遵奉頒鉄鏍較準針秤按照程數配兑每包另加耗鹽九觔洗驗得九八成包於某月某日配足駁運到船交收明白丈量艙口蓋戳密報鹽面開凊報單給交船户飭令開行報明虎門查驗所有奉發水程照例塡截并於程尾粘單註明添蓋印信給交船户照運同關其價脚銀兩俱係該商自備墊支除經具文赴

運憲請領外爲此備由同鹽槺艙單具申伏乞照驗
行須至申者

申報請發晒價

爲申請給發墊用價脚等銀事光緒某年某月某日據
某埠船戸某人投繳某字若干號旗程梔封運鹽若
干包并據該司事呈繳應發晒價某人價銀若干兩
駁脚銀若干兩當經卑職兌收傳齊晒丁駁頭人等
眼同當堂給發取領存案茲於某月某日配足截角
開行合將該商墊用價脚等銀給文赴領仰懇
憲臺察核該船到關日照數給發以淸墊欵實爲德

便須至申者

各廠暨各分廠

東廠正廠

海子坡

大塴

蔴姑

蘭記

沙港

登樓廠正廠

上龍宮

下龍宮

登樓廠分廠

上沙尾

下沙尾

鹽池頭

水東廠正廠

丹步

水東廠分廠

上那行

下那行

彭村

新㙮

巷口廠正廠

龍尾

東港

巷口廠分廠

南㙮

巷口村

赤嶺

西廠正廠

五圍

中圍

西廠分廠

大坪

紅花廠正廠

廠前

廠後

紅花廠分廠

五圍

南洲廠正廠

南洲

南洲廠分廠

大洲

沙院廠正廠

沙院

沙院廠分廠

巽村

東厰陳蘭記等墉二十八口

正厰

海子坡額鹽五百二十斗

墉戸九名

巡丁一名

晒丁二十七名

倉口若干隻

晒池若干隻

水池若干隻

大墉額鹽三百八十四斗

⿰土扁戶四名
巡丁一名
晒丁二十五名
倉口若干隻
晒池若干隻
水池若干隻
蘇姑額鹽三百六十斗
⿰土扁戶五名
巡丁一名
晒丁二十一名

倉口若干隻
晒池若干隻
水池若干隻
陳蘭記額鹽四百三十六斗
塴戸三名
巡丁一名
晒丁二十三名
倉口若干隻
晒池若干隻
水池若干隻

沙港額鹽四百一十六名

埇戶六名

巡丁一名

晒丁二十四名

倉口若干隻

晒池若干隻

水池若干隻

登樓廠曹煥基等墧三十七口

正廠

上龍宫額鹽三百六十八斗

墧戶十名

巡丁一名

晒丁二十八名

天堆若干隻

倉口若干隻

晒池若干隻

水池若干隻

下龍宮額鹽二百九十六斗

墱戶八名

巡丁一名

晒丁二十二名

天堆若干隻

晒池若干隻

水池若干隻

登樓廠分廠

上沙尾額鹽三百二十斗

墱戶七名

巡丁一名
晒丁二十三名
天堆若干隻
晒池若干隻
水池若干隻
下沙尾額鹽三百零四斗
塥戸六名
巡丁一名
晒丁二十一名
天堆若干隻

晒池若干隻
水池若干隻
鹽池頭額鹽二百零八斗
塥戶六名
巡丁一名
晒丁一十三名
天堆若干隻
晒池若干隻
水池若干隻

水東厰邵何均等墉二十七口

正厰

丹步額鹽五百一十二名

墉戸九名

巡丁一名

晒丁三十六名

倉口若干隻

晒池若干隻

水氷池若干隻

水東厰分厰

上那行額鹽二百四十斗

塴戶七名

巡丁一名

晒丁二十八名

倉口若干隻

晒池若干隻

水池若干隻

下那行額鹽四百斗

塴戶七名

巡丁一名

晒丁三十五名
倉口若干隻
晒池若干隻
水池若干隻
彭村額鹽二百斗
⿰土扁戶六名
巡丁一名
晒丁一十三名
倉口若干隻
天堆若干隻

晒池若干隻
水池若干隻
新⿰土扁額鹽二百斗
⿰土扁戶三名
巡丁一名
晒丁一十七名
天堆若干隻
倉口若干隻
晒池若干隻
水池若干隻

巷口廠劉忠等墉二十九口

正廠

龍尾額鹽四百二十四斗

墉戶九名

巡丁一名

晒丁三十三名

倉口若干隻

天堆若干隻

晒池若干隻

水池若干隻

東港額鹽二百二十四斗

塥戸六名

巡丁一名

晒丁一十九名

天堆若干隻

晒池若干隻

水池若干隻

巷口廠分廠

南塥額鹽二百四十斗

塥戸六名

巡丁一名

晒丁二十九名

天堆若干隻

晒池若干隻

水池若干隻

赤嶺額鹽三百六十斗

⿰土扁戶六名

巡丁一名

晒丁二十九名

天堆若干隻

倉口若干隻

晒池若干隻

水池若干隻

巷口村額鹽一百二十斗

墉戶四名

巡丁一名

晒丁十一名

倉口若干隻

晒池若干隻

水池若干隻

西廠崔甘園等竈二十九口

正廠

五團額鹽三百九十二斗

竈戶九名

巡丁一名

晒丁二十五名

倉口若干隻

天堆若干隻

晒池若干隻

水池若干隻

中圍額鹽三百三十六斗

墉戸八名

巡丁一名

晒丁二十四名

倉口若干隻

天堆若干隻

晒池若干隻

水池若干隻

西厰分厰

大枰額鹽四百一十六斗

塲戸九名
巡丁一名
晒丁三十名
倉口若干隻
晒池若干隻
水池若干隻

紅花廠黃振芳等墹二十三口

正廠

廠前額鹽三百一十斗

墹戶五名

巡丁一名

晒丁三十二名

倉口若干隻

天堆若干隻

晒池若干隻

水池若干隻

廠後額鹽三百三十斗

塥戶七名

巡丁一名

晒丁二十四名

倉口若干隻

天堆若干隻

晒池若干隻

水池若干隻

紅花廠分廠

五圍額鹽二百六十斗

堧戶十一名
巡丁一名
晒丁二十三名
倉口若干隻
天堆若干隻
晒池若干隻
水池若干隻

南洲厰羅宗亮等墵十一口

正厰

南洲額鹽二百四十斗

墵戶六名

巡丁一名

晒丁一十五名

天堆若干隻

晒池若干隻

水池若干隻

南洲厰分厰

大洲額鹽四百四十斗

墹戶七名

巡丁一名

晒丁三十四名

倉口若干隻

晒池若干隻

水池若干隻

沙院廠何忠興等㙂十五口

正廠

沙院額鹽四百四十斗

㙂戶四名

巡丁一名

晒丁二十七名

天堆若干隻

晒池若干隻

水池若干隻

沙院廠分廠

巽村額鹽二百斗

塌戶六名

巡丁一名

晒丁二十四名

天堆若干隻

晒池若干隻

水池若干隻

以上天堆倉口晒池水池各廠隨時增減皆無定

額也

上瑞都轉條陳十則 附錄

粵省鹽務公所爲粵鹺總滙之區炳充當公所差使約數年矣幸蒙瑞都轉整頓鹺綱興利除弊優容格外採及芻蕘謹將省河六門暨場務擇其要者条陳十則以備採擇云爾

一緝私各廠帮辦鹽員每多呼應不靈應請各廠帮辦鹽員改爲會辦必須嚴定章程庶可收緝私之效各巡丁聽命於頭役是頭役爲一廠之主利弊攸關巡丁在廠者年代愈久弊端愈多應以半年爲期籤掣

某廠更調一次并令各廠頭役巡丁另覓店保倘有舞弊惟保人是問或無店保必須妥穩可靠之人准其保認也

一西北兩江緝私原有潭洲馬口甘竹三廠雖非灣泊本段其所移泊之處皆西北江總路甘竹緝私移駐平洲并另派扒船駐在五了口馬口緝私上半年水大則泊大路墟下半年水淺則泊思賢滘嗣因各巡船朽爛不能駕駛調省修整暫將三口各委員駐在東關惟三口相隔不遠節節盤查過於週密各船戶投照請驗延擱時日應請於三口中擇其要者復回

馬口一廠否則西江鹽船直抵白沙北江鹽船直抵蘆苞恐隔緝私廠太遠矣白沙蘆苞兩廠必須委員認眞辦理倘一時未復馬口廠應請飭令緝私船常川五丫口暨思賢滘等處巡查也

一六門走私應請飭令緝私各船鎮守六門稽查聯絡聲勢多雇線工查探實在何處有私鹽艇者通知各緝私艇仝行往拿庶不至勢單力薄也

一西場電茂博茂茂暉各場鹽皆歸堆向無私鹽惟雙恩偶有之東場多有走私惟招收河西則無也東場走私之鹽皆在香港澳門一帶私售應請飭令輪船

時往香港外鯉魚尾一帶常川巡查并請飭令程船各插大旗一面繕寫奉兩廣運憲配運程鹽以便認識若程船不插旗者一經委員察覺由巡查委員禀明酌予議罰

一虎門外私鹽小艇多者數十隻聯帮而行每小艇私鹽數十包或追拿小艇數隻其餘則星散矣若硬艇販私則人多炮大器械精利每船裝千餘包或二三千包緝私輪船不敢對敵轉相逃避且私販沿途皆有線人查探或先躲避緝私船而管帶輪船者多係拿獲蝦笱艇約裝一百包係漁船囑往各埸買鹽以

爲醃魚之用該艇以船爲家每船約有數口之人靠此養活若被拿獲則數口之人絕食矣況蝦笱艇所裝鹽包爲數不多其所拿者少其所害者大也

一東關要隘沙𨭆沙北暨沙頭沙尾各處最須巡查又慮夜間走私蒙段前憲飭令甘竹馬口潭洲派三廠巡丁數名管帶霞飛小輪船委員輪流住宿東關巡緝或不用小輪船巡緝祗用快艇巡查較爲便捷緣沙𨭆一帶港路頗窄也

一到關正鹽若干溢鹽有多無寡必須子母相對始無

走私之弊東關鹽船開配應請開列簡便明白清摺飭令東關委員查明正鹽若干溢鹽若干清艙後共配若干倘能子母相對自無走漏也

一程船開配會經段前憲立定章程准用拖包艇蒲包艇華光艇暨拖包工人艇蝦春工人艇皆插旗也無旗小艇不准灣泊鹽艚自難走漏矣

一程船約三四艙每艙扒鹽工人名爲蝦春每配鹽一千包蝦春工鹽一包或配鹽一百包則工鹽一角計二十一斤其餘多寡則照算也蒙

段前憲設立工鹽籤二十枝由東關委員按照配鹽
若干繕籤給付蝦春往下河程船領取以杜影射工
鹽之弊若無籤之鹽卽屬私鹽應請重申舊令也
一各運館請發旗程應請隨時給發以便配運查各場
之鹽各廠有鹽倉者則貯鹽倉其無鹽倉者則貯天
堆恐有猛雨烈風必須隨晒隨配方免溶化之虞且
慮海潮湧漲各墹基圍亦防崩決冲入鹽墹則鹽堆
盡化矣惟由
運署發給某場旗程若干套應請札知各場官隨時
查核該運館所領旗程何日寄場飭令報明鹽務公

所移知各場并請飭令各場運館奉到旗程須向該
場官掛號以便稽查也

各𡋾戶紳士公送德政牌傘頌附錄

整肅場規

慎勤𪗋政

各廠圍巡公送德政牌傘頌

澤周場𡋾

恩被圍巡

各𡋾戶紳士暨圍巡公送額匾頌

筴政宣勤

各廠圍巡稟覆修築基圍鹽田

具稟八廠圍巡李永菁等據實稟覆修築基圍鹽田事竊圍巡等疊奉鈞諭嚴飭勸令各埇戶修築基圍鹽田以防海潮漲湧并防狂風暴雨衝崩各埇致碍耙晒等因當經遵照協同各埇戶逐漏巡查凡有應修理者陸續興工修整堅固以裕國課此次各埇脩築基圍鹽田費用頗鉅緣近年久鮮修築頹塌者多而一勞永逸又不能不加工程以期鞏固幸蒙諭令及時修理得以預防今年春夏之間雨水過多潮濤洶湧各埇均免衝崩無碍收晒在埇戶等同深欣感其所費者雖浩繁而所

益者實久遠矣所有經修各基圍鹽田除分別備列清
摺呈電外爲此據實稟覆察核切稟

各塥修築基圍

一東廠陳蘭記等塥共修築該廠基圍一十五塥
一西廠崔甘園等塥共修築該廠基圍一十六塥
一水東廠邵何均等塥共修築該廠基圍一十五塥
一南洲廠羅宗亮等塥共修築該廠基圍共七塥
一沙院廠何忠興等塥共修築該廠基圍共六塥
一紅花廠黃振芳等塥共修築該廠基圍一十二塥
一巷口廠劉　忠等塥共修築該廠基圍一十八塥

一登樓廠詹達書等堳共修築該廠基圍一十七堳

天后宮柱聯乙酉端月謹撰楹聯懸掛水東天后宮

母德播東陽萬里風波平粵海

宗枝同南服千秋俎豆溯莆田

八閩文庫

八閩文庫
文獻集成
297

福建文獻集成

吴格 主編

續編 史部 五七

海峽出版發行集團
THE STRAITS PUBLISHING & DISTRIBUTING GROUP
福建人民出版社

本册目次

閩案雜録不分卷

［清］佚名撰

上海圖書館藏清道光間抄本

閩案雜録不分卷，清佚名撰。是書不著撰人，分三册，各册卷首均有目録。第一册録清道光十八年（一八三八）至二十年間事例十九案，無題名。循筆迹及第九案末尾另筆注明「道光二十年二月初七日南邑奉撫札」，第十案末尾「二月初二日南邑奉府札」，第十一案、十二案末尾「道光二十年四月十八日南邑奉府札」，第十三案末尾「道光二十年四月二十日南邑奉府札」，第十四案題下「二十年五月廿八日南邑准水口移」（水口乃鄰縣古田分縣所駐），第十五案末尾「道光二十年六月十九日南邑奉府轉行」，第十六案末尾「此件南邑於道光廿年八月十二日奉府轉行」，第十七案末尾「道光二十年十一月十二日南邑奉到府札」，第十九案末尾「道光二十年十二月初七日南平奉到府札」，則該册乃道光年間延平府南平縣署收到並專册抄存者。

第二册外封題「閩案雜録二」，是書即依此定名。其右兩列題「光緒癸未年潯陽仲子□薌江公廨以備查考」，筆迹相同，似抄録訂册於光緒九年（一八八三）前後（第一案末尾注明光緒「六年九月二十四日奉藩司札」）。含嘉慶至光緒年間福建全省事例二十九案，每案行文省淨，體例近乎六部則例（第十六案收成分數尾注曰「查對則例無異」）。該册由何縣衙署抄存，不詳。

第三册無題名，目録記二十一案，正文録有三十七案，爲道光中後期、咸豐初年事例集，筆迹出自一人。第六案末尾注明「道光二十一年上杭縣案」，係據汀州府上杭縣署專册抄存者。

稟文。此抄本共計事例八十五案，以「閩案」命名，乃本省三縣衙署奉到上級札文後抄存，事例乃各廳縣署需遵行辦理者，此類事例集頗爲罕見。抄成此三册，或由某官員歷任三縣離任時攜歸保存。

是書集抄督撫司道府發下之上諭、事例、政令、章程，多爲該廳縣官目前須遵行辦理之事例，以各項錢糧，尤以州縣交代盤查結報銀穀之事爲最，可見當時省、縣政情。如第一册第三案（道光十八年六月）言及刑名、錢糧二項，與幕友最爲關涉。臺灣道府廳縣幕友，往往盤踞數十年，有本官離任，互爲囑託，而後復用者；有在臺閒住，仍干預公事，包攬案件，私賣批語，夤緣爲奸者。臺灣府既革胥吏許東燦，道光十四年改名許朝錦，冒捐同知，包充府署書差，一家兄弟，充八房書、四差役，與前任臺灣府知府周彦結爲師生，恃勢橫霸，賄賂公行，綽號通城虎。又同册第十四案（道光二十年五月）爲驛站印結事移文。古田縣轄黄田馹，遞夫蔡德、李梅，道光二十年四月二十三日子時三刻接奉撫憲發遞撫字十九號本章二箱，至是日午時末刻遞交清風馹（下至古田縣黄田馹四十里）接收，計遲三時二刻。因二十二日夜風雨狂驟，又兼黑暗，陰雨連綿，道路泥濘，行至三崗嶺、火燒橋、五埔溪、深水灣等處，難以涉走，環山遶道，以致遲延。除提該遞夫等訊供具報，更遵章移取清風馹隸屬之南平縣查照，將移來空白印結七本，蓋印移送本分縣，以便申送府憲結轉。此案反映清末全國通行之驛遞制度，並詳其日常運行細節（參見欽定兵部處分則例卷二四第一條）。（李勤璞）

目録

嘉義地震

奏為據報台灣嘉義縣地震委員前往查辦情形恭摺具

奏仰祈

聖鑒事據台灣道姚瑩稟報台灣地土鬆浮時有地震稍動輒止習以為常本年四月二十六日以後霖雨無旬至五月十七日辰刻及十八日丑刻郡城地震兩次較昔稍重飭據台灣縣裕祿查勘城廂內外官民署舍皆無坍壞惟據嘉義縣范學恒稟稱該縣地方于五月十七日辰刻地忽大震十八日丑刻復震城垣衙署監獄倉廒以及兵民房屋無不傾倒並有傷斃人口等情經該道督飭台灣府知府熊一本籌備番銀馳赴嘉義督仝該縣范學恒逐一查勘分別捐邮所有淡水噶瑪蘭二廳彰化一縣並無稟報地震現在飭查尚未覆到鳳山一

縣適該縣曹識因公進郡詢據面稟該縣仝日惟有微震安堵如常等語即經
臣等以此次台灣嘉義地震較重恐台灣府熊一本捐卹銀兩不敷所費當與
藩司面商必須由省委員帶銀迅往查辦俾免災黎失所隨據藩司吳榮光在
于司庫内籌撥銀五千兩詳委升補鹿港同知張汝敦帶往台灣隨仝該道府
悉心查勘妥為撫卹以資接濟正在繕摺
奏報間茲復據台灣鎮總兵達洪阿會仝台灣道姚瑩稟據台灣府知府熊一本
稟稱加義地震前往查勘行至四十里之茅港尾倒有民房數間愈遠愈重及
至縣城瓦礫棟椽填衢塞路立時會仝該縣范學恒暨委員前鳳山縣魏瀛等
先赴城垣勘得東西北三門月城樓並窩鋪堆房俱行倒壞週歷城中止坍六
丈有餘城垛僅存四百二十九堵計倒九百一十八堵復詣

文廟前後左右一帶圍墻各有歪斜倒壞書籍祭品被墻壓壞出赴沿街察看民房
共倒一千六百三十五間壓斃男婦六十八名口受傷四百五十名口廟宇六
座次早赴營會勘衙署伙房庫局盡行倒坍壓斃兵丁一名受傷九名隨至縣
署所有住屋及監獄倉廒並典史衙署或樑柱尚存或倒成平地壓斃該縣家
丁二名受傷十六人惟新建義倉間有破裂並無倒塌所有壓斃民人內有無
力者先經該縣每名給銀四元殮埋其傷重兵民經該府各給醫藥銀兩飭令
自行調理並續查四鄉共倒五千零三十三間廟宇五座汎房三間公館一所
瓦窑六座壓斃男婦大小四十五名口均已自行收殮又傷重者六十三名口
經該府于回郡時沿途賞卹其所倒兵房有力之家已自行修蓋尚有實在無
力者現飭該縣及委員查明瓦屋若干草屋若干分別造冊援例給予修蓋以

安窮黎惟大震至今已逾一旬連日早間晴霽過午雷雨交作該縣辦公無所現在趕搭草屋暫作棲止并將尤為緊要之監獄先行修固免致疎虞吏有營員弁兵力難自給該府與范學恒合湊墊借番銀八百元交與叅將珊琳督仝偹弁擇要修葺聊蔽風雨并于四門安設堆房以資防守除飭令迅將各工撙節估計偹造各冊詳請

奏咨請項興建再淡水一廳鳳山彰化二縣查覆均有微震並無妨碍尚有澎湖遙隔㻏瑪囒遠在山後雖未覆到亦未先自具報諒係安堵旋據台灣府知府熊一本嘉義縣知縣范學恒委員前鳳山縣魏瀛先後稟報情形大概相仝並稱平常義倉等處倉厫倒壞存貯米谷霉變殊多恐難久貯容俟設法估變另行籌辦等情轉稟前來臣等查此次嘉義地震被災較重雖係一隅中之一隅

但倒塌房屋六千六百餘間壓斃人口一百十餘名情殊可憫現據該鎮道具稟業據該府督縣徧歷查勘有力之戶已自行收殮興建無待撫卹其貧乏居民傷斃人口經該府查勘之時分別捐給民情安堵惟倒塌房屋力難措辦應照猝被水災冲塌民房之例查明瓦房草屋無力之戶計數核給現給經臣等委員張汝敦帶銀前往稟商該鎮道府核計該縣查造戶冊與帶往銀兩如有不敷即由道庫籌款帶往嘉義會仝該縣按庄遠近分別示期當堂給領不涉丁胥鄉保之手俾沾實惠事竣核算造冊先在司庫籌款歸還核實報銷倒塌衙署倉廒監獄飭縣擇其最要先行籌款修葺以資辦公一面看明常平義倉霉變兵穀如堪搭放兵米立即風篩計成搭放倘須估變並飭該縣妥速經理另易好穀歸款坍塌城垣壇廟以及各項工程飭令該府縣分別緩急次第估

報詳請

奏咨興建現在台屬摺報早禾已獲豐收糧價如常平減民情安戢堪以仰慰

聖懷茲據藩臬兩司具詳前來合將嘉義地震委員撫卹籌辦緣由臣等謹合詞恭

摺具

奏伏乞

皇上聖鑒謹

奏

特参色端等員虧空

奏為特参虧短倉庫銀谷之現任縣丞及降調知縣請
旨革職拏問並已革知縣提審究辦以肅
功令事竊照州縣倉庫銀谷絲粒均關
國帑不容稍有短缺如遇新舊交代均須徹底釐查將前任經手正襍各款按數
盤收清楚據實結報如有短少情事即行揭参不得稍有狥隐兹據藩司吴
詳稱現任彰化縣南投縣丞張秀景前在同安縣任內經手庫項短交正款銀
二千五百三十餘兩襍款銀一千二百九十餘兩畨銀一百九十餘元捐款銀
三百三十餘兩谷一百七十餘石又
計参降調知縣色端在將樂縣任內短交正款銀二千二百餘兩又参革知縣沈

功枚在南平縣任內短交正款銀三千四百餘兩崇安縣任內短交正款銀一千九百七十餘兩穠款銀一千九百餘兩捐款銀二百五十餘兩盤折谷四百餘石番銀三百元永安縣任內短交正款銀六百九十餘兩截曠米七百六十餘石穠款銀一千二百餘兩捐款銀五百餘兩盤折谷一千二百餘石先經前撫臣魏　札司飭令接任知縣趙緊盤查嗣據各該後任詳報查明實短確數由司勒限嚴追屢嚴催延未完解且沈功枚接署同安縣篆曰案參革甫經交卸任內有無虧短現在飭查另行辦理等情臣等查州縣交代無論正穠捐賠銀番米谷均應依限按款交清今張秀景色端沈功枚于各任內經手銀谷竟短至如許之多實屬胆玩自應嚴行參追以儆玩惕據藩臬兩司轉據各該管道府揭報前來除沈功枚係已革人員自應欽遵嘉慶二十一年

諭旨先行拏問審訊外相應請
旨將現任彰化縣南投縣丞張秀景并
計參降調知縣包端革職拏問飭提各該縣案卷同經手倉庫丁胥人等解省分
别嚴審因何虧短究明是侵是挪并此外有無不寔不盡各歸各案按律定擬
具
奏除飛咨湖北四川浙江督撫　臣　將各該員原籍産業嚴密查抄估變覆閩核辦
一面飭司轉飭將各員寓所資財衣物先行查封備抵並飭查歷過各任所有
無資財隱匿寄頓暨沈功枚同安任内實在有無虧缺另行辦理外謹合詞恭
摺具
奏伏乞

皇上聖鑒謹

奏

叅奏台灣各款

督憲鍾　密札候補知州傅　知悉道光十八年六月三十日接准

兵部火票遞到

軍機大臣字寄道光十八年六月十二日奉

上諭有人奏福建台灣府革胥許東燦改名許朝錦冒捐同知包充府署書差一家兄弟盡充房書差役恃勢横霸與前任知府周彦結為師生賄賂公行沿街榜貼歌謡臚舉劣跡該虜捐辦考棚城工該革胥營充總辦侵蝕洋銀數萬餘元其私呑案詐私押擄搶圖佔拷掠奪產等款自督撫以至該縣各衙門俱存有控告案牘歷任地方官受其欺弄置之不問等語革胥冒捐職官已干例禁況一家包充書役骫法營私地方受其荼毒若不亟加懲創何以昭炯戒而安善良着鍾　於閩

兵田閩之後按款嚴密訪查擒寔懲辦并着不動聲色毋使走漏風聲致該革胥
有彌縫脫逃等弊至上年既經魏元烺訪聞委員過台灣提解自係惡跡昭着（著）何
以該道府代為開脫竟不到案延擱至今着一併查明附奏又另摺奏通籌台灣
利弊臚列八款着鍾　悉心查勘妥議具奏台灣道職無學政嗣後該道缺出着
督撫遴選科甲出身人員委署毋得委用捐班以昭慎重原摺二件均抄給閱看
將此諭令知之欽此遵
旨寄信前來、等因承准此查許東燦即許朝錦以革胥冒捐同知包充府署書差恃
勢橫霸被控之案纍纍并於捐辦考棚城工侵蝕洋銀地方受其荼毒歷任各
官何以置之不問及經
撫部院委員提解尚復代為開脫逕應查明提解來省澈底究辦其另摺八條

內織官劣幕蠹役三案尤為緊要所蠹役一條又與許東燦一案互相印證而
應查明將託令之門丁陳一姿兄謝姓及會帳房之安姓并凡在府包充房差
之許東燦一家兄弟及所指之劣幕按名解省確究除密札該道確查具稟一
面將應訊各名先行密飭看守以便該員到台交給起解外合亟密札飭委札
到該牧即便改裝易服密赴台灣欽遵
諭旨并查照抄摺所指各款逐一密加訪查明確務將寔在情形按款分晰先行密
稟一面稟請台灣道府應訊各名交給該員妥為會解來省以憑摠察核提勘
覆奏此係
特旨交辦之件是以密札派委該員倘敢顢頇徇飾走漏風聲以致應訊之人彌縫
脫逃即當先行專參辦理凜之勉之特札

奏為革胥冒捐同知貪淫不法毒害閭閻請
飭查拏按律嚴辦以彰
國法而安善良據寔
奏聞仰祈
聖鑒事竊惟為治莫先去蠹除莠所以安良外省遇有土棍被控該地方官自當即時訪拏認真究辦豈容姑息養奸貽害無窮茲聞台灣府革胥許東燦于道光十四年改名許朝錦冒捐同知輒敢包充府署書差一家兄弟充八房四差役恃勢横行毫無顧忌綽號通城虎前任台灣府知府周彥與該革胥結為師生計從言聽賄賂公行致民間張貼虎榜編造歌謠有碩鼠為虎代周作府胥役包充案件歸許燦嗟萬金彥得一五虎齊鳴萬民叫苦之語今台府沿街僻

卷尚有貼榜可查雖該房風謡〻八〻而該草胥之交結本官為害鄉里已可概見上年該房捐辦考棚該草胥向府求充總辦勒派殷户洋銀十餘萬元只費三四萬元建立考棚餘盡肥漁入已淡水廳職員林平侯之子林國華捐城工銀一萬七千元該草胥私吞四千元報冊内只有一萬三千元又嘉義縣葉户沈長源捐城工銀一萬餘元淡水廳監生周嘉瑞捐銀二千五百兩均被私吞報冊無名現俱被赴道府控告在案尤其甚者勒押職員羅登榜酷索銀千元藉案索詐周嘉瑞銀七百元則督撫衙門被控有案也私押例貢生林際可酷刑致斃私押鳳山民人林八酷刑致斃則府控道控有案也擄搶鄒姓媳婦漂涼婆為妾縱令伊弟許朝華局設私賭串搶鞍海街娼女秀英為妾則縣控府控有案也圖佔隣佑林蘇氏房屋則有毆傷蘇氏被控之案圖佔薛氏墳地則有

毁掘薛景光妻棺被控之案私設刑具拷掠商船則有被船户覃[金]茂春邱和合
控告之案圖奪抄封叛產佃首則有被淡水貢生陳嘉謨嘉義民蔡鴻業控告
之案其他悪跡難以枚舉雖控案纍纍而一切奸胥蠧役非其子弟即其徒黨
從中沮抑百計彌縫歷任地方官受其欺弄不特置控案于不問反倚之爲耳
目上年經該撫訪聞委員過台提解又被該道府代爲開脱竟不到案該革胥
益揚揚得意顯冐搢紳之名陰爲姦宄之行魚肉遠近莫可如何臣思海外人
心浮動豈容土豪積棍毒害良民且該革胥既冐捐同知將來銓選得缺必至
營私亂法糜爛地方尤不可不及早斥革究辦以彰
國法而重名器相應請
旨飭下該督撫立時查拿解省訊明治罪并嚴飭該道府確切查明所有該革

胥包充書役盡行革退不准復[illegible]奸民知警而地方得以安静矣旨為除蠹
安良起見風聞確鑿理合縷陳
奏伏乞
皇上聖鑒謹
奏
奏為通籌台灣利弊請
飭認真整頓以靖海疆恭摺
奏聞仰祈
聖鑒事竊惟台灣一府五廳四縣延袤二千餘里田疇肥沃人民殷富自隸版圖百

餘年以來久沐
列聖深恩蹈德詠仁共安樂土我
皇上羣生在宥
閭澤覃敷所以為海疆計者至詳至備固已綱條肅整政教修明矣而治法貴有治
人興利莫先除弊凡吏治民風武備文事諸大端有必當隨時整飭不可稍涉
因循者則尤在地方大吏之實心行政而已 臣學識迂疎何敢妄言治体謹就
所聞臚列八款敬為我
皇上陳之

一廳縣官宜加甄別也台灣各廳縣地方遼濶俗悍政煩非公正清廉之吏不足以服人心非精明強幹之員不[illegible]理煩劇臣風聞台灣縣知縣託克通阿性

情貪鄙荒淫無度自道光十六〻到任以來一味貪圖安逸全不審理詞訟即户婚田土事每有終年不批示者有付之一炬者信用門丁陳二即陳平係該縣髮童攬權納賄無所不至該縣娶本邑娼妓謝水娘為妾娼妓之兄貴緣入署稱謝舅爺與陳二及管賬房安姓稱安老爺等表裏為奸營私骫法以致怨讟載道上控纍〻該縣又常宴飲各處妓樓及枋橋頭樓仔地方令陳二選擇妓女七八人携至樓上陪飲為樂一縣之人共見共知該道府竟置若罔聞又彰化縣知縣賈懋功年力衰残兩目俱盲謁見道府必須家丁緊跟其後歷〻詔相審案則須胥役將呈詞誦讀與聽以致家丁胥役通同作弊而該縣全不知覺民間有賈知縣兩目看不見寃枉誰與辨之謡　臣思州縣為親民之官若託克通阿之貪淫敗度行止先已不端何以表率黎庶賈懋功之残廢無能呈

詞既不能看何以剖決是非況海外地方緊要以溫劣之員處緊要之缺公事安能就理人心安能畏服且恐各廳縣似此者亦尚不少不可不亟加澄汰應

請

飭下該督撫確切查明據寔叅辦擇公正清廉精明強幹者調台久任庶于地方有

裨

一劣幕之盤踞宜除也刑名錢谷二項幕友最關緊要甚[其]有盤踞地方把持公事者即當隨時驅逐乃台灣道府廳縣幕友往往盤踞數十年有本官雖[任]丘為囑託而後任復用者有在台閒住仍復干預公事夤緣為奸者以臣所聞台灣府幕友汪稟[金聲]彰化縣幕友李于畨紳皆盤踞多年交結吏胥串通土棍包攬案件私賣批語種種弊竇無所不為江金聲又冒籍福建報捐縣丞在台置宅買

妄現住府城塩館邊嶺後街朝、一宮內暮田寓所招搖撞騙聲名尤為狼藉此

等劣幕營私舞智大為地方之害亟當嚴行驅逐以絕弊端且查道光十三年台

匪張丙滋事案內該劣幕汪金聲李垂紳以游幕之人假冒義首經將軍瑚松

額及前任總督程祖洛保列議叙以縣丞儘先選用

奏准在案其平日之巴結佈賄善于鑽營已可概見切思幕友保列議叙屢奉

特旨禁止上年

欽差大臣趙盛奎等審理秦師韓京控一案查出台匪滋事案內議叙幕友陶時亮

陳時顧蕙生劉心印王鋭五名均經

奏明奉

旨此次該幕友雖遠涉重洋襄辦事務惟究係各衙門幕友非在官供職者可比所

有前經加恩之處俱着即行撤銷欽此仰見
皇上慎重名器之至意乃該劣幕汪金聲李垂紳以幕友冒充義民其朦混取巧較
之陶時亮等為尤甚而其濫邀議叙事全一律應請
飭下該督撫確切查明將該劣幕議叙照例撤銷以杜冒濫并將汪金聲冒籍報捐
之處照例斥革辦理一面督飭該道府勒令劣幕等迅速回籍毋任逗遛滋弊
仍嚴飭各廳縣如有盤踞劣幕立即驅逐毋稍姑容 臣又聞該道府所用幕友
每年每廳縣各送脩金一屬百金計之可得千金幕友之逗遛不去寔由于此
切思幕友與屬員交通則本官之喜怒公事之准駁皆可暗通消息曲為彌縫于
吏治大有關係應請一併嚴禁以挽積習
一到任之胥役陋規亟宜禁止也 到任點派胥役自應慎選勤慎之人汰除

禁縣之徒方為公正使書役亦知所勸懲乃台屬各廳縣新官到任一切經胥捕役人等俱係自己鑽充鑽充之法各胥役分送洋銀名曰到任礼房書規礼多者擢為房總捕役規礼多者用為捕頭更有土豪積棍出銀包充父兄子弟姪盤踞衙門他人不得與如臣所

奏草胥許東燦一家兄弟充八房書四差役是其明證總計嘉邑則繳到任洋銀萬元彰邑則繳到任銀七千元台鳳則繳到任銀三四千元借到任之名為行賄之計相率成風恬不為怪切思一官下車之初即為書役所餌以後何能望其振作況此輩衙門慣熟工于營私今先得其規礼若戶房承管錢谷刑房承管刑名此後之虧空侵蝕亂法濫刑尚能以法治之乎至于捕役又多係無賴之徒地方官得其規礼一有差遣則驅數十虎狼于鄉村縱其搏噬雖經民間

控訴上司訪拏而不能不為之庇護故台地奸胥蠹役毒害地方從未有嚴辦
者其弊皆由于此應請
飭下該督撫嚴飭該道府認真禁絕密為訪查如該廳縣有仍蹈故習得受書役規
礼者即行嚴參庶官方可書而吏治可清矣
一積案宜清而命盜犯尤當及早拏辦也台地民情刁悍械鬥命案皆由戶婚田
土細故激而成衅閩嘉彰二屬積案繁多其未訊者與雖訊而未結者嘉則萬
餘案彰亦不下數千案以一原一被計云是控告在官者一邑已萬餘家況株
連干及不一而足若竟延擱日久聽其仇怨相尋必至釀成巨禍應飭令地方
官早及斷結有冤者立時昭雪誣告者重為痛懲以清案牘而杜爭端至于命
盜重案尤當立時查拏而台屬遼隔重洋往〻于命盜重案諱不通報內地該

上司無從查核而地方官延擱不辦得以俾免處至被事主始行倒填年月補報該道府亦不以遲延詰駁申報上司時則又以付搭原文之船隻漂沒為辭積習相沿牢不可破又或諱刦為竊每每抽換事主原詞為規避處分地步即賊已被獲并不速行訊究寢延數月事主或未呈催則已將則賊犯釋放該犯挾恨復仇事主益不能安枕此被刦者所以多隱忍不報而盜賊所以肆行無忌也風聞本年正月間台灣之許厝甲二月間嘉義之水屈頭十八重溪彰化之宝斗仔等處俱被盜　刦或放火延燒或殺斃事主迄今數月犯未弋獲應請

飭下該督撫嚴飭該道府認真查拏按律嚴辦治罪毋任諱飾而稍踈縱庶盜犯知所警懼矣

一總理董事宜擇正人充當也台屬各廳縣每縣　保每里設有總理董事以矜

者為之官給戳記蓋仿保甲之遺法而重其任于衿者里居熟則聲息易通責任專則訪查倍力所以稽察奸宄事情為官耳目之所不及乃近來地方官視之與差役等甚且差役得叱罵之家丁得肆辱之因而潔身自愛者不肯充當其充當者皆非安分之徒遇事生風句通胥役魚肉小民此善政所以轉為苛政也應請

飭下該督撫轉飭該廳縣嗣後保舉總理董事務須責成該處紳士擇公正誠實平所推服之人報官承充承充之後該廳縣務須禮貌優待不使與下役為伍亦不以他事傳喚當差惟鄉里有切劫盜賊該總理董事一經訪聞立即報官派委幹役帮仝緝拏如該總董任勞任怨于本保本里查出盜賊三名以上者官給獎賞或查出盜賊在鄰境者加倍獎賞其不能認真稽察并有生事擾民

等獎並即斥革另擇公正之人承充如此懲勸兼施人人皆樂于報効而地面可期肅清矣

一偷渡之禁宜分飭內地台地認真辦理也台之門戶南路為鹿耳門北路為鹿港為八里坌是為正口其私口則鳳山有東港打鼓港嘉有笨港彰有五條港淡水有大甲中港噶瑪蘭有鳥石港至私僻之紛岐港口不可勝紀內地無賴之徒涸跡商艘襍沓而至往往游手失所羣聚為盜則偷渡之為患也但偷渡之禁日嚴而終不能遏絕者一在掛驗出口者之需索照費一在稽查入口者之收受船規也查定例渡台人民由內地州縣查明有無過犯出具族鄰保結給發執照方准配船立法至為周密乃奉行不善往往家丁胥役因緣為奸現在渡台者每人給照勒索照費洋銀七八元或五六元方准發給故良民苦（若）者

無力給照奸民欲逃竄者胥役貪圖厚利聽其揑造族隣保結每多蒙混給照至台地入口官弁稽查輙命胥役到船盤驗船中有出海口者即與閧說上兵、託以船大小人多寡為計約輸銀百元七八十元不等凡有照無照者均得上岸官弁視為陋規竟成利藪如此而欲禁偷渡豈可得乎故欲嚴偷渡者在嚴出口之禁尤在嚴入口之禁應請

飭下該督撫嚴飭該管地方官認真稽察破除積習出口者不准胥役勒索照費必以族隣保結為憑則既有以便良民之渡入口者不准官弁收受船規但以內地執照為憑則又可以絕奸民之偷其餘私僻港口亦必嚴飭汛兵晝夜巡邏毋稍疎縱庶稽查嚴密有犯必懲而偷渡之弊可絕矣

一班兵宜嚴加校閱也台澎一鎮水陸十六營額兵一萬四千六百五十六名皆

內地營兵抽撥更戍到台則分布散處聲勢相連儘足以資捍衛乃一旦有事每患兵力單弱如上年台匪張丙滋事戍兵見賊不能開炮營弁望風退縮終賴內地大兵台募鄉勇始克集事其故何哉稽查不嚴操練不務有兵之兵名成無兵之寔也臣愚以為練兵之法貴嚴考核于抽撥之先尤貴勤訓練于渡台之後蓋班兵之患患在頂替兵丁稍有身家不肯涉險率令無賴之徒朦混代充又或貪鄙營弁假捏虛名冒支月餉至輪到撥戍則以自己家丁及洒掃廝役頂名充數兵政日壞職此之由惟于抽撥之時嚴飭各營將弁先期造冊每丁一口註明年歲身材及所習槍砲器械逐隊按名點驗演試考老弱者必汰疾病者必汰技藝生踈者必汰認真挑取務使一兵得一兵之用復令各兵、卜出具連環保結如有頂替情弊別經發覺者將該弁兵從重治罪此嚴考核于抽撥之先也渡台之後兵丁散處各營往〻賄囑營弁私出經商或開張小典鋪或為人店夥或包娼包賭開設鴉片煙館坐扣口粮有虛額而無寔數必須嚴飭鎮將以下等官隨時稽察不准擅離營房而又親自督率按期訓練日省月試考其優劣賞罰明則人心思奮操演熟則壁壘一新此勤訓練于渡台之後也既無頂替之弊又有訓練之寔然後兵皆足用餉無虛糜以之臨陣必為制勝之兵矣

一鄉村宜添設義學以修教化也台地五方雜處有泉人有漳人有粵人有潮人散居村社氣類各分人心浮動易于滋事推原其故則以游手好者多讀書者少無讀書經誦之業以柔其心無黨庠術序之規以馴其氣故至此耳今欲使台民之安靜則莫如修教化欲修教化莫如設義學查該處各廳縣地方遼闊

而義學甚屬寥寥，鄉曲小戶離城窎遠，因無良師教督，往往相率為非，日愚以
為宜令地方官出示勸捐，添設義學，擇公正紳士數人董率其事。該處富户好
義者多，必踴躍樂輸。復為量地遠近，酌定某村某莊應設義學，聽民自行創
建。其餘項即由為經費，交該紳士承管，逐年生息，聘請名師教督，有願來學者
聽之。如此則民知向學矣，知向學自不至為非矣。夫天下無不可治之民，台之
民非盡無良也。誠能使地方官認真化導，實力奉行，為之修明學校，嚴定學規，
學中子弟勤奮者獎之賞之，懶惰者誥之誡之，又復于暇暇時親赴鄉村，訪聞
耆老，與之講明忠孝大義、刑法科條，興起其睦姻任恤之心，而漸化其詬誶嚚
凌之習，將見絃歌四起，比户可封。具合漳人、泉人、潮人、粵人而盡為讀書之民，
雖驅之為盜賊而有所不肯也。

以上八條職員必汰劣幕必除蠹役必防積案必清鄉長則慎選正人汛口則宜嚴私渡班兵則時勤訓練義學則廣為添設誠治台灣之要務也抑臣聞之治民之道與治病同治病不遇良醫不可以愈病治民者不得良吏不足以利民台灣孤懸海外往來文移動需時日地方情形督撫不加訪察則不能驟知至知之而事後補救則已無及故治之之法在督撫之留心查核事事認真而尤在道府鎮之得人也道鎮得其人則廳縣營弁皆得其人正已率屬興利除弊文武同心官民一体尚何患台灣之難治哉再台灣道兼管學政有衡文之責歷任道員經

特旨簡放者俱係科甲出身人員仰見我

皇上軫念海島慎重衡文之至意乃去年該道周凱因病出缺該督撫竟委永春州

知州沈汝瀚署理該州本係捐班總出自一時權宜但捐班人員署理台道無論材具曾否勝任一遇考試何以取拔真才應請明定章程嗣後台灣道缺出或因事調署須擇科甲出身人地相宜者奏請署理不得以捐班人員率行委署并飭下該督撫永遠遵行臣愚昧之見是否有當伏乞皇上聖鑒謹奏

善舉實力奉行　上諭

道光十九年五月初三日奉

上諭御史張灝奏各省創立善舉請飭實力奉行一摺各直省設立恤嫠會育嬰堂救生船留養所等處或由地方官捐廉或由衆紳士勸募以恵窮黎往往郡若如所奏鎮江府屬近有不肖紳衿謀為董事侵蝕自飽以致經費不敷久經化為烏有等語一府如此他府可知着江蘇巡撫通飭各府縣凡地方舊有善事各當設法保全公舉誠正殷實紳士充當董事責令實心經理嚴剔弊端以杜虛糜侵蝕之漸至地方善事經理不善以致有名無實諒不獨江蘇一省為然着直省督撫督飭所屬妥議章程出示曉諭務使善舉得以經久窮黎實恵均沾用付朕愛恤群生至意欽此

奉催各省欠解銀兩　二諭　戸部原摺附

道光十九年六月奉

上諭國家經費有常度支有節凡各省應納之賦及其餘稅課均于徵收後隨時入撥報解不容絲毫短少所以重帑項而權出入茲據戸部查明積年漸久延欠頗仍綜計欠解銀數除鹽務懸引未完及帑利等款准其分別展緩外其餘拖欠有二千九百四十餘萬兩之多若不亟加整頓何以備度支而裕國用著各直省督撫將軍府尹鹽政鹽督該管司道等認真稽考將未完各款逐一清釐應解者按限起解應撥者趕令入撥如查有州縣彌縫掩飾等弊迅即嚴參示懲斷不准通融隱飾將就目前經此次查辦之後倘仍延宕不完一經發覺定將各該管大吏重懲不貸餘依議摺單併發欽此

太子太保大學士管理戶部事務臣潘世恩等謹

奏為查明直省積年延欠各項銀兩分別請

旨飭令各督撫等定限催提以重帑項而裕經費事切以自古制國用之道惟在量入以為出而欲使所出之數撙節而有餘必先使所入之數充物而無不足

國家經費有常仰惟

皇上子惠黎元于歲徵額賦偶遇偏災立即

命予蠲緩原所以調劑災區

恩至渥也而按限應納之賦及其餘稅課均照例徵收各該省自應隨時入撥報所以備度支乃積年漸久延欠頻仍屢經飭催尚未能悉歸實用臣等通盤籌欲其無擾于民生有裨乃

國計則惟就現在積欠各項已屬應徵而未徵應撥而未撥應解而未解以及應扣應追應估變之一切款項定限催提均歸寔在方為經久無弊之計第其成款目紛繁雖臣部各司處隨時分案辦理而散之未覺其多聚之寔屬不少臣等公同商酌揀派司員飭令吊齊冊案分別緩急輕重彙總鈎稽今歷數月之久據該員等按款詳查加以臣等悉心覆核共一千一百五十三案計銀一萬零八百一十七萬三千零內除鹽務一項其懸引未完及帑利等款共銀七千八百六十九萬餘兩均經先後奏明分別展緩現在尚未屆限應暫緩查辦外其應徵項下查雲南貴州四川陝西山西五省額徵地丁均係年清年款直隸奉天江蘇安徽江西浙江福建山東河南湖北湖南廣東廣西甘肅等省自道光十年欽奉

恩詔豁免民欠之後所有地漕正耗各賦截至十六年奏銷到部之日止除緩徵不
計外寔計逾限未徵銀一千三百六十六萬一千餘萬兩零在小民久霑
化澤於
國家維正之供自無不樂于輸將即或畸零小戶無力完交間有不肖紳衿抗欠
全在地方官平日撫綏有術懲勸兼施何至甫被
鴻施數年間又有一千數百萬兩之多而其中以完作欠為官吏之侵漁正恐不知
凡幾即如道光十年以前民欠甞
恩豁免而江蘇等屬州縣轉將十一年以後徵存錢粮報列官墊民欠之內挪新掩
舊虧缺顯然是不在催徵之不力而在完報之未明已可概見夫民欠錢粮
縣官例應查明欠戶名又示摘催即督撫于藩司奏銷時定例應將未完各

項嚴查是否寔欠在民須刁曉諭立法摹嚴詳以原所使比户周知官吏無從
徇隱該管上司果能認真查核揭参州縣亦何得以墊借藉口以致輾轉交代
互相諉卸而虧挪之弊日滋應請
勅下各督撫嚴飭藩司粮道確查前項各屬未完之数如係寔欠在民即令依限催
徵如有已完作欠情弊立即指参并令按照經徵處分分別據寔揭報不得先
為設法規避庶寔力徵收而官吏影射之弊可冀漸除又應撥項下共銀九百
八十萬二千餘兩零查　臣部立冊凡各案銀数無論多寡應行入撥者皆隨時
登記飭令報撥備用此項銀兩均應實存司道各庫非民欠之款可諉為未完
就令　臣部所登之数與外省所有之数或有参差並或另有動用未經報明之
處原不妨將原未能報撥之故據實詳覆即如　江蘇江寧安徽三藩司名下登

記未入撥銀有數百萬兩之多道光十五年臣部奏奉

諭旨飭令各省按款查明將因何歷年不遵照報撥之故據寔覆奏乃如江寧等處久置若罔聞迄今又積數年銀數逾多尤不可任其懸宕應請仍遵前奉

諭旨嚴飭各督撫等督令藩司粮道逐款詳查限于部文到日一年内查明覆奏並將查明各項寔存銀兩造入撥冊聽候撥用如逾限仍不查覆即由臣部查取該藩司職名指參奏辦以儆玩延至各省錢局餘存等項銀兩應令各該省自行酌留備用外寔存銀兩悉令入撥毋得稍有遺漏又應解項下共銀四百二十萬一千八百餘兩零此係外省應行解部之項或係屬縣庫解司庫或係此省解往彼省之項均由各該省咨報應解各數更非若登記銀款尚待報撥有可比乃如閩稅久逾定限未報解並有支存藩庫久未解部又有徵存屬庫

銀兩例應隨時提解司庫以杜侵挪虧缺而各省現在册報徵存屬庫有隔數年之久尚未提解司庫者且恐似此等未經報部之款更屬不少若非經徵經催各員有意徇隱何至延逾若此至匣費等項雖係外支外銷之款然延不解用各該省借動正項還款更屬無期應令各該督撫鹽政鹽督確切查明應行解部者勒限半年掃數解部其徵存屬庫各項立即設法嚴提解交司道庫報撥如再宕延立予嚴參所有匣費等款悉令按時解交以備各該省襍支之用毋得再有掛欠至如應追應估變各項下共銀一百八十一萬二千餘兩零內有軍需余勝面未經繳回者有彌補軍需案內業經攤扣而未報解者有虧缺旂短而攤扣應解者以及追賠而已繳銀者估變而已交價者銀數既多玩懈逾甚若不嚴定限期則應提應解之項既可任其虧挪而應扣應變之項又復

任其懸宕應請酌予半年之限悉令各該省照臣部措查各款分別催繳按款

造報以備撥用以上各款實計應催之項通共銀数二千九百四十七萬七千

餘兩零謹繕列清单恭呈

御覽伏候

命下臣部行文各省督撫將軍府尹鹽政鹽督一体欽遵辦理此外凡有應行核辦

之件臣部仍飭各司處承辦司員隨時分別奏咨辦理以專責成總之

國用頼乎民生而民生本乎吏治在地方官果能潔己愛民則閭閻方視為父母

原未嘗剥削其脂膏各上司果能整躬率屬則州縣亦自惜聲明名吏何難破

夫情面乃因狥瞻顧以通融辦理為詞始覺為数無多繼乃積欠漸鉅盈千累

萬以致疊奉部催幾于[illegible]登答積習相沿尤當力思補救相應請

旨飭下各省督撫等督飭該司道認真考核應解者按限起解應撥者赶令入撥
平時遇有州縣交代核寔盤查一有徵存立即提解倘有彌縫掩飾等弊迅即
嚴參將見
國帑不敢久懸經費日增充裕矣所有臣等派員查辦緣由理合恭摺具奏是否
有當伏乞
皇上訓示遵行謹
奏請
旨

計開

福建省

應徵未完項下

未完道光十一年地丁正項銀十四萬一百二十四兩零

耗銀二萬九千八百七十七兩八錢六分四厘

十二年地丁正項銀十四萬五千七百四十三兩零

耗銀四萬五千九百七十六兩五錢八分九厘八毫

十三年地丁正項銀十四萬九千三十六兩零

耗銀五萬一千三十四兩七錢五分六厘九毫

十四年地丁正項銀十四萬六千五百八十二兩零

耗銀四萬九千五百四十三兩三錢八分二厘六毫
十五年地丁正項銀十五萬五千五百七兩零
耗銀四萬六百二十兩八錢九分五厘七毫
十六年地丁正項銀十五萬六千九百十七兩零
耗銀四萬八千九百九十六兩一錢三分三厘一毫
台灣府屬未完本年耗銀九百三十五兩三錢三分二厘
十二年耗銀一千二百二十三兩五錢八分
十三年耗銀七百九十五兩三兩錢八分一厘八毫
十四年耗銀一千四十二兩三錢一分七厘
以上共銀一百十六萬三千七百五十四兩零

租税項下
未完道光十一年銀四百八十六两零
十二年銀四百八十两零
十三年銀五百二两零
十四年銀五百四两零
十五年銀五百一两零
十六年銀五百十一两零
當税項下
未完道光十一年銀二千七百三十二两零
十二年銀二千七百四十四两零

十三年銀三千二百五十九兩零
十四年銀二千七百二十兩零
十五年銀四千九百六十五兩
十六年銀二千八百九十五兩零

牙帖襍税項下
未完道光十一年銀二百九十兩零
十二年銀三百九十六兩零
十三年銀六百五十八兩零
十四年銀六百三十五兩零
十五年銀五百九十八兩零

十六年銀四百七十二兩零

商稅項下

未完道光十二年銀一千九百九十五兩零

十三年銀二千二百二十二兩零

十四年銀一千五百兩

十五年銀二千八兩零

十六年銀三千二百六十一兩零

爐課項下

未完道光十二年銀十五兩零

十三年銀十四兩零

十四年銀十九兩零
十五年銀十九兩零
十六年銀十六兩零
以上共銀三萬八千四百八兩零

被刦官項

道光十九年七月二十一日奉

上諭琦善奏請將被刦官項銀兩之觧官及疎防地方文武各員分别革職摘去頂戴勒限緝拿一摺廣東候補鹽運司知事左增漢管觧飯銀等項行抵直隸通州地方並不照例知會防護又于河干荒僻處所泊船住宿致被盗刦非尋常玩誤可比着即革職以示懲儆前署通州知州候補知縣劉梦熊長河州判程振署馬頭汛把總胡廷英疎防強刦官銀着一併摘去頂戴勒限緝拿賍盗務獲究辦餘着照所議辦理欽此

禁止濫委佐雜酌裁發審幕友

道光十九年八月初八日奉

上諭御史曹履太奏請禁濫委佐雜酌裁發審幕友一摺國家設官分職大小相維近来佐雜各員分發到省即夤緣該督撫分府委用或道府指名求派平日薪水之資攤派州縣遇有提案處其播弄加意款接如果實有其事自應嚴禁着各直省督撫通飭所屬道府一体澇除積習凡分府佐雜無許過多遇有道府求派概行駁飭至幕友襄辦稿案原屬例所不禁若如所奏府屬首邑往々另延幕友專辦發審事件將修金分派州縣按季餽送州縣廉俸有限易啓尅扣侵蝕之漸尤當嚴行禁止并着各督撫留心訪察如有府屬首邑另延發審幕友及分派修金等弊即着永行禁革以清吏治而肅官方將此通諭知之欽此

吏部覆奏捐賑議叙以及捐辦工程

道光十九年十月二十三日奉

上諭御史陳光亨奏請將捐賑紳民從優議叙一摺又另片奏外省捐辦工程有勒捐罰捐等弊請飭各省督撫查參等語着吏部議奏欽此欽遵抄出到部臣等查道光七年奏定捐輸章程紳士商民按其捐數分別議叙給予頂戴加銜加級紀録其奉

旨從優議叙人員應得頂戴職銜者按其應得議叙酌加一等應得加級紀録者酌加紀録三次又十八年因各省保奏捐輸議叙人員每多冒濫奏請以軍餉河工辦賑修城四項列為重大事務現任人員准加升銜試用人員准給補班候選人員准予儘先選用各在案今據該御史奏稱外省橋樑廟宇書院城垣等

工類皆紳民捐辦督撫奏請議叙向例不無過優故吏部新定章程一概不准浮濫但此中有應行從優而非他項議叙可比者則莫如捐賑一項請將此項議叙另為從優庶地方偶有偏災俾紳民樂于捐賑等語臣等查捐賑一項自十八年奏定章程之後與軍餉河工城垣等三項本定為重大事務其應得議叙者現任人員予以升銜候補人員予以補班候選人員予以儘先選用而橋梁廟宇等工尋常事務不過祇予職銜加級並不得與捐賑一律辦理是捐賑一項較之尋常捐輸已在從優之列其七年奏定章程紳士商民應得頂戴職銜加級者如奉

旨從優向係加等核辦是議叙原有從優之條若如該御史所奏將捐賑議叙另為從優是于從優之中又復加優則他項重大事務勢必援照捐賑之從優者紛

紛保奏有加無已仍屬漫無限制轉不足以杜冒濫所有該御史請將捐賑從
優議叙之處應毋庸議至該御史片奏外省捐辦工程有勒捐罰捐等弊請飭
各省督撫查參等語　臣等查道光七年奏定章程内載捐輸各員令該督撫核
實具題並令地方官出具並無抑勒及胥役侵漁浮冒印結一併咨部倘有抑
勒及以少報多情事別經發覺除本人不准議叙外將題請之督撫及地方官
交部議處等語是勒捐罰捐本有明禁該御史所奏係屬申明舊章亦毋庸另
議等因具
奏于道光十九年十一月初八日奉
上諭御史陳光亨奏請將捐賑紳民從優議叙現據吏部議稱本有從優之條有加
無已恐漫無限制着毋庸議至所稱外省捐辦工程有勒捐罰捐等弊本干例禁

着各直省督撫仍遵照舊章嚴加訪察務于所屬府廳州縣剴切曉諭概不准有勒捐罰捐等弊如別經發覺定行懲處不貸欽此

議減貢差過境所用人夫

道光十九年十二月二十九日據臬司會同藩司呈詳道光十九年十一月二十七日奉撫部院批據延建邵道通稟各項貢差過境多用人夫稟請議定限制以節糜費緣由奉批據稟年貢以及琉球貢沿途用夫自應立定章程予以限制仰按察司會同藩司迅速核議通詳察奪毋遲仍候督部堂批示繳稟抄發又奉督部堂批仰福建按察司會同布政司確查妥議通詳察奪仍候撫部院批示繳等因奉此并准延建邵道移仝前因到司准此本司等遵查驛站之設原為跑遞公文應付往來差使之用嘗飭各縣如果辦理得宜則虛糜濫費自能節減閩省地處邊隅止有上游一帶可通江浙所有由閩起程往北貢差外夷只有琉球一屬隔年一貢去則多需槓夫抬夫連同伴送文武人夫照例止

應二百二三十名田則檟夫坐夫亦止一百一二十名其餘憲轅海關督憲遍年常貢檢查案卷多者用夫不過一百二十名少者僅止十餘名且有發給夫價飭馹代雇是憲恩体恤下僚周而且渥茲該道稟稱琉球貢差到境縣馹用夫多至一千四五百名各憲貢差用夫多者三四百名少者亦数十名如遇會試之年此風尤甚等語揆此情形其為奉差官員隨帶跟役多索虛夫以圖肥已差弁包帶客商行李從中取利弊竇顯然第此風相沿似非一日若不立定用夫確数痛革虛夫及包帶行李各弊縣馹苦累無底第立法雖嚴奉法尤貴恪守今包帶多索之弊既議杜絕而縣馹瞻狥濫應亦須議以記過庶期行之久遠茲本司等會議琉球入貢雖由本臬司衙門詳明填給勘合發領一面傳馹應付固屬照例給夫但千里長途不敷應用勢必半途雇覔難保不誤貢期

應請嗣後傳牌之外約計夷使將次起程之先着令該通事將各項寔在用夫若干名開摺稟司司中即另發寔夫名数滾牌自閩縣首站三山馹起傳至浦城縣而止由縣即將滾牌繳司抹銷應如該道所請嗣後損抬琉球

貢品及夷使人等到境准給虛寔夫三百名伴送文武官員人等亦准給夫三百名具数俱不得逾六百名倘伴送跟丁人等有敢多索包帶等弊許該縣馹即將該跟丁送究以示懲儆如上站違議〔濫〕應許下站稟知如数過十名以上者將上站記過一次二十名以上記大過一次名数多者以次遞加方昇久遠至督

憲恭進荼〔茶〕葉

萬壽福圓膏紅柑大蜜柑等貢用夫不過数十名惟福圓乾一貢用夫一百十餘名

憲轅恭進荼〔茶〕葉

萬壽福圓膏紅柑大蜜柑福圓乾用夫僅止十數名或數十名不等
福州將軍同閩海關衙門恭進春茶蜜柑秋佛手三貢用夫均止數十名該弁
等負簏遠行箱槓自宜稍寬方昭慎重第上游一帶山徑險仄槓抬寔為費事
自應于寔夫之外量加幫扶過山人夫以期迅速惟該弁等奉差千里行李食
物之箱自所必帶應請嗣後除槓抬
貢品應用寔夫之外可否体照程督憲章程准給該弁坐夫六名行李夫四名虛
夫六名應如該道所請總不過一百三十名俟貢品將次起程奉到行知之日
司中即發滚牌將某貢用夫若干名傳驛一体應付以免參差歧異倘該差弁
等如有多索包帶之弊許該縣驛稟明俟其回旋之日聽候憲裁察究如縣驛
倘敢膽狥濫應查其濫應夫數照前記過以示懲儆至閩縣三山驛至于水口

馹皆屬平坦道途毋庸議添人夫其自南平縣起至浦城縣過山止悉係山嶺之區似應酌添人夫帮扶過山以免磕碰之虞然亦諒其槓數多寡以爲區別如箱槓多者准添人夫三十名少者准添人夫二十名亦于滚牌内逐一登明沿途應付似此議立章程庶縣馹不致濫費虛縻而色帶多索之風可期永杜矣是否有當理合遵批會議詳候察核批示以便移行遵照并呈

閩海關察照等情到本部院據此查所議添夫一節似可不必應毋庸議餘即如詳移行遵照批司在案合行札飭札到該縣即便遵照辦理毋違此札

道光二十年二月初七日南邑奉　撫札

一切捐款應歸各衙門自行追辦

為通飭事道光二十年正月初六日蒙

藩憲札准

臬司移開前任同安縣項廷綬等員欠解臬庫各款銀兩又復彙列藩庫款項冊內請删現准先後移知删免等因復查臬庫年額應給各項全藉各屬解到以資給發此外並無閒款可以籌墊歸補況各屬應解藩臬衙門款項本有分別且經兩司疊次會札通飭自應查照議定章程畫一遵循辦理未便仍前混列請删致啓各屬效尤則臬庫款將來勢必無項歸補動給查照原議章程希即飭承核案移覆以便會飭各屬遵照等因到司准此本司查已故同安縣項廷綬短款經將墊給緝匪經費銀兩准予分年攤補并飭將餘欠銀兩造解去

後嗣攜現署閩縣褚令具詳項廷綬短交項下尚有應交謄黃工價資助加買紅銅自理贖鍰省監葯餉駅傳飯食及千里馬工食竊盜冊費等款共銀七百一兩五錢四分七毫八絲八忽該家屬委係赤貧無力完繳其歷届病故人員均蒙准刪有案茲該家屬事同一律自應詳請刪除俾免獨抱向隅開冊詳請刪俯賜刪免等情當經核與臬司准刪成案相符隨經備文移知在案茲准前因查各屬交代短交款項總不外正襍捐三款當交之時自係統算統除彙案詳追並無分別細款本司衙門為錢粮總滙屬員倉庫是所専責如有報短無不移行道府勒限催追逾限無完即行照例叅辦故歷辦叅案凡有開報臬庫捐款刪除不少即遇丁憂告病事故人員應交正款已清僅短捐款襍内有由外派捐無関歸補應刪款項不特臬司衙門捐款即本司衙門以及道府捐款

無不儘數刪除俾欠數稍輕以歸核寔而清盤案今項廷綬短交正雜捐銀兩
先攤後任彙款請追嗣今閩縣具詳請刪俱係冊費飯食無關歸補之項歷准
免追有案且查前辦丁憂武平縣安常告病閩清縣朱慶元降調前霞浦縣續
經病故之李拱辰等員均有前任流交冊費銀兩俱准臬司移明准刪有案與
病故同安縣項廷綬短交前項事無二致是以照案移請刪除並非本司擅准
今應通飭各屬遵照嗣後凡有
臬司仝道府州各衙門捐款概行剔出另立細冊申報各衙門自行飭追欠觧
之員完繳不得列入交代統算由後任接收詳追以肅盤務而免糾纏除移覆
臬司查照歸案自行辦理外合亟通飭為此仰府官吏立即查照嗣後凡有各
屬欠交　臬道府州各衙門一切捐款應歸各衙門自行追辦不得列入交代

案内詳追仍通飭所屬一体遵照毋違速速等曰蒙此合就飭行札到該縣即便遵照
憲札辦理毋違此札
二月初二日南邑奉府札

營兵應領卹銀章程

為遵批轉行查辦事本年四月初五日蒙

署布政使司常札開案查各營兵丁應領卹銀一項如係得生現在營之兵向係由營查取本兵領結該營逐層加結送司請領如有事故及陣亡淹斃無着之兵給眷承領者應由原籍地方官查明取結詳給均經由司詳請委員賫赴福州府衙門轉給承領續于前司詳給水提中營請成字五號船遭風擊碎溺水漂失兵丁朱邦興卹銀案内奉

前撫憲以卹賞銀兩發交福州府衙門轉給究竟府中于何日収到何日給發向無具報易啓府胥措索之端此後應否援照大餉之例一律由督中協驗封批司妥議等因查議請照大餉之例仍令各該營差弁赴司承領賫赴

督中協衙門驗封領運回營散給移行遵照辦理在案嗣據閩縣請領
撫標左營陣亡兵丁陳起元一名卹賞銀五十兩經司中查照現議章程移營
派弁赴司承領賫赴
督中協衙門驗封該營以該兵陣亡已屬出營不行派弁隨將此項卹銀詳請
查銷奉
院批查覆經由司議定章程嗣後在營現兵請領卹銀者由營查取領結派弁
領赴
督中協衙門驗封如係事故陣亡淹斃各兵眷請領卹賞者應營縣確查會結
由縣詳給着令丁役赴司承領賫赴福州府衙門驗封等由詳奉
前總督部堂桂　批如詳移飭遵照餘已悉仍候

撫部院批示繳又奉

巡撫部院吳　批如詳移飭遵照辦理仍候

督部堂批示繳各等因奉此除分别移行遵照外合就飭行札府即便轉飭各

縣遵照毋違等因蒙此合就轉行札到該縣即便移知各縣遵照毋違此札

道光二十年四月十八日南邑奉府札

通飭開盤倉穀章程

為詳明通飭遵照事本年四月初五日蒙

署布政使司常　憲札照得州縣交代定限兩个月造冊結報如錢粮在五萬兩以上倉穀在五萬石以上准予分別扣展其應交倉穀于到任三日後即當開盤則存貯雖多無難依限盤竣若曰収藏不慎間有霉變不堪者亦當稟請本管知府會同監盤秉公盤驗寔在折耗若干着落賠補豈容任意勒掯諉延乃各屬每多宕延或以雨水過多飾詞延擱或以存穀年久抽碾不敷瀆稟請示以致交代遲至限外莫能結報是倉穀捎延不盤尤甚于交款轇轕案經吳前司于道光十七年八月間詳明立定章程限令到任三日後即行開盤不准以雨水過多恐致受潮藉詞延宕如有遲延分別限期記過撤參通飭遵照在

案無如各屬疲玩性成仍有抗延不盤之事即如現任寧化縣知縣侯盛烈于
道光十九年十一月十六日到任接收前署縣王元基交代一案至正展限期
將届應交倉穀只盤收穀五千四百餘石尚有未盤穀三萬二百餘石侯盛烈
勒措刁難希圖折補且應交應抵銀穀延不會算交收殊屬玩違而王元基並不
及早禀請本管知府會同監盤官秉公盤收直至此時始行具禀請示亦屬不
合業經本署司將侯盛烈王元基二員一并詳請
奏明先行摘去頂帶責成該管知府秉公勒限督盤以為交代倉穀延不盤報者
戒今應通飭各屬遵照嗣後交代倉穀務于到任三日後即行開盤俾限内得
以盤竣造冊結報若貯穀間有年久收藏不慎或潮濕霉變等故立時禀請本
管知府會同監盤三面秉公抽棌盤收如有折耗核寔着落買賠不得勒措刁

難紛紛瀆稟亦不准以雨水過多藉詞延宕如敢違延即照寧化縣之詳請
奏明摘頂參辦以清盤案而免宕延除詳明
兩院憲察核外合就飛飭札府即便轉飭所屬恪遵辦理毋稍違延切切等因
蒙此合亟飭遵札到該縣即便恪遵辦理毋稍違延速速此札
道光二十年四月十八日南邑奉府札

責成府州清釐交代章程

為遵札議定章程勒催事本年四月十一日蒙

署布政使司常　憲札奉

巡撫部院吳　憲札照得州縣交代止限僅止兩月一經遲逾即應開參閩省各屬積習相沿一官赴任無論實授署理全不以交代為事舊案置之不曾及至交卸祇將本任徵收解給數目造冊一送並將不應抵之工程混行列抵陳々相因不算不結現在已積壓至一百三十六起之多叠據吳前司詳請記過勒限算結稽今或久已逾限或業經屆滿並不認真會算造冊結報一味躭延該管府州于所屬倉庫亦視若無已事當各該縣在任時既不寔心稽查迨至新舊交代又不追不揭扶同狥隱其或案已算交清楚可以造冊者亦聽其經

年累月稽延不造此時若將各該縣立掛弹章寔屬咎所應得惟事非一年人
非一任驟行參劾通省已（幾）于無員可留然任其因循尚復成何政体該府州有
督催之責照例處分綦嚴且于屬員有無虧短近在一處無不周知現查各府
州未結盤案自十餘起不等該府州寔難辭咎合行列单札飭札司分別交代
稽壓最多次多較少各府分手（予）以期限勒令清厘倘届限不結除將該縣參革
究追外必先將該府州
奏參懲儆至現任各州縣于前手数任交代如查無短少何難結報若有虧短即
應揭參二者非此即彼不難（准）以難于越次造報為詞任意延宕其中或有已故
人員不難立提家屬嚴行限追已參人員儘可按其短数核寔辦理本部院不
為已甚姑予限核辦各該府州倘再不知猛省嚴督屬員莫結造報白簡具在

後悔莫及該司接奉此札立即查照單開府分嚴議限期並嚴定嗣後章程詳候察奪毋違等因計粘単奉此本署司遵查各屬未結新舊交代積壓不少皆由本管府州于屬員之虧短平日不行認真釐查及至交卸之後又不赶緊督飭會算分別叅追以致各該員泄視宕延短欠銀穀任意不交因而交代難以結報愈積愈多誠如

憲示此時若將各該縣立掛彈章通省幾于無員可留然任其因循亦屬不成政体自應嚴立限催章程責成該府州認真查辦以期整頓而挽頹風查未結各案交代如後任並無具報前任欠款者或前報欠款現已完清及正雜已清僅短無虧無關歸補捐款堪以先行結報者以及冊造款目舛錯由司道府州駁改者此係易辦之件不難督令經胥漏夜赶造冊結馳送詳咨應請立限一

月內赶辦完結逾限不結先將該府州詳請記大過一次再限一月不結即將該府詳請附叅其交代不經會算之摺者該府州或近在同城或相去不遠不難嚴督監盤官調齊前後任以及交抵盤摺由府州三面秉公督算折衷定斷有短即追無短即結應請將最多之交代在二十案以上者限三个月內次多較少十五案以下者均限兩个月內一并督算清楚陸續結報倘逾限不算不結即將該府州記大過一次又短欵未清難以結報者均限半年內由府州委員勒追清完倘逾限無完該府州尚不指叅其為狥庇可知即將短缺之員

奏叅革職嚴追該府州一并附叅所短銀穀着令分賠自此次立定限期之後再敢仍前怠玩必當從嚴究辦不稍姑容以重盤務是否有當理合查議詳覆伏候察奪批示以便轉行遵照等由奉批如詳姑即予限飭遵此限專為各該在

府州訂也届限再有遲延必先將該府州從嚴特參斷不能再任自循故套詞
習該司為錢粮總滙責無旁貸務即認真督勵勿稍姑容仍候
督部堂批示繳等因奉此除俟奉到
督部堂批示再行飭遵外合就録批開单飛飭札府立即遵照
撫憲批示及司詳内議定章程事理单開案數嚴督所屬將未結新舊案交代
查照現議章程立定限期陸續辦理敢再仍前怠玩定即分别從嚴嚴辦斷不
稍事姑容毋貽後悔凜之切速等因計粘单一紙蒙此查此次新定章程全在
責成本府勒限清厘嚴督赶辦一經貽悞咎將誰歸茲蒙前因除先已委員催
辦外合再列单揷翼飛催為此札仰該縣迅即查照单開將未結新舊各案交
代遵限赶緊辦結如再逾限違延定將現任玩悞之員先行撤參斷不姑容後

悔莫及凜速切速此札

道光二十年四月二十日南邑奉府札

遞送本章遲延移取下站印結 二十年五月廿八日南邑淮水口移

為報明事案照各馹遞送本章如遇遲延有因例應取具下站地方官印結呈報結轉詳咨遵行在案茲 敝轄黄田馹遞夫蔡德李梅于道光二十年四月二十三日子時三刻接奉

撫憲發遞撫字十九號本章二箱至是日午時末刻遞交清風馹接收計遲三時二刻實因二十二夜風雨狂驟又無黒暗陰雨連綿道路泥濘行至三崗嶺火燒橋五埔溪深水灣等處坑瀑漲發難以涉走環山遶道以致遲延除提該遞夫等訊供具業已具報外合就移取為此移請

貴縣請煩查照希將移來空白印結七本蓋印移送過敝 分縣以便申送

府憲結轉事關詳咨章勿遲緩望切望速須至移者

通飭墊辦考費章程

為特飭遵辦事本年五月十六日蒙

署布政使司常　憲札據霞浦縣周其懋詳覆福安縣歷任欠交霞邑考費銀

番議之章程各歸欠員飭行清理一案據稱歲科兩試

大典攸關應需考費銀元在所必需且福郡科歲並舉為日較久供費尤鉅本

學憲按臨之初各縣全數預交以資辦應乃因各屬交解遲緩短少

學使在郡駐劄考較諸凡事宜勢無中輟之理霞浦為附郭首邑責無旁貸自

須籌動銀款勉力交（支）應而縣庫又無別項閑款可移歷任無非挪動稅契雜稅

等銀暫為墊辦原與隨時催支歸補無如各邑以事經既往任意拖延以致霞

邑墊款難歸交卸時不得不照數移抵後任接收陸續催補即各交代案亦將

本員應辦考費照數列交或有抵款後任亦可分別清出解還並各屬交代之案歷辦如斯循照已久今福安欠完霞浦考費番銀閩侯二邑議以剔除不入交代歸于霞浦自向各原欠之員清理催補夫為福安一邑而計似為簡捷之一法而不並項自嘉慶二十三年時閱二十載官吏八九任銀數至一千五六百元一旦概行刪除則各員升遷事故離閩回籍不一而足非特平闗閻應更未便以不報部之款詳請咨移

奏追勢必歸于無着且福安一處可刪其寧德福鼎壽寧等處通計欠款不下萬金亦得援照刪免則霞浦歷任所抵之原墊稅契稞等款胥歸烏有憑何催還歸補在卑職甫經接任且未辦考現任接收交代不能照案將抵墊各款剔歸前任清理詳追置身事外將來該值

學院按臨詳請預期檄調各縣來郡各自承辦或委員催取考費必俟交卸方為辦應第揆之情理逾盤大局似誠無此政体辦法伏查交代原在責成最後之員及現任清理福安欠完霞浦考費雖歷多任而各員交代因未造冊結報但每任皆有會算之案總摺其中遞相交抵自必各就本任核計指數劃完歸補現任光令係接周錫齡之任而周令乃最後一任似可由光令溯查各前任捐抵補寔數清款還解緣奉前因理合詳請察鑒俯念款係寔墊必須歸補清解撤飭現任福安光令仍將各前令欠完霞浦考費番銀歸入交代分別催交清出解還霞浦歸款俾墊款得補不致懸宕無着而此後辦考亦免遺悞掣肘寔為公便再此款卑邑卷查十八年顧前令詳追係一千五百一十七元零今粘单抵開一千二百二十元零係作不符有無續交應扣容俟查核顧前令交

代之摺辦理等由釗司據此查各縣考費名目本屬違例但係事所必需之款前于
道光十七年七月間吳前司任內議之章程詳明通飭自行清理不准詳司請
追乃各屬藉此宕延已屬不合竟有推諉不交私行潛回之前建寧縣周維新
短交銅錢九百數十千文以致抵款無着在各府首邑代為墊辦者原曰 學
院按臨之時外縣尚未遣丁赴府恐有貽悞起見迨至墊後而違悞之員竟藉
此宕延不交以致邵武一縣在于寺穀項下十餘年來墊應未歸銀一萬五千
餘兩寔屬不成事体此外尚有領解費等項更屬違例前司亦經飭解在案茲
據霞浦縣具詳以福安一處歷任各員欠還霞浦考費至一千五六百元之多
自嘉慶二十三年起時閱二十年之久若一旦概行刪除則各員升遷事故雖
閱勢必歸于無着其寧德福鼎壽寧等處通計墊款不下萬金亦得援照刪

則首邑霞浦歷任流抵稅襍款胥歸烏有等語查核所詳係屬寔在情形自應
另定章程核寔辦理所有吳前司未議章程以前各首邑所墊考費未經歸還
者均應責成該管府州照數嚴追歸款其自議定章程以後墊應考費未還銀
兩應令詳稟本管府州核寔辦理不准詳司請追嗣後並令各縣預期備銀遣
丁赴府公同查辦不准仍歸首邑獨辦倘敢不遵即將所挪款項着落本管知
府及濫挪之首邑各半分賠其餘違例之領解費內有前任流交者乃後任藉
此侵蝕混請刪除本非情理然不准以一字詳司以後凡有違例之項必須流
交者統歸襍款內辦理如交卸之員敢以前二項混行詳稟請歸自行清理刪
除者定即嚴行批飭福寧府轉飭遵辦外合行飛飭仰府立即轉飭所屬遵辦
並將各員應追未定章程以前墊辦考費銀兩赶緊分別嚴追歸款其自議之

章程以後至現在止未完銀自行詳稟本會府州核示辦理毋任玩延干咎凜速等因蒙此合就轉飭為此仰縣官吏立即遵辦並將各員應追未完章程以前墊辦考費銀兩趕緊分別嚴追歸款其自議定章程以後至現在止未完銀兩自行詳稟

本府核示辦理毋得玩延干咎速速此札

道光二十年六月十九日南邑奉府轉行

禁革小交代通飭

為遵批詳明等事准

前府移交本年七月二十一日蒙

署布政使司常　憲札奉

總督部堂鄧　批據福州府戴守禀稱伏查各屬交代竟有一縣未結五六案之多遲延六七任之久實為他省所未有推原其故間有前任交抵款項糾轕不清短交各款會算未定往往心存畏避以不結報冀可諉卸干係僅將本任經手銀穀造冊盤交名曰小交代置前任盤案不問而後来之員復以上手尚有交款未清藉口不能越次結報輾轉延挨為取巧圖宕之計卑府現在督算閩縣交代該縣各前任已有小交代四任此任之抵款即彼任之交款彼任之交款即此任之

抵款互相糾轇稽核為難一縣如此他縣可知陳陳相因伊于胡底且漏交重抵之款後任查出續追不特案牘徒煩輾轉着追更需時日是交案之糾轇遲延多由于此欲杜其弊必清其源伏查州縣交代例限兩个月內前任分限二十日後任四十日以二十日之分限查造各冊為時極其紓展原不容稍有取巧現當清厘交代之際若不將小交代名目先為禁革流弊實無底止應請通行各府州嚴飭各屬嗣後凡遇交卸辦送交代除代理篆缺及由府委員暫時代理例不接收交代暨未屆止限别有更調者准其照舊就本任徵收解給各數移交外其餘無論久暫應以前任之實在作為本任之舊管通盤彙核造冊移交不准仍前僅以本任徵收解給之數造送以杜取巧如果前任仍不遵辦許後任官將送到小交代即行駁回一面通報察查所有遲延處分統歸前任如此嚴立章程庶各員或

知儆戒盤案不致積壓卑府為杜絶流弊起見是否可行理合稟請察核示遵並
懇飭司刊入省例俾得永遠遵守等由奉批仰福建布政司核議通詳飭遵仍候
撫部院批示繳又奉
巡撫部院吳　批查州縣交代無論正署久暫所有盤冊總以前任之實在作為
後任之舊管通盤彙核造冊移交不能置前任于不問僅以本任徵収解給之数
造送若以小交代而論接任之員只將本任交抵欵項交出前任有未清糾轕之
欵竟不會算結報挨延時日經交卸即諉卸于接手之員陳陳相因無怪盤案之
日積日多不能遍結迨上司扎檄頻催現任之員又藉口于前手未清難以越次
造報若不澈底清釐尚復成何事体據稟閩縣一縣現在小交代已有四任首縣
如此他縣可知現當查盤辦盤案之際必須將小交代名目先行革除仰布政司

查照前指先即通行各府州嚴飭各屬永遠革除嗣後凡遇交卸辦送交冊除代
理篆缺及由府委員暫時代理例不接收交代暨未屆正限別有更調者准其就
本任徵收解給之數移交其餘無論久暫不准仍前取巧以小交代為名僅交本
任之款如敢不遵許後任之員一面駁回一面詳請察辦該司並即詳明刊入省
例通飭遵照勿延仍候
督部堂批示繳抄發等因并據戴具稟到司本署司查各屬未結交代業經詳定
章程責成該管知府上緊清釐分別結報在案茲據福州府稟稱各屬藉以前任
款項未經會算卸事後僅將本任徵收解給之數造冊移交名曰小交代以致交
案轇轕難以清釐實為交代積壓之由亟應分別革除以清其源嗣後除代理篆
缺及由府委員暫時代理例不接收交代暨未屆正限別有更調者准其照舊就

本任徵収解給各数造冊移交外其餘無論久暫應以前任之實在作為後任之
舊管通盤彙核造冊移交不准仍前僅造本任徵収解給之數听其取巧如敢不
遵許後任官將送到小交代即行駁回一面通報察查所有遲延處分統歸前任
以杜積習而免糾延除詳明
兩院憲批示刊入省例另行通頒遵照外合先通飭備札行府立即遵照前指轉
飭所屬一体遵照永遠革除毋稍徇延并干叅處凜之速速等因蒙此合就飛飭
札到該縣立遵前指事理永遠革除毋稍違延致干叅處速速此札

此件南邑於道光廿年八月十二日奉府轉行

勒令現任人員會算别鈌交代

為現任人員前歷别鈌交代尚未會算勒限督算交清結報事本年十一月初三

日蒙

布政使司瑞　憲札照得交例代例限僅只兩月前官二十日限内造冊移交後

官四十日限内接収結報遲逾二參即應革職該管知府同干降調例議綦嚴乃

邇来各屬交代本員一經卸事調署别鈌即置前任交款于不問往〻各逞已見

瀆稟上司不算不結大屬不成政体現當清釐之際豈容任意糾纏勒指刁難除

卸事人員未算交代另行勒限札調會算外所有現任人員本應即行撤回赴算

姑寬責成各該府勒限一月内督算清楚據實追辦如有延不遣派丁友往算者

即令現任會同監盤先行核算實短若干即照所算之数勒追不准本員翻異以

為延不往算者飭查該府屬之將樂縣楊景濂及現委光澤縣保泰南平等任內
交代未攄會算定摺亟應由府提吊盤卷一面札飭本員派遣親信丁友赴府限
一月內確算定摺實短若干開摺隨送詳請追辦倘該員遣派延不遣派丁友赴
算該府亦未便因此稽延即勒令現任會同監盤秉公核算定摺以後不准翻異
如至逾限未結定即先行
奏參摘頂決不稍事姑容該府狥延并干重咎凜之速速等因蒙此合就飛飭札到
該縣立遵
憲檄事理迅將前縣保周二令任內交代速即移催遣派親信丁友赴縣會同監
盤三面核算交收清楚定摺結報倘延不遣丁友赴算攄實稟覆以憑飭吊督算
毋稍狥延火速速此札

道光二十年十一月十二日南邑奉到府札

勸農告示

為勸農事照得田地以荒蕪為戒農民以勸勉為先五風十雨雖賴天時耕九餘三全恃人力惟用力有勤惰之不齊斯收成有豐歉之各別茲屆孟夏稼事方殷本縣首重農田責司勸課除飭備花紅酒醴届期恭隨

道府憲親詣四郊分别奬勸外合行出示曉諭為此示仰各鄉農民人等知悉尔等務各盡心南畝勤力西疇除根莠以暢禾苗疏溝洫以資灌溉鋤雲犁雨毋令田土抛荒戴笠荷蓑勿致農功作輟庶幾野無曠土境乏惰農將見户慶豐年民歌樂歲

本縣實有厚望焉勉之特示

勒令卸事人員會算交代

爲卸事人員前歴别缺交代尚未會算勒限督算結報事本年十一月二十五日

蒙

布政使司瑞　憲札照得州縣交代例限僅只兩月遲逾二叅即應革職該管知府同干降調例議森嚴乃各屬交代本員一經卸事並不聽候本府督同監盤三面會算取具後任官清楚印結帶省投繳竟行擅自晋省甚有交欵糾纏任意不行會算倉穀不行會盤大属不成政体現當清釐之際豈容任意勒措刁難除現任人員業已札調會算外所有卸事各員本應立予詳叅姑寬責成各該府限一月内委員押令本員赴算清楚倘或不行親自到郡會算即行鎖提該家丁究辦一面就其欵項核算實短若干揭請叅辦不准翻異以爲延不會算者戒查該府

屬之前南平縣周善感南平任內前永安縣龔文灝永安任內交代尚未會算定摺合就飭行札府立即由府委員押令赴郡提吊盤卷核算限一月內定摺實短若干開摺隨送詳請追辦倘或不行親自到郡即鎖提該家丁究辦一面就其款項核算實短若干揭請叅辦不准翻異該府切勿徇延並干重咎速〻等因蒙此

查此案屢經本府札催算交造報迄今盤限早逾仍不會算竟視交代為無關緊要言之殊堪痛恨茲蒙前因合再嚴札諄催札到該縣立即專丁勒催周前令星速兼程來郡立等提吊盤卷督核會算限一月內定摺實短若干開摺隨送詳請追辦倘或不行親自來郡即鎖提該家丁解究一面就其款項核算實短若干揭請叅辦不准翻異該縣如再徇延並干重咎火速〻〻此札

道光二十年十二月初七日南平奉到府札

右語癸未年潘陽仲子
鄉居公碑以菊壺老

閩案雜録 二

目録

增廉应扣平不扣成

台運脚費

叅追粮米

应造歷任軍需支收欵冊

不敷養廉应扣平不减成

緝捕經費 抄部

是款於同治七年六月二十八日奉院奏准自同治七年正月起確按情形酌量增減

其原無捕費之缺，察其情形苦累實無力量可以自籌捕費者，一併列入，仍照

奏准動支款銀錢分別勻給，共原領三萬五千六百兩，一併籌動茶稅，由稅釐

局解司籌給，由司議定章程，必須造具實銷冊結送司核銷，方准詳支。若有

被劫失事之案，應行截停給領。嗣又酌議以各處地方遇有失事之案，緝捕更

關緊要，緝賞購線需費必多，各員無力賠墊，格外體卹，免其停扣，仍分別

記過撤任，以示懲儆。至此項捕費為請抵解錢糧，毋庸扣繳補貼水火耗。司

定章程只准抵完本員解款，不准作抵別員解款。閏年作十三個月勻領

不扣不建卸了人員不准列抵交代

計開

閩縣侯官各一千七百兩

惠安二千兩

古田一千兩

漳浦三千兩

南安二千兩

長泰一千二百兩

南平二千二百兩

建安甌寧各一千五百兩

泉州府郡兵口粮六百兩

以上係照舊額議給

同安二千五百兩

馬巷莆田各一千五百兩

平和一千兩

福清八百兩

以上係照舊額議減

龍溪二千兩

晉江順昌崇安歸化寧德壽寧大田寧洋各一千兩

以上係照舊額議增

各屬赴任時川資無措准借銀二三百兩不等歷辦有案閩縣加給捕費銀二千三百兩侯官加給捕費銀三千三百兩均自光緒三年十月起支

案查閩省各廳縣緝案捕費由司議定章程責令各屬募勇巡緝按月備造勇名並支銷數目造冊送核方准領抵該縣自光緒五年十一月十五日到任起應造前項捕費銷冊迄未造送以致司中無可彙造報銷況此項銷冊係屬達部要件將來設查

部催見可登復飭印伍催勇分段巡緝趕緊備造勇名支銷並按月截曠

口粮分冊加具無捏印結按月各八份立即造齎本司夫並彚核詳辦等因六年九月二十四日奉藩札

續增捕費

是款由司局令詳于同治十三年六月二十日奉　督院批准六月十二日奉

前署撫院李　批准自同治十三年正月起給領未奉奏咨有案暫動稅厘

什款由局解司轉給

計開

南靖泰甯甯化武平德化各一千兩

鼓鑄生息

是款係嘉慶八年間寶福局炉頭朱滄川以料物昂貴工費不敷呈請加增隨經由司詳准在于緝匪官捐項下提出本銀一萬兩分給閩侯兩縣發交當商承領按月一分起息年獲息銀一千二百兩遇閏加增銀一百兩由縣征收按季解司以八百兩撥給炉頭等承領办公餘銀留充閩縣計閩侯兩縣各當商各原領銀五千兩年應息銀六百兩遇閏加增銀五十兩又自咸豐十年春季起由府議定前項息銀加納二厘年應息銀七百二十兩遇閏加增銀六十兩

寶福局鑄存制錢生息款

是款係同治四年夏間有垣買米平糶案内提司各當商本銀二萬

兩因錐時適值青黄不接民間典質紛紛誠恐各当鋪不敷周轉經張前

司公同会议將寶福局鑄存制錢二萬七千串發交閩侯兩縣勻給各当商

承領每月一分起息年應息錢三千二百四十千遇閏照加息錢二百七十千文由

縣征收撥季批解司庫

各官津貼薪公經費

是款於同治五年間裁革陋規辦公之資議給津貼在于稅厘雜款項下動

支新议平番銀解送支給其有經征錢粮之廳縣縣丞應領銀兩應留抵

解款遇閏作十三個月勻領其塩道衙门月領銀兩由道自行在於塩耗項

下提用

計開

撫台年額三千兩署任加銀四千兩

藩台年額四千兩署任加銀三千兩

臬台年額四千兩署任加銀二千二百兩

粮道年額五千兩署任加銀七百五十兩

塩道年額三千兩署任加銀一千五百兩由塩厘項下自行動支

台灣道年額一万三千兩在于台餉盈餘內支用

福州府年額七千兩署任加銀一千一百兩

各外道年額四千兩署任加銀七百五十兩

各外府年額銀泉州府三千兩署任加一千兩邵汀三千四百六十七兩二錢署任加七百六十兩興延甯建三千三百零八兩署任加八百四十兩

福防所年額二千七百五十兩署任加銀二百五十兩

理事所年額銀一千六百兩署任加六百兩

平潭所年額二百兩無分正署有經征

上洋蚶江石碼年額各八百兩署任加銀二百兩

永春州同年額六百兩署任加給二百兩

東安縣年額無論正署八百兩新增同治八年十月起支

布都事布照磨各無論正署年額銀四百六十兩

布經歷無分正署年額三百六十兩

上杭縣年額芬分正署千五百兩　新增同治八年十月起支

撥經所芬分正署年額銀五百兩

撥出所司獄芬分正署年額銀四百卌兩

福州府經所芬分正署年額銀六百兩

外府各經所各二百六十兩

水口華嶺二縣丞各二百卌兩有經征

南日佛曇兩縣丞各二百六十兩有經征

平海縣丞三百六十兩

周墩縣丞三百六十兩有經征

泉上里縣丞三百六十兩　新增同治七年正月起支有經征

各縣丞各三百六十兩

福州府司獄四百兩

外府司獄二百四十兩

各府照磨州吏目各二百四十兩

南台主簿三百四十兩　另加通商按月酌給薪水銀十二兩

永慶竹崎五獅寨三巡檢各二百兩

際門巡檢二百二十兩

餘各巡檢各二百四十兩　五虎閩安東岱三巡檢不給

閩縣侯官兩典史各二百六十兩光緒六年七月起各加給一百兩

福清屏南兩典史各二百兩

羅源連江古田閩清永福五典史各二百二十兩

長樂典史一百六十兩

餘各典史二百四十兩

新設據庫平安兩訓有經征錢糧之廳州縣丞等官請領津貼抵完解款應將額領新設平銀數先

湘平據庫平安兩訓以一零二七歸除法扣實庫平銀數然後每百兩扣出銀七兩作為補貼水火耗用一歸零七除係用上註數目為底

尚剩銀九十一兩零九毛一絲九忽一微是實抵銀數其餘作為一半補水銀九錢一分零

九忽二微紋銀貼水銀四兩五錢即以補水之數加五成五分零四絲五忽九微火耗銀九錢一分零九忽二微

佐雜人員赴任川資無措准借津貼二三月歷办有案

省會司道以上各官應領銀兩由税釐總局支送府廳首領各官自行赴局請領佐

雜各官由福州府彙總赴總局請領其餘省外各府屬佐什等官亦由府彙總

查明任卸日期移由府局送府轉給至有經徵之廳縣縣丞各官應領銀兩係

應留抵解司款項應行備領送司核明税移由税釐總局照數解司抵完

津貼實任共應銀一十一萬二千五百一十六兩四錢內除鹽道銀三千兩由道自行支銷

外實應銀一十萬九千五百一十六兩四錢署任另加銀二萬三千一百三十兩內除鹽道一

千五百兩自行支銷外實應銀二萬一千六百三千兩惟加給署任銀兩年無定數

減平案內暫停支銷各款

道光二十七年十二月十二日布司奉撫院徐案行道光二十七年十一月十九日准戶部咨開

中減平案內暫停支銷各款

醮樓更夫徐陽生工食灯油銀八十八兩四錢房解

公文夫工食銀三十三兩二錢房解

吹鼓手工食銀一百八十七兩四錢房解

看守貢院驛站公館祠坛各處门子工食銀四百一十一兩一錢二分五厘房解

耤田佃戶工食銀一十二兩動存公

看守較場门役工食銀一十兩原動存公由司支給

省會營更號炮火藥硝磺價銀二十四兩仝上

繕寫黃冊飯食銀一十二兩仝上

承造奏銷工伙銀六十五兩五錢仝上

籌造春秋二撥工伙銀二十四兩仝上

籌造文職罰俸奏銷冊籍工伙銀二十兩仝上

以上共銀八百五十七兩六錢二分五厘自道光二十四年春季爲始停支嗣經司續查閩道光二十九年清查冊造係一律籌給詳除加造春秋二撥文職罰俸奏銷冊籍兩項工伙外其餘共銀八百一十三兩六錢二分五厘爲數無幾堪以由外籌給查鼓鑄生息款內堪以提支銀四百兩又備公火藥工料款內堪以提支銀四百一十三兩六錢二分五厘勻作四查清查冊造係四百五十七兩六錢二分五厘

季動支詳明提存外庫遇有裁停項下請支各款隨時扣明支給詳准飭遵

在案查以上暫停支銷銀八百五十七兩六錢二分五厘內原在存公款內支給銀

一百六十七兩五錢各屬地丁存留款內支給六百九十兩一錢二分五厘

此款因司庫鼓鑄生息備公大節兩款均無存銀無可籌補于光緒二年冬間

由司詳明院憲將以前卸中墊給之款暫准列抵交代俟將來彙案設籌辦

理以後通飭各屬此款停支不准自墊奉批通飭遵辦等因于光緒三年三月底

通飭各屬自三年起一律停支在案

欠完鹽課具限完繳

閩省官帮鹽務欠完課項人員業於道光二十四年經前鹽道武詳奉督憲劉議請閩有扣留追欠人員酌量變通奏定章程如遇升擢迴避丁憂因公降革例可開復四項人員欠完課什等項銀兩無力完繳者准其具限領咨俟補官之日起按月限繳歷辦有案

司印票准抵叅款

司印准銀票前于同治二年七月間經張前司詳准自咸豐八年以後截至十一年奏銷以前叅追各員應完地丁准予搭解三成

停支霜降旗纛銀兩

霜降旗纛銀兩歸各營自行赴司請領動支新續增公費項下外中不給不得

開銷同治六年通行

此款似因營中議給新續增公費應于新續增公費內動支是以外中不得

支給並非減平案內停止之款未知是否姑存之以俟再考

軍需章程

各屬銷存軍需自同治三年六月以前作為舊案六月以後作為新案以舊案請抵解款應以本卸本任軍需准抵本員在任欠款倘本員本任並無短欠或遇有餘始行准抵别任欠款若現年奏銷各款以及暫為别員短款均不准行至新案軍需堪以移抵别員别任之款前馬巷廳鍾鴻逵請領前澤州府朱以鑑銷存新案軍需抵解馬巷海澄等任奉款有案光緒二年

同治三年六月以前軍需扣銷案内留抵各屬扣挪正襍各款銀二十六萬八千七百餘兩並非備減業經列入清单扣部作收本部復准在案應行由案收入三年六月前籌防粤匪款動用善後局等

請領新案軍需抵完解款每百兩應核扣補水銀四兩各員銷存新案軍需銀
兩業于同治十一年五月間由局議詳正准捐抵同治九年以前之款其十年以後之款
無論是否有關奏銷一概不准請抵以示限制奉院憲批准移行遵辦在案

就廉扣收花幣牌坊

各屬應解進士牌坊花幣及文武舉花幣盤纏除勦免以前應歸豁免案內辦理外其餘現節年未完各款銀兩由司在于該領養廉時除扣減成減平外實領銀兩實缺人員扣收五成署員扣收四成先從節年扣收俟舊欠扣清再行收入現年款內歸經詳明夏季養廉留抵業經銷免其核扣者已解過毋論所解係現年節年但核其所解之數與應扣之數相符則本員廉內即免其再扣若解數不及應扣之數仍應找扣足數

卸事人員領半廉銀兩免扣四成花幣等款平和知縣王家駒有案查卸事人員積收現年花幣等款銀兩在於征存現年地丁銀內支出批解廉內遂得免

扣此係取巧办法今此條所稱部屬人員免扣之處大約即指正解現年銀兩而言

非存之以備查考至征存銀兩支解現年銀兩廉內得以免扣辦理固屬便宜

然年額較多之處亦只須將本任存司廉內應扣之數支出批解可矣蓋多支

解一兩後任辦理奏銷時即須多墊一兩于己無益于人有損曾何樂而爲此哉

部屬人員應支半廉留抵交代經費亦核除平減亦不扣花幣等款長案報未

典煌有案

查進士花幣及文武舉花幣盤纏三款雖與進士牌坊同一地丁存留款內之

項然花幣盤纏等三款奏銷案內司中冊中均作統完造報而獨牌坊一款

司中係實收實報是以稍有區別第究係存留款內之項故難免案內雖

曾造冊請銷而部覆仍飭句賠然蠲免案内係奉准銷有案司中扣收及各屬中挑辦似宜先從花幣盤纏為要

學租

各屬額征學租銀兩係撥給庠貢社師之用每年均報通完扣平解司報撥

額外廩貢有定款定數報部不扣平

是款係各屬多寡不同有名有日給銀一分遇閏加增亦遵扣除由司核明歷過月日方准支給在于存公款内動支報銷

硝磺

一委員赴山東採買硝斤事部核准每百斤准銷脚價銀三兩七錢二分三厘零六絲二忽

其應領脚價除由司扣存一千零四兩撥給浦城僕役勇運硝至江山浦城時在於知

庫解司款內提出銀一千零四兩解交該委員承領作為運硝脚價之用由知備具

批領支抵知庫應解之款餘銀准予由司先行給領又每硝一百斤帶買五斤以備

耗折

各屬花炮鋪戶領買官硝五十斤配磺九斤八兩查洋硝每百斤六兩五錢八分洋

磺每百斤四兩八錢司案

福建委員赴山東買硝例限三個月到山東十個月買足五個月回閩

督撫給咨八角　浙江巡撫　織造部東北新關　兩江總督　江蘇巡撫

滸墅關　淮安關　宿遷關　山東巡撫

列憲養廉

省會督撫司道各養廉于存公款內按月支送搭送現銀六成番銀二成番銀加補水番分

將軍都統學台同上其餘外道及府以下各官赴司領廉給全番銀仍加二補水

收成分數

八分以上爲豐六分以上爲平五分以下爲歉查對則列毋異

查情常造报揔至六分以上为谱

功過章程

開有記功一次准抵一過記功三次或大功一次准抵一大過

到任修署銀兩

開有知府以上各官遇有更換到任修整衙署置買器具由司議詳在于七閩

稅餘及茶葉起運稅銀驗箱經費項下隨時支發

計開

督撫各一千五百兩
學院藩臬司各一千兩
糧鹽二道福州府各六百兩
興泉永延建邵汀漳龍三道各四百兩
興泉漳延建邵汀甯八府各三百兩續令各外府署任半支

附各衙門歲修並添補器具等項年額

督撫各八百兩
學院四百兩
藩臬各六百兩

粮道福州府會署稿
以上歲修由税厘總局撥季發送無論（庸）首縣辦差

同治十年十月局詳嗣後無論省內省外道府凡係俸滿奉文調取引見人員其在本任已歷過五年者准其于回任時全給修費否在任歷過三年保薦卓異奉文調取引見回任（並本）舊四都若殘回任人員均准其減半支給 次撥其在任月日並未歷過三年仍由前年毋庸重支以歸劃一

請領當帖

請領當帖應由知加具印結詳司由司移詳兩院給帖開張每年輸稅銀五兩當銀三兩錢三千以上者每月行息二分當銀三兩錢三千以下者每月行息二分四釐限期統以三十个月為滿例省合夥開張印房明充由司駁飭知中每以該典領帖時錯寫中復仍請給帖

當銀應解紋銀不准搭解番銀

光緒元年接知請領當帖文內聲明限期連閏三十个月為滿由司駁飭以連閏字樣無例不符

停歇典舖

各屬停歇典舖例應將當物贖出清楚税銀完楚出具供甘各結三份同原領當帖由縣加結詳司以憑核轉司中詳明撫院院上將印甘結存查當帖繳司核銷截除税銀

倒閉典舖追繳當帖造冊詳請截除税額並或人亡產絶以及當帖遺失賠累無從追繳亡帖查明取具地隣甘結加結詳送截除光緒二年七月由司通飭辦理

考試經費

是款由承辦之員墊用向係撥日扣捐各遇交卸列抵交代嗣奉憲行不准列入交代

應由本管道府提還歸款旋因提解不前承辦各首紛紛請劃欠解各員養廉

捐費津貼等款抵完丁耗均以考費非正項丁耗可比未便劃扣駁斥

查各屬墊辦考費不准請劃款項係于同治十一年正月間通飭將各屬應

捐每屆歲試考費由府核明起正月日撥半分立限期隨時提解收儲

不准歸入交代核算時屆考期分別籌發領辦庶捐解者不致積重

為難辦考者不致墊款並着印各屬交代征存稅穫銀兩亦日提解

結報不致從中糾纏司房動

現在考費可以請

劃津貼抵完解款

經辦有成案

光緒九年六月記

以備查

修理考棚另有各房額數並別本內

各房每屆准銷銀兩由司給發應扣減平六兩

各府州房每屆三年歲科兩試修辦考棚等項共應額派銀三千六百兩查照各房

額派銀數詳明並于司庫存公銀內支收考棚經費項下支給領辦前未請領由

州縣先行墊辦其所墊銀兩准其收抵完應解款項以免懸宕將來如有應追

核減銀兩照例並于承辦之員名下着追

粮米奏銷造冊遲延

粮米奏銷冊案經詳定章程通年限令三月内造送到道倘遲至四月内造送者詳記大過一次五月内送到者詳記大過二次倘遲至六月望前道中截數之期尚未送到者除詳記大過三次外應即提書赴省會办補造其案

粮米奏銷續冊例限三月送道乃汀軍所周星貽延至五月初八日卸了尚不造出造出送迨及交卸又將案卷帶省並不移交後任查办而接任之洪丞亮采當抵任時既不令交清案卷又不吊核底案着仍迅速办造輒以未准移交藉詞飾復希圖推諉了事均屬泄玩應將該前所周星貽現署汀軍所洪亮采各記大過三次以示懲儆等由詳院批准移司註冊

各房米耗

各房征收糧米應隨征米耗一斗二升每石折銀二兩以一斗二升核計每石應折耗米銀一錢四分係解司庫

增廉應扣平不扣成

府經縣丞巡典各給銀二十兩署任減半由縣墊給赴司請領歸款近來多係領抵解款

司中每遇卸事人員請領在任時墊給增廉等項或請抵解款先飭現任查明有案列入交代案內作抵等後核辦以杜冒混

台運脚費

台運內地倉谷每年應需脚費銀一千七百三十三兩八錢六分五厘內地盤收進倉每年應需脚費銀一千四百二十兩九錢二分係地丁內支銷台屬應運內地各倉空谷因商船稀少配運維艱業請自道光二十一年起收改解一半折色除節省一半運脚外核計同治十一年祇有撥運一半本色台屬應需大船脚費銀一千六百五十四兩一錢三分七厘又內地各廳縣盤收進倉應需脚費銀一百二十九兩零二分二厘五毛共銀一千七百九十三兩一錢五分九厘五毛（業冊內抄）

光緒二年間準　撫院丁以此款歷年業銷案內雖仍由額造報然近日台運兵米均經折解府庫就應發台餉扣收此項堪以停給行司議復在案

奏追糧米
奏追糧米為已將徵存之款解清餘外查係實欠在民准將奏追之案詳請註銷
歷办有案
前上杭知縣朱錫應解同治二年分糧米折價銀一千八百六十一兩零除已解銀六百三十兩
外尚欠銀一千二百三十二兩零前撫院徐宗幹奏摘頂光緒二年間經督糧道葉
會同布政司葆以朱錫被奏後將續徵並籌措銀兩為數完解尚短銀兩緣由
現任上杭知縣袁文光查複委係實欠在民計已有墊並存同治六年以前民欠早奉
恩旨豁免未便責令官代民賠自應彙入豁免案內办理所有原奏摘頂要分請給還開
復光緒三年李

旨着照所請該部知道欽此

應造歷任軍需支收款冊

各屬銷存舊案軍需率准抵完交代短款由局先行擬頒冊式飭屬造冊呈送查核支收並詳議章程以同治十一年五月為止責成專任各員辦造如遇交卸亦即勒令一手經理設或承辦各員丁憂事故卸任准令接手俟任查造備冊內外銷支收錯悞則承辦之員辦理不慎咎有應得即將錯收之款着落賠補各屬事故人員交代案內短款家屬未知下落另可催追致成虛懸者准專辦理粮台暨本管道府銷存軍需項內下劃支抵完有案

不敷養廉，廉應扣平不減平成

此款本係耗羨項下開銷因各分撥額徵耗羨不敷本任廉銀除徵收耗羨

徐撥坐支外其不敷銀兩逕請由司給發司中存公款內扣銷

督糧道憲批

會詳未征民欠公糧穀請歸原報各員名下追賠由

会銜詳請張故令欠交任内捐穀銀兩分年勻攤解還買穀上倉由

會詳英令借領　憲庫撥買穀價並解科試請追各邑解還買穀上倉由

会詳並解地丁歸于後任征補由

會詳修鼓樓監獄銀兩奉　藩憲批亦倣照舊案流交由

會詳鄭令代攤銀兩請飭照數補交由

會詳沈捐紙張等欵銀兩請歸現任代攤歸補由

會詳墊辦軍需暫抵正欵由

会詳曠空日内應捐銀兩請豁免由

会詳倉穀盤竣請追列抵各任盤折穀石由

會詳交案列抵短交捐襍銀兩請飭補交由

会詳查議鄧故令捐攤各欵請将軍需暫抵由

結報英任接收胡任交代聞系遲延職名由

結報王任接收英任交代由

司看結報王英兩任交代

長汀縣結報沈接隆交代開參遲延職名並詳追短交各欵由

汀軍廳結报李接克交代開參違延職名由

汀軍廳結报李接李交代開參違延職名由

汀軍廳結報李接姜交代開參違延職名由

汀軍廳 克接李結报交代由

会議詳請咨追前署廳周具懸短交銀數由

奉　藩憲通飭照例盤收倉穀不准藉詞延宕由

為通飭遵辦事本年七月初五日蒙

藩憲札開據永春州王光鍔禀稱查州縣交代定例舊任限二十日造冊新任限四十日結報倉穀在二萬五千石以上展限十五日五萬石以上展限三十日如逾二參即行革職是倉庫兩項盤收均有定限不准逾違乃閩省近年以來凡遇交代庫不接收倉不開盤以為得計者查庫項之不敢接受猶可藉口于前任短欵未清至穀石則実存于倉如有短絀亦須俟盤清後方有実数乃亦置之不問推原其

故蓋因近日人心巧避與具盤收後所受後任之刁難不若不接而以原倉交卸反可脫身無累從此任後一任年復一年此十數年來年終察盤之不能造报者職是之故即如卑州各項倉穀查係前署州楊承澤盤收迄今官吏三任事閱四年接署之蔡博盛三任早經離永各項穀石仍是楊令僱人看守急公者羈累取巧者脫身近日情形比比皆是又不止永春一處為然也卑職以為居一日官即應盡一日之事萬不敢蹈此因循惡習有負各憲栽培之至意現已知会楊令將存倉各項穀石逐一盤收由卑職造冊結報如有短絀移令

補交惟念事必求真案宜劃一卑職接收後設遇卸事接署之員預存五日京兆之見一味延擱不盤經年累月仍須卑職僱人看守是卑職為急公而反受羈累未免向隅此雖日後之事然亦不得不預為計及者理合瀝陳察核俯賜批示立案庶日後接任人員不敢藉詞延宕並請通飭內地各州縣遵照例限一律盤收以昭劃一等因到司據此查州縣交代倉穀于到任三日後即當開盤具存數雖多總須依限盤竣若因收藏不慎間有霉變蟲蛀者亦當于限內稟明本管府州督令監盤會同前後任三面盤驗定在折耗若干着落買

賠歸補乃閩省各屬每多任意抗延不盤或以雨水過多飾詞延擱
或以抽展不敷瀆稟請示以致交代遲至限外莫能結報如此惡習
殊堪痛恨案于道光十七年八月間經
吳前司詳定章程限令到任三日後即行開盤不准雨水過多恐致
受潮藉詞延宕如有違愆分別限期記過撤參通飭遵照厥後二十
年三月間常署司任內因寧化縣侯盛列一接收王元基交代將届
正展限期愆交倉穀延不盤竣即經詳請。○奏明一併摘頂以為
交代倉穀延不接收者戒亦復通飭遵照如敢遲延即照寧化縣之

案詳請。。奏明摘項參辦各在案是交代倉穀于到任三月後必當開盤不准籍詞延宕業已三令五甲乃永春州交代倉穀官吏三任事閱四年竟無盤收聞之不勝憤懣本應分別詳請參辦弟查蔡傅盈三員或以告病去閩或經緣案被議姑免深究令王牧游任既知遵例盤收不蹈惡習應即依限盤收復求接任之員自尚相循盤收如有取巧延宕致滋羈累許其指稟參辦然他處有無似此延不盤收者不可不認真查究以重盤案而杜取巧除通飭查照外合亟飛飭札府即便遵照查明所屬處交代應交倉穀如有逾限延不

開盤者先即稟復併照寧化縣之一等〻言請○○奏明摘頂叅辦一面
申明舊定章程通飭合屬于到任三日後即行開盤以副限內盤竣
結報毋任勒措刁難亦不准以雨水過多藉詞延宕如敢玩違務即
據實詳請叅辦凜之速〻等因蒙此

詳請照案續攤稅契所短襍捐款并懇咨追由

為照案詳請續攤并懇咨追以便結報而請盤案事竊照卑職接收郭令本任並轉交周前令等任交代當經卑職逐款核收分別詳追嗣據喬故令子喬文璣稟稱無力完繳額請咨追等情又經卑職據請具詳○憲臺轉詳請追于蒙批飭經詳○藩憲等因復經卑職具詳請冊並懇咨追在案至今尚未奉到○憲批前蒙○憲札委員守催各任交代即行造冊結報等因卑職遵查周郭二令及卑職接收郭令交代計短襍捐銀兩為數無多現經分別專丁守催一經解補即可尅日結報

惟喬故令短交正襍累累除正襍款銀兩業蒙憲恩俯准自攤歸
補外其餘襍捐等款銀兩雖卑職分別據情造冊詳請核刪咨追但
查該令所短襍款項下內有征存道光十年分稅契銀七百二十五
兩零又應歸補不敷抵解嘉慶十三年稅契銀四兩查前項銀兩均
關達部亟待批解之款即使奉准咨追而此款未解亦難結報伏思
喬故令一任為首任交代該故令之案不結則以後鄭同二令暨卑職
任接收鄭令之盤案每即不能越次辦理是因一任而擱延三任殊多
窒礙且查歸邑庫款除丁耗之外一無另款可籌毫難策補當此功

令森嚴勒限結報再三籌劃惶悚難安轉展思維合無仰懇○憲恩
俯准援照攤補喬故令正欵前案賜飭該故令短交前項稅契銀七
百○○兩仍歸汀屬八縣在于本年秋冬季分養廉銀內自攤歸補
仍俟奉批之日由卑縣補填連批申送備案此欵既經有着則盤案不
致再延指頤填以結報惟汀屬各縣奉派捐攤之款為數甚多所有
養廉內攤補前項銀兩倘竟歸于一任認捐未免力有未逮如蒙允准
尚乞檄飭准將攤扣各該縣銀數分作三年無分正署自捐歸補倘
值交卸准列交案流抵如此轉移办理則不獨各縣不致向隅而且

象孳易舉寔于盤案有裨至此外喬故令尚短不報部雜捐銀兩惟
求。憲恩垂憫故員家屬艱窘異常力難完繳俯照前詳咨藉着追
以請交案而歸該寔除再遣具該故令寔短清摺登明前詳請删現
請續攤銀兩確數備文具詳。憲台察核俯賜批示飭遵以便迅速
結報實為恩便除詳。藩憲外為此備由具文伏乞。照詳施行

會詳墊解民欠請照案流抵由

為會議詳請批示立案事竊照卑職○○接收卑職○○交代查庫款項下內有前令李新會墊解道光十四年分地丁銀八百○○耗羨民○○列摺移抵卑職○○以墊解民欠例不准抵駁令刪抵去後卑職以本任墊解丁耗省折米耗因○奏銷時徵完不敷分數不得不行墊解餘係前任流抵之款歷任交代均准作抵仍令照案列抵前來卑職等奉委盤查墊解民欠列抵交代固屬格于定例第○奏銷期迫花戶所完不及分數不得不設法墊解以顧考成究屬因公起見且有民欠可追

並非無着之歎況杭邑歷任交代均經盤議抵有案未便刪除不抵致啓小民抗欠之風轉與催科有礙茲公同酌議遠年民欠催征較難若照案議加折扣令議明道光十七年以前民欠概乃八折十八年民欠概行九折十九年民欠不折不扣照數列抵由現任征收歸補如征不足數即遇交卸照案一律流抵不得異議倘民欠奉旨豁免或花戶逃亡故絶無可征追仍詳歸原控各員名下按數追賠與代追之後任無涉是否有當理合會議具文詳請○憲台察核批示立案實為公便云云

会詳張令借動公粮墊給各年冬度歲米穀応归原借各員名下追賠

為公同会議詳請批示立案事。竊照界職接收。。。。交代内有前署縣張維甲借動公粮墊給道光十一年冬歲米穀。。。又前縣李新甫借動公粮墊給道光十二年冬度歲米穀。。又前縣孫化南墊給道光十二年冬度歲穀。。。又前令李新甫墊給道光十三年冬度歲米穀。。又署令保。墊給十五年冬度歲米穀。。又前縣張廷禮墊給十六年冬度歲米穀。。。又。。墊給道光十八、十九、二十等年冬度歲米穀。。。又墊給道光二十二十一等年分兵米穀。。。列指作抵界職。。以存倉穀石久奉札飭不准挪動移款刪抵界職。。以杭邑兵粮歷任均有挪動列抵仍照數移抵前來界職。。奉委盤查倉儲固不宜擅動

而兵糧亦不能稍待民欠留米征收不及勢不能不借動碾給究有民欠可征並非無着況

歷任交代均經列抵有案自應照章辦理茲公同會議擬給道光二十二十兩年兵米及十九年冬

度歲米不折不扣照數全抵道光十六年以前擬給度歲兵米概以九折作抵由現任代征歸補將來

劉令交卸如果征不足數一律照抵不得再加折扣倘民欠糧米奉　旨豁免或糧戶逃亡無

着仍詳歸原借各員名下追賠與代追之後任無涉是否有當理合會議具文詳請

憲台察核俯賜批示立案實為公便云云

粮道憲批

粮道呈帋　批據監盤長汀縣英令會同該縣新舊任會詳各前令借動公粮穀石撥給各年兵米由現任代征歸補緣由蒙批查公粮穀石有關存倉儲備顆粒難容擅動致有各年底借支度歲早經由道飭扣清楚咨　部銷案在案何以該縣歷任各員月米内業遵照扣收竟行归于民欠又不赶征歸補交代則率清折扣列抵又不將如何勒限征補限滿無完作因著追之處分晰妥議而前縣張廷禮交代案内曾經具詳業經

瑞陞道批府查議去後稽今杳無議覆何得又復援案請抵殊屬非是仰汀州府查

照前批剋日督令監盤將未補前項穀石現在如何勒限征追歸補限滿無完作
何着追之處迅速妥議詳覆核奪毋得仍前延宕致干未便凛之速速此檄

会議暫抵軍需銀穀詳請批示由

爲會（議暫抵軍需銀穀詳請批示立案）（詳者給正腰站夫食議抵銀穀）事竊卑職○○接收卑職○○交代一案奉委卑職○○○○監盤業經

三面會算分列交抵清楚正款項下除批外尚應交（銀○○裸款項下除抵外尚有長餘捐款項下）（道光二十一年税契銀○商税盈溢銀）

除尚應交銀○○唯卑職有列抵墊（办軍需銀○○給過口粮米合穀○○）（給添設正腰站夫食旗鼓燈燭等項○○口粮合穀○）業經造具細

抵外

冊詳請局憲察核實銷嗣奉駁飭復經改造申送在案當時縣中因別無閒款可籌

一切係暫借征存商税（盈溢及）税契等項墊應交卸後自應照案流抵分別收款扣交（原期報銷之後領回歸款批辭現已卸事移請動撥前）

來卑職○○查上年奉調汀赴泉廈防剿及奉文撤回官兵軍裝舊任添設正腰站墊應立差夫（文添設正腰站墊應）

食口粮各項銀米未奉准銷礙難收抵移駁補交去後卑職○○奉委監盤查此款李令以

奉來奉准銷不准列抵交代固屬慎重款項起見第兵差係猝然而至汀屬各縣司庫並無
奉文添設正腰站接遞軍興文報代理
撥給艮兩劉令因當時縣中無款可籌
縣時令因時無款可籌　借動商稅盈溢並稅契捐存以公辦公係屬實在
情形將來彙案准銷可以照數領抵飛倒不准銷可比況交代案內查前署令時開積
任內捐辦軍需忽經會議暫抵艮○穀○已奉　局憲批准暫抵商稅二契有案此次
卑職○○籌款捐辦兵差給腰站銀米事同一律且過境兵數較多支給正腰站為日甚長　若刪除不
抵非特丁難御事佐雜代理人員力有未逮且與歷辦成案不符惟是原報捐用艮米日後不無核減
准銷者已一〻等雖懸擬亦未便照數列抵茲卑職○○等從公酌議在先提出銀三千二百兩列將捐給腰站暫抵艮二千兩
列抵庫項正款倉穀項下提出穀四百石列搯作抵
口糧米石暫抵倉穀項下穀二十石除劃抵外交倉穀一石四尚餘穀二十石每石按照向報價值

折艮一兩撥抵正款　尚剩艮穀俟奉准銷行知，如酌抵之外倘有盈餘，仍應照数補
抵庫項〻設有不敷，應歸界職○○補文，與界職○○無涉，以昭公允。是否有當，理合會
議具文詳請
憲台察核批示祗遵。再將未准銷艮穀数目，如撥補抵款之外尚
有餘剩，應歸界職○○自行請領，合併聲明。為此備由具申云云。
道光二十一年上杭縣案

會議請將墊办軍需銀米劃抵正欵良兩由

監盤署上杭縣
現任長汀縣 為会議請將墊辦軍需劃收正欵良兩事窃卑職接收王光鍔交代一案
奉委前署縣劉功澍監盤業經三面会算定摺惟王光鍔任内墊辦軍需銀米移抵
庫欵節經卑職○○詳奉 前憲台批飭不准列抵交代等因當經遵批備文移知
王光鍔按數補交去後茲准永春州王光鍔移開窃照敝州前署長汀任内正欵項下尚短
交良一千四百八十六兩九錢九分五毛八絲查有任内墊給奉調汀鎮三營官兵
跟役隨帶軍裝人夫工食口粮及僱募里夫等項銀米與置办軍需物件不同例
因照數核銷現上游崇安南平永定等縣墊給此項良米均蒙 司憲劃抵正欵在

案前項軍需事同一律應請列抵正款如謂大工告竣核定銷數查敝任接給良
二千七百二十四兩零業經按例分別造冊詳奉 局憲批准留局彙銷在案應會
同監盤核議詳請在于軍需案內先行劃除良一千四百八十六兩九錢九分五
毛八絲撥抵長汀短交正款等由前來卑職接收前署縣王光鍔交代早經會同
監盤核算定摺正款項下除抵外尚應短交良一千四百八十六兩九錢九分五毛八絲捐
款項下除抵外尚應交良一千零七十兩五錢四分零節經分別詳移催追未
準交到茲准前由卑職。查核王光鍔短交正款良兩為數甚鉅均關解款惟軍
需案內有墊給官兵跟役抬運軍裝人夫等項工食良口糧二千七百二十四兩之

多例准銷現在崇安南平永定等縣墊給此項艮米業蒙

憲台批准劃抵正款王光鍔墊給艮米事同一律應請先行撥出艮一千四百八十六兩九

錢九分五毫八絲就庫支收王光鍔短交長汀任內正款理合会議具文詳請

憲台察核俯准先行劃抵批示祇遵實為公便再王光鍔短交捐款艮兩俟

軍需奉文准銷數內除劃正款外尚餘若干由畀職備文領抵归款倘不敷抵

再行詳請飭追王收按數現銀補交清款合併聲明為此備由具申伏乞

照詳施行須至申者

仝詳李令之多交米倉穀石應由安令之變價撥補由

署上杭縣長汀縣武平縣為仝詳事蒙　箚卑職等接收前縣安令之交代一案蒙委卑職用禧添委卑職。盤當

經赴郡三面會算查倉穀項下有前縣李時多交安令之穀三百餘石未准安令交出經卑職等查

案移補安令以李令之多交穀石原係額外溢交無關歸補不允認交彼此爭持卑職。卑職用禧

查李令之多交穀石係因核算錯誤額外溢交實屬無關歸補之款設使安令接收交代時如

有漏接銀穀自應照數賠補今既額外長餘似可無庸列交惟查李令現有漏造奉

諮道光十五以前之前令接解民欠米耗六十一兩九錢零三厘四毛二絲現奉

藩憲札飭漏造之員賠補今漏造之李令業已丁憂回籍無從着追此外尚有歷任

漏交應捐未解檢驗屍骸公費辛巳科外銷經費勝字號戰船不敷修費嘉慶二十二年永平寨巡檢應捐太平例價等四款共銀二十五兩七分五釐歷任交代俱係載明提撥議歸現任籌補茲李令既有多交穀石所有該令應賠漏造並解民欠米耗并前項無着各款銀兩罰贓等公同商議即將李令　多交穀石留安令變價撥補其餘存剩無多交安令係丁憂人員光景清苦現在本任尚有盤折穀石無力買補公議餘剩之穀現歸安令劃補應交盤折穀石以昭公允將來交代後任不得另生他議如此辦理庶倉庫要款不致虛懸而交案亦得易于清結矣是否有當理合会詳　憲台察核批示立案實為公便為此備由具申伏乞　照詳施行須至詳者

會詳胡道立虧空社穀追繳房屋變價如抵不足數請豁免由

監盤汀州府長汀縣現署上杭縣為會議詳請示遵事竊卑職用稽接收前署縣張廷禮交代查社穀項下有藍屋社原儲社穀五百二十八石八斗七升五合被社長胡道立社副胡宗禮虧缺無存人俱身故先經前署令張維甲飭拘胡道立之子胡四貴到案訊供押追具文詳覆追道光十二年間前令李新甫接收前署令張維甲交代經監盤長汀縣喬令會查該社長胡道立等雖俱身故所虧穀石尚有胡四貴稟繳田契又有祖遺公共房屋一間聲明年久契失俗卜追鄧三元繳議由現任提訊核辦如果無着再乃請豁等由詳稟前憲批示在案李前令即經將所繳田契出示召變并差拘胡四貴到案比追委因赤貧當

如況無力完繳又因胡四貴患病沉重取保釋放其所繳原契田畝歷年無人遂買嗣子
前署令陳之札據又李前令交代時奉
張前藩憲札飭胡道立續虧社穀五百二十八石八斗七升五合李令在任曾否追究據實
詳報現在李令卸事如有虧短自應查照如前繳惟其是問著其賠交以為續虧者戒
等因又經藍盤長汀縣胡令會查社穀一項奉
旨歸民管理不涉官吏之事所有胡道立等虧短前項社穀訪係出借貧民逋欠無償並非
侵蝕現在社長副俱已身故該家屬亦已逃亡核與豁免之例相符若以民管之款著令
官賠不特例無明文且恐各社傳有官代民賠之累效尤侵虧事多窒礙應免李令賠

補惟據繳田産白契弍張老契壹紙是否實有此田同胡四貴供出公共房屋並無契據有
無揑飾應由張前署令確查變抵倘變不足數或實係無着並胡四貴及宗開礼之子胡光子
等果否逃亡故絶亦應飭傳族隣到案查訊取結請銷等由又經令衙詳明在案張前
令任内查傳未到旋即卸事未及訊詳示變房屋亦無人承買茲卑職用糦接收交代奉
委卑職塋監盤照案議由現任將胡四貴所繳田房確查變抵如果變不足數仍飭傳族隣
查訊取供另詳請銷是否有當理合會銜具文詳請
憲臺察核批示祇遵寔為公便除詳
藩憲外為此備由繕册具申伏乞

照詳施行

會詳逮年民欠催征較難應請照舊章折扣作抵由

前署上杭縣
監盤長汀縣
現署上杭縣

為公同会議詳請批示立案事竊卑職用禧接收前署令張廷禮交代准將李前令墊解道光十一年分民欠省米三百一十二石六斗二升七合一勺折價銀二百八十一兩三錢六分四厘四毛又米耗銀二兩六錢九分三厘又李保兩令墊解道光十二年分民欠省米三百零九石四斗四升折價銀二百七十八兩四錢九分五厘又李令墊解米耗銀一十八兩三錢三分五厘又孫令墊解道光十三年分民欠地丁銀三百一十七兩零七分一厘又李令墊解耗羨銀三十八兩一錢二分一厘五毫又孫令墊解省米二百七十四石九斗七升七合一勺折價銀二百四十七兩四錢七分七厘四毛又張前署令墊解省米一百八十九石四斗九升五合折價銀一百七十兩零五錢四分五厘五毛又李令墊解米耗

艮五十九兩三錢九分五厘又墊解道光十四年分民欠地丁艮一千四百六十兩零四錢三分九厘
耗羨艮一百七十四兩六錢九分零九毛省米一百二十九石五斗五升六合折價艮一百一十六
兩六錢零四毫米耗艮六十五兩八錢一分八厘又墊解道光十五年分民欠地丁艮三百三
十九兩八錢九分二厘六毛又保令墊解地丁艮五十七兩五錢五分一厘四毛又羅前署令墊解地
丁艮四十三兩七錢四分一厘耗羨艮五十三兩零一分四厘七毛省米六十七石二斗折價
艮六十兩零五錢零七厘又李令墊解省米五十三石四斗六升二合折價艮四十
一兩一錢一分五厘八毛又羅前署令之墊解米耗艮七十一兩六錢八分四厘又墊解道
光十六年分民欠地丁艮七百七十七兩九錢八分五厘耗羨艮九十四兩三錢零二毛

省米一百七十七石一斗五升六合折價艮一百五十九兩四錢四分零四毫米耗銀九十兩零二
錢九分四厘又墊解道光十七年分民欠省米三百五十二石八斗五升三合折價艮三百一
十七兩五錢六分七厘七毛以上共二十五款墊解民欠丁耗省折米耗卑職用據以現奉通
飭墊解民欠不准列抵駁令刪除卑職迭札 以各年墊解艮兩原因 奉銷民欠征
不足數不得不先行墊解從前接收李令交代墊解丁耗等款計有八千餘兩均
憑鹽盤議抵正款詳明有案自應仍照舊章列抵移覆前來卑職簽 奉委鹽盤查核墊解民
欠列交之款仍屬格于定例第 奏銷期迫民欠征完不及不得不行籌墊雖係自顧
考成究屬急公起見且杭邑歷任交代均經鹽盤議抵茲若一概刪除不特張前署

今勢難賠交且官代民賠易啓頑戶抗欠之風于催科大有窒碍茲卑職等公同酌議遠年民欠催征之難雖有照章折扣作抵議自道光十五年以前墊解民欠概行八折十六年分民欠概行九折十七年分征收較易不折不扣照數列抵由現任征收歸款如征不足數或現署縣張令任內有墊解未征民欠將來交卸照案移交後任接征不得異議倘奉

恩旨豁免或花戶逃亡故絕無可征追仍詳歸原墊各員名下按數追賠與代追之後任無涉是否有當理合會銜具文詳請

憲台察核俯賜批示立案實為公便為此備由另繕冊具申伏乞

照詳施行

會詳噶嗎蘭戍兵月米照案分任捐補由

前署上杭縣
監盤長汀縣為照案会議詳請批示立案事竊卑職用穡接收卑職珒禮交代奉委卑職堃監盤
現署上杭縣

會查杭邑截存艋舺噶嗎蘭戍兵月米及留存防府兵米於額征留米項下征完撥解每米每石須折解銀四兩五錢所征粮米不敷折解前署縣張維甲接收陳昉交代時經監盤議明陳令任內征存前項米石每石賠交運費銀一兩五錢前署縣吳履垣以前征存米石各歸各任自行運丁来杭運解会詳前憲詳批示遵行在案所有陳令以後各任征存米石現已照章賠交至吳令以前征存嘉慶十九年截存噶瑪蘭米四十陸石八斗又弍十四年及道光二四等年截存噶

瑪蘭兩營戍兵米四十六石一斗七升七合九勺又嘉慶二十年截存艋舺營戍兵米一十八慶二十一、二十六年艋舺營戍兵米一十九石五斗又防府兵米八十五石一斗三升七合一勺共米三百一十五石六斗一升吞每石一兩五錢應銀三百二十三兩四錢二分二厘五毛均無賠交茲酌議如奉提解應照案詳請檄飭從前原接原交之吳履峰遣丁領運倘吳令之陞遷離閩再將前項運費歸于曾任之杭現尚在閩服官之李新畬孫化南保泰暨署職廷礼分任捐補以昭公允再查各任内收存道光六年以前營還截曠米及各年小建米歷任交代均無運費將來奉文提解應歸承解之員捐辦不得議貼運費以符舊章是否有當理合会銜具文詳請

憲台察核批示立案寔為公便為此備由另繕冊俱申云云

会詳櫃書欠繳穀石現在接追仍行杭繳應解赴　憲轅監追由

前署上杭縣
監盤長汀縣
現署上杭縣　為会議詳請批示立案事竊卑職用禧接收卑職廷礼交代准将柜書鄧峯山謝維豐等欠繳李前令任内領買未繳穀伍伯四十石列抵應交襍款倉穀卑職用禧以此項書欠張前署令接收李令交代當經稟奉

前憲臺飭追在案如果堪以追繳則前署令在任兩年有餘何以未據清繳其為礙以着追可知未便違例收抵移縣刪除去後卑職廷礼以前接李令交代該書等共欠穀八百五十三石卑職監盤議明列抵代追詳明有案卑職廷礼任内不時催追已據買繳穀三百一十五石尚欠穀石並非無着之款仍行移抵前來卑職鑾奉委監盤查該書欠繳穀石係

李任原抵之欵曾經監盤議明由後任代追如征不足數實短若干歸於李令補
交今張署任内已有追繳似非無着可比前欠穀石若删除不抵張前令賠交前任
抵欵未免失於公允且恐該書等藉端抗繳轉啓各書效尤侵蝕之風於公亦有窒碍
茲會同酌議將該書鄒峰山欠繳穀三百四十石謝惟豐欠繳穀弍佰石照案列抵由
現任接追倘如該書再行抗繳應即解赴　憲轅監追懲办設或追不足數仍
歸原抵之欵今賠補與代追之後任無涉是否有當理合會銜具文詳請
憲台察核俯賜批示立案　實為公便為此備由具申伏乞
照詳施行

会詳柜書謝維豐欠繳粮畜封屋變價归補不敷再归原抵之員賠交由

前署上杭縣
監盤長汀縣
現署上杭縣
為會議詳請示遵事窃卑職廷礼任内柜書謝維豐欠繳七兑粮畜五百七十四元九角節催未繳業經禀蒙　前陞憲　委員提追並移現任追還該書懼罪躲逃已将該書房屋查封備抵勒差嚴拘各在案玆卑職廷礼蒙

憲委署南平即奉檄催赴任急如星火未敢再延势难久待当將前項書欠備移現任補抵應交正款前来卑職用糖

查該書謝維豐現尚在逃無憑無追且書欠銀両例禁列抵交代汀之山關急須清出批解不敢濫行收抵惟有代追移還趂今刪除去後卑職塋

奉委監盤查書欠列抵固屬格于定例但書蠹官項若不嚴行究追誠恐各書相

率效尤此風斷不可長自應現任嚴行勒追張前署令現奉委南平急應赴任豈
可因此稽 卑該書欠繳糧畨數至五百七十餘元之多如列抵正款恐一時驟難追補碍
于結報茲遵憲核議將該書欠繳畨五百七十四元九角以一四六合銀三百九十三兩七錢六分七厘酌
撥一半銀一百九十六兩八錢八分三厘五毛暫抵襟數由現任儘先追補代該書抗延不繳節
監追嚴辦將所封房屋出示召變歸補抵數如果不敷再歸原抵之卑職廷礼賠交與代追之
後任無涉其餘一半不入交代歸于後任續追移還設有無着在冊庸議是否可行理
合会衘具文詳請 憲臺察核俯賜批示祇遵實為公便為此備由另繕冊具申伏乞
照詳施行須知申冊者

会詳未變尾價一款張署令捐不足數一律轉交後任接捐由

前署上杭縣
監盤長汀縣
現署上杭縣
為会議詳請批示立案事。窃畀職用㨗接收畀職廷礼交代查核款項下有列抵詳追前縣陳炳極應補吳前署令代墊未繳莫溧抄案田房尾銀一百六十七兩零六分四厘，又欠交半捐長汀縣謝炳然無着考費銀六十九兩二錢零三厘，均係陳前令存以補交之款，前經詳追有案。嗣陳令陞任山東濟南同知，旋即赴任，前兩款銀尚未經補交，經前署縣張令查出詳請咨追，蒙藩憲批以陳令離杭年久，官經五六任，在閩時延不行一瞬，未便咨追，着落現任籌補等因。前署縣張令未經籌補，茲將未變價尾仍行列抵，半捐考費亦無並移交，当經分別删抵移補去後。畀職廷礼以業經卸事，前

項銀兩無從籌補仍請照抵删交前来卑職 奉委監盤查未變尾價一款係屬抵款原名陳

令交良归補々捐者費一款係屬交款亦在陈令補交移觧緣陳令均未移交以致抵款無着

交款虛懸張前令任內既已奉文飭令籌補自未便以現經交卸置身事外第兩款金數

删抵補交獨任其累未免向隅兹公同会議將兩款銀兩分作十成令卑職廷礼 認捐三成其

餘七成归于後任以奉批之日為始分作三年冊分正署接日匀捐所有卑職廷礼 名捐三成銀

就捐分別扣抵列交餘俟捐滿之日將列抵之未變尾價全行删抵名交之半捐者費照

數交觧蜺署縣張令任內捐不足數一律轉交後任接捐不得異議如此庶衆擎易舉款項

不致虛懸是否有当理備文会詳 憲台察核批示立案実為公便除經詳 藩憲外為此備由云

會詳未征民欠公粮穀請歸原報各員名下追賠由（粮道憲批附後）

前署上杭縣
監盤長汀縣
現署上杭縣
為會同會議詳請批示立案事。卑職用稽接收卑職廷礼交代，准將前署令張維甲造報未征民欠道光十一年分公粮穀二百二十三石二斗，李前令造報未征民欠道光十二年公粮穀二百二十三石二斗，又孫前署令造報未征民欠道光十三年分公粮穀二百二十三石二斗，又李令造報未征民欠道光十四年分公粮穀二百二十三石二斗，又十五年分公粮穀二百二十三石二斗，又張前署令造報未征民欠道光十六年分公粮穀二百二十三石二斗，又十七、十八年分公粮穀二百二十三石二斗，以上八款共未征民欠公粮穀一千七百八十五石六斗，列摺移抵。卑職用稽以前項公粮實欠在民，共有八年虛數報存，碍難照征，未允作抵，移駁去

後界職莅札以前項米石均有民欠可征歷任交代議抵有案仍請作抵前未界職所奉委
監盤查杭邑每年於存征留米項下撥存公粮米一百一十一石六斗合穀二百二十三石二斗
緣年征粮米每多蒂欠每年均照額數造報征完民欠歸補是以歷任交代均將存
存之數作交未完民欠作抵歷經照辦有案茲若刪除不抵則与旧章不符不特官
代民賠易啓花戶抗欠之風有碍催科且日後最起民欠轉致無款可归亦非核實办公
之道茲公同酌議仍照旧章道光十六年分民欠公粮穀二百二十三石二斗照數列抵不
折不扣道光十七年以前民欠公粮共穀一千五百六十二石四斗概以九折抵穀一千四百
零六石一斗六升現在代征歸補如遇交卸征不足數或現署縣張令任內亦有未完民

欠公粮照案移抵後任接征不得再加折扣倘奉　恩詔或民欠無着仍詳歸原报各員名下追賠与代追之後任無涉是否有當理合会銜具文詳請

憲臺察核俯賜批示立案实為公便除詳

粮道憲外為此備由繕册具申伏乞

照詳施行

督粮道憲常　批據監盤長汀縣英令会同該縣新舊任議詳民欠未完公粮穀石仍照章作抵緣由蒙批查該縣年額存儲公粮穀二百三十一石二斗此項穀石遞年估計册报均經声明留備備用之需顆粒难容短缺無如該縣歷任各員既

不能遵額征完交代則妄請列抵交抵之後接征之員又不設法征收归欵以致截至十八年
止未完民欠数至一千六百八十餘石之多而前署縣張建礼等代案内曾據具詳將十一
年起至十四年止未完公粮穀石請准列抵業經　瑞陞道批府查明作何勒限征
補妥議詳覆去後稽今杳無查覆今復援案請抵殊屬非是仰汀州府查照前批
督全監盤將如何勒限征補限滿作何着追不致有名無实尅日妥議詳覆
毋稍仍前玩延并干未便凜速此繳

会衔詳請張故令欠交任內捐襍銀番分年匀攤解還归款由

署長汀縣上杭縣為會銜詳請批示立案事 卑職用禧 接奉 憲臺轉行 藩憲札據署南

平縣保泰詳請分別咨追刪免前故縣張廷礼欠交上杭任內捐襍銀番緣由查考

費本屬違例業經本司通飭各屬遵照刪除不准列入交代請追自應飭令現任自行

清理飭將欠交考費番銀九百八元零自行清釐旧欵不准列入交代請追等因轉行卑

縣奉此遵查 卑職用禧 接收前署令張廷礼交代一案奉委 卑邑長汀監盤業經 卑職用

會同張前令暨 卑職用禧 三面核算開具交抵總摺呈送在案庫欵項下除交抵外尚欠

捐襍銀番張前令未經移交旋赴南平 新任当經 卑職用禧 備文移催并詳

各憲批追未准移補嗣聞張前令於南平任內因病身故男職用禧以庫項虧重又經
備文遣丁守催張故令家屬完繳去後詎未清繳茲奉前因除將應追應刪摟捐各
項銀兩備冊細款清摺另文詳請分別追交刪免應候
憲示遵行外其既欠捐款番銀九百零八元六角零七占查係張故令上杭任內應需未
解道光十五年歲試考費番四百五十八元六角零七占又十六年科試考費四百五十元均
應解還界邑長汀之款張故令既無移交後任無款可以清理自應仍令張故令家屬
照數完繳以昭着落茲催據該故令家丁張貴稟稱窮家主張孚礼次交上杭任內考費
番九百餘元委因署任僅食半廉辦公竭蹶以致欠捐未解原期續後捐措補交詎家

主㧗南平之任未及一月旋即病故南邑正值差務殷繁因公賠累不少身後宦囊如洗現在櫬柩寄居蕭寺歸葬無資眷口羈滯異鄉饔飧不繼小主二人甫八齡一線襁褓孤兒寡婦苦不勝言所欠考費委實無力完繳伏查前永定武平等縣未完考費因本任奉參事故無力完繳議歸後任分年捐補有案故至所短前項考費伏乞追念同舟之誼廣推錫類之仁俯賜援案請攤恩免追呼則存殁銜仁咸具有極哀情據此復查張故令欠解十五十六兩年歲科考費有關歸補界邑原挪庫款既不准歸入請追又未便置之懸宕而該家丁所禀張故令家屬孤苦緣由亦屬實在情形自宜另行設籌惟數至九百餘元之多界職甫蒞係署事人員所得平廉除坐扣各項捐款外餘剩無多尚有別項攤捐之款

辦公已屬掣肘若豫為捐補實屬力有未逮茲昇職等往返函商惟有歸于本邑分作

八年匀攤以奉批之日為始無分正署按日分攤解還歸款如現張署令日後交卸捐不足

數照依轉交後任接捐不得異議如此庶衆擎易舉而邑墊款不致虛懸無着矣

是否有當理合會銜具文詳請

憲台察核俯賜批示立案寔為公便為此備由另繕冊具申伏乞

照詳施行須至冊申者

会詳英令倩領憲庫採買穀價墊解科試請追各邑解還買穀上倉由

前署長汀縣
監盤代理連城縣
現署長汀縣
為会議詳明立案事竊卑職王璺接收卑職英〻〻交代一案奉委卑職
章。監盤所有庫款正標捐攤各款及倉項穀石分別應交應抵逐一公算清楚議
定總捐惟應交標款項下有卑職英〻墊解道光十九年科試供給借領
憲庫奉發十八年採買穀價銀四百兩支應原以各縣欠解是年考費茴銀三千四
百八十四兀二角五尖九占詳請催提就庫扣收在案嗣緣奉文催買倉穀現將採
買穀價照數指款彙交以致庫款交抵之外尚有長餘茲卑職等会議查卑職英〻任內
有應補盤折穀石係屬賠款議令將庫款長餘艮二百三十四兩遵照

吴藩憲通飭章程每穀一石折銀一兩二錢于庫摺內列交穀價存於倉摺項

下列抵議由卑職王光鍔詳追各邑已解還考費畨銀隨時按數買穀上倉如遇交代倘考

費催不足數未能買補照案分別追相流交流抵後令不得挑剔異議以昭平允

理合將会議緣由具文詳請

憲台察核俯賜批示立案實為公便為此備由具申伏乞

照詳施行

会詳墊解地丁歸于後任征補由

前署清流縣朱步洡
監盤長汀縣英丽
代理清流縣繆浚

為會詳立案事竊照畀職浚接收畀職步洡交代一案〃立款項下有列抵墊解道光十六年分地丁銀二百九十一兩六錢八分二厘又耗羨銀三十五兩二錢一分四厘共銀三百二十六兩八錢九分六厘畀職浚查墊解久干例禁难以作抵移敵補〃在案畀職步洡以為奏銷之有墊解祇為考成關重不得不行挪墊迨至次年即可續瀨〃征〃補不虞〃無着即如十五年奏銷龍任亦有墊解經畀職步洡一概征補此其明証若剔出不算殊欠公允茲請照數作抵畀職浚查墊解即屬挪移前奉貿藩憲通行各屬以後不准有抵解名目如至奏銷時各員自顧考成挪款墊応

亦着令自出己資交代時不准列欵作抵等因久經遵奉在案今沐令垫解丁耗銀至三百餘兩之多為數甚鉅若通情接入將來萬一征不足數後任不肯作抵豈不代賠累即道即移請際盤再行核議補交卑職於奉委際盤東公三面会議查垫解丁耗原因催征不足分數自願考成交代案內不准列抵俟後任代征移還本屬正辦惟此欵係道光十六年分寔欠在民究易征補若議令剔除誠恐愈長花戶抗欠刁風轉於催科有碍盤案亦宕懸难結卑職於公議循照舊章列抵作抵在正欵項下究欠平允爰將前項垫欵分半歸于襍捐欵項下作抵計襍欵應抵銀一百六十三兩四錢四分八厘歸于後任陸續征補如追不足數遇有更調流交新任接收代征

不得異議或日後奉文豁免歸于原挂之員名下追賠與後任無涉似此通融辦
理於交代可期速結彼此不致賠累庶幾兩得其平理合會詳
憲臺批示立案寔為公便為此備由俱申伏乞
照詳施行

會詳修鼓樓監獄銀兩奉 藩憲批亦做照舊案流交由
監盤長汀縣胡
現署清流縣朱爲會議再行詳明立案以便流抵事畀職朱 清流縣龍 任內交代
奉委畀職胡監盤所有倉庫款目均經逐一會議分別交抵其不敷抵者尚應由龍令
措備移交清款惟有詳修鼓樓監獄工料銀兩業經龍令詳奉 藩憲張批准照修
署詳案立署分支養廉各半捐解本無可爭執但清流本任係喬有豫實缺
之員原有一半養廉支食今此項數目乃係由縣墊給應行由縣扣收歸補其本
任之員既不在本缺而所應支本任半廉多係由署著別缺任內請領清流縣墊
修鼓樓監獄雖經詳明 藩憲批准照食半捐之案核辦究非 藩轅額派

捐款可比堪以就廉聲明劃扣不但本任之裔今有所藉口倘有漏扣將來輾轉追溯
徒費筆墨即或照扣又須請領還款均屬費事茲經 畀職胡 東公核議前項應扣墊
修工程銀兩仍照詳定年限並按照奉 藩憲批示半廉半攤全廉全攤祇在任
之員勻攤歸補不在支食本缺半廉銀內分扣倣照前奉通飭洪山桥工程之案
俟本案滿足尚有未攤之銀接續再行起攤如在任之員遇有交代准將未攤足之數
照案流抵以昭平允而免糾纏理合將覆議緣由具文詳請
憲台察核批示立案實為公便為此備由具申伏乞 照詳施行
立案詳
府憲

會詳鄧令代攤銀兩請飭照數補交由

監盤

代理汀州府武平縣長汀縣永定縣為會詳請飭照數補交事竊照卑職錫瑞接收前故令鄧敬輿任內

經手倉庫各款交代蒙委卑職昌琛監盤並蒙添委卑職璺會同三面算結核定總摺另行開摺呈送外

查得前署令鄭繩昌任內有漏交代攤朱任挪缺考費番銀一百九十五元七角三尖一辨

二稜又代攤朱任埜修衙署工料銀四十三兩六錢八分一厘卑職等細查交代會印總摺

內當時載明如有續行查出漏交之款准後任照數補交不得藉詞推諉等語且鄧

故令接收鄭署令交代並未出結該故令自短捐款無力措交難以責令代賠前

任漏款鄭署令現署松溪縣事自應查明會議詳請

憲台察核俯賜檄飭鄭署令將前項漏交銀番同應交各款即日按數補交以
清盤案而免懸宕實為公便除詳
藩憲外為此備由具申伏乞
照詳施行

會詳派捐紙張等款銀兩請歸現任代攤歸補由

監盤汀州府武平縣、長汀縣、
代理永定縣為會議具詳懇請俯准援案轉詳攤刪事竊照界職錫瑞接收前故令
鄧敬輿任內經手倉庫各款，又代蒙委界職昌琛監盤，並蒙添委界職壐會同三面算
核定總摺
結另行開摺呈送外，查該故令任內有應交
臬憲轅年額派捐各項紙張飯食內外結
贓贖原增囚糧等款銀五百七十五兩七錢八分一厘一毛五絲九微，據該故令家屬声稱該
故令自道光二十年七月二十二日到任起至二十三年正月初九日病故出缺，至奉文飭拿紅烟会
匪要犯，委員絡繹，線賞繁多，加以上年七月陡遭水患，沿溪居民廬舍被沖，因未湮沒窮
民之所捐給口粮修費，妥為撫卹，賠累甚鉅，而年額應支廉銀六百兩，除奉文扣收年額

及隨時派捐各款外僅只承領扣剩銀三百二十兩有奇核寄不敷扣抵代攤前任短
項以致頻年辦公竭蹶迨至該令在任病故時棺殮之資悉出典借現在家屬赤貧
饔飧莫繼尚有應交正雜各款亟須設籌補繳前項紙張飯食等銀皆係無
關歸補歷蒙恩准刪免即年額應捐之贓贖囚糧等項亦經前署縣保泰於署
理光澤縣任內聞訃丁憂後稟蒙
憲台施恩札飭後任作三年匀攤有案該故令係病故人員較之丁憂等別項事故人員
臬憲
更屬貧苦莫措應請據情轉詳俯賜矜憐准予援案分別攤刪俾得稍輕賠累等
情卑職等會查該故令在任疊次辦應要差捐卹災民均係實在情形核年額匀派捐攤

以及代攤各前任虧短各款為數甚鉅年支廉銀不敷扣捐皆須賠墊追該令病故家屬困苦異常所有應交前項捐款銀五百七十五兩七錢八分一厘一毛五絲九微內應計派捐紙張飯食工伙等四十七款銀四百零八兩三錢四分九厘四毛六絲九微係屬無關歸補之款應請俯准援照歷辦成案准予刪除免捐尚有應捐省鹽原加因粮外結贓贖新增外結贓贖暨省鹽藥餌等五款銀一百六十七兩四錢三分一厘六毫九絲亦請援照前署仝保泰飭攤成案俯准歸於永定現任人員俟代攤保泰前案捐滿之日起分作三年毋分正署接續勻攤歸補則捐款不致虛懸而故員家屬亦可稍輕賠累是否有當合將會議分別援案攤刪緣由並開具應捐細數清摺具文詳

請

憲台察核，俯賜准予分別攤删實為恩便除詳

轉詳

臬憲外為此備由具申伏乞

照詳施行

會詳墊辦軍需暫抵正款由

監盤代理汀州府長汀縣武平縣永定縣為會議墊辦軍需暫抵正款詳請示遵事竊卑職錫瑞接收前故縣鄧敬輿交代倉庫一案奉委卑職昌孫監盤茲奉本府憲台檄飭晉郡會算添委卑職璽監盤業經會同鄧故令家屬三面會算清楚分別抵交核定總捐正款項下除抵外尚短應交丁耗等款銀一千八百六十三兩七錢二分七厘一毫一絲又稅契銀五百八十九兩三錢六分八厘捐款項下除抵外尚短應交銀一千五百八兩二錢四分四厘九毫九絲又番銀二千六百三十六元七角八尖一辦九稜七周鄧故令家屬困苦異常實在無力措交請將任內墊給軍需劃剩銀七千餘兩案經造冊詳奏批准留局彙銷

懇請八摺列抵前未卑職疊等卷查鄧故令任內墊辦軍需一款先後造冊請銷銀
一萬二千七十三兩六錢四分六厘二毛五絲三忽四微己蒙前憲台前藩憲劃解二十一年分
地丁銀二千三百七十四兩六錢六分九厘驛站銀一百四十七兩二錢香顏料銀一百兩
三錢三分厘又二十二年分地丁銀一千四百三十兩耗羨銀一百九十二兩均奉飭知在
卷核計尚有劃剩軍需銀七千六百二十九兩四錢四分六厘二毛五絲三忽四微惟此項
軍需雖經造冊詳奉未蒙
憲台府憲核銷似未便將劃剩銀數籠統列抵卑職昌琛疊奉委盤查沈令以未
奉准銷不准列抵交代固屬慎重公項惟鄧故令墊給軍需先後报銷銀一萬二千

七十三兩六錢四分六厘一毛五絲三忽四微款內已蒙
前憲台前藩憲劃抵丁耗驛站香顏料等款銀四千四百四十四兩二錢外統計尚未領垫軍
需銀七千六百二十九兩四錢四分六厘一毫五絲三忽四微日後准銷不無核減固難照抵
究係奉文籌垫在先此時如果刪除不抵非特病故人員家屬力有未逮且現有
崇安南平上杭長汀等縣交代墊給此項業經奉准暫抵正款鄧故令垫給銀米事
同一轍現在該家屬一貧如洗無力備交卑職等會議應請將此款軍需劃剩銀兩暫
行俱抵惟有仰懇現經詳請憲台俯賜局憲迅賜飭承查明鄧故令先後陸續報軍需銀米除兩次劃
過丁耗等款銀四千四百四十四兩二錢外尚可准銷銀若干飭知下縣以便領抵鄧故

全應交正款尚有盈餘列抵捐款再有餘銀統歸家屬具領備軍需不敷抵撥交
案銀款仍着落該家屬名下照數追出清款是否有當理合會議詳請
憲察核示遵實為公便再應交襍項銀兩現有暫抵之款合併聲明除詳
局憲外為此備由具申伏乞
照詳施行
奉 局憲批為詳批准

會詳曠空日内應捐銀兩請删免由

監盤汀州府長汀縣武平縣代理永定縣爲會議空曠日内應捐銀兩詳請删免事竊照男職錫瑞接收前故縣鄧

敬輿并代理縣張海琇交代各款銀兩業經會同男職壘暨男職昌琛接任會算清楚核定擬

捐惟前故令鄧敬輿係二十三年正月初九日病故所有應支廉銀并應捐銀款自應于病

前一日截止代理縣張海琇係二十三年正月二十四日到任所有應支廉銀及應捐銀款自應

於接印之日起只自正月初九日鄧令病故日起至二十三日止計空曠一十五日應捐

憲案提塘報資等款銀一十三兩零五分四厘男職壘等以前項銀兩既不便令鄧故

令家屬照數捐交又未便着落暫代之時令代爲賠補因思捐款銀兩原由各應支

養廉銀內捐出今自正月初九日起至二十三日止無員支廉亦無員捐銀理合造具
銀款細冊會詳
憲台察核俯賜飭承查明刪免如本年春支應捐各款銀兩已蒙於養廉內扣收
並求按款按數劃還養廉本款俾免參差而歸劃一再刊刻被焚省例工價刑
部條例工價兩款本年應否接捐伏乞一并核明刪免實為公便為此備由具
申伏乞
照詳施行須至申冊者
計申送清冊一本

會詳倉穀盤竣請追列抵各任盤折穀石由

監盤

汀州府長汀縣武平縣永定縣為會詳倉穀盤竣請追列抵各任盤折穀石事。竊照卑職錫瑞接准前故縣鄧敬輿移送交摺內開經手存倉穀石除抵外，共應交常平等款穀一萬五千六百一十五石三斗六升八合三勺五抄。即會同鄧故令家屬三面開倉盤量，旋經逐廒盤收完竣，核與摺開應交之數並無盤折短少。惟查摺開列抵未補前署縣保泰任內盤折穀二十八石七斗六升一合七勺二抄，又前縣吳朝昌任內盤折穀一百一十三石三斗九升一合一勺二抄，應否准其作抵，卑職錫瑞移明卑職昌璟、璧會議前來。卑職璧等查得前縣保、吳兩任盤折倉穀，經前故縣鄧敬輿先後詳明

憲案並移請補交在卷迄今未准買穀移交查前縣吳翊昌因參追庫項未清尚在省

垣前署縣保泰雖丁憂回旗尚有短交永定任內雜捐銀兩詳蒙

前憲台藩憲批准俟保泰服闋來閩照數繳完並經閩侯兩邑出具保結有案現在將滿服

闋來閩所有係吳兩任盤折穀石自應着落各令名下照數補交此時鄧故令交代

案內公議暫時作抵理合會請

憲台察核俯賜就近檄飭前任永定縣吳翊昌將盤折倉穀一百一十三石三斗九

升一合一勺二抄刻日照數買穀移補務免宕延其前署永定縣保泰未交盤折

倉穀二十八石七斗七升一合七勺二抄應否俟保泰來閩時再令同未交雜捐銀兩

一併補交之處並乞批示祇遵實為公便除詳
藩
道憲外為此備由具申伏乞
照詳施行
一　詳
道
藩
府　憲

會詳交案列抵短交捐襍銀兩請飭補交由

監盤武平縣、代理汀州府長汀縣、永定縣為會詳交案列抵短交雜捐銀兩請飭補交事。竊照卑職錫穉接收前故縣鄧敬輿任內經手正襍捐攤各款銀兩，業經會同卑職壘、暨卑職昌琛，並鄧故令家屬四面會算清楚，核定總捐。惟捐關雜款項下有列抵前署縣鄭紹昌短交銀五百四十二兩七錢三分七釐七毫，又番銀一十五元八角三尖七辦五稜；捐款項下列抵鄭紹昌短交銀三百一兩四錢九分六釐五毫，又番銀四百三十九元，共計襍捐兩項銀八百四十四兩二錢三分四釐二毫，又番銀四百五十三元八角三尖七辦五稜。卑職壘等查前項鄭令短交銀兩，業經鄧故令於接收交代後稟報

憲案並經鄭令將自向清理緣由報蒙

前憲台藩憲札飭追交在案未准補交現在鄭令尚在松溪縣署任所有短交銀兩均

係有關批解及應歸補縣庫之款自應令其赶緊清交未便再延此時鄧故令交代

案內公議暫時作抵理合會詳

憲台察核俯賜嚴飭現署松溪縣鄭紹昌將前在永定縣任內短交樸捐兩項銀八百

四十四兩二錢三分四厘二毫又番銀四百五十三元八角三尖七瓣五稜即日移交卑職分

別批解歸補實為公便再鄧故令接收鄭令交代尚有鄭令漏交樸款銀四十三兩六

錢八分一厘又捐款番銀一百九十五元七角三尖一瓣二稜另由卑職等會詳辦理合并

賚明除詳
藩
道憲外為此備由具申伏乞
照詳施行
一　詳
藩
道　府憲

會詳查議鄧故令捐攤各欵請將軍需暫抵由

監盤武平長汀代理永定縣爲遵札會同查議具詳事竊蒙
憲台札開蒙
藩憲批據永定縣沈令詳鄧故令短交攤捐請將軍需暫抵緣由蒙批據詳鄧故令交欵除刪抵外実短銀九百八十六兩零黃銀二千六百三十六兩零數目是否相符仰汀州府督同監盤吊核盤卷逐細查覆詳辦至所詳暫行作抵交代另行議攤歸補是否可行亦即由府查議詳覆察奪毋稍遲延此繳到府札飭吊核盤卷逐查會議詳覆等因蒙此遵經卑職錫綸吊齊交案各卷冊移交卑職壘等查

核前來署職暨署職萬春將移到卷冊逐細確核會查得前故縣鄧敬與任內短交攤
捐各款除詳請刪免並有款可抵外實短交銀九百八十六兩二錢二分二厘八毫五番銀
二千六百三十六元七角八尖一辦九稜七稱均無舛錯惟念鄧令病故至今已愈二載該
家屬貧如洗所有短交銀款固屬無可著追若還歸後任代攤彌補而永邑著名
瘠苦且自朱能二令以後歷任攤款至今尚未攤發妥實無力同時並攤前經沈署
令請將軍需抵劃並南靖未追溶贓各銀款暫時作抵原為速結盤案起見
況軍需未奉核銷溶贓一款現經南靖縣照案勒追將來均望有款可領茲經署
職暨 等會同酌議惟有仰懇

憲恩俯如沈署令所請入冊暫抵紀侯軍需奏銷之日如尚有款可領歸補鄧令尚

短銀兩外所有不敷之銀無論南靖鹽賍有無追起即由後任設法攤補不時

永邑舊任攤欵均可攤撥再為鄧令代攤歸補在後任固屬易於為力而鄧令交

案銀欵亦可免于無着事屬可行合將會同查議各緣由詳請

憲台察核轉詳實為德便為此備由俱申云

一詳

府憲

結報英任接收胡任交代開參遲延職名由

長汀縣為請嚴交代之察核事竊查定例州縣交代正限兩個月前署縣英啓於道光十八年四月初一日到任接收前縣胡萬年任內經手倉庫正雜各款銀穀正限內逐一盤收會算清楚於閏四月二十九日造册結報旋于五月十二日奉前憲台劉札開據該縣申送接收胡令交代册結到府查核地丁耗羨各册舊管項下數目參差不符且胡令接收范交代前經駁飭尚未改造申送此案碍難遽次結轉合行駁飭札到該縣立即遵照指駁覆承逐一改造確册申送毋稍遲延計發册結一摠封等因到縣蒙此當經前署縣英啓查核地丁耗羨旧管數目參差係

范献之冊造舛錯以致遞相錯誤嗣胡令接收范令交代於道光二十一年閏三月
初一日改造申送核轉此案冊結亦於是日改正一併申送旋于閏三月初二日復奉
前憲台廣札飭查冊造地丁耗羨數目均有舛錯各結亦多錯漏碍難核轉駁
發冊結下縣押承改造申送旋因蒙此前署縣王光鍔未及查改卸事於二十一年六
月初一日移還原接之英啓確查核造嗣英令未及改造申送旋即病故節經嚴
催該家屬於道光二十年十二月初四日將原冊稟請代為改正造送前來卑職當
即逐一查對冊結數目不符仍係胡令原造錯漏於十二月初五日移還胡松年改造
去後茲于道光二十三年五月二十八日准胡令改造移送前來卑職查核捻散各

數仍有未符督承逐一核算更正於二十三年閏七月二十日代為蓋印申送仍
填限内年月日理合具文同監盤印結詳請
憲臺察核俯賜加結核轉再此案交代前于道光十八年四月初一日英啓到任之日起
應扣正限兩個月至閏四月三十日限滿英啓于閏四月二十九日限内造具册結申送
核轉並無遲延祇緣册造丁耗數目舛錯且首任交代未結難以越次造報節奉
前憲台駁飭改造因輾轉移查更正以致稽延除俟前任册結核改妥協始得第
更正申送遲延職名已于彼案開報應請邀免開參外茲自道光二十一年閏
三月奉到駁册之日起至六月初一前一日止計改造遲延三個月職名係前署長

汀縣事現任永春州知州王光鍔又于六月初一日起至道光二十二年十二月初四日止計攷造遲延一年六個月零四日職名係前署長汀縣事准補光澤縣病故知縣英啓又十二月初五日起至道光二十三年五月二十八日止計攷造遲延五個月零二十四日職名係本任長汀縣調補福清縣胡萬年又自五月二十九日起至閏七月二十日申送止計攷造遲延二個月二十二日職名係卑職王璺 應請開報附參合併聲明為此備由具申伏乞

照詳施行

結報王任接收英任交代由

長汀縣為請嚴交代之察核事案查前署縣王光鍔於道光二十年十二月二十七日到任接收

前署縣英啓任內經手倉庫正雜各款交代當即遵限會算清楚於二十一年正月

二十五日造冊結報旋于二月初四日奉

前憲台札開據該縣詳送前署縣王光鍔接收英啓任內經手倉庫銀數交代冊結

一案到府查核送到倉庫冊結數目不符且英令接收胡令一案業經駁飭改造尚

未造送此案冊結碍難越次結轉合行駁飭札到該縣立即遵照指駁督承改造

妥確冊結送府以憑結轉例限久逾毋稍錯混再延干咎速速計發冊結一揔封等

因蒙此遵查此案倉庫冊結銀數無異緣英啓接收胡松年交代盤冊原造舛錯以致逓相造報錯悞現胡嵩年交代已于6月4日改冊詳送合將王光鍔接收英啓交代冊結督承遵式一併改造仍填限內年月具文詳送

憲台察核結轉再此案交代原係限內造冊結報並無違愆至冊造數目不符奉文駁改查因前案交代冊造數目舛錯以致後任逓相錯悞未便越次造報所有改造遲延職名現于後案聲明開報此案係留候前任核改妥協始得次第更正致有遲延應請邀免重復開報合併聲明為此備由具申伏乞

照詳施行

司看結報英傑交代

查得署長汀縣英啓于道光十八年四月初一日到任接收前縣胡嵩年任内經手倉庫銀穀等項交代應扣正限兩個月又該縣倉穀在二萬五千石以上應展限半個月正展限期連閏統計至十八年五月十四日届滿據該署縣英啓依限盤收清楚造具冊結于五月十二日送府前府劉喜海以前任范猷之任内交代盤冊未據覆送未便隔越申轉發回留俟盤冊送轉後再行次第申送去後嗣查前任范猷之任内交代于道光二十二年四月初五日申送並據核縣王壘將此案英啓接收吳嵩年盤冊接續申送到府汀州府瑞至核其丁耗各冊舊管數目與前任之實在不符駁飭

查改據報該縣于五月初二日接到駁冊查係英啓原造錯漏但該員已經身故
當即押令該家屬查改節次押催至二十四年九月二十九日改正移交現任知縣
王璺代爲查核蓋印於十月十四日送府署汀州府知府王廣業署汀漳龍道趙
鏞遞相核加印結填明限内年月銜名於道光二十四年十二月初七日移送到司
本司覆核無異合將署長汀縣英啓接收胡嵩年任内交代清楚緣由同倉庫
銀穀冊結及監盤官連城縣知縣凌光斗印結暨道府各印結一併詳送察照咨
部再署縣英啓係在外委署人員此案交代本係限内盤收清楚造冊結報
緣前任盤冊未經覆送發回次第送轉嗣據申送又因丁耗冊造舊管數目舛

錯由府駁改以致稽遲除初次駁改往返程途核轉各日期照例免計外應自道光
二十三年五月初二日接到駁冊押催改正之日起至二十四年九月二十九日改正移送之日
止運司隨遲延二年五個月二十七日職名係前署長汀縣知縣英啓該員業已病
故應請免議理合分晰開報聽候
部核

司看結報王任交代

查得署長汀縣王光鍔申報于道光二十年十一月二十七日到任接收前縣英啓任内經手倉穀交代應扣正限兩個月又該縣倉穀在一萬五千石以上應展限半個月正展限期統計至二十一年二月十二日届滿據該署縣王光鍔依限盤收清楚造具冊結于二月初十日送府汀州府廣晋布以前任胡嵩年任内交代盤冊舛錯駁改未據覆送後任未便越次申轉業回留俟前任盤冊改正次第申送兹查前任英啓接收胡嵩年任内交代盤冊已據改正申送請咨此案交〻並據接續移送前來本司覆核無異合將前署長汀縣王光鍔接收英啓任内交代緣由同倉庫銀

彀冊結及監盤官署連城縣章厶印結一併詳送察照沿

部再該署縣王光鍔係在外委署今員此案交代本係限內盤收清楚造冊

結報緣前任監盤舛錯駁改未到後任難以越次轉送嚴回次第核轉以致

稽遲應免開參合併聲明

詳送奉駁結報交代各冊飭轉移送更正因非遲延職名附條由

代理長汀縣為請嚴交代之察核事。竊查定例，州縣交代正限兩個月，倉穀在二萬五千石以上，准展限十五日。前縣沈令于道光二十七年十月二十日到任，接收前署縣隆善任內經手正襍各款銀穀，正展限內逐一盤收，會算清楚，于道光二十八年正月初四日造冊結報。旋于二十一日奉

憲台札開：據該縣申送接收隆署令交代冊結到府，查核地丁耗羨倉穀舊管項下數目參差不符，且隆令接收王令交代，前經駁飭，尚未改造申送，此案碍難越次結轉，合行駁飭。札到該縣，立即遵照指駁，督承逐一改造確冊申送，毋稍遲延

計發冊結一總封到縣等因蒙此當經沈令查核地丁耗羨存留管數目參差係

由前署縣隆善冊造舛錯以致遞相錯誤嗣隆令接收王故令交代于道光二十九

年四月二十日改造申送核轉此案冊結當即改正一并申送續奉

憲檄查核倉庫數目仍有舛錯駁飭改造等因蒙此復經沈令移送隆令查改

去後嗣奉

局憲札開准

汀漳龍道移准據汀州府申送前署長汀縣隆善接收前故縣王璽任內經手

倉庫銀穀各款交代冊結到司尚將送到各冊飭承按款逐一查核內地丁耗

羨税契倉穀各冊舊管開除各數均多舛錯不符查此案交代遲逾已久亟應
改造詳咨除將冊内不符各款逐一粘簽飭發外合亟飛飭為此仰縣官吏速將發
來冊結遵照克日押令經書查照簽指事理逐一確查漏夜按款改造妥冊分晰繫
覆申送討發冊結一十本等因蒙此所有奉敵銀穀數目不符係前署縣隆令原造
舛錯當將冊結移送前署縣隆善就省督押經書遵照簽指改造去後于道光二
十九年十月初三日准隆令將王令交代奉敵改造各款冊結遵指更造妥冊移
送前來沈令即于是月代為蓋印申送在案惟隆令交代奉敵各冊尚有舛錯
當經沈令移送改造去後茲于道光三十年三月十八日准隆令更正移送卑職代為

盤印結詳請
蓋印申送仍填限內日期理合具文同奉、
憲台察核俯賜加結核轉再此案交代應自道光二十九年十月二十日沈令到任
應扣正限兩個月倉穀在二萬五千石以上例應展限十五日扣至二十八年正月
初五日正展限滿經沈令于正月初四日限內造具冊結申送核轉並無遲延祇緣冊
造丁耗倉穀數目不符冊結舛錯具詳駁王令各冊未申碍難越次結報即奉駁飭
改造因輾轉移送更正以致稽延除俟前任冊結核改妥協此案交代始得次第更正
遲延職名已于前案開報應請邀免開參外此案應以道光二十九年十月初三日
起扣至道光三十年三月十八日改造申送止計遲延五個月零十五日職名係前

署長汀縣事候補知縣陸善相應開報附叅除今尚短二十七年耗羨銀四百四十九兩
一錢二分弍厘八毫採買穀價銀弍千三百八十八兩叁錢二分柒厘弍毫八絲零五微又短
交征存各年牙稅銀三百五十七兩四錢三厘四絲捐款銀弍千一百七十一兩八錢八分
六厘六毫九絲八忽弍微又于交代細冊內浮除短解弍十七年地丁銀叁百二十八
兩三錢八分六厘先經沈令籌款墊解倉款項下短交盤折穀四百三十八石三斗六
升六合一勺以上短交倉庫各款銀穀節經詳奉催追未准移交應請隨案詳
追陸令按數移交卑職
接收分別批解歸補合並聲明為此備由具申伏乞
照詳施行須至申者

道光三十年三月申

本府　憲李

汀軍廳結報交代開叅遲延職名由 李〻〻克

署汀州清軍分府為請嚴交代之察核事，竊敝 前署任于道光二十四年九月二酉日卸事，任內應交倉庫艮穀各款，嘗經依限造冊移交。克丞會同監盤按款查核，逐一接收清楚。查州縣交代應扣正限兩個月，倉穀在五萬石以上，例得展限一個月，計至十二月二十三日正展限滿。克丞緣于本年十二 十二日造具冊結牒送核轉，准

前堂台〻查核粮米并耗銀穀冊總撒不符，碍難核轉，于二十五年三月二十九日將冊結等項移還改造。克丞查係敝廳原冊舛錯，于具〻〻〻月二十八日出文移還

敝廳查改敝廳在省當即吊卷赴省查核改造于是年十月十一日改正覆冊到

廳經前丞于是年十月二十八日送府復准

前堂台飭查核仍有舛錯于本年四月二十六日駁還再改前丞查係敝廳原改

未妥于本年六月初七日復行移遵敝廳查改敝廳在省查明　一廿于本年八月二十

三日復送改冊到廳即經前丞于是日牒送

堂臺因藍盤印結欵式未協恐干

憲詰復于本年九月初二日再准　堂台移駁更正前丞即日行縣查改經

署長汀縣陸令轉移前縣王恩遵式核正于本年十月二十二日申送前來敝廳即

于本月牒送結轉所有此案交代應行開報職名應自道光二十四年十二月二十二
造冊送府之日起至二十五年三月二十九日府駁更正前一日止除府限十日核轉例得免
計外計遲延兩個月零二十七日職名係　前署汀州府王　又自本年三月二十九日准府
駁查之日起至本年五月二十八日出文移查前一日止又自本年七月十一接准改正移冊
之日起至本年十月二十八日送府前一日止又自二十六年四月二　准府再駁之日
起至本年六月初七出文再行移改前一日止前後并算連閏計遲延五個月零二十
七日職名係汀州府同知覺羅克保又自二十五年五月二十八日自廳移查之日起
至是年九月十一改冊送廳前一日止又自二十六年六月初[illegible]　[illegible]廳出文再行駁查之

日起至本年八月二十三日改正覆冊送廳前一日止除初次駁發自汀至省往返程限一個
月例得免計外前後并算計遲延四個月零二十九日職名係敝廳李〇〇又自二十五年
十月二十八接冊之日起至本年四月二十六日駁冊過廳前一日止計遲延五個月零
二十八日職名係　前汀州府瑞又自本年八月二十三牒府之　〻次九月初二日復經
堂臺駁改鹽盤印結止計九日係在核轉限內例得免計又〻年九月初二接准駁
結之日起至十月二十二送府之日止計遲延一個月零二十一日係鹽盤長汀縣知
縣王〇相應一併開報所有各款冊結同鹽盤印結合再備文牒送
堂臺察核加結轉申再此案交代本係限內結報並無逾限寔因輾轉駁查往

返遲延合併聲明爲此備由具牒伏乞
照牒施行須至牒者
計牒送
一　牒
本　府

汀軍廳結報李接李開叅遲延職名由

全銜覺羅克保為請嚴交代之察核事竊敝廳于道光二十七年六月初二日回任接准堂臺列揭移交兼攝廳事任内經手粮米米耗各款並將前署廳李建泰造送倉庫各款艮穀冊揭同日一並移送到廳敝廳會同監盤三面接款查核分任會算開揭移送在案查州縣交代應扣正限兩個月敝廳倉穀在五萬石以上例得展限一個月計自道光二十七年九月初二日止正展限滿先經敝廳于是年八月二十九日已將接收兩任交代一并限内造具冊結牒送核轉准堂台以前任交代冊結駁改未定碍以越次核轉將冊結發回次第造送等因嗣于是年

十一月二十九日前案冊結牒送此案冊結同日并送經　堂台彙核此案粮

米冊内核與節年歸補留儲数目不符碍难核轉于十月二十五日将冊移遵

改造　敝廳查係李署任移交原冊舛錯遵即造省移遵李任查改去後嗣于

道光二十八年七月二十三接准署任之李廷春更正改送到廳　敝廳逐款覆核

相符于十月二十一日送府核轉經　堂臺查核穀数仍復不符查係本任兼

攝移交原数舛錯就近吊卷查改于二十九年正月十七日移廳覆查無異

即日蓋印送府又因監盤印結錯漏准　堂台即日移敝改換查原監

盤隆令業已卸事隨即轉移現任長河縣改正去後兹于本年二月二十九日

接准長汀縣沈令將印結代爲更換前來敝廳覆核各款冊結均屬相符合就備文連監盤印結一并呈送堂臺察核加結轉申再此案交代本係限內結報因前署任李廷泰接收敝廳一案交代未經改送不能越次結報除等待前案改造暨上司覆核各日期例准免計外所有遲延月日應自道光二十七年十二月二十五日接准府駁之日起至二十八年七月二十三接准前任改造移交之日止除扣往返程限一個月外計改造遲延五個月零二十八日職名係前署廳李廷泰又自二十八年七月二十三日接准改冊之日起至十月二十一日送府之日止計改造遲延二個月零二十八日職名係敝廳覺羅克保又自十　二十

送府之日起至二十九年正月十七由府查改移廳盖印送府之日止計改遲

延二個月零二十六日職名係　堂台又自本年正月十七接准府駁移縣查改之日

起至本年二月二十九改換印結之日止計改遲延一個月零十二日職名係現

任長汀縣沈經章相應一併分晰開報聽候

部議至本案交代原係正限內造冊結報因縣轉駁改致有遲延合併聲

明爲此備由具牒伏乞

照牒施行須至牒呈者

一牒

本府

汀軍廳結報交代開參遲延職名由結報李接委

全銜為請嚴交代之察核事竊李攝廳于咸豐元年二月三十日到任接准委署廳將任内經手倉庫民穀各款依限造冊移交李攝廳會同監盤按款查核逐一接收清楚查州縣交代應扣正限兩個月倉穀在五萬石以上例得展限一個月計至咸豐元年五月三十日止正展限滿李攝廳先于咸豐元年五月二十八日造冊結報牒送核轉咸豐元年六月二十日准　前堂台李移開查核倉穀糧米米耗各冊數目均多不符礙難結轉移還改造送轉等由當經李攝廳查係委署廳原冊舛錯即于是文移還委署廳查改當即吊卷赴

省查核改造于十一月十九日改正移復到廳敝廳查核印結數目不符即于
是月移送李攝廳覆核飭承改造于咸豐二年五月十八日准李撫廳改正移
送到廳敝廳即于是日牒送　前堂台核轉七月初一日准　前堂台王移因冊
結款式未協且數目字均有小寫挖補恐干　憲詰，發飭更正等由敝廳飭
承查核未竣于七月十七日調簾、卸事賀代理廳即于是日到任未及改造于
十月初二日卸事敝廳于是日回任十月二十二日准賀代理廳移交各冊復經敝廳
飭承查改未竣于十二月初五日卸事交署廳于是日到任未及查改于十二月
二十七日卸事敝廳于是日回任飭承遵式改正逐一磨對蓋印仍填限內月日

理合備文牒送　堂台察核加結轉申再此案交代原係正限內結報並無遲
逾寔因輾轉駁改以致遲延除初次駁改各日期例准免計外所有遲延月日
應自咸豐元年六月二十日接准府駁之日起至十一月十九改正移覆之日止連閏
計遲延五個月零二十九日職名係前署汀州府同知政和縣知縣姜浯又自
十一月十九移查之日起至咸豐二年五月十八改正移覆之日止計遲延五個月零二
十九日職名係前兼攝同知汀州府知府李佐賢又自咸豐二年五月十八送府之
日起至七月初一由府移廳之日止計駁改遲延一個月零十三日職名係前署汀
州府知府王光鍔又自七月十七日到任起至十月二十二移册之日止遲延三個月

零五日職名係前代理汀州府同知事福州府理事同知賀登纓又自十二月初五
到任起至二十七卸事日止遲延二十二日職名係前署汀州府同知宓惟康又自
七月初一接准府駁之日起至十七調篆卸事日止又自十月二十二日接冊起至
十二月初五卸事之日止又自十二月二十七回任日起至咸豐三年三月二十四改正牒
府之日止計改造遲延四個月零二十七日職名係現任汀州府同知覺羅克保
相應開報附叙合併聲明為此備由具牒伏乞
照牒施行須至牒呈者

咸豐三年三月廿五日案

一 牒

本 府

討牒送何項若干本

汀軍廳結報交代 克接李

全銜為請嚴交代之察核事竊 敝廳于咸豐元年八月二十四日回任接准兼
攝廳李將經手粮米米耗各款銀數依限造冊移送前來當經 敝廳會同
監盤按款查核接收會算開摺分送在案查州縣交代應扣正限兩個月
敝廳倉穀在五萬石以上例得展限一個月計自咸豐元年十月二十四日連閏正
展限滿 敝廳先于十月二十二日限內造送具冊結取具監盤官印結牒送核轉十
一月初三日准 前堂台李移開以前案委署廳交代冊結駁改未送難以越次
核轉將冊結發回次第造送等由茲將委署廳交代冊結遵駁改正另文

牒送合將此案冊結備文牒送　堂台察核加結轉申再此案交代原係
正限内造冊結報並無遲逾因前攝廳李佐賢接收前署廳姜浩一案交代
冊造數目舛錯駁轉駁改尚未改送不能越次造報所有各任改造遲延職
名現於彼案聲明此案係留俟前任核改妥協始得次第造送致有遲延
應請邀免重複開報合併聲明為此備由具牒伏乞
照牒施行須至牒呈者　三年三月二十日案

計牒送　一牒

糧米冊　本　本府

會議詳請咨追前署廳周其懿短交銀穀由

前任汀州府汀軍同知
監盤汀州府長汀縣知縣為會議詳請彙款咨追以免懸宕事竊照卑職惟坤奉委監盤
現署汀州府汀軍同知
卑職浩接收卑職克佩經手倉庫交代一案業經三面會算定捐庫款項下有列抵前

署同知周其懿短交糧捐款銀七百七十兩八錢六分七厘又倉穀項下列抵周前署

廳短交盤折穀四百三十二石七斗一升卑職浩查前廳周其懿短交前項銀

穀先因周令丁憂後短解永福丁耗銀兩當蒙

奏參暫行革職勒限追解即經周令以汀軍任内尚短議貼耗穀四百三十二石七斗一

升又截曠解費捐攤等銀七百七十兩八錢六分七厘盡屬攤賠較與虧短有间

現經設措永福正款力盡筋疲懇請檄行現任援照陳齊二任刪攤成案議詳辦
理等由禀奉
前署藩憲武　檄飭查議當經克前丞于道光二十五年六月間議詳請歸通
省勻攤蒙批另議復經克前丞于道光二十七年十二月間以界廳倉款應交項下均屬
正款並無捐攤款目即庫款銀兩亦係有關歸補均難短少所有同前署廳任內短
交銀穀奉飭妥議籌補自應遵照辦理無如界廳並無庫款可籌況歷任攤款業
已溢于廉銀已形賠貼且同令所短款項為數甚鉅勢難代籌須具將來有攤
無交曷若據寔詳明請即嚴飭同令迅將短交銀穀就省完繳以清盤案等由

咨在案迄今有無追交未奉行知現在周令早已離閩款屬虛懸未便再行流抵

移請刪除　卑職克保澂廳　查周令所短銀穀各款節經前任隨結詳追續奉札飭籌補

復經議歸通省勻攤未蒙批准又將無款可籌無力攤補緣由詳請飭追周令完

繳有案自應仍由現任照案詳追等由移覆照抵　卑職維坤　叅屬監盤會查前

署同知周具懋前因永福任內短交丁耗銀兩奉

各大憲詳請

奏叅暫行革職周令即將汀軍任內所短銀穀各款藉詞稟歸現任籌補本屬

取巧先經克丞于前次任內遵札會議請歸通省勻攤未奉　又詳請

飭追同安完繳未蒙勒追嗣同安原參永福丁耗完清之後推成黃仕予開復
回籍此時同安早已離閩本廳遵照札飭妥議籌補惟查廳庫支無閑款
無可籌繼而交代案內攤捐款項又復層見疊出殊難再為攤補現在案延
已久款項虛懸若竟責成克丞代為籌補未免向隅且現值清查之際永
禁流攤亦未便再議勻攤界職等　伏查前署廳同具慤在閩年久歷任多署
下各屬遵辦清查誠恐同安未完各處款項為數不少既奉禁止流攤即
不能不辦沿追所有同安原短汀軍應請內襍捐款銀七百七十兩八錢六分七厘
又艋折穀四百三十二石七斗一升公議歸入清查案內彙全同安尚短閩縣

霞浦長汀归化永福等縣並龍岩州各任内捐攤艮款一併詳咨閩令原
籍江蘇省分別查追完繳觧閩歸欵以免日久懸宕除于會算捐内分晰具
註外是否有當理合會同查議具文詳請
憲台察核俯賜轉詳批示祇遵實為公便除詳
清查局憲外為此備由具申伏乞
照詳施行
一詳　清查局憲並一本　府
道光三十年五月

閩水綱目十三卷存二卷

［清］光澤高澍然纂

南開大學圖書館藏清抄本

閩水綱目十三卷存二卷，清高澍然纂。澍然（一七七四—一八四一），字時埜，號甘穀，晚號雨農，光澤人。嘉慶六年（一八〇一）舉人。十二年，援例授内閣中書，攝侍讀甫半載，以父憂歸，遂不復仕。道光九年（一八二九），應閩浙總督孫爾準之聘，與修福建通志；十四年繼任總纂，十五年辭去。應興泉永兵備道周凱之請，往厦門主講玉屏書院，未幾告歸，掌教杭川、樵川二書院。卒於家。撰有春秋釋經十二卷、詩音十五卷、韓文故十三卷、抑快軒文集等。

自明黄仲昭八閩通志後，福建省志代有纂輯。入清凡先後四修：康熙二十三年（一六八四）鄭開極一修，雍正至乾隆間謝道承再修，沈廷芳三修，至道光九年陳壽祺四修。是歲，高氏應陳氏之邀參纂，同時與役者，如馮登府、張紳、王捷南、陳善、何治運等，均一時俊彦。又五年，陳氏卒，高氏繼任主纂，修成初稿凡四百卷，且補陳氏入儒林傳。然里居之梁章鉅率衆發難，指摘通志「儒林混入，孝義濫收，藝文無志，道學無傳，山川太繁」，倡言公勘志稿。高氏乃發憤撰文，逐項回應，並離志局。通志初稿後經大府付梁氏删改，隨之散佚。道光十五年，魏敬中蒐討分纂原稿，重修通志，至二十年蕆事，成書二百七十八卷，迄同治七年（一八六八）始梓行，論者以爲遠不逮初稿。其時高氏殁已幾三十年矣。

此書即福建通志初纂稿之遺存，乃經高氏别取名目，仍望其流傳於後，不致湮滅。按道光重纂光澤縣志經籍略稱此書「與福建歷朝官宦録並爲總纂通志稿也。乙未夏全書告成，以貲不繼，繕呈有待，而余遂歸。聞提調王觀察苦書浩繁，籌刊不易，授鳳池山長魏和齋太史删之。倘他日删本行，前修諸人廁名簡端，閲之者孰知其非原本哉？昔歐陽文忠表進新唐書，請宋景文列名，蓋不欲攘其美，亦不肯蒙其惡也。今諸君子各藏稿去，王君懷佩之沿革表、陳君扶雅之國朝列傳已刊佈，而余所撰惟二種有副本，亦自名書以傳焉。其美其惡，聽天下公論，則猶文忠遺意也夫」。魏和齋，即魏敬中。「王君懷佩之沿革表、陳君扶雅之國朝列傳」，即王捷南閩中沿革表、陳善福建國朝列傳。其時單行者，尚有馮登府撰閩中金石志，即其中金石一門之稿。

據卷首目録，此書原爲十三卷，卷一標缺，爲全省圖、十郡二州圖、海防圖，卷二福州府縣，卷三興化，卷四泉州，卷五漳州，卷六延平，卷七建寧，卷八邵武，卷九汀州，卷十福寧，卷十一臺灣，卷十二永春州縣，卷十三龍巖州縣。此本僅存卷二、三兩卷。每卷因府爲名，標注屬縣，依次敘閩省江川，於水名之下，詳其源流轉折及支脉匯入，引證繁富。卷三末識云：「此二卷已另抄矣。」蓋謄録前之草稿。取道光福建通志卷五至卷十六山川對勘，二者篇次相合，福州、興化二府内容差同。知魏敬中之重纂，尚能善據原稿也。（劉國宣）

閩水綱目目錄

光澤高澍然纂

龍岩州屬

卷二

福州府 閩侯 古田 屏南 閩清 長樂 連江 羅源 永泰 福清

府治閩縣侯官縣

閩江

、、為省會經流自延平府治合上游東溪（詳建寧府川）西溪（詳汀州府邵武府）（清流歸化延平府之南平將樂順昌永安沙縣各縣川）並府南尤溪 東南至古田縣水口驛（在古田縣北百里）甘棠古田溪諸水（詳古田川）始出險就平又東五十里至閩清縣境納閩清諸水（詳閩清川）又東入侯官縣境納竜溪

竜溪在侯官縣九都溪旁有小金山以古山園与閩清接壤

又東至白沙驛（在侯官縣西北八十里）納黄石溪

、、、一名岊江（以入江之石岊上流因名）溪源分水関歷建甌至吳入江

又東南左納大目溪右納小目溪

大目溪在侯官縣二十二都一作大穆

小目十六都 二溪源出永泰縣界

建邵建寧會邵延平府之崇山江溪見原流諸傍會流

又東南流至甘蔗塘陳塘溪入焉

、、一名城塘溪出候官十四都歲旱堰以溉田三十餘頃

其西有白石磯閩都記云江流迅急上有神祠

又東南過石門峽為馬瀆江

石門峽在候官十二都赤岸山尾與雞山相[illegible]近如門中有石閘

當大江衝激秋夏潮漲注入數里田成巨浸近歲里人疏清填塞

候官令周兆聖之力也

馬瀆江在縣西北二十五里即溪流陸地界居納雪峰以東諸水

方輿紀要

又南分為二派一北派自北而東南一南派自西而南合流入海

其北派東南流至候官市 市即舊治唐武德六年置縣元五年沒于洪水移州城 至芋原驛

汶溪注之

汶溪源出北水關至建鋤而下至是會江

濂江有岊山亦曰石岊江

、、在縣西二十五里 按學域志作西北四十里

又曰螺女江 寰宇記在州西二十五里是江方輿紀要謂烏龍江為、、、誤 即石岊江

、、以閩人謝端釣螺得女名 太平寰宇記引搜神記云端釣得巨螺大如斗置甕中後端出有少女日為具饌一日歸猝遇女詢之答曰我白水素女天帝哀君少孤遣妾具饌今既已知當化去留殼與君女米常滿端不猝從焉 按閩中考載屠田韶情山經云有道士釣得螺殼有女子自稱係水仙第三女有頃復棄螺去南州因名螺洲但韶書按出以螺殼之螺女江與閩都之螺洲并為一事與寰宇記信不可從

又東南曰金鎖江 按紀要謂、、、在洪塘江下誤

、、、在州西二十里 寰宇記兜寨以漁父釣金鎖得名 寰宇記引閩中記云有漁父釣得金鎖、老兒金牛奔處急挽至岸牛斷剩鎖長二尺許 一名金峰

康軍於此立廟

又東南至鈎西十里曰洪山江亦曰洪塘江

洪塘江分二支一南過石頭納永福溪與南港通一北過新州 又分為二共一北行為經流一南行十數里與經流合 參懷厚城志

又東南入閩縣界經釣台山下曰南台江

、、在府城南嘉崇里亦曰白龍江有小溪即候官西界水 自城西而東南注、、

有葛氏橋桐溪注之

、、源出侯官十三都流三十里匯大江

又東南雪峯山下而東出為馬頭江

、、在閩縣江右里有石如馬潮退則見

大定江演江榕溪並匯焉

大定江南台江閩底異流至是納大小溪水匯于馬頭江

演江一名峴江源出山岩亦匯于此

榕溪上流為蒲溪源出福清縣界流十五里為榕溪在閩縣

東南青布（攔布嶺 一作鋪）有綠榕橋跨其上亦匯于此

而馬頭江之支港又有上洞江下洞江（一作上桐 下桐）

上洞江在江北地名玉枕里下洞江在江南即江右里

其北有東峽山故馬頭江一曰東峽江與南臺會

東峽江闊可二里其深莫測中有石如砥柱名浮進下有潭名

隹潭龍潛其中禱雨立應

南派自西而南流至侯官芋原塘西南又東南有一水自永福縣會德化縣水東北流來注又東至洪塘南有支津北通南臺江（即前洪塘江南過石頭與南派通者）又南經高蓋山（在侯官西南三十里）繞出陶江（按陶一作淘江亦有高石陶迹）

陶江在洪塘江之南支浦分合相錯

又南曰瀨江（陶江亦呼瀨江）

瀨江在府城南清廉里徵凡激之勢如下瀨

又東南循方山西麓（方山在府城南五十里）至仙崎山亦曰仙崎江

又曰陽崎江（一名新崎）有芹苗江會吳溪黃溪浩溪諸水北注焉

芹苗江即大樟溪源自德化縣東北流至永福縣（詳永福縣西川）合閩清界水又六十里合福清界水東北流至侯官縣西南之旗山合吳溪黃溪

浩溪發黑山水曰芹苗江北注陽崎江

吳溪源出旗山之陽歷平坂北注芹苗江

潢溪源出黄岩峰降浦西注降苗江

浩溪源出鹏山注降苗江经田十余次

又即溪亦注焉

浯、、出永福东流三十里入此

浯山水亦东注所谓黄岸江也

、、经侯官西南浯山受永福诸水东入于阳岐江有巨石

横亘亦名苏崎奇险

折而东流至闽县界折曰西峡江

、、在永福里阔十余里俗曰乌龙江

又东至闽县东南五十里与北派会二派之会北曰东峡江南曰

西峡江侯官志云西山夹峙下通潮汐一统志云东峡江即乌龙

江西峡江即乌龙江也 按嘉靖府志闽书学域志方舆纪要並谓由

侯官志东峡江阔东家乃于东西二峡江外别出峡江其误显然今从一统

志二派既合而东其江面益阔东流经林崎江又东福清长乐二邑

水自南合而北流注之（详长乐福清） 又东北流至闽安镇东急水门西

爲海口，洄數十里，港口之北爲琅琦山，名曰琅琦江

又東北爲福斗山，其東最峥嵘者五虎門，是爲閩江入海口

、、、在沿惠里

五虎門海口在閩縣東百里，北與定海、卧黄崎、堡北茭同相望

南與梅花卧相連，與海壇山相峙，其正東即白犬洋、東沙也

海 古田縣

、、在縣東北二百里，其東南接連江，至海二十五里，雖奧淺，備防

倭爲略

溪

大溪在縣南，挽水口驛，一名田溪，東合上杉之水，其北爲古田縣

溪之上流爲洛東之溪（舊亦名）劍溪，而洛北之西溪、洛南之瀨溪會於故

古田溪以十數，而東溪爲大

東溪源出縣東北杉陽鎮黄居嶺（在安樂里），而南流至縣治〇東

合屏南、龍江等山水（洋屏），又納縣境蔡仁、秋興二里水，過柴橋與半

南川

溪合匯于治东是为东溪

半溪发源浙洋拱章宅里及潜龙化坂浙邨之水流罗家坝之右

合于紫桥

甘泉会东溪为又有甘溪

、、一名芝溪在仰南里

大者为西溪濑溪

西溪在安乐里源出路西北白漈岭与安界罡一名横溪合南邑屏路坂

白溪茶溪青溪禹溪傜溪浙水南川洋屏至治北匯于东溪

濑溪旧名濑里溪在治西五十里为源濑里东流至治南曹杨桥

匯于东溪

而濑溪之東匯又有桃溪入焉

桃溪在治西崇礼里源出黄蘖山下至大桃奥岸因名东溪为湖甲桃坞之

湖流入濑溪

翠濑流合东溪之大南竹里许有石滩横绝中流界东西岸为

鳴玉灘

、、舊名洪瀨宋吳從間令李堪改今名

又南約十里至吉口鄉有西洋溪來會

、、即盛溪一名錦溪有錦溪橋 源出東坑前山西南流至吉

口鄉來會

又南曰鈒溪

、、即東溪下流有摩鈎石

又南下百丈漈為岩溪

、、即大溪異名舊水口溪上有岩溪驛

亦名囦溪又名囦江有關曰囦關宋轉運使楊克讓遷

徙於此是為大溪其下為同江 洋田

經於石不可舟楫寬可四容小艇至路后會衆流而大能過此亂石 徐川

截流中隔龍潭瀨濤飛湍漂急淺木將此水由地曲崎嶇

方舟由朝天橋直達大溪

古田溪皆自東北注西南

以上參據八閩志閩書方輿紀要一統志

水道提綱參酌府志輿圖

屏南縣　按、、有二流，一流由田一流由衙經于双溪，故以（經于東溪）

雙溪　二溪所匯畧綜流皆萃于

、、左縣治凡二源，一發源于竹洋（一云發源裏）東流，一源天台嶺西

流至匯水橋下合流出龜溪

、、左棠口溪上，其流入棠口溪

有一水自縣水頭經錦厦來会

此一水在縣西北流龜溪

至棠口西棠口溪合仕洋溪錦溪來会

棠口溪即龜溪下流

仕洋溪源自白際水匯棠口溪

錦溪、、經潭至長林橋亦匯棠口

又一水發源古田經忠洋迷善溪坑裏洹坑后亦匯棠口

此一水在縣正東

至佳造橋有一水發源古田經甘棠小鄭洋又一水發源南峭山

至後壠溪並来会橋下

此二水在郡西南

又双门港在会白水洋来注

双门港二源西自龟潭摇流全座橋即金迭橋北自小溪会白

水洋来注

白水洋出政和至宁德霍童界上下西洋约八里许会双门港

西白水洋又会一水发源于建安界经谢敦坑而汇双门港

此一水在郡西北

至龙井橋有一水发源郑家山汇于橋下

此一水在郡东北

合流出宁德界有一水发源後峭至叉溪来会

此一水亦在郡西北

注蕉州入于海

西溪在移风里古田在安里跨二邑泰源出古田县白洋领详古田川有白溪青溪花溪

高溪镇溪来会

青溪一名潭溪俗呼青潭 五溪俱在新俗里並匯西溪建
寧府志云（一誤志）入東溪非西溪本入東溪也
入古田治北匯于東溪詳古田川
東溪本古田溪北上流會屏南龍江壁溪路溪龍際溪及和區西南
西北諸水至古田治東為東溪會西溪漱溪達于閩江（詳古田川）
龍江源自屏南奔流分為兩派中峙一島曰臥龍島有佗洲下合（書院）
為一合匯曰龍門港
壁溪一自墩頭發源一自忠洋發源合流為壁溪
路溪在路下都前兩澗夾流北自富洋發源西自蔣園發源至
五溪都中有一潭曰五溪潭
龍際溪在龍際都前兩澗夾流北自洋頭寨流行凡九曲西自赤
溪洋中有一潭曰長老潭
和區西北水發源建安經嶺頭至七溪門裹會西南水
和西南水發源建安經路下七溪門裹合區西水

縣西北水發源建安至上下大悲從遠垃厝洋長橋合正西水

閩清縣

梅溪 濱水溪 羅墨溪 下際溪 小溪 穆溪

、、以地多植梅因名 朱子鐫梅溪二字於梅溪坪龍岡菴石壁 以在縣南亦曰南溪在和峯坊源出永福縣境入縣南坊七馬坑嶺北流合西南一水又北曲折十里至縣西南有濱水溪羅墨溪自西來注

濱水溪 在縣西十五都距縣二十里源出尤溪合羅墨溪入于梅溪

羅墨溪 十五都距縣三十里源出永福坊入于梅溪

又東北有下際溪自東北來注

又東北至縣城西北又北折而東南合蒼平里仁壽孝順金沙等小溪 、、、在縣東北 合于閩江

小溪有三橋良石普賢寶山通尤溪 其水淺澁土人以小艇載至江口易巨舟浮江而下

直縣西五里曰閩清口以江當溪清故縣以閩清為名既合閩江經縣

城東又東稍南稷溪注之、、在大穆村東北南流來會

北下入候官境 以上參據閩都記、八閩志、汜府水道提綱

長樂縣 按長東白海有五江，而所奚多由馬頭江入海也，上有古

入海者今分列于篇

海 在縣東七十里 元和郡縣志 近縣東十里有堤，唐太和七年令李茸築 唐書地志

縣西北之閩安鎮五虎門為省城門戶，東北之廣石、梅花所，實入海

縣，與連江縣定海汛對岸，省城右臂也。自梅花至松下巡司中歷十

一粵，皆東沿大海，波濤四衝，激而無岸，水積寇船雖近，猶松下

衝，南與福青接壤，商舶往往泊此，海壇鎮包其東南

有觀音澳、蘇澳，可避賊船，亦其要害，故松下備禦宜豫 方輿紀要引海防考

入海諸江 馬頭江 壺井江 廣石江 梅花江 松下江

馬頭江 即閩江北派，距城西北半里許，自閩縣流入境，東北與梅接

六白礁澳江有山寺海中分东西南北四澳可避风海舟常泊此
其东有门曰黄岐漳坂等澳皆海潮洄伏处也
礁澳江即马头江下流非别一江也
壶井江在十八都六白壶井澳即洄江入海处上流曰漳港江淄
江以东为壶井西为漳港
漳港江在十五都上流为仙岐江经中路至淄江为漳港下接壶井
仙岐江在十七都自船坪流至漳港口中路接漳港江　二江与壶
井随地异名止一江
广石江
、、、左邻东宏里宋陆秀夫张世杰奉二王从此入闽七安镇居民以
渔为业有从山澳与海吐纳
梅花江在二十四都距邻东北五十里梅花所城在海中曰梅花澳南北
廿澳曰杉下江
杉下江在邻东南三十里东通大海西界福清亦曰杉下澳相近者
曰大祉小祉壤下等澳　方舆纪要

入江諸溪港　欽賓溪　鐵爐溪　九溪　文洽浦　太平港
資聖溪　中溪　星溪　三溪

欽賓溪在縣東，源出白水坑，從南門外折而東會鐵爐溪、九溪，又會文洽浦，入太平港，注于馬頭江。夏志、賀志參考　按賀志以爲溪流均道中間有二欽溪，一在南門內，一在陽春橋頭，順流入文洽浦。故道漸淤，故夏志載是溪西從和寧橋入江，不與諸溪相會。乾隆間填陽春橋浦爲公地，故道始復

鐵爐溪在縣陽東，上通龍津溪、陳壙、坑水注，下由新橋經普田橋會欽賓溪達馬頭江　參夏志

九溪在東門外嶺口洋，會欽賓溪達馬頭江，支流匯河頭舖

文洽浦在縣治東，以水通津得名，上接資聖溪，左會欽賓溪，右會十洋街諸水，由太平港達馬頭江　賀志

太平港在縣西一里，舊曰吳航頭。明永樂十一年遣內官使西洋，泊舟於此，奏改今名。嘉靖中倭犯縣城，並由此。匯衆流由城北入馬頭江　學域志

資聖溪在縣北，上接白頂山諸溪水，下通下橋溪，注文洽浦，達馬頭江　夏志

舒都

中溪 在四都，出雪居山，縈迴三四里，西通閩縣白田渡，入烏龍江。閩志參都志

星溪 在六都，源自七峰岩，縈迴而出為獺溪，有橋跨田千餘，次共委六逮於江。

三溪 在八都。志：一源自福清界許溪，水路會為南派；一發源飛山，經敬於南臺堰橋，會流為西派。志：一自七岩石寨中，屬於兩崖間，經十餘里成溪，有石埕橫障其下，曰瀨溪，濤若白雪，亦曰雪濤。明邑人陳應春記 三溪並注于江。都志 按舊志謂源自福清界許溪，水路會於坡石嶼，分派為三，與舊志稍異。

禪林溪 在十三都，舊作竹林溪，今改正。源自石人峯下，匯為紫綾溪，志，亦注于江。都志

入海 許溪港 板楊港 濩溪 沙坂洋溪 漳和 龍下 源溪 三溪入陳 陳塘港 大富溪 塘港

濩溪

在縣西十三峰下。八閩志 原出大山白龍潭，經演江，洋閩橋川東流入海。夏志

漳溪

在八都上楻坵溪，會大溪入於海。夏志

大溪，在九都，出福清仰居山，行数里，由石门陡八都，漂潼溪入於海。
祉溪，在辛都海濱，出福清钱岭，陂民田九里，小祉澳入於海。
龍下溪，
在亭都，源出龍下山，溉民田，係達于海。夏志
源溪，
在廿一都，源自太常许峰，萦行而下，出入於海。
陈塘港，
在廿三都，宋末陈文龙筑田砌塘，因名。源出梅花山下，会许湖、延祥
湖（桃枝湖、福湖、林婆湖、濱岡湖、嚴湖）、许港（之社港、阜蔭港、京港、李港、硐港）以水而延祥湖合瘠杨港来
会桃林湖，引会沙坂洋溪来会嚴湖，又合大雷溪来会，入於海。水
注洲閘、斗门，由经歌里、青花林、浔海以入於海。
嶺杨港，在石岳岭南，通延祥湖，引潮水入西山下，向有建议欲凿
岭通乌江之水以灌田者，埋不可凿，且山脉係全邑，凿之害匪细。

永埜 夏志

沙坂洋溪在九都，長五百丈，自雲梯山[illegible]曲折而下入移枇枝湖 夏志

大會溪在善安里二十一都中，罗源出里龍潭而下，曲折行二里許，達於巖湖

連江縣

經流曰連江，許溪由之入海，唯梅溪、竹溪自達于海。又海港三，唯拱頭港合鯉溪入海，其二則海汊自為港也，今分列於前

海在縣東二十里（元和志作東南三十五里），與長樂接界，其中潮汐吐納，古謂官塘洋，荻蘆峽、董嶼、僅鶴[illegible]嶼、甘蔗而定海、小埕為防守要地

連江

一名鰲江，在縣治南門外，為縣經流，合古田、閩清、候官、羅源、寧德五縣之水，匯于五縣寨口。自古田者，出古田牛頭嶺西杉洋，一統志引府志出本田芝洋溪；自閩清者，出閩清二十九都雪峰；自候官者，出候

皮裡坂百丈至大廷坪一流來自古田懷安縣極洲之窰溪三源並會於傲江渡羅在

西源縣右而下經之桃枝溪詳字桃羅源之羅溪源詳羅入焉左而候官

之西峰水入焉至羅溪口合諸小溪匯于五縣寨口入縣境東

南行有高岳龍潭東岸芙蓉黃湖五溪水來注

高岳溪

龍潭　在縣西境之北鄉

東山岸溪

芙蓉溪

黃湖　在縣西境之南鄉

又東南曰陳劉溪並流益大以上並據[illegible]縣志　按三山志載古田羅源二源一流來引府志止云主派不及中梅閩清

雍正間郡守胡承謀勘水災至縣命

討水源知縣陳君元等遍閱上流具圖以報

陳溪在縣西七十里乾隆縣志以為上蔓　五縣並連江界內

之水是也

又東南至澄渡與寶溪會
之在縣西光臨里去縣二十里出雲峰山經淩嶺而下會芦溪注於
江乾隆縣志
芦溪在寶溪西二十里乾隆府志
又東至羅峰渡牛溪合周溪注之
牛溪在清河里會黃淳溪蒲邑溪至羅峰合周溪注于江
黃淳溪在東上社
蒲邑在安定里東師山下
周溪源出安定里練地山自朱公橋至羅峰注于牛溪
又東爲鼇江
之即連江縣名在城南三百步橫至欽平上下二里
又東出岱雲塘財溪注之章志
之在縣東東賢下里源出烏岩際近川居民引爲壩其水至岱雲塘
注于江
又南有鑄鼎浦合利安溪雪溪材注之

浦在江南鋪，鋪東居民多業冶，故名。

利安溪在郭南新安里，源出文筆站山下，流合雪溪，民資灌溉。八閩志

雪溪在新安里南，源出雲霞釜山，合利安。注鑄舟浦

又秋江浦水帝自金鍾潭口入焉

秋江浦在新安里矩庚都三都，即師姑浦。

又東為伏江

、、即連江異名，在東岱山下，距郡三十里。乾隆郡志

衍蠔步江浦口之流而注于此，為安隘要口

蠔步江在永貴里，濱江有石屹立如馬。閩書

浦口在二九都，本名珠浦，俗呼浦口，又名東浦，浦下為斗門，豬東

湖水灌七里民田，下通江潮。

又南出峽口鎮入海

入海溪

擁溪在廿八都，自鹿池導源，經益柳浦入海。乾隆郡志

竹溪在赤沙館之東原出黃崎山經龍塘入海 新志

海港

荻芦港自邑之江口越小嶼牛崑而入可達舖頭 韋志

定海港近島引海水而入俗呼八使港 韋志

拱頭港其上流曰鯉溪

、、在縣東北保安里發原罏峰北為拱頭港入海

羅源縣 羅川為經流其外有流別者作上游者有經少海北

海在縣東南松崎江為諸溪匯流海口

羅川在縣治西源出羅山至王才橋九溪注之 王志

九溪在梅溪里原出小雲迷坑鼓匯王才橋下 王志

至白塔院墟金鍾潭坑 三山志

金鍾潭在金鍾山有龍湫 八閩志

納四明溪 三山志

、、、出縣西四明山經四明橋來注 三山志

分為二支由南莊（在西郊外）環城過東北西南溪由西溪過資壽坡匯出西

门外合为北溪
南溪初入城自乾隆庚戌于南门溪凿石障流使北溪石接南溪
南溪遂不入城 新志
北溪初与南溪通自塞西溪止涵小西门外 新志
西南溪自南庄又分一支入城出南水関与南溪会为中溪
中溪当明宣德间堙塞废市 火灾成化间以堪舆言中溪
水可制明火山知矢務施宏重浚今湮 八闽志
注南又有环溪源聚山北入水関由双石桥会北溪出水南门外会
南溪西中溪复会于此三溪复会为一名罗川过沈尉桥旋转
九曲 三山志 连马步桥在临济里有巨石因名 九龙溪会赵坊溪来会
九龙溪在临济里其上流为兰田溪又上流为護国溪又上流为黄
沙溪其下流赵坊来会
黄沙溪源出宝胜山 八闽志 入護国 新志
護国溪上接黄沙岭前过由皇头前过乌桥入兰田

芒田溪上接蘐葭国入九龍

起步溪在獅北 世傳徐真人煉丹 茅山起步於此 源出天竺山 在羅平里 接堂洋溪 岡灣溪

章溪 黄坑溪 章溪 朝格溪 頭溪 折北会九龍溪

莞洋 岡灣 朝格 三源未詳

章溪源出坂洋抵洪洋入起步 新志

黄坑、在羅平里 就匯起步

章溪出洋坪抵洪洋同章溪匯起步 俱新

頭溪在獅西 源出亭坂山下龍藏崎 至長坑入於起步 志

合流至五里亭 由松崎江入海

、、、以松崎山名 山在拜井里 三山 延袤數里 為獅東捍門 商舶弟艘皆泊於此

入海小溪

大獲溪 在獅東 源出山頭西下坑裏 出大夾塘前入海 新志

小獲溪 棕窑裏 流潭下 橫埭洋 過小獲橋 出林下尾入海 新志

花利獅溪 橋 百丈 七潭 霞口

楊溪在壹上里源出同陽山流大洋石丈達寧德入海 詳寧德

石丈溪在梅溪里兩邊連江溪旁岩深數十丈 新志

長潭溪在梅溪里匯壽橋許水盈四里許至斷流山伏流潛達連江

霍口溪

〻〻在紹惠下里源出古田東南流至紹有双溪納双口渡伏溪水來注

雙溪一接双口渡水一接伏溪水故名

双口渡納古田牛頭嶺水洄清雪峰水緩寶熹都水注于双溪口有渡故名 互詳連江川

伏溪在壹下里

伏溪上流為文功溪又上流為洋頭溪 新志

洋頭溪源出化一里上洋灣坦達厚富深坑入文功溪

文功溪源出古田毘桉達於伏溪 新志

雨霍口溪下流入連江縣由鼇江入海（詳連江川）

永福縣

大樟溪源出德化東北流入縣境會洑溪一統志

一名瀨川源出德化西都至會源處曰洑口一名洑口堂三山志俞荔縣志

又三十里至嵩口會尤溪水（詳尤溪川）又四十里會德化許溪水（詳德化川）又十里至二十八都龜嶺納仙遊游洋水（詳仙遊川）匯於雪光寺前名西溪

西溪上有三門側窺雖最險閩都記龍門三瀨之二在西溪是也

分為二共一徑流一由右分出穿岩從後合（閩都記南溪當指此）匯於東溪

東溪即西溪下流有石尋瀨閩都記龍門三瀨之一在東溪是也按閩都記以西溪為東溪而以雙溪同匯為東溪此與在縣南越峯山下雙溪別為二

又六十里抵縣西三里越峯山西在縣有漈溪會焉未會以前通名洑口溪（方輿紀要）

淨溪出郡西北六十里瑞峯下南流與伏口溪會 紀要 以溪流會注得名 三山志

洸[?]匯名曰雙溪

雙溪在越峯山下 三山志 方輿紀要註指之雙溪也

又按郡治南為大溪

大溪即雙溪下流

有一水由閩清境行百餘里經摩笄山在郡東北 抵郡之北由北而[?]南與大溪合 俞荔郡志 內外縈流環抱如帶 俞荔志 宋陳侍郎誼記邑治[?]負艮位丙面坤雙流帶繞[?] 謂峯由艮發水入巽流 又西北行六十里至大樟渡納十八溪水曰大樟

為地理一勝

溪

十八溪在郡西北 三山志八閩志嘉靖府志並云在唐元里閩書及俞荔志云在永安里一都 源發福清界至龍

嶼委蛇盤曲凡十有八折因名至大樟渡合大溪 其溪上有小雄溪

亦由龍塘入焉[?]

小雄溪在永安里一都，源出興化許山下浙塘墩，為漈布三十餘丈，流入塘中，匯于大溪。又西北至候官縣西南瓜山為澤苗江，注于楊崎江入海。其支流曰即溪，行三十里入候官為吳山溪，亦注西峽江入海。（詳閩江）

福清縣

海

大海在縣東南，縣東至海百五十里，南至二十里，海壇對峙，為汛守要地。其縣近東之海，港灣曲折，曰九海。元和郡縣志云在縣東四十五里，并九海言也。其外為大海，以海之江五：曰迳江，曰龍江（亦曰海口江），曰南日江，曰松林江，曰海下里江。

江

迳江在縣西南靈德里（八閩志：距縣西南二十五里）。學域志云：源出興化之金支大洋，至裏洋，合黃蘗山南水，行十里，有蘇溪會漁溪入海。（三山志）

蘇溪在縣西南安香里，源出莆田界，西匯橫山潭，會漁溪。

漁溪在縣西南青遠里，源出黃蘗裏洋，與蘇溪合流，入迳江。

又南至鼈亭出烏峙門又南至雙峙頭分二支東出白嶼西出段峙門分

船坐南復合又南過迎仙港合蒜溪自西來會 志三山

迎仙港自興化來洋莆田川入縣境黃茅墩 墩南江上三千餘家出分界 廿墩溪咸海潮皆不能入

合蒜溪東流過宇山三里會壓江 志三山

蒜溪出縣西南蒜嶺下方築汇要入迎仙港 志三山

又南入于海

龍江在縣東方成里 志八閩 下流曰海口江 江西有六源一出石丈溪為

崔溪 志林

崔溪在崔林匯于安思溪 志林

一自欽石出吳石與崔溪合為安思溪

、、、在縣西善福里 志林 即宏路驛前大溪也以林志八閩病作

此水合流故名匯于文溪

一自欽石出石膝與安思溪合為文溪

、、、在善福里一自常思來一自清源里盧窯來交會於此故

名東下為天寶陂至水陸橋西南匯于西溪其上流在太平鋪前里

石塍溪下溪注之

下溪在方興里亦名塍溪

一 官石尤嶺發作坊溪頭樓刑橋洞下為洞溪

洞溪在縣西北陽據修仁界前亭溪注之至水陸橋匯于西溪

前亭溪在修仁善福二里間

一 自七星岩出石尤下溪頭至水陸橋有一水來會如門之關為關之溪

〻〻有二源其一自青陽嶺來會至水陸橋會芦溪匯于西溪

其支流為永安陂東注石壕 林志

一 自清源壺嶺出山浦尾芦山為芦溪 林志

芦溪在縣西北永福里合螺嶺雲洞諸澤林沂水經隴山為仙隴 汇要

溪近水陸橋為鹿角溪與關溪會

仙〻溪並匯于西溪以達龍首河為龍江

西溪

龍首河在郡治南西門外上合永福溪詳永福州下通運江潮汐詳連江

西湖西溪諸源為龍江故龍首河為龍江上流也初名河頭門後今

名洪流日由外河龍首南環帶郡治而東及會通街決路由惠橋泊

近城門為居民病焉嘉靖元年知縣陳后遇倡修故道尋又堙塞十

三年以撫按方濬水利道諸備相度開浚以衛塌如置石堤防

故道始永無患也林志

江際接龍首並東西溪東溪即上永福諸溪下流在郡東廿里會為琵琶洋南下

十六里為海口江又東十餘里入海三山志

琵琶洋在郡南下流即龍首河

海口江在方成里龍山一名海口山為龍江下流小別一源也

按林志不載海口江舊志以眾溪水源載入海口江而不詳龍

江蓋一江而異名非偏也或歧為二江誤

南日江在郡南南日里大海距郡九縣凡二百五十里八閩志方輿

汜要云在縣東南一百九十里海壇山下

松林江在永寧里距海口鎮五里入大海

海下里江即海口塞江在海壇下里入大海距縣九十海凡百餘里

上同

去

溪並詳 建江 沈江

卷之三

興化府 莆田 仙遊

府治 莆田縣 有莆三大陂 在南洋者為木蘭陂 在北洋者為延壽陂 又西北萩芦溪 其下流為三港 白湖港引木蘭陂港 引延壽 迎仙港引北萩芦 会而入海為三江口 南北洋之水皆归焉 其不入南北洋者 曰貿良港 万丈溪 另列於後

海在府治东南 自白衙山南經吉安寨北而南而西 寨三面環海 东北与海壇之观音嶼 东南与草嶼俱相望 又西北曲入牛田澳 水南寨 曰牛田 而东南曰前薛寨 曰白牛牙寨 曰青嵛 曰夹石港 曰白衙寨 曰东湖郡 曰万安寨 皆两面濱海 当青嵛與南澳中有狭長沙洲 曰壁頭寨 其地尾北夹而首南 东北与吉安寨 南与平海衞相望 為中

又西南經莆田縣东寧頭江口二寨南 又西南為涵江鎮 南与南山岸黄石寨相望 為三江口 自江口东南經嶼頭扳指 而西南至平海衞东南 其衞西為莆禧所 又西為塔郡 其北為山嶺頭寨 莆禧所南海中有湄

洲嶼自平海衛折而西南至吉蓼寨南西北曲入為大港經仙遊縣東南出吳海朝入港凡四道一自黃竿入為三江口西行歷寧海清浦章魚頭港由白湖直抵木蘭陂寧海以上通莆入名港浦名白湖港新港口十餘里南北岸以此為界又北二支其一分揖西琢港一自碧琢而入抵迎仙港此二支屈枉者又南一支初由吉蓼而入經嶼峪小嶼大湖東沙西至仙遊港境分為二一入楓亭曰太平港一入雙溪曰雙溪港北一支最大而少淺於壺山下溪而三江口有支海自碧琢入自北山謝溪會中有磐石突起如平地人居集焉有黃拜日流千人有橋一名桃律一名當陽汝道出于寧海出有支海自木黃竿入北岸有寧海鎮前有廣元元院中僧越浦橋之曰寧陂橋參據明史地志閩書匯要如相同

木蘭溪　滾溪白沙溪　九龍潭　寶勝溪　楊園山水　張梨里水

清江潭　巽溪　城山坑水　五馬坑　五侯坑　天馬坑　國清塘

白湖港

木蘭溪在治南七里木蘭山下為三大溪之一下流則三江之一也白湖港是
源接仙遊仙溪於治西界之花亭名瀨溪詳仙遊川
瀨溪在府治西南合仙遊西南諸溪及諸澗水凡三百六十流故入府治
一名大溪其謂之瀨溪者身淺而流急也
右合白沙溪
、、、在治南新興里發源於鐵嶺白雲鼓角諸山並在治南至古山合流北
行自溪右來注
匯于九龍潭
、、、發源九龍山在新興里九仙遊九龍山來匯合
東南流出木蘭山下山在治南崇業里堰而為陂是為南洋木蘭陂、、下為海港上
為溪流水漲漫陂面過仍由白湖達海水落由陂右迴澗橋南在治南循大濟
逕橫山出甯口瀕維新里南郭里許柳大濟過莆包瀨寶勝溪合楊園
山水來注
寶勝溪發源壺公山在治南二十里

榜園山水安原李山

至渠頭橋在治南分二支一北行歷新度合維新里水

、、、安原本里

至洋城斗門入白湖港又北行至清浦諸埔匯為清江潭

清江潭在治南莆田里有三大潭曰杜宗潭青浦宮前潭上

鄭周家潭歲旱三潭不竭

一南行環壺公山至横塘新塘合吳溪

、在壺公山之下聚雲岩諸水岩在壺公山之陽上有桃花洞醮月池

循山北流至新塘來合

過黃石諸埔在景德里合城山諸坑水

、、、安原城山在縣東南三十里為景德里黃石山也來注

至東華前合清浦水園出林墩斗門入白湖港共修流東南行匯

五里五侯天馬諸坑水

五馬坑水發源本坑

五侯坑水

天馬坑水發源天馬山 在城西三里

國清坑六陂 、、在国清里 唐貞觀之年開及國築陂田之廣 塘五計惟此塘以備大旱

東北山斗門六角湖港 舊有南洋三斗門洋城斗門萬木陂一通十横塘等處小濱四横新塘等處小濱五清浦化龍等處小濱十七

林墩斗門前大濱一通小濱九後洋大濱一通小濱三十八五龍橋等處小濱九 南田台石等處小濱四在山斗門小濱六、

而元延祐時於陂左近上開萬金斗門繞經獅過東與延壽水合

南北洋等小濱 通在此 小溪延興孝義仁德三里經由白湖港從受諸斗門會

白湖港一名玉湖在治東南五里下爲三江口又下爲東角遮浪

至涵頭鎮會涵頭港計延延壽溪迎仙港計延北萩芦溪水爲三

江口自是三港合流至三角庭退浪至黃竿入于海 案據閩志 興化府志 閩書 方輿紀要 里人陳池養莆田水利

延壽溪 甚溪 南萩芦溪 漁滄溪 八𨡥溪 七生港 吳戲浦 北萩芦溪支流 木蘭溪支流 上溪 漁陂港

延壽溪在治北山里爲三大溪之一下流則三江之一也漁滄港是 源接仙遊九鯉湖于治西俗曰苦溪

、、在治西五十里混會九鯉湖臣匯諸水爲延壽溪上源

東流合南萩芦溪

、、、、在治西北常泰里東流馬口鋪 按萩芦溪以地產是草名 萩蒿秋左傳伐雍門之萩注曰世蒿是也北萩芦溪亦產此故同名而以南北別之其實源流各異興化府志以爲同源而二流誤

此其已另抄矣

重編紅雨樓題跋二卷

［明］閩縣徐𤊹撰　［清］繆荃孫輯

北京大學圖書館藏清光緒三十三年稿本

重編紅雨樓題跋二卷，明徐𤊹撰，清繆荃孫輯。𤊹（一五七〇—一六四二），字惟起，號興公，閩縣人。以布衣終，與兄熥並有才名。萬曆間與曹學佺主閩中詞盟，後進稱「興公詩派」。藏書處曰紅雨樓，積書五萬三千餘卷。撰有筆精、續筆精、紅雨樓集、鼇峰文集等。生平具見列朝詩集小傳、荆州徐氏族譜等。荃孫（一八四四—一九一九），字炎之，一字筱珊，晚號藝風老人，江蘇江陰人。光緒二年（一八七六）進士，授翰林院編修。歷掌南菁、濼源、鍾山、龍城書院，創辦江南圖書館、京師圖書館。辛亥革命後任清史館總纂。藏書甚富，精研目録校勘、金石之學。撰有藝風堂金石文字目、云自在龕隨筆、藝風藏書記續記再續記、藝風堂文集等，輯刻有雲自在龕叢書、藕香零拾、煙畫東堂小品等。

徐氏藏書美富，生前多撰跋尾，散在各書。清康熙五十八年（一七一九），邑人林佶編紅雨樓題跋，謂「從稿中録出」，其時距徐氏下世已七十餘年。據今人馬泰來所考，林氏得紅雨樓舊藏兩千本，其子正青又得四十七種，其輯本當另有續補，共計録文二百餘篇，書跋以外，另有碑帖、書畫題跋及書序，稿本今藏山東省圖書館。其後同邑鄭杰亦搜集徐氏舊藏，輯刻紅雨樓題跋，嘉慶三年（一七九八）刊行。鄭輯本録文八十七篇，林輯本多已收入，不見者僅三十篇。馬泰來以爲林、鄭二本篇目多重複，鄭輯本多源出紅雨樓集稿本，疑林輯本亦同源所出。清末繆荃孫併合林、鄭兩家輯本，彙編爲重編紅雨樓題跋，宣統二年（一九一〇）由趙詒琛峭帆樓刊行。民國二年（一九一三）夏遭亂版毁，三年春重刊，四年重印，增羅振常校記及補遺。

此爲繆氏所輯稿本。據繆氏跋，其所見紅雨樓題跋，最初據莫文治藏林輯本録副。此録副本今藏日本關西大學圖書館，稿中朱筆校改文字頗多。光緒三十二年（一九〇六），繆氏又從友人沉夔生處借校鄭杰注韓居刻本。因取兩輯本，分類合編，析爲經籍、碑帖、書畫三類，經籍下又分經、史、子、集四類。末録鄭杰跋及光緒三十三年繆氏自跋，題爲重編紅雨樓題跋。

此稿本用「雲自在龕」青絲欄稿紙抄寫，與峭帆樓刊本篇次相同，惟刊本目録置於書前，此稿本則各卷目録分置卷首。繆氏自跋末有朱筆「宣統辛亥刻于峭帆樓趙氏」一行，刊本末則有宣統三年繆朝荃、李澍（惠安鄉農）跋。此稿本亦有紅筆校字，當曾與關西大學圖書館藏録副本紅雨樓題跋互勘。如焦氏易林撰者「焦貢」，二本皆改「貢」作「贛」。一九九三年，沈文倬曾整理繆輯本，並附沈氏輯紅雨樓序跋。近有馬泰來新輯紅雨樓題記，據各家輯本，參校稿本，並比對徐氏家藏書目著録，追蹤題跋各書所在，據徐氏手跡一一詳校，並加補遺，共收徐氏題記一百五十九篇，含新收四十篇，又前編收其兄徐熥題記三十二篇，後編收其子延壽題記一篇，孫鍾震題記五篇。知人可取諸本互參。（林振岳）

重編紅雨樓題跋卷一

經籍

費氏易　　京氏易傳

焦氏易林　　圖南易數

雙湖易翼　　麻衣先生易髓

左傳　　石經左氏傳

春秋詞令〔命〕　　晉文春秋

論語講義　　說文字原

六書正義綱領　　詩韻要釋

詩韻輯略

以上經類

溫公稽古錄　皇明傳信錄

國史補遺　革除編年

華陽國志　南唐近事

三山志　福州舊志

鼓山志　金精山志

金陵梵刹志　武林舊事

瀛涯勝覽　蔡忠惠年譜

蔡氏宗譜　先君交游錄

龍筋鳳髓判　金石錄

以上史類

仲蒙子　又

潛虛　省心銓要
性理羣書句解　言史慎解
華象新書　步天歌
萬物數　奇門遁甲五總龜
靈棋經　蜀中畫苑
陳氏印譜　印式
印林　印燈
名章滙玉　荔支譜
茶錄　蜂經
避暑錄話　野客叢書
演繁露　捫虱新語

藝文類聚　事物紀原

五色綫　姬侍類偶

嫏嬛記　陳金鳳外傳

南村輟耕錄　何氏語林

以上子類

陸士龍集　杜工部詩

分類杜詩　寒山子詩

常建詩　錢起詩集

孟東野詩　樊川集

沈下賢集　李文公集

又　皇甫持正集

杜荀鶴唐風集　韋莊浣花集
松陵集　薛濤詩
張文潛集　東溪子
栟櫚集　陸放翁集
游定夫集　横浦集
羅鄂州小集　又
戴石屏集　月洞詩
傅汝礪詩集　陳剛中詩
戴九靈集　丁鶴年詩
又　玉笥集
釋宗泐全室書集　陳子上存藁

王行半軒集　祠部宜秋集

林子羽鳴盛集　高廷禮嘯臺集

又　虛舟集

草澤狂歌無　閒過齋文集

竹窗小藁無　雅宜山人集

孫太初集　又

題子實遺藁　鏡湖清唱

越坡藁　序林初文集

序陳衎大江集　孝樵林摘要藁

序曹能始石倉集　曹能始遊山詩

泡菴詩選序　題安蓋卿詩

題蕉雨亭詩　題許天開詩

萬印角閩游草　致盛桂海詩

題王則巽詩　題聞鶯館社集詩

題曼聲集　閩中詩選序

古文短篇　神交篇

董允叔落花吟　文選纂註

擬古樂府　又

又　兩漢詔令

唐三體詩　光岳英華

檇李英華　文心雕龍

又　又

解頤新語　又

環溪詩話　南溪詩話

陽春堂五種　紅雨樓書目序

藏書屋銘　題兒陸書軒

題綠玉軒

以上集類

重編紅雨樓題跋卷一

明徐𤊹撰　　江陰繆荃孫輯

經籍

費氏易

此費氏易也今易悉遵王弼不免割裂全經古易遂幾亡矣斯本天水胡纘宗所梓可謂好古但未知費氏之傳二跋俱未分明於易原委亦似憒憒且名曰周易象何取義宜改作費氏易則善矣庚子夏徐惟起書

京氏易傳

房學易於焦延壽其說長於災變分六十四卦直日用事以風雨寒溫為候房用之猶精今觀易傳又非分卦直日

之書蓋京氏所著易凡三種此其一也晁氏讀書記論之詳矣此本乃古田鄭山人鐸見貽者山人未幾下世於易理誠不可推矣萬歷乙巳春日竹窗病叟徐興公跋

焦氏易林

愚按商瞿受易於孔子至田何以後皆有次第宋世諸儒如程如朱俱祖田費之學而卜筮咸用啟蒙之例獨焦貢（贛）作易林分六十卦更直日用事班固孟康該之甚詳若一概用啟蒙之例揲之雖以爻變牽合推斷遂與漢書直日之言相舛班氏去焦氏代不甚遠豈謬為之傳耶蓋易學田何焦貢（贛）費直分為三派朱子派出田何以此派之義例占彼派之吉凶必不然矣又按儲咏論代著之法以錢擲

爻古者以有字爲陰無字爲陽至紫陽始反而用之故建安諸賢悉主其説茲揲蓍既不用啓蒙之儀則擲錢焉可依紫陽之説乎學者欲求焦氏作易之旨須用古擲錢法折衷直日之論庶幾近之矣皇明萬歷辛丑春正月書

圖南易數

此書不載作者姓氏近見友人處有圖南河圖真數一種後自乾至未濟卦各解釋與此本同但章末無詩乃圖南之真本也此本詩極鄙俗決非圖南之筆乃後人增之耳圖南易理奥妙安得作此兒戲語耶河圖真數易有鈔本此又不與真數相蒙分之爲是萬歷己酉花朝徐惟起題於汗竹軒

胡雙湖易翼

此書辛丑年置之甯波書肆原久外編一卷癸卯年杭州張維誠來閩借鈔一部不知此板刻在何方上篇列揲卦位十翼之說中篇述古易傳授傳注之源下篇舉理數筮驗辨疑之緒絶無宋儒迂腐長談博而精孅而微學易者玩索而有得焉於易道思過半矣甲辰秋日讀易園主人徐興公記

麻袁（衣）先生易髓

麻衣正易心法一卷馬鄭諸家載之四明范司馬刻而傳之此本題曰麻衣先生易髓分上下二卷列六十四卦各有論說不及繫辭而彖象之後加以納甲正副本命功名

富貴不知何義且馬鄭諸家及焦太史國史經籍志俱無此目豈山崖屋壁之金匱所藏未覩耶余乙未冬得之杭州肆中鈔寫精善為故家所藏者按麻衣五代周時人歷數百年而人不知有易髓之傳於人間信乎三墳汲冢之出於後代也萬歷戊申季夏廿一日閩三山徐𤊹惟起

左傳宋板

建安楊讓字允謙文敏公之仲子也少從濳習禮李時勉游造詣甚深所著有澹庵集此書前有印章謙卦余得之建州書肆知為讓家所存也腦後有丙戌字當是時成化二年卷末題曰淳熙柔兆涒灘閩山阮氏種德堂刊當是宋孝宗淳熙三年丙申也古本書不易得卷首又有春秋

諸國地理圖世次圖名號歸一圖傳授次序圖皆古本所
無者也天啟乙丑初秋送南中丞公至建州購於開元寺
書以誌喜東海徐興公識

石經左氏傳跋

愚按鄭氏執〔藝〕文畧石經之學始於蔡邕秦火之後經籍初
出諸家所藏傳寫或異邕校書東觀奏求正定六經文字
靈帝許之乃自為書刻石於太學門外當漢末祚所傳未
廣而兵火無存今之所謂石經者但刻諸石耳非蔡氏之
經也又按馬氏經籍考偽蜀孟昶刻六經於石春秋左傳
三十卷不題所書姓氏亦無年月經文不闕唐諱獨闕祥
字乃知孟知祥僭位後所刻也又有石經尚書祥字皆闕

亦民字乃孟氏未叛唐時所刻也經文中俱闕民字虎字類似與馬氏不闕唐諱之說未合勳載考他書蔡邕刻經之後惟偽蜀有之易經尚書乃孫逢吉周德貞所書此出孫周之手無疑況字畫秀整蒼勁大類虞歐筆格先兄惟和嚮曾購之蔣子才藏諸齋頭者十餘禩後伯兄不禄仍歸子才子才復持以贈在杭謝君子乃為之考核始末以俟博雅者鑒定萬歷丁未初春徐惟起書

春秋詞命

王文恪公彙輯春秋詞命刻板散逸傳世甚尠屠使君田叔極愛其詞簡古可入尺牘之官沅陵乃授梓以行楚中紙烟殊佳余小齋中復增一種奇書也萬歷庚子秋豐州

徐𤊹書於豆花棚是日天涼氣爽覽之終卷

晉文春秋

胡元瑞四部正僞謂吾衍雜取左國說苑中論文莊二伯事節約畧成篇者并晉乘楚檮杌皆疑衍作余謂前代無其目而突出於元季宋景濂胡元瑞博洽冠世其言足徵也丙午冬日徐𤊹題

論語講義

錢塘張君維成余友曹能始京闈所取士也維成居常教授弟子甚衆講論心性之學不𡱈習爲功令余於丙午元日訪維成之廬見其諸弟子顛首投拜雲集維成款余園林稍稍謝緒謝弟子之拜談論移日皆出入經史旁求山川

無一俚言因出從野堂論語講義相示蓋與諸弟子日所講究輯著成編者維成善積書見異本即鈔錄與余癖合噫今之孝廉科如維成者鮮矣

說文字原

字原唐李騰集初李陽冰爲滑州節度使李勉篆新驛記賈耽鎮滑州見陽冰書嘆其精絕因命陽冰侄騰集說文目錄五百餘字刋於石以爲世法云

六書正義綱領

萬歷乙巳歲十月客遊新安訪吳敬甫於溪南書閣因談六書之學敬甫自言揣摩四十餘年始窺其妙其所指點不佞者諄諄不倦鑿鑿可聽不佞願爲下拜焉敬甫亦以

不佞可與語遂出六書總要楷隷正譌萬籟中聲諧聲指南數種見餉而此本曰六書正義者特綱領耳刻初脱稿并以相遺所著正義方在殺青未竟更許明年以全書為寄敬甫之視不佞可謂相知之深者矣溪南吳氏以錢刀相尚視詩書若冰炭敬甫留心覽古自是不朽人物同鄉惟謝少連知之他皆目為迂為痴也鄭翰卿流寓溪南極尊敬甫不佞之所以識敬甫者翰卿為之介也徐惟起識

詩韻要釋

先君少即能詩雖為諸生不廢吟咏時吾郡守胡公有恒方刻詩韻要釋於一峯書院先君遂置此本自青衿以至挂冠必攜以隨未嘗更閱他本也先君殁又二十餘年恐

蠹蝕重加修葺杜甫云詩是吾家事後之人豈可廢詩乎哉壬子仲秋徐興公書

詩韻輯畧

上海潘汝一名雲樞恭定公之孫以壬子官東昌別駕謫閩按察經歷萬歷丁未至閩與余訂交往還甚密詩韻輯畧汝一所貽也後以大計去不久而卒後昆斬然惜哉天啟甲子夏日興公識

温公稽古錄

温公進稽古錄表黃魯直代筆也黃刻集中而司馬集不收足見古人虛懷處然而公文名俱重亦不嫌其假手耳今士夫往往求人代作而復諱言或者掩為己有收入集

中胥不古人若也觀此亦可破時俗之弊萬歷庚戌末夏書以示兒子俾知昔賢無隱諱事也興公

皇明傳信錄

此書不著作者名氏題曰皇明傳信錄共六卷國史經籍志亦無此目大都洪永之閒最顯著事無不紀也但有一段云宣宗乃建文君之子文皇幼養宮中後為皇太孫監國諸史所不載獨此談之甚詳不能無疑名曰傳信恐未必信耳此本為吾郡故家鈔藏者每一段以其字為發端又書法之所未見者也萬歷甲辰春日徐仲子題於汗竹巢

國史補遺

建文事集近秀水屠叔方著朝野彙編極為詳悉然亦有遺漏處此名國史補遺題曰九峰迂儒孫交撰在嘉靖丙戌之歲而來（采）摭皆張芹補遺錄黃佐革除遺事之後中多屠侍御收羅而不及者第不知交為何許人耳甚矣著書立名須實著地理官爵俾後人有所考鏡也此本補遺尤為建文諸臣闡幽使起屠侍御於九原當百拜而受之矣天啟三年購於三山舊肆喜而不寐鼇峰徐惟起興公識

革除編年

革除編年一冊鈔本不載姓氏按袁氏藏書袁祥吳郡嘉善人字文瑞怡性其別號也念建文五年不修實錄謂高皇帝禮義德澤入人甚深故諸臣感奮視死如歸竟拘

於時諱而使我明完節之臣泯泯無傳非所以揚國美而勵人心耳遂往留都博詢遺事諸部院殘文舊案靡不翻閲下至軍司之冊教坊之籍亦旁求而筆記之逾二年而歸勒成三書一曰建文遺事二曰革除編年三曰忠臣録且曰李氏實逐昭公春秋書曰公孫如齊晉文實召周天子春秋書曰天王狩於河陽為尊者諱也詳閲之儘明備矣

華陽國志

師古齋刻華陽國志十二卷凡例云先賢志遺巴郡士女七十八人故舊逸也宋李叔廑校刻未曾指出今闕之余閲至此每以為恨今歲偶見古本而此七十八人具在也

乃借鈔之不勝愉快但其中訛誤不少俱已校對詳悉矣

天啟元年仲春徐惟起識

南唐近事

南唐李氏僭號建國祖孫相繼垂四十年宋主龍興典章亡失舊帙漸湮史失求野鄭仲賢先生江表志南唐近事所繇作也二書世遠尠傳先是吳君希堯得余家抄本江表志梓之家塾而南唐近事則黄司理子應嗣得而合刻之仲賢事後主以文學知名授校書郎後主歸順南唐故臣皆錄用獨仲賢肥遁弗仕有首陽採薇之操披簑荷笠詭形以謁故主跡其行事殆亦周之義士歟說者謂仲賢尋仕宋拜殿中丞兵部員外郎撫綏邊郡有聲豈非朝秦

暮燕者倫乎予曰否否蓋李氏偏安金陵非正統實閏運耳仲賢職不過掌書記未有節鉞民社之寄且後主不死屈身事大願受丹命搖尾乞憐求延宗祀卒膺隴西郡公之封而仲賢落魄梁楚間及故主云亡始釋褐受爵是直新朝之舉子非亡國之老臣也此足為仲賢解嘲矣史稱仲賢能詩善篆書工鼓琴有集二十卷譚苑二十卷皆軼弗傳惟此二書幸不終絕二君先後授剞廣布宇內詩云維桑與梓必恭敬止況先輩精神所寄備一代之典章者乎仲賢汀之甯化人陸游南唐書及宋史俱作福州人相沿之誤也萬歷戊午秋日三山徐𤊹興公撰

刻淳熙三山志後跋

宋三山志四十二卷，林都諫先生捐貲授梓，閱歲告成。數百年不絶如綫，一旦翻摹傳之來禩，甚盛心也。又恐秘之家塾，傳弗能廣，乃徙置法海禪寺，令主僧守之，以便好事者印行。昔白樂天以生平所著散布東林、香山、善聖、南禪諸寺，與僧爲約，不出寺門，不借外客，以叢林中善保守也。今都諫既寘板於寺，且能公諸人，其視白公廣狹又何如哉！萬曆癸丑臘月徐𤊹題。

福州舊志

舊府志十二冊，先君向所儲也。萬曆丁酉，古田令劉君欲考本邑事，向先兄借二冊去。越三載，先兄歿，劉令亦不以見還。余屢託古田丞李君元若轉索，僅得其一，而第十冊竟無有也蹉跎十載未遑鈔補今歲因纂修之便迺補一帙復成完書此志刻在正德庚辰未及百年故家鮮有藏者自今以往愈不可得矣子孫其慎重之哉壬子仲夏徐興公書

鼓山志

余自丁亥歲遊鼓山迄今十五載凡二十餘度每欲纂集游山詩文苦無舊志可稽只於老禪庵閣見舊板數十片知其殘缺心甚恨之今年四月偕曹能始復往游焉仍議纂修山志廣詢積書之家俱弗獲覯最後借一本於通家黃君如得拱璧遂抄錄一副藏之笥中舊本仍歸主人也黃君尊人名用中號鼓山與先子莫逆覯前序因知用心

之勤得後之覽者得無仰前輩之博洽乎辛丑五月二十三日書

金精山志

先君向有金精山志藏之篋笥時取披覽及為茂名學博在癸酉之歲時學憲邵 試閩郡教官文又有詩詩乃登金精山為題諸教官不知金精山何地茫然不解先子曾覽是志頗知其中事蹟乃賦詩曰縱步遨遊江上臺卻憐塵世幾時來千層萬洞衝雲起百道鳴泉繞澗迴仙子碁聲驚白鶴道人屐齒印蒼苔相看已有登臨興媿乏當年作賦才邵見詩大稱賞拔置第一因為延譽甚力次年巡按御史張 復試迎春詩先子復第置第一丙子遂擢永

甯皆二詩之力也杜甫云詩是吾家事子孫安可弗知詩
哉壬子冬至日惟起書

金陵梵刹志

余至洪都舍喻宣仲齋中的日臨别出此為餽攜出章江舟次日坐蓬底覽之行至臨川則覽終卷矣回想金陵之遊又歷四寒暑無緣再至翻讀文字不覺身在四百八十寺間也己酉長至日徐興公記

武陵舊事

武陵舊事六卷題曰泗水潛夫輯正德中浙江巡按御史宋廷珪刻之跋語云潛夫不知為誰余攷之修類稿載元人周密字公謹居齊作齊東野語居杭癸辛街作癸辛雜

志自號泗水潛夫又嘗居華不注號弁陽老人以周子窗草不除號草窗類稿不言其作舊事余考泗水潛夫即密也當是居杭日所著耳此本得之武林肆中板頗漫漶然一覽而南渡之勝可想見矣萬歷甲辰春日徐惟起書

瀛涯勝覽

古今說海有星槎勝覽歷代小史亦收之乃永樂宣德間費信所著此曰瀛涯勝覽分上下二卷乃會稽馬歡永樂間從太監鄭和下西洋歷諸番所記天時氣候地理人物者也校之星槎尤為詳備蓋星槎紀四十國此惟十八國蓋馬氏經歷僅此耳斯本向未有傳余考焦太史經籍志亦未有載偶於秣陵舊肆購之鈔寫精工二百餘年物也

藏之以俟博雅君子備彙書之一種耳萬歷丙午夏仲徐惟起書於白下旅次

蔡忠惠年譜

𤊹以萬歷丁酉取忠惠荔枝譜而續之時屠田叔為閩轉運通其譜而授諸梓戊申歲閒居寡懽妄意掇拾公之遺事作外紀新安吴太學寓貴刻之武林然公所著文集求之海内三十年矣不能得稽之館閣書目亦忘失久矣竊嘆如公之忠魂正氣自不泯滅其文章為生前精神所寄豈終沒於人間耶辛亥移書豫章喻秀才叔虞廣搜於藏書之家叔虞偶一詢訪便獲故家鈔本正乾道閒中王龜齡所編三十六卷者時莆陽盧貞常方為江右副憲叔虞以

公集上之命工謄寫兩部還其原本值吾鄉謝工部在杭
過豫章憲副出其一予在杭校定篋而藏之未遑也叔虞
應孤余之託又函原本附曹觀察能始至閩以了宿諾啟
函讀之喜而忘寐不能釋手然中閒錯簡訛字不一而足
稍稍為之更定歲甲寅友人陳侍御秦始乘驄江右余堅
投以公集侍御納之皁囊中去下車即請王孫朱爵儀秀
才李克家嚴加讐校並外紀載之梨棗甫一週而吳興蔡
侯伯達來守泉郡以公同姓同官又同地也於是從盧憲
副求錄本張廣文啟睿訂正鋟板以傳嗚呼當其未得也
求之四方如赤水之索玄珠無有應者及其既得也侍御
郡伯後先授剞忠惠公在天之靈不嘆後世有相知定吾

文者乎余得二方善本反覆潛玩有契於心更採公生平官爵著述編為年譜歷歷有徵庶後之覽者有所考鏡因述所繇如此萬歷丁巳仲夏閩邑後學徐𤊹興公謹跋

蔡氏宗譜

按宗支圖自晉至宋代有支派宜其一覽而指諸掌也茲譜紊亂扭揑牽合扳援如蔡齊建甯人蔡襄興化人蔡元定建陽人三姓原非一族明甚今乃合而一之一偽也五代宋初名臣蔡與宗名見史冊今誤書與宗蔡襄長子名匀見歐陽墓志今誤書匀襄次子旬娶福州劉異判官之女生子傳官朝奉郎今誤作第三子旻之子又不知其官爵二偽也黃庭堅所作蔡襄傳全鈔歐陽修墓志中語無

一句改頭換面且字法全不似山谷而山谷文集不載此文三僞也蔡襄勅一道蔡光勅一道洸光係襄之曾孫一在慶曆三年一在紹興六年相去一百二十餘年勅紙一式無分毫之别四僞也其中印章陰文者或以木石刻印之而陽文者皆硃描全不類古人印式間有作意糊塗令人莫辨五僞也卷首託朱文公家寶二字毫不似文公筆法六僞也余曾見王氏一譜贋造與此無異七僞也後歐陽玄一跋與王氏譜書出一手而文相同八僞也但從來已遠非可輕棄存之以備披閱非傳家珍玩也達卿文出此相示亦因駁其大畧如此己酉仲春日徐惟起識

先君交遊録

先君歷任南安茂名永甯凡同官及過客有投刺宴會者咸紀其姓名爵里恐日久而忘之也先君歿二十餘年錄中所紀之人盡在鬼籙矣棄之廢篋蟲蝕塵昏偶覓得之重為裝訂雖其人無所考鏡而先君墨蹟存焉烏可忽諸

萬歷癸丑午日中男𤊹謹識

龍筋鳳髓判

張鷟字文成唐調露中進士自號浮休子唐史稱其早慧絕倫以文章瑞朝廷屬文章筆下輒成唐以書判拔萃科選士此書自省寺臺監百司下及州縣類事屬辭凡一百首蓋待選預備之具也鷟為張薦之祖事見薦傳所著書有朝野僉載筋龍鳳髓判洪景盧謂僉載紀事瑣尾摘裂

且多媟語百判純是當時文格全類徘體但知堆垜故事而於蔽罪議法處不能深切無一篇可讀一聯可采如白樂天甲乙判則讀之愈多使人不厭也愚謂此書全重詞藻駢麗故實飽滿不重蔽罪議法蓋判與律不同如容齋之論則律也非判也因考其事迹漫題於後萬曆丙午初秋二日書於金陵曹能始戶部公署

金石錄

趙明誠金石錄三十卷世無刻本余嘗於陸儼山别集及胡元瑞筆叢中見其引摘厥妻李易安跋語始知明誠收藏之富古今希覯又遭兵亂水火之厄爲之興嗟久之然金石全錄竟未寓目也亦嘗蒐訪積書家皆未能得是歲

薄暮遊秣陵聞焦弱侯太史向於秘府抄出全本因託新安汪仲嘉借以抄錄披覽之餘真神遊上古與詞人墨客相晤對也嗟夫文章勒於金石以為金石能固耳聿觀斯錄古今山劖石刻湮没者何限明誠距今且五百餘歲其湮没者又何限況不如金石之固者能久視於世間耶明誠好古士也其人與骨安在其二千卷之藏安在而今所傳者但有斯錄信乎所重在此而不在彼矣萬歷丙午仲夏晉安徐惟起書於秦淮客舍

仲蒙子

唐林慎思作仲蒙子三卷續孟子三卷崇文書目鄭夾漈馬貴與書目有之即吾鄉覩其書者亦鮮矣余近得一本

於故家所藏續孟子十四篇無甚高論而伸蒙子有岸嵂泑道砯砐弦畋𦓤𦔫甗瓴等字各有解說謂不忘水山方事戈甲起於家耒耜隱于陶之意亦吾閩千載不朽之高士也黃巢寇長安偪以偽官不受服孟氏舍生取義之旨罵賊不屈遂遇害今稠岩讀書石室遺址尚存夫太玄擬易卒致美新伸蒙續孟終成死節百世而下不能不為子雲惜也萬歷辛丑夏三山後學徐𤊹題

又

林慎思故居在長樂縣東二十里五凡弟五人俱登第邑大夫名其鄉曰芳桂慎思又中宏詞科名其里曰大弘基在十四都伸蒙祠後水部次子徽亦第進士居渡橋在梯

雲里明廉憲恕其裔也勷幼從平野先生學見其家譜甚詳平野名庸勳廉憲母弟也閩郡世家必首樂邑林氏云

徐勷又書

潛虛

通考云潛虛一卷司馬光擬太玄撰此書以五行為本五行相乘為二十五兩之得五十首有氣體性名行變解七圖然其詞有闕者蓋未成也其手寫稿一通今在子建侄房又攷朱子書張氏所刻潛虛圖後曰范仲彪炳文家多藏司馬公遺墨嘗示余潛虛別本則其所闕之文甚多問之云溫公晚注此書未竟而薨所傳止此嘗以手稿屬晁景迂補之而晁謝不敢也近見泉州所刻乃無一字之闕

始復驚疑然讀數行乃釋然曰此贋本也陳氏曰萬物皆祖於虛玄以準易虛以準玄也今通考吏載潛虛發微一卷監察御史張敦實撰凡十篇考索載張行成作潛虛衍義十六卷今發微已附卷末衍義不可復得矣萬歷丁酉春三月徐惟起識

省心銓要

和靖省心銓要宋景濂嘗考朱子語錄第四十卷云省心錄乃沈道原作非林和靖也天順間景隆序正德間黃清跋二公為縉紳鉅公俱未嘗考定其人遞相沿襲則道原之名幾晦矣朱子闡之於前宋公辯之於後若揭日月後有梓者當錄朱子宋公之言於簡末庶幾不泯作者之意耳

丁未暮春徐𤊹題

性理羣書 宋板

余己酉仲秋客遊衢州旅寓祥符寺鶴松都綱房暇扣佛殿見佛座後敗篋數十詢之鶴松曰此古藏經散失僅存惟此耳余亟遣人移翻皆宋嘉祐中所印經紙墨精好盈數百軸多半鼠嚙蟲蛀余擇其完整者十數軸請為珍玩篋中又拾性理羣書句解一冊視之元板也卷首有像有贊字畫不類本朝余所藏元板書紙墨多類此遂募工裝潢寶若拱璧佛藏中得儒書亦一奇也因識之徐𤊹起題

言史慎餘

偶過王粹夫見案上言史慎餘二卷乃華亭楊樞所作而

粹夫尊人懋宣先生所批點也中有數條立論超卓可備論史家一種粹夫遂以授余余喜蓄書又喜前輩人批點以發吾覆懋宣以先子同筆硯三十年先子所畏品可知矣萬歷戊申春日爀識

革象新書

宋學士作革象新書序曰趙緣督先生所著也先生番陽人隱遯自晦不知其名若字或曰名敬字子恭或曰友欽其名弗能詳也王待制字子充校正其書序曰先生名友某字子公其先於宋為屬籍云予家蓄是書久矣輒因二公之言而疑先生之名字近見一雜書先生名友欽字敬夫饒之德興人則知名敬字子恭及子公者皆非也右見

吳郡都印三餘贅筆印宏正閒隱君子稱博雅云崇禎甲戌季夏之望徐興公識

步天歌

按文獻通考步天歌一卷未詳撰人二十八宿歌也三垣頌五星淩犯賦附於後或云唐王希明撰自號丹元子又按鄭夾漈天文畧曰隋有丹元子隱者之流也不知名氏作步天歌見者可以觀象焉王希明纂漢晉志以釋之唐書誤以王希明也天文籍圖不籍書然書經百傳不復訛謬縱有訛謬易為考正圖一再傳便成顛錯一錯愈錯不可復尋所以信圖難得故學者不復識星向嘗盡求其書不得其象又盡求其圖不得其信一日得步天歌而誦之

時素秋無月，清天如水，誦一句，凝目一星，不三數夜，一天星斗盡在胸中矣。此本只傳靈臺，不傳人間，術家秘之，名曰鬼料竅。世有數本，不勝其訛。今則取之仰觀，以從竄定。然步天歌之言，不過漢晉諸志之言也。漢晉志不可以得天文者，謂所載名數失詳，叢雜難舉故也。步天歌句中有圖，言下見象，或疊無餘，無失，又言休咎，是深知天者今之所作，以是為本。舊於歌前亦有星形，然流傳易訛，所當削去，惟於歌之前采諸家之言，以備其書云。余此本得之義溪陳閣窗方伯家所藏者，與夾漈所言步天歌無異，似亦人間罕傳者。第天文之微妙，不能如鄭公一凝目盡在胸中也。此冊迺陳方伯手錄并記。萬歷二十九年正月徐𤊹

書

夏日齋居偶王永啟持一天文書來名曰鬼竅即此書也前序采通志全篇後附十二度次并州郡纏(躔)次七曜五行雜占皆通志所有者不載可矣第兩本訛舛甚多尚未暇校定俟他時頗窺斯學一班當參靈臺秘苑精研校勘也辛丑六月伏日惟起記

萬物數

義溪陳方伯闇窗公極精數學嘗與馬恭敏公各處訪友術數之書互相鈔錄方伯預知死期其驗如響是書乃方伯所梓且序例甚詳方伯殁後斯術莫傳惟有從孫价夫者能憶數例余凡惟和偶得此本乃從价夫受其要訣書

夜推算亦多應驗其中闕者補之訛者正之未備者注之用心固亦勤矣惜天不假之以年中道而殞覽斯篇不勝感痛也甲辰暮春望前記

奇門遁甲五總龜

按文獻通考經籍五行類有遁甲經一卷唐胡乾撰乃九天玄女術推九星八門三奇六儀之法又有陰陽二遁圍局一卷并雜訣不著撰人名氏此書分上中下三卷正用九星八門三奇六儀之法而陰陽二遁圍局俱全當是後人合遁甲數種彙成一部者前布局起例井然有條一覽可見然通考不載此書之目者蓋端臨作通考止於甯宗朝而此本郭子晟之題序題曰淳祐辛丑則在端陽平之後

矣第選日之法無逾於此書之備余購之陳閣窗方伯所遺者繕寫精密寶若拱璧什襲珍藏以傳孫子仲春五日記

靈棋經

萬歷庚子余游建陽得靈棋經一册刻板頗善而中多脫落友人薛晦叔家藏乃其叔父滇中所梓者校刊無誤紙白如繭余甚愛之晦叔遂以見惠但前删去序卦及舊序二篇不無少恨耳辛丑花朝記

蜀中畫苑

能始宦蜀中四年初寄余蜀草再寄余峨眉記三寄余蜀中詩話最後寄余畫苑凡於蜀中之佳事佳話收拾殆盡

矣古之畫記畫錄等書甚夥皆記繪畫之人與夫位置設色之法未有若此書之錯雜成文取則尤新也但本朝名公集中尚多題咏而宋元集亦有可採者恨未盡錄耳俟能始過家以此質之壬子閏月興公識

題陳氏印譜

按劉熙釋名云印者信也所以封物以為驗也漢有官印私印之别沿襲至今皆有私印矣後代好事者拾得先代古印章輯為印藪鑄銅碾石古色蒼然沿襲至今遂有印譜之翻——摹矣翻摹既多又自擬閧人名氏自成一家之撰此陳爾振印譜之所繇作也爾振工於六書凡斯邈史籀石鼓鼎鐘之文爛熟胸中遵崇前古垂範來茲象形會

意鐵畫銀鉤無不考究乃與丁文蕲互相質證彙為斯譜其用心亦勤矣予竊論之三代鳥跡蟲書世不概見秦漢古印往往得之荒陵敗塚泥沙剝蝕之餘什九盤螭龜鈕人只一印終身用之所以示信也今人乃攻柔石方圓鉅細齋館亭臺多至百方誇多鬬靡是故印章莫盛於今日亦莫濫觴於今日耳爾振匠意師古游神先秦兩漢之上而後落墨提刀譬之庖丁解牛砉然迎刃斯譜一行名無翼而長飛甯雕蟲小技云乎哉爾振醇醇一儒生既善詩又善畫從事於不朽之業良多若區區以篆刻一藝概其生平又淺之乎窺爾振矣崇禎癸酉春仲三山徐𤊹興公撰

印式跋

斯邈不作篆體失真印譜傳摹古意尠辨能嗜古者何寥寥也吳生元化幼學史籀技擅雕蟲師心匠意雖小道必有可觀者焉每疾夫世之刻印者去古彌遠乃集自所鐫印若干名曰印式鏤金劃玉文樸執工若斷璧殘圭古色可挹承蜩弄丸之手其元化之謂乎元化更集有古今說印之事與夫刻印之法可謂博而精矣知元化者固不獨斯技已也

印林跋

印璽之製始自秦斯漢魏以還愈臻奇絶今時私印則漢魏之流也方寸之廣形象百端師心住喆鑄意雕蟲切玉

鏤金比蹟前代雖年非綿邈而色澤蒼然得邃古之精神會六書之意態因家蒐户訪彙輯爲林列置文房足供鑒賞若夫俗工一刀便堪啞噬縱篆宗古籀文署公侯請匣龍泥勿汙簡冊

題印燈

斯邈遠矣六書之學流傳至今印章盛於漢鏤金封玉古法具存不工篆文而孟浪提刀比比皆是建州練氏風遠少習六書老而益篤手鐫有今人名印輯爲一譜凡篆形偃波龍文鳥跡變幻百出咸有所本方圓鉅細配合臨摹莫不臻妙雖小道必有可觀者焉風遠不獨一技鳴以斯技而概其生平淺之乎窺風遠矣乙亥仲冬題

題名章滙玉

予嘗觀古印譜多官印名印大半鑄銅間有鏤玉者一人終身惟一印以示信也近世鮮用銅玉乃易以石柔而易攻故一人多至數百方或名或字或齋館隨意所命印章之盛莫盛於今日亦莫濫觴於今日也芝城練君元素精於篆刻會意匠心窮工極變手摹名章積而成帙今石古文無不考篆法十八體無不具要以秦漢為宗進乎技矣曹觀察謂其繼三橋雪漁真知君者也雕龍刻鵠全在方寸之中毋令吳門新安擅美於前名當不脛而走矣崇禎庚午冬日

荔枝譜

蔡端明荔枝譜舊乃㮚板所刻博古賞鑒家重之若木難火齊此本爲莆人翻鏤者亦不失筆意但搨不用墨而用烟殊乏光彩耳壬辰季秋徐惟起跋

茶錄

蔡君謨茶銘錄石刻小楷爲平生得意書劉后村去君謨未遠家有數本而其一爲方氏得之不啻重寶當時珍貴如此况五百載之後乎斯刻自君謨時置之建州治爲土掩瘞不知年歲近重修府藏掘地得之守識其古物洗刷仍置庫舍後附刻茶詩六首字稍大於茶錄亦頗缺蝕[illegible]聞其石在公署無從印搨萬歷丁酉屠田叔爲閩轉運副使乃託田叔移書建州守索之才得此本守去今復棄置

無有貴重之者不亦惜哉己亥春日三山徐𤊹興公跋

蜂經

養蜂古無經馬鄭書目俱不載此本分四十　篇極為詳備但近立題迂腐造語俚俗必老農老圃之流信口寫出非作手也初閱之疑近代所著讀至第八篇云咸淳四年第二十一篇云咸淳五年此書當是南宋之末村學究而為之者且有南臺等語又知其為吾鄉人所作也倏有閒暇以其所論養法另著一種以資農圃之一不使種魚經養蠶書獨擅千古耳倏陳汝翔歸自晉陵出此商之餘子未可與論也甲辰冬初徐惟起題

避暑録話

此亦建安楊氏鈔本也與春秋繁露野客叢書一式繕寫文吏部公家藏者天啟丙寅夏日徐惟起

野客叢書

建安楊文敏公曾孫名旦官南京吏部尚書致仕家多藏書斯本購之建安未有少宗伯印又有楊氏家藏之書印乃吏部公為少宗伯時所鈔者也公操履方正不事華靡居家坦然自適不知其位至通顯觀其積書之富已覘其所尚矣余購此已十年前後經過得楊氏本頗多萬歷己酉大水浸城楊氏之書不復得矣天啟丙寅夏日三山徐惟起

演繁露

程氏演繁露包羅名物博極羣書余久知其書每以未見為恨丙午客遊金陵見謝在杭案上有此本詢之乃曹能始得之山陰張浙門張得之焦漪園蓋鈔之秘閣者也未幾能始索歸在杭不無怏怏余適主能始署中遂以授余余舉以質陳賓門大理陳云其家有刻本於中訛舛可籍而校之也丁未秋日徐興公題於汗竹軒齋

捫虱新話

羅源陳善登紹興庚辰梁克家榜進士官終太學錄郡縣志自古未有為之立傳亦不談及捫虱新話可知古人湮没者多矣余於己酉年見南州喻季布有此書今年再遊南州季布出此見贈然多舛錯尚俟請正博雅讐校殺青

行世毋終泯泯耳己未花朝徐惟起識

藝文類聚

此書一百卷余家所藏者缺四冊每有查考輒恨其摧殘非完書也數年前偶於官賢坊内小書鋪中見有數冊混入雜書之内將為糊壁覆瓿之需予以數十錢易之正可補予之缺然尚欠六十卷至六十六卷也俟之數年無從覓補今歲余偶從南都歸林志尹乃拾一冊見餉遂成全書篝燈把玩喜而不寐因重加裝訂收之篋中曾憶陸儼山先生有云殘書亦收以冀他日之偶全正謂此也八十四卷有田壽夫印不知何許人尚俟他考萬歷丙午臘月六日徐惟起

事物紀原

此書國朝正統間趙祭酒始傳之門人南昌閻敬梓而行之遂作者姓氏予細覽玩篇中述事至宋仁宗而止仁宗之後殿閣原始不載適有神宗熙甯太一宮則熙甯中之人所著也崇禎庚辰仲夏七十一翁興公書於綠玉齋

五色線

此本余得之鄉先輩高南霍先生所藏者戊戌之歲屠田叔借鈔一副意將剞劂以辰州命下遂弗果昭武謝伯元有古書之好亦借鈔一種二君俱博洽君子此書俱未嘗經目想傳之人間尠少也己亥初夏望後雨坐山樓偶爾翻及漫識其後

姬侍類偶

余從謝伯元處借得此書翻閱一過惟恐未盡欲鈔錄備覽性懶未能友人葉振文偶爾相過知余此志請為余書之不出旬日彙訂成帙書以志喜且不忘葉君筆札之勞也萬歷戊戌菊月初四日徐𤊹興公題於綠玉齋

瑯嬛記

瑯嬛一書仿雲仙雜記而作所引書名皆偽撰者亦猶雲仿雲仙之所引也祇可資談笑備詞曲近時友人多采入詩殊為可笑有所撰作輒用瑯嬛何見之不廣也然中間有絶妙詩句又非今人之所能到耳徐興公書

陳后金鳳外傳跋

王永啟既得陳后傳於農家子借錄一本反覆考核其姓名事蹟歲月地理與史乘符合者勿論中有少異者史謂審知節儉府舍卑陋何至築離宮自娛然西湖水晶宮之名古志有之豈立國拜王之後遊觀所不廢乎五代史南唐書俱謂延鈞妻早卒繼娶金氏通鑑紀事本末謂延鈞兩娶劉氏傳稱初娶漢主劉巖女繼選劉氏金氏豈歐馬二公未備載乎史謂繼鵬因陳后請春鷰於延鈞延鈞與之傳稱延鈞怒欲殺繼鵬豈陳后曾請之延鈞未之許乎史謂林興教繼鵬造三清臺傳稱出於譚紫霄豈妖巫之黨史不一一書乎抑紫霄實主其謀乎史謂延翰為審知養子延稟所殺傳稱出於周彥琛而資治通鑑謂延鈞誅延

稟隨復其姓名豈史姑從其舊乎李倣怒金鳳而進春鷰
匡勝怒繼鵬而白其姦雖無可証然可殷譜李倣於閩主
匡勝無禮於福王史之所載明甚豈盡影響乎金鳳為陳
巖之女春鷰為李倣之妹縱無可考然陳巖奪人之位而
妻子為人所淫或亦天道而李倣不難弒君何難獻其妹
以要寵豈史氏以其曖昧淫穢而畧之乎他若韓偓大酺
樂詩向疑與樂府題不切乃今知其有指傳之言似不誣
也偓與李洵崔道融等官爵姓氏雖史氏不載乃於偓本
傳及唐黃滔集中見之豈當時諸公來依審知至延鈞時
猶在乎蓮花山閩王時陵寢甚多惠陵康陵想亦在其左
石而梧桐嶺桑溪宋三山志俱有載臙脂山之名閩都謂

畜知女洗妝水所染傳稱金鳳春鶯鮮血所漬此皆好事者為之也徐𤊹題

南邨輟畊錄

余家舊有輟畊錄闕首一冊覓之十數載無從得友人高景倩偶購雜書中有此書僅半部首冊可用補余之闕遂捐見惠在景倩為無用之物在余實為完書板雖稍異何傷乎首冊硃筆批點出先正王雲竹先生之手尤可寶耳萬歷甲辰夏日興公記

何氏語林

余少年時讀世說新語補便知有何氏語林然無從購求亦無從借覽甲午之冬王元直自秣陵歸得一部闕首二

冊遂以贈余既閱歲偶過陳淳夫齋頭見有語林半部淳夫曰向為人陸續持去今亦不全矣余從淳夫求首二冊足成全部首二冊有戊辰進士筆山子印章乃淳夫尊人憲副公也後十冊有撝謙常與堂印章乃晉陵吳公撝謙也卷冊微有大小蹉跎又十七年庚戌之冬建溪蕭生飛卿善裝潢為余合訂之始成完書偶爾披閱因記始末俾後之人知余好書之癖積書之難不至屑越以供蟲蠹耳

癸酉初夏徐興公書於綠玉山齋

陸士龍集

張幼于曾以小陸鈔本貽先兄繕寫明朗此乃都玄敬與吳士陸元大校刻者卷末乃留宋人名字依宋板也讐對

無差勝今坊間所梓者多矣萬歷丙午冬杪徐興公識

杜工部詩

杜詩刻板最多而類體本最不易得詩不類體尋覔自費工夫也此本雖不甚善印章袁佩蘭先生家物佩蘭名達見郡志文苑傳亦先正之能詩者也余喜蓄書又喜收前輩批點書此本恨無袁先生評品耳癸丑春三月朔興公書

分類杜詩

世傳杜詩不下數百本箋註者十之七編年者十之三分類者十之一此則分類無註簡而易覽先君子少時所披誦者藏余家將六十年印章有少坡東山二印蓋先君舊

號少坡而東山者乃薛廣文欽之别號當時曾共讀者也余兄弟幼學詩即覽此集雖他有善本亦不喜觀今先君殁已十載不無手澤之感萬歷庚子三月朔日徐惟起書

寒山子詩集

余他日偶訪瀚上人於平遠臺山房見案頭有寒山子詩一帙上人不知愛重鼠嚙其腦漸至于中余曰寒山之詩詩中即偈師其知寒山之禪機乎上人茫然不荅余遂丐歸上人視之如棄敝屣也山窓無事手自粘補重加裝潢第遂鼠嚙處字濶深為可恨也載觀卷首朱晦翁陸放翁二札則明老南老賢於瀚上人遠矣識者能不呵呵大笑耶己亥閏四月徐惟起跋

常建詩集

萬歷戊子歲夏六月偶與陳平之鄭性之過陳女大于山草堂女大出此見贈後余以其漫漶手錄一冊置之笥中數年友人陳惟秦常愛此詩又謂出余手錄者遂丐以去余祇留此本也余家藏百家唐詩中有常建一卷較此本十只六七又多訛誤茲雖蛀蔑然校讐無差又爲社長所贈尤當珍惜也已己亥春仲惟起書

錢起詩集

韻語陽秋云錢起集鮑欽止謂昭宗時有中書舍人錢珝亦起之諸孫集中亦有珝所作也中同程七早入中書和王員外雪晴早朝二首皆珝所作無疑蓋起未嘗入中書

也又有登彭祖樓一詩而薛能集亦載則知所編甚駁也

孟東野詩集

余少喜誦東野詩每以未睹全集為恨萬歷庚寅夏日偶與謝在杭訪王孔振所居孔振案頭有此集翻閱良久孔振心知余愛誦遂以見贈余袖歸珍若寶玉雨攜入吳越妄意批點茲孔振謝世五載每一披覽不勝河山之感己亥四月初三日雨中無事彙檢唐賢詩因捉筆書於紅雨樓天竺山人徐惟起識

樊川集

雍錄曰樊川在長安南杜縣之樊鄉也高帝以樊噲灌廢丘有功封邑於此故曰樊川即後寬川也又名御宿川在

萬年縣南三十里杜佑別墅在焉故裔孫牧目其文為樊川集別集一卷姚西溪叢語以為許渾之詩許曾至鬱林杜未有西粵之役而別集有松牌出象州之句姚語或有據也然其中又有寄許渾並華堂今日綺筵開詩乃牧之作疑信相半難以別白萬歷庚子春徐惟起

唐沈下賢文集

按晁氏序稱亞之為福建都團練副使本集中有閩城開新池記并文祝延皆宦閩時所作攷八閩通志歷官無亞之之名通志掛漏合當添入此本借之焦太史命工鈔錄然其中訛舛難以指摘聊備一集而已萬歷丙午初夏閩徐𤊹書於白門之鷲峰禪室

李文公集

李文公集十八卷景祐三年歐陽文忠序之又為之跋余家藏有舊本序次稍異乃邵武郡守馮師虞所梓板存郡齋首無歐序而更以王融何方伯宜序刻在景泰乙亥邵武本刻在成化乙未互有魚魯之誤因兩存之萬歷戊申伏日徐𤍠記

又

韓退之作歐陽詹哀詞謂公有歐陽傳本此亦闕此篇終不傳矣雖[然]有退之哀詞辭又有唐書藝文傳李貽孫序歐陽先生事盡矣此板梓在邵武先君藏之數十年夏日暴蟬[蟫]因識簡末乙巳夏五興公題

皇甫持正文集

事文類聚云湜性褊急常為蜂螫指購小兒斂蜂擣取其液一日命其子錄詩一字誤詬躍呼杖未至嚙其臂血流唐書本傳云湜卞急使酒忤同省怒白居易撰碑文又怒三縑之薄觀其立論不許柳下惠之和則褊急之態形於筆端矣斂蜂嚙血之事豈誣哉徐𤔡公題

杜荀鶴唐風集

會昌中杜牧之自齊安移守秋浦時妾有娠出嫁長林鄉士杜筠生荀鶴自號九華山人大順初擢第授翰林學士主客員外郎知制誥顧雲序其集為唐風集開卷宮詞一首歐陽公詩話謂是周朴作按幕府燕閒錄云荀鶴詩鄙

俚近俗惟宮詞為唐第一諺云杜詩三百首惟在一聯中風暖鳥聲碎日高花影重實非周朴也然荀鶴之詩語太刻削雖乏渾厚之體而佳句甚多何止一聯絶句如山雨溪風捲釣絲一首莫天新雁起汀州一首泠泠有韻區區宮詞何足盡其平生哉斯本建安楊文敏故物鈔録精善首有楊氏印章後歸建陽（安丘）楊文舉文舉轉以贈余因攷其人而評其大畧如此萬歷戊申十月晦前三山徐惟起跋

唐韋莊浣花集 宋板

韋莊詩百家未收但於鼓吹中見其七言近體及諸家所選數首而已偶入秣陵友人郭聖僕出韋詩一帙見示乃宋板也遂命工鈔録以備觀閱時謝在杭方為比部郎亦

喜其詩調新逸亦寫一帙而去萬歷丙午花朝東海徐惟起記

松陵集宋板

去歲過吳門范東生以陸魯望甫里集爲贈蓋淞人新刻此乃皮陸倡和之作名松陵集爲吾鄉先輩郭文學家藏實宋板也紙色蒼古可愛郭公久作泉下客子孫不文此書流落市肆余收得之每卷首尾俱損壞余令豚子鈔補成書置之齋中宋板書不易得後之子孫毋若郭氏幸耳萬歷丙午除夕前三日徐惟起題於梅花樹下

薛濤詩

唐有天下三百年婦人女子能詩者不過十數人娼妓詩

最佳者薛洪度關盼盼而已彤管所載不得一二女史所收不得三四近曹能始參藩西蜀梓而行之洪度詩五百首此亦斷珪殘璧非完璞也中有贈楊蘊中進士一首雖悽惋可咏然鬼語無稽余迺拔附集末田洙聯句尤為不經竟删去之無事齋居手自鈔錄以備諷詠庶幾寤寐紅粧彷彿環佩矣時萬歷庚戌端午日徐興公書於汗竹齋

張文潛文集

張文潛有集名柯山蘭溪胡元瑞素稱積書然未之見也曾於臨安一見鈔本旋遭祝融之禍語詳筆叢中此集僅十三卷非全集也偶讀陸放翁老學庵學記云文潛三子秬秸和皆中進士秬秸在陳死於兵和為陝西教官歸葬

二凡復遇盜見殺文潛遂無後噫文潛何不幸之若是也雖然即此八十餘篇可以不朽豈世無孫支鼎盛陳言累牘令人厭觀者竟與草木澌腐耳文潛又不幸中之幸也

萬歷丁未夏至日徐惟起題

東溪子

家漳浦高登金人犯闕上皇出走登時爲太學生謂國家爲蔡京童貫王黼梁師成李彥朱醜（勔）所悟（誤）誅（請）誅六賊以謝天下朱文公爲東溪祠堂記文獻通考載東溪文集二十卷此乃掇拾殘篇非全集也詩如作掾只三語讀書空五車一無可意身將老百不如人心自知家連滄海難窮日人在蠻荒欲盡頭敵如分憂南服得諸侯之寶三儷美古

人有君子之道四梁子徒勞走州縣嗟十年其猶初蕭生不得行胸懷雖百歲而何益伯樂去而凡馬空象罔來而玄珠得皆佳句也

栟櫚集

余舊有栟櫚集闕首帙藏之數年每以為恨今歲元旦偶過謝在杭齋中於兄書中檢得首帙正可補余之闕遂乞而合訂之板雖不同而於全編略無遺漏余生平不厭斷簡往往掇拾成部此書以無意求之乃成完璧亦可喜也

萬歷戊申正月十三日徐興公識

陸放翁集

偶覽瞿宗吉歸田詩話謂放翁初婚某氏伉儷相得而失

意於舅姑竟出之改事人後遊沈園邂逅相遇翁作詞有錯錯錯莫莫莫之句蓋不能忘情焉爾沈園感舊二絶是其晚年之作詩云夢斷香銷四十年沈園柳老不吹綿此身行作稽山土猶弔遺蹤一泫然又云落日城頭畫角哀沈園非復舊池臺傷心橋下春波緑曾見驚鴻照影來詩意哀怨正為此也遂識簡末

游定夫集

庚子歲建陽令魏公命修縣志將以游劉朱蔡熊作五世家游氏子孫鈔録祖先事實送余采擇廌山先生為吾閩道學之祖其所著作固不止此此特百之一耳仁和張孝廉蔚然曾借録一本乙巳孟夏徐恠起記

橫浦集

萬歷乙卯仲夏莆中宋比玉應試金陵過余曰金陵新梓張無垢集知之乎余曰未之聞也遂寄書索之林叟侯叟侯覓以見惠九月望前風日晴好菊花滿階取閱終卷時叟侯方在王永啟兵曹署中不無遠想興公漫識

羅鄂州集

宋史云羅願志治鄂州以文汝楫故不敢入岳廟願曰吾有善績竟入謁甫拜遂卒於像前集中載願墓志及諸序悉未言及斯事因識之戊申夏日興公

又

羅願知鄂州有治績以文汝楫故不敢入岳廟一日自念

吾政善姑往祠之甫拜遂卒於像前事見宋史而弟頎為作墓志但云以疾卒於郡諱之也徐興公識（二段文相似應刪前一段）

戴石屏詩集

南邨輟畊錄云戴石屏未遇時流寓江右武甯有富家翁愛其才以女妻之居二年忽欲作歸計妻問其故告以曾娶妻白之父父怒妻婉曲解釋盡以奩具贈夫仍餞以詞云惜多才憐薄命無計可留汝揉碎花殘（牋）忍寫斷腸句道傍楊柳依依千絲萬縷不住一分愁緒捉月盟言不是夢中語後回君若重來不相忘處把杯酒澆奴墳土石屏既別遂赴水死可謂賢烈也矣余按石屏南邨俱天台人相去不甚遠南邨筆之於書非謬也徐𤊹興公識

月洞詩

王介翁集僅得律絕三體皆類晚唐口吻置之百家唐詩中孰辨其為宋人也清新工巧即顧況雍陶亦不過此至於多難識君遲綠柳影分騎馬路數句實出晚唐成語畧更綴一二字耳又按先生義不仕元放情林壑故其詩逾工斯本乃建溪詹鼎卿孝廉所惠至樵川仁壽寺始為披覽惟恐易盡讀既盡遂評其大畧如此辛丑九月二十四夜惟起題

傅汝礪詩集

傅若金詩在勝國卓然傑出者胡元瑞持論甚正詩藪多引傅句惜梨棗漫漶紙烟模糊此本洪武間刻世不多得

重錄珍藏尚有所待萬歷庚子秋徐惟起

陳剛中詩集

陳剛中觀光交州玉堂三稿洪武壬午刻在浙江布政司板不多見此本乃天順庚辰雲間沈琮所梓也字頗漫漶余得之於建陽丘惟直家萬歷庚子夏徐興公書於交溪客舍

戴九靈集

萬歷己丑年余往白沙徵租遇一塾師見童子案上有戴九靈集三冊蟲殘蛀朽國初印刷也余雅知九靈先生文名遂丐之塾師而童子因師故遂以惠余藏之山齋十五年矣壬寅余有四明之役閒坐書肆見其敗簏簡中有九

靈集一冊正余藏本所闕遂乞以歸合之便成全書紙色相類第十五卷至二十卷乃四明得來者今尚欠第二十一卷至二十六卷耳更圖補鈔筠雪道人徐興公書

丁鶴年詩

萬歷戊戌歲偶得寒疾乍起櫛沐體猶委頓忽有持丁鶴年詩來售余捐藥債購之據床吟誦一過倏然病已因記之筆畊惰農徐惟起書

又

余向家藏丁鶴年詩三卷乃永樂閒刻板後有廬陵楊文貞士奇跋語紙墨古潔余珍惜之斯為元板亦分三卷簡首有高惟一印章惟一國初人有孝行事詳郡志二本俱

善因合藏之萬歷丁未春正月三日徐興公題

張思廉玉笥集

勝國人才之盛超宋接唐當時善鳴者凡數百家皆流麗逸宕以情采風致勝會稽張思廉之作古體鍊句鍊字出入温李近體有法有度比肩劉許讀之惟恐易盡張公生於元季張仲達選元音十二卷宋公傳選體要十四卷皆遺思廉姓氏蓋二公選詩時思廉全集尚未傳之人間鄉非侍御黄玉輝梓而行世則思廉將腐同草木耳此本余得之故家所藏不絕如綫矣重加裝訂秘之篋中尚俟質之諸同調再刻以傳也又按都玄敬詩話云思廉元末流寓吳門時張士誠欲結納遊客大開賓賢之館聞思廉名

禮致為樞密院都事思廉遂委身事焉未幾張敗思廉變姓名走杭州寄食報國寺旦暮手一編人不得窺後思廉死寺中人取視之乃其平生所作詩也孫司業大雅嘗為著傳萬歷己亥初夏晦日惟起書

釋宗泐全室集

釋宗泐洪武中與復見心齋（齊）名余見泐詩僅諸家所選數首而已今歲立春偶客虎林偕曹能始林茂之過吳山雲居寺有僧寮閴寂無人全室集在塵埃中遂拾而歸覽其簡末乃永樂癸卯年鈔錄者留寺中二百年一旦屑越而不之重良為可惜非余拾得之必入香積作醬瓿覆也乙巳臘月立春日興公書於浙城之旅次

陳子上存藁

按陳子上墓志舉元至正進士尋棄官往來閩浙間詩文總六卷中有福州東禪寺記金雞山水竹幽居記二篇今寺久頹廢讀斯文昔日繁盛宛然在目而鄉先輩陳太史毀其寺以起墳子孫寢（寖）微福田因果之說信有之矣此建州楊氏藏本辛丑冬於建州購得徐興公題

半軒集

東原逸史作半軒集傳謂其有楮園集十五卷半軒集六卷此部名半軒又分十二卷似後人繕寫時重編者先生生勝國之末與郡人高季迪徐幼文友善於文字中往往及之高工於詩膾炙人口而文則甚平淡且不多見先生

詩雖不逮季迪文實過之每一篇中輒出奇意亦勝國之錚然者翻覽之際恒訝其贈送醫士甚夥及讀半軒傳始知先世以賣藥爲生故與醫家往來爲密耳辛丑秋仲偶過芝城購於書肆漫識卷末

周祠部宜秋集

國初洪永之季吾閩能詩之士甚衆不獨十才子善鳴於時而周微之爲林子羽高足名最著者也微之一字又玄永樂間以文學徵授禮部祠祭司員外郎爲詩瓌奇悲壯嘗賦揭天謡酷類李長吉其他作總不離盛唐聲調萬歷初袁景從馬用昭二先生輩選刻十子詩僅收微之六十首又以子羽一絶誤入予近見鈔本宜秋集得古近體及

詩餘一百七十餘篇視袁馬二公所取且三倍之皆渢渢大雅之音信可傳也若不盡錄之殆將如綫之絶矣顧微之之詩當不止此此何異鳳毛麟角哉微之與龍門高廷禮善令蒼頭肩書數千卷止廷禮家讀之無何别去盡棄其書曰已在吾胸中矣頴悟强記又豈流輩之所及耶微之生卒不可考按王孟揚挽微之詩云早歲擅芳名中年一宦成鶯花平日淚烟月故山情落魄嵇中散倡狂阮步兵可憐埋玉處芳草傍誰生孟揚死於永樂十三年微之則死於孟揚之先矣崇禎庚午長至日後學徐𤊹興公謹跋撰

王孟揚挽微之詩未嘗言其無嗣而趙景哲哭微之詩

云可恨傳家無令子空憐許國有孤忠又云幽蓟一官成永訣東甌三載慕清風則微之無後而卒於官矣惜夫崇禎己卯杪秋興公又識

林膳部鳴盛集

林子羽鳴盛集世不多見萬歷初袁景從刻十子詩刪去什之三不無過嚴如賦如調如記一概汰之矣此本乃陳伯儒見貽者譬之龜鬚兔角實不恆有子孫其慎藏之壬子夏徐惟起識

嘯臺集

龍門高廷禮先生以詩鳴於洪永閒所著有嘯臺集木天清氣集而木天諸詩先正黄襄敏公刻之家塾與王安中

白雲樵唱共行於世雖年遠尠傳而積書家或有藏者至於嘯臺集乃襄敏公先爲授梓板今不存後學之士無從得覩余兄弟求之十年始得之張海城廣文海城得之林碧田茂才糜爛醯雞不絶如綫原分八卷此帙失去五七言古風惟存五七言律及絶句而已友人高景倩喜收前輩遺言又篤同姓之誼遂借鈔録手自校定自是廷禮先生之詩將絶而不絶矣第未知何日有好事者再爲録梓永其傳也昔袁舍人馬參軍彙刻閩中十子詩收廷禮所作亦甚寥寥此集雖瑕瑜相半然有可採者景倩書成余因爲之引其端庶後人知景倩用心之勤其功德不在袁馬二公下耳萬歷丁未浴佛日後學徐𤊹題

高漫士木天清氣集先正鄧大參公珙曾梓而行之此嘯臺集也僅存近體而古風則散逸無從覔見矣斯本墨紙薄弱年久蛀蠹高景倩謝在杭先後借錄各一副尚俟廣求藏書家以全成全璧萬歷丁巳夏徐惟起識

虛舟集 永福王偁孟初撰

王孟揚詩國初之巨擘也近年馬用昭選刻十子詩什刪二三蓋與袁景從商確去取者較舊本去一百六十三首雖所芟者不甚雅馴而棄擲不收殊為可惜是帙乃永樂時刻流傳至今不絕如綫耳因購藏山樓重加裝訂且記數語俾子孫知所寶藏也萬歷辛丑暮春朔後徐惟起書

閩過齋文集

吾鄉先輩吳先生朝宗爲人尚行檢重氣節洪武初隱居不仕與永福王翰友善翰爲勝國死先生經紀其家撫遺孤俾教之生平爲文集八卷整嚴古健一歸於理洪武中孟敬曾編刻行世嘗以是集贈廬陵楊文貞公文貞謂近時閩中之文以吳魯客爲巨擘也孟敬所梓者歲久弗板傳此板乃藤山鄭公濬重梓者迄今百二十餘歲板復散失傳者尠少先生之文不絶如綫矣余偶從舊肆得之批誦數四輒與景仰之懷嗟嗟文章顯晦固自有時由今以至千百歲後不知誰爲王誰爲鄭也謹什襲秘藏俟吾鄉有博雅好古之士出當謀梓以傳時萬歷己亥初夏三日後學徐𤇆謹題

吳先生人品之高邁載在郡志特其一二未足以盡先生其文章之沈著蘊藉不必論至於答侍制左丞之書可謂澄之不清淆之不濁即稽叔夜莫是過也惜其子孫寖微未能闡揚先德而後學如勑貧而且賤又不能為先生授梓行世然每批誦輒動高山之仰爾庚子暮春朔日又題

雅宜山人集　吳郡王寵

王寵初字履仁後更履吉凡八試不第以年資貢禮部入太學讀石湖二十年手寫經書皆一再過少學於蔡羽與兄履約少同筆硯未嘗少離生於宏治甲寅卒於嘉靖癸巳享年四十娶徐氏生一子名子陽太學生娶唐寅女文徵明志其墓勑識

孫太初集

太初詩余家有分類一種乙未歲遊吳興與友人張睿卿復彙太初集重刻增入遺落者數十首比舊本頗多屬余較讐刻為最後板亦最精此本乃先正鄭少谷為太初授梓者編彙年次備於他本年久板亦不存人家鮮有藏者林志尹偶得之持以見貽印章又為高石門家物披誦之際不啻拱璧書以志喜萬歷戊戌年秋日徐惟起識

余家有太初集數冊編年彙體鏤板不同此乃吾鄉鄭瀲石先生所藏者右方五行鄭公之筆且述其父蒲澗與少谷定交之言余偶得於市肆舊書中購以歸瀲石善詩工草書與先君子同貢於鄉未仕而卒子孫寖微書籍散逸

多矣今在余家得非不幸中之幸耶己亥春仲徐惟起書

題子實遺藁

己未十月初二日余過函溪子實同商孟和林臣芝訪余舟中時余為滇遊子實戀戀不忍分手庚申孟陬余遊滇不果至楚而返夜至函溪泝流而下及抵舍聞子實以臘月死矣嗚呼子實生平苦吟人無知者自余識子實為之述世乃知古田有詩人余又為之梓枕麯集行於世予不負子實矣此帙乃舟次示余者中多讐句皆刻後所著尚俟異日附梓集後以待子雲之知庚申莫春雨夜興公收淚書

鏡湖清唱

國初吾郡詩人輩出十子而外復有二十餘家有傳有不傳實幸不幸也郭塵字敬夫湮沒二百餘年無有知者予近得鈔本詩百十篇有挽鳴秋趙景哲之作而羅宗讓覺非有和郭敬夫詩語云不知其人視其友敬夫實清世之隱君子也集中有送兄楚芳上春官楚芳名蘭永樂三年鄉薦姓名見於郡志敬夫青鋪絕嶺絕句云家林想在空濛外一帶螺江隱翠微又有門前湖白與山青分攜空過白湖亭之句其所居當在白湖螺浦之間與鳴秋山人相鄰竝也予既錄其遺編併為攷其地里付曹君能始授之梓敬夫之名從此弗至湮沒不亦厚幸矣序崇禎庚午三山老叟徐𤊹興公譔

廖世昭越坡稿

廖世師賢昭

不應

空白

廖先生字師賢世居越山之下自號越坡厥考雲騰登進士官刑部郎中先生以易舉正德丙子鄉試第三名丁丑成進士授海甯守以病乞教職改國子博士閒歲竟卒於官年十三五無子所作有一統志畧汪郡守文盛刻置郡齋盛行於世而詩文則散逸無傳矣𤊹家藏先生手録詩一卷字法蒼勁恒愛寶之近曹能始選梓明詩乃録而附於陳東槐堂集之後先生名列福州郡志文苑此亦龜毛兎角也崇禎壬申仲秋後學徐𤊹識

林初文集敘

吾鄉林初文先生十歲能詩稱奇童性豪宕不拘拘於繩墨十七以毛詩冠諸生神宗即位之初年又以春秋魁鄉

薦天才宏贍文賦詩歌援筆立成其所為應舉文率多師
心匠意奇險不經人道語以故屢上春官屢不第既而移
家秣陵著作日富竟流落偃蹇而終同時無不為先生惜
者予謂先生雖負才不遇而不朽之名固未嘗負先生也
大抵人第患無才耳才而遇者上也苟才而不遇能以筆
代袞鉞寸管尺蹏博榮名於千古權亦不淺往昔無論即
近代如盧次楩徐文長生前淹抑九原可作咸願執鞭豈
必遭時遇主而後垂聲異代先生雖舉孝廉乎而牢騷不
平與次楩文長誠無軒輊然次楩文長身後寒落不可問
先生二雛英英能世其業是先生屈於身前伸於身後豈
盧徐二先輩所可幾耶先生既不得志於有司乃著蛾眉

篇以自解海内爭傳誦之邇年予邱茂之爲梓詩選但窺先生一斑玆復彙次全集以行於世不獨張閩赤幟抑亦足以稱霸於中原矣至於先生負經濟才感憤上疏有封狼居胥之想古人云有才如此而使之流落不偶宰相之過況時宰既知先生才復瘐先生至死甯不令人長太息哉先生同年蔡奉常公談先生當日事且亹亹矣予小子不及識先生誦其詩讀其書想其爲人乃爲之論次如此聊自託於招魂九辯之誼云爾天啟甲子菊月通家子徐𤊹興公敬撰

序陳衎大江集

吾郡陳氏自民部公與參知光禄以至長吉太沖凡弟皆

有文學磐生為長吉之子箕裘大業聲稱最著曹能始選其五世之詩為梓以行夫五世貴顯者海内恒有之若五世工詩並著明德則甚難矣然余先太令與參知為執友於是陳徐筆研之交亦歷五世則又難矣今讀磐生斯集深有感也君少美才具兼抱濟時之畧性匪婞阿徒增負俗之致世呑火矣競競飲冰時附羶也凜凜茹淡每帶繚以行吟恆披裘而散髮簪弁之流目之曰傲紈綺之子嗤之為狂君但闇爾自修怡然弗顧雖應時之業屢屈於有司乃垂世之文見推於名宿博綜羣籍無忝書淫結撰多年何慚傳癖以彼其才淪落未遇是皇猷潤色於摛藻國典不寄於洽聞也聿觀集中樂府逼真漢人詩詞婉美唐

代傳記必本於遷固論說咸出於機康碑銘長言等燕然番吾之勒題贊小品邁坡老涪翁之製至於烈士畸人遺行必表高蹤逸軌懿孅咸章以視他人應酧諸作雖多奚為若夫自己代筆之詞縱美不錄且也歷覽中朝故實憂時動賈傅之衷頤廣收先代名書格古晤茂先之法眼況內行淳至氣義激烈讀其文足覘其人喜其品尚論其世政劉季和所謂情采悉備風骨俱峻氣合風雨之潤筆吐星漢之華豈非詞苑之俊流藝林之喆匠乎哉允宜海內名輩樂與締交闤闠鄙人所當側目者矣集名大江者尚含渼淼之思時切烟雲之想元龍湖海臥客子於床下仲舉蓬蒿安掃除乎一室以今況古逹轍攸同業富藏山尤

深賞譽云爾崇禎戊寅花朝社弟徐𤊹書

樵林摘要稿 蔣主孝務本

淮南蔣主孝詩名弗顯今時選詩諸君子皆遺於掇拾余得樵林摘稿一帙乃蔣公所自選者諸體皆有古意中惟五王擊毬一首尤為沙中之寶擊毬詩宋元諸公集中多有此題元張思廉一作足稱絕倡蔣君可謂具體而微矣他作如大堤曲渭城少年行隴頭吟亦不失唐人格調也

敘曹能始石倉集

昔鍾嶸掄詩例分三品蓋詩之為義動天地感鬼神而性情之所以發也劉勰殫文篇佯易數蓋文之為用本乎道體乎經而腑肺之所以寄也二賢撰述千載如新啟迪後

來良為深遠何也詩不原於性情是乃不根之枝葉不由於肺腑終為無源之波流雅頌既湮詩腸日異六經不作文體寖衰莫不家握靈蛇户珍垂璧升堂雖衆入室幾何若使五音克諧可咏可歌一篇合道可誦可觀者則吾見其人矣友人能始曹公七齡受書千言倒覆對客善答果之敏逢人解題略之義莫不謂干莫有立斷之鋒騏驥有立至之足髫年得雋忽播芳名綺歲登朝遂膺華譽文章乃其夙業詞翰為其本來積歲稍深好學彌篤丹鉛黑槧終日隨身緗帙縹囊無時去手植之八斗曾之書倉方之爾祖殆無過焉其計部長安也則有薊門之什其廷尉陪京也則有金陵之集其乞甯親之假也則有芝社之詠其

參紫薇之省也則有入蜀之篇詞氣春容自然中律才情雅贍蔚爾名家至於山水蕩其性靈邱壑鼓其幽致每形賦咏輙記練箋山則岱岳匡廬峨眉鴈宕水則太湖彭蠡灧澦西湖寄興殊深託懷愈遠篇章日富記撰尤繁騷客至則如歸標雅壇之赤幟緇流從之若赴固佛國之金湯故交遊盡流海內之名流隨喜極震旦之寶剎其丰神也如此其才調也如彼誠吾黨之俊流清時之偉器也不佞與君少年結契終歲論文齒忝稱凡才慚作弟雖清塵濁水固有懸絕之殊而廊廟山林實有相資之誼君以序言屬筆於余予知君最深述君能備若曰諛詞阿其所好無遑恤焉

曹能始遊山詩

能始乞假還半載於此玆凡名山佳水輒往嘯咏藤山看梅鼓山望海余嘗從焉近復裹糧買舟為永福之遊約余偕行予質不耐登舟陟險重以天氣溽暑堅辭不往只與沈從先往歸來以詩稿示余多有蘊藉深沈之語偶於蓮廊下拈敗筆錄其十三首留之竹藤齋雖未能躬履其地亦可當卧遊之一助云

泡菴詩選序

夫闡發性靈窮寫情物莫善夫詩故詩理淵宏非思深者不能窺其奧詩體錯雜非見定者不能得其宗若夫思弗深而見弗定雖日挾千言去詩道遠矣吾郡善鳴詩家代

可指數洪永之間斂勝國之浮華歸之故實聲味雋以永
正嘉之際洗道學之習氣本之溫厚格調雅以正迨於今
日詩教蔚興彬彬如也友人陳汝翔抱性貞遐寄情泉島
擬麗則之資勸探討之學少耽聲律老而彌工秇苑樹標
三十餘載感物有賦遇景則詩長篇短句情采備陳限韻
分題宮商叶奏詩魔不入肺腑冰雪沃其靈髓贈友篤陳
思之契述志勵北海之負詠懷擬步兵之興述哀動黃門
之悲詠史高太沖之見田居慕徵士之風遊山踵康樂之
躅怨別愴惠休之衷哀樂之起冥於自然喜怒之端非由
人事鈞陶方寸運用神解要皆緣窮宗知有所自達流溯
派妙得本源可謂遵秉古法盡滌時趨惕志匠心籬唾不

拾者矣伊余不穀忝附同聲隨有賡酧互相質證前後諸篇屬余揀擇名曰泡庵詩選墨客苦心已齊芳于文囿幽人逸致得流耀於藻囿矣

題安蓋卿詩

自國初定鼎兩都萬户侯封布滿天下吾郡設衛有四歷二百餘年中間以世勳而成武功者代不乏人求其能占四聲頡頏秇苑列於作者之林者何僅僅已蓋韜鈐者正業而翰墨者緒餘所重在彼所輕在此烏能兼長也蓋卿轅門世胄少負美才多結交賢豪長者刻意力學喜為聲詩有景即題無奇不賦十年以來吟稿成帙翩翩乎有大雅之音文采錯雜奪干旟組練之光才情鋒穎侔龍淵湛

廬之利進乎技矣蓋卿行將謁選司馬黄金横帶後擁前呼郤穀詩書元凱經傳蓋卿蓋饒為之不亦詞壇之大將乎嗟夫絳灌無文隨陸無武蓋卿年尚少更取陰符黄石諸書繹之又不獨以詩名宇内也蓋卿勉旃

題蕉雨亭詩

閩稱甲族莫若義溪陳氏自侍讀中丞以至參知憲副派衍百年人傳五代不獨金紫輝映海内所稀即詞藻焜燿並足流芳濟美合藏金匱可被管絃者也厥裔伯孫幼孫起時名於布衣踵祖先之遺軌淩轢詞場頡頏藝苑始知繼詩派而未墜纘家學以弗湮余既得交二孫乃因投分仕卿仕卿為二孫族子而齒稍長嘗困公車不售棄去治

詩時時追隨從父賡酧倡和殆無虛日結一室於深山之中所往還則園翁溪友所吟咏則魚鳥烟霞久之成編清新俊逸綽有碩人考槃之致較之前哲廊廟之音雖塗轍稍異而方之從父比興之旨則具體而微矣頴川多才不其然乎余去歲偶為越東之游仕卿忽捐賓客方其屬纊以前諄諄以不朽之業囑其從父令余序而傳之余歸受其遺業且讀且泣如初喪應劉神情恍惚已乃稍為刪潤布之同聲俾後之誦其詩者月露溢於篇章風霜生於齒頰奚必紆金拖紫而後媲隆於先世也哉仕卿喜種芭蕉每夜雨則聽而忘寐以之名集蓋從其初志云萬歷癸卯

三山徐惟起書

題許天開詩

吳中山水清越而洞庭諸峰縹緲入雲震澤具區汪洋而不可測往往畸人韻士孕靈其間許君天開結廬高隱有碩人邁〔過〕軸之致居常喜吟咏與葛震甫先生交歡最去歲挾以一蒯緱為閩游泝建溪渡延津故人鮮綈袍之贈旅邸乏常何之薦以故落落不稱其所懷來雖歌鋏無魚而躭詩不廢昔人云詩以窮而後工似為天開發也震甫與予交垂四十年服膺歆慕非尋常泛友之比天開相見亦必稱震甫不置自是臭味予即不知其人然視其友實足慰生平矣崇禎辛巳初春書

敍王則巽詩

王則巽負儁才屢行其制藝於海內名籍甚公卿間邇歲北遊太學道經吳越齊魯燕趙之墟又喜為詩歌以寫胸臆復行其詩質正於大方君子嗚呼詩至今日已成變局意不必經人有語不必經人道談詩者往往嗤漢魏三唐為陳腐輒剏新意造奇語自詫以為瑰異駭衆目予竊不敢謂其不然大都制藝與時高下而詩亦因時遞變不能強其法之所必合也則巽好操觚筆端雲錦爛若天孫注意措詞皆漢魏三唐人所不能道語正符時局行且挾此以游大區必有嗜之若昌歜者予何庸贅

萬印角閩游草

暮春之初麻姑萬印角先生投刺訪予於鼇峰之麓予聞

印角名且久一見快若平生匆匆別往漳南留連數閱月復返三山授予閩游詩草皆與漳中諸同社倡和之什予讀而羨之夫建武與閩接壤百餘里即達樵川州有八而游其六閩故在海濱山川風景大類建武不足誇詡惟是丹荔黃柑江瑤蠣房可供口腹海色山光茉莉蕙蘭可娱眼目印角行裝雖遜於陸大夫游南粵時而所賦詩歌滿囊珠玉何必有黃金始稱壯游哉印角方馳名於黌較（校）槐黃期迫不得不歸赴名場得時則駕走馬長安一展游草得無弁州之思也乎崇禎壬午初秋三山社弟徐𤊹撰

敘盛桂海詩

吾邑為八閩首治上而臺司郡守下而編氓里胥朝而期

會參謁夕而錢穀簿書一行作吏雅道都廢即耽吟好咏有所不能兼也前令君盛公桂海蒞任數年以入覲行行後風波頓起不能自白值前總戎趙公淇竹與公同桑梓亦以詿誤同掛白簡同時稅駕鍾山禪寺俟廷議郎中互相倡和以消旅況積而成帙夫屈子放楚著騷經以舒孤憤莊舄客越乃微吟而思故鄉實有不得已而奪其情者也今君感時賦物寓興贈酧金玉鏗鏘渾然大雅絕無牢騷幽鬱不平之氣豈非涵養素定付功名得失於意象之外者乎他日公道大開賜環命下吾知令君又無暇作春鳥秋蟬之吟矣崇禎壬申花朝舊治民徐𤊹興公題

題聞鶯館社集詩

昔戴仲若春日攜雙柑斗酒聽黃鸝聲此俗耳針砭詩腸鼓吹黃友陳仲文讀書三山帖括之餘閒事吟眺春王下澣適其初度之辰乃約同儕集陳孝廉東園聞鶯館分韻操觚各成七言十韻園中有臺榭林木巖石之勝而鶯聲宛轉如少姬按歌音節嘹喨仲文諸君以開吟互相和答正堪鼓吹詩腸必不令仲若笑人地下耳是日共游者十一人而詩成者僅半刻羽流商泠泠有韻寗讓金衣金子載好其音也哉庚申春日題

題曼聲集

秋月春花悵蘭桂於冰夕湘雲楚雨慼朝暮於千年是以鸞歌鳳吹之中急管繁絃之下覩春山而送目盼墜馬以

興思巧笑東鄰牆窺宋玉憐香曲室簾隔韓郎紅樓白苎歌殘翠館銀罌酒盡鏤金檀板記幽會於丁年佩玉鳴環夢貪歡於甲帳深紅淺黛想像於鏡臺鉛粉之間繡帶羅衫彷彿於小院麝蘭之夜宵缸暗別淚濕流蘇曉帳割恩魂離屏枕新妝出戶鬢動行雲一顧傾城目澄秋水他生未卜空寄有情之書此恨誰知難結無緣之遇若夫凝脂傅粉高巍般艤之冠麗色新聲深固珠襦之寵別生宛媚同擅濃華或即物而起詠或觸事而留題或因佳話而紀聞或因同調而賡和莫不留意於香魂鍾情於玉骨真可謂放懷柔曼感蕩心靈者也積有歲年遂盈箋練倣南朝之麗則不無委弱之詞竊北里之餘風豈避濃纖之調緣

窗紗外蘸絃管而啟縹囊黃裏衣邊對青娥而陳緗帙長吟短咏追憶前懽樂極悲來興懷往事昔者先公孝穆帳中曾咏玉臺衛尉宏基花閒常編艷曲致光有香奩之詩飛卿有金荃之集多情杜牧賦比秋娘輕薄義山憶茲錦瑟風人之致已曲盡於房帷浪子之名豈全傷於枕席若曰兒女情多風雲氣少詞皆累德志在宣淫無恤乎爾

閩中詩選序

閩中僻在海濱周秦始入職方風雅之道唐代始聞然詩人不少概見趙宋尊崇儒術述理學風隆吾鄉多譚性命稍溺比興之旨元季毋論矣明興二百餘年八體四聲物色昭代郁郁彬彬猗歟盛矣高廟之時林膳部鴻崛起草昧

一洗元習，閩鈞六義，復還正始，懸標樹幟，騷雅所宗。門有二玄，實惟入室，屬詞比事，具體而微。高待詔棅、王典籍恭、王檢討偁輩，追逐述古，則私淑閩粵，各成一家，十子之名播於宇內。同時賢才輩出，羅布衣泰、林修撰誌，切磋彌篤，執苑聿興。又有鄭迪、趙迪、林敏、鄧定，貢於邱園，銳志詞賦，取裁爾雅，斐然成章矣。成、宏以降，林文安父子、陳觀、蔡羣從，秩位惟崇，對揚廊廟，而風人之致，溢於言外。林司空、許黄門，贊揚詞旨，海內騰聲，賡歌太平，於斯為盛。正、嘉之際，作者雲集，鄭吏部善夫實執牛耳，虎眎中原，而高傅二山人左提右挈，閩中雅道遂曰中興。時有林侍御鉞、郭戶部波、林通政炫、張尚書經、龔祭酒用卿、劉給舍世揚為輔，斯蓋不世之才粲然可觀者也世宗中歲先達君子沿習遺風斯道孔振袁舍人表馬參軍焚區别體裁精研格律金相玉振質有其文迨於今日家懷黑槧戶操紅鉛朝諷夕吟先風後雅非藻繪菁華不譚非驚人絶代不語抱玉者聯肩握珠者踵武開壇結社馳騁藝林言志宣情可謂超軼前朝縱横當武者矣伊余不慧忝際盛時目想心游實竊有志屏居之暇采輯遺編蒐羅逸刻得梨棗朽壞之餘起桑梓敬恭之念擷為八卷總二百人有奇上而格合漢魏六朝下而體宗貞元大歷調有偏長詞必兼善者不論窮達顯晦皆因時采拾以彰吾郡文物之美燃脂瞑寫弄墨晨書蓋慮作者之苦心而没亡不稱良可痛悼也至於

野狐外道格律稍畔者雖有梁竇之權不敢濫厠片語爲雅道蟊賊然挂一漏萬耳目未周尚頼同志補續若曰有南威之容乃可論淑媛有龍淵之利乃可議斷割則不慧安所避咎乎凡我同盟宜協心揚搉肆力旁求以俟觀風者來擇焉是爲序萬歷戊戌暮春六日書於風雅堂

古文短篇

余嘗學爲文每有結撰則纚纚數百言意求短而落筆不能短中閒陳腐疎漏處又不能免始知古人之文以短爲貴敎清江選左丘明以至吳草廬僅得七十餘篇文之能短亦難矣友人曹能始善用短法他不能及也癸丑暮春徐興公書

陳可棟神交篇

延年咏五君於生前，子美賦八哀於身後，二公皆身及交游者也。可棟神交往哲，幾及百篇，益五君之簡，短裁八哀之冗，長百世而下，猶有生氣，誠秇苑之指南，文人之故實，豈曰興懷於無情之地乎哉。

董允叔落花吟

唐人咏落花吟詩，獨韋莊一首傳誦當時，至今讀之猶有生氣。正嘉間，吳中沈啟南、文徵仲曾賦十首，和之有至三四十首者，體物之妙，能皆能超唐人而上之。叔允斯作，流麗清新，毫端若繡，試雜之徵君、太史集中，誠無軒輊。咄咄董生，進乎技矣。予為唫諷再三，因之閣筆。

文選纂注

六臣注頗繁，張伯起纂之，信修詞家之捷徑也。伯兄批點斯本，日置案頭。會試北上，攜之巾箱。先兄物化，十五年覽此，不勝傷悼。陸士衡云：「尋生平於響像，覽前物而懷之。」正謂此也。萬歷癸丑臘月興公書。

擬古樂府

先君子極喜西涯先生擬古樂府，余童稚時，先君日爲余解説二三首，嘗謂其如老吏斷案，令人箝口咋舌也。邇來雖博覽羣籍，年齒既壯，隨覽隨忘，不如少時用志不分耳。此乃二十年前事，思之愴然。今以此本授之陸兒，令其日閲一首，庶幾不爲章句腐儒矣。萬歷丁未清明前一日徐

仲子興公書

又

豫章左克明錢桂觀之道士也編次古樂府十卷緣起具見題下虞文靖曾為之序嘉靖間新安汪尚磨重梓之紙墨精善首簡不載虞序而更以鄭玄撫之作以蕕易薰不能無恨曹能始用硃筆句讀萬歴丁酉春能始將赴京謁選以此見貽徐㶿興公識

又

古樂府余家藏本有三副皆手自句讀今歲偶過會稽見肆中樂府一部失首一帙中有硃筆批評輙作證解之語字格不俗問之乃山陰徐渭所點者徐字文長號天池博

學善詩越之才士遂購以歸殘缺勿論耳壬寅春初惟起識

兩漢詔令

西漢十二卷宋吳郡林虙輯東漢十一卷宋四明樓昉輯元蘇天爵合為一書斯本得之福清郭氏紙墨不類今式國初刻也中脫誤者郭君多改正之覽之尤便也萬歷庚戌夏六月十二日興公識

唐三體詩

唐三體詩一冊先君云丙寅年在京師得之林天迪先生中硃筆評駁者天迪也迨萬歷癸未甲申間先兄初學時又加批點既又為謝在杭借去亦品騭數則送歸最後甫

友鄭性之復借覽乃用墨筆塗抹以己意彈射十年前舍弟取觀遂於題下小註地名四十年來已經五人之手故開卷亂如塗鴉矣然五人者皆少時事未免謬悠不為中的偶爾檢及漫記其後庶幾後之人見善本書勿輕點汙也萬歷戊申冬十二月十二夜鐙下徐惟起興公書

光岳英華

此吾鄉高南霍孝忠先生家藏者萬歷丁酉春偶從肆中得之重加裱飾秘之篋中板已模糊邇來未見翻刻梓而傳之尚竊有志卷首高氏惟一印章惟一名均見府志孝行傳國初人南霍其裔孫也戊戌端午興公題

樵李英華

檇李石田朱翰隱居鄉校所著有石田清嘯集多摹擬盛唐諸作有數首可傳余有朱詩一帙閒取披閱恆嘆其名漸湮滅也但選擇頗真去取有法始知朱君不獨善詩且善選詩也夫選詩最難湖州有吳興詩選新安有巖詩彙編甬波有四明風雅吾郡有三山詩選皆有小疵視諸朱君之選當讓一籌耳己亥夏四月興公書

文心雕龍

劉彥和文心雕龍一書詞藻璀璨儷偶豐贍先人舊藏此本已經校讐㓜少學操觚時取披覽快心當意甘之若飴每有綴辭采為筌餌此羊棗之嗜往往為慕古者所竊笑也然秘之帳中積有年歲非同好不出相示但彥和自序

一篇諸處刻本俱脱誤乃鈔諸廣文選中近於友生薛晦叔獲睹鈔本乃其叔父觀察滇南錄歸者中間為楊用修批評圈點用硃黄雜色為記又自秘其簽不煩說破以示後人大都於其整嚴新巧處而注意也遂借歸數日依其批點蓋自愧才不及逮前人而見識譾陋得此以為法程不啻楊先生之面命矣前跋云禺山者按升庵文集禺山張姓字愈光雲南永昌人年八十工詩善書集中有跋愈光結交行又龍編行荅禺山又五老圖壽禺山八十又重寄張愈光二律又存歿絶句懷及愈光又寄愈光六言四首觀用修詩文推轂之言可以識禺山之大概矣辛丑三月望日書於綠玉齋

又

此書脱誤甚多，諸本皆傳訛就梓，無有詳為校定者。偶得升菴校本，初謂極精。辛丑之冬，携入樵川，友人謝伯元借去讐校，多有懸解，越二年始付還。余反覆諷誦，每一篇必誦數過，又校出脱誤若干，合升庵、伯元之校，尤為嚴密。然更有疑而未信，不敢妄肆雌黄，尚俟同志博雅者商略。丁未夏日徐惟起

又

文心雕龍一書，余嘗校之至再至三，其訛誤猶未盡釋。然彥和博綜羣書，未敢遽指為亥豕而臆肆雌黄也。今歲偶游豫章，王孫鬱儀素以洽聞稱，余乃扣之，鬱儀遂出校本

相示旁引經史以訂其訛詳味細觀大發吾覆鬱儀僅有一本乞之不敢鈔之不遑而王孫圖南欣然捐家藏斯本見贈余方有應酬登眺之妨鬱儀又請去重校凡有見解一一為余細書之鐙燭下作蠅頭小楷六十老翁用心亦勤我愛亦至矣今之人畧有一得則視為奇秘不肯公諸人偶有藏書便秘為帳中之寶若鬱儀圖南真以文字公諸人者也鬱儀名謀㙔石城王裔圖南名謀瑋弋陽王裔皆鎮國中尉與余莫逆時萬歷己酉十一月廿八日徐惟起書於臨川舟次

解頤新語

林志尹以此本貽謝在杭在杭性好潔不喜用筆勘書因

張幼于批點縱横，遂易余藏善本以去。余又愛幼于筆蹟如對故人，尤加珍惜耳。萬歷丁未初秋九月徐惟起書於汗竹齋

又

皇甫先生文章綺麗，如西川美錦。讀其全集，真徐庾之後一人而已。解頤新語之作，發明六義，語足千古，文成一家。屠田叔拔其俊語為詩言五，至此則舊本全文也。春日閒坐，麗春盛開，漫覽一過，遂書末簡。丁未春日徐惟起

環溪詩話

余訪崔徵仲大令至撫之崇仁。崇仁在宋多名賢，著作俱軼弗傳，僅得歐陽澈萬言書暨飄然集，不獨欽其忠義而

詩詞之工大弗類宋人唇吻駸駸入元和寶歷之室既又考縣志知有吳環溪詩話三卷遍求弗得偶吳生大紘相過託之尋覓乃於環溪裔孫處借得一冊乃嘉靖初年刻板字頗漫漶板久弗存而孫支亦僅留此本不絕如綫矣余披讀之賞其拈出多有佳句足備詩家譚麈遂令侍史繕錄因為校讐魚魯吳氏宋有諸賢亦彬彬盛矣傳至今日其後寖微而崇仁又無好事者重為鋟梓惜哉天啟丁卯花朝三山徐惟起興公識於大華藏寺之方丈

南溪詩話

前集皆采子美佳句續集雜引各家中有載謝疊山語則知為元朝人所輯天啟元年春徐興公識

陽春堂五傳

壬辰秋余有姑蘇之役借居張幼于曲水園而長公伯起先生常避客不樂應酬余以幼于故始得見伯起者再而所著作時特窺一班會吳友劉仲卿出此五傳見贈一紅拂一竊符一灌園一虎符一祝髮藏之齋頭六年忽一披覽伯起風流宛然在目也丁酉初春廿四日興公識

紅雨樓藏書目敘

予少也賤性喜博覽間嘗取父書讀之覺津津有味然未知載籍無盡而學者耳目難周也既長稍費編摩始知訪輯然室如懸磬又不能力舉羣有也會壬辰乙未辛丑三為吳越之遊庚子又有書林之役廼撮其要者購之因其

未備者補之更有罕睹難得之書或即類以求或因人而乞或有朋舊見貽或借故家鈔錄積之十年合先君子先伯凡所儲可盈五萬三千餘卷存之小樓堆床充棟頗有甲乙次第鉛槧暇日遂仿鄭氏藝文畧馬氏經籍考之例分經史子集四部部分衆類著為書目四卷以備稽覽客有譏予者曰子之蓄書拮据勞瘁書愈富而囊愈空不幾於成癖成淫乎好書之勞不若不好之為逸也予曰否否昔宋尤延之積書數萬卷嘗自謂飢讀之以當肉寒讀之以當裘孤寂之讀以當朋友幽憂讀之以當金石琴瑟予生平無他嗜所嗜惟書雖未能效古人下帷穿榻閉戶杜門之苦然四體不勤此心難恕豈敢安於逸豫怠於鑽研

者耶至於發書簏之誚蒙武庫之譽非予之所可幾也亦非予之所敢望也客曰美哉徐仲子之言唯唯而退萬歷壬寅初秋三山徐𤊹興公書

藏書屋銘

少弄詞章遇書輙喜家乏良田但存經史先人手澤連篇累紙珍惜裝潢不忍殘毀補缺拾遺坊售肆市五典三墳六經諸子詩詞集説總兼樂府稗官咸備藏蓄匪稱汗牛考核頗精亥豕雖破萬卷之有餘不博人閒之青紫茗椀香爐明窗淨几閒卷朗吟古人在此名士見而嘆嘉俗夫聞而竊鄙淫嗜生應不休痴癖死而後已此樂何假南面百城豈曰誇多而鬬靡者也萬歷甲辰六月望日徐興公

書

題兒陸書軒

菲飲食惡衣服減自奉買書讀積二年堆滿屋手有較編有目無牙籤無玉軸置小齋名汗竹博非廚記非麗將老矣竟不熟青箱業教兒陸繼書香爾當勗萬歷丁未秋日徐興公書

題綠玉齋

何仙効靈古於山而托跡野夫招隱卜山下以棲幽遂築小齋聊供偃臥危峰對聳旗巒石鼓爭雄秀色可餐金粟蓮花映發殘山剩水每從天半獻奇返照歸雲都是眼前幻景萬竿密篠依曲徑以淩霄午夜疎枝當虛窓而亂月

晝長門掩真似小年山靜人稀元同太古科頭兀坐窺人學張鷹之風把臂入林命駕動王猷之想聽處却疑舞鳳戉來嬌若游龍何可一日無君不聞林中是尹四簷綠蔭一榻青來興至則恬詠南樓醉後猶開樽北海生平無長物滿壁琴書半嶺有餘音數部鼓吹此正宜置邱壑之中栖遲衡門之下者也[illegible]跡猶蓬累逸在布衣俗韻寡諧豐草鹿麋為友杜門自適寒山片石堪言量腹進芝苓欣然一飽度形扈薜荔豈曰無衣游目騁懷天然圖畫逃虛息景痼疾烟霞環四序而皆宜協心神之俱暢著〻不堪以謝客敢方叔夜之高標賦五噫歌於關門願躡伯鸞之逸軌漢陰抱甕息彼機心東海投竿堅茲遠志蒼梧翠柏可

指為盟夜鶴曉猿實開斯語萬歷己丑秋日綠玉齋主人

題

重編紅雨樓題跋卷二

碑帖

韓子五歲宋李寂小象　趙承旨呂梁廟碑

趙承旨東岳行宮碑

書畫

張騫乘槎圖　顧仲方華陽洞庭圖

仇實父瑩篌美人圖　魏考叔畫北固山卷

陶雲湖嘉蔬圖　沈石田別意畫卷

瀑園圖　鍾隱文賢圖

林塘幽趣卷　空江秋笛卷

王子北征卷　賓月樓卷

聽竹軒卷　鼓道士畫跋

文衡山雜畫冊　文氏父子書畫卷

又

薛寅父墨蹟

彭將軍忠義堂記

黄公生祠記

錢翼之書草

莫廷翰詞翰

謝士元謝舉子像詩

黄白仲草書卷

黄白西仲西湖放生頌

先君子手書詩卷

伯兄詩卷

自書普門品救苦經

爲周九倩題周文姬尺牘

重編紅雨樓題跋卷二

明徐𤊹撰　　江陰繆荃孫輯

碑帖

石鼓文墨本

此文先輩林肖約天駿所書也內闕二板尚可求之故家補入則成完璧矣乙酉春日興公書

漢泰山都尉孔宙碑

孔都尉碑隸法甚古漢隸固自難得此雖剝落而一段蒼然古意非今人所能摹者也楊用修收此文入金石古文難辨處用修皆譯出矣丙辰長至興公題

黄庭經

今世黄庭傳本不下數十搨愈摹愈遠而邇來學者未得善本迺取吳中新刻學之輒語人曰吾師黄庭殊可笑也秣陵甘賜掘土得石函蓋稍損而字獨完好余初睹焦太史跋語已嘆其奇及余與甘生交遂得借觀石色蒼潤厚可四寸非近代之鐫無疑遂信前代之物未甚絶於人間但遇之非其人耳甘生得此帖迺刻意學搨紙墨必極精妙不付俗工之手貽余一通搨稍不勻斯本又是皖城李晳見贈者裝池大佳時與曹能始林茂之兄弟同觀因記其末萬歷丙午夏五榕城徐惟起書於白下旅次

曹娥廟碑

漢元嘉元年上虞長度尚為石碑屬魏朗作文久之未就

時尚弟子邯鄲淳年二十聰明才贍而未知名乃令作之揮筆立成北海此書筆鋒圓整不媿斯文余又見蔡卞亦書一碑法雖迥異趣則自超唐宋書法優劣見矣余往歲兩過曹江輒拜廟下廟傍有娥墓今再閱此刻令人益思越中山水耳萬曆庚戌花朝為景倩題於柿葉廬

瘞鶴銘

瘞鶴銘在焦山水中世罕印搨歐陽永叔云僅得六十餘字自詫為難得黄伯思考其甲子以為陶貞白書蘇才翁以為王右軍書歐公以為顔真卿書或以為顧況或以為王瓚皆屬猜疑竟不知果出何人筆也今去歐公數百歲猶存百餘字彷彿可辨西蜀張公景賢手錄全文謂見於潤

州圖經余按宋邵資政元所考瘞鶴銘全文仙家之下闕四字立石之上又有故字一字又無乃徵前事出於上真二句又余欲無言下僅一爾字無紀爾歲辰一句又華表留聲作留形今以字勢相之形字為近且叶九青韻如真辰二字不叶邵資政故闕之也又右割荆門下闕八字此本華亭上有一掩字甚明諸考證又未之記何耶王允平得之高大夫大夫得之張中丞偶出示余因為考跋萬歷庚戌夏六月晦前三山徐惟起題

九成宮醴泉銘

率更真書冠唐代平生所書碑帖不過二十餘本醴泉銘其最有名最傳遠者碑在鳳翔府至今搨打不絕閩地稍

僻來賣者尠林夷俟刻意學歐得其三昧日手一帙幾絶韋編余每欲摹臨苦筆法刺謬益信夷俟進乎技矣萬歷庚戌花朝徐惟起謹題

皇甫君碑

余見金石刻最多家喜藏蓄又往往向人借觀率更真書九成宮化度寺皇甫君虞恭公四碑而已他刻不甚傳耳皇甫碑瘦勁如沖天野鶴氣骨不凡雖蘚剝苔侵古色未失也林夷俟善歐體書得此帖不啻異寶昔率更喜索靖書下馬坐卧不能去今夷俟枕籍摹仿若合一轍吾知後人又有師夷俟者矣萬歷庚戌仲春十七日徐惟起跋

聖教序

先兄惟和生平喜蓄古帖每計偕北上行李中書畫半之戊戌下第南歸舟過臨清值郭君猷於旅次遂捐此帖相贈未幾先兄不祿君猷珍若拱璧凡遊湖海必挾以隨今歲余客鄱陽與君猷同寓乾元寺因出共觀且為余道其始末不勝物在人亡之感聖教多善本君猷獨寶此者亦足徵友誼之重也萬歷己酉陽月望後三日東海徐惟起題

懷素聖母帖

天啟丁卯春正月偶客巴陵訪雪跡禪師於普安古寺出懷素聖母帖共觀師善書工於行楷而帖有數字不能辨余因為之譯出頗堪句讀第南服以下三字猶未解疑有

脫落耳

多寶寺道因碑文

高僧傳載道因禪師與玄奘同譯梵經李儼為撰碑文蘭臺郎歐陽通書之道勁險峻酷似其父世人學歐徒肖皮毛未得筋骨締玩此帖始知古人運用不可企及萬歷壬寅夏末徐𤊹識

唐御史臺精舍記

御史臺中搆精舍令建鑿者禮佛懺悔崔湜撰文湜陰附武氏其人品不足述覩斯記則似篤信佛法者何其背馳至此也梁昇卿隸書筆法類漢亦自可愛矣吳元化請余跋之遂考其人而論其事

多寶塔碑銘

魯公真書以余所見顏公家廟碑爲最多寶佛塔次之二碑字出一手其實微異多寶之遒勁自是難及瑯琊王長公謂其有佐史之恨未知此書體雖近俗實有結搆邇日復見魯公真蹟尺牘始信風稜峭勁大類其爲人耳辛丑端陽日題

東方朔廟碑

顏魯公爲平原守時立三碑一記平原自古賢守一記顏氏典兹郡者一爲東方朔廟碑鎸刻既畢幽方盜起未之立也及魯公南渡胡寇陷城州人埋匿此碑河朔克平別駕吳子晁始掘土舁立廟前前二碑已毀子晁求得舊文

重勒之獨斯本實魯公親書上石者也王弇州云舊者今亦弗存矣平原即今濟南府之陵縣碑在城之東北柯古倪君好蓄古人法帖出以示余因憶封氏見聞録談此甚詳遂考其始末以歸之天啟三年中秋日徐惟起題

顔魯公家廟碑

唐季真書以顔魯公爲最魯公之書又以家廟碑爲最此碑四面俱書述其祖禰羣從官爵甚悉六一先生集古録稱公爲人尊嚴剛勁象其筆畫至於殘碑斷碣僅二十餘字者亦寶愛不棄今去六一復五百餘年則魯公之墨蹟不猶夜光火齊耶天寶中禄山作亂獨平原城守具備常山罵不絶口則顔氏之忠烈萃於一門若論其書豈區區

與虞褚輩並重哉

基公塔銘

慈恩寺基公塔銘唐開成四年李弘度撰文僧建初書建初有書名行書學右軍有法余按歐陽永叔集古錄鄭漁仲通志畧趙明誠金石錄及格古論弇州集諸書皆不載豈銘石久閟佳城中近代始出人間耶不然前代數君子攷覈最詳何概未之覩也基公為尉遲敬德猶子年十七奏報天子始許出家又為玄奘法師弟子所著疏義一百卷後世鮮有知者唐刻固自難得況出高僧之手大勝今時臨摹智永懷素各本有損真意不足觀也庚戌臘月為夷侯題

李陽冰城隍廟記

陽冰篆書世稱縉雲城隍廟記與麗水忘歸臺名福州般若臺爲三絶此乃宣和中摹本末著立石官爵先尉簿而後丞令亦碑刻中之僅見者也萬歷丙辰秋興公書

玄秘塔碑銘

唐會昌初建玄秘塔觀察使裴休譔文侍書學士柳公權書石刻關中今西安府學也蒼勁秀整風骨稜峭唐世真書如此不數見昔人評書所謂柳骨顏筋豈其然乎斯本首脱裴休名字不能無恨辛丑端陽雨中跋

宋敎興頌

虚儀先生作宋敎興頌唐英書學李陽冰小篆不知刻何

處虛儀唐英姓名爵里一時莫可詳觀文意當是真宗天禧元年五月閒立石也國朝藏帖之家如楊文貞王長公甚富跋語皆不及是帖豈幽絶僻壞之地傳者尠少耶吳元化精六書遇篆籀無弗收此碑正所謂知希我貴者也

萬歷庚戌花朝徐惟起題於柿葉廬

韓子五歲宋李寂小篆

秦有斯唐有陽冰宋有寂皆以小篆名家亦一奇也天啟二年中秋徐惟起

趙承旨呂梁廟碑

趙承旨此碑全師北海筆法文甚簡古松雪集遺之是知古文字散落不少先凡惟和向所收得今歸高景倩亦得

其所主實此帖之幸也萬歷己酉暮春過景倩木山齋試鼓山新茶因出展玩徐惟起題

趙承旨東嶽行宮碑

萬歷乙未冬入吳興訪在杭司理搨此本表隸藏趙承旨碑刻在吳興頗多僅得此耳

書畫

張騫乘槎圖

張華博物志謂有居於海上者每歲八月輒有浮槎至焉於是裹糧而汎之遂至天漢之上又按荆楚歲時記則以為博望侯張騫使大夏尋河源時事二說稍異蓋誠不可得而詳者矣此圖墨氣秀潤絹素縝密當為南宋時筆而

題咏諸家又為國初宗藩名衲詩詞爾雅書法遒勁每一披覽真若陟昆侖涉河源遊於雲漢之表邱子惟直雅好名墨此卷殆錢中錚錚者若夫鑒定誰氏之筆則有正法眼在未敢臆評也萬歷庚子夏書於開福蘭若

顧仲方華陽洞庭圖

近代善畫名手華亭為盛莫貢士廷韓董太史玄宰窮工極變譽擅一時今觀此圖可謂鼎足而立在杭以為然否丁未春日書於鏡瀾閣

仇實父箜篌美人圖

畫家人物最難而美人為尤難綺羅珠翠寫入丹青易俗故鮮有此技名其家者吳中惟仇實父唐子畏擅長實父

作瑩篌美人淡粧濃抹無纖毫脂粉氣且文壽承書其後筆工詞麗譬之茗華琰琬各成其美矣萬歷丁未上巳東海徐惟起

魏考叔畫北固山卷

今時丹青之技首屈秣陵而秣秣陵山水卷幅又首屈指魏君考叔蓋其父子兄弟一門皆醉心粉墨代相授受非尋常率意點染者比瀫水張文明雅善賞鑑此卷為北固全景披覽之際不必身登鐵甕城頭望磨笄招隱諸山而神爽已在天塹風濤外矣文明工繪事每見輒嘆服不置棄其為神品可知也萬歷庚戌中秋東海徐惟起書於柿葉山房

陶雲湖嘉蔬圖

先輩楊成玉先生以天順八年進士為侍御史出守廣陵雅好書畫余嘗見感行之雪梅長卷為楊氏故物華亭張中翰天駿所題友人林夷侯收得之斯圖嘉蔬乃為郡日寶應陶雲湖孝廉所作倏然有農圃家風東海翁與族弟天駿題其後筆勢縱横猶唐二張之顛旭也東海翁書名震霄壤然贋者什之七如死蛇挂枯樹生意頓盡都不入眼此卷儼然右軍筆陣圖法至於珠簾十里瓊花月都屬清風五馬侯尤清麗可誦集不載翁書此詩後二載捐館故晚年之筆愈真耳楊先生吾邑庖嶼人後昆寖微柯古倪子重裝而寶藏之得所歸矣萬歷丁巳仲夏晦日徐惟

起興公書

沈石田別意畫卷

余嘗槪（概）人家所藏書畫不能傳一二代便爾散落即賢子孫身紆金紫往往付先世手澤於蟲鼠之餘而不知惜倪汝聲公余友柯古之曾王父也恒往返吳門獲交石田酉室雅宜諸君名公得其真蹟最多此贈行卷歷百餘年猶世守之誠難矣倪氏固多顯者若柯古可謂繩祖武也萬歷丁巳季夏之月朔徐惟起書

瀑園圖

讀水經而知渭水蜿蜒數千里讀三輔黃圖雍錄而知歷代宮闕池臺之勝盛讀瀑園記而知飛泉懸水雲巒烟岫

之奇昔右軍聞成都有秦漢時城池樓觀慨然遠想欲一
游目不可得茲園在秦漢故都雖足跡未經披圖亦令人
遠想少文喜卧遊不待動操而衆山自響耳

鍾隱七賢圖跋

按鍾隱天台人五代變姓名師郭乾暉畫譜載其姓名而
畫不多見也七賢度關世傳粉本頗多然小說家考覈其
人各逞臆說　國初夏節親見古圖謂開元冬李白張九
齡王維張說鄭虔李華孟浩然同遊洛南龍門遇雪而虔
圖之也元人曹伯啟有七子圖詩云清潭飄逸事陵遲七
子高風世所師公室傾危無砥柱服牛乘馬欲何之又以
指晉七賢耳千載之下未有定說幾成聚訟謝在杭曾出

示余今屬叔子叔茹收藏為題其後丙寅暮春之初徐惟起興公跋

林塘幽趣卷

洪武間吾鄉方用方用弘凡弟居城南臺江之陽背山臨流有考槃碩人之志所居扁曰林塘幽趣同時如鄭助教定王檢討稱王修撰襄周禮部玄陳太守申唐參知秦泰繪圖賦詩皆萃一時名筆正統間用方之子聲道又乞陳副使輝林布政憲續題之方氏之潛德孝思藹然可觀矣方氏先世贅於趙未復故姓字曰用方不忘本也聲道舉宣德四年鄉薦裔孫日葵幼而儒書壯而學佛薙髮為僧更名如盡瓢笠所致則携此卷以隨智永之寶蘭亭無以

尚之夏日上人過余山齋出此展玩因慨夫世之縉紳學士付先世遺墨於蟲鼠而不知惜者萬歷丁未端陽日邑人徐惟起

空江秋笛卷跋

吾鄉鄭浮邱先生字孟宣善擊劍工古篆草書陳友定辟為記室友定敗亡命交廣間久之還居長樂

高皇帝末年徵授延平訓導國子助教著詩數卷曰滄齋集多軼弗傳空江秋笛卷則官助教時乞諸名公所咏題者也卷首篆書吳均者臨川人後亦有詩按撫州府志無均名字但有吳餘慶者志稱其性資清雅能詩文吏尤喜篆隸真行草書永樂中薦為中書舍人凡金石文字多

奉勅書之正與浮邱先生同時豈即均耶畫圖者晉安林質齋為天順甲申進士雲南憲副林玭之父喜山水人物王恭賦無聲詩趣歌贈之余已收入閩畫記中而題詩吴勤者南昌人字孟勤楊文貞士奇之師陳仲完長樂人洪武乙丑進士官翰林院編修　仁廟雅重之林慈字志人亦長樂人永樂中薦為國子博士郡志稱其嫻於文辭王恭字安中閩縣人復徙長樂永樂初薦為翰林典籍所著詩籍甚富國初十才子恭其一也王遂字達善無錫人洪武中以人才舉　成祖即位由國子助教擢翰林侍讀學士所著有天游林撮稿林志字尚默閩縣人永樂辛卯壬辰解會聯元廷試第二人歷官翰林編修右春坊諭德所

著有蔀齋集行於世浮邱以此卷轉贈門人戴弘祚弘齡考郡志稱弘祚名禧永樂辛卯以儒士中鄉試乙未登進士而寄卷之年正弘祚登科之日也此皆載籍所可考余所知其詳者獨豫章姜徵清江謝觀金華邵原性三人尚未深考更七言二律損其名氏只印章曰清江散人當亦臨江人也遡自永樂辛卯迄今二百餘年楮墨完好精彩煥發每一披讀恍然身在滄江浩淼中聽君山老人流商激羽翩翩欲仙矣向余兄惟和得之以陳伯煒賓月樓合為一卷作歌題其殿又踰三十餘秋裝潢未善余今分而為二正所謂離則雙美者也天啟六年丙寅初夏三山徐𤊹與公識於汗竹巢

王子北征卷跋

吾鄉文獻之盛莫世錦王氏若石溪雙林二公俱以春秋第四人魁閩省同朝為户禮二曹郎名德并懋維時與鄭吏部林侍御高傅二山人交最歡斯卷則嘉靖改元二公赴春官時贈行之言也鄭文奇而奧高畫蒼而潤林詩古而婉足見古人交誼之重王氏代有顯者卷落倪氏以拱璧珍之又何必子孫永寶為哉少谷文集載此序稍損益數字不佞於王氏為世好故考其詳以歸柯古蓋柯古尊人司理公曾受業於王懋宣先生此亦騷壇之衣鉢也時天啟二年壬戌暮春之望湖自書卷之日恰及百年矣徐惟起題

賓月樓卷䟦

陳伯煒先生名輝為宋儒北山先生孔碩忠肅公韡之裔也登永樂乙未進士官廣東按察副使有詩名尤善草書家在于山之麓忠肅有園居法海寺左至今名花園有樓曰賓月國初名公多為咏題林尚默樓記考之蔀齋文集未之載而莆陽狀元林環絅齋集中乃刻此篇豈當時尚默與絅齋同在館閣而代作歟林枝字昌達吾邑尚幹人工古文辭以布衣終作賦在宣德八年去尚默作記之歲越二十六載爾時伯煒宦成而歸矣伯煒登泰和陳循榜循雖相業人品不足稱而詞翰誠卷中白眉周孟簡吉水人永樂二年探花官詹事府丞四明嚴貞者景泰中曾為

福建都轉運使後官至方伯楊耀宗字世顯晉江人洪武丁卯以明經薦為韓府長史其行誼見於泉州郡志待詔高棟侍讀陳叔剛二詩真蹟弗存余掇其遺稿得之重為補錄獨豫章羅震與從考證蓋國初吾鄉諸公多工四聲稱才子伯煒先生生稍後與子羽浮邱二玄輩俱不相及惟漫士卒於永樂癸酉猶有詩翰往返耳嗟夫歲月不留滄桑易變北山以道學鳴忠肅以勳業著伯煒恢宏家聲擅名騷雅豈不赫奕當代師表一時歷今二百餘年故居易主試問先代遺蹤誰有循而弟弔之者而斷箋遺墨猶令人愛慕若此善夫摩詰輞川之詩曰來者復為誰空悲昔人有至哉言也天啟丙寅初夏重為裝裱漫識於後

聽竹軒卷

永樂中鼓山黄景洙先生高隱不仕築舍邨居有迎潮亭聽竹軒國初名公咸有咏題八世孫逢祺保守已二百餘年珍若拱璧卷中存庵道人乃陳憲副煇覺非道人乃羅布衣泰也林良箴名載郡乘而泰善施伯器向未有聞是知當時作者固多泯泯無傳者不獨泰施二公耳天啟甲子初夏之望鼇峯居士徐惟起興公題

彭道士畫跋

圖繪寶鑑收先代能畫之士畧無遺漏而句曲道士彭玄明姓氏獨不載王弇州家藏名墨甚夥而道士之畫亦闕焉遍考載籍鮮有記者惟元季惠安盧圭峯琦有送道士

彭玄明歸三茅詩云道人家住湘江曲清夜月明搖珮環
出門倒挂九節杖辭家卻入三茅山開籠放鶴横江去持
鉢降龍布雨還擬共臨風吹鐵笛青松白石往來間又泰
和劉槎翁崧題華陽彭玄明所畫秋山圖云我不識華陽
彭煉師見畫雲山想向曲數峯暝色入遥浦六月泉聲動
幽谷紫霞樓觀當落日似有幡幢出林木海邊鼇首戴雲
紅天際蛾眉拂秋緑昔聞天臺鴈宕相鉤連雲氣來往駕
飛仙斷橋溪澗路如棘嗟爾策蹇歸何年秋風湖曲波如
烟我思東泛吴江船買魚沽酒緑荷渚吹笛夜下松門前
便尋鍊師覓玄鶴卻訪華陽窺洞天又廣陵成居竹原常
贈茅山彭鍊師云坐對三峯絶俗緣羽衣蕭散即神仙幾

年大洞傳真籙十日清齋讀内篇采藥每行清澗底散花多盡白雲邊精神鍊得如冰雪妙入羲皇太古天先以三公之詩觀之則道士本楚人而出家於茅山精玄理兼擅丹青之技者也斯幅乃畫子房圯橋進履圖重岡複嶂筆力蒼健宛有唐宋大家遺意舊為林氏部所藏余友康君元龍收得之每一展玩輙心賞焉康君既歿二十年不復再覩比來康郎守廉為余東床壻始出諸篋笥為之重加裝潢因考其事蹟而題其端云時天啟二年春仲三山徐𤊹興公書於綠玉山房

文衡山雜畫冊

萬歷丁巳夏五躶雨經月無人不興愁霖之嘆六月朔日

忽陰雲盡斂晴旭射窗牖閒倪柯古携觴具酒觥過我竹中時盆蘭盛開秋海棠初吐埽地焚香意况甚適徐出文太史雜畫共賞畫饒意詩饒韻書饒態正不必拘拘一律各臻其妙時商益和趙子含同觀皆嘆服不已二子亦能畫宜其有當於心耳漫書以紀一日之會東海徐惟起興公

文氏父子書畫卷

昔趙文敏雅善書畫而子雍能畫欒能書時稱一門之盛歷數百年能追蹤文敏者其惟雁門父子乎披展之餘前喆之風流可挹誠為文氏碎金矣評者謂畫勝草草勝隸皆偶然耳若曰青出於藍吾未敢信也丁巳杪秋徐惟起

題

吳門二十家書畫

世宗朝吳中翰墨甲天下此卷得二十家一時雲集可謂玄圃積玉種種奇珍矣汝南兄弟不工其書其一出祝京兆之筆其一出文太史之筆而蔡九逵一篇又似王履吉代錄者誠希世之寶也嚮屬先兄惟和所藏失去者八九載今展轉而歸在杭不惟諸公得異代之知己而先兄亦可以少慰於九原也萬歷丁未上巳徐惟起書

諸家扇面卷

前輩不甚玩弄佳扇先君雅好詞翰而扇上名家字畫往往愛而重之先君弗祿伯兄檢篋中若干幅擇其善者裝一

卷且自為跋不惟存手澤且志孝思也夫先君之扇多薰金而字畫亦未神妙愚兄弟寶若珠玉即有厚值求之斷不忍棄詎伯兄忽爾捐館其所藏字畫扇子皆海內名墨肉未寒遂不能存其一二惜哉甲辰六月𤊹惟起題

顧道行畫卷

顧道行詩畫書在吳中稱三絕挂冠歸田一意翰墨余於壬辰歲謁先生於諧賞園先生亦謂孺子可教款於園中文酒朝夕乙未復遇先生於苕溪既而余來往姑蘇必造先生廬此卷乃先生見贈者未幾先生下世殘山剩水令人興酒壚（鑪）之悲先生有子慶恩世其業米有元暉趙有仲穆先生曾追蹤於昔人矣位不滿德吾不為先生惜也萬

歷丁未夏朔旦徐惟起題

蔡端明真蹟

宋人皆稱蔡忠惠書為本朝第一頗自珍惜不妄與人流傳五百餘年得公真蹟者不數家王弇州最號博收僅得安樂扶護二帖秀水項氏亦廣蓄前代法書亦只二帖文太史臨刻停雲館則公之真蹟不啻龜鬚兎角矣公吾閩人閩人得公書尤少此帖草書二詩神采筆鋒二見奪魄宋紙御印觸手一新即停雲所摹遠不及也歐蘇二公意不可一世而獨推轂君謨善書載觀此帖名下無虛信哉謝在杭多藏墨妙此又為謝家第一寶萬歷己酉孟陬徐惟起

朱文公城南二十咏

考亭夫子恆凡事南軒先生南軒搆城南書院於潭州嘗賦二十咏考亭為之跋云久聞敬夫城南景物之勝未得往遊其間今讀此詩便覺風篁水月去人不遠及乾道三年丁亥八月始訪南軒於潭州留長沙者閱月遍遊城南諸勝道中所得詩二百餘首名東歸亂稿則二十咏正此時作也南軒墨蹟不復見楊康夫為補書之二公倡和喁于追蹤風雅似不專以心性相砥礪也數百年間卷易幾家而歸在杭可謂得其所主矣攷文公集中涼漲平湖水作綠漲朱闌跨水橋作小橋灘彼澗中石作漱彼又舞雩千載事作千載意千里夢相尋作夢難尋前喆詞翰不敢

措語僭為窺其年歲攷其異同以質在杭焉萬歷丁未孟
秋晉安徐𤊹敬題

張秘閣誓願疏

天啟二年仲春晦日林異卿見貽此帖時余正翻檢前代
碑本遂以東坡馬券及米襄陽龍井記酬之徐興公識

趙松雪天冠山二十八咏真蹟

元仁宗嘗謂侍臣曰趙子昂人所不及者數事帝王苗裔
一也狀貌昳麗二也博閱多學三也操履純正四也文詞
高古五也書畫絕倫六也旁通佛老之旨造詣玄微七也
子昂於大德己亥改集直賢學士行江浙等處儒舉學提
舉越十年為至大庚戌始名入京拜翰林侍讀學士此卷

迺遊信州鬼谷洞天二十八咏始爲提舉時所作也道士守中至京師當是庚戌之歲也卷中詞翰絶代信如仁宗所稱高古玄微者焉守中能知愛重乞書爲仙館清玩此與山陰龐鷟何異哉余見吴興小草贋本什九惟陳履吉二體千文謝在杭與上人二札爲最此雖稍遜陳謝所藏亦猶西蜀之視吴魏耳林道燕道魯嚴於鑒賞定不以吾言爲疑也萬歷丁未暮春晦日東海徐惟起書於綠玉山房

鮮于伯幾趙子昂張伯雨書後卷

元季詞人輩出翰墨之工可超宋軼唐大德延祐間海陽有鮮于伯幾矣吴興有趙子昂高視一代即二公亦自相推許子昂哀伯幾詩有云錦囊裝玉軸妙絶晉唐蹟臨池

學古書池水欲盡黑虞學士伯生亦云翰墨軼米薛而有
餘風流擬晉宋而無作是以吳興公運畫沙之錐刻希世
之玉使千載之具眼識二妙於遐邈邈二公書名之重於
當時也如此張羽士伯雨雖晚出私淑妙得書家上乘使
其與二公同堂比肩安知其不為魯衛之政乎在杭合三
家書為一卷片鱗隻羽自是奇珍萬歷丙午冬日與陳伯
儒馬季聲同觀二君俱善書咸嘖嘖歎賞信知名下無虛
者也徐惟起題

鄭少谷詩卷

倪柯古收少谷先生墨蹟數幀似是高傳二家故物合而
成卷最後林納言跋語實從他處移入所謂集翠為裘者

也愍竹賦及大田讀黃伯固詩皆嘉靖癸未秋所書者先生以是年臘月下世賦云嗟芝蘭之難榮詩云當年分即死此日已云遲詞意感愴得非語讖曰先生化且百年斷金殘璧為世所珍語曰人生非金石榮名以為寶其先生之謂乎萬歷丁巳夏徐惟起跋

鄭繼之手書

鄭少谷先生以詩名於正嘉之際海内知鄭先生者詩耳不知先生之精於理數之學也此編自易數河洛洪範田制算法禽遁車服無不究心又手自鈔定先生之學豈尋常口耳章句乎哉惟和凡鬻收得之寶若拱璧俯仰又踰十年春日和暢偶與謝在杭翻檢遂求在杭跋其後而余

亦記數語永寶藏之萬歷丁未三月東海徐惟起

文太史仿宋四家家字卷

宋四大家書各自成佛作祖不以摹臨為工文太史戲為仿效於豫章得其神於眉山得其意於襄陽得其格於莆陽得其形然莆陽書如翔龍舞鳳為宋代第一手自是難效太史四時清和閒適可當山林清課柯古於四者頗有合宜三復之萬歷丁巳夏書於荔軒中徐惟起

文待詔尺牘卷

古人交與毋論師弟朋友一本於質實無文雖近而咫尺遠而千里尺一往還直敘情愫而已閩文待詔先生諸札前輩敦厚襟期自可想見濫觴至於今日吳人削牘於閩

必武夷君十八孃不去口實何所裨於交誼之重蒲澗鄭公名鵬先為吳郡廣文待詔為其門下士東皋倪公名鏡官工部主事待詔友也至於書法之工古今有定評烏用贅矣萬歷丁巳季夏之朔東海徐惟起題於柯古陸楂館

謝在杭家藏王百谷尺牘

百谷先生以詞翰雄吳中片楮隻字人爭寶惜在杭壬辰成進士初任為吳興李官隔姑蘇僅一衣帶水牘來筒往朝發夕至以故在杭所得獨多自壬辰以迄丁未適十有六載詞壇氣誼爾汝交情每一披誦宛然在目且書中往往齒及不佞姓字始知先生不獨篤軒冕之交而已今先生年已近耄來日若短後有飛鴻嗣而續之可也萬歷

戊申秋日徐惟起

文壽徵承隷書千字文

古篆以降則爲隷書漢唐碑刻儼存古意先哲如閬高廷禮吳徐子仁庶幾近之至於文氏父子一變其法則家摹而戶勒之縱稍異於漢法而秀雅自不可及余愛學書尤喜隷古此刻實與古人頡頏未可以晚出而耳食也戊戌歲永嘉黄道元寄惠黄亦精隷書辛丑夏五識

文國子真蹟卷

本朝詞翰之工推吳中文氏壽承運筆逸放有天然之趣斯卷前一幀適官國學時所選講章後一幀乃頌胡中丞武功雖草稿不經意而未嘗失書家矩矱也在杭廣蓄法

書卷斯卷亦鐵中錚錚者但可自怡悅不堪與俗人見耳

萬歷丁未春日東海徐惟起識

南中丞為汪明生書詩卷跋

首（昔）子美入蜀與嚴節度交最懽當時賡酬之什千古傳誦明生入閩為南中丞公重客一唱一和於（于）喁互響明生言旋東郡中丞手書年來贈答之詩詞翰雙美語云一貴一賤交情乃見三復此詩不無忻慕天啟乙丑朱明之月三山徐𤊹書於荔奴軒

楊太史延津八咏

楊太史叔向以翰林編修外補閩省少參請告家居十年復起為參知政事兩駐節劍州嘗賦延津八咏手書勒石

太史詩類錢劉字法羲獻不倭於己亥歲侍先生於延津先生忘分下交周旋數載八咏詩曽囑余為和兹先生下世又數載每一翻閱不勝西州之感余生平以詩文受知於楊先生最深此帖當世世寶之萬歷丁未送春日東海徐𤊹興公跋

傅丁戊詩卷　侯官傅汝舟丁戊山人藁

吾郡二百年來能書之家指不數屈國初孟楊[揚]廷禮二太史及浮邱黄山伯煒諸公兼長八法駸駸入晉人之室名重當時洪宣以降不聞有能操觚者成化中有林州倅景清宏治中有邵尚寶文恩皆運筆圓勁可方古人世無知者嗣是鄭吏部繼之傅處士木虛承其統緒繼之嵩學聖

教木虛稍變其體筆力蒼古可與繼之雁行愈老愈工此卷乃晚年所書雖不能擬國初成弘之奔逸生動而嘉隆之季殆無以過之柯古倪君收藏名人墨蹟夙什九吳人木虛先生詩品兩絕甯復以家雞視耶後六十八載偶與柯古閱而賞之敬題其殿萬歷丁巳仲夏徐𤊹興公跋

謝在杭千字文草帖

千文草帖起於懷素智永後有趙子昂文徵仲王履吉各傳搨本書則同文筆實異運在杭為性沖書此卷雖參用前人草訣而筆格一以鍾王為宗信如美色之不同貌名花各有其態者也近時好事家往往高價市縑素展轉乞貴人書貴人亦不自知其醜肆為塗鴉羣倉咸耳食視為

珍玩可發一笑性沖意頗異是故余喜為之跋蓋兩重之
也萬歷丁未夏日徐惟起

謝在杭書太平廣記十一段

子敬書名震霄壤而侍兒桃葉能作小詩數句後世侈談之然未聞其乙主翁八法為珍玩也在杭工詞翰而愛姬桃葉能占四聲親彤管又時時出縑素請揮毫寶逾珠翠誰謂古今人不相及耶在杭書此卷時正為東郡李官方騎馬逐紅塵中猶乘暇對粉黛作小字滿紙恐子敬風流未能勝此萬歷丙午初春書於秦淮客舍

吴氏清慎軒記

余觀先喆墨蹟最多往往傳一兩世便已散落不可復得

雖號好事賞鑒之家鮮有收其祖先手澤以爲珍玩者此卷年踰二百家傳八代縱剥蝕蟲蠧之餘而前輩清慎高風宛然如見元化慶其獲歸知所愛護可謂無忝爾祖者矣

湯堯文書指

近代行草書吴中推董太史玄宰浙中則湯司馬堯文也堯文書指得運筆三昧余不敏妄意臨池每一披覽始知學書之難不敢措手矣萬歷甲寅初冬惟起題

又

湯堯文官贛州二守吾鄉倪愛卿先生官贛州司理與堯文爲寮友倪氏所得堯文書甚多柯古出此見貽雖曰墨

本而筆鋒圓勁不減真蹟蘭亭聖教即墨本佳者亦自難得此帖殊有右軍遺意實書家之正脈也乙卯花朝興公

又題

薛寅父墨蹟

吾鄉嘉靖中推詞翰雙美必首薛公寅父公與先君子交莫逆家中所留墨蹟頗多伯凡惟和曾掇拾而序之此冊乃余近年所得者其詩大都與余家所留相同但書法尤蒼勁可愛且又有林沙溪邵青門二公題跋林邵俱能詩亦先君子執友並識之萬歷甲辰夏初後學徐惟起書

彭將軍忠義堂記

當文皇定鼎時吾閩彭伯輝從龍有功授金吾衛侯其勳

伐載籍無所考鏡觀同時諸公為詩若文則將軍之忠義藹然見於詞章矣余考林鄗齋集云將軍雅好文多蓄書畫而王晉山有題彭韞玉秋山行旅圖高漫士題彭指揮畫有靜裏圖書捲幔看之句乃知將軍固名士為時所推重不獨以武功顯者也傳一百餘載而名公鉅卿墨蹟種種臻妙宜柯若寶之若夜光也偶與林子寵陳子鴻李子岳陳予衎展閱時天啟癸亥重九日徐𤊹題

重修吳興令黃公生祠記

余處士字學米元章黃公生祠記尤有風骨乙未歲偶客吳興搨此本蓋黃司寇之治行王司寇之文章並重足稱三絕云

錢翼之書卷

吳郡錢翼之名良祐博學工詩尤精篆隸文宗時嘗被旨書農桑撮要大學衍義廷臣交薦宜館閣不報至大閒署吳縣儒學教諭既代輒不復出自稱江邨民虞伯生答翼之詩云吳郡名書盛有唐流傳風致到錢郎閉門三日梨花雨編寫千秋柿葉霜可以想其逸韻矣在杭此卷為臧晉叔所貽筆勢所至天機自來使吳興公見之亦當避竈而煬者也萬曆丁未元夕書

莫廷韓詞翰

廷翰書法俊逸都從米襄陽中來吳人貴其尺幅無論累牘也廷翰年不永而筆力精到晚歲尤工前後詩札徵有

同異信乎筆隨年老者矣偶過鄧道協雪堂出此並董玄宰黄白仲二家書同觀足稱鼎峙戊申季夏徐𤊹起題

謝子像詩

金陵瑣事載子像遊寺云深林下馬蒼苔滑野寺入門秋爽多又云春雨洗山諸寺近秋花薰夢一樓空集中俱不載顧華玉墓志亦衹引二句想亦無全篇也然子像佳局甚多不特瑣事所載耳時天啟癸亥秋日題

謝子像名承舉號野全先生八歲能詩長自放於山水文酒之間詞鋒飈發有所賦述引筆疾書輒盡數紙子少南傳其家學由春坊司直爲河南參議天啟甲子重陽後又題

黃白仲草書卷

白仲善書頗自珍重不輕與人而余交白仲十年未嘗得其數紙憶余在吳興時正與白仲相值遂為在杭書此卷龍飛鳳舞之態橫逸筆端偶爾展閱不勝山陽之愴丁未初春徐惟起跋

黃白仲西湖放生頌

憶乙未之歲汝高督餉入浙駐節虎林而余日在公署白仲時時過從三人交最懽也西湖放生頌正爾時所書適婉疊媚神采煥發汝高歎賞不已越五年而白仲化又五年而汝高化墨蹟宛然骨血安在河山之感不於酒壚而於緗素也萬曆戊申初秋朔日徐惟起題

先君子手書詩卷

先君子喜爲詩而不苟作萬歷辛卯之秋先君年七十有九耄矣忽一日召熥𤇆諭曰汝輩俱以四聲馳譽吾心甚喜家學不墮是在汝輩然吾生平有得意詩百數篇可出長箋吾爲汝書之熥對曰正兒之所深願而不敢請者也先君遂檢舊稿日書數首而𤇆常侍筆硯未幾紙盡未續而先君疾作不起以故歸田以後詩未及錄嗚呼不肖尚忍披讀乎哉先君平生之詩頗夥熥曾彙刻一帙而此卷纔十之二三耳禮云父殁而不能讀父之書手澤存焉爾況先君精神所寄累牘連篇而不致愛致敬乎俯仰之間一十五載天晴暴蟫出自篋笥敬識於末付陛兒寶藏之

乙巳夏日不肖男⿰火募拜手恭跋

伯凡詩卷

昔陸雲贊平原文謂君苗焚其筆硯王縉掇拾右丞詩表而進之於朝家庭之間自相敬慕先伯氏年不稱德時論歸美卷中諸詩大類劉文房許丁卯而書則效法聖教興福稍雜以行草林異卿喜摹古帖得書家三昧極賞伯氏書有古意從王元直求為珍玩偶出相示載一披咏不勝人琴之病因為之掩卷天啟改元花朝題

林方壺先生為諸生日與先伯凡有投分之誼先生第登出守茶陵遂爾仙逝先凡聞訃有詩哭之云文章自昔擅名流二十分符楚國游正羨雲逵方發軔誰知夜壑即藏

舟魂隨岳麓家何在淚灑湘江恨豈休華表鶴歸歸未得雲陽山下不勝愁賦此詩時先兄年才有二十三也先兄既歿余為選梓慢亭全集盡棄其少作偶檢存稿書呈異卿異卿又當愴然耳閏二月十日又題

書普門品救苦經

京口金山大江中巨鎮也住僧成穩以萬歷丁未秋入廣州募化檀香一片二百斤載至惠州西湖永福寺刻觀世音菩薩一尊歷數月而功德完滿爀方有惠陽之遊禮拜間獲瞻莊嚴妙相謹發誠心手寫普門品救苦經共一軸納之肚臟誓了弘願匪　福田時冬十一月二十一日南瞻部洲福建福州府閩縣善男子徐爀薰沐和南書

為周九倩題周文姬尺牘

文姬尺素婉麗有情徐淑之答秦嘉不啻過也九倩攜以自隨足當舞裳歌扇又何必恨章臺弱柳爲他人所折耶

壬子閏十一月東海徐㘭題

吾閩興公紅雨樓集未受梓此題跋一卷是從稿中錄出者尚未備異日當廣徵并全集編刻以永其傳未知得如吾願否興公題跋最精確惜多散逸裒之正未易耳林佶識己亥六月之朔書於警露寓邸

吾閩藏書之富前朝洪永閒無從參稽嘉靖以後始乃歷歷可數陳方伯公暹馬恭敏公森林方伯公懋和王太史公應鍾炳炳麟麟後先媲美乃馬公季子能讀父書陳公後昆寖微散如雲烟林王二公捐館未幾書盡亡失雖丹黃批點句讀俱在而全書飄蕩四方者不少吾閩先輩閒有得者珍若拱璧厥後如陳一齋李立鄧參政汝高謝方伯在杭曹觀察能始徐興公惟起皆有書

嗜陳盡燬夫人之手鄧裝潢整飭觸手如新謝鋭志搜羅不施紅黒曹丹鉛滿紙枕籍沉酣究之秘本奇編連床充棟參訛訂異前題後跋惟興公先生蒐討為最也又幸有器之存永二後人維持保護故雖輾轉流遺仍皆存之吾閩鄉先輩家終未湮没也不佞仰企前人潛心購覓幾廢寢食得徐氏汗竹巢綠玉齋宛羽樓紅雨樓藏本什有二三不啻如當日閩先輩之於陳馬林王四先生所寶所藏之書也獨是興公先生善聚善讀用心精勤之處余欲與天下人共知之遂捜錄題跋若干首先付梨棗别為初編編云嘉慶三年歲次戊午重九日侯官鄭杰書

明閩縣徐興公夙負才名所著有筆精榕陰新檢又有紅雨樓書目讀自序云予少也賤性喜博覽嘗取父書讀之覺津津有味既長稍知訪輯然室如懸罄力不能舉羣有也會壬辰乙未辛丑三為吳越之游庚子又有書林之役迺撮其要者購之因其未備者補之更有罕覩難得之書或即類以求或因人而乞或有朋舊見遺或借故家鈔錄積之十年合先君子先伯兄所儲可盈五萬三千餘卷存之小樓堆牀充棟頗有甲乙次第鉛槧暇日遂倣鄭氏藝文略馬氏經籍考之例為書目四卷可見儲藏之富惟文集未曾付梓順治已亥林吉人手鈔題跋二百四十餘條

並識緣起裝成四大冊藏費莫丈文治庵所荃孫錄副藏篋中三十年矣時時檢閱奉為導師光緒丙午十二月吾友況君夔生於金陵市中得汪韓居刻紅雨樓題跋一冊荃孫借校所刻僅八十七條鄭君昌英輯而序之不但與林輯不同並不知吉人曾鈔行之者荃孫因取兩冊分類合編共成上下二卷二百二十二條雖非全集然所藏美富略見一斑荃孫前得筆精後得紅雨樓書目今又得題跋一卷合[之]林鈔彙編與[成帙]興公洵有宿緣矣吉人名佶號鹿原康熙三十八年舉於鄉五十一年 欽賜進士授內閣中書家多藏書徐乾學鋟通志堂經解朱彝尊選明詩綜

旨就傳鈔有樸學齋集集中上御史某公書某海賊士荒學無狀年來過不自量購求儒先集錄毋慮數千卷幾及鼇峯徐氏之舊而家亦緣是愈貧荔水莊池半屬他姓又有青兒得鼇峯徐氏遺書五十種錄其目與跋至京邸喜而有作詩昌英名杰侯官人乾隆貢士其藏書之所曰注韓居藏書數萬卷分二十厨貯之以東壁圖書府西園翰墨林誦詩聞國政講易見天心爲誌並刻注韓居藏書此跋即編入藏書二集臘鼓聲中校核同異編目旣畢晨雞早唱亦守歲一佳話也光緒丁未元日繆荃孫跋於藝風堂

宣統辛亥刻于峭帆樓趙氏

雲自在龕

學海堂經解書目提要一卷

長汀江瀚撰

鵬城王氏寄梅堂藏稿本

學海堂經解書目提要不分卷，江瀚撰。瀚（一八五七—一九三五），字叔海，號石翁，室名石翁山房、慎所立齋，長汀人。晚清時曾任重慶東川書院山長兼致用書院教席，長沙校經堂主持，江蘇高等學堂及師范學堂監督，學部參事，京師大學堂師範館監督兼教務提調、經科教授。民國間歷任京師圖書館館長、參政院碩學通儒參政、禮制館總纂、山西大學毛詩教授、故宫博物院理事長、京師大學代理校長等職。撰有詩經四家異文考補一卷、論孟卮言一卷、宗孔編二卷、孔學發微三卷、吴門銷夏記三卷、石翁山房札記九卷、慎所立齋文集四卷、慎所立齋詩集十卷等。

民國間，東方文化事業總委員會組織編纂續修四庫全書總目提要，江氏撰經部、史部提要稿七百四十二篇。此書收録提要凡六十篇，略依皇清經解（又名學海堂經解）所收各書順序編次。其中觀象授時篇題下注：「此書本在五禮通考，可不别出。且以天算歸經學，亦阮氏一人之見。」釋蟲小記後附注：「以上十三種皆在通藝録中，因學海堂經解各分爲卷，故分别自論之，將來若續修四庫總目提要，當更總爲一篇也。石翁附記。」知此稿當撰於續修四庫提要之前。

取此書提要與中國科學院圖書館藏續修四庫全書總目提要稿中所收江氏撰寫提要對勘，多有不同：

其一，所據底本不同。此書均據皇清經解本，續修四庫提要則儘量不收經解本，故江氏所交提要，若干底本已替换。如續修四庫提要中，經義雜記改用嘉慶四年（一七九九）拜經堂刊本，古文尚書考改用嘉慶間省吾堂本，尚書集注音疏改用原刻本，毛鄭詩考正、詩經補注改用戴氏遺書本，古文尚書撰異改用經韻樓叢書本。

其二，提要内容有所修改。續修四庫提要行文更趨周密，如此書段玉裁毛詩故訓傳提要謂「是書無甚可取」，續修四庫提要稿中則作：「玉裁是書合傳爲一篇，置於經後，以復古經傳别行之舊，最爲可取。其它實多未安，然頗爲世推重。」蓋此書中對前人學者之尖鋭批評，入續修四庫提要時已稍加潤飾。此外尚有增訂補充處，如續修四庫提要稿詩經補注提要較此書多出如下文字：「今人論戴氏學術，有曰：戴氏其補正毛、鄭詩，頗采朱氏集傳，其文中或尊稱爲子朱子，明其推重朱氏也。生當雍正、乾隆之交，見其詔令責人，輒介程、朱緒言以骫法，民將無所厝手足，故爲原善、孟子字義疏證，斥理欲異實之繆。其間雖有詆訶，亦猶莊周之譏孔子，禪宗之訶佛罵祖，其所訶固在此不在彼也。是故戴氏之術，似不與朱氏相入。而觀其會通，則爲朱學之幹蠱者。其説不爲無見，因附著之。」「今人」指章太炎，其引文見菿漢微言。其部分增補内容亦反映近代特色，如齊召南注疏考證提要，提及春秋宋襄公「不鼓不成列」史事時，增入「即近世號爲人道主義者也」一句。

其三，續修四庫提要並非全採此書，部分提要已改用他人所撰者，如春秋正辭提要即爲楊鍾羲所撰。

此書向未刊行，稿本今藏鵬城王氏寄梅堂。（馬學良）

學海堂經解書目提要

學海堂經解書目提要

長汀江瀚叔海

經義雜記三十卷 集

清臧琳撰琳字玉林武進人康熙中諸生是書嘉慶己未阮氏元刻于南海錢氏大昕潛研堂文集有臧玉林經義雜識序是書本名經義雜識不名雜記也錢竹汀序稱其實事求是別白精審而未嘗馳騁其辭輕詆先儒者之學務實而不務名其推挹甚至惟段氏玉裁序謂於詩禮二經王肅私竄以難鄭者

蜀志李譔傳云著古文易尚書毛詩三禮左氏傳太玄指歸依準賈馬異於鄭氏與王氏殊隔初不見其所述而意歸多同　此亦足見子雍之說不妄云按

尤推見至隱覺悟羣稚則殊未盡然如書中說采承天
寶也攙奪了象尊袁勸寃南風之詩中春會男女皆是
家齋說條皆申鄭抑王其實子雍固亦有依據齋成皆
亦無疏失邪玉林於雍此王季條下尤暢發其旨王肅
注毛詩亦依文立義者此因鄭箋毛詩是王肅好與鄭氏相
難故反援三家誤本以改毛氏正經使世識者見之必謂書
本毛詩與三家左傳合鄭箋從之者為誤矣肅之傳偽
心術自唐以來世能知之者我不得不痛切倡言之玉林
是說阮氏采入毛詩校勘記而陳氏啟源毛詩稽古編

馬氏瑞辰毛詩傳箋通釋胡氏承珙毛詩後箋陳氏奐
詩毛氏傳疏咸云當以化文王者為正說禮記樂記引詩莫
其德音十句鄭注曰言文王之德皆能如此則鄭所見本
亦作文王何得因子雍而遂一概抹殺乎夫經義深奧、
非一人所能盡說之同異是在學者平心審察擇善而
從正不必袒分左右也

解舂集

清馮景撰景字山公錢塘人歲貢生所著解舂文
鈔十二卷補遺二卷詩鈔二卷有經盧氏文弨刻入抱

經堂叢書本張氏之洞書目答問列山公於不立宗派
古文家是編阮氏蓋祇采其有關經學者意不在文
也山公嘗與閻氏若璩同居淮安故集中與百詩論古
文尚書疏證者特多雖間有辨駁實傾倒至于閻
氏潛邱劄記頗極詆之言其說據古家語孔叢子所
考紀年及魯詩世學世本毛詩古義真偽種流傳不可
枚舉未免失之太過山公要為學有根柢故其文雖無
近人古文修飾派之講桐城義法以為剪裁駕空談法自雄
者此可同日語耳

觀象授時十二卷　此書專主西法通考之不[illegible]出且以天文明經算之說於人之數

清秦蕙田撰。蕙田字樹峯，號味經，金匱人。乾隆丙

辰進士，官至刑部尚書，謚文恭。所著五禮通考二

百六十四卷，已著錄。是編爲通考之一門，以天文

推步爲服制，圖主觀象授時一類。錢竹汀文

集載先生家傳云：文恭延東原主其邸，與講

觀象授時之學，以爲聞所未聞，則此書之成，蓋東原

與有力焉。故書中多采江氏永之說，其證也。東原所學

並用中西法，近世西人於天文學愈密愈精，讀者可以識之。成

參蹤矣

經史問答十卷

清全祖望撰祖望字紹衣一字謝山鄞[redacted]人乾隆丙辰[redacted]進[redacted]選遂不出其學淵博無涯涘於書靡不貫串是編原十卷蓋第錄其問答經學者謝山經學似遜其史學雖兼采漢宋論多持平若於問答中自言平生解經未嘗敢主一家之說以啟口舌之爭但求其是而已如答皇極解宗朱氏皇訓君之解又謂朱氏譏陸氏以大中爲皇極而遂有狥於治

道此說之必不可通者答詩衛宣公父子事既謂史記與左傳異者大抵左氏是而史記非然於左傳寧孔以爲不復西晦則斥其言爲虛且謂左氏成敗論人而不顧其事無徵一至於此蓋直其辭但取其是無所偏倚斯誠通人之用心已

質疑二卷

清杭世駿撰世駿字大宗別字堇甫仁和人乾隆丙辰以舉人召試博學鴻詞授編修改御史條上四事以言不宜偏用旗人忤旨放罷還主粵秀安定兩書院

宬久是書原名經史質疑蓋以主講書院時與門弟子問答之詞問既淺答亦豈告深意大宗經學遠不及其史學此固說者所公認也

注疏考證六卷

清齊召南撰召南字次風號瓊臺晚號息園天台人乾隆元年以副貢召試博學鴻詞授庶吉士官至禮部侍郎注疏考證凡經傳五一尚書二禮記三春秋左傳四春秋公羊傳五春秋穀梁傳次風寶綸堂文集有進呈尚書禮記左傳公穀諸序故原刊殿本注疏之後次風

長於史輿地尤精經學似較孫退谷尚書考證謂思曰睿睿字今古文皆同不知董仲舒春秋繁露五行五事篇說苑（劉向）君道篇引洪範五行傳作思曰容蓋是睿古文容今文也禮記考證謂樂記武王未及下車而封黃帝之後于薊薊即燕黃帝之後即召公陸德明音義之說甚確然史記五帝本紀備自黃帝至舜禹皆同姓蓋本帝繫黃帝之後多矣時讀封于薊果莊三十年傳云燕周之分子也白虎通王者不臣篇云召公文王子也論衡氣壽篇云邵公周公之兄也即此都可作周召分陝召公在文王時已

受采武王胡為乎未及下車而汲〻封之乎此鳴其〻議者
唯於左傳考證所得特多而春秋微旨終莫之觀矣
公羊傳王者孰謂〻文王也何以不係時王而係文王蓋不
託諸文王則世以識然周之天子故傳於王伯末求金云
繼文王之體守文王之法度文王之法無求而求故譏之
也此所發明謂文王之義讖以斥為迂曲矣〻疏矣穀梁傳
古者不重創不禽二毛考證謂穀梁之迂未有過於傳
者無淮南子氾論訓古者之伐國不殺黃口不獲二毛於
古為義於今為笑矣以此論務此謂於今為笑矣惡得以後

世嗜殺情而漫疑合義而筆大宗棄之不鼓不成列以
為文王之戰以宗邑違此之傳然云伺我國之代之持之
馬而輕與之乎又晉趙鞅帥師納衛世子蒯聵于戚傳
其稱受命王父也考證謂其有傷名教蓋未定輒之立
由靈公然則父當立而蒯聵有殺母之罪南子未嘗必不許之
入而輒以為長類其受始受命靈公為文稱子非為子拒父
也就輒之則為尊王父就為受於子則為尊其父尊者惇靈公
之命而於道被殺母之名義不當立之蒯聵其有傷名教又為
何如故春秋一經孔義精仁熟不易治也

出古之好摭述者
用王夫禰乃積年
錄則為易二十四卷
古文尚書編注二
卷，後其書觀豈
所作周易小注
左傳補注十五卷
九曜齋筆記
二卷松崖筆
記二卷

古文尚書考二卷

清惠棟撰。棟為士奇之次子，初為吳江學生員，後
改歸元和籍。乾隆庚午十五年詔舉經明行修之士，總督尹
繼善、黃廷桂以文章論薦。棟有詩通經史，學有淵源，易漢學易例偁
年五十後專心經術，尤邃于易。所著周易述、春秋左傳
補注、九經古義，四庫已著錄。是書大旨謂孔壁古
篆說經者……棟書……
文尚書十六篇，而有九共九篇，析之為二十四，鄭康成
以為已有傳……
傳注二十四篇，即孔壁真古文，東晉梅賾所出二十五篇
晚出……撰……傳……
與漢書不合，可決其偽。唐人誤以鄭氏為張霸偽書

者無也其它亦多與閻氏若璩說先後印合校稱其
古文尚書疏證附卷末然於閻氏疑西漢大誓為偽
則辯之云西漢之大誓博士習之孔壁所出與之符同自
東晉別有偽大誓之三篇唐宋以來諸人反以西漢之大
誓為偽閻氏既知東晉之大誓是偽作何并疑西漢
之大誓亦偽耶此其謬也栢崖說經抑可謂不甚當閱者矣

春秋正辭十一卷附舉例一卷要旨一卷

清莊存與撰存與字方耕武進人乾隆乙丑（二十二年）進士以一
甲二名及第授編修官至禮部侍郎所著有味經齋遺

書其孫綬甲跋云先大父之治經最先致力於禮本鄭氏學今考方耕之學長於春秋禮次之卻非本於康成是編刻於道光丁亥前有朱氏珪序題嘉慶辛酉其自撰敘目謂讀趙先生汸春秋屬辭而善之輒不自量為隱括其條正列其義更名曰正辭以尊聖尚賢信古而不亂或庶幾焉敘目雖云本孟子而實多引伸陸文通纂例之義其精善處固不可及至襍偏曲之說不免而容五行祥異尤蹈襲瑣人之譏謬以裨竈梓慎之言為經（見定盦續文集 與汀子序）莊世驥

鍾山札記四卷　龍城札記三卷

清盧文弨撰。文弨字召弓，號抱經，餘姚人。乾隆十七年壬申進士，以一甲三名及第，授編修，官至侍讀學士。居常精於校讎，所定諸善本皆鋟板行世，所謂抱經堂叢書是也。札記二種，阮氏摘入學海堂經解。鍾山札記共五十九條，所辨翁子之字華文，孫叔敖之爲蒍氏，二名不偏諱，俱極確當。龍城札記僅百二十條，其釋士冠禮毋免父與處處之文，深得經義，唯謂王肅解經故與鄭康成異，以陳風衡門可以樂飢，鄭箋作療飢，經文必本是療字

江氏手視集鄭

故鄭不云樂當爲爍侍中樂道忘飢乃當時私撰而
孫毓從之此則徇臧玉林及其曾孫鏞堂之說未之失
釋文中作樂飢[redacted]療飢中樂或字非
之於倫考韓詩外傳曰雖居蓬戶之中彈琴以詠先王之
風有人亦樂之無人亦樂之亦可發憤忘食矣[redacted]
[redacted]其釋經之義[redacted]與毛傳可以樂道忘飢正同也
豈子雍私撰乎
尚書集注音疏十二卷周書經師系表一卷
清江聲撰聲字叔澐號艮庭吳縣人嘉慶初元
開孝廉方正科賜六品冠服叔澐年三十五師事惠

定字而讀此為古文尚書考及閻百詩古文尚書疏
證知古文及孔傳皆晉時人偽作乃集漢儒說以注二十九
篇漢注不備則旁考它書精研故訓成尚書集注音疏
十二卷其自注自疏亦用其師惠氏周易述之例凡經文
注疏皆以古篆書之原刻用篆書其重刊而本是書之辨秦
推之歟[redacted]詳核多閻氏惠氏此書及龔氏自珍大誓答問
力駁其說往謂孔安國不傳古文誥顧命及康王之誥自
合分為兩篇孔子所見如是則龔氏何從而知之鄭玄尚書
赤烏之瑞孫之河圖命矞也涵其錫為古代書之義

王氏多祖馬鄭

圖書遺經不得因緯書之興而并今書遺義為偽也惟陳氏澧東塾讀書記書傳孔傳亦通達蔡仲默集傳易之甚有精當者江艮庭集注多與之同者為勝今則於蔡傳竟不一寓目輕蔑太甚又後其書取其說而沒其名則尤不可此誠學者所當引以為鑒者也

尚書後案三十卷

清王鳴盛撰鳴盛字鳳喈一字禮堂號西莊晚更號西沚嘉定人乾隆[十九年]甲戌進士以一甲二名及第授編修官至光祿寺正卿西莊研精經學一以漢人

為師許鄭之說尊信是書蓋以發揮康成一家之學鄭注殘闕者乃取馬之傳疏益之孔傳雖僞其訓詁猶有傳授孔叢鄉壁虛造間亦取焉又作案以釋鄭義馬之傳疏與鄭異者條析其說折中于鄭氏經營二十餘年自謂存古之功與惠氏周易述相埒孫氏星衍輯古文尚書馬鄭注謂光祿博搜羣書輯遺纖悉或殽肴改似有不滿之辭又西莊自序偁孰曰子為是江聲而江氏金縢集注不以康成謂罪人周公之屬黨為然既見殊異後棄則是鄭說以古事實情理既合其

墨守高密可謂至矣

周禮軍賦說四卷

清王鳴盛撰是書雖專申鄭義而融會貫通不事拘執故論大雅公劉其軍三單謂大國地方百里見於王制鄉成周其與周制不合解爲夏殷之制此與服說於經初無所證此其爲專從鄭學唯鄭是從其說迂迴不倖矣又其中兼採宋儒之說雖亦時加駁難然其說千乘則一以馬鄭及朱子之言爲斷說餘夫亦如之則偁陳祥道之解甚確是真能

博覽詳稽虛衷審擇其中之善從可知也

十駕齋養新錄二十卷養新餘錄三卷

清錢大昕撰大昕字曉徵號辛楣又號竹汀嘉定人乾隆甲戌（十九年）進士授編修官至詹事府少詹事

竹汀之學極博極精即以是書言之亦鐵研磨盡或謂較之顧亭林日知錄有大官庖與窶人併家之殊然顧氏與友人書自云日知錄平生之志與業皆在其中原不似竹汀之書專攷訂經史宗旨既別自難並論亭林爲學立志爲遷熟來學者

[illegible]

而竹汀之於音韻也謂協句即古音毛傳多轉之古

皆輕唇音皆見實超出崑山之上其它亦類皆求是

辨誣闡微學術有功先儒有益後學固與之亭林明

道救世之心初無差異也餘錄係晚年續有所得

隨時劄記考精核稽覈遜於前且有複出者頗類

一條已詳見卷二十吳郡志章山古事下矣

潛研堂文集五十卷

清錢大昕撰竹汀論文好詆方望溪題竹汀之學

素不望溪此及其以文言恐亦互有短長未必果

足滕之所集中所答問及題跋為最佳若僅取其有關經學者如復卦說蓋為諷清高宗而作故首云上天下澤此守成極盛之象又云陽健於上陰說乎下有將順而無匡救孔子所謂予無樂乎為君唯其言而莫予違也善責之者雖臣之以危況來必害其身其意顯然可見至云致負乘之寇不獨自詒伊戚抑且禍及國家則痛斥和珅非尋常也梁武帝論云人民之富庶非不可恃也而拒諫而自移其國雖安必亡亡之以為清高宗發答問謂左氏傳曰凡弒君稱君君無道也稱臣臣之罪也後儒多以斯語為詬病君誠有無道

何已於弑君遂弑者皆無道之君也聖人修春秋述王道以

戒後世俾其君爲有道之君正心修身齊家治國平

其臣何亂臣賊子之爲哉又謂禮有七出之文非徒以全夫

亦所以保其婦使世間之婦失愛於舅姑讒間於叔妹

抑鬱而死者有之或其夫淫酗凶悍寵溺嬖媵迫而死

者有之準之古禮固有可去之義亦何必束縛之禁錮之

置之必死之地以爲快乎是先通儒之言權衡至當彼後

畢小生惡足語此然亦有失之疏者如謂桑中之篇孟甞之

与閣道謹之奔永倚閣寺即小雅之巷伯寺中之侯

作剡閻剡鹽文，其義同，則殊未諦。鄭氏箋以十月之交是厲王時詩，故鹽妻為厲王后，甚其女之族姓。閻妻猶云美女。今十月一篇，經解算家由日食推定其在幽王時，已成鐵案。鹽妻自指褒姒，則鹽為本字，閻剡皆其假借，並非女之族姓。此錢氏偶考不審，未足為書病也。

四書考異七十二卷

清翟灝撰。灝字晴江，仁和人。官教授。是書原刻本總考條考各半，學海堂本止條考三十六卷。晴江先書援輯證詳，罕所發明，惟辨正山甫撰以夢琪及勸學

[illegible]

伐燕較有關係然知家語之僞而不知東晉古文尚書泰
誓武成之僞於中篇進王季太王之事條截然脫中篇所
言武王追文王援泰誓武成為證既書亡之後於孟
子太誓曰條下引趙岐章句論之曰趙氏時惟有所
女子獻僞泰誓行孔壁古文世猶未見故凡今本書
中所有之文三家所無篇目與孔壁所無者文仍昭然雖溯之也
依據江說是直以揚雄古文尚書之泰誓為真矣
孔壁古文真不可議乎其它可取者劉楚楨論語正義
已采入之

蔡邕月令章句曰周天三百六十五度四分度之一分爲十二次日月之所躔也地有十二分王侯之所國也……

主十二州斗牽牛須女九星 九州之制乃取象于斗斗九星 史記正義引星經云角亢鄭兗州之分野氐房心宋之分野豫州尾箕燕之分野幽州南斗牽牛吳越之分野揚州須女虛齊之分野青州危室壁衛之分野并州奎婁胃魯之分野徐州昴畢趙之分野冀州觜參魏之分野益州井鬼秦之分野雍州柳星張周之分野三河翼軫楚之分野荊州

冀州畢觜參魏……

江淮漕謂發儒以星十有二州……

織女祭分星爲義……

某州是相繫……

漢十有二州……

尚書釋天

清盛百二撰 百二字柚堂秀水人官知縣是書

釋尚書堯典舜典洪範三篇柚堂自序謂其發明處……

詮其論星度閏仍本日大經日躔月行其次而後四

時不差而歲功成其論日食則主於財務修德勤天

當食不食固出要事……聖人之急……

而云日月之災大旱……猶其所遇……

不爲無見

[redacted]

情實爾未附錄……與紀要

分野考謂十不書分野而舜舉十有二州春秋又據

十二州

十二次

……

呂氏春秋云虞之齊
之分野蓋古有是說
要不可據以釋禹義

[illegible]

取禹貢分屬北斗七星已已上並引洛書緯以禹貢山川分
屬二十八宿躔其後起云云然既明知其不言分野而猶
[redacted]說[redacted]緯英辯環海四夷何無遺於分野之
疑竇甫和難遵典
宋王應麟六經天文編二卷六經天文編
天文以易書詩所載為上卷周禮禮記春秋諸書
為下卷乾隆四庫收入子部天文算法類以其屬
讀書脞錄七卷續編卷
續孫志祖撰志祖字詒穀仁和人乾隆三十年成進士官
御史詒穀攷訂經史不為武斷未嘗妄語天異辨快
僞孔傳訓詁考據辨淵源兩漢經師遵翫以來攷據之
古訓豈可以其出於僞孔傳而輕之流雖之亦朱竹垞云

以漂撇解流離，此云流離之子，離之言流離之人也，西南[illegible]

於字字而據訛之，已述論者其年[illegible]漢學家門人之見

又如據鄭康成詩譜、陸璣毛詩草木疏，謂作詩傳者

毛亨，非毛萇，以辨後漢書儒林傳、隋書經籍志之誤

據史記儒林傳秦焚書獨有士禮，高堂生能言

之，以正[illegible]儒修類要[illegible]序引漢書藝文志言漢

興，至高堂生傳士十七篇，傳士之[illegible]謂高堂傳而傳

字易為禮，遂誤作傳士禮之說，[illegible]依附所析經編兩郡當

作四郡一條，段氏玉裁力主其說，與錢氏廣圻為此

[illegible]

一字反復爭論至于訟庠林氏惠常三禮通釋申
段駁顧黄氏以周禮書通故亦以段說爲得惟李氏
慈銘越縵堂日記辨之云周之四代之學東膠東
序瞽宗三者皆大學在國中虞庠小學在西郊其爲
立四代之學者謂四郊皆有虞庠考成均何以周於虞學
獨立四學乎且既有鄉學遂學而又四郊分置之四學不獨
重疊乎況東郊南郊北郊之學未嘗見於經傳其文
也異同義錄其梗概以備學者論定焉

弁服釋例十卷

清任大椿撰。大椿字幼植，又字子田，興化人，乾隆三十四年己丑進士，官御史。子田與戴東原同舉於鄉，又同其論說，因究心漢儒之學，淹通於禮，尤長名物。是書其一種也。周禮有韋弁無爵弁，記有爵弁無韋弁。禮經有爵弁，又別于韋弁。釋例辨此極詳。記云周弁殷冔夏收，毛詩傳云冔殷冠也，夏后氏曰收，周曰冕。任氏疏證記文毛傳之異，尤為允當。又駁山陰陸氏以禮器士三旒為士得服冕之證，謂弁師說侯及孤卿大夫之冕各以其命為之，言冕之等止及大夫不及士則雖三命之士不冕服矣士冠禮爵弁為三加之服而冠義云三加彌尊則士之尊服爵弁而止並引說文荀子獨斷淮南子白虎通言冕者不及士亦俱詳稱洵有俾學者之書也

釋繒一卷

清任大椿撰子田初欲會稡全經則慮其浩博無涯非一人所能罄因思分類以求一類既貫乃更求他類所著深衣釋例釋繒諸篇皆博綜羣籍衷以己意學者能推其義例廣所未盡以類窮之可以會經之全

此識有待於來者亦可期諸今李君矣是書徵引雖繁

而勘趣端緒故江甯汪士鐸嘗為之董而理之況以今制

作釋帛繒時亦不免參以臆說任氏創始之功焉可沒哉

爾雅正義二十卷

清邵晉涵撰晉涵字與桐號二雲又號南江餘姚人

乾隆辛卯（三十六年）進士廷試二甲歸部銓選癸巳（三十八年）詔開四庫

館以大學士劉統勳薦特旨改庶吉士踰年授編修

官至翰林院侍讀學士二雲與戴東原同在四庫

館當時經學則推東原史學則推二雲二雲於經

深之，傳及爾雅，以爾雅為五經之錧鍵，而邢昺疏淺
陋不稱，乃別為正義，以郭景純為宗，而兼采舍人、樊
劉、李、孫及沈旋、顧野王、裴瑜諸家，郭有未詳者，摭
他書補之，凡三四易稿而後定。書成，於存古義、存古
訓、存古音也，查之有之。其自序云：竊以釋經之體，必
擇善而從，義非一端，而並窮緝踐其迹之。又如草木
蟲魚鳥獸之名，古今異稱，後人輯為專書，語多皮傅。今就
灼知副實者，詳其形狀之殊，辨其沿襲之誤，其未得實
驗者，擇從舊說，以近古為徵，不敢為臆必之說，失之大

足見矜慎證郝氏懿行爾雅義疏較為精密而書

要為無傳也

宗法小記一卷

清程瑤田撰瑤田字易疇歙[redacted]人乾隆卅五舉人

官太倉州學正此為通藝錄四十二卷中其

十之一種也周官大宰以九兩繫邦國之民五曰宗

以族得民唐叔始封晉受懷姓九宗職官五正遂

世為晉強家至春秋時翼九宗五正逆晉侯滅之

君後立一君皆為翼故家之力古宗法有禰於家

國如此近世宗法之廢久矣閩有立宗祠於其鄉雖
亦陰寓收族合族之意而其制亦不盡合故宗法於
古為重於今為輕易曉是記亦多可議黃文同禮書
通故謂其申崔氏為祖士不祭之意立之說殊覺
未安喪服小記曰庶子不祭祖明其宗也況此則宗子
庶人亦寓立三廟乎庶人立三廟是不過宗子寓立
三廟於庶人是不敬祖又謂其拘執大儒文繼祢
者為小宗條譜大宗亦未是嘗於點觀其大略心
知厥意可矣

喪服足徵記十卷

清程瑤田撰三禮書當以儀禮爲本鄭康成爲經之注此尤義峙蘽鳳易疇病在好與鄭注爲難有私意故不免以己見參岐是記駁鄭注如慎子不數及庶子殤禮服及陳氏立句溪穆其辨正之而庶孫之中殤一條則淩氏曙禮論辨正之鄭氏珍儀禮私箋摘程氏之失尤多所斥其力伸己說至禮經鄭不可信又詆其說經之私務爲深闊是皆由其好攻高密語多凌厲有以取之又易疇謂曾之高祖之孫之

沈存中撰夢溪筆談云高祖者由祖而上者皆高祖也由孫而下者皆為孫也雖百世可也若謂相逮者則必有服喪三月故雖成王之於后稷亦稱曾孫而祭祀祝文無遠近皆曰曾孫

服子男亦斥其止即滕注疏不知其害者數然自陳氏澧東塾讀書記言之則易曉且說亦赫之有故古者三十而娶室元孫生則高祖一百二十歲矣故元孫不得有高祖之服也七歲而死是無服之殤元孫八歲則高祖一百二十八歲矣故高祖不得有元孫之服也即令二十歲生子至元孫生時高祖八十歲時矣亦無幾使老翁猶子相為服乎蘭甫此語洞析了當視吾說之剌剌不休者尤遠矣激則存乎理勢然也易曉有曰柳余文案論之禮系殘世不相沿襲即一朝制度亦容有因時酌改陸俶

便宜難以盡一者又曰從周孔子學兼友敦論世

重人知所損益則其于多疑所必闕是亦夫子之教

也斯則吾論不刊承學之士所當復其言者矣

釋宮小記

清程瑤田撰是記多參以臆說甚首述棟梁本義

舍許鄭雅訓而取莊子之學說不知莊子細枝對

大根言謂其末未細無用之材程遂以為棟梁用細

枝可誤字又辨棟字曰棟字其初圜屋也是故棟本

然字于然者故曰上棟下宇也李慈伯越縵堂日記斥

為尤謬宜矣其述當阿決阿為楣因駁鄭注入堂深示
親親云主人在阼階上揖賓賓乃獨入堂深而至於棟賓
主賓不相遠於授受行禮不順不便必無之理也此說尤
巧黄之間通故為禮門辨辨曰梁梁曲處謂之阿其曲
梁中處正當棟故鄭注訓當阿為當棟賓於曲梁
當棟棟處致命主人于阼階上再拜賓還負序遂從
而南主人鄉與賓竝而受故下曰授于楹間南面是是
益見鄭注之未可輕議也

創物小記一卷

清程瑤田撰易疇治經自信太過又好與鄭義一一反覆
故疏外易從鄭君者輪輿私箋駁其說者多前漢一 [redacted]
像以概其餘 [redacted] 詞 [redacted] 約軝錯衡 [redacted]
[redacted] 鄭箋云約軝轂飾也易疇謂輪人皆軝軝轂飾
名軝 [redacted] 乃軝之語段若膺說文注以爲其說最確於古書
最合而古書有言之者瑤謂今之人不勝古人也子尹辨之云
飾印幬革約轂是幬革是一而幬革者漆置幅轂
通輳之路固轂因以爲飾尾小事皆當無異徵之別
朱而約之乃是辨約之蓋孤以上之轂既五采爲其

篆約則篆篆約之外皆朱漆也故云朱而約之通藝錄
既不依注又不依經於古義益顯背謬顛倒不足憑其說約
疇之之不之混足正程誤然周官巾車士乘棧車鄭注
士棧車為未革輓而漆之謂疇并貴賤之別予尹篤
守鄭注而於此獨異之故表之因又議其失則安矣
說經之難也易疇述彝所說形制悉本博古圖
但博古圖實多贗器且彝制于梓人以木為之
後世所傳銅器本不舉其名目好攷古者題曰商彝
曰周彝任意定之耳玉戈劍戟等攷易田疇自謂見

古物多得彼此錯證而互明之然此據古物未嘗皆真此書懿伯日記所謂其多不可信也

罄折古義一卷

陳澧撰是編解車人之事半矩謂之宣一宣有半謂之欘一欘有半謂之柯一柯有半謂之罄折皆以算法明之又訂正一欘有半當作一矩有半一矩九十度角也一宣即四十五度角也一欘者六十七度三十分角也一柯者一百一度十五分之角也罄折者一百三十五度之角也使文略古義明者發矇

陳東塾偁為最精信非虛語矣

溝洫疆理小記一卷

清程瑤田撰是記較多精當如辨陳及之說遂人為直度匠人為方度又蒙遂人十夫有溝匠人方一里為四溝四旁各一溝中間之溝蒙遂人百夫有洫匠人方十里為四洫而旁各一洫中間之洫至澮亦然易疇數之云一井四溝理既必無是以遂別夫今乃以溝別夫矣至一成橫為四洫縱為四澮成長十井皆須破三井又少半井而為之如此則溝之長三井又少半井承之以洫而橫破之洫之長

亦三井又步半井承之之以澮而縱破之是成兩溝兩洫兩澮相去二夫數匠人之間於遂人而以為二澮一劃也是故一成中括二洫二澮是之謂為井字之形也然夫井成而小井不得有改則是匠人為溝洫乃所以破壞井田之法也其辨甚備惟遂人十夫匠人九夫其田兩旁皆溝而易疇說有或溝或無溝恐非大抵井田之制久湮後人咸執考工記為之推測初非目驗矣其可考者而已

三江考

清程瑤田擬易疇書攷康成獨論三〻江乃守鄭注
孔沖遠書疏引鄭注云三江分於彭蠡為三孔東入海
徐堅初學記引鄭注孔安國注云左合漢為北江右
會彭蠡為南江岷江居其中則為中江故書稱東為
中江者以岷江至彭蠡與南北合始得稱中也徐堅
所引合稱鄭孔詳而辭或疑不出康成而江氏聲
孫氏星衍皆合書疏所引為一易疇〻然其論以吳江
為北江分江水為南江其誤始於酈道元之水經注及駁
全祖望經史問答論三江諸說其辭甚辨近世張燾

吳南屏梓湖文集三江解云彭蠡因江滙澤非江所先合本而名南江請以爲東江爲釋之曰中江北江九江是三江也九江乃南江非彭蠡也揚州之彭蠡雖號矣又言三江既入亦可知彭蠡歸在江數凡言九江猶一江也故曰過九江北並而爲三不言南爲以中北也可知也其說甚善惟以[redacted]間及爲九江何哭?

記[redacted]子太史公曰余登廬山觀禹疏九江遂至會揚州城也

卿與吳蟄甫論三江取郭景純岷江松江浙江之一文反復辯論於之也竪然易疇說漢起不以[redacted]大江爲北江郝分江水爲南江[redacted]而吳之南江毗陵之北江[redacted]經中江北江

蘖湖之中江實揚職方氏之揚州其川三江[redacted]至浙江即分爲南江要率必即爲禹貢三江之一易疇中鄭蓋有得力于涵泳[redacted]文通藝錄中不多見之作也

水地小記

清程瑤田撰是記讀鄭氏考工記匠人注謂鄭氏說

一 [illegible]

漢志廬江郡尋陽
云禹貢九江在南皆
東合為大江

經於段氏異議難之一說者但依經釋之蓋亦至
人多閒瀾疑此殆易曉清除客氣之言

解字小記

清程瑤田撰此記寥寥六條四字皆闡發段氏敘跋有
說文引經異同及說文統系圖亦未見其書

聲律小記

清程瑤田撰名為小記寥寥僅周官三大樂鄭注圖說
及論語惠士奇禮說論三大樂蔡詳論欲執其說以
難鄭注則不可因錄鄭注且為之圖以明之易曉矣

非鄭而舛如此

九穀考一卷

清程瑤田撰是考最稱詳核王氏念孫廣雅疏證稷穰謂之穄下引九穀考稷粱二穀見於經典判然兩物之說並稱其析疑解紛斷爲精卓實物有精後經之舊段氏玉裁說文注稷下亦云九穀考至爲精析學者必讀之而後能正名其言然九穀考以高粱爲稷以黍爲粱者而果與邵二雲爾雅正義以北方呼稷爲穀子其米爲小米郝蘭皋爾雅義疏以黍米爲大

程謂在北方曰穄小米
之白曰穀黄米白者黏
者曰穀黄米之不黏赤苗
穀赤者最黏此謂秫不
確小米實未見有秫者
說文秫為稷之黏者以稷
及秫之不黏也秫今通稱
糯米係以造酒米

黄米稷為穀子其米為小米其說不合今北方人呼粟
米為黍常食色黄而粒細入口踈燥高粱粒大而色紅非
稷可知且吾人以粱為稷鑿圖語異語夫高粱之性難
正也注謂之言稷者以漢字今所獲志合之粱肉注粱始粱
也稷者為傳黍之屬餘食粱肉注粱米粟粱數之米之善者
則粱非黄小米明然其粹又柔之黄者曰黄粱粱之黄
者曰黄粱黄粱見禮記內則黄黍是內則注易曉
黍遠之黄者亦謂之大率易曉是論古之矣誤其文致
此援之據之文亦多附會劉楚楨釋穀於程氏

說鍾簡貢補正多細末處亦未安若注士鍾以九穀

考太繁密其言亦未必皆可信既屬刪字又作戴釋

名以言之實亦不免參以臆說蓋古今名稱或異因

考難於臆斷者矣

釋草小記

清程瑤田撰是記徵引詳博足資多識且書中

目驗不同凡決惟釋艸續考諸及瓊花故事與

經學涉然亦考古者所不廢也

釋蟲小記

清程瑤田撰　是記說螟蛉蜾蠃謂次子呼山蜘蛛為螟蛉又載孫高橋子謂蜂之取桑虫蓋納子其中借為養因所見而類推之細腰之有子是卵兆化之無疑義皆足以廣異聞

以上十三種皆在通藝錄中因學海堂經解未分為卷故亦別自論之惟來篤續修四庫全目提要當更總為一編也不另附記

禮箋三卷

清金榜撰　榜字輔之一字蕊中又字檠齋歙[illegible]人

乾隆壬辰以一甲一名及第授修撰散館後即乞假歸以著述自娛專治三禮師事江慎修而友戴東原所著禮箋十卷已刻行三卷姚氏鼐爲作序云大丈夫寧犯天下之所不韙而不爲吾心之所不安其治經也亦若是而已矣李越縵日記極以其語爲非不知乾隆中葉漢學盛行孫君以[illegible]且郡氏議寧言周孔誤不道鄭服非故雖侍郎猶犯天下之不韙而不辭此亦言輔之是義雖舊有儒有爲慶於鄭氏義未嘗其亦時紛擧之故雖偽云然今書首惟存朱太興之序而卞雅侍之作[illegible]是輔之

無不滿其文也●叟因東原以司馬氏獻其李徒之論
難通乃舉小司徒曰弟子考舉以釋之最為精卓其論以
國服為之息過度稀萬天下八之損有及文論繼父同居謂
異居者服齊衰三月此以錄其恩同居者服齊衰
期此以表其母之後而隆之也觀乎母之後同財而祭其
祖祢為繼父之道而先王恤孤之義明觀乎母之後者
為同居者之後者為異居而先王又有博擇之義明夫士大夫而後
釋傳成案準以繼父服齊衰和周孔此制之意其定也
女子之嫁母妻嫁者為母父母叔父母一條謂傳曰嫁者

四讀亦鄭注釋舊讀之文則不及鄭子尹儀禮私箋所爲

係從人屬辭入非宗戚以注較爲了當又陰厭陽厭係

謂陰厭陽厭因陰尊陽卑而名不得通稱成人之祭則

不及凌次仲禮經釋例以成人之祭亦得兼備陰厭陽厭

者考于郝説非一處之是較爲融通于文雖信序已備古

人不能無待於人今之人亦不能無待於後世者矣

毛鄭詩考正四卷

清戴震撰震字慎修一字東原休寧人乾隆二十七年壬午

舉人以召充四庫全書館纂修官三十八年乙未特命與會試中式者

同趣廷對授翰林院庶吉士錢竹汀戴先生傳曰少從婺源江慎修游講貫禮經制度名物及推步天算等洞徹其本原乃研精漢儒傳注及方言說文諸書由聲音文字以求訓詁由訓詁以尋義理實事求是不主一家亦不過騁其辯以排擊前賢嘗謂今人讀書尚未識字輒薄訓詁之學夫文字之未能通妄謂通其語言語言之未能通妄謂通其心志此惑之甚者也又曰昧者乃歧訓詁義理而二之是訓詁非以明義理而訓詁胡為義理不存乎典章制度勢必流入于異學曲說而不自知矣學

者讀書于李孝廉堂常每歷知其校極焉其編不徇毛亦
不徇鄭而唯求其是矣其通之鄭君者如箋
一詩考正謂宣王之后姜文謂南仲為太祖皆必遠而南
仲於文王時文王之臣以不聞有南仲也采史記西晉傳
及後漢蓋鐵論鹽鐵論偏謂以來南仲厲宣之時說皆謬
書馬融傳上疏曰玁狁侵周宣王立中興之功赫赫南
仲裁在周詩季長治毛詩以南仲是宣王說則其來之論先矣
又生民時維姜嫄考正謂帝嚳曰帝嚳元妃姜嫄本姓
姜之謂使帝嚳用家祖之姓以目其何獨所謂妻姜嫄之
大宗 問

后稷竟無一語上溯及姜嫄者，翻而舉無朝由

是以言周祖后稷以上更無可稽，后稷非無母之子，故姜嫄

不可無翻。其說雖快，尤足以解頤。至補正訓詁，特其末焉

者可

詩經補注二卷

清戴震撰。此書未完之書，故止周南召南二卷。乾

嘉諸儒，偏於考據，其說經皆不取宋儒之論，或偶

引及亦必闢之，是誠門戶之見也。東原補注詩經，乃

屬采朱集傳，於肅肅兔罝，集傳曰：肅肅，整飭貌

於草蟲之卒章集傳以為大夫行役在外其妻感時物之變而思之如此並舍毛鄭而從朱用心之公一時無兩

考工記圖二卷

清戴震撰考工記注疏本舊原有圖鳧氏為鍾注云凡言間者皆為從篆以介之疏云即此圖甚是也注又云鼓外二鉦外一疏云據上所圖鼓外有銑間此注疏本有圖之明證不知何時而佚之東原復為之圖且附以己說其精善處紀曉嵐已美於序

凡今算述圖不能無失如東原云左右較之間六尺六寸

軸之長出轂末而以較間為度亦主乎任輿之言六

寸也軸橫輿下以任輿即此謂衡任者則鄭子尹糾

正之謂轂入輿下每七寸以為任輿則入轂之長誰非任輿

者不得以為任輿是承輿下者實止五尺六寸又不並與較

間數同然則衡任者之非軸又決矣其說甚是又案

原云伏兔謂之轐以為轐輹實一字其下有革以縛

於軸則與說文釋名不合蓋沿隋唐時轐輹不分之

誤而未之加察則黃元同已辨之其後阮芸臺程

易疇咸有圖說或精於此然草剏之功不可泯也

東原集十卷

清戴震撰　是集刻在戴氏遺書內亦見經韻樓叢

書固始蔣湘南七經樓文鈔與田叔子論文書於近

代之文首推東原以為經升游夏之堂文入賈董之室

北平以南一人而已其言之誠過李蒓客越縵堂日記則

謂戴氏之學訓詁名物地理三者為最其言陰陽

性命則竊董江都為陽數房以作原善之篇綴集經

子之言而又欲自矜以得文雖曼衍撦之嘗精粹可

其中略無實際而徒貌為高古以自附於垂世之教
其法象篇讓孟子論性等作皆是類也又謂戴氏
議司馬子長班孟堅皆藝而非道而其所為僅僅
通文句為藝固不工並道亦未至若謂文必考覈尤是
瞽言經生之文自有著述家法而訂之根柢也通必有
厚於本末兼賅而後欲明周漢以來表闡之之道文
欲掃盡周漢以來一切之文則志大而近乎愚矣余
其所論書之與子潛相反平心衡之案原謂文最忌
塾故所作務為擬古既未足比于晉書亦自不失為樸實

莊家斥其僅〻通文句孫柳之〻太甚至其言〻陰陽性命
似亦未免輕議洪汝登與朱筠論書僻戴氏之〻學其六
有功於〻經孔孟之〻言甚大〻使後之學者毋馳心於高妙
而所察於人倫庶物之〻間必自戴氏始也其說尚非盡
出阿好讀是書者宜諸

古文尚書撰異三十三卷

清段玉裁撰玉裁字若膺一字懋堂金壇人
乾隆庚辰（二十五年）舉人官巫山縣知縣若膺受學於戴
東原故精於聲詁撰異自序云好尚新奇之非學
宗實好

段氏作史遷之異
於隸鄭注出擠方今
文說古以來諸證
歷遵之古文本有古大
且强今文之說明為
古文

至今有集古篆錢字字尚書號璽中本二十五君有錫在
焉其篆作僞於僞古文之後也又云說文解字所偁尚
書多不與經同由孔安國以今字讀易其字而許
君存其舊如周禮經杜子春二鄭讀易其字儀
寫者改從所讀而後人存其故書書之舊周禮古書皆改
從故書則尚書亦不得盡改從說文也此蓋為江叔
澐發疑中其失撰異又云惠定宇校改雅雨堂高
書大傳罔字為曰罪非也又改注中騅嘅為雕嘅歎
米為斷絲雖有依據而未協惠氏為東南古學之大

漢書儒林傳司馬遷從安國問故遷書載堯典禹貢洪範微子金縢諸篇多古文說

宗然其疵類不可不知也其說亦是唯袒護古文故於洪範思曰睿今文作容則謂古文睿字畢竟勝於今文於金縢則謂今文周公薨後之事之說最為荒謬甚且以梅賾所傳之古文三十篇字字為孔安國真本是皆言過其通反為之激於論史記錄尚書有若其疑讀以故訓易之者如史所作紀所協和作合和是也斯言固當然又謂史記全用今文尚書得毋任臆而談邪又論協和萬邦方文尚書邦字今文尚書皆作國凡等國字非為漢朝諱自是今文尚

書本作國或云邦雖韻語國則不韻不知此不必韻者

子修之國其德乃豐（書國字以入韻）未當非古合韻也此亦強為之辭

漢書蓋寬饒等傳所引詩國之司直邦之彥作國者是

為本朝諱故今文皆然（同）至今韻之說尤不足信要其

廣搜博證固足備治尚書者之參考耳

段訂毛詩故訓傳　卷

清段玉裁撰是書世甚少取學海堂本錢塘嚴

杰跋云後之人有志為毛傳作疏者宜以此為定本其

後陳氏奐詩毛氏傳疏實多從之然如篇章時寧

父母傳云父母在則有時歸寧耳樾案引或云傳九字疑後人所增說泉水序言衛女嫁於諸侯父母終思歸寧而不得則此傳正與序合自惠氏說詩說謂諸侯夫人無歸寧之禮諸儒多信其說樾案既疑此九字爲後人所增頗由後以為異說竄入傳文紛紛之論皆不免遷就文樾案以說文引詩以晏父母而毛經之義文亦非盡謂歸寧父母爲嫁而事舅姑詩多言后妃在父母家之德而及于歸善事舅姑化天下以婦道故曰后妃之本也

則又以序歸安父母屬諸舅姑其說益支離無據

山陽丁晏以毛鄭詩釋四卷末附辨段氏校定毛詩

故訓傳之誤而補正其意必之失謂是編者不

可不參考者俞樾所作也

詩經小學四卷

清段玉裁撰是書精華大要經陳奐采入

所著詩毛氏傳疏中然謂螓首蛾眉毛傳脫蛾眉好

貌四字則臧鏞堂拜經日記已謂其非又謂陽岵

岵者陽也故以言父屺者陰也故以言母亦是臆說至

以上入龍實云今本作功爲誤此見孫詒讓說文斠平
公也从八从厶八猶背也韓子曰自營背厶爲公是公之本義
采蘩夙夜及天保靈是嘉傳公訓事者孫詒讓云當爲功假
借字有載纘武功出猶言世執其功傳訓功爲事之
證又以杼柚其空機軸似車軸故同名柚是轉柚
字因杼字從木故軸亦從木非也然攷揚雄方言
云杼柚作也東齊土謂之杼木謂之柚郭釋詩杼
柚其空之義定本從木當必有據又旅繹其緣矣
引爾雅呬息也說文呬息也詩曰犬夷呬矣朱子集傳

正訓喙為息蓋本文記句投住及方言下已李段先正
校直捷說經疏失固所不免取長棄短是在善學者焉

周禮漢讀考六卷

清段玉裁撰懋堂自序謂漢人作注於字發疑正
讀其例有三一曰讀如讀若二曰讀為讀曰三曰當為
是書於此三例分析精詳條然眉著其經籍纂
集有千周禮漢讀考後云假一處闕則已有未
確處如輪人注云廉絕也輒疑絕當作脆今案廉
同燥燥訓火絕段改脆非也又大司馬鄉以州名注云鄉則南鄉

甄東鄉爲人是也。惠氏棟校廣韻一東世本有宋大夫東鄉爲疑人是賸字恐衍疑東鄉爲人即左傳向爲人而未得其證今按左傳文七年正義云世本桓公生公子鱗鱗生東鄉矔是則左傳鱗矔世本曰東鄉矔左傳鱗朱向帶向爲人皆桓族也然則世本東鄉爲人即左傳向爲人無疑鄭注必出廣韻引世本奪人字可因記於此以見古書經讀援討無書之大讀者此不可不知也

儀禮漢讀考一卷

[illegible]

清段玉裁撰是書止士冠禮一卷樾案書有識云

其它十六卷未成後之人當有能踵為之者胡氏

承珙儀禮古今文疏義實以補之而證引更密

其首一卷亦附補正段義搜討無盡洵非虛語也

說文解字注三十卷

清段玉裁撰樾案書首王氏識如盧召弓序段偁自

有說文以來未有善於此書者匡謬爲許氏之功

臣抑亦得道德之指歸政治之綱紀明彰指示而幽

通鬼神可以補許家之失可以解後學之疑斯其敘

推廣聖人正名之旨而其有益於經訓者功尤大也然
懋堂書成之時年已七十精力就衰雖有疏舛不及改
正而校讎之事又屬之門人往往不參校本書亦多
有誤故當時鈕氏樹玉作段氏說文注訂謂其注許
書之不合者有六端許書解字大都本諸經籍之最
先者今則自立條例以為必用本字一也古無韻書今
創十七部以繩九千餘文二也六書轉注本在同部故云
建類一首今以為諸字音恉略同義可互受三也凡
引證之文當同本文今或別易一字以為引經會意

四也。字者孳乳浸多，今有音義相同及譌書失引者，輒疑為後人增益也。陸氏釋文、孔氏正義所引說文多誤譌，舍經本繫傳而自有據改，今則一一從之。信六也。宋世以端逐更張迴，非許書本來面目，亦不錄為之請也。遂為撰訂段失尤甚其辭。徐氏承慶後作說文段注匡謬，凡分十五科：一曰便辭巧說破壞形體，臆決專輒詭更正文，三曰依它書改本書，四曰以它書亂本書，五曰以意說為得理，六曰擅改古書以成曲說，七曰創為異說誣罔視聽，八曰敢為高論輕侮道術

李申耆養一齋文集說文述誼序述其師盧抱經之言曰許氏之書有勝於諸家諸儒人所誦通而不達改則守失故爲之義云

道術，九曰似是而非，十曰不知而作，十一曰信所不當信，十二曰疑所不必疑，十三曰自相矛盾，十四曰檢閱粗疏，十五曰乖於體例。分條摘舉，其所攷辨者甚多，其中亦有過於吹求而實有確據。段有精卓之學，其本原精而廣，又或過其疑則往往失之堅僻。要其說文之注，實爲通貫羣經，綜萬物訓詁之淵藪，豈鈕、徐所能及哉。

六書音均表二卷

清段玉裁撰。言古韻自宋鄭庠分今韻之百六部

為六類清初顧亭林析為十部其務以今韻繁殊
務別其通以駁吳才老叶韻之說江慎修又析為十
三部至懋堂析為十七部其後踵遶然益密而
詳略升降以去聲為關鍵戴東原為懋堂之師
其分古音十六部實在段書之後懋堂晚年大體
精深遂為一家之學惟其分之合韻殊不如信錢竹汀
集中與段若膺論所撰詩經韻譜書云足下謂聲
音之理分之為十七部合之則十七部無不互通蓋以
三百篇間有歧出之音故為此通韻之說以彌縫之

愚未敢以爲然也古有[illegible]某爲疊韻某爲雙聲
窈窕爲疊韻[illegible]勝[illegible]屬之聲同借[illegible]爲[illegible]
宗之爲尊極之爲和是也惠[illegible]而韻亦與之俱轉一
綴一揆氏指出之故[illegible]轉之[illegible]而[illegible]必[illegible]通
之韻不得以[illegible]之轉[illegible]而通[illegible][illegible]
之轉[illegible]聊而通之[illegible]之[illegible]母之轉泥母而通[illegible]
于[illegible]也古人之言[illegible]通[illegible]一[illegible]
[illegible]有[illegible]字[illegible]入或出于[illegible]或由于[illegible]
皆有脈絡可尋[illegible]新任[illegible]可通竹汀氏論可謂

精矣不知懋堂當日以爲何如也
經韻樓集十二卷
清段玉裁撰學海堂本但錄其有關經學之
文懋堂考據之精者已具說文解字注而微
言緒論探索靡窮故又擬爲考說亦多卓然
可觀如明世宗非禮論大篇發之之史事實亦發
明經義憤與顧千里爭西學四學一字是非連
篇累牘反覆辯論甚至毒詈醜詆殊失儒者氣
象已詳其孫頤谷讀書脞錄茲不更贅
崇實齋

廣雅疏證二十三卷

清王念孫撰念孫字懷祖又字石臞高郵人乾隆乙未甲科進士官至永定河道懷祖初從戴東原受聲音文字訓詁遂通爾雅說文皆有撰述繼見邵南江為爾雅正義段若膺為說文解字注遂不復為乃撰廣雅疏證以納諸說張稚讓廣雅一書掇集羣經訓詁讀者多不能考其所自出蓋古訓之散失衆矣懷祖為之博稽互取引伸假借旁通互證毋之不的破久湮厭學者之之意而稚讓

是書亦並為廣雅疏證最後一卷并存其子

伯申尚書之說蓋欲並紀氏彰異書傳集解子易弟別為

一例云穆衡先生箸述有廣雅疏證凡三十二卷謂王氏父子集小學訓詁之書成廣雅疏證共十卷其書其後稽古訂證極精審者也

讀書雜志八十二卷

讀書念孫撰懷祖為學尤精于校讎凡經史子

書自唐宋以來古義之晦誤寫校之失而改易之一一正

之成讀書雜志都為八十二卷分逸周書戰國

策管子晏子墨子荀子淮南子史記漢書

漢隸拾遺凡十種一字之微博及萬卷其精審

述古堂學齋周學紀聞上

春秋公羊通義十一卷敘一卷

清孔廣森撰廣森字衆仲一字撝約號顨軒曲阜人孔子六十八代孫乾隆辛卯（三十六年）進士官檢討少受經於戴東原為三禮及公羊春秋之學所積尊其駢體文汪氏中孫氏星衍皆亟稱之是書推（撝約學問最深於禮猶有遺稱）何[redacted]解[redacted]處多違正如云然術象發傳比不信卻（春秋）公反張大之目為非常異義可怪之論陳卓人公羊義疏亦從孔說並援包慎伯論辨之尤詳又之粤

孔顨軒以新周新鄭說
新周宋為孟子二字卯書一新
爲同云繼中從字以
成周爲新周者宣十
六年傳成周宣何東周
也上云成周東周下忽
云新周無此文義與其
說則外宋不本三而為
文表且所以新周新
鄭解新周而放宋黜杞
仍世說以重之其誤亦
也又公羊之故宋與穀
梁故宋絕異顨軒每
合爲一亦兼穀梁年
據公羊學爲淺
朱氏又謂孔顨軒別以

之說始於董仲舒春秋繁露三代改制質文篇而成於邵公春
秋以僖禮表魯譏獻之而作三軍何某學顨
軒以爲絀周之魯以春秋當新王之說皆絕不見
本傳其屏而弗取之謂卓識哉乃嘗其要模還踵
蓋不知非傳之意也季志伯越綴其記異爲摘通
義之謂如齊仲孫來之爲公子慶父季姬及鄫子
之遇于防爲淫奔滅項之爲齊桓諱公羊之由說爲
不可通淫家例不駁傳從而申之可也乃必横詆左氏
反以爲誣今即以齊仲孫一事附之安子氏謂齊無

天道之次人情者三科
近儒說顨軒不用
科爲列之用科爲而自
爲新說未免過失據

仲孫羯何以見前後世仲孫左氏何以稱孫達仲
孫湫之名以爲慶父之子而孫慶之前者通義云左
氏不達春秋微言因訛爲齊仲孫湫來省難故來
知高子來盟不言使者我無君也此時我無君今
齊仲孫湫必無不言齊侯使者遂其子讓傳之自看
理思伯競之存傳循信左氏郭興公仲齊仲孫爲慶父都云然爾

禮學卮言六卷

清孔廣森撰顨軒嘗名作堂於其居名曰儀鄭其
趣向可知其于禮通精奧擇義必堅其解頗雅

宗實

四學云謂周振鷺乎飛于彼西雝西雝其殆雝在
西郊也王制文曰虞庠在國之西郊四學同也之言
虞庠者未一陽西去之息殷之學齊西郊當作四
郊之爭其論儒行云儒行前者周之言儒者之行
未嘗目為附中之章節也又云儒行一篇備述其道之
之事雖不合乎聖人猶足以稱屬風化其可解程伊
川謂全無義理如後世游說之士所為夸大之說
之類至周禮鄭注最詳則取當成所引漢代
悉以史傳證明之以補賈疏所未及復有自跋云

治經無專要訓詁後儒以文義精者類而推議者
士不知漢有章，東成魏有王粲，亦學者之病也。至
尤通儒之言。顨軒作時年僅三十五，使天畀以年，其學
識未可限也。

大戴禮記補注十三卷

清孔廣森撰。大戴禮因未列於学官，遂闕於
傳述。北周儒射盧景宣始為之注，亦未能精備。
清代戴東原、盧召弓相繼校讎之，漢經異同於
是孔顨軒乃博稽群書，參考衆說，復為之注，校

蓋孝稱其使二千餘年古經傳復得白於世用
力勤而用功鉅其言尚非虛美厥後嘉定汪綱
考南城之要之齋咸有是注並名解詁密之齋集
信舊傳本間有失之膠執綱書自言頗力於
此三千餘年然較之孔書亦互有得失未見其
果能勝之也

經學卮言六卷

清孔廣森撰是書雖不及禮學卮言之精要
亦多名解如則不疑其所行也一條言古文偏旁多

者不疑其所行也言所行不礙也又文陰疑於陽
為其陰疑於陽也小畜象傳既雨既處德積載
也君子征凶有所疑也遯象傳嘉遯貞吉以正志也
肥遯无不利无所疑也升象傳升虛邑无所疑也又
用亨于岐山順事也既濟象傳三年克之憊也
終日戒有所疑也不但文義當訓為礙且其韻又
證順遯卦之四爻當從礙也則與乾文言或之者疑
之也義同乃是疑惑之疑而予亦念天即于殷大
戾肆不正一條古者訓肆為大其肆不正猶大戾也申

[illegible]

丁寧也戒也訓為是伐是肆之肄言般為不正故
肆伐之也予惟率肆矜爾則肆矜猶肆赦之意
同字異訓經每有之豈得不考文理概以肆為故
乎二說皆極明通又江漢浮浮武夫滔滔一篇言江
漢之廣大武夫之衆彊此不待言故傳特以漢廣衆
彊似武夫武夫之廣大似江漢互釋之蓋滔滔浸當
本形容水之辭推而論之是所以江漢比武夫也
古之善於說經者如此後學漫以為轉寫文誤
將移而申之此尤足以正王伯申經義述聞據所傳

通義改易經文之誤至其深疑五天帝即上帝之說謂諸我將維天其右之之並從是則甚泥守鄭學之失耳

溉亭述古錄二卷

清錢塘撰塘字學淵一字禹美號溉亭嘉定人乾隆辛卯進士官江寧府教授溉亭於聲音文字律呂推步之學尤有神解錄中如律呂論律寸解周尺辨罍述實說諸篇皆精心有得之言惟三江辨云禹貢之三江職方之

大宗實可

三江也班孟堅地理志謂南江在吳縣南入海北江在毘陵縣北入海中江出蕪湖縣西南東至陽羨入海皆揚州川也釋職方也即釋禹貢矣是說殊未然禹貢[redacted]李北江為南江安得謂釋職方即釋禹貢邪錢曉徵集激亭别

焦循其晚年讀春秋左氏經傳作古義若干卷以補杜氏之闕且糾其謬未見傳本

群經識小八卷

清李惇撰惇字[redacted]成裕一字孝臣高郵人乾隆庚子

進士以選知縣李匡治經通敏尤深於詩及春
秋之學晚好籌算得宣城梅文鼎之書通其術所
著見於江藩漢學師承記其書已散佚惟是書
嘗傳於世書中多論易有太極是生兩儀所謂由一
而生二也兩儀生四象所謂由二而生四也四象生八
卦所謂由四而生八也八卦之上復加八卦所謂因而重
之爻在其中也易之太極所謂一畫開天而其下交動
皆由此生未嘗以為渾渾沌沌莫可名狀之物也周子
於太極更添上無極則大背繫辭說邵子之言於太極又

云心為太極是知易之太極與宋儒所云太極自不相蒙也又論河出圖洛出書聖人則之謂聖人因河圖而作易也然伏羲仰觀俯察近取遠取已不專恃河圖至文王周公孔子繫辭盡之其微之奧義又豈圖之能詳耶且謂易從圖出而既有易則圖不足云云因鳥跡書而作文字謂文字皆本鳥跡書中可乎請皆將快而喜甚至如言浮于淮泗達于菏乃菏誤為河乎雲夢不得强分為二地也卿且大字之將卿之鄉之卿青人所見之巷倘鄭箋以為之人似太

掬飯不從下味當作沫及發杜注彥傳以孔文爲君

而定爲賊之偵確當懂疑以爲孫可與楚子文之母

相類而假越禮長而悔之因而諱之託爲神異之說

以爲其子則未免臆爲推測輕於立論然又云蓋

王之興爲偶符瑞既知其祖而不知而神靈之說相

傳已久飛詩人之造爲詭異也是則得之矣

經讀考異十二卷

清武億撰億字虛谷偃師人乾隆庚子四十五年進士官

博山縣知縣經讀考異一書乃其援往讀代時段

存原愛卷之括遺齋
文集金縢有素湖
遺文秋日孫氏釋
金縢篇之秋大熟

撰人會稽王培之序云進士之於是書柳東也而以經
請啓後學則其先矣誠哉是言焉合此看者三禮
義證十二卷錢氏儀吉序備其篤信鄭學愛護
同於匠經疏失鄭意則正其譌鄭未詳則並發其
隱是亦禮家不可不讀之書阮氏當日蓋未之見也文言
孝經義證八卷刻 [redacted] 經解續編
尚書今古文注疏三十卷
清孫星衍撰星衍字淵如陽湖人乾隆丁未進士以 五十二年
一甲二名及第授編修己酉散館置二等以部屬用

[illegible]

官至山東督糧道署布政使嘗乾隆時從尚書江艮庭王西莊段懋堂各有尚書注艮庭則篆寫經文又依說文改字段注馬氏僅有古地名西莊則用鄭注並存偽孔傳不裁史記大傳異說懋堂則僅分别今古文字㳁如也書出較晚成於嘉慶乙亥之意在網羅放失舊說博稽慎擇大致完美實遠勝江王段三家故光緒中王懿榮請以立學坐小有疏失周氏不免為皋陶謨皋陶曰都亦行有九德正義同鄭注論語云剛謂強志不屈撓即剛強而義

[illegible]

唐錫璐謂其於今文
說擅據明備分析然
剛强執親己見為文
改今古文字使古義
亦淪衛所引金縢
古文說張學古文記
不合乃曰是說者
古今今文古說也是
非道詞
孫氏于今於漢今文

此剛强之者剛是性也強是志也當官而行無所避
忌剛也執己所是不為衆撓強也剛強相近鄭康成之
疏引謂鄭康成云云者指鄭注論語也寬謂度量寬
弘以下皆仲遠自下語孫乃引作鄭康成曰寬云云寬
謂度量寬弘其誤實甚王氏後案亦同此失江氏音疏
未列古條蓋知其為孔說也又會夷獨夏孫謂猶似
允蓋係淵字後人誤從大業說文允部淵都綁也無
緣相假昌刑其實克之孫引漢書刑法志元帝詔曰
書不云乎其當核之謬以成帝為元帝皆[illegible]係有不照

家言足深語淵如自序有云條記者義編纂成書必多疏漏謬誤之處然人之精神自有止境經學淵源亦非一人所能究極是誠通人之論故前哲之書不能無失後人補正則可抹殺則不可也

問字堂集六卷

清孫星衍撰淵如芳茂山人文集凡五種此其一也其河圖洛書考謂九宮即算法之捷訣非出於遁文亦不得以為神禹洛書殊為有見三禘釋尤明辨以晳而酷信六天及感生帝之說則猶未免

於惑。蓋論此事，固予雜是而亦虛成非也。天一而已，安有六乎？五經異義云：詩齊魯韓、春秋公羊說聖人皆無父，感天而生。說文云：姓，人所生也。古之神聖人，母感天而生子，故偁天子。漢儒之爲是說，時爲之言也。史記高祖本紀言劉媼息大陂，夢與神遇。太公往視，則見蛟龍於其上，已而有身，遂產高祖。故詩含神霧云：赤龍感女媼，劉季興。是漢祖即感天而生。又封禪書言秦時有白青黃赤帝之祠，高祖曰：天有五帝，而有四，何也？莫知其說。高祖曰予知之矣乃待我而奠之也乃言黑帝祠則五帝之祀合是漢制康成之尊信之天及感生帝固不足怪此古帝王所藉以愚民睢世者後人胡為嘵嘵從之乎

儀禮釋官九卷

清胡匡衷撰匡衷字樸齋績溪人歲貢生周禮以官為紀儀禮以事為紀而官因事見節目較周禮更密且十七篇中官制既有天子諸侯大夫士之不同而節次詳略亦異是書分篇釋之疏通證明俾讀者展卷了然以達於制作之

翁方綱復初齋文集考訂論中之三云淩廷堪之儀禮釋例注不善者亦當以此求之

意鄭注間有疏略失處加辨正其有經文無注疏而關於經義者亦為補釋又凡儀禮所未著而見於它經者別輯為侯國官制補考附於釋官之後以備周代掌故諸[redacted]儒[redacted]著述[redacted]為來學者心力其功甚不細也

禮經釋例十三卷

淩廷堪撰廷堪字次仲歙人乾隆庚戌進士例選知縣改寧國府教授次仲少學賈年二十始學作八股文讀書多涉獵未卹專業於窮覃思乃究心經史之學

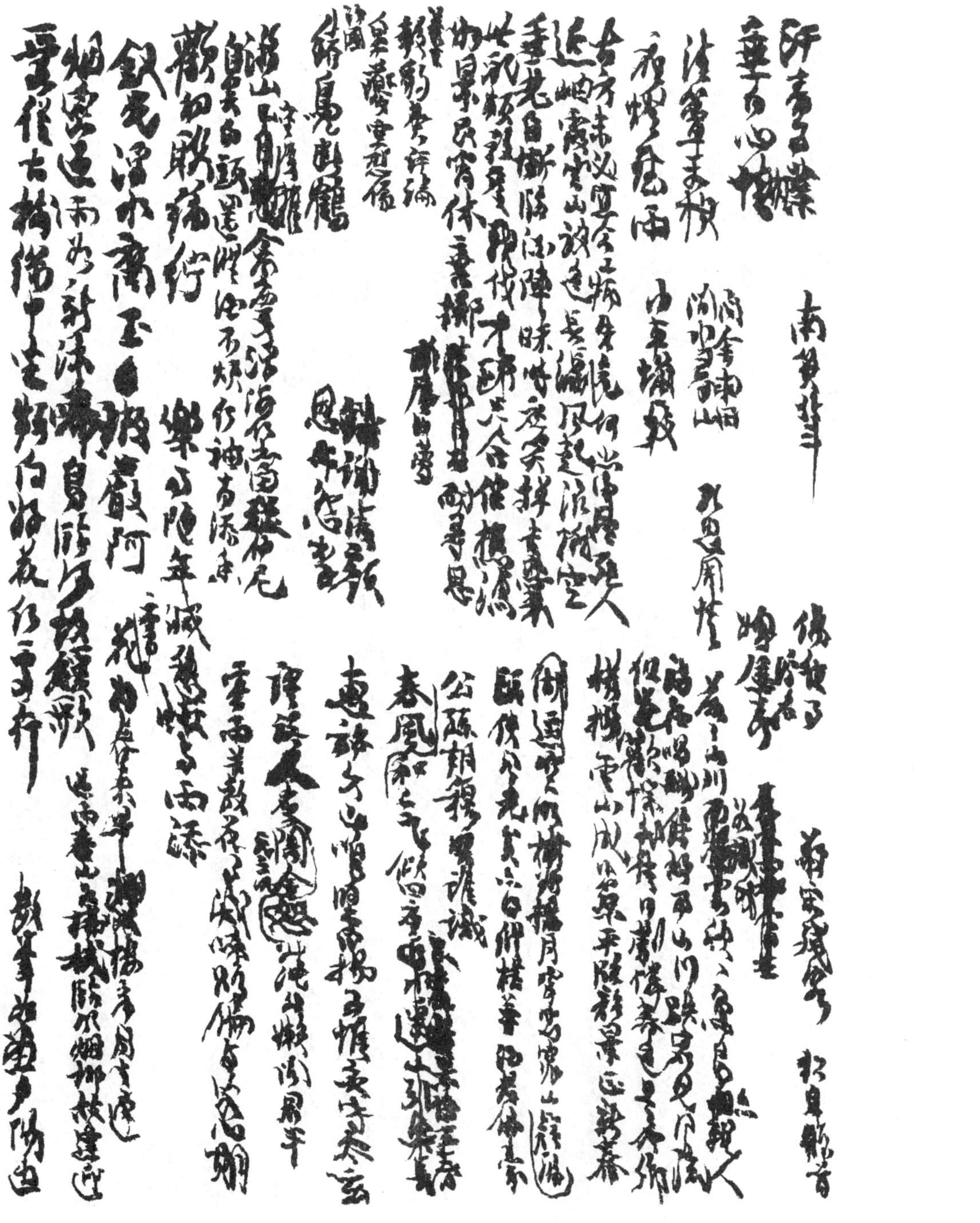

一片江天 帆泊點點
兩三星火 暮雨絲絲 垂柳依依
月之遲同山色外
兆年聯步少年狂
岐口帆檣千估船
晚風經營幾人家
戰争往矣渾閒了
山水依然付醉人
波濤種種帆千片
今古風雲一[illegible]尼
蹤跡遠如 [illegible]峰青和樂
春濃爲撥[illegible]檀樽

滿々烟雨 蒼々峰嶂 遠峰
青々孤帆 [illegible] 華[illegible]安[illegible] 翱翔
天光日日孤帆影 多少鎮迴風夕照樹
蒼茫日日舊肩巷 遠岸 月生烟
新薇客夢歸應早織 龍伸捲尺
舊夢依稀入夢野 煎餅贊歌
吳江烟光中揮淚 當日內全津芳
山水能[illegible]又出游 破浪乘風为勇心
天涯歌酒寄客于 行業与思年少變
人世風雲似矣 一言難得蓋世經

八閩文庫

福建文獻集成

吴格 主編

續編 史部 五八

文獻集成 298

海峽出版發行集團
THE STRAITS PUBLISHING & DISTRIBUTING GROUP
福建人民出版社

本册目次

閩中石刻初編十四卷存十一卷（卷一至卷八）

侯官丁震輯録

北京大學圖書館藏稿本

閩中石刻初編十四卷存十一卷，清丁震輯録。震字威起，侯官人。清光緒二十八年（一九〇二）舉人，三十年任内閣中書。著有閩中石刻初編、續碑傳集補遺、吉雲軒雜綴等。孫殿起琉璃廠小志載：「（榮華堂書店主人孫華卿）得原稿本閩中石刻初編一部，計十四卷，續碑傳集補遺一部，計十六卷，皆清侯官丁震編輯。」二書後售歸北京大學圖書館。是書六册，每册前後鈐「國立北京大學藏書」朱文方印，知其入藏時間在一九四六年至一九四九年間。前有戊午年（一九一八）丁震自序，略云有感於馮登府閩中金石志、陳棨仁閩中金石略，皆聞其名而未見其書，其父芸閩中石刻考又撰而未成，遂發篋中所藏，並參考舊籍，以成此書。是書計十四卷，今存卷一至十一，收録閩中石刻「自唐迄明，計得一百四十餘通」，卷十二至十四以「佚刻附録」、「疑刻」、「帖考」題名，今未見存，抑僅列名目而未及撰成歟？

按石刻書目，著録簡略者存其名目，稍詳者則附載跋尾，其更詳備者，或過録文字，或兼記碑之高廣、文之行款、石之所在，並列前賢論斷而甲乙之，王昶金石萃編、陸增祥八瓊室金石補正即其例也。丁氏此書「寫録全文，其漫漶不可辨者，則以方圈代之，以存字數，間或別見他書，則補注於旁，其確爲各家金石書所載，一時未獲摹拓其文，則從群籍轉録」，「碑石之長短廣博，以今尺度之，行字之數，題額之字，並所在之地，胥載篇首，跋語間附於後」，所採體例，實承王、陸一派遺軌。

是書著録閩中石刻，與馮登府金石志、陳棨仁金石略鼎足而三。馮志「存佚並載，揉雜不分」（劉承幹序），是書與陳略則僅録見存者，故不僅可與馮志等區分存佚，且可據兩書所録文字參校異同。如以唐、五代石刻部分相較，陳略有而是書無者，唐大中八年尊勝陀羅尼經幢、無年月周明辨烏石山題字；是書有而陳略無者，後梁開平二年宗一大師塔志。又以二書並載之唐大中九年下邳郡林夫人墓志相較，其文字差互，每每可見，如陳略「潮州長史」，是書作「潮州刺史」；陳略「薄爵禄」，是書作「薄禄爵」；陳略「不逮於名宦」，是書作「不束於名宦」；陳略「既鬟惟□□蘭馥」，是書作「既聘而德行蘭馥」；陳略「孫氏子以斧」，是書「以」下有「氷」字；陳略「婦□□媒□得□配闕而闕慈□仁□繩闕也□糹闕冀闕」，是書作「婦執勞媒□節以□□谿是□□夫人□得以信之禮得□配之□孫未朞而鄰蔵里慼州□縣嚮俾□慈□仁柔繩□□標□□□□□□□□」；陳略「人比孺悲未冠赴舉」，是書作「未冠赴舉人比孺悲」；陳略「悲也女三人」，是書「也」下多「□總□□□□□□□□□□□知之文行爲時喆周歎翔翥翼鸞鶚交彩仁□誼如□□□□真夫人之令子也」四十八字；陳略「林昏□母儀」，是書「□」下多「□□□□□□□□化□□□□爲根□□□歎惟人可□猗與夫人婦道□□」三十一字。凡此種種，皆可讎是非而資考證。陳略按語云：「金石萃編所録，闕字尤多，此則對石迻謄者也。」周紹良唐代墓誌彙編即據萃編録文，不知陳略録文於萃編已有補正，而是書録文之多且確，更駕陳略而上之也。

（姚文昌）

自宋歐趙兩家集錄金石文字行世後之爲金石學者翁
然宗之有清中葉金石家輩起如王述庵翁覃溪畢秋帆
阮揅經黄小松錢竹汀吳荷屋孫淵如劉燕庭武虚谷諸
先生大抵宦轍所經蒐羅碑碣大而寰宇次而一省一郡
一邑會萃考訂勒成專書嗚呼盛矣吾閩僻處海嶠風氣
鄙僿唐末五季兵革相乘文教不張趙宋以還鴻儒蔚起
理學名家號爲海濱鄒魯一時達官文士覽其山川形勝
觴詠間錯題刻纍纍惜無好事者輯而錄之康乾兩朝所
刊福建通志其志金石寥寥可數迨道光時陳左海先生
重修省志金石一門實所注目延嘉興馮柳東教授主其

事志已垂成左海棄賓客柳東亦遂舍去後有媒蘖之者志稿付諸一炬今所刊本石刻附於古蹟非復左海之舊獨怪柳東著述如金石綜例石經閣金石跋文以及文詩詞皆經刊布而所編閩中金石志十四卷竟未付梓僅存其目於近人愛日吟廬書畫別錄中厥後晋江陳鐵香太史著閩中金石略十五卷原稿舊藏謝枚如太夫子處太夫子稱其采摭宏富見賭棋山莊筆記未及傳刊落於江陰繆氏藝風堂末由窺見一斑嗟夫前人積學數十年從事纂述幸致脫稿其所經歷良非易易而傳與不傳則不能不委諸時命也憶余少時從 先君子讀書嵩山草堂

酷嗜翰墨見古碑帖竊臨摹以自喜　先君子留心鄉邦文獻偶獲唐宋元明碑拓輒舉示之蓋是時適編閩中石刻考稍得崖略遽爾棄世震自失怙忽忽垂三十年無所舉似追述前徽輒用泫然年來京居多暇不揣譾陋盡發故篋所藏拓本次第寫錄全文其漫漶不可辨者則以方圍代之以存字數間或別見他書則補註於旁其確為各家金石書所載一時未獲摹拓其文則從羣籍轉錄晨鈔暝寫累易星霜自唐迄明計得一百四十餘通顏曰閩中石刻初編猶　先君子志也至碑石之長短廣博以今尺度之行字之數題額之字並所在之地胥載篇首跋語間

附於後有清一代碑刻繁夥擬俟續編惟久背鄉井未獲

躬携氈墨剜苔剔蘚于羣山古刹之中一一椎拓至以為

歉尚望博學君子補所闕略是則中心所頌禱者耳戊午

十一月晦日丁震識於金臺客舍

閩中石刻初編　目錄

侯官丁　震威起輯錄

卷一唐

潁川郡陳府君墓志

枯木庵木碑天祐二年

王審知德政碑天祐三年閏十二月

卷二五代

宗一大師塔志開平二年十二月十一日

華嚴院住持神致看經石室題名長興二載六月十九日

林興造義井記通文三年三月十八日

堅牢塔石刻永隆二年十一月八日

卷三宋

蒼玉洞宋人題刻 應補入卷四第一行

達夫巖題刻皇祐二年六月

萬安橋記嘉祐四年十二月

尚書屯田員外郎劉奕墓碣嘉祐六年四月十九日

于山宋人題刻十二段

程師孟書光禄吟臺四字熙寧三年

鳳池山宋人題刻一段熙甯三年十一月

熙春山石筍倡和詩熙寧五年二月

卷四宋

虎頭巖記熙寧十年

昇山寺石槽題字 宣和六年

甌粤銘

延康殿學士曹輔墓誌銘 建炎二年十二月

卷五

草倉廟詩刻 紹興二年五月

戒石銘並詔 紹興二年十月

瑞巖宋人題刻四段

祥應廟記 紹興八年四月初一日

登瀛閣石刻 紹興八年

爐峯詩刻 紹興十年

文殊石室銘 乾道八年

盧珖廟碑 乾道九年

卷六宋

蟄龍潭題刻 無年月

林寬夫南山詩刻 淳熙四年

中令韓公父子祠記 淳熙六年四月

徽猷閣待制劉子羽神道碑 淳熙六年

朱文公小蒼埜題名 淳熙十年十一月

孝宗賜陳俊卿札 淳熙十二年正月

贈光祿黃中美碑銘 淳熙十五年正月

朱文公書文山秀氣四字無年月

朱文公書蟠桃嶋三字無年月

朱文公書香山洞三字無年月

朱文公書溪山一覽四字無年月

朱文公書讀書處三字無年月

朱文公書留雲二字無年月

朱文公書梅溪二字無年月

朱文公書仙苑二字無年月

朱文公書溪山第一四字　無年月

朱文公書錦江二字　無年月

朱文公書與造物游四字　無年月

朱文公書滄洲歌　無年月

霹靂巖陳曄題刻一段　慶元四年正月

黄氏壙志　嘉定三年十二月

囷峯題刻　嘉定三年

趙忠定書放生池三大字　嘉定四年

知肇慶府陸公墓志　嘉定五年六月

建安社稷壇記嘉熙二年

延壽橋碣無年月

重建武夷祠堂記淳祐四年

劉偉甫壙志淳祐六年

重金山宋人題刻一段淳祐七年十二月

水村游釣碣無年月

文信國書南山樾蔭寶祐四年

涵江書院題額景定四年

瓢峯山宋人題刻一段無年月

文信國書演與聖跡碣無年月

橋亭卜卦硯銘無年月

卷九元

武夷山元人題刻四段

烏石山元人題刻二十四段

鼓山元人題刻十二段

勅賜助威盤瑞二王廟記

黯澹灘石刻三大字大德十一年十月晦日

補陀峯元人題刻二段

方壺巖元人題刻一段

棲雲洞詩刻

象山元人題刻一段

黄滔殘碑

趙孟頫書龍津二字

定光塔銘 無年月

重修閩山廟記 隆慶元年

方廣巖姬巖明人題刻四段

重修道南祠記 萬歷三十七年

高蓋山明人題刻一段 萬歷四十四年八月

傅崇中勒宋趙清獻碑 天啟三年

武夷希空巖詩刻 天啟四年

英節廟流香閣碑銘 崇禎十三年

天中巖明人題刻

般若臺題記

右高一丈四尺八寸廣五尺八寸四分共二十四字篆書徑一尺隸有住持僧惠攝五字正書在福州烏石山

般若臺

大唐大曆七年著作郎兼監察御史李貢造

李陽冰書　住持僧惠攝　此五字正書

輿地紀勝云記刻於華嚴巖頂與處州新驛記縉雲縣城隍記麗水忘歸臺銘世寶之為四绝

捬金石錄云陽冰在肅宗朝所書時年尚少故字畫疎瘦大歷以後諸碑皆暮年所篆筆法愈高劲此書署大歷七年正晚年筆也　馮登府識

按金石萃編云碑連額高一丈二尺五分廣五尺二十三行行四十四字正書篆額在福州府

按金石萃編缺庚字

按金石萃編缺由句二字

貞元無垢淨光塔銘

碑高七尺寬三尺五寸二十三行行四十四字正書額題敕鼎元無垢淨光塔銘九字篆書在侯官縣

皇帝降誕□日爲國建無垢淨光塔銘并序

攝觀察推官宣義郎前行秘書省校書郎

□庚承宣撰

昔如來以善惡無所勸爲之說因果修因果者無所從爲之存像教像教設而功德處主因果著而報應彰所至於聚沙亦獲多福矧由句縱廣之高大其功德曷可思量哉惟唐貞元己卯歲孟夏

金石萃編缺述字

又監軍下缺使字

又缺致伏以三字

又缺後字

四月旬有九日聖君降誕之辰也煌煌乎溥天之大慶率土之盛事窮祥絶瑞踰而不談人神幽贊品類歡梟□述□自□京邑達于海隅各獻珍寶以賀昌運先是觀察使柳公監軍□使魚公相與言曰聞夫西方之聖者□崇福之本丕仁之教坟報居莫大於崇福崇福莫大於樹善樹善□莫□大於佛教教之本其在浮圖□致□伏□以今皇帝道邁往初澤漸無垠天下之人登壽域梟太平者二□十□有□一年于茲矣含氣□之類□尚□猶□知□感□刻□匡□子之心□復當于茲辰焉於是會釋徒謀建置作為浮圖以塔名之夫

又缺叁字

又缺今上二字　力下缺一字

霞盤萃編作霄盤

又其中下缺三字

塔者□(上)□(系)諸天□(下)鎮三界影〻所蔭□(如)□(日)□(月)〻□(照)
破□(昏)□(為)明鈴〻所響如金石〻東聞聲生善如是
□(諸)福盡歸□(今)□(上)謀〻既臧相顧躊躇□(願)□(力)□果聿
無□(不)諸心(齋)心□(至)誠三卜皆吉相地面勢依山憑高標
勝槩于南方跨上游于福地食王祿者梟捨檀施
荷帝力者悅而獻工役無告勞功用斯畢皇帝
象馬御札題額錫名貞元無垢淨光〻塔屹然
峻□(絲)□(高)□(三)雲外霞盤而星象可接金膀而鸞鳳
交馳從何處生如踊諸地比金剛而難壞與劫
石而齊堅取舍利□(以)寘其□(中)□□(本)□以表其外

又孝字上缺一字

又以忠下缺五字

又缺心字

俾夫觀覽者名號斯識瞻禮者利益居多異夫

經營之初鑿鑿之始周其基址下現盤石五□（龜）□

□□□□□意將靈祇先有以待盤石之上又生異

表瑩澈冰淨淋漓玉韻如物之手琢然攢植訊

諸□博識得□（來）□（學）□（孝）□（非）□□□（孝）之感勤神祇之協

贊則何以有斯靈異乎况河東公以仁德鎮撫

海隅辰安□（魚）公□（以）忠□（貞）□□□□（師）□轄睦二臣

協心一方康寧□（建）彼□（崇）塔赫然丕績上以資大君

黃重之福下以遂蒼生□□□□□□□□□爾

豈矣盡刊諸貞石以示于將來小子備從事之末

又史字下缺

李銘欽之命宣知坐乾之道宜為□□□(之)□

□□□□□□

瞻彼靈塔巍々崇々聳自地踊□(舜)將天通作□(錄)

海隅高標□(閩)中影護下界形儀□(太)□(空)□(金)□(盤)□(飾)

□(景)□□□□□□□□贊薦盛功侯至建之

臣子之忠□□福之□(壁)壽無窮

貞元十年歲次乙卯 下缺六字

福建等州都團練觀察處置等使朝請大

夫使持節都督福州諸軍事守福州刺

□(史)□(兼) 下缺 三山志作御史中丞柳冕

又魚袋魚字下缺

福建監押使
□□□□□朝議郎行内侍省内府局丞

員外□置三山志作同正員□上柱□□□緋魚袋□魚

□下缺三山志作獻字

徐興公榕陰新檢言貞元无垢淨光塔寺廢久碑存闤闠間嘗偕陳伯孺曹能始往讀猶可以意會之　國初潘稼堂遊閩已不可得見乾隆庚子秋學使大興朱竹君先生思爲閩金石志其門下士爲遍搜舊刻忽得此碑於石塔寺棧房中夾以板壁從窗入者棧既撤龜趺螭首巋然巨觀碑文大半完好不止如興公所云可以意會者其曰降誕日孟夏四月旬有九日者德宗誕辰也曰貞元十五年己卯者德宗在位之二十有一年也誕辰建塔以資福利不足爲異惟

德宗即位以来秕政孔多是年二月宣武軍亂三月彰義節度使吳少誠反烏覩所謂天下之人登壽域樂太平哉又考唐書明皇以八月五日為千秋節君臣共為荒樂肅宗以後俱以生日為節德宗不立節群臣稱觴獻壽而已似為彼善於此然昭義節度使以帝誕辰獻繼天誕聖樂山南節度使獻順聖樂即如此塔之類釁膏塗血作為無益亦焉足言崇福樹善也柳冕鎮閩最久以閩中為南朝畜牧地置牧區已耗後元民間怨苦坐無狀代還非良帥也

爲益著之節録瓶庵居士文鈔

下邳郡林夫人墓誌

右連額高□三尺四寸廣四尺二十六行行四十四字正書篆額在福州府學鄉賢祠

有唐故下邳郡林氏夫人墓誌并序

河南褚符撰

夫人林氏其先下邳郡人也曾祖□皇任廣州叅軍祖景師皇任潮州刺史父□性貞介薄祿爵甘退□自□不束於名宦鄉里咸謂之高明靜□士者□□夫人則府君之仲女也未笄而柔和氷潔既聘而德行蘭馥由親族□鄉黨□例以□也不逾□而閨中大族富巷孫氏子以氷斧□□

作□□婦執勞媒□節以□□繇是□□夫人
□得以信之禮得□配之□孫未朞而鄰藏里感
州□縣嚮俾□慈□仁柔繩□□標□□□□
□□□□有男二人曰愿曰鄉愿業開元禮未冠
赴舉人比孺悲拜□□出□中□月行次□嶺忽
丝中疾顏子不壽□□悲也□總□□□□□□□
□□□□□□□□知之文行爲時喆周歎鞠蒿冀
鸞鷄交彩仁□祖如□□□真夫人之令子也女
三人長曰大元娘適太原王氏仲曰□□□□□而卒
季曰□娘適潁川陳氏懿哉三女□□□□□

□□□□□□□□之□夫人之□鳳池鄉黨之
□□□□□□□□是□以大中七年十二月二十三日
□時□於□□□□□□□□□得年四十八歲以大中
九年十二月十□日□□□孝□鄉□□□□□□□
□□□□□□□□□□□□□□□□□□□念男女之□□
□□□□□□□□□□□□□□□□□□□□□□□□□
□□□□□□□□述銘曰
烏翻兔奔□破林香□□□□□□□□□化□
□□□爲根□□□歎惟人可□倚與夫人婦道
□□母儀□□□□□□男貞女孝唯順之方□

□□□□□不□□□□□□□□□墳峨峨于

山〻旁懿德美行不隨魂揚高山有碣雕琢無磨

□□□□□之用藏墳權世更陵谷改張此石為

出斯文更昌

乾隆三十九年甲午冬超然營葬先大夫於福州西郊鳳凰山躬督畚築者七旬一日循行池側見列石十數村農環坐飲焉就視之有一石平如砥較異他石濯以水則下邳郡林氏夫人墓志也墓毀已久遂擇日命工移厝山上將軍廟宇漫漶不可讀然其族姓子女尚有可辨者庚子冬朱竹君學使既行必欲移之府庠鄉賢祠余告以不必學使言愈堅命縣隸往鳳凰山取之隸持符攝鄉保及守廟者嚇以毀墳索錢囚於樓上去梯餓之有奔告余者余為言乃獲釋乃知咸陽醴泉

近郊從前唐刻無數而以上官好古胥役下鄉雜狗不寧土人於是或搥其字或埋其石必至片石無存而後已是可歎也　節錄瓶庵居士文鈔

隸言其子愿業開元禮人比孫悲案唐初有其覩顯慶禮至明皇乃為開元禮其書吉禮七十五卷賓禮二卷軍禮十卷嘉禮十四卷凶禮二十卷序例三卷共一百五十卷其降凶禮於五禮之末蓋從前許敬宗李義府等以凶禮非臣子所宜故削去國恤一篇至於開元亦不能復也時以開元禮設科取士習是禮者先授太常官以備

講論爲士子出身之資然卷帙繁富難讀故習
之者寡原未冠而習開元禮應舉可謂賢矣
魯哀公使孺悲學士喪禮於孔子故云人比孺
悲也　瓶庵居士文鈔
案大唐開元禮一百五十卷杜佑通典新舊唐書
禮志稱唐初禮司無定制遇有大事輒制一儀
臨時專定開元中通事舍人王嵒上疏請刪削禮
記舊文益以今事集賢學士張説奏禮記不刊之
書難以改易請取貞觀顯慶禮書折衷異同
以爲唐禮乃詔右散騎常侍徐堅左拾遺李鋭太

常侍士施敬本撰述歷年未就至蕭嵩為學士
後奏起居舍人王仲丘等撰次成書又案新
唐書載修開元禮者尚有張烜陸善經諸人名

漳州押衙王剬造陁羅尼經幢

幢高八尺六寸八面每面廣八寸五分行行六十六字正書
在龍溪縣開元寺

佛頂尊勝陁羅尼經序

漳州押衙□□畀遊弈將王剬及母陳大娘
妻林八娘男薰發願造此寶幢

宣義郎前建州司戶叅軍劉鏞書

□頂尊勝陁羅尼經者婆羅門僧佛陁波利
□鳳□□從西國來至此土到五臺山次遂五體
投地向山頂礼曰如來滅後衆聖潛靈唯有大士文
殊師利於此山□□□□□諸菩薩波利所恨

生逢八難不覩聖容遠□□□故来敬謁伏乞
大慈大悲普覆令見尊儀言已悲泣雨淚向山□
礼礼已舉頭忽見一老人從山中出来遂作婆□
□語謂僧曰法師情存慕道追訪聖蹤不憚劬
勞遠□□跡然漢地衆生多造罪業出家之輩
亦多犯戒律唯有佛頂尊勝陁羅尼經能滅除
悪業未知法師頗將此經来□□□□□直来礼
謁不將經来老人曰既不將經□□□益縱見文殊
亦何必識師可倒向西國取此經来流傳漢土□
是遍奉衆聖廣利群生極濟幽明報諸佛恩也

師□□□□□弟子當示師文殊師利菩薩所
在僧□□□□喜躍遂裁柳悲淚至心敬礼舉
頭之項忽不見老人其僧□□倍更虔心繫念傾
誠迴還西國取佛頂尊勝陁羅□□□永淳二年
迴至□□具以上事聞奏□□□□□□□入
内請日照三藏法師及 勅司賓寺典客令杜□
□等共譯此經施僧絹三千疋其經本禁在内不
出□□□□□□道捐軀委命遠取經來情
□□□□□□苦□不以財寶為念不以名利
闡懷請還經本流行□□□□益帝遂留

翻得之經還便梵本並便以梵本□□止第一面□訪得
善梵語淨僧順貞□□□□□□□□□□□
□□大德共貞翻譯譯記僧將梵本向五臺山
入□□□□出今前後所翻兩本並流行於代小
□語有□□□□者幸勿恠焉至垂拱三年定
覺寺主僧□□□□□□□□□□寺親見日
照三藏法師聞其逗留一如上說志靜遂就三
□法師諮受神呪法師於是口宣梵音經二七
月句句委授具足梵音一無差失仍更取□□□
□□□□□□□□皆改定其呪初注云家後別

翻者是也其呪向稍異於杜令所翻者其新呪改
定不錯并註其音訖後有學者幸詳此焉至永昌
元年八月於□□□□□西明寺上座澄□師□
其逗□□□□說其翻經僧順貞現在□西明寺
此經救拔幽顯不可思議恐學者不知故具錄委
曲以傳未悟　佛頂尊勝陁□□經　如是□
□一時薄□梵在室羅筏住誓多林給孤獨園
與大苾蒭衆千二百五十人俱又與諸大菩薩僧
萬二千人俱尒時三十三天於善法堂會有□□
子名曰善住與諸大天遊於園觀又與大天受勝

尊貴與諸天女前後圍繞歡喜遊戲種種音樂共
相娛樂受諸快樂尒時善□□子即於夜分聞有
聲言善住□子□□□□命將欲終終之後
□□部洲受七返畜生身即受地獄苦從地獄出
希得人身生於貧賤處於母胎即無兩目尒時善
□□□聞此身聲已即大驚怖身毛皆豎愁□
□□疾往詣天帝釋所悲□□□惶怖無計
頂禮帝釋二足尊已白帝釋言聽我所說我
與諸天女共相圍繞受諸快樂聞有聲言善（經第二面）□
□□□後七日命將欲終□終之後生贍部洲

七返受畜生身□□□已即墮諸地獄從地獄出
者希得人身生貧賤家而無兩目天帝云何令
我得免斯苦尒時帝釋聞善住天□子□已甚大
驚愕即自思惟此善住天子受何七返惡道〻身□
□帝釋須臾靜住入定諦觀即見善住當受
七返惡道〻身所謂□狗野干獼猴蟒虵烏鷲
等身食□穢惡不淨之物尒時帝釋觀見善
住天子當墮七返惡道〻身□助苦□痛割於
心諦思無計何所歸依唯有如來應正等覺令
其善住得免斯苦 尒時帝釋即於此日初夜分

時以種〻華鬘塗香末香以妙天衣莊嚴執持往
詣誓多園林於世尊所到已頂禮佛足右繞七帀
□□□前廣丈供養佛前胡跪而白佛言世尊
善住天子云何當受七返畜生惡道〻身具如上說
尒時如來頂上放種〻光遍滿十方一切世界已其光
還來繞佛□帀從□口入佛便微笑告帝釋言
天帝有陁羅尼名為如來佛頂尊勝能淨一切
惡道能淨□□□□□苦惱又能淨除諸地獄
閻羅王界畜生〻〻苦又破一切地獄能迴向善道
天帝此佛頂尊勝陁羅尼若有人聞一經於耳先

世所造一切地獄惡業皆忘□□□□□□□身
隨所生處憶持不忘從一佛剎至一佛剎從一天
界至一天界遍歷三十三天所生之處憶持不忘
天帝若人命欲將終須臾憶念此陀羅尼還得
增壽得身口意淨□無苦痛隨其福利隨處□
□一切如來之所觀視一切天神恒常護天帝若
人能須□讀誦此陀羅尼者此人所有一切地獄畜
生閻羅□以上第三面界□鬼之苦破壞消滅無有遺
餘□佛剎土及諸天宮一切菩薩所住之門無有
障礙隨意遊入尒時帝釋白佛言世□□願如

来為諸衆生説增壽命之法尒時世尊知□釋云
心之所念樂聞佛説是陁羅尼法即説呪曰娜
謨薄伽跋帝一嚕𨂘路迦囉底毗失瑟吒引折住反下同
耶二勃陁引耶□□伽跋帝四怛姪他五菴引六
毗輪駄耶七婆摩□瀉□□婆婆八娑破囉孥
揭底伽訶□娑法婆引皤輪地九阿詵者蘇揭多
伐□時設反下同娜阿蜜唎多毗曬雞十此取蜀字呼聲喚阿引訶
□□訶羅十一阿引瑜散陁引□□十二輪駄耶輪
駄耶伽□□毗輪□叶反下同提十四烏瑟尼沙毗逝耶
輸提十五娑訶娑囉喝囉遲弭珊珠地帝十六薩

引娑怛他揭多地瑟吒引鄉頞地瑟□□□咥□

十七扳析囉迦引耶僧訶多此處缺字字數無考娑□囉孥毗輸

提□□□□□怛耶□瑜輸提二十薩末耶□

□瑟恥帝廿一末你末你廿二怛闥多部多俱胝鉢

喇輸提廿三此處缺字字數無考俞是□社耶社耶廿五此處缺字字數無考耶廿六

薩末囉薩末囉薩婆勃陁頞地瑟耻多輸提廿七

跋折□□折囉揭鞞廿八跋折藍婆伐都廿九麼

麼某甲薩婆薩埵鄉上迦此處缺字字數無考薩婆揭底鉢喇輸

此處缺字字數無考多三摩遐娑□頞地瑟耻□□□咥勃咥三十三地耶反

蒲馱耶蒲馱耶□滂多鉢喇輸提卅四薩婆怛他

揭多地瑟吒引那頞地瑟恥帝（此處缺字字數無考）娑婆訶佛
（此處缺字字數無考）石淨除一切惡□□頂尊勝陁□尼能除一切
罪業等障能破□□□惡道苦天帝此大陁羅尼八
十八殑伽沙俱胝百千諸（此處缺字字數無考）喜受持友如（此處缺字字數
無考以上第四面）一切衆生穢惡道義故為一切地獄畜生閻
羅王界衆生得解□□臨急苦難墮生死海中
衆生得解脫故短命薄福無□□□□□□
深惡業衆生（此處缺字字數無考）贍部洲住持力故能令□□
惡□□生種種流轉生死薄福衆生不信善惡失
正道衆生等得解脫義故佛告天帝□□□□

□□□屬於汝汝當（此處缺字字數無考）當受持讀誦思惟
愛樂憶念供養於贍部洲一切衆生廣為宣説
此陁羅尼亦為一切諸天子故説此陁羅尼即付屬
於汝□□□□□□守護勿令忘失（此處漫漶字數無考）聞
此陀羅尼千劫已來積造惡業重障應受種種流轉
生死地獄餓鬼畜生閻羅王界阿脩羅身夜叉
羅刹鬼神布單那羯□□□□□□摩囉
蚊虻龜（此處漫漶字數無考）及諸猛獸一切蠢動含靈乃
蟻子之身更不重受即得轉生□□如來一生補
處菩薩同會處生或得大姓婆羅門家生或□

□□□□□生或得豪贵（此字漫漶字數無考）人得如上贵
處生者皆由聞此陀羅尼故轉所生處皆得清淨天
□乃至得到菩提道場最勝之處皆由讚美此
陀羅尼功德如是□□□陀羅尼名善吉（此處漫漶字數
無考）此佛頂尊勝陀羅尼猶如日藏摩尼之寶淨
無瑕穢淨等虛空光□照徹無不周遍若諸衆生
持此陀羅尼亦復如是亦如閻浮檀金□□□軟
令人喜見（此字漫漶字數無考）著天帝若有諸衆生持此陀
羅尼亦復如是乘斯善淨得生善道天帝此陀羅
尼所在之處若能書寫流通受持讀誦聽聞供

養能如是者一切惡道皆得清淨（此處漫漶字數無考）以上第五面

悉皆消滅佛告天帝若人能書寫此陁羅尼安高

幢上或安高山或安樓上乃至安置窣堵波中天帝

若有苾蒭苾蒭尼優婆塞優婆夷族姓男族姓

女於幢等上（此處漫漶字數無考）相近其影映身或風吹陁羅尼

上幢等上塵落在身上天帝彼諸衆生所有罪業應

墮惡道地獄畜生閻羅王界餓鬼阿脩羅身惡道

之苦皆悉不受亦不為罪垢（此處漫漶字數無考）此等衆生為一

切諸佛之所授記皆得不退轉於阿耨多羅三藐三

菩提天帝何況更以多諸供具華鬘塗香末香幢

幡蓋等衣服瓔珞作諸莊嚴於四衢道造窣（此處漫滅
字數無考）陁羅尼合掌恭敬旋繞行道歸依礼拜天帝
彼人能如是供養者□□訶薩埵真是佛子持法棟
梁又是如來全身舍利窣堵波塔　尒時閻摩羅法
王於時（此處漫滅字數無考）所到已以種種天衣妙華塗香莊嚴
供養佛已繞佛七帀頂礼佛□而作是言我聞如
來演說讚持大力陁羅尼者我常隨逐守護不令持
者墮於地獄以（此處漫滅字數無考）念念尒時護世四天大王繞
佛三帀白佛言世尊唯願如來為我廣說持陁羅尼
法尒時佛告四天王汝今諦聽我當為汝宣說受持

此陁羅尼（此處漫滅字數無考）生說當先洗浴著新淨衣白月圓
滿十五日時持齋誦此陁羅尼滿廿千遍令短命衆生
還得增壽永離病苦一切業障悉皆消滅一切地獄
諸苦亦得（此處漫滅字數無考）靈〻數聞此陁羅尼一經於耳盡
此一身更不復受佛言若遇大惡病聞陁羅尼即得
永離一切諸病亦得消滅應墮惡道亦得□斷即得
往生寂靜（此處漫滅字數無考）（以上第六面）不受胞胎之身所生之處
蓮華化生一切生處憶持不忘常識宿命　佛言
若人先造一切極重罪業遂即命終乘斯惡業應
墮地獄或墮畜生閻羅王界或墮餓鬼□□墮

□阿鼻地獄或生水中或生禽獸異類〻身取其
〻者隨身分骨□土一把誦此陁羅尼二十一遍散
〻者骨上即得生天佛言若人能日日誦此陁羅尼
二十一遍應□一切世間廣大□□捨身往生極樂
世界若常誦念得大涅槃復增壽命受勝快樂
捨此身已即得往生種〻微妙諸佛剎土常與諸
佛俱□□□一切如來恒為演說□□之義一切
世尊即授其記身光照曜一切佛剎佛言若
誦此陁羅尼法於其佛前先取淨土作壇隨其
大小方四角作以重□草華散□□□燒衆名

香右膝着地古□心常念佛作慕陁羅尼印屈
其頭指以大母指押合掌當其心上誦此陁羅尼一百
八遍訖於其壇中如雲王雨華能遍供□□十□
俱□□□沙那庾多百千諸佛彼佛□尊咸共
讚言善哉希有真是佛子即得無□礙智三昧
得大善心莊嚴三昧持此陁羅尼法应如是佛言天
帝我以□使一切衆生應墮地獄道令得解脫一
切惡□亦得清淨復令持者增益壽命天帝
□去將我此陁羅尼授與善住天子滿其七□日汝
與善住俱来見我尒時天帝於世尊所受此陁羅

尼法奉持還於本天授與善□天子尒時善住天子
受此陁羅尼□□六日六夜依法受持一切願滿應
受一切惡道等苦即得解脫住菩提道增壽無量
甚大歡喜高聲歎言希有如來希有妙法希有
□以上第七面□甚為難得令我解脫□□□釋至
第七□與善住天子將諸天衆嚴持華鬘塗香末
香寶幢幡蓋天衣瓔珞微□□嚴往詣佛所設大
供養以妙天衣及諸瓔珞□□□尊繞百千帀於
佛前□踊躍□□□坐聽法 尒時世尊舒金色
臂摩善住天子頂而為說法授菩提記佛言此

□□净一切恶道佛顶尊胜陁罗尼也当受持
尔时□众闻法歡喜信受奉行
佛顶尊胜陁罗尼经
朝議郎使持節漳州诸軍事守漳州刺史柱
國雀衮
大德僧□□ 文古 寺主貞素
上座行充 黄軒 陳允
句當僧令如 同句當都維那行逢
居士鍾徵 工匠程曇 魏操
畫人邵琮 陳𧶘 黄照 林造

陳大娘男文　男効　男坤　男軿

女三娘四娘已上並奉　先考入緣贖造

新婦潘二娘陳四娘姜五娘吴一娘

入緣弟子□□及男女等　菜望母賀二娘

妻林四娘　王継　沈遇及方一娘

盧澣及男湘　軍事直典陳□

吴顒及弟□　陳賀　林茸　黄審　張漬

王用　周弘　鄭儀及男瓌　黄穗　王特

黄展　王賁　杜簡　曾□

發言大德僧藏轍

維唐咸通四年歲在癸未八月辛酉朔廿一日辛巳

建立

鐫字易惟晟

案熷棋山莊文又續漳州開元寺唐咸通經幢寫刻俱勝予道光末遊漳屢見之完好如故及同治予主丹霞芝山兩講席時已經甲子之亂寺燬而幢亦碎然雖碎而字尚完好如故龍溪林孝廉賡邁召匠修之移諸其家負氊椎而來者遂不得見寺亦旋改為試院云云則在同治時已難椎拓邇年世事滄桑兵爭迭見漳州一隅久罹鋒鏑經幢存亡更無從問訊摩挲舊拓不勝感慨系之矣戊午十一月晦丁震記

又案金石萃編續編所載經幢非一率皆不錄

全文而王剬造陀羅尼經幢則竟未收入吾閩各府
州僅此一經幢殊少而且此種書法絕勝故特全行寫錄以備
參攷 震又記
首題漳州碑□兼南界遊奕將王剬及母陳大娘妻林八娘
男薰發願造此寶幢乎律讀碑記稗誤稗兼誤魚引李晟碑
四面都游奕使為證案唐六典若討擊防禦游奕使俱准品各
減三人任令則碑專知和州靈瀰兩道遊奕使承天軍記杞梓
□遊奕副使妒神公頌廉明遊奕副使少光庭韋君靖永昌寨記
元昌元縣界游奕義勇使羅元直是玄宗時已有遊奕使又
舊書懿宗紀吳迥既執李湘乃令小將張行簡吳約攻滁州

城内無兵有淮南游弈兵三百人在州界見賊至往來奔郡據此
則唐之游弈兵蓋設于界上不屯城内故云南界游弈將也又題
宣義郎前建州司戶參軍事劉鏞書新書地理志建州建安
郡百官志上州司戶參軍事二人從七品下典散階宣義郎適
合經後題銜有朝議郎使持節漳州諸軍事守漳州刺史
柱國崔衮攷宰相世系表崔氏清河小房岐州刺史秀秀子著
著子褒衮襄究褒子丕棄著官河南府士曹參軍褒官河中
府戶曹參軍丕官虢州湖城縣令並見范陽雲約夫人崔氏
墓志衮官見此幢表並不著是證其疏矣唐六典凡叙階之
法有以勳庸謂上柱國正六品上叙已下每降一等故唐時勳

官往往與散階職事懸絶如司馬宗夫人孫氏墓志宗以朝議郎行鳳州司倉參軍而加上柱國杜行方墓志銘行方以同州司兵參軍而加上柱國皆是衮散官正六品上勳官視從二品亦其類也漳州本下州刺史亦見新書地理志在正四品下衮以正六品階官刺史合於唐六典所謂階卑而擬高曰守矣百官志武德元年改太守曰刺史加使持節此題使持節漳州諸軍事與志亦合尹府君朱夫人墓志有新婦王氏等此幢題名亦有新婦潘二娘云云蓋唐時謂子婦為新婦與今吳語正同易林娶於姜呂駕迎新婦然則新婦之稱蓋始於漢矣。長洲王頌蔚跋

潁川郡陳府君墓誌

石高三尺二寸寬二尺二十六行行四十八字字徑圍五分正書石下半字多漫漶額題潁川郡陳府君墓誌八字篆書在侯官縣北郊長河池北清康熙六十年（四十三年甲申出土）辛丑仍納壙中

唐故福建觀察使檢校司徒兼御史大夫潁川郡陳府君墓誌銘 并序

前鄉貢進士黃璞撰

安定胡兆祉書

嗚呼府君以大順三年正月二十九日薨變春秋四十有四其戢雖之大略鎮俗之宏功實挂在民謠□於□□江夏□□為名士傳以伸之又為神道碑以昭之

吁今將葬矣合作誌銘以備陵遷夫誌者識也但
書其爵里宅兆鐫之于石藏之于幽識之于後墳
其詞不縷矣府君諱巖字夢臣帝王之後世先
尤以賢德聞者曰仲弓潁川人也當後漢時為太
丘□令陳□季和弟昆動于天文聚以表德章帝
旌之命為侍中□□始興郡王□□霸先仕於梁
平侯景之亂□□□□五世□□□□避永嘉之
難入閩之建安綏成因鄉于□曾祖父諱□字文
保為當府司馬時淮西逆命帥軍討之□□□功
□□□史□御史中丞賜紫金魚袋　王父諱好古

字慕□堯瀦□林泉不干利祿搜扶滕異蔚成篇章
有家集二十卷追贈太子舍人父諱簡字言□忠潋
流枕石克紹先風蘊粹孚靈以鐘令嗣贈工部尚
書又贈羽林大將軍太夫人會稽郡□氏□□□
□□知詩禮鳳鳴叶兆□子挺生追贈會稽郡太
君又贈衛國太夫人府君幼則徇齊不爲兒弄長
逢離亂□□兵鈐□□□之泣血興言□□王室
陳仲舉之登山□□思掃妖塵登□則神鬼宵
奔揮劍則欃槍星落涓塵使職□□□功庸使
滎陽公鎰風慕英風累咨□畫諸爲都團練副

使仍判清源又三發疏章請□交代滎陽公尋告
痍北歸公□□府□□□□□文威以肅衆寬以
接□誓丹血以□□□憂痺以而求理嘗曰□户莫
先於令長指法必繫於紀繩遂精吐□□□□□故
□□□不撓瘡痏咸瘳莫不□卒農桑□□
學數賣刀佩犢再揚龔遂之風左誦右絃大闡
文翁之化坡得興國□□於□□□□竟納於降
幡合浦靈珠睽□光於五花漁陽瑞麥吐秀邑
於建年家之吟多誇之謠處之詠如坻之什朝
廷褒歎□□□□褒崇就加工部尚書兵部尚

書未幾又加右僕射左僕射不二年又加司空隱雖
則垂珠道著益彰衣錦之榮然而治水功成未捧
陶鈞之命甘棠勿翦謂樹空存哀哀生靈何嗟
及矣夫人錢塘范氏而出自金門歸于華派□
婉嫕蕙□蘭□□垂範於金閨驟霑榮於石窌
□府君非惟毅敬孝悌多年以家規至于恤物
愛民亦得於内助□□□之□□□□□封錢
塘郡夫人有子六人長曰延晦太子司議次延
一子出身守閬縣尉次延晃睦王府參軍次□□
□□□□□□□□次延曦皆秀擢勳松茂踰緒

柳儼然在疚哭毀踰禮吾知家聚星之德其未艾矣有
女二人長適韋于□判滎陽公□□□適于太子
正字董承和即制東廬同相國之令子孫男二人
長曰肇任長樂縣令賜緋魚袋□□□令裔□木
□□□□□試於銛鋒展驥終呈於逸步次曰□
檢校工部尚書守漳州刺史董御史大夫材質豐傑
宇量□□□分茅土之□□□□□之望又可以
見敬仲之後不乏其人焉□府君以景福二年八月
十四日厝于閩縣敦業鄉太平里□□山之陽□□
余復擬其巨之哀歌而為銘曰

大湧仁化蘇洞俗　生植露如霤雨沃

方嘉九年重戴天　豈□一旦□□□

閩山上　閩山足　佳城鬱鬱松阡綠

遊者□云可□□　□□御　知□□

鄉字上原空廿七格

文失其道則為諛墓之
所重者蓋守其道安敢
以己為乎且古之名器

陳府君墓誌銘

石高二尺八寸廣二尺五分三十一行行三十九字正書
額題陳府君墓志銘六字篆書在侯官縣嵩崎山

朝散大夫使持節韶州諸軍事守韶州刺史上
柱國陳府君墓志銘并序
鄉貢進士黄滔撰
嗚呼陳府君羅牧韶□陽□挈家東還遘疾終于道
喪及乎故里其姻家有濟南五經睇造吾廬曰熟
聞子以文自重素矣今陳府君實番禺支侯有□
統□車之貴將歸骨地下願欲吾子為誌諸美盛備乎
陵遷斯人以波振雄藻耳遐曰夫文之所以可觀者在乎無苟毀譽故得其道則為
府君諱讜字昌言其先潁川人太邱寔仲弓之

不虛假人故二千石為重今四方多梗國家用兵有執政者務足去聲國力所以入仕者半蹊於財利裂壞者多出於權族濯豎而巾柳足以富有方土矣是則府君於古實為感於今實為室儔之職固碩伸白其道編次於文安侯滿南生致致遇其詞以相勸乎於是繼然執筆而唯命曰

後也晉末遭亂于閩因而家焉曾王父護同州司馬王父福侍御史內供奉皇考懋大理評事贈兵部郎中皇妣彭城劉氏贈彭城郡君自同州司馬至兵部郎中皆性于高逸不以爵祿自拘鏑匱德于已發為禎符以鍾于府君府君為兒時佚知不以沙土戲玩歧嶷有志欲大其門□求司馬子長而下三家書外□其力以窮之披卷釋然洞得心龍裴公帥閩日嘗大器之命与子弟處子弟即故相國公垣也年中乃西与計偕以發淺素蓄遇公道大開聲光崛振僅及□輩遂擢高科時尤重其名榜下授秘書省正字後調授

涇陽尉後又尉奉天江夏令其同察以相知許者莫匪
名賢鳴玉鏘金迭登朝右不可殫紀顧公汨沒常調
皆不自平欲拔在班行間公切于問安堅乞一官還家
遂授此府長史朝彥嘉之相率為詩以贐緹縕緗帙
到今御童蒼嘉亦能榮而歌之未去于口公及釋夏服
久之方塈荃朧會故相國裴公時節制襄川章奏列
業上聞遂授婺州刺史公既蒞止以公為家以民為子棲
而理之咸飽其賜以乳飯口朝廷能之復命敕詔之人
後為喜之人禮讓大興于蠻貊風謠洋溢乎遠邇咸
曰吳隱之之投沉王子貢之止水蓋異跡而同德乎

公前娶于汝南周氏奉嬪君子内助家务不幸中年与
物先化後娶于范陽盧氏封范陽縣君皆華族令
儀蘭蓀玉映中饋增輝他族（賢則）汝南夫人有女四人長
適于濟陽蔡勝次適于汝南（童）董珣次適于高平郤
殷次適于彭城劉極皆抱器懷才為州□（里）推美而後
在瑀席之選焉范陽君有子一人曰渥有女二人渥天
与英敏志專儒業居喪逾禮孝感有聞無知敬仲之
風幼將後振矣弟二人仲曰□受性沖厚时譽暢茂
恩授幽州昌平縣令季曰海舉進詞學優富流輩
务宗之命不偶时罪戰失（捷）捸鄭司空愚辟署南海

掌記試秘省校書郎舅全臣鴻少卿次全交前開元
禮見任河南偃師縣主簿內弟知新三禮登科見任陝
州司馬嗜揩紳上流當代名士致其于是以賢中外之盛
千歲之名德高于身功德流于人朝廷將大用之
以爲諸侯標鏡任僅止于專城身奄謝于南路洎勿痛
惜哉時年辛八十有三葬于侯官縣葛崎之先塋禮也
芸氏子既伸白其道乃攬袂屬之以銘曰鳥有鳳獸
有麟雖居處之非□異蓋凡聖之非倫山為波石為塵
遺耿光而泯

按熟子當是黃裳字米紱乃朱紱之誤廷字旁注去聲二

袁字皆捷二格此類多不可解侯官郭柏蒼跋

讜乾符二年登三史科歷春韶二州刺史福建通志入唐孝義傳按乾符二年距唐亡僅三十二年讜卒已八十三歲此碑殆屬五代時歟抑登科晚耶則仍歸於唐也唐有二陳讜均名於時此碑乃道光二十七年鄉人所獲鬻於市高碧岩見之告知郭兼秋慫恿購歸兼秋為置後山亭牆後山地名南嶼予以荒郊僻壤終虞日久湮沒宜徙他所為是人事匆匆何日得申吾願耶 侯官楊浚跋

按此石道光二十年出土楊跋云二十七年誤未詳何則

賢重修陳公墓記誌云唐朝散大夫使持節韶州諸軍
事守韶州刺史上柱國昌言陳公讜墓在侯官西門外葛崎
山鄉曰坑南道光二十年仲春十有九日余友高君峻及其季
東光汪君啟元盧君慶昌聞土人得君墓志亟摹而讀之
屬余檢郡志傳在孝義蓋按明何喬遠閩書英舊傳
而成者所至有善政謹恭仁孝稱美鄉邦古之名賢也墓
不可以不防護因集議修治遂于明日偕高盧暨陳君宗華
鄭君章煜到山省視徧詢諸鄰所得處荊榛蒙翳沙土
掩蔽僱工即其前數武攘剔滌除深幾尋尺而墳見為
壙三於志合僉謂名德顯晦固自有時而一坏埋骨之區

非脩築而表章之，其不為樵採村氓之所侵也僅矣。昔陳觀察墓修于李封翁範，鄭少谷墓修于知福州府吳公六一。古賢首邱，其防護固有司及都人士責也。刺史时代與觀察相次，先少谷數百年，孝義之美足匹忠勲，其墳塋固宜有神靈呵護之。时歷千祀而掩者復彰，不其證歟？既而詢於官，擇日將事，鳩工整治，樹石表墓，志伋于幽。事竣于四月下浣，同人屬余記之。後之覽者防護，其亦有同心乎？刺史及周、盧二夫人之墳，訪稱葬于先塋，其先塋當亦不踰此山，但叢木塞途，四望尚未見形蹟。他日或得其匡，必嗣而葬之，亦事不容已也。

枯木庵木碑

碑高 尺廣一尺二寸三行下段剝蝕字數正書文從左讀在侯官縣西門外雪峯寺

廣主王大王枕子一枚崔[illegible]杖□□

及作水池約伍阡餘功□□

維唐天祐乙丑歲造□□

檢校金石萃編作撿校

王審知德政碑

碑高一丈六尺九寸廣七尺三十三行行八十一字正書在閩縣

大唐威武軍節度福建管內觀察處置三司發運等使特進檢校太保同中書门下平章事使持節都督福州諸軍事兼福州刺□史上柱□瑯琊郡王食邑□□户食實封壹伯户王審知德政碑銘并序

銀青光祿大夫行尚書禮部侍郎上柱國臣于兢奉　勑撰

粤自範金合土之制雲師火紀々名禹別九州堯

萃編作曾祖友善名字

咨四岳莫不東求良□□輔弼濟兆人彰克勤克儉々能
垂可久可大之業嗣太非寬猛々政循仲尼富庶
々言既茂勳勞宜標篆刻公名審知姓王氏瑯琊
人也其胙土命氏蹤源演派代濟其□□美史不絕書
後以大祖就祿光州因家于是□□□郡爲曾祖友名贈光
祿卿王父□蘊玉贈祕書少監父恁贈光州刺史繼
贈太尉公即太尉々季子也初公兄潮忠尚謹恭
譽藹鄉曲善於和衆士多歸之福建節度使
陳巖既嚮其名又以所屬泉州求牧乃遣禮□而
請之及到任頗著嘉聲後巖在軍病甚不能

視事
軍士等懼無統御皆願有所依從衆牧遂以郡委
於仲弟審邽而與公皆赴丞則積惡者屏去爲善
者獲安因詔授節度使累加檢校右僕射於是剗
其訛弊釐其章條三軍無譁萬□姓有秊乾寧三
年僕射遘疾且付公以戎旅仍具表奏尋加刑部
尚書威武軍留後俄授金紫光祿大夫右僕射
本軍節度使公器局端雅識理融明稟嵩嶠之
真精得圯橋之妙略及膺帝命寵□陟齋壇細
柳連營旌旗動色蒲盧萑政草樹逢春一年
而足食足兵再歲而知禮知義方隅之內仰止攸同

□纍以運屬艱虞人羅昏墊農夫釋耒工女下機公
既統藩垣勵精為理強者抑而弱者扶老者安而
少者懷使之以時齊之以禮故得汙萊墾闢雞犬
相聞時和年豐家給人足版圖既信井賦孔殷
霧以由庚取之盈徹夫述職之道底貢為先九丘
爰序於厥苞伍伯是徵於縮酒雖甸服之近江漢
之中或遇阻艱亦□絕輸賦惟公蓋堅尊奬慎守
規程松柏後凋風雨如晦地征旁午□天□庫充盈
共仰勤劬咸知匡戴常以學校之設是為教化
之源乃令誘掖童蒙興行敬讓幼已佩於師訓

長皆寘於國庠俊造相望雁秀特盛閩□〔川〕□〔以〕□〔南〕
地惟設險人尚爭雄或因饑饉薦臻或以剽劫爲
苦萑蒲易聚巢穴難探以感〻以恩綏〻以德且
曰吏實爲虐尔復何辜示以寬仁俾〻柔服遂數
十年〻氛祲遽致廓清一千里〻封疆旋覩昭泰
張綱□〔以〕□〔單〕□〔車〕入壘虞詡用縫縷擒姧以古況今彼
猶懷愧爰自天寶艱難〻後經費寖繁聚歛
〻臣名額滋廣即山鳩利任土庀財峻設隄防
頗聞睊瞻洎緾烽燧仍患崎嶇三司〻職務
空存四海〻輪蹄鮮丞公按其程□〔課〕□〔令〕以□〔權〕衡量

□□（叶信）覲尤彰宏業而又幸大雄之教崇上善之□（同）
□□□□（鄧法重興）道師如在虹梁雕栱重新忉利之宮鈿
軸牙籤更演毗尼之藏而又盛興寶塔多捨淨財
日麗飛甍雲攢綵檻頳豔迴向遠途歸依用
俾群緣皆因妙果佛齋□（國）雖同臨照靡襲冠
裳舟車罕通睽書□□□□□□（同獻者亦踊躍）海來集鳴
臚此乃公示以中孚致其內附雖云異類亦慕華
風究土龍媒寧獨稱於往史條支雀卵諒可繼
於前聞自燎熾西秦烟飛東觀魯壁之遺編
莫□□（林園）陵之墜簡寧存亟命訪尋精於繕寫

遠貢剡歆〻閱不須陳農〻求次第籤題森羅卷軸
支四鄰共守蓋當偃草〻期七德方脩必須禦衛〻
備是以恢張制度固護基扃程功而莫匪子來作事
而適當□（農）□（隙）□（之）□（崇）墉〻百雉表巨屏於一方巖□（邑）湯
池曾何旦數析筋禁帶固不可憑未若暫勞致永
永逸兵戈薦起帑庾多虛凡列土壚悉重征稅商
旅以〻而壅滯工賈以〻而殫貧公則叅玄繁苛
縱貿交易闤諓鄽□（市）□（匪）□（絶）□（往）來衡麓□（舟）鮫皆除
守禦攻得填郛溢郭□（轝）轂摩肩競殺廛讓〻
風騶覩梟□（康）□（之）俗閩越〻境江海通津帆檣蕩

不同年語矣萃編作不同
年而語矣

漾以隨波驚檝崩騰而激水途逕巨浸山号黄崎
怪石驚涛覆舟害物公乃具馨香黍稷薦□（祇）□（神）
□（祇）有感必通其應如響祭罷一夕震雷暴雨及
有冥助達旦則移其艱险別注平流雖畫鷁争
馳而長鯨拜浪遠近聞而異之優詔獎飾仍以
公之德化所及賜名其水為甘棠港神曰顯靈侯與□（夫）
□（昭）□（神）人以鞭石驅力士以鑿山不同年語矣於戲彊
貞金於大冶認勁草於疾風不有良田誰康澤國
尋就加平章事檢校右僕射如故胥懸相印手
握兵符益壯軍聲彌彰殊渥又改光祿大夫檢校

司空□(轉)特進檢校司徒然而物議與詞功厚賞舊

以爲爵禄以(未)稱疇庸於是異壯分封仍加井邑轉

檢校太保瑯瑘郡王食邑四千戶食實封壹伯戶

公之仲兄審郜自守泉郡一紀於茲黔馬皆調疲人

蘇泰公性惟雍□(睦)氣稟溫和韻契塤篪政侔魯衛

可謂高明輝映超絕一時者也□(公)□(以)□(天)□(下)□(兵)馬元

帥太尉中書令梁王勳格穹昊德服華夷奉大國

之歡盟爲列藩之表率今節度鄴押衙程贇及

軍州將吏百姓耆老等久懷仁育願紀功庸列狀

上聞請議刊勒元帥梁王□(以)公如何誓著□石

情堅累貢表章顯陳保□陞朝廷冀弘誘勸特示
褒揚將建麵趺合徵鴻藻競謬居清列曾乏雄
文頃歲嘗詠皇華往宣宸旨已於視聽親飫徽猷
今之執簡濡毫得以研精覃思備陳懿績實無
愧詞乃作銘曰

日月麗天　舟檝濟川　內外克乂　股肱惟賢
淮水長清　緱嶺□方甯　慶隨祚遠　材為時生
伯氏雄特　衆人仰德　求瘼斯勤　頒條有則
冠軍被疾　付以師律　政教翕張　士庶寧謐
懿彼閩越　師實英傑　地列周封　心馳魏闕

聖澤汪洋　元戎啟行　有典有則　爲龍爲光
高懸秦鏡　理道自靜　比屋懷仁　連營稟令
航海梯山　貢幸循環　務其輸委　無憚險艱
周征之術　公田什一　約以有程　守而勿失
輕徭薄賦　謳歌載路　高掩龔黃　遐追邵杜
鄉校皆脩　童蒙來求　雅道靡靡　儒風優優
惟虺吹毒　久依山谷　罔恣陸梁　竟欣柔服
法寶梵宇　勝因所主　崇構斯精　福慶攸聚
佛齊之國　綏之以德　架浪自東　驟山拱北
墜簡遺編　繕寫精研　麟臺矗爾　武觀森然

華編准勑建無立字

畚鍾其勤　雉堞連雲　永制余敵　用壯我軍

罔譏不稅　水陸無滯　遐邇懷來　商旅相繼

黃崎之勞　神改驚濤　役靈祇力　保千萬（万）艘

劉驤蔔龍　墳麓雍雍　惟邦惟翰　以侯以公

元帥梁王　武步龍驤　挺彼七德　剗平四方

公能事大　推心斯在　□□□□（風雨無踰）　□□□（歲寒不）改

殊勳茂績　參擁宣力　國之丹青　邦之柱石

位尉台鼎　任隆兵柄　重以徽章　寵兮異牲

優詔銘功　万古英風　□□□□（貞珉是勒）　□□□□（垂之無窮）

天祐三年丙寅歲閏十二月一日准　勑建立

將仕郎前守京兆府鄠縣尉直弘文館王倜書□

庚辰夏余官京師時座主王西莊先生方撰翠墨小箋與余論漢唐金石文字出此碑所記年歲官爵訂史之誤又曰閩王亂世盜魁耳史称与兄潮俱起羣盜攻泉州殺刺史廖彥若遂有其地而碑云兄潮譽滿鄉曲福建節度使陳巖遣人禮請署為泉州牧史云陳巖卒其壻范暉自称留後潮遣審知攻福州斬暉而碑云巖病不能視事軍士等懼無統御皆願有所依從衆牧遂以郡委於仲弟審邽而与公偕赴詔授潮節度使此皆曲筆也先生之言如此然嘗是時

天下之亂極矣王氏偏據海濱其始猶奉正朔士大夫自中原至者依以為生雖其崇象教度僧尼竆極土木而民猶得暫免湯火之患此亦如吳越錢氏史謂非有德澤及人百年之間虐用其民為甚而東坡表忠觀碑謂其有德於斯民甚厚孟子有言饑者易為食渴者易為飲閩門節度使安集哀鴻易於見德是以吾鄉有八閩人祖之稱而王之鄉族自光州固始來歸者至今為盛也 瓶庵居士文鈔

案梁氏退庵題跋云撰文者于兢書者王倜皆無可考案圖畫見聞志梁相國于兢善畫牡丹幼年從學因覩學舍前檻中牡丹盛開乃命筆放之不浹旬奪真矣後遂酷思無倦動必增奇貴達之後非尊親旨命不復含毫有人得寫生全本折枝傳於世梁氏所云無可考殆一時失檢歟　侯官丁震記

舊唐書哀帝紀云天祐三年閏十二月己酉朔福建百姓僧道詣闕請為節度使王審知立德政碑從之今慶城寺之左為王審知廟中有巨碑高二丈餘正天祐三年丙寅歲閏十二月立者字畫完好題唐威武軍節度福建管內觀察處置三司發運等使特進檢校太

保同中書門下平章事使持節都督福州諸軍事兼福州刺史上柱國瑯琊郡王王審知德政碑銘銀青光祿大夫行尚書禮部侍郎上柱國于兢撰以史相校大略相同惟是史稱審知與兄潮起自盜賊從王緒南奔所在剽略而碑云初公兄潮志尚謙恭譽藹鄉曲又潮之為泉州刺史史稱其攻圍廖彥若逾年而後克有其地而碑則云陳巖既纏其疾又以所屬泉州求牧乃遣禮而請之又史言陳巖既卒范暉自稱留後潮遣審知攻暉久不克士卒死傷甚衆而碑但云巖在軍病甚不能視事軍士懼無統馭皆願依從潮遂以郡委於審邽而與審知偕赴凡此皆述德之詞不無閒飾當以史為正惟史載乾寧四年潮卒審知代立通鑑書

嗣之卒亦在乾甯四年之十二月，而碑云三年，則碑當時所立，似爲可據。又碑書審知之曾祖友贈光祿卿，王父蘊玉贈秘書少監，父恁贈光贈光州刺史，繼贈太尉，史皆無之。且審知歷官先後，碑云初加刑部尚書、威武軍留後，俄授金紫光祿大夫、右僕射、本軍節度使，尋就加平章事，檢校右僕射如故，又改光祿大夫、檢校司空，轉特進、檢校司徒，又轉檢校太保，封瑯琊郡王，食邑四千戶，食實封一百戶，而史但云唐以福州爲威武軍，拜審知節度使，累遷同中書門下平章事，封瑯琊王，則亦不若碑之詳悉也。又黃崎之港，史謂閩人以審知德政所致，號爲甘棠港，而碑則云優詔獎飾，以公德化所及，賜名其水爲甘棠港，神曰顯靈侯。又碑稱其本大雄之教，崇上善之因，盛興寶

塔多捨淨財而史不言其好佛及崇建寺塔之事是為徵異然碑
之立即因乎黃崎成港則賜名之文非善飾美黃御史滔集有闢
支銅佛記言天祐三年丙寅秋七月乙丑鑄金銅佛像一丈有六尺後
二十有三日丁亥継鑄菩薩二丈有三尺又三山志所載寺塔為審
知建者甚多則碑文因實錄史偶未及耳　侯官林喬蔭跋

梁宗一大師塔誌

石高二尺二寸十行行一十七字正書在福州玄沙山

故安國宗一大師塔誌

大師諱師備生緣福州城南十里外江南温泉鄉歸化里俗姓謝氏唐咸通二年入芙蓉山出家乃度受戒後住梅溪塲玄沙山經一十九載至光化元年蒙府主令公大王請於城北住安國院兼發章表申奏蒙天恩賜號宗一大師並須紫衣冬夏參徒七百餘衆梁開平二年冬忽示微疾至十一月二十七日五更時奄然歸寂春秋七十四僧臘四十五

梁開平十二月十一日靈龕遷於蘇地故記

按誌不著撰書人姓名舊在塔後今藏寺中

華嚴院住持神致看經石室題名

正書徑四寸在福州烏石山華嚴巖

華嚴院住持主沙門神致看經石室□時長興二載季夏十九日坟題

林鄉造義井記

磚刻一百四十五字正書
在福州東門外易俗里

大閩國左街白塔天王院比丘師粹乃勸合緣弟子
檢校尚書右僕射守左衛長史兼御史大夫林鄉
弟子檢校太子賓客兼監察御史殷晟並信尼男
女弟子共捨錢開此義井所冀神泉普濟永鎮皇都
千百年康泰傾倒當願生生常逢諸佛國界世世
常感皇帝深恩今世因緣不昧菩提之果時通文
三年歲次戊戌三月十八日題記講經大德廷敏書篆
監察御史林歡刊字

乘重纂福建通志此井閩王通文三年濬五代晋天福三年未知何時塡塞道光二十四年里人龔雙穀龔泉穀魏大信曾爲芝姜仁進仝復濬磚刻仍存井内

堅牢塔石刻

塔七層八面每面中鐫佛像表以佛號旁列閩王以下及諸臣銜名又有碑二通一題塔名一書塔記正書

在侯官縣

第一層中爲南無金輪王佛旁（行）書大閩皇曦爲自身家室小男曖安內外眷屬臣寮五州管界人民士庶乞保平安

第二層中爲南無當來下生彌勒尊佛旁（正）書女弟子大閩國后李氏十九娘爲自身伏願安處六宮高揚四教上壽克齊於厚載陰功永福於長年

第三層中爲南無無量壽佛旁（正）書弟子閩王王亞

案重纂福建通志作宮苑使無副字俟考

澄益室中越國夫人余氏十三娘各為自身伏願顯甲
觀之儲休保宜家之懿範椿松比壽蘭蕙齊芳
第四層中為南無多寶佛旁正書女弟子福清公主王氏
二十六娘駙馬守司徒同中書門下平章事陳文質伏
願天宮降福仙掖迎祥蕣華永茂於容儀柳絮
恒資於賦詠
第五層中為南無藥師琉璃光佛左旁正書弟子節度
副使王繼隆宮苑副使王繼源伏願聖殿承歡勝雷
藩基法福澤於四海顯祿位於萬邦右旁書女弟子順
昌公主王氏二十七娘建安公主王氏二十八娘同安公主王氏

二十九躯名为自身伏願月娥偕美星婺同休雅彰麟
趾之風顯播鳳臺之譽
第六層中為南無龍自在王佛旁書正女弟子賢妃尚氏
十五躯為自身伏願笠乾諸聖長開植福之門蓬島
群仙每降延齡之籙
第七層中為南無釋迦牟尼佛下書正戴君匡國變
理功臣特進守太傅兼門下侍郎同中書門下平章
事上柱國萊國公食邑二千户李真妻趙國夫人陳
氏推忠踊節匡濟功臣西面經略使特進檢校太
尉兼侍中同中書門下平章事使持節泉州諸軍

案重纂福建通志作韓國公

事行泉州刺史上邳林國下邳郡開國公食邑一千五
百户余廷英妻閔興長公主王氏翰忠謁節効順匡
濟功臣左軍使驃騎大將軍檢校太尉兼御史大夫
上柱國□韓國公食邑二千户張舜榮妻太原郡君
王氏翰忠謁節効順匡濟功臣右軍使匡國大將
軍特進檢校太尉兼御史大夫上柱國蔡國公食
邑二千户程宏緯妻太原郡君王氏宁亂威勇
効烈忠節功臣左龍虎統軍兼莊宅使判榷
鹽鹽事特進檢校太尉兼御史大夫上柱國滕國公
食邑二千户黄绍頗妻累國柔德夫人張氏推誠

叶力保定謁節翊佐功臣右龍虎統軍东上閤门使
控鶴都指揮使守左驃騎大將軍特進檢校太尉
上柱國兗國公食邑二千戶連重遇妻□宋國□夫人
朱氏推誠叶力保定謁節翊佐功臣左龍虎統軍威
烈効節都指揮使守左驍騎上將軍特進檢校
太尉上柱國□鄧國公食邑二千戶朱文進楚國貞範
夫人王氏輸忠謁節効順匡濟功臣左神武統軍監
左金吾□特進檢校太尉兼御史大夫上柱國徐國
公食邑二千戶尚紹殷妻郢郢國夫人孫氏忠勇
揚威謁節功臣左龍武統軍右金吾使特進檢校

案林守諒瓶庵居士文鈔作林守亮

太尉兼御史大夫上柱國虞國公食邑二千戶許宏欽
妻平陽縣君賈氏忠勇揚威竭節功臣右神武統
軍監左屯從都光祿大夫檢校太傅兼御史大夫上
柱國開國侯食邑二千戶林守諒妻武昌縣君殷氏
威烈功節內屯駕小牌都指揮使金紫光祿大
夫檢校太保守左千牛衛上將軍兼御史大夫上柱
國開國男食邑五百戶劉懷遜妻太原郡君王氏
西上閤門使軍器使金紫光祿大夫檢校司徒守右
千牛衛上將軍兼御史大夫上柱國滎陽縣開國子
食邑五百戶鄭懷通妻陳留郡君氏氏內外弓箭

案重纂福建通志作王思俊

指揮使內承旨都行首右鈐轄事金紫光祿大夫檢
校司徒守左千牛衛上將軍濟南縣開國子食邑五
百戶林宏直妻宏農郡君楊氏御輦使兼左鈐
轄事金紫光祿大夫檢校司空守左千牛衛上將軍
兼御史大夫上柱國太原縣開國子食邑五百戶王
思俊妻宏農郡君楊氏明威殿使金紫光祿大夫
檢校司空守左驍衛大將軍兼御史大夫上柱國上
黨縣開國男食邑五百戶連懷義妻吳郡縣君
朱氏進宮使金紫光祿大夫檢校司空守左驍衛大
將軍兼御史大夫上柱國上黨縣開國男食邑五百

樂重纂福建通志作
六軍兆庶

戶連懷後妻儕南君林氏旁書〔行〕右各為自身家室
等伏願千靈万聖降難癹〃休祥八節之时納善
疆〃福壽家室康泰男女安和長承聖主〃恩永
保朝廷〃茭末書甲辰歲正月十五日記
其一碑題塔名〔者〕在第四層高五尺廣三尺中〔正〕書崇抄
保聖堅牢〃塔八字字寬廣徑尺左旁〔正〕書功德主
睿明文廣武聖光德隆道大孝皇帝王曦為自身
及皇后宮□眷屬文武臣寮六軍□〔兆〕庶普心敬造
右旁書永隆三年歲在辛丑十一月八日建〔監〕臨屋聖指揮
使儀仗使檢校司空開國男食邑三百戶臣劉懷進勾

案重纂福建通志作黃崇褒

當捧聖軍將檢校右散騎常侍兼御史大夫臣鄭于

瑞吳逢泰布置造塔檉鶴□（宮）兼侍御史臣邱超長

集府令史臣黃褒

又一碑書塔記者在第五層連額高五尺四寸五分廣

三尺七寸二十一行行二十七字正書額題崇妙保聖堅

牢塔記八字篆書首行正書崇妙保聖堅牢塔記次

行結銜稱□□□□□□（中散大夫守中）書□令柱國賜紫金魚袋□（臣）

林同穎奉□（勅）撰右街神光寺文章應□□□（制弘慧）大師賜

紫臣僧元逸奉□（勅）（案金石萃編作奉詒）書文曰夫古之塔者

兜率聚沙標記閃浮金僊子鬼神碎寶成功歸彼

鐵輪王今之塔也非寶非沙弥堅弥大鑿鞭耒之巨
石狀傍出之浮圖是故人但有心物亦無體心以不貪為
戒寶即同沙體以不礫為名石還勝寶□□□□我當今膺
明文廣武聖隆大皇帝
□□□□□光德□道□孝□□君臨域內佛在
王中能日惣萬機且躬行十善嘗曰植福靡因乎
地賦命弗自乎天猶無基構之肯承亦我樑梁之夙
設而今而後念茲在茲□□永隆三年歲次辛丑冬十一月
上視朔之暇願言南面城中西來山左林繁簷簷蔔
熏滿國以馨香草偃茲蕩占度年之巻羣可安
之寧堵鎮此亭崗是月八日峻址環開貞安斥合

層一至九樣獨無雙暨□□年□□月良工告成凡
一十六门七十二角并隨層隱出諸佛形像共六十二
軀懸是影龍千室猶趨閏礎之隅勢入重霄已戴
補天之色壯矣哉壽嶽因之永固他山為之一空設使
王曰毗沙擎應不動臺標壘土比則非牢作々者莫
與爭功目々者自然生善臣叨承出綍俾屬受辛
牖八面之貞明相為□□（聖德）輦一隅之磨琢雖類微才
將何礭論宏規虛忝堅令善誌卽於文羅牲地魂
驚蓋不容揖讓洪儒彫鐫翠琰唯深崋矣敢直
言之

永隆□年歲次□□□月□□日記

神光寺長講兩經三論大德賜紫臣□□□文於篆□

左千牛衛長史臣林□□□□□□□□歡鐫

功德主睿明文廣武聖光德隆道大孝皇帝

□□□□□□□□□□□□□□□□王曦

按碑所剷去者曦之尊號年號及敕字臣字自此而外完好如新或朱文進連重遇弑曦之後盡殺王氏宗族遂并其僭號去之或錢氏滅閩内附後廢撤宫殿遂鐫諸僭偽之尊称未可知也郡志（鈔）録載（碑）文（殊）多錯誤如歸彼鐵輪王彼誤作諸物亦無體亦誤作非文武廣聖聖誤作堅君臨域内域誤作城畧類微才類誤作數因思金石文字見於志乘者其訛以傳訛可悉數耶余曩作萬歲塔記取府志與黄滔集校之時代年月無弗誤者然則滔誤耶府志誤耶請考遺

文者只句惑於里耳可也　瓶庵居士文鈔

塔記文字字班班可見間有漫漶者往往露椎鑿之迹蓋後人剗滅之而非歲久磨泐所致獨怪自來文獻未有稱者而近時之修郡志僅載塔記一篇他既不録而所録記文又多訛誤其五代之事傳世者尠歐陽史記司馬通鑑大都詳正統而略僭朝今相距後七八百年欲知王氏七主五十餘載之事不惟閩録閩中記閩王實録閩王子迹等書無從稽覽即其散見於九國志五國故事十國紀年亦不多傳近如朱竹垞之撰五代史補注吳志伊之撰十國春秋皆博考遺文以證前史之缺而此塔石蹟

宛然惜乎二公之並未得見也記節錄林樾亭石塔碑刻案二碑及末層石刻所記是塔刱於辛丑之十一月八日而成於甲辰之正月十五日記蓋刱始之時豫製者故其言良工既成之上所有年月皆缺二字所記末所題歲月日亦并留工以俟補塍以史鑑考之王曦之立在晉高祖天福四年歲次己亥自稱威武節度使自稱閩國王改元永隆遣商人間道奉表稱藩於晉然其在國置百官皆如天子之制是歲以太子太傅致仕李真為司空兼中書侍郎同平

章事明年庚子曦與其弟建州刺史延政連兵
相攻又明年辛丑夏四月曦以其子亞澄同平章
事判六軍諸衛六月以連江人黃紹頗為國計
使秋七月曦自稱大閩皇領威武節度使
九月以其子亞澄為威武節度使改號長樂
王冬十月曦即皇帝位此即造塔之歲也又
明年壬寅春正月立司空李真女為皇后三月
立長樂王亞澄為閩王又明年癸卯富沙王
延政稱帝於建州國號殷改元天德三月曦
立尚氏為賢妃又明年而為甲辰則塔成之

歲也是歲晉出帝開運元年三月十三日乙酉曦如后父李真第問疾拱宸都指揮使朱文進閤門使連重遇使拱宸兵馬步使錢達弒曦於馬上文進自稱閩王收王氏宗族延喜以下五十餘人皆殺之先是文進既弒曦立懼國人見討相與結昏自固曦果於誅殺二人內不自安曦后李氏害尚賢妃之寵欲圖曦而立其子亞澄因以語激怒文進重遇故及於難末屬石刻所列洪臣凡二十餘人其見於史書者惟李真余廷英林守亮黃紹頗及重遇

文進六人餘皆不著通鑑所載文進既弒曦乃謚曦曰睿文廣武明聖元德隆道大孝皇帝今以二碑所稱考之則此十二字即其生時之尊號稱爲移易所異者先之爲元耳至曦之子見於史者僅一亞澄非此塔則不知其爲有繼潛繼源也又林守亮之妻殷氏遍考字書並無此文疑爲殷之變體鄭懷通之妻氏氏援三國吳志當時有北海是儀本姓爲氏以孔融嘲之爲民無上因改爲是然五代梁將又有氏叔琮爲開封尉氏人則此之封陳留或亦從叔琮族望未可

知也 仝右

案金石萃編僅錄塔記一通至是塔各層石刻均未登錄記中熏滿國以馨香熏字萃編作重結衛左千牛衛長史林歡鐫歡字萃編作林勸後與拓本少異當是傳鈔之訛而福州府志所錄訛字既如孟瓶庵先生所記然悉心校勘尚有出入如賦命弗自乎天乎字作于熏滿國以馨香熏字作薰樣獨無雙下漏一豎字誤佛形像像字訛作狀可見金石文字非根據拓本不足以徵信也戊午秦平堂改丁震記

薛廷璋墓誌

石高四尺廣二尺四寸二十行行四十五字至三十八字不等碑額河東府君墓誌銘記八字正書在莆田縣廣業里吉宦山

大宋平海軍節度泉州故節度討擊使百丈鎮遏都指揮使銀青光祿大夫檢校刑部尚書兼御史大夫上柱國薛公墓誌記

前攝龍巖縣尉鄉貢寓士劉務本撰

騎仕郎試太常寺奉禮郎黃元□

薛氏□□初任壯奚仲為夏禹掌車服大夫封薛侯以地為姓奚仲生仲虺輔弼於陽類有成績洎

生獻□□宫惠後遷分爵于閩公其裔也諱廷瑋

字德華其先河東人曾祖諱述大順二年擢明經第

除儒林郎行□省常侍祖諱鍰擧明經下第父

諱时不仕娶潁川陳氏生四子公即長也壯歲負

宏略里中識者謂他日將材□□庚戌遂捨危邦

就々有道今府主太尉眷眤来人俾臨虢武二年

貳職于縣百丈鎮託薦加鎮遏都指揮專彼戎柄蒞

著和門々德十年々内郡下尤爾大宋開寳七年

方□亟於不幸攻痼與滎陽鄭□同興殁於門

蟻其年三月一日自卯迨酉鄭氏相次終于百丈清

原西里私第享年五十鄭氏芳年四十有□邑々
茂族□叶采藻々風稟齊眉々敬無何幽蘭忽
謝與公權姑所居々前嗚呼鸞鳳々影雙沈琴
瑟々韻俱斷嗣子一人曰士儒跨竹々歲通經相府
未冠跳麻攝漳州龍巖縣尉□往儒學俟有嘉
□女五人長適江夏黃仁儁次納綵范陽盧崇德皆
未冠々年曳藍袍竹簡次納綵滎陽□□□□□
拾螢□功穹孫待試次二人未笄俱尚柔行公仲季
三人簡言少而好學會平海軍釋褐攝□□縣尉
哥□途□百丈打急指揮還右全勝訓戎全継

元昆之孫次珣言竹簡之後累仲昆之職中道而衰
棣華□萎□曰□□□□而特異誓擁方袍今藩
后外□付之百丈管界□僧龍也龍宅得非其仲
之遠世貽□耶以其鄭氏草之□游鄉人咸嗟
廿年冬十一月政葬合祔顛平生之枕席卜彼里吉
□東山禮也蔡陽鄭氏兄曰居敬敏而好學外通指
掌之秘素與吾相善一旦以府君始末□爲埋文
希儁敘骨肉懿德於幽壤之間□而弗可直而書
之其詞曰

任氏厥兮　立𠆝華齋　伯禹興湯　挺襄生惠

分枝于闐　傳馨遠世　遠世〻孫　慶□和门

知歸有道　□我台恩　鄰鄉靜守　龜武開屯

一旦何〻　東流草〻　鸞鳳雙□　菱花空老

鐵馬誰驅　金雀塵鏁　鬱〻佳城　重泉是扃

雲以下缺

重修忠懿王廟碑

碑連額高一丈四尺七寸廣七尺一寸四十七行行八十四字正書額題重修忠懿王廟碑銘八字篆書

在閩縣

重修故威武軍節度福建管内觀察處置兼三司發運等使開府儀同三司檢校太師守中書令福州大都督府長史上柱國閩王食邑一萬五千戸食實封一千戸謚忠懿王廟碑

福州刺史彭城錢昱撰

若夫非常之人必有非常之事者衆所聞矣其感功及於國道濟於民生居土茅没饗廟食者

求諸前史罕有其倫是以黄石立祠蓋因遺跡沔
陽致祭實表舊功故聖人之制也法施於民則祀之
以勞定國則祀□□□（之簡多）所稱實曰誣祭唯忠懿王
非誣祭歟公名審知字詳卿姓王氏本琅瑘人秦
將翦三十四代孫高祖曄唐貞元中為光州定城宰
有善政以及民因遷家于是郡遂世為固始人矣
曾祖友贈光禄卿　王父藴玉贈祕書少監父恁
累贈至太尉光州刺史十圍巨木始從厚地以盤根
九曲洪河本自仙源而析派若匪降神之氣豈生
命世之才　公即太尉之季子也公形質魁秀樸雅

聰敏負英雄之氣者必相交友學韜鈐之□者咸詢智謀懸知五典之書暗合萬人之敵遠近伏其勇鄰里推其孝悌嘗有善相者詣公之門視其昆弟三人曰富壽皆一體也而季當位極人臣自是公竊負之壽遇陟岵興悲在原軫念事孟□□若父馬乾符末鯨納全陝梟毛屢落磨牙吮血中原正苦於傷殘脫未裂裳四海苦疲於征戰公蓄慷慨之氣負縱橫之才每或接髀暗驚彎弧自誓曰大丈夫不能安民濟物豈勞虛生乎於是□俟時待價□□□極溺救焚之志豪俠相許寢食不

忘雖大鵬未飛已具垂天之勢而神馬一躍終同追
電之縱屬王緒者憑巢寇之戈矛盜□（潛）丘之土宇
遽言得志遂啟無猒但思於弱吐強吞豈顧其辜
突梟禍因乃大掠部屬旁□□□復收士民以廣
隊伍於是公之昆季咸頓焉及秦宗權竊弄五兵遍
侵四境緒內之嬰城之計外無善鄰之助遂率衆
以作竄欲遁地而偷安玉石俱焚孰能分別豺狼
當路無匪縱衡幸豫章懦怯之中偶畨□□（禺殘）害
之後凡經藩翰靡或枝梧自潮陽抵漳浦百姓畏
其塗炭五馬避其鋒及豈知無忌不戢人慎無恒狃

蒲騷者終至敗亡將草竊者焉能長久動蓄自疑
之志本乘同義之心適當軍衆不實遂爲部下所
害公素敦誠信累涉艱危既負出羣之才仍諳撫
士之術且兵不可以無主將不可以失人衆遂推公而立
之公居下惟謹事長必順雖與情之有屬在公論以
不忌乃曰予早事二兄嘗著嚴訓豈有弟爲□大將
兄居其下乎遂奉長兄淵以帥其衆仍護淵源爲
所理之地公由是懸道途之多梗憤貢賦之不通實
欲改理一方克平群盜外惟征繕中則經營運籌
之勝負預知攬僭之際情可待大順冬□□□□

廉察處三兵馬使范暉奪符印以自尊奉緘題而
不避恣行誅戮因事綏懷人既歎於倒懸時合當
於逆取公比緣覩釁因得徵辭遂舉勤王之師
以申弔民之義躬事戈甲身臨矢石一年而圍□
□□□年而堅壁遂陷范暉扁舟欲遁跡納雖
逃遂為海人梟首以獻公既殲元惡乃布優恩凡
曰脅從悉令宥過用仁信以馭下行慈惠以恤民曾
未浹旬已聞致理百姓愛之如父母三軍畏之如神
明又能□□□□成功不居讓德無愧遂迎長兄潮遷理是
郡復請仲兄邽迄居舊邦　武肅王表率諸侯

蕩平大憝吴越叅帰 於賜履江淮咸事於專征

以其能務忠勤遠求薦擢遂来授夲道廉察及

泉州符印偕命焉尋朝廷以寰海挺灾久勞戎

武東南静亂獲庇吾民俾提旄鉞之權□□袴

襦之惠遂升夲州為威武軍授潮節度觀察處

置等使仍以公為節度副使奬勳績也洎元昆殂

謝衆庶歸依公乃恭受遺言式俟朝命明年春

帝恩遠降人欲是從和授公檢校刑部尚書威

武軍節度兵馬副大使將委十連之任猶居貳

職之勞一之日訓習驍雄二之日穌息疲瘵用心

數月善政聞天於是進端揆之資正元戎之位齋
壇高築軍幕大開分周詩屏翰之權握□（旌）□鼓
鼙之任未登題居使相特錫户封方隆推轂之寄
天籍秉鈞之力當多雖未弭聊因指辟之相須及
具瞻有歸實賴股肱之選用式資補袞俾重寰
帷天復元年載正乾綱重光帝座言念七閏之地
□□（符）八柱之功特須渥恩用越倫等賜武庫戟十
二枝列于私门非恒例也自是日鐘百祿歲享九
遷公致君愈勤述職無怠萬里輸貢川陸不繫
其賒一心尊戴風雨不改其志昭皇累褒忠節

別錫異數欲酬懋德豈限彝之章天祐元年夏四
月封瑯瑯郡王食實封一百戶壽屬龍蛇起陸
戎馬生郊人心未厭於有唐天命已歸於新室公
知微不爽居暗因欺梁祖之即位也纔傾作解之恩
繼舉疇庸之典三公子（才）拜萬戶連封呂尚帝師之
尊官榮既極子儀中令之貴考限微同尋復進
封閩王加福州大都督府長史追莊宗之建王業
也神州克復寓縣咸寧欲敦柔□（遠）之心先下念功
之詔遂增井賦仍改功臣式覃北闕之恩用倚
南門之寄方推拱極冀効安邊惟治民素屬於

憂勤而得疾遽徂於綿篤百靈無効五福克全
以同光三年十二月十二日薨□□（於正）寢享年六十有四
朝廷素欽盡節俄覽遺文既增愁老之悲豈恡
飾終之典冊贈尚書令謚曰忠懿禮也公生當離
亂之運出值艱難之秋割據一方蓄養百姓得深
溝高壘之固有被堅執銳之衆贍水陸之產通南
北之商鑄銅於蜀山積粟於洛□者不足言其富
也連臨淄之袂投淝河之鞭者不足言其庶也至若
外舍大度內用小心慎刑既極於精詳舉事悉從
於簡略犯則不赦令比秋霜之嚴恩本無私惠如冬

日〻暖民惟道化吏以法繩此可以稱善為政矣言皆
必中行因自欺非正辭不入於聰非公事不宣於口居
常無聲色〻樂平生以禮義自守念十家〻產者
躬行節儉懷孟子〻歌者必誠蒼唐每當爍石〻威未
嘗操扇□纔屬鳴雞〻候早見嚴裝以德報恩遠踰
萬里至誠感物動契百神此可以稱善立身矣興崇
儒道好尚文藝建學校以訓誨設廚饌以供給于時
兵革〻後庠序皆已獨振古風鬱更舊俗豈須
齊魯〻變自成洙泗〻鄉此得以稱善教化矣懷
尊賢〻志弘愛客〻道四方名士萬里咸來至有蓬

瀛謫仙鴛鷺舊侶或因官而忘返者或假途而惜
去者盡赴築金之禮皆歸簪盍之行其餘草澤
搜羅車魚待遇者均不可勝紀此得以祿招納矣
尊天事地奉道享神無非克誠足以監德然而素
欽釋典大廓法門衆善皆臻何德不報無漏上
智苾蒭散布於四方有作良因伽藍遍滿於衆國
鍊即山之堅固鑄丈六化身鎔麗水之光輝寫五
千秘藏事非為己願乃庇民此所以祿善求福矣
功惟理亂志在君忠安不忘危常為恃險之誡小當
事大因遠與國之道以玉霞盃數郡高枕三邊雖

昆彭豕霸之傳未能繼踵在他變自尊之業故不
同風此乃以稱善守位矣且天惟佑德民本懷仁公
享富貴者三十年傳冊封者四五世遺愛銘于人
口忠節書于國史臣子之盛不亦大乎逮自陵谷變
遷箕裘廢墜窀窆闕以時之薦淒凉同之祀之
悲仕農工商慕舊政以如在潢汙蘋藻建遺□廟以
不存丙午歲我師恤隣圖境向化遇今大元帥吳
越國王位鍾歷紐運偶負圖書保大定功之初行興
滅繼絕之義既克寧於民庶思感於鬼神每念
閩川所歸本由王氏而盛雖子孫異代已同薰燼

之傷而春秋二時宜陳籩豆之禮遂命以公舊第
為忠懿王廟仍恭常祀之數霸王爰修於廢禮祭蕩
侯遂立於叢崇祠行馬戟枝尚存故物豚肩尊酒早薦
惟馨塑山庭月角之容立偕老于兎之像庭廡未
周於工績槐檀旋改於光陰舊逕難尋已絕羅含之
蘭菊重门長閑但多仲蔚之蓬蒿既乖典祭之儀
殊闕致誠之所大宗開寶七年秋九月大元帥吳越
國王以時和歲稔言念給人且俾答福謹之祐遂申咸
秩之典凡曰祠廟毀廢並出錢帛修完乃命衙直
將躬授人工旁搜材植補遺基而皆備易舊物以

咸新曾未逾時已聞告畢奢儉得以中度規製
得以合禮朱軒粉壁隨晚靄以生光修竹喬松向
寒霜而吐色逞曹筆則陰兵欲動鬭鄧工則神
馬久嘶哥從來周精靈如在矧以故鄉將吏開幕
賓寮當其草昧干戈屢經勞苦洎自樹立基構
參享崇高乃理都押衙建州刺史孟威等二
十六人以配饗焉斯廟也前瞰清溪右連淨剎一
路自差於塵雜四隣皆屬於幽奇曉霧饒開先
露刊牕之岫疎鐘雖近不驚繞樹之禽昔也
嘗遊宴於斯今也復祠祭于此始易宅而爲廟

剡將廢而能興茍非陰德不衰令名未朽又豈能身歿之後有如此之盛乎昱叨居是藩獲畢斯事仰慕歆之未遠聽遺愛以長新爰述短才座存實錄燕然叙事雖有謝於孟堅峴首感人亦未多於羊子乃爲銘曰

極天曰嶽　惟嶽有神　蓄是英氣　生爲異人
干霄利劍　瑞世祥麟　爰當季運　實庇蒸
民　其一

唐德將衰　羣雄蜂出　陰霧垂地　祆氛蔽日
犲豕猖獗　萑蒲縱逸　茍非偉才　焉濟王

室 其二

權為巨盜 緒亦朋姦 敢亂中夏 首屠光山

誰謂英傑 同羅險艱 終則竄跡 能無厚顔

其三

爰寧部民 同祖萬里 緒為衆懸 亦得衆美

回戮兇人 遂李君子 三功著名 自此而始

其四

漳浦既寧 清源復平 遂以政事 擢于難兄

孝實志性 謹惟直誠 静乃揖讓 亂則經營

其五

憤彼閩川　樹茲稗將　芳譽微篤　政刑俱表
鋭旅大驅　凱歌連唱　克定一方　式□諸衆望
其六
壯參賛職　已播殊勳　屏翰之美　朝廷備聞
追居重鎮　継事州君　盡忠竭節　松茂蘭薰
其七
偃仰大藩　膺麻五郡　雖曰功庸　亦由時運
二柄齊舉　七德兼训　今子今孫　當年振奮
其八
真王重望　上相清規　陵谷雖變　馨香不衰

俯緣甲第　遂立嚴祠　年禩屢易　籩豆咸虧

其九

霸主推恩　良時有待　□□（舊廟）克新　遺蹤不改

奐余金碧　儼然神彩　雲既芳名　千秋如在

其十

大宋開寶九年三月二十五日立

攝閩縣丞將仕郎試太子校書林藻書

□□□知李文質篆額　封擊使林□鐫字

按此碑今在福州府城東慶成寺側忠懿王廟中文爲錢昱撰林操書李文質篆額操與文質皆無攷宋史吴越錢氏世家昱字就之忠獻王佐之長子佐薨昱尚幼國人立倧後俶嗣國授昱秀州刺史太祖受禪俶遣昱入貢俶得福州命昱守之開寶九年二月俶入朝三月歸國碑即建於是時吴越之得福州始于晉開運三年十月忠獻王時遣將余安救福州破唐兵李達舉所部歸附自是屢命使守福州至乾德五年忠懿王以叔元璙知州事元璙卒至開寶七年以從子昱爲刺史築夾城開城河因而修閩忠懿王廟且立是碑碑云公名審

知字詳卿兩五代史皆作字信通碑云高祖曄唐貞元
中為光州定城宰唐書王潮審知兄傳云五代祖曄為固
始令碑云屬王緒者復收士民以廣隊伍公之昆季咸
預焉及秦宗權遍侵四境緒率衆自潮陽抵漳浦遂為
部下所害唐書潮傳次南安劉行全不自安與左右數
十人伏叢翳狙縛緒以徇薛五代史王審知傳有賊帥
王緒自稱將軍陷固始縣審知兄潮時為縣佐緒署為
軍正蔡賊秦宗權以緒為光州刺史尋遣兵攻之緒率
衆渡江自南康轉至閩中入臨汀自稱刺史緒多疑忌
潮與豪首數輩共殺緒歐五代史則云緒前鋒將選壯

士數十人伏篁竹間伺緒至躍出擒之因之軍中緒後
自殺碑云衆遂推公而立之公曰予早事兄豈有弟為
大將兄居其下乎遂奉長兄潮以帥其衆仍獲清源為
所理之地唐書潮傳衆推行全為將軍辭曰我不及潮
請以為主潮除地剚劍祝曰拜而劍三動者我以為主
至審知劍躍于地衆以為神皆拜之審知讓潮自為副
辟史云潮拜劍躍于地衆以為神異即奉潮為帥歐史
云緒已見廢前鋒將曰生我者潮也乃推潮為主碑云
大順冬廉察遽亡兵馬使范暉奪符印以自尊公遂舉
勤王之師范暉扁舟欲遁遂為海人梟首以獻唐書潮

傳初黃巢將竊有福州王師不能下建人陳巖率衆拔之自領州巖卒其壻范暉擁兵自稱留後潮乃遣從弟彥復將兵審知監之攻福州暉亡入海追斬之薛史云唐光啟二年福建觀察使陳巖表潮為泉州刺史大順中巖卒子壻范暉自稱留後潮遣審知將兵攻之踰年城中食盡乃斬暉而降歐史云景福元年巖卒其壻范暉自稱留後潮遣審知攻暉審知親督士卒攻破之暉見殺碑云公既殲元惡成功不居遂迎長兄潮還理是郡復請仲兄邽迭居舊邦武肅王奏授本道廉察及泉州符仰偕命焉朝庭升本州為威武軍授潮節度觀察

處置等使仍以公為節度副使洎元昆殂謝明年春帝授公檢校刑部尚書威武軍節度兵馬副大使進端揆之資正元戎之位顯居使相特錫戶封天祐元年夏四月封瑯琊郡王實封一百戶唐書潮傳昭宗假潮福建等州團練使俄遷觀察使乾寧中寵福州為威武軍即拜潮節度使檢校尚書左僕射卒潮病以審知權節度讓審邽不許詔審知檢校刑部尚書節度觀察留後朱全忠薦為節度使同中書門下平章事天祐初進瑯邪郡王薛史云潮盡有閩嶺五州之地表其事昭宗因建威武軍于福州以潮為節度福建管內觀察使審知為

副潮寢疾命審知知軍府事潮薨審知以讓其兄審邽

審知自稱福建留後表于朝廷唐末爲威武軍節度福

建觀察使累遷檢校太保封琅邪郡王歐史云唐以潮

爲福建觀察使潮以審知爲副使乾寧四年潮卒審知

代立唐以福州爲武威軍拜審知節度使累遷同中書

門下平章事封瑯邪王碑云梁祖之即位也進封閩王

加福州大都督府長史追𢇁宗之建王業也遂增井賦

仍𢿱功臣同光三年十二月十二日薨贈尚書令謚曰

忠懿薛史云梁朝開國累加中書令封閩王同光元年

卒歐史與碑同十國春秋云同光二年五月唐加王檢

校太師守中書令同光三年十二月辛未甍以上皆碑文之與諸史詳畧互異者有如此碑又云丙午歲我師恤隣闔境向化遇大元帥吳越國王命以公舊第為忠懿王廟丙午為晉開運三年吳越錢氏志十四州錄載後晉開運三年冬十月閩大亂李達乞師于忠獻王王命都監使水邱昭券等將兵水陸救福州戊戌王又遣將余安自海道救福州大破唐兵入福州李達舉所部歸附即碑所云我師恤隣闔境向化也今大元帥吳越國王者謂忠懿王錢俶也下云塑山庭月角之容謂王像也立偕老于飛之像謂王夫人像也暹曹筆則陰兵

欲動是畫兵將也鬭郢工則神馬夂嘶是塑神馬也都押衙建州刺史孟威等二十六人配饗檢福建通志誤作一十六人孟威則無考通志又云歷代以來迎春日郡守遣祭取此碑下土為春牛萬歷二十八年裔孫王一騰等請有司清復舊址發帑重建適轉運副使臨海王亮亦王裔孫力襄厥成然則王氏之世澤不為不永矣 金石萃編

承字上原空十九格

陳仁壁墓碣銘

碑高八尺一寸廣四尺三寸二十八行行五十三字正書
額題潁川府君墓碣六字篆書在興化府城仁壁祠内

大宋故承奉郎檢校尚書膳部員外郎守泉州
錄事參軍賜緋魚袋贈太子洗馬陳府君墓碣
銘并序
承奉郎守尚書禮部員外郎知制誥騎都
尉賜紫金魚袋王禹偁撰
兩漢公卿多補郡吏由精郵功曹而用者十四五坡
其治道鄰于三代蓋考行于鄉試才于州而君登
于朝也斯以鄉舉里選之遺數制與其道雖廢其

人或存陳府君近之矣唐末大亂天下分裂東南曰閩有王審知者擾之自立繼以李留張陳凡五帥七十年雖附庸于江南稱藩于中原其屬吏皆自署也故積善之門篤行之士道不行于朝而行于郡不在乎身而在乎後爾君諱仁璧字象之其先潁川大族今為閩人曾祖諱晃隱德不仕祖諱樞唐廣州清遠令考諱沆登進士第時梁開平中也嘗從事大名府覩梁政多僻知中國必亂且以清遠府君旅櫬在嶺表因棄官南走萬里負喪而歸葬畢杜門堅拒王氏辟命終身不為僞官所污至今鄉人以先輩呼

世家君即先輩之子以文行稱于州里閩帥重而辟之也君曰吾先人策名中夏遭時不幸介在偏土義不受祿者全其節也雖專地悍帥不敢加害名高而行著故也吾小子負荷世德未聞于朝一旦又將拒之禍且至矣乃屈身受命凡歷官六歷職八開寶中以主帥命入朝太祖嘉之制授檢校尚書膳部員外郎賜銀章朱紱始真拜錄事參軍厚禮遣之故相國太師忠順以籍地入覲君寔預其謀既而謂人曰吾嘗被天子命无辱于先人也今時雖可惜而年已過矣吾其樂山水守松楸而終天年乎乃辭以老而命

次子請入于朝而後令終于家享年七十初請之歸國也再任許州司戶參軍時富春孫何濟陽丁謂皆當時之文豪也請與之交用是辭格一變端拱中拜疏議邊上奇其節擢授將作監丞主利國監復隸御史府尋以制敕為職皆非所樂也繼上章言時事上益重之超拜秘書丞直史館賜五品服色明年郊祀畢以請貴贈君太子洗馬明年秋請得告南歸且將以偏擇賁其墓墓之有誌孫何為其文又請尚書禮部員外郎知制誥王禹偁書墓禹偁因謂曰墓之有表古也然近世有德行無祿位者多表

而旌之授禮子為大夫父為士祭則大夫葬則士今阮
馬祕丞俱為五品官而欲表之與吾位者同矣何以示
貴耶今五品以上立碑七品以上立碣碣其墓宜矣請乃
拜而謝之君之行已業官理家訓子暨偽署之官職
卒葬之年月宅兆之原里五男三女男為令子女得嘉
壻凡是數者孫之誌具矣夫人李氏封隴西縣太君亦
從子之貴也銘曰
購姓後　潁川陳　永嘉亂　徙于閩　德不墜
世有人　魏從事　登王賓　拒偽命　名益振
生膳部　行恂恂　事連帥　始全身　脩覲禮

趨紫宸　握有蘭　佩有銀　郡皆郵　皆即真
生秘丞　文彬々　遇聖主　為史臣　漏斯澤
顯斯親　時孝子　時孝孫　碣其墳　垂後昆

請至道乙未歲得是碣於太原王元々時或有謂
母氏存焉置碣非矣柳又分命南北戍立未遑洎
歷郎署旋丑兵改服色於三品景德丙午十月二十一
日由史職聞先妣真定郡太君哀訃泣血京師有
司具奏旅宸翼日詔遣中貴宣諭賜錢十萬仍
許奪衷而全禮制　大中祥符改元々戊申　皇上封
泰山々歲十二月十日遷先妣葬于軍壘々北崇業

鄉寶峯里桃枝原亭今福建路按察刑獄直
集賢院丁遜禮丕爲墓之誌煥乎其文章昭然其
事跡且曰合葬非古也故不祔左司之塋先君亦累封至左司
郎中越明年六月二十九日樹茲碣於城南五里長亭
之右先君郎中墳路之左衛之以墻屋不朽於雲
來睨之以康莊庶無隱於遥途謹亦以是日遷
途而歸闌坂敘記於碣陰
進士翁允成書　進士錢勳篆額　鄭舜鑴字

蔡襄書菭泉石刻二字

石高二尺六寸廣一尺二寸字徑一尺正書在福州龍腰山

菭泉

案乾隆福建通志蔡襄守福州日試茶必於北郊

龍腰取水烹茗無沙石氣手書菭泉二字立泉側

侯官丁氏有可觀齋録本

蔡襄書陳伯孫詩

刻高八尺，廣七尺三寸，四行，行不字，正書。末款一行，細字。在莆田縣囊山。

六合萬籟息，秋林月正暉。琴中傳不叠，石上坐忘歸。

康定二年九月十五日君謨書

烏石山宋人題刻 六十六段

在福州城内

王逵薛老峯詩

薛老峯詩 通體正書徑四寸 款字徑二寸正書

尚書祠部員外郎知軍州事王逵

薛老峯三字雕鐫從渾元偶留青草徑合在紫薇垣梵刹方臨見閩州地占坤諸任推族重縫縣讓年尊頭角龍蛇起精神虎豹蹲如銘□□石疑署翟公門妙絶非人力侵淩斷蘚痕詎憂魚魯敢聊記姓名存筆塚傳衣鉢祠山列子孫乘閒玩奇跡到

即爽吟魂慶曆□年冬十二月林□勒石

李上文題名 正書徑六寸

本朝祀明堂之来季人日侯補唐守李上文遊於此男

彰監廬陵元規孫試匠簿説侍行

師秉等題名二段

師秉仲瑕蔵之绍先蒙伯 正書徑一尺 皇祐庚寅歲仲春

七日遊 正書徑三寸 刻幞頭石

師秉仲瑕蔵之绍先蒙伯庚寅仲春七日遊烏石山 正書徑一

尺二寸 刻李石

程公闢等題名 正書徑七寸

按徐興公讀筆精載
宋寶元間閩縣陳俞
字仲謨登進士累官
屯田郎中志慕行廉
年五十即掛冠歸隱於
烏石山之宿猿洞熙
寧初運使張嶶字伯
常知州事程師孟字
公闢時往訪之所倡
和詩勒之石壁
業重冥祈建通志
夢魂千夢作千里 仙扃作禪扃
猿作夕陽

程公闢 陳述古 沈公儀 湛仲謨 劉執中 杜伯通 馬損之 熙寧元年冬游

張嶶 程師孟等題詩五首

伯常仲謨合宿宿猿洞 師孟雙榻和雲宿翠屏夢魂千夢（里）到仙扃還教畫手添新意一簇林猿伴二星

嶶和 月上高臺雲滿屏洞門休喚夕猿（陽）扃巍冠不整跏趺坐秋楮斑斕數點星

宿宿猿洞 嶶 洞天虛寂翠屏欹心跡蕭然萬物齊無耐宿猿犍宿客花深猶擁亂雲啼

師孟和 時仲謨同宿 更深應是枕雙穀思得臯夔事業齊終為清時難退隱出山

案重纂福建通志
聚使星作照使星
合將新事作新句
㵎雅作高林篤
圓啼猿似向作逸
郎莫向入山作入林
主人㵎雅作主人高
㡬因作只因

甘被百禽啼 正書徑三寸

書湛仲謨宿猿洞永感會心悤搢紳十季不赴卧龍身一朝黄紙除書下八郡衣冠羣坐慶 正書徑一尺二寸

熙寧元年十一月知福州程師孟 正書徑六寸

正旦會宿猿洞主奉運使度支提刑郎中運判郎中提刑供備師孟夜半書歸曉指鷲巒紫佳氣入山亭千门喜慶逢元日一座光華聚使星難得同时傳壽斝合將新事作詩屏啼猿似向遊人道洞戶而今盡不扃巖和入山休厭曉猿驚壽酒交杯石外亭刺史尊崇上卿月主人㵎雅少微星幾因避雨

案重纂福建通志
不須黃鶴作猿鶴
熙寧二年作三年

披松蓋屬為障風夾檜屏笑語林猿解意往來
應不限巖扃運判伸和曉來人語□□驚雲有三
元□□亭湅酒點唇浮白蟻穠桃迷眼落紅星地
名小酉神仙窟天設湘陰水墨屏醞藉□今洞庭
祀務文休勒北山扃 正書徑一寸

宿猿洞餞仲謨洞口車輪欲去時江山風物動光輝
不須黃鶴相驚怨自是君王未放歸 書仲謨先
塋功德院高門餘慶本光山不幸流離五代間今
日太平家可樂郎君富貴錦衣還熙寧二年八月
知州事程師孟 正書徑三寸

蔣之奇字穎叔宜興人嘗為福建轉運判官張伯常熙寧初為運使題名當在此時

書湛仲謨宿猿洞萬萬城蓋披野花山中朝夕起雲靈憑誰遍檢圖經看洞宿寒猿今幾家 正書徑一尺二寸

熙寧二年八月權轉運使張嶬 正書徑六寸

蔣之奇等題名 正書徑八寸

熙甯辛亥六月晦蔣之奇穎叔張嶬伯常登烏石絕頂

長樂臺張汝賢題名 正書徑五寸

尚書右司郎中張汝賢按察福建元豐乙丑孟冬二十一日與朝議大夫轉運副使陳絃朝議大夫知福州謝卿材承議郎轉運判官蔣績宣義郎按察司管

句文字王鉉會議長樂臺

南澗寺王勝題名　行書徑二寸

弟子陳(王)勝與室中陳氏狼同發心爲所生父母捨財

入南澗寺架廬一造兼栽松竹永爲林樾所冀徽

勲願延景福宋元豐乙丑歲季冬十四日謹題

江煒題名　正書徑五寸

江煒仲文上官彀復存中鄭叔僑(僑)子政毛勉德懋

閭景山彥瞻同遊神光寺登道山亭元祐己巳三

月晦

帥府柯公題名　正書徑八寸

元祐五年八月二十二日府帥温陵柯公述東陽陳愷

朱崧胡章莆陽鄭令卿陳覺民許國括蒼葉之

袁會稽高象圀景山建安熊浚明桐川沈憑温陵

許轂楊璞王裕民同遊神光寺會于道山亭

柯仲常等題名 正書徑七寸

柯仲常祖夷仲王及愚曹子方鄧仲告陳濟翁潘

及之元祐庚午十二月初四日遊神光寺

王及愚等題名 篆書徑一尺六寸

王之愚陳彦聖文安國紹聖甲戌季夏望日遊

黄思道等登鄰霄臺題名 正書徑一尺

黄思道温禹弼紹聖四年八月二十八日遊神光寺登鄰霄臺

桐廬江公著等登道山亭題名 正書 徑五寸 刻冲天臺

桐廬江公著晦叔池陽檀宗旦之美三衢吳亮君采鄱陽程遵彥之邵同遊神光寺登道山亭元符三年十月十七日

遠仲約會仁王寺題名 行書 徑四寸

之進被召遠仲約會仁王寺之橫山樓食罷登致養亭觀薛老峯啜茶于道山亭過南澗寺祖師閎少休以歸時崇寧乙酉仲夏十有四日

智牀題名 行書徑三寸

智牀時甫□□□遊□□游侍行崇寧四年九月七日

喬世材等題名 行書徑二寸

崇寧五年二月癸酉提點刑獄喬世材提舉學事朱英知郡事葉棣同遊烏石山諸寺會食橫山閣晚歸

黄琚等題名 正書徑七寸

宣和甲辰季秋晦日延平黄琚處中邀葉唐文彥質雲間柳綽寬夫邵武黄沂原嘷郡人

案士程儀王仲昆子贈少師士鵬北海郡王仲聘子贈南陽侯並見宋史宗室世系表士衎紹興間任福州西外宗正丞

鄭昂尚明弟畋武子仝遊

嗣王仲湜題名　正書徑四寸　劉蠕桃塢

建炎庚戌正月二日因禮神光寶塔遍游烏石精藍乘興造西禪歷覽勝概而歸男士街士術士衎士程姝士鵬婿廖虞弼侍行皇叔祖少傅開府嗣王仲湜巨源書

參知政事孟庾等題名　正書徑三寸

參知政事孟庾宣撫閩部按視城守回邀嗣濮王仲湜資政殿大學士李綱龍圖閣直學士許份顯謨閣待制王仲薿監察御史福建撫諭胡世將

集英殿修撰知福州事程邁前右正言鄧肅參議官
尚書屯田員外郎李易機宜朝散郎胡紡幹辦
公事直祕閣馬咸承議郎鄭士彥會於烏石山之
長樂臺瑞雲庵紹興壬子正月二十一日

潘正夫題名 正書 徑四寸

靖康之間金人犯闕二聖北遷逮建炎中興天子
受命命吳國長公主駐于睢陽明年寇淮甸遂浮江
而南避於錢塘車駕幸建康還復入覲繼適
江表會胡騎奄至循贛水去湘湖頓南海而達
閩川館於福唐之神光因登烏石山觀李陽冰

案吳國公主哲宗第三女也政和二年改韓國公主出降潘正夫靖康末以先朝女留作題名所謂駐于睢陽也建炎初改封吳國覲上於越避地至婺州皆見宋史子尚有唐卿墨卿才卿

老卿而獨無溫卿此可以補史之佚矣三子蓋隨正夫至閩者赴行在時高宗在臨安也

篆乃得古人之遺意越五日而赴行在所男長卿粹卿端卿侍溫卿侍紹興二年仲春十三日河南潘正夫題

程邃等題名 正書徑三寸

紹興壬子仲扶秋新安程邃晉道東萊徐宇揞志東武侯懋仲勉吳興劉嶠仲高同登烏石山徧遊諸剎主僧摩崖以待時貪過九仙訪三十三奇未暇留字晉道還朝既迫季秋七日約後來道山亭是日天氣澄爽置酒高會以極登覽之勝恨念艱虞以來盡籍之樂茲不易得蓋重於此作別云

案重纂福建通志許位摩崖作磨崖業程邃黟縣人仕顯謨閣學士以建炎四年知福州以紹興二年九月去紹興十二年再知福州侯懋紹興間任福建轉運使

葉宋穎等題名 篆書徑四寸左讀

建安葉宋穎張播文延平羅宗禮紹興乙丑歲長至後一日同游

向彥績等題名 正書徑二寸

向彥績薛國老㳂仲士龍王嗣廬石伯元來游禘光登烏石山訪三十三奇由致養亭以歸紹興乙丑冬中之閏十八日覽師同志

昭武黃□題詩 正書徑二寸

烏石山□□巨靈摟怪石撐突倚山巔□□群羊伏昂〻萬馬聯何年現蓬島終古鎮桑田拱

案陳知柔字休齋

揭陽王宅東隅有九僊紹興丁丑仲秋前五日州治

中昭武黄□□□□□□捧硯

陳休齋題名 刻天章臺

陈休齋曾来 隸書徑六寸 淳熙丙申中秋 隸書徑三寸

梁叔子等題名 正書徑四寸

清源梁叔子會同年於道山亭長樂黄雲翼林季

謹高元質林行父高子雲阮夢得楊似之鮑明之高

平牀林正父永嘉陈清伯李致克浚水趙希尹淳熙

庚子中春六日

趙公廣弁嗣老禪師詩

箇裏雲〻處〻通本無來往與西東眕行一向少何会

烏石山頭撞曉鐘 行書徑三寸 嗣老禪師乃宗人德莊

道契韜來三山與〻空交硬豎脊梁真衲子中鐵

漢也將別書于石簡壬寅淳熙九禩八月一日忍庵趙

公廣 行書徑二寸

趙子直等題名 正書徑一尺 刻桃石

趙子直朱仲晦淳熙癸卯仲冬丙子同登

鄧漢卿等題名 正書徑三寸

盱川鄧漢卿須城張孝則古鄭袁象之紹熙改

元上巳後三日來遊

鄭自誠等題名　正書徑三寸　書徑寸許　末合沙刻石陳全六字亦正

嘉定改元上既更化鄭自誠孫德輿黃桂聯冠進士第於是同年陳道卿曾夢傳林少從鄧後葉棠趙汝誠鄭斯立黃順卿徐範趙汝寵周霖陳子是陳有聲許應龍黃燮陳時舉趙必興楊公衍陳震趙縣夫高子昇趙三尺田佽鄭闡珍朱伯旻趙鎮夫弟縱夫趙崇萃任一震陳元震趙彥傑呂中冬戊戌會于道山刻石鄭霄以誌吾閩之盛開夫鄭損以鄉進士預焉合沙刻石陳全

沈必愚等題名　正書徑三寸　刻道山亭

庚戌同年仕三山者金華沈如愚元發昭武黄靜
之體仁四明林惟孝非全玉牒趙崇憲安伯崇復仁
翁偕呈邦陳子堅子正李熹晉老曾準正非黄句
鈞可高惟月明々潘景伯仰々序拜於道山舉酒
相屬從容懽洽自朔集迨今歲月飄忽如許而天
一涯各縣合并亦會凡十有一人是可識也昔袁定
五年壬申正月五日
韩元翁等題名 正書徑三寸
潁川韩元翁德文浚儀趙崇復仁翁延平余淡原
中廬陵周必贤君舉上饒周瑋德輔暇日把酒

道山小憩竹石之下坐待月華一笑而去從妙觀同
遊晋安宮壬申陽復前七日
李圖南題詁 正書徑一寸

疊石崖嶻棲斗魁登臨疑是小蓬萊定時穩步月青霄
去也道雲遊到此来晋安宮癸酉燈□后十有一日唐
陵自然居士李圖南来遊是山登眺既畢小憩於斯
軒□上人瀹茗聚談（話）論風生亦足以洗塵襟而慰牢
落也因成廿八字是時小兒如圭以帥屬之使長於
富沙未返從遊不及惟旃克二孫侍行

蔡荃等題名 正書徑二寸 刻墉桃塢

永嘉蔡荃簡策、沈固、謝有大，郡人林能千，嘉定甲戌十月望前一日來游。

劉輔之等題名 正書，徑三寸，在道山亭

錢唐劉輔之、姑嚴（蘇）李明仲、浚儀趙德穎、金華葉明中、富沙上敬之、錢唐岳之茂、溫陵蘇元中、永嘉林道甫，以嘉定丁丑重陽前一日來游。

詹乂民道山紀游題名 正書，徑三寸

嘉定甲申夏四月，郡丞桐江詹乂民敬叔，且上澣之暇，登平遠臺，陟石樽山，訪九仙遺蹟，出通仙門，得支徑至稧遊堂，觀南湖，入寧越門，上烏石山，憩於道山亭

於时積雨初霽氣象清明四山環抱如列屛幛而是
亭左右大石特立巨木交蔭悠然遠覽南臺江中風
帆浪船歷歷可數前則田疇廣衍後則屋室參差
登眺之勝景物之繁軒豁呈露不待搜剔而吾
見之已而夕陽西墜雲烟杳靄恍覺身在蓬瀛
間充然喜有得也然視事已八閱月始克来此旧役
吏蒞寸步千里未知再游復在何日薄暮而歸緋
細苔久摩挲石下刻以誌之兒子容子好敏侍行

王簡卿等題名 正書徑一尺二寸

王簡卿趙履節徐清叟寶慶丁亥仲秋下澣同

游烏石山寺

胡伯量等題名 正書徑六寸 刻桃石

廬山胡伯量番易夏李起李增卿紹定辛卯重九

日登鄰霄臺

汪彥等題名 正書徑三寸 刻蟠桃塢

四明汪彥領客浚儀趙崇賓四明夏興邦范炳全

華趙希錤永嘉朱景彝豫章黃伯芳莆田顏孺

傑同遊道山見三道侍行紹定辛卯仲冬朔日

延津項顯等題名 正書徑八寸

端平二年四月五日延津項顯邢城張蘊靜海姚

珙天台趙汝孖承宗范昌世建安游孝彬四明夏興邦

金華趙希𥙿會稽唐茇逵〔遠〕怡山鄭逢峰〔年〕同登烏石

山

周自介等題名　正書徑六寸　　刻祁光寺改

周自介趙崇墺彥攀鱗陳淳祖黃鎮周淳祐改

元九日登道山

趙成已等題名　正書徑四寸許　石中以下三十二字行書徑一寸　　刻霹靂巖

趙成已克一唯伯穎粹淳祐甲辰日南至之九日同來

石中題歲月聊紀此時游寄語巖頭老能令不朽

不呈和尚禪師沂趙希道唯伯書

趙希袞等題名 隸書徑六寸 刻道山亭

湻祐丁未良月望後九日止泓趙希袞偕客楊煥鄭果之陳士梃趙孟仰來游子與諫与譚侍住山紹濂

史季溫題名 隸書徑五寸

淳祐十年秋先重陽十日眉山史季溫與建張毅然莆趙時願會于道山亭杯茶清話不減登高之樂

趙希瀞等題名 八分書徑三寸□李黄循父敬書七字亦八分書徑二寸

淳祐十年九月柯山趙希瀞卲莆趙時願林叢桂衢徐士扆督浚河之役凡八百三十丈旬日竣事會兩司屬僚觀焉是日風高氣清太守宴而衆賓懽

因識道山亭之石□事黃循父敬書

陳傅□等題名 正書徑四寸

景定癸亥仲秋望天台陳傅□陳□□郡人林元王剛中陳□鄭履正王安□住山師燁同来

王鎔等題名 正書徑一尺五寸

王鎔趙希忭陳仁玉癸亥九日游道山

九江吳公題名 正書徑五寸

咸淳天子親郊之歲九江吳公實帥閩江東西之仕于閩者趙若遂范宜損趙必岊繆君琛章魁孫邵斗陳松以正月癸卯會拜于道山堂序列以齒

趙希忭等題名 正書徑四寸

咸淳丙寅孟陬六日浙之東游宦于閩者會拜道山謹嚴端也籩豆有楚威儀孔時宗藩主人揚觶語曰官無崇庳各有職業歲既更始益懋以爾圖能無愧以德新民之□則豈但枌里重將為天下重盍留氏名以勸厥後可乎衆唯唯遂以屬書天台趙希忭孟能呂必追壽道四明趙若愚惠君錫金華唐燦潛父杜潛冲起永嘉黃禹錫元功三衢徐沙乙伯東天台張□□□□永嘉林鏜大聲遠天台徐柏悦之永嘉□□□□□梧蒼鮑志及時中永嘉蔡申顯伯□

□卿恕齋吳公聞而致饋以光斯集

陳淳祖等題名　正書徑四寸

咸淳三年春正月十有二日繡衣使者永嘉陳淳祖唯道令閩東之仕于福唐者序拜道山永嘉陳懋欽堯俞金華唐煤潛父四明趙若惠君錫永嘉黃禹錫元功三衢徐沙乙伯東留夢叢彥和金華呂守之悅善永嘉林鐘大聲遠方櫶良材天台徐栢悅之永嘉丁一鳳景陽朱士可起予陳子崇居廣張公輔良鄉林潭叔源括蒼劉夢龍夔友會稽董回孫景淵永嘉蔡申顯伯連帥九江吳公以饋至

池師曾等題名　正書徑四寸

咸淳戊辰正月廿六日閩人同官池師曾廖時脩林拱辰趙崇鍹呂大奎舒文韡趙時鑄莊弥高方景傳風師諄陳韡龍楊思謙陳松翁燧真同祖游義遠虜拜于道山亭時陽嵓洪公帥鄉部以饋亟約而不亟者黃裳趙英□林應龍鄭文龍謝韡

鄭文龍等題名　正書徑二寸

咸淳己巳正月七日三山鄭文龍建安舒文韡廖時脩清源連端懋三山趙崇鍹延平廖邦傑清源劉

鎮莆陽劉强甫建安趙崇伷□陽方景傳建安

鳳師靖三山□□清源曾于善莆陽趙孟瑽清漳

楊思謙序拜于道山亭（堂）昔陽嶷先生洪公帥鄉郡

以饋來期不至者清源趙崇鄞建安翁熺

宿猿洞三大字　程師孟篆書徑二尺

宿猿洞

沖天臺三大字　程師孟篆書徑二尺

沖天臺

道山亭三大字　程師孟篆書徑二尺

道山亭

葉元簡閩縣人嘉定七年進士官制置副使

三笑巖鄭尚明題名 草書徑四寸 刻清虛巖

鄭尚明同羽人佳妙□□□□試茶于三笑巖

石室清隱四大字 正書徑一尺

石室清隱 晦翁 行書徑一寸

光風霽月四大字 草書徑八寸

光風霽月 晦翁 草書徑寸餘

福字 正書高丈餘 俗傳朱子書 鐫觀音巖旁有開禧丁卯正月鄞人張元簡十一字 正書徑四寸

福

趙崇熙題名 正書徑二寸

四明趙崇熙志道与天台于大任仁甫楊景清明甫、

□□秦安道偕行二子必□必□侍後長子□□

冠就成口號□□□霹靂破岩□□□向道山

□之上

八月分送至烏石山石刻全數　下月由

侯官丁氏吉雲軒錄本

第三冊起繕送

案蘇舜元字才翁銅山人時為福建提刑觀察使見重纂福建通志下仝

案邵飾字去華時為福建轉運使郭承規字世濟時官福建提刑蔡襄字君謨時知福州丙戌慶曆六年

鼓山宋人題刻一百零八段

在福州

蘇才翁題名 篆書

才翁丙戌季夏遊

邵去華蘇才翁郭世濟蔡君謨等題名 二段 正書

邵去華蘇才翁郭世濟蔡君謨慶曆丙戌孟秋八日遊靈源洞

慶曆丙戌秋邵去華宿鼓山寺刻靈源洞

忘歸石岩

忘歸石岩三大字 蔡襄正書 在湧泉寺後小頂峯

此刻靈源洞

案董淵時知長樂縣

國師岩三大字 蔡襄正書

國師巖

黄子光劉仲逹許景山黄子容劉津臣題名 正書 刻將軍石左

黄子光劉仲逹許景山黄子容劉津臣慶歷丙戌九月二十二日遊靈源洞

董淵吴元卿題名 篆書 刻靈源洞對巖

董淵吴元卿慶歷戊子春同来

僧惟善等題名 正書 刻羅漢巖井邊石壁

僧惟善惟坦捨錢開并覓路井宋嘉祐二年中元丁酉日志

案元長字景仁宣城人天聖間進士嘉祐三年任福建提刑

按燕度字唐卿嘉祐四年知福州宋球酸棗人方子容字南奎莆田人皇祐五年進士通判僉判節度推官

案伯能慶歷六年進士時知閩縣事大方大正俱甌寧人大方通

施元長等題名　正書　刻靈源洞

宛陵施元長陽夏李宗孟嘉祐五年十月三日同遊

唱水岩三大字　正書

唱水岩

燕度等題名　正書　左行　刻靈源洞

嘉祐辛丑歲七月十八日同寅僚遊鼓山登大頂峯憩靈源洞知福州燕度題通判錢昉權僉判宋球東川節度推官趙詔節度推官方子容觀察推官趙瑾

呂伯能等題名　正書　刻唱水岩

判汀州大正隱北山時稱北山學士

案孫覺字莘老高郵人元豐元年以右司諫直集賢院知福州 己未 元豐二年

案方宙莆田人熙寧六年進士官轉運判官莫表深邵武人元豐二年進士閩景山閩曾子舉進士張勵永福人熙寧六年進士知福州己巳元祐四年

建安呂伯能然明徐大方沖道弟大正得之熙寧辛亥歲仲夏二十五日同游

莘老德儒景述等題名 正書 刻忘歸石

莘老德儒景述元豐己未歲季秋戊子日同游

方宙等題名 正書 刻將軍石前

方宙子正字儀仲貽武莫吳表深龔道淮西潘師中及之錢唐閩景山彥瞻郡人張勵深道元祐己巳三月二十日同游鼓山靈源同漱偶泉而歸

錢公永等題名 林公儒草書 刻靈源洞

錢公永雷子石潘及之管明善同游靈源洞元祐

案公濟名積慶歷六年進士元祐間知福州

案重纂福建通志作程遵彥

案葉沃江山人時知崇溪縣朱敏元字光道閩縣人治平四年進士時知同安縣吳干字嘉求閩縣人熙寧六年進士時知興化縣

案需老即有需莆田陳氏子得法於乾公帥使丹陳覺民延住鼓山後退居蔡溪巖此題名云開堂師座正覺民延住時也覺民以崇寧四年知福州大觀二年六月自泉州移任福州提刑君舉陳偁字元

四年七月上休林公濟題

程遵彥等題名　正書　刻靈源洞段

程遵彥　三衢吳數　葉沃　溫陵許人　朱敏元　吳干

元符庚辰十月遊鼓山靈源洞

需老等登大頂峯題名　正書　刻大頂石

大觀己丑仲秋丁酉需老開堂師座邀郡使者俱

至四月條佐預者六人公翼全叟君舉子霞同登

大頂峯

黃冕仲等題名　正書　刻將軍石左

延平黃冕仲　鄱陽裔亨仲　武夷黃安仁　政和甲午

案公濟名積慶歷六年進士元祐間知福州

案重纂福建通志

四年七月上休林公濟題

程遵彥等題名 正書 刻靈源洞

周濆等題名 正書 刻盤石

周濆曹中 缺 老潛洞 丙戌九月二十日同至大頂峯

案藝風堂金石目改為崇寧五年

柳元禮等題名 正書 刻喝水巖

柳元禮邀孫居易柯季忱李志遠張克和潘廓如同遊 辛丑上元前七日

案藝風堂金石目據三山志改為宣和三年

案柳約字元禮華亭人大觀三年進士官殿中侍御史柯棐字季忱閩縣人崇寧五年殿試第二人李遂字志遠侯官人潘闕字廓如長樂人俱崇寧五年進士

刑君舉陳偁字元

豐五年知泉州
案黃裳字冕仲時知福州齊之禮字亨仲弋陽人元符間進士官監察御史黃靜字安仁浦城人見提舉常平甲午政和四年

九月同遊

陳紹夫等題名 正書 五行行七字字徑五寸 正書

陳紹夫邀韓符曾昂許紘遊鼓山姪逵彖會男祖澤姪孫森侍行政和五年三月十一日

李綱等題名

昭武李綱伯紀邀華陽王仲嶷豐甫建溪吳嚴夫民瞻臨川陳安節巽達淮海周靈運元仲遊鼓山靈源洞豐甫之子昇叔明伯紀之弟經叔易綸季言甥張偉子知同來紹興元年五月二日

案紹興初伯紀以張魏公之劾罷爲觀文殿學士提舉洞霄宮未幾落職史但言其居鄂州二年即起知潭州中間未嘗言歸閩中興小紀紹興元年韓世忠既平范汝爲欲悉殺建州人至福建見李綱勸勿殺則題名當在是年矣

宗正倫等題名 篆書

業復一以紹興間提舉常平茶鹽公事子嘉有嘉瑞袁績見英德碧落洞題名邱鐸温州人紹興間知興化縣

金華宗正倫彭城顔廷玉滁南石嗣祖剡溪姚令威同遊鼓山紹興乙丑孟夏十三日是日觀才老入院

袁復一等題名 蘇文津正書

錫山袁復一太初自富沙如温陵道晉安東山登白雲峯訪臨滄亭覽海山之勝郡人張元幹仲宗安固邱鐸文時莆陽余祉中錫晉陵孫軒子輿同來太初仲子嘉猷侍紹興己巳十月戊辰丹陽蘇文津桴中題

林槐老等題名 五行行六字 字徑五寸 正書

林槐老賈藏之方端正顔希稷余馮老方翊之劉

案沈調歸安人政和二年進士趙士衎儀王仲湜子陳皋字亨明侯官人重和元年進士廖虞弼建炎

敷言紹興辛未重九日同遊

吴巨濟等題名 正書 刻石门右

紹興壬申上元後十二日吴巨濟段煥之用之汝舟許德

廣同遊翼日還城

趙仲丞等題名 四行行六七字不等 字徑六寸 王朱濟 正書刻府軍石右

趙仲丞王則之幼度蔡德輝来遊紹興乙亥仲春中

休王朱濟題

沈調等題名 正書 刻石门左

知郡事沈調知西外宗正司趙士衎帥司參議陳皋

副總管廖虞弼通判福州方暘黄韜帥司主管機

宜文字張云李迎幹辦公ㄋ張元成紹興戊辰清明前一日早飯鼓山晚過聖泉為亘日之遊

時任福州兵馬鈐轄

黄輅邵武人

汪丕容等題名 正書

新安汪丕容正夫昭武李集之子翔秀之子賓縉雲林錢伯仁吴越錢嶶之君猷紹興戊寅夏四月晦日来遊

案汪丕容歙縣人紹興五年進士官將作監丞集之秀之賓綱子嶶之倣六世孫端礼弟

魏之幹等題名 正書

壽春魏之幹紹興辛巳清明前三日拉開封趙繼之鄭圃孫昌言武林莫琮仙都葉駒會稽姚嗣祖莆陽薛與同遊鼓山靈源洞魏僖侍叔趙公異侍其

案繼之官朝請大夫太祖弟魏王廷美子四世孫莫琮字叔方仁和人任福建幕官

案休齋知柔號也

案王之望字瞻叔時以端明殿学士知福州

案金石續編作行書

案沈公即調也黄軺紹興間任福建轉運判官又任建州軍事此稱郡丞當為通判時也

親以行

黄軺等題名　正書刻靈源洞

紹興戊寅郡丞邵武黄軺從安棲待制沈公遊

王瞻叔題名記　刻靈源洞　五行行十一字字徑六寸　王瞻叔正書

乾道丁亥暮春二十三日余出郊觀稼勞田夫野老而

訪其疾苦遂至鼓山燒香供茶登臨滄亭而返男

銖錞鑑鋁孫淙侍行襄陽王瞻叔書淳祐癸卯曾

孫亞夫来此拂石

[illegible]

陳休齋題名　隸書　刻靈源洞

陳休齋曾來淳熙丁酉仲秋

集嗣公元嗣長老也曾將胡安定之门墓字子合稱東㵎先生陳孔碩字膚仲淳熙二年進士官祕閣修撰儒栖字謹之憐安人稱瓜山先生皆朱子门人黄琮字子方莆田人元符三年進士官侯官縣可晦翁是年五十八歲小学圭成見年譜附淳熙丁未十四年

詩佚考

宋子直紹熙元年以敷文閣学士再知福州題名書在此時林用中字擇之古田人從朱子学慶元间曾奏名

朱子題记　五行　行十一字　字徑七八寸许　行書

晦翁来謁鼓山嗣公遂遊靈源洞遂登水雲亭有懷

四川子直侍郎同遊者清漳王子合郡人陳膚仲

潘謙之黄子方僧端友

愚斋鼓山詩（登水雲亭）　行書　刻臨滄亭石筍上

靈洞有幽趣臨滄擅佳名我来坐久之猶懷不盡情褰裳

步翠巘危磴絕不可登豁然天地寬頓覺心目明洋洋江滙遠眾山橫

清寒草木瘦翠蓋亦前陳山僧好心事為我開此亭

重游見翼然險道恚以手会方有行役邛蜀万里程

徘徊更睇眺斜日下雲屏　淳熙十三年正月四日

趙子直題名　正書

紹熙辛亥九月二十日趙子直同林擇之姚宏甫来遊

崇憲崇範崇度侍　王子克　林井伯　不至

喝水岩大壽字　朱熹　正書

案：范機字純之，乾道初任甌寧簿，歷福州懷安丞。錢𦇧時知建寧縣。劉學古官臨桂令，朱子壻。

案：何澹嘉泰二年知福州，三年除觀文殿學士，四年再任，故曰「越明年」。楊潛，慶元間提舉福州常平。

壽

范機等題名　正書　刻石門左

延平范機、武陵錢𦇧、建安劉學古，以慶元初禩中秋來遊。

趙晉臣等題名　正書　刻靈源洞

古汴趙晉臣，將男鄭孫、濤、灝、漶、捖，徐錫之、江會之來遊。以是時慶元三禩中伏休務日。

何澹等題名　正書

嘉泰壬戌重陽，括蒼何澹約浚儀趙公迴、金華楊潛修登高故事。上天風海濤，酌酒賦詩，咸謂一時

茶鹽公固淳熙間任西外宗正丞

案吳渙慶元五年進士石應孫淳熙十一年進士

案景仁字春卿長樂人嘉定元年進士子愚嘉定四年進士官營道縣李起渭字少望閩縣人慶元五年進士

之勝恨未志諸石也越明年復以是日偕靜海施康年古汴趙公介來游陰雲解剝風日和美極海山之壯觀挹泉石而忘歸

吳渙等題名 五行，行八字，字徑五寸。石應孫正書 刻靈源洞右

開禧改元乙丑孟秋中澣十日閣尉延平吳渙奉父吳元肅同拉晉江石應孫來遊子振侍行

陳景仁等題名 隸書 刻靈源洞

開禧丙寅暮春陳景仁姪子愚子盈林該弟樸調男絢紀綽陳擇善李起渭潘昌穉挈家來遊

陳宓等題記 正書 刻靈源洞

莆陽陳宓師復建安謝汲古深道黃應酉允之真德秀景元清源留元剛茂潛以開禧丙寅五月三日同遊鼓山靈源洞誦浚儀相國之詩觀晦庵先生遺墨慨然感興一酹而歸

案陳宓後御子時知安溪縣丁謝汲古黃應酉俱嘉泰二年進士真德秀時知福州留元剛晉江人官祕閣學士

吳中等題名　隸書　刻將軍石

盱江吳中克明鄮峯蔣峴伯見來遊鼓山訪靈源憩湧泉遂登石門覽天風海濤殊快心目嘉定甲戌七月二十八日

案蔣峴奉化人慶元二年進士官殿中侍御史

周燦等題名　正書　刻石門左

嘉定丙子郡丞雲川周燦偶攝府事仲春既望

案李大有字謹仲慶元二年進士

案任惟鳴任一鳴張如愚曾公益俱閩縣人陳應龍游継榮俱侯官人彭騰牛以字行福清人卓杰懷安人趙希豐太祖長子燕王德昭八世孫涌夫魏王廷美七世孫汝僖濮王元佐七世孫必偲太宗九世孫以上十二人皆嘉定十六年進士及宗子臣奏

案胡榘廬陵人銓孫以工部尚書知福州趙師夏燕王德昭七世孫官知南康許了選臨川人開禧元年進士知懷安縣陳宗道晉

偕包寧東陽李大有永嘉國 下缺

任惟明等題名 正書 刻喝水巖

嘉定癸未同年任惟明章卿一鳴登卿張如愚六從趙希豐寶卿涌夫滕叔陳應龍景雲趙汝僖聲叔游継榮華甫曾公益誠叔卓杰舜咨彭臒牛耕道趙必偲友卿會遊時甲申秋九月也

胡榘等題名 正書 刻石门

嘉定甲申春郡守胡榘仲方勸農東郊竣事同至鼓山與西宗趙師夏至道盟飯於妙峯閱訪靈源洞度蹴鼇橋瞻喝水巖探湧泉寺歷山门登

江人。鄭宻，寧德人。

天風海濤々樹聆觀久々別駕沈柔孫明文茂寧許々選叔仁陳宗道原仲鄭宻謙仲與俱長老自鏡瀹茗於半山亭中屬下二刻乃還

鄭昭先詩　正書　刻石門右

嘉定甲申閏八月望日題鼓山靈源洞東鏡心堂頭老禪日湖鄭昭先詩

詩佚，見鼓山志卷六

案：藝風堂金石目作鄭郃先。

案：昭先字景绍，閩縣人，淳熙十四年進士，官參知政事，謚文靖，有日湖遺稿。

王居安等題名　正書　刻石門左

王居安趙崇度徐澄寶慶丁亥仲春中澣遊靈源洞

案：王居安字資道，黄巖人，時知福州。趙崇度，汝愚子，時任市舶司提舉。徐澄，金華人。

葉于之姜行々題名　正書　刻龍頭泉觀音巖側

葉徐鹿卿字德夫豐城人嘗辟福建安撫司幹辦公事改尤溪縣丞真德秀守泉辟宰南安叫稱屬吏當爲幹辦時也紹定壬辰五年旱不成災史不書

紹定己丑季秋括蒼葉于之姜行之同遊

方遇時父題名 正書刻石門左

性山方遇時父紹定辛卯重陽日酌泉靈源

徐鹿卿禱雨鼓山題記 篆書 刻大頂峯

紹定壬辰夏六月不雨至於秋七月徧走羣祀未效大帥番陽李公以石鼓名重鎮其下眾水所匯必出雲爲風雨乃命屬吏南昌徐鹿卿致禱丙申詣寺齋宿丁酉黎明步嶺禮畢而雨是夕大雨己亥雨止槁者蘇涸者流刻而識之修神之休

趙汝訓等題名 四行行十字字徑四寸正書 刻靈源洞

案趙汝训時知連江縣，乃黃旂長汀人，寶祐元年特奏名進士

後儀趙汝训領客邵武吴信古傳東吴天民黃旂
鄧應炳端平丙申四月上澣同遊次男崇璪侍

無量寿佛四大字 篆書 徑二尺

無量壽佛

案黃登字君陟，侯官人，嘉定四年進士，官南劍倅。游明復，郡人，淳祐十年進士

黃登等題名 正書 刻靈源洞橋外

黃登方遇李田游明復端平丙申四月既望來遊歷
巖紀勝期與此山俱傳

案趙希進，燕王德昭八世孫，王允恭任邵武軍通判，方渭孫莆田人，陳容字公儲，長樂人，端平二年進士

周圭等題名 七行行十五字字徑三寸 正書 刻石門

周圭趙希進林勉翁王叔安叔泰樊淇倪龍輔潘
自得陳守謙周從龍王湑彭進黃子俊林驥史自

案鄭碩字膚叟閩縣人慶元五年進士任汀州軍乃通判潘枋字廷堅閩縣人端平二年進士第三人

勉道士謝顯道期而不至王允恭郭愿方涓孫王公煒陳容鄭碩楊士勛潘公泳鄭怡公潘枋李根祖陳瀾同登屴崱遊靈源分韻賦詩時嘉熙三年六月十一日

王穰等題名 正書徑二尺 刻龍頭泉左

清源王穰吳穩郡人陳去競方遇林圖遊明復董正李振祖遊鼓山淳祐初元九日

案王穰晋江人端平二年進士時知仙遊縣李振祖字起翁閩縣人寶祐四年進士

張正子等題名 正書

張正子趙崇蔭陳灼諸葛寅鄭輔周自介陳湆祖淳祐壬寅九日同遊鼓山靈源洞

案正子閩縣人嘉定七年進士知靖州

案希得字逢原，潼州人，嘉定十六年進士。時通判軍州，乃連端懿時任汀州軍判官。

又張正子等題名　隸書　刻靈源橋

郡人張正子、東川姚希得、金華潘晞夔、萬安鄭新、鄭峯高指、泉山連端懿，淳祐三年閏八月癸未遊靈源洞。

謝奕正等題名　正書　刻靈源橋左行

淳祐甲辰莫春上澣，天台謝奕正、九華章時發、清江張一鳴、長沙王睿同遊鼓山靈源洞。

案章時發曾知惠州軍州事。

謝安之題名　正書　刻靈源洞洞中

昭武謝安之體仁，淳祐甲辰九月六日重遊靈源洞。

楊選等題名　正書　刻靈源庵前

淳祐甲辰重陽日郡別駕臨邛楊選約長樂黃師憝鄉僧德靜來遊鼓山之靈源洞男猷童孫嘉老侍行住山德融汲泉酌茗於此

趙與鑇等題名　正書　刻靈源橋前

案與鑇与錇皆燕王德昭九世孫

會稽趙與鑇齊賢偕弟與錇德載淳祐甲辰臘月二十四日重遊鼓山靈源洞

李鏞題名　正書　刻靈源菴前

案李燾眉州人官敷文閣學士謚文簡

眉山李鏞因祖考文簡公諱日挈二子湛樞過鼓山飯僧遊靈源洞徜徉一日而歸時淳祐五年二

案趙彥湄魏王廷美第五子鄆國公六世孫

月庚午日題

趙彥湄等題名 正書 刻靈源菴前

稽陰趙彥湄濟川莆田蘇薦與遜夫延平謝華

維岳淳祐乙巳後重陽一日遊於此

王子壽等題名 正書 原刻唱水巖上後墜淵底

建安王子壽莆僧沂氏子安行之永人 缺 廖孫伯安

缺 以淳祐乙巳重九後一日同宗中守中□中□中

遊

應垕等題名 正書 刻龍頭泉右

天台應垕茂博建安劉煥文子莆陽林彬之元質以

案劉煥時任寧化縣事林彬之端平二年進士官福建常平司幹官

案趙希性燕王德昭八世孫趙必奕太宗第一子漢王元佐九世孫

淳祐丙午寒食來遊

喻彌等題名 水影 五行行九字字徑五寸正書 刻昌

嚴陵喻彌携子慶孫寓通守真侯館以淳祐丙午清明前三日偕道山徐泰叔來遊因徧覽奇勝恭讀西山先生文忠公詩僖暮而歸

蘇溥等題名 正書 刻靈源洞左

龍江蘇溥景淵天水趙希性成已九華葉信厚季有委羽趙必奕叔弼古栝蔡登元龍以淳祐丁未季春望前一日公餘同遊

劉霆題記 正書 刻龕頭泉右

案劉霆學古之孫朱子外曾孫也

案趙師耕燕王德昭七世孫嘉定七年進士任西外宗正司又提舉常平茶鹽公事

案希袞燕王德昭八世孫時知南外宗正司事王後長溪人嘉熙二年進士

歲在淳祐丁未之秋建州劉霆侍兄□□山二表向
諸丈登石鼓酌湧泉追憶舊遊恍如一日再獲拜觀
文公先生外大祖書趙公天風海濤之句感慨久之
敬識小詩拂塵併簡住山宗信和尚

趙師耕題名 正書 刻石門

趙師畊 缺 淳祐丁未冬十有七日來遊

趙希袞等題名 四行行九字字徑六寸 正書 刻靈源洞左

淳祐丁未孟冬朔止泓趙希袞偕客王後陳士挺來
遊子與諫與譁侍住山宗信僧顯輝智燈

鄭思閤等題名 正書 刻靈源洞

淳祐丁未良月二十有六日古杭鄭思問與同幕番陽徐憲洪蔵臨安郎伋家秦溪李光清來遊申孫滁孫侍

案洪蔵時任汀州司法參軍鄭滁孫字景歐景定間進士歷任元官集賢閣學士徐憲曾任古田縣

鄭玠等題名 正書 刻靈源洞

戊申之春二月既望莆田鄭玠與郡人潘昱伯林園黄循父林文子余應發唐大章劉庶得飲別於此

案鄭玠時任漳州通判

方克昌題名 三行 行十字 字徑五寸 正書 刻靈源洞

時淳祐戊申上巳之明日莆陽方克昌世蕃來遊姪覺翁子義行義明侍

案方克昌景定二年進士官泉州永春縣丞

案鄭仁歙縣人端平二年進士

案与滂字肖范太祖第四子秦王德芳九世孙

鄭仁詩 正書 刻靈源洞前

攜檄來遊石鼓山島洲凝望有無間天根潮落海門出洞口雲深月戶闔名揭君謨椽筆健詩留子直翠珉斑古靈更有碑三字岁崩須登莫倦還

淳祐戊申重陽前一日新安鄭仁題 佳山宗信刻

趙與滂詩 正書行 行十三字 字徑三寸 正書 刻靈源洞橋前

古塼出唐井篆識國師名於此坐禪處唱回流水聲如何神晏塔移作李綱塋見說山中石不平空自鳴

淳祐己酉閏二月清明閩安鎮官四明趙與滂題於白雲亭石

鄭寀字伯亮長溪人紹定二年進士端明殿學士王璞字器之長樂人紹定五年進士官知潮州

鄭寀等題名 正書 刻靈源洞前

郡人鄭寀同周圭王璞鄭自牧張潛方應澤劉自黄士賡同遊靈源洞弟宦甥上官晟子游侍淳祐戊申四月既望

徐錫之題名 正書 刻靈源洞

淳祐己酉年徐錫之題

鄭得之等題名 正書

清溪鄭得之偕林華卿黄毅伯陸士貴李常伯弟相伯張天麟朱擬上官子敬淳祐己酉菊節前三日題

案樓治時任鹽茶提舉

樓治等題名　五行　行八字　字徑六寸　正書　刻石門左

淳祐九年歲在己酉九月庚辰日秋房樓治與客張棪何光大弟濡偕遊盡日湧泉亭上月明同詠而歸

案與遺與駒與駿與僦俱秦王德芳十世孫與駿時知連江縣事黄邁時知永春縣事

趙與遺等題名　篆書　刻石門右

趙與遺德遠與駒致遠與駿稱德與僦君茂黄邁節甫林仍祖貫道王有鳳德説七人同登是山時淳祐己酉重陽前六日德稱篆識之

案汝珣太宗第八世孫

趙汝珣題詩　正書　刻靈源洞橋前

瞥携朱墨上崔嵬興出烟雲眼界開無策便回流水去有緣亦到鼓山來慚非方外狂司馬喜識僧中老辯才自笑生平少閒適又驅俗駕入塵埃淳祐己酉九月下澣郡丞古汴趙汝珣遊鼓山靈源洞

案仲路字文載閩縣人嘉定元年進士官知連州起巖閩縣人一云長樂人淳熙十六年鄉薦秀發字公晉寶祐元年進士季發字崇勤淳熙十六年鄉薦官天章閣待制皆起巖弟君老字邦壽長溪人咸淳四年進士

鄭仲路等題名 正書 刻靈源菴

郡人鄭仲路吳起巖吳秀發葉亮祖吳季發鄭君老來訪漚水巖同遊靈源洞時淳祐庚戌季春望

釋癡絕詩 正書 刻大頂峯

釋癡絕題詩 正書 刻大頂峯

野徑斜連石澗旁草根呢呢語寒蛩郊原經雨多秋意庭院無人自夕陽風捲暮雲歸碧嶂葉隨野水入寒塘數家籬落楓林外枳殼垂青菊綻黄淳祐辛亥立春後日釋癡絕

案仲路字文載閩縣人嘉定元年進士官知連州　起巖閩縣人一云長樂人淳熙十六年鄉薦　秀發字公晉寶祐元年進士　季發字崇勤淳熙十六年鄉薦官天章閣待制　皆閩縣　弟君老字邦壽長樂人咸淳四年進士

鄭仲路等題名　正書　刻靈源菴

郡人鄭仲路吳起巖吳秀發葉亮祖吳季發鄭君老來訪溜水巖同遊靈源洞時淳祐庚戌季春望

釋癡絕詩　正書　刻大頂峯

淳祐辛亥立春後日釋癡絕　詩佚見鼓山志藝文另紙錄次

史季溫詩并題記　正書　刻龍頭泉左

上到瑤峯第幾間御風騎氣渺人寰天高陡覺星辰近地逈偏饒日月閒去海茫茫疑十里望州隱隱見三山武夷榜墨千年在任使重匡薛字班

淳祐辛亥立春後一日，移漕建水，挈家游鼓山，登小顶峯，俯瞰山川城郭如畫。晚飲天風海濤，蓋武夷翁舊題也。留诗石间以记歲月。眉山史季温子威父

鄭應開诗并題记 正書 刻石门

两峯峻上半天開，一水爭奔急雪来。眺遠直疑滄海近，洞霻曲拗湧泉迴。慨思南北江山異，更陟嵯峨宇宙恢。渺渺愁予歌石鼓，漫磨枯墨灑蒼苔。枯山鄭應開偕同舍郎靳盈之遊，二子桂、梅侍。寶祐第一春二月五日

按：靳盈之，字仲謙，閩縣人，绍定五年進士。

大宗與檟題名 正書 刻靈源橋前

棠与櫝宗室太祖十世孙

葉張經蘇州人端平二年進士知侯官縣又提舉常平茶司陳無咎郡人淳祐十年進士楊叔灕字灕叔寶祐四年進士趙汝与太宗次子許王元僖七世孙寶慶二年進士趙時鏞字君招魏王廷美八世孙嘉定十年正奏邱聞之郡人淳祐十年進士王維新郡人寶祐元年進士

大宗與櫝觀蔡李朱趙書詩寶祐四年四月十三日

黃洪題名并詩　正書　刻靈源洞門口　詩蝕不可辨

芳洲黃洪同遊天風海濤之勝任沖老偕家人　缺

至烏石留詩　缺　寶祐丙辰九月

胡垓等題名　正書　刻石門右

寶祐五年秋九八月壬寅胡垓及張元孫張經陳無咎

楊叔灕趙汝與時鏞黃大任高慶之張介然邱

聞之王維新會於靈源洞

葉從龍題名　正書　刻靈源洞橋前

開慶改元仲春望日道庵葉從龍來遊

案湯漢字伯紀安仁人曾知福州

湯漢等題名　正書　刻靈源洞磴

鄱陽湯漢以使事過鼓山觀天風海濤之壯遂登大頂峯盡得奇觀同遊者眉山宋輝上饒鄭日新長樂陳堅潘夕卿開慶己未四月十三日住山普門立

案王鎔時知福州

王鎔等題名　正書　刻靈源橋

景定癸亥仲夏王鎔景範陳仁玉惠公同遊靈源洞

案陳斗應字上達侯官人寶慶二年進士林楫福州人寶慶四年進士王榮建安人淳祐元年進士官

常挺等題名　正書　刻靈源洞橋前

咸淳改元後仲秋四日東軒常挺解温陵印來遊此山男清子侍自城來會者陳斗應林文重徐武

叔玉叔賓叔國生林椿張以富林壯孫時趙希□

王榮偕焉

清流主簿常挺字方升咸淳初因知永州

杜庚等題名　正書　刻靈源洞

咸淳乙丑中秋前五日杜庚黄公立高拱辰來遊

案黄公立字子卓邵武人寶祐四年進士

劉震孫等題記　正書　刻靈源洞

劉震孫行部過此与客徐岫孔鍾文珍林起予郭玗來遊住山法琪咸淳二年二月八日

案劉震孫時任福建轉運使

林希逸等題名　正書　刻靈源洞石壁

林希逸徐岫一林拱辰趙必岊咸淳二年十月三日同遊

案希逸字肅翁號鬳齋福清人任簽書判官林拱辰莆田人俱端平二年進士趙必岊太宗第四子簡王元份九世孫

張鎮題名并詩　草書　刻靈源菴對影

咸淳丁卯八月十一日張鎮初遊鼓山同遊王剛仲

子濱泳侍篮龍舁圈裏著禪衲頂有寺峯磴

可攀上下乾坤大千界東西陸海兩三山臨滄

霧向風前解喝水泉因雨後潺一宿迷歸山

莫洒小窗經日對孱顏

陳穆侍親爲壽題名　正書　刻石門左

咸淳己巳季秋于麓陳穆領親朋七人登屴崱

趨靈源越歲庚午仲秋社後三日侍親爲壽中表

林侶曾吴章孫魏崇節重來遊子唐㒓文麗周

業邦傑字依英順昌人時以師參攝軍因了趙時佃魏王廷美八世孫鄭希點咸淳元年進士官太学博士葉渙袁字十三年特奏名

熊姪禹龜百鼇世宣中寧甥連人劉裴侍不期
而復會者林明善

廖邦傑題名　正書　刻龍頭泉

咸淳癸酉季春望日延平廖邦傑以節度行鄉
艤舟鼓山詣祝聖丙申虎拜〻恭因登大頂峯
三山趙時洄莆田鄭希點莆田葉渙合沙曾琮從
住山正凝東山慧昌北山明鑑

白雲石筧石刻　正書　刻湧泉寺佚

白雲石筧自率金創於隆興至咸淳一再葺捐財守
中

案希代太祖第四子秦王德芳八世孫

移前

曹繼本題名 正書 刻石門

開封曹繼本侍先公鄧同三山李澤卿陳塘洪魯卿柯渠釋守如丙辰季冬十七日遊眺命子慈書

周濱等題名 正書 刻盤石

周濱曹中鉄老潛洞丙戌九月二十日同至大頂峯

趙希代題詩 正書 刻靈源洞

古汴趙希代題唱水巖詩 尊者何年向此禪一聲唱斷水之源如何有許神通力猶計當年寂與喧

陳珏重來四字 正書 刻靈源菴石壁

棨珏字君寶長樂人嘉定十年特奏名

陳珏重來

鳳池臺三大字 正書

鳳池臺

振衣二大字 正書

振衣

石门二大字 正書

石门

朱文公書天風海濤四字 正書

天風海濤

棨乾隆本福建通志朱熹取趙彥愚江月不

陁流水去天風直送海濤來向刹於大頂峯坪

達夫巖題刻

在同安縣大輪山絶壁上 刻達夫巖三字 旁刻題記一段

達夫巖

皇祐庚寅季夏乙酉莫兼達夫張士宗元卿黄宗曾希聖陳琮德之薛穎士之林林鑄成之錢瑊子重宋溥君覃楊久中景常遊興教寺北巖陟越明日王儀子正至諸君並一時賢者傾蓋於是故紀其盛而以令字名巖

案重纂福建通志莫兼字達夫皇祐間任同安縣

萬安橋記

碑高廣皆一丈一尺三寸許十二行行十三字正書在泉州府

泉州萬安渡石橋始造於皇祐五年四月庚寅以嘉祐四年十二月辛未訖功累趾于淵釃水爲四十七道梁空以行其長三千六百尺廣丈有五尺翼以扶欄如其長之數而兩之靡金錢一千四百萬求諸施者渡實支海去舟而徒易危而安民莫不利職其事盧錫王寔許忠浮圖義波宗善等十有五人既成太守莆陽蔡襄爲之合樂讌飲而落之明年秋蒙召還京道繇是出因紀所作

勒于岸左

尚書屯田員外郎劉奐墓碣文

碑高五尺八寸廣二尺八寸二十一行行五十二至五十四字不等正書額三行行二字隸書陽文在閬縣

宋故朝奉郎尚書屯田員外郎通判潤州軍州兼管內堤堰橋道勸農事上騎都尉借緋劉君墓碣文

樞密直學士尚書禮部郎中莆陽蔡襄撰并書

君諱奐字蒙伯其先漢唐以來世有顯人王祖考皆仕國朝考諱及虞尚書屯田員外郎贈光祿卿光祿之碑襄嘗銘之之系次詳焉君天聖八年進士及第授惠州推官疾不果行次調南康軍判官移知洪州武寧縣再改大理寺丞累遷尚書屯田員外郎官歷知鄭之滎陽鳳翔府判官通判潭州潤州事以皇祐三年

五月二十三日終潤州年五十三明年正月廿四日葬福州懷
安縣靈山鄉越城里夫人陳氏封寶應縣君子康夫
寧夫岐夫女長適韓昌國次明州慈溪令陳章其季
進士林回君于文章要以道理為得不苟聲律其論
性情推明孔子之法尤非浮屠所傳力教於人開曉
其為從之學者咸以吾道自愛久之貧無以生就舉
進士中乙科喜曰吾不能為時之文章恐不復得仕進
今幸中第吾志得矣其在武寧民喜訟而易刑為令者
多嚴法以止之猶不能勝君雖細可為之盡心有兄弟訟
者譬之親愛之理以感動之輒涕泣自咎引去刑省而

民極（精）慶歷中元昊叛陝西用兵韓丞相為經略使辟君
鳳翔一道兵民利害多倚君辦集連年兵敗民窮
乃上書朝廷言其兵所以敗民所以窮之狀其略曰陝西
之要練兵運糧最為首務其策皆未為得部部署其
上將軍之任也而無專制之權其偏裨才否不敢輒去
留之軍無行陳（陳）之法見利輕進畏敵遽退所以每戰
必敗偏裨不死上將之令士卒不知什伍之制其理豈有
勝哉邊戍益多廩祿（粟）益廣轉運使職其所也今之轉
運使皆以序進不計其能未及（更）年歲屢遷易之文書
凡目曾未能知其暇以民為意乎一方之患內靡度支

外輟兩川之賦調及天下閩陝之民流離窮困而邊供
日窘君不幸天下之患有大於此何以支米蓋由轉運使不
擇其材不久其任無所歸責也又言被邊由募土人給
其閒田使之自衛其境可以省費言數十條事多此類
李格不穀漳州漳浦有虔州民四百人入縣買官所賣
鹽令捕之民因鬭拒遂鞫其私販而強坐捍其法應死因
多繫久疫殍相屬君為辯直其非私販而出其不鬭拒
者生活數十人而已君初仕碌碌張天下方無事無所為而可辯
歷官二十年所至施為謀議多不能出其意然後知不可以
力為也於是補吏南歸展省墳域然有退耕之志而未

果也其終之歲予適安潤君病遺以手書謂予曰吾止
於此矣惟穉子遲託既終斂無新衣棺無餘貲郡使
民集錢二百千以賻夫人辭焉歸葬于閩居無室廬
產無田園勤苦其命清節不渝夫人之力焉嗚呼十
年之間康夫以學行自立而能詩文永其先烈予既悲
之要文發其旨沒也銘曰
文辭于詞在天聖初章拘嬈偶華倜剽膚君于斯文
本末抉疏世之情性論于浮屠君為中庸聖哲之極經
營菑務于時有需既官于陵晝思夕圖傑兵轉餉貫究
民痛上書于朝乃頗之殊淳有寬獄十百其徒辭受平

治脫穽不辜最後丹陽聲聞益敷篤終克敏歸宅

海隅父子兄弟次序不踰既順以安斯世已乎

嘉祐六年歲次辛丑四月十九日

陶翼模刻

于山宋人題刻十二段

在福州

張徽等平遠臺題名 正書

轉運使張徽知軍州事程師孟權轉運判官湛俞

熙寧二年游

案張徽字伯常熙寧初知州乃兼任轉運使師孟字公闢熙寧元年知福州湛俞字仲謨閩縣人寶元元年進士

江公著等金粟臺題名 正書

提舉常平江公著轉運判官檀宗旦通判軍州事

葉閩都記萬歲寺唐天祐元年閩王審知建梁開平中表請祝萬歲壽故名又創崇光塔七層金粟臺在萬歲寺北宋守程師孟以塔中閩時所塑金粟如來像故名石上刻金粟臺三字元少卿偉篆後姪積中爲守繪金粟像於臺側作小堂安奉堂今廢臺亦蕪穢不可登

吳亮提點刑獄程道彥元符庚辰十月十八日同遊

九仙萬歲寺登金粟臺

葉彥成等題名 金粟臺 正書

葉彥成喬叔彥章叔虎朱知叔同遊崇寧五年人日

葉棣字彥成浦城人哲宗朝知福州

金粟臺殘題名

□□平等事長沙何□□直浩然走□□□

公事大梁張□君蕙知政事□□□人□□□

□□同登金粟臺政和壬辰□□

案繆氏藝風堂金石目俞師直等題名列於卧龍山題刻誤矣

廓然臺三大字

廓然臺　梅川陳賜命名煬紫釋鴻僧書政和四年仲亥任國明□□上石

俞師直等題名　正書

俞師直邀楊達夫劉應井瞻禮佛會早饍平遠臺宣和壬寅四月初八日

黃處中等廓然臺題名　正書

黃處中會弟武子鄧純彥謝成彥於野亭劉德夫先歸宣和己巳初春九日鄭尚明題

黃處中等金粟臺題名　正書

黃霙中邀柳寬夫謝成之彥鄧純彥黃堯臣鄭尚明并弟武子遊宣和己巳臘月初澣

吳正仲等金粟臺題名　正書

永嘉吳正仲新定□□□堯夫郡人鄭尚明□□□靖康元年清明□於此

鄭滋等平遠臺題名　篆書

齋容鄭滋德象吳興劉僑仲高潁川范正國子儀同飯素於茅嵓寺烹茶金粟臺登三山閣觀閩王所施織經及佛時雪初霽江山明潤頫望久之遂適野亭紹興二年季冬朔辛炳

如晦以幹不至

秦仲高紹興二年福建提刑辛炳侯官人元符三年進士徽宗朝累官殿中侍御迕蔡京謫南劍州題名在此時

程晉道等廓然臺題記　正書

程晉道解郡事將造行闕前一日拉徐揚□劉仲高同訪小華峯登廓然臺憩野意亭超然遐矚危岑列岫蒼蒼蔭樽俎間晉道此行茲登仙而居者無路挽留不得從容物外之樂殊爲大恨紹興壬子季秋十一日時侯仲勉以疾不至

陳休齋平遠臺題名 隸書

陳休齋曾來淳熙丙申中秋

橥休齋知柔號

程師孟書光祿吟臺四字

篆書徑二尺　在福州　款字正書徑五寸　在福州光祿坊

光祿吟臺

熙寧三年□月　知州事程師孟書

鳳池山宋人題刻一段

在侯官縣門外北郊

沈紳等題名 正書

提點刑獄沈紳招轉運使張嶽知州事程師孟轉運判官陳俞遊鳳池賢沙會於安國熙寧三年十一月二十五日

案榕郡名勝輯要鳳池山在鳳山之西坳有池四五畝有五色雀於此故名 繆氏藝風堂金石目沈紳等題名列於卧龍山題刻誤矣

熈春山石筍倡和詩

正書在邵武

天然石

張紘

聞説西山頂上臺清涼窗戶半窗開雲藏雨意

明□晴水激溪聲斷復來頓覺吟腸生沆瀣

應無閑夢□塵埃恨君不且留千載同於巖

花對酒杯

張薇

一家終日在樓臺元微之蓬萊閣句安局斜兼畫卷開

幽鳥影穿紅燭去，寒蟾光落素寧琴來。釣絲暮惹萍間浪，篆石春浮蘚上埃。三教寺通溪上路，好尋僧借渡時杯。

蒼玉洞宋人題刻三十七段

在汀州

王稷題名 刻石门之左大樟樹下摩崖正書 字徑五寸旁字徑二寸

王稷治臣題 大字中行 皇宋慶曆八年歲次戊子季春望日住持僧澄慧記 小字兩旁分兩行

朝賢詩 刻石门東南樟樹下正書八行 額題朝賢詩三篆字

遊東禪院太原王詩曰曲曲青溪疊疊山石門深處有禪關我來自得閑滋味坐聽風篁盡

日還又溫陵郭詩地去闗城遠無人伴訪尋
泉流溪路窄石磴洞门深紫翠烟嵐檻清
涼竹樹陰重來應更樂終日解塵襟皇祐
改元季冬望日僧□□上石郭之英書
案山左雲巖寺有王荆公諸人詩刻亦題
曰朝賢詩此或以爵顯望重故止書太原
王溫陵郭而不署其名耳皇祐以前職官
郡志疎略無可考

徐大方等題名

刻石门右三行行十字字徑三寸五分正書

□□丞通判郡事徐大方沖道會□寧庠博楚制中武道上幕張任賢康侯熙甯戊申季冬望沖道題

徐大方題東禪寺詩

刻石门東南向北八行行十字字徑一寸五分正書篆額東禪詩三字字徑三寸

留題東禪寺 一行

□□□度支郎中張□ 二行

詩曰好峯飛去後流出亂雲根應為留僧住

□□□□门　通判國子博士徐大方詩溪流

□□韻路入□□根劉阮□□□蕭踈松石

门熙寧三年十月廿二日

蔣之奇等題名並詩　刻同左道旁六行字徑二寸正書

□□□□□公□李君□遊□

□□禪之石门以觀鄞江之流

□並有塵外之意而韻未□下缺

熙寧辛亥十月二十八日

蒼玉门径闊白院雲庭院深

鄞江一丈水清可照人心

郭方進詩　刻蒋詩右　行書四行

片片冰崖裂淙淙雲浪□峯頭看白鷺相伴

□□□元豐四年秋八月□（下缺）　當塗郭方進

蕭佐題名　刻石门右向东　三行行九字字徑四寸正書

郡守廬陵蕭佐通判濟陰任元禮同遊此元

豐九年正月十七日佐題

陈郛等題名 刻石门大樟樹下四行行八字字徑四寸六分正書

轉運判官陳郛彥聖郡守林可獻之倅乘葉

庭方幹臣紹聖甲戌十一月九日同遊

蔡元題名 刻石门樟樹下字徑三寸年月二行字徑一寸五分正書

蔡元獨遊建中靖國元年正月□五日題

臧子常等題名 刻石门左蒋之奇詩刻旁四行行七字字徑三寸餘正書

鄱陽臧子常莆田陳仲約宗庭瑞長樂張渢

道崇甯癸未寒食日同遊此

九僊居士陳□殘題名 刻卧牛巖絶頂五行行四字八字不等行書徑二寸

九僊居士陳□缺按臨汀宗□缺食东禪院遍觀□缺

信為天下冠絶崇甯癸未臘月初澣□

章仲甯等題名 刻卧牛巖之右摩崖行書字徑三寸分四行

姑蘇章仲甯福唐柯明甫同遊廬陵蕭拱辰

雒陽馬世永參從大觀改元歲在丁亥正月十

四日題

章仲甯題詩 刻二老峯頂九行行十七字字徑三寸正書

大觀元年歲次丁亥仲冬初澣拉副車吳仲衍
□元遊東山蒼玉洞環視斷崖中得二石焉蓋
昔人之所未賞者因命寺僧從彌剷土移木洗
出兩峯聳焉特異足以助幽致也清典□元
年相若而每至是山則徘徊於其下故命之曰
二老峯云郡太守章清仲甯題 最愛東山
碧玉叢洗開塵土見礱隆官閒莫道□□遁

看取巖前二老峯新贛州教授張則用中同遊權縣令丁執功

盛景仲等題名 刻卧牛巖東四行行六字五字不等字徑二寸正書

□沂盛景仲居明□范良誠父同□禪時政和甲□春十八日題

案徽宗政和紀元止八年此甲下泐一字當是午字蓋政和四年也

魏允道題名 刻飛來巖東五行行十字字徑一寸五分正書

東都魏允道宣和乙巳孟夏念五日因飯僧邀
鄉友馮景成昭武陳子光長汀葉邦美延平
林益德龔元美會此男嗣賢世賢侍行

于彥仁等題名 刻卧牛巖南側四行行七字字徑六寸正書

于彥仁蕭器達連安世上官德甫薛敏季
靖康改元孟冬十有六日同遊

薛敏季等題名 刻卧牛巖之左摩崖字徑三寸餘正書

三山薛敏季鑑湖詹子雍樵溪上官德文黄

德

□厚同遊建炎丁未七月廿四日

郡守蘇公才等題名　刻大士閣東南泰山壽字之西五行行十字

字徑四寸正書

臨汀郡守蘇公才率幕官方安國李冀長汀

丞鄭公才甫化簿黄固長汀令黄渥訪募巡

社至東禪之石門建炎二年正月廿六日

重摹泰山壽字　刻飛來巖東下有跋語　字徑尺四寸體在篆隸之間　三二十二行行十四字字徑

六分正書

壽

泰山之巔有石刻秦斯小篆乃明皇摩崖碑世人
多傳之獨未有識此壽字者政和甲午歲予游嶽
見於五華洞蒼壁上以千錢募工人得紙本以歸藏
之二十年矣去秋持以為同郡兄郎斯行壽斯行者
古工篆隸擊節愛歎欲刻石以傳世書來求予著
其所由得於是乎書紹興三年七月伏日建安葉廷

□跋
□不□□□□阜慶字揭於溫清之堂後□以泰
山壽字鐫於堂上来刺新定模於郡齋期與邦人
同躋壽域紹熙甲寅四月二日文安趙□□書
箕之疇五福其一曰壽封人三祝壽亦□先自天子達
於庶人豈是余母鄭今来七十有六好德康寧須得
□□石刻□□□□□亦宛然有黃耇台背之狀
□揭於芝山之戲綵堂鏘束鄞江余既□於書堂

□□□□□遂刊於城東蒼玉之麓嘉與吾
民暨鳥獸草木□□咸若焉嘉泰甲子九月浚
儀趙□□敬識

范智聞詩 刻飛來巖東向南七行行十二字字徑二寸餘正書

山容巇嶭石爲身造化安排氣象勻杳窱一灣
閬閬府巉巖四立護風塵溪光照野疑無夜樹
色參天不計春誰把翠崖磨似玉喜留詩語
記出人紹興癸亥暮春高平范智聞題

程仲淵等題名 刻石門東南石上五行行六七字不等行書字徑四寸二寸不等

□□程仲淵武夷陳□□寒城蔡藏用湲□龍
文明紹興癸亥四月日同遊　鄉兄高玄華曾觀

郡守解继善等題名　刻石门右向東四行行十三字字徑二寸正書

郡守解继善德元通判王岡伯高李同僚以
紹興辛巳重九日登卧龍山過雲驤樓乘興
遊東山茗飲于巖節亭書之于石以紀其行

林元□等題名　刻大士閣東七行行十一字字徑一寸五分隸書

三山林元□伯忠余偁子□李瀚仲宗永嘉趙□□

□玉牒善定應老師説商卿□遂君明□城顔應時子瑞乾道壬辰七月廿一日来遊蒼玉時徽雲閣雨涼生巖竇間杖屨徜徉不知身之在塵世也

案宋時宗室或不署姓冠以玉牒二字其疎遠者或冠以屬籍二字

開封鄭□□殘題名（刻卧牛巖三字之下正書摩崖字徑三寸分四行）

提點刑獄開封鄭□□按行屬部因得觀

覽□之郡守清源謝知幾覽□遊乾道壬辰孟冬上澣

案長汀縣志云乾道時有提刑鄭良嗣當是其人

呂大猷等題名　刻臥牛巖之右正書摩崖字徑二寸分六行

太守東萊呂大猷允升路鈐臨洮馬昰祖炳同按本郡秋教已而從小隊遊東禪觀羣石小駐而歸淳熙辛丑仲冬中澣題

陳曄等題名　刻臥牛巖之右隸書摩崖

慶元丙辰十月晦日郡守長樂陳曄日華同

列乘閩清林文仲次章寮□王牒不臨元卿儀

儀朱端伯正楚圮楊廳材仲福清許惠歸懋

龢沂師董邦佐彥輔廬陵楊端節直方武

夷詹克愛濟夫屬籍善憶俊叔溫陵曾縝

玉斧富沙李蒙之亨夫金陵何公鼎元鎮安

國康永年椿老湖湘張友聞仲益東嘉國

幼聞孟約晨炊於雲驤閣午集于此張洋松

陰列石如屏鬱然蒼蒼映我座隅已而欲策

小橋之間大酌劇談賓主樂甚畢景君归約而不至者四人

張行儉題名　刻石门西向东三行行十字字徑二寸餘正書

里人張行儉赴肇慶守經從陳日華林次章相約来遊時慶元丁巳十月晦日

案張行儉名廣永福人登紹興二十七年王十朋榜進士見三山志

陳映題名　刻石门左瀨溪處行書摩崖

映領郡闑七旬有八日按武跋涉敬拜高大
父紹聖觀風所紀歲月之下悵念今昔輒後
嘅茗于旁嘉泰三月下澣之七日映謹書

陳映等大士閣題名 刻大士閣東北十行行十六字下缺左一角缺處僅十字字徑一寸五分正書

長樂陳映景齊浚儀趙師缺廣彥飭元倩善
爻著年汝誕缺至天台謝周卿師旦合沙謝缺
道卿李宗申之翰鄭伯玉德缺子方溫陵夏

子怫發之章貢巫極缺延張公明元哲涇源
桑永興昌嗣東缺崧峻叔昭武吳佑時元輔
永嘉潘景缺明大名趙璧□卿以嘉泰癸亥
九月會於翠微眺登卧龍絕頂□□冠日秋氣
澄清主賢賓儁此□不減醉翁□□□偶書
案李宗申閩縣人紹熙五年陳亮榜進士見
三山志

趙彥橚題名 刻大士閣下池左畔隸書摩崖

嘉泰甲子三月八日郡守浚儀趙彥橚文長偕

倅□□□伯龢路鈐永嘉潘檉德□□攸常

閲武□□□□次日同遊雲驤過蒼玉躡翠微

時積陰新霽風日清美孟觴泝行登覽舒嘯

不知吏鞅之羈絆也

案宋時宗室表彥橚悼王七世孫慶元初由知

晋陵縣擢監登聞檢院出知汀州

錢元忠等題名並詩

刻石門向北八行行十七字字徑一寸六分正書

較东禪詩刻漫漶尤甚

丁亥重陽前一日□□□□錢元忠子才偕郡守□□□□□□□來遊男□純□□步行侍因成八十四字刻於石峭嶫亂石滿陵岡顏色蒼润如琳琅神惻鬼□□□慘牛眠虎跳深伏藏太湖雲壁不足數涪水□□孰可方剥苔剔驗古刻諸賢□□騰光芒如此至寶豈易得宜𢿘山靈護 缺 却恐六丁下取将

葉夢得題名　刻翠微亭左旁石上字徑四寸正書

缺元規葉夢得　缺　宗道危拱之　缺　一葉子善

缺

潘天隨等題名　刻二老峰向東字徑四寸正書左行

仲春　缺　老蕭相明　缺　潘天隨黄修　缺

蘇才老等題名　刻二老峰東西行行十字字徑一寸五分正書

長樂蘇才老鄱陽許元傑延平湯公舉丙午

中秋後一日同遊是日也天氣晏温溪山秀潤蓋

鄞江之勝盡在是矣桐水陳彥修題

蔡僑詩 刻在溪岸老樟樹下面东石崖處草
書細字惟起句七字甚分明

蔡僑題蒼玉洞 向來曾醉呼猿洞亂石崩雲擁座隅誰料七閩烟瘴底半巖風雨似西湖

丁酉仲秋殘刻 刻石门東向北字徑二寸
正書

缺華國題夫李仲谋賁新亭□□□姚子□劉漢臣鄧晦□□丁酉仲秋晦种安□□□

戊戌立春殘刻 刻大士閣东僅存九字字徑
二寸正書

戊戌立春聊試 楊都丞書

虎頭巖記

在將樂縣

宋虎頭巖記

楊時撰

縣城之東南有虎頭巖者昔顯德間邑人設像於其中冶金鑄木為鐘鼓以警朝昏旁有隙地可以種藝稼穡僧之居此者足以衣食焉自熙寧以來旁之地為漁利者所奪而僧之居是巖者無以濟朝夕遂棄而之他其後亦莫有守之者故巖之左右前後薪木者不禁翦伐凌踐竹木無有遺蘖於是巖

之醜形如張口待哺蹲踞於東南之隅邑人不暇
求革熙寧丁巳封內有警市人惶駭無一日安其
居縣令吳侯來始為之還定安集之而民復得其所
及賊平閭巷父老用昔者之言以謂是禍也斯巖
實召之遂開於公請縣之僧可淳者使革是堂於
巖腹刻木為像以鎮之所謂均慶禪寺也後作亭於
巖股以待往來之遊觀者旣成而僧可淳者求予
文以誌之乃為之言曰物之廢興無巨細皆有數焉
非人力之所能為也窮山川聚土石頑然無問於利
害而謂能致福於百里之民豈其然耶蓋人之所

欲完以葺於是者數實然也不然如之何而人樂為之也且盜賊之興其漸有故非一日矣肆凶怙力之民慢令侮禁相視以成俗其御之也在得其術而已使役其長是邑者皆如吳侯則彼之肆凶怙力者方將遁形隱跡之不暇尚安能病民哉使役之人無術以馭之則盜賊之興有由矣斯叢者何與焉以步俯之虛而層軒疊徑雲煙香靄之間幽崖塞硐磴乃若繪畫遠至於井邑之繁谿山之秀環目而來得之則又足為游觀之美矣故予因書其廢興之由以示往來者使觀之無惑焉

福州泰山廟磁蓮盆銘

盆圜徑三尺二寸六分銘字繞唇鐫刻四十一字正書在福州東門外東嶽行宮

懷安縣感應鄉西安里弟子鄭德與室中林三十一娘捨蓮盆入東嶽永充供養元貞元年正月初一日題

原稿用紙

歲起賢娵婿異峯齊揚華翰欣志

高蓋山宋人題刻五叚

在永福縣

黄敘游高蓋山題記二叚　一勒名山院東石室一勒名山院西石室

石門亞西室茲山之勝概也元豐八年正月十八日權知縣事黄敘子理記

元豐八年孟春十八日權知縣事黄敘瞻謁祠下彷徉不能去夜宿其院同来釋惠言刻石以誌歲月

侍郎陈賜游高蓋山題詩　刻洞门石壁

巖顶風雲常不散洞门日日吐煙雲濟時偏解為霖雨信是神仙第一家

棐暘字晋之紹聖間制科授順昌軍節度推官

累官禮部侍郎著樂書宋史有傳

鄭僑等題名　勒名山院東石室前

鄭僑王介鄭守仁同來瞻勝概爲之忘歸嘉泰

元年三月二十三日書

董鳴道題名　勒名山石门

嘉熙庚子勸農日邑令臨川董鳴道來遊

社稷壇銘

正書徑五寸 在福州烏石山鄰霄臺後

或問社稷銘予謂祭主敬不敬如不祭社稷歲再祭所以為民祈報而政莫先焉予守茲土視其壇地汙且隘不足以行禮迺廣而新之壇壝器宇靡不周備敢不以告於後之人於是勒銘於壇之東南烏石山之頂前為亭曰致養以其當州之坤焉柯述仲常

大宋福州社壇銘　后牧民天迺食維社稷作稼穡風雨雷贊生殖協時日祭有秩歲庚午夏季職郎坤維眡壇域地汙隘制　匪式　爰廣新古是則辛未

去工告畢齋有廳器有宝賜爰而事咸飭後之人

敬毋斁元祐六年三月温陵柯述撰王裕民書

武夷山宋人題刻十七段

在崇安縣

胡師文等題名 刻雲虛洞中

建寧太守无畏居士胡師文敬造武夷換骨仙巖紹聖乙亥十二月張淨王華國同來幕賓王行可邑宰王當尉石景先後至

案師文紹聖閒知建州王當紹聖閒知崇安

李景題記並詩 正書

政和丁酉古鄮李景來貳府事瓜代俯仰因過武夷遊換骨巖瞻禮聖跡久之漫書一絕以紀其實區

匾三載抗塵顔柱直亡由脱謗讒今日捫蘿扣仙
室顧悵凡骨換雲山庚子六月二十二日

何叔京等題名　刻響磬齋

何叔京朱仲晦連嵩卿蔡季通徐宋臣呂伯恭潘
叔昌范伯崇張元善淳熙乙未五月二十一日晦翁

案是年五月呂伯恭自東陽來訪朱子留寒泉
精舍旬日編次近思録成見年譜季通元定
字范念德字伯崇建陽人從文公學仕宜黄
令何鎬字叔京邵武人官善化令連崧字嵩卿

又案文公爲叔京撰墓銘稱其廉直惠和有量

溪集數十卷

劉彥集等題名　刻鄉書摩崖

淳熙戊戌八月乙未劉彥集嶽卿純叟廖子晦朱仲晦來　晦翁

案是年朱子年四十九歲差知南康軍辭不赴允降旨速之任見年譜子晦名德明順昌人徐文不詳乾道己丑進士仕至吏部左選郎著有春秋會要槎溪集

黃德光等題名　刻水簾洞

黃德光劉嶽卿彥集樂非章國望同來遊淳熙

庚子孟冬三月

案嶽卿名甫崇安人隱居水簾洞

劉嶽卿等題名

劉嶽卿劉叔招胡希聖朱仲晦果文叔吴茂實蔡季通馮作肅陳君謨饒廷老任伯起來遊淳熙辛丑七月二十三日仲晦書

案茂實名英紹興間進士曾任泉州路教授作肅名允中廷老名幹伯起名希夷皆邵武人並從朱子遊學

劉褒等題名　　刻樓閣巖

梅山劉褒道士鄭德建詹德成張道臻淳熙壬寅三月五日来道過詹元昜父子俱遊捧硯吳元泰

案褒字伯寵淳熙五年進士知西全州自號梅山老人有梅山集元鼎閩縣人紹興二十七年進士曾任秀州教授

游九言書昇真元化之洞六字

昇真元化之洞　宋開禧元年建陽游九言書

案九言字誠之號默齋建陽人受學於張南軒知光化軍謚文靖　案武夷山志作文清

曾槃題名

開禧丙寅孟冬六日章貢曾槃樂道之官臨汀

泛舟來遊縣侍行

趙師巖書九曲溪三字 刻冰光石

九曲溪 開禧丁卯浚儀趙師巖書

鄒應傅等題名 刻響聲巖

泰寧鄒應傅景仁浦城周伯圭玉城弋陽陳棐

忱父嘉定甲戌二月己未同遊

案應傅疑應博之誤泰寧人寶慶間監行在

都進奏院知婺州見萬姓統譜

留元綱等題記 刻試劍石

留元綱嘉定丙子二月望日同蔣應衡周光□泛舟溯九曲過精舍憩天游賡文公之櫂歌訪武夷之舊事晚归沖祐過觀化堂同宿渡口厥明再至試劍石下磨崖紀勝緬懷玉虛三洞一時諸友惜不共此遊子潚侍

案留元綱字茂潛泉州人忠宣公正之孫官至秘閣校理直學士

蔡杭等題名

正書 刻響声岩

蔡杭自江右移憲浙東便道過家泛舟九曲積雨新霽山川呈秀哦吟而歸同遊者謝元龍藍簡

子蔡勳吳裁詹復子公亮侍時嘉熙己亥仲春
望

梁杭字仲節沈子同崇安人紹定二年進士仕知終參
知政事謚文肅詹復字仁仲崇安人景定三年
登第為金華令未几以養母辭歸公亮字子
明號仁齋寶祐元年進士官大理司直

魏國表等題名　刻伏虎岩

淳祐元年季秋月望後二日清源魏國表會稽呂
秉南偕山東彭永年雨中來

翁承等題名　已書　刻樓閣岩

宋五甲寅夏閏乙未后山翁承蔡公亮瑤田詹後
同遊九曲邂逅園田詹然於大隱屏下相拉觀一字
天之勝然之弟照載酒來會引觴命爵誦紫陽
夫子神斧之章慨然有感援筆賦詩而歸公亮
書然鐫石

案詠字永叔號思齋建陽人受業於蔡節齋照
字三峯崇安人以甲寅夏閏考之五甲寅蓋寶
祐二年也

饒虎臣等題名

刻大藏峯

寶祐二年閏六月二十三日宛陵饒虎臣歸自閩漕攜

徐清叟字直翁浦城人嘉定七年進士任太平教授

友來遊是日也溪風吹雨山雲属晴翱往暮回總有奇趣從余者豫章虞希伯廣信鄭會建安蔡公亮李演道士江沖一僧至惠子鋳自淮右沿檄來侍

案虎臣字宗召寧國人嘉定七年進士淳祐末知建寧府兼轉運判官　又案武夷志引宋史淳祐十二年夏六月閩大水傷人甚多閩漕饒虎臣發錢五十萬米五千石以賑之帝允徐清叟奏乞與除豁此乃省郡志俱失載

黄宜任等題名　刻大藏峯

三山黄宜任林澤孺建安楊以發來遊兩士穎永年

徐祖安題寶祐辰正二十日

案辰爲丙辰寶祐四年也

朱文公題靈巖二字　刻靈巖

靈巖　晦翁

徐自强題字　刻靈巖

鳳洞　宋景定元年春建安省齋徐自强書

李良傑等題名　刻大藏巖

朝列大夫建寧路府判亶闕李良傑

朱文公題逝者如斯四字　刻擊巖

逝者如斯　晦翁書

方金紫墓碣

碣高三尺三寸廣二尺三寸在莆田縣常太里黄壠

故贈金紫光禄大夫方公之墓

眉山蘇軾書

嗣孫方珙立

利澤廟記

在尤溪縣二十五都

利澤廟記

曾昇撰

龍淵變而其性仁，其職以雨為事，然變化不測而升降自如，蓋能役陰陽而不為陰陽之所役，無求乎物可以需萬物之求，故深山大澤而龍庽焉，則一方無陽亢之患，而居人駿奔祈焉，惟恐誠敬之不至。莒洋溪東去縣治十餘里，實龍之宅，舊俗遇歲旱則像之以鐵而投祭其間，不知其禮廢於何時。紹聖三年，七閩地方數千里自春不雨迨秋八月苗之在土者焦然幾不可復蘇清河張君適長於邑凡祠宇之在封内與古所以雩祀之禮固已編走備舉矣而祈禱不聞君於是秩滿當受而代者不報則復自念平日不爲惡政不違農時又幸雨以時至歲每大穰乃今將與民訣而方以病告其忍坐視而不爲深恤乎柳吾邑境之大山川之秀勝蔚茂肅詎無神靈可以誠動而禮致耶因復發圖經考之而得其所載則遂齋心涓日率僚佐屬其耆老而進禱如禮蓋其來也天高日炎無有纖翳及下車升壇川事未竟則膚寸之雲油然而作而四顧霑渥繼成甘霖

於是變憔悴為蕃鮮回凶荒於豐樂而百里之境遂
獨有年先此君姻於民雨在三日則當即潭構祠以答
靈貺頃及君拜賜潭上而父老畢從則相與鳩工度材而
請命於君願以祠約君亦樂夫邑人之不能忘龍德有
以成己之行也因與之寧方正位而經始以是冬迄孟之
初吉越明年春堂成塑繪方作而龍復見潭上蜿蜒
緋細鱗角爪距纖悉呈露鄉人觀者如堵迫而視之
亦不輒去及將遂有以媚神於人者而自未迄申天大
雷雨因不知所在嗚呼其亦異哉夫龍之居此土舊矣
昔人蓋嘗禱之而中間寂寥無聞不知更今幾載當

君之時復顯著而靈效卓絕乃昔所未有豈非君以父母之心行愷悌之政而憂民之憂不啻如己故方有所歆禱而無蛟龍之神蟄伏而盤桓久於自逸而不能經略亟且神見物觀而使上下莫不欽悚彼豈以神靈自吾邦州識之之所感有不可掩者矣然則斯堂之建非特鄉人歲時薦祭祈所仰賴蓋來者瞻像生敬永荷寵德將無已時於是君方以父老狀上州州以次聞部使其額（所）已書歸於朝矣異時王爵出於上靈施不獨私一邑而有以均及於四海其自斯堂始哉君與予相好求書其實故為紀次而使劉誥石以傳信云紹聖四年

三月十四邵武邑令記

責沈文碑

在尤溪縣學

責沈文碑

陳瓘撰

適越而北轅越不可至徙越人而置於齊里則越語可易而為齊然則氣質一定而不能自易其習者非以其不學與氣質之用狹道學之力淺習其所自習者未嘗察也天氣而地質無物不然人邈乎其間亦一物耳物與物奚以相遠或哲或愚不繫其習乎思誠之道莫先於學務學之要在於求師顔子之不遷不貳得於孔子希顔之人將孰

師馬葉公問孔子於子路子路不對夫葉公有知人之明有謀國之忠愛賢而得民慎微而憂遠其事皆有可指其遺語之見於緇衣者亦可觀焉楚國之賢無出其右子路非慢賢者也魯有仲尼而彼不知焉則於其問也何足對哉陳良楚產也而能使北方之學莫之或先故孟子以良為豪傑之士為其能悅周公孔子之道而已不知仲尼則雖賢如子高亦孔門之所不對者也為士而稽古者可不鑒哉予元豐乙丑夏為禮部貢院檢點官適與校書郎范公湻天同舍公嘗論顏子之不遷不貳惟伯湻有之予問公曰伯湻誰也公默然久曰不知有程伯湻耶予謝曰生

長東南實未知也時予年二十有九矣自是以來嘗以寡陋自愧得其傳者如中立楊先生亦未有識也崇寧之初兄孫漸就學其門予在合浦始獲通問予之内訟改過賴其一言漸於是時亦以所聞警予之謬予始忽其言久而後知其為藥石也今漸來天臺考其學益進聞其言益可喜陶染薰鑄有自來矣舉修步於南溟觀洪瀾於北壑此可遠之基也始之不謀何以得此古之善學者心遠而莫禦然後氣融而無閒物格而不惑然後養熟而道凝山上有木其進也漸合抱之幹豈一朝一夕之所可俟哉人之患在不立其基基立而不勉亦何以愈於彼乎物之終始

可不嚴哉始識而終成同乎一默非言語之所能究也予以多言取禍尚未誅殛戴恩自幸不知歲月之久而生死之有二也既老且病手痺目昏簡編筆硯始將捐棄今於漸之行不能忘言作責沈以貽之喜漸之能謀其始而篤之使有成也政和二年八月九日了齋書

神霄玉清碑

碑連額高一丈一尺一寸廣四尺二寸五分十六行行四十字

碑額御筆手詔四字正書在莆田縣元妙觀

神霄玉清 下缺

御製御書

道者體之可以即玉神用之可以挈天地推之以治天

下國家可使一世之民舉得其恬淡寂常之真而躋

于仁壽之域朕思是道人所固有沉迷既久待教而興

俾欲革末世之流俗還隆古之純風蓋嘗稽參道

家之說獨觀希夷之妙欽惟 長生大帝君青華

大帝君體道之妙立乎萬物之上統御神霄監觀

萬國無疆之休維眇躬是荷而下民之命實昭神所
司迺詔天下建神霄玉清萬壽宮以嚴奉祀自京師始
以致崇極以示訓化累年于茲誠忱感格高厚博臨屬
者三元八節按沖科啟淨供風馬雲車來顧來饗
震電交舉神光燭天羣仙翼翼浮空而來者或擲
寶劍或灑玉篇駭聽奪目追參化元卿士大夫侍衛
之臣親見親聞淳未之有咸有紀述著之簡編嗚呼
朕之所以隆振道教帝君之所以眷命孚佑者自帝
皇以還數千年絕道之後乃復見于今日可謂盛矣
豈天之將興斯文以遺朕而吾民之幸適見正于

今日所布告天下其諭朕意毋忽仍令京師神霄玉

清萬壽宮刻詔于碑以碑本賜天下如大中祥符故

事摹勒立石以垂無窮

宣和元年八月十三日奉　聖旨立石

保和殿直學士朝請大夫提舉上清寶籙宮編類

御筆禮制局詳議官賜紫金魚袋臣蔡脩奉

聖旨題額

通侍大夫保康軍承宣使直　睿思殿同知入內內

侍省事同提點皇城司充在京　神霄玉清萬

壽宮提舉提轄使臣學臣梁師成管勾上石

昇山寺石槽題字

共十三字正書在福州昇山寺

宣和甲辰當寺僧師達等化緣造

宋甌粤銘

在建安縣又一刻在福州

宋甌粤銘

李綱撰

建炎四年秋甌賊范汝為嘯聚回源統制官李捧師師輕進而歿朝廷遣官招撫乃請留屯萬人賊勢益張淩轢郡縣莫敢誰何羣盜歆豔環視蜂起紹興改元之冬遂據建城以叛部勒黨與焚掠諸邑破邵武犯南劍氣燄熾甚福師程邁以聞上命左中大夫參知政事孟庾為宣撫使檢校少師武成威德軍節度使韓世忠副之總神武步騎兵

三萬水陸並進既次近境賊猶抗拒屢戰屢捷徑薄城下猶負固不服攻圍累日乃始克之仰體仁聖好生之德寬釋脅從老稚士女安堵如故剿殄賊黨以巨萬計分遣偏師埽蕩巢穴餘盜以次討定一方敉寧惟甌粤為天下至險其民尚氣而好鬭脅以盜威失其常産相挺為亂自相屠掠不可勝數及王師削平其徒盡殲誅殺之慘必有所致非偶然也議者謂愚民不知逆順之勢因循至此而釋氏之流則謂甌俗生子僅留一二餘悉溺之二百年間所殺幾何因果報應理所宜然二説雖殊實相表裏原其不明君臣之義蓋緣不篤父子之恩孝慈忠義本由一心更

無別法平居於父子之間無虎狼之仁則臨變故之際責其守節而不為亂豈可得哉樂羊食子以為美而文侯疑之易牙殺子以適君而管仲非之所厚者薄則無所不薄因果報應所不論也避地閩中具見始末欲以藥石之言願著勸戒梢華其風乃作銘曰人之大倫惟君與臣尊卑既定其誰敢干閨門之内父子天屬德惟怙恃恩在鞠育為父戕子為臣叛君逆道悖理何以為人鬼神所誅天地不祐刀兵翦殲其孰能救相彼甌粤民俗剽悍負氣尚勇輕生喜亂巨盜挺之蜂附蟻從曾未期年同惡内訌王師之來如雷如霆討叛舍服千里震驚鋒蝟斧螳猶敢强拒

轉戰逐北嬰城自固驅其鷇麛以抗喬嶽翹其萌芽以激
霜雹胞牛僨豚一舉碎之宥彼脅從戮其鯨鯢兇徒逆儔
尸相枕藉天威所臨敢有違者君臣以義父子以恩克篤
父子乃明君臣咨爾甌民自今以往愛育子孫尊君親上
焚爾甲冑折爾戈兵服勤耒耜以保爾生孝慈以忠砥勵
名節勒銘山阿敢告耆耋

按資治通鑑後編建炎四年八月命福建安撫使程邁會兵討范汝為九月李捧擊汝為於建州官軍皆潰捧遁去十二月汝為降補民兵統領紹興元年十月范汝為復叛入建州守臣王浚明棄城走盜益熾十一月辛企討汝為不克乃以孟庾為福建江西湖南宣撫使韓世忠副之發大軍由溫台路入閩汝為聞大軍至亟據建州據碑銘李捧以輕進而歿非遁去也程邁帥師在建炎四年辛企之敗碑略而不書與史稍異又中興小紀紹興元年詔略曰聞汝為嘯聚日久今再遣師翦除其從有能執汝為請命者當受賞自餘咸赦上因諭宰

執曰若不許其自新何以示好生之德銘所謂仰體仁
聖好生之德寬釋脅從也世忠既平汝為意建州八皆
附賊欲盡殺之至福州見李綱綱因曰建城百姓多無
辜世忠受教民得全活及師還父老請為立生祠世忠
曰活爾曹者李相公也銘所謂老稚士女安堵如故則
實忠定公之力也時忠定官觀文殿學士又通鑑載慶
元元年余端禮鄭僑言福建地窄人稠無以贍養生子
多不舉福建提舉宋之瑞乞免鬻建劍汀郡没官田收
其租助民舉子之費從之據銘則甌俗溺女之風建炎
紹興間已如是矣　重纂福建通志

宋延康殿學士曹輔墓志銘

石在沙縣

樞密曹公墓誌銘

楊時撰

陳淵書

宋興臣一海内養息天下幾二百年民生戴白不見兵革自三代而下承平之久未有如是之盛也崇寧以來大臣肆爲蔽欺盤遊無度侈汰日滋諛言盈庭而法家拂士不容於時故上下俱溺於燕安鴆毒而瞑眩之藥

弗進天下病之無敢言者是時樞密曹公為祕書省正字獻書盡言犯而無隱上皇優容之初不加怒有旨赴都堂問狀宰臣王黼詰之意有在焉而公語不酬黼怒翌日編管柳州人皆為公危之公獨怡然自若雖名隸罪籍而清議翕然歸之以為公輔器也淵聖嗣位召為御史自御史六遷為延康殿學士簽書樞密院事從人望也公諱輔字載德南劍州沙縣人曾祖逞贈正奉大夫曾祖妣鄧氏咸安郡夫人林氏齊安郡夫人祖實臣宣德郎致仕贈正奉大夫祖妣鄧氏高平郡夫人考學

贈宣奉大夫妣羅氏咸寧郡夫人公幼穎悟絶人大父
常奇之謂異日大吾門者必此兒也元符三年中進士
第調福州甯德縣尉以宣奉公卧病乞侍養丁母夫人憂
未除丁宣奉公憂服除調壽州安豐縣主簿改通仕郎
試中詞學兼茂科特轉文林郎除一月勅令所删官改
宣教郎乞補外通判安肅軍用年勞轉奉議郎除主管
南外宗室財用未一月除秘書省正字磨勘轉承議郎
上書編管柳州生靡六年量移袁州初在安肅兼榷場
事得旨市北珠公奏疏其略曰以彼錙銖之物易吾億

萬萬資彼誠以此養士則士勇以此賞戰則戰勝是借寇兵資盜糧也上悟而罷請康初召還被旨引對論事畢上曰朕所慮為無將也公曰昔漢高祖得蕭何為丞相何進韓信為大將軍屬以兵柄卒成帝業相得人則韓信出矣無將亦非所慮他日又論漢用蕭何而得韓信漢王失軍亡衆跳身遁者數矣何嘗從關中遣軍補其處非上所詔令召而數萬之衆會與楚相守滎陽數年軍無見糧何嘗轉漕關中給食不乏夫將與兵食皆是時無急於此三者而何獨辦之則天下大計在得一相

而已今章相繼不能從何所為盡亦各輸所長無採衆
論夙夜勤畏協心戮力共濟艱難以成中興之業乃因
循苟且日復一日無肯以身任責者遂至緩於事機誤
國大計此而不懲後將何惕願正其因循苟且之罪而
罷黜之因而奏曰陛下用此數人於艱難之際敗事必
矣上曰卿姑待之公曰國家存亡在此一舉不容猶豫
上曰朕已有處置次日奏事罷徐進曰臣前論章執陛
下語臣已有處置未見行遣臣言官論列大臣勢不兩
立以臣言為是乞早施行不然臣且有罪不復居此職

退而居家待罪上手詔褒諭遣中使押令供職又乞以
河北河東陝西三路有習知山川險易出入向背繪為
三圖以進標揭控扼形勢之地以究知分屯戰守制敵
之要遣將出師則按圖指縱而廟算決矣又言王雲出
使遣人回奏大金之意欲得十六號字故號及玉輅袞冕儀
物之類且云不復索三鎮朝廷釋然解憂欲推尊借大
為不可加之語以崇奉之乘輿上服得推挽出境以為
屈己愛民社稷大計當如此臣竊以為社稷大計在此
一舉誠不可忽然或者免憂於一時而不知移禍於異

日將使天地易位神明失歸逆行倒置有不忍言者爲
患爲辱古未有也何以言之既與之以如是之名彼將
緣名而責實既與之以如是之器彼將緣器而致用一
二年間或以觀兵較獵或以省方巡狩爲名悉其國衆
進壓我境修辭大意以號令我自謂據域中最大臣妾
海宇當是時俛首而聽之乎抑猶有以却之也却之則
强弱不敵禍且甚於俛首聽從則天地安得不易位神
民安得不失歸乎又引魯仲連却帝秦之說以爲謬累
千餘言也析詳盡此其大略也公在試院中聞諸奉使

计議人並毁為和議左右一二輔臣議不協遠圖引去公奏疏曰今之議者一於和非也一於戰亦非也一於和則敵勢憑陵國威沮折三鎮之復尋前約一於戰則堂堂二百年基業決成敗於交鋒之間其危甚矣臣願以和為名以戰為實二者不可一廢惟其先後用之耳上深然之即試院中除諫議大夫及出院又言金使王汭以和為名朝夕到闕恐謀國之臣便以甘言軟語為敵實情或至緩備墮其計中則前日之禍踵而至矣因論朝廷宜急而緩者五事以獻如邢洺磁相當寇南衝

而不命將分兵圍集民伍置屯列寨之類是也皆一時要務未幾遷給事中公言臣章疊疊上數百紙其間施行十未二三陛下雖虛心聽納而人臣置而不用諫臣失職負不知去之罪敢復冒禁而進乎懇辭不允左右或為上言擢曹輔寘諫垣令論事忽有移命得毋以為厭聽納乎上曰曹輔遇事輒發斂怨多矣姑令就閒耳不旬浹除御史中丞是時何㮚罷中書侍郎并領開封府事眷遇猶厚公稱謝中即奏㮚輕儇不可任及金人渡河公即奏曰去歲賊寨城外西北地勢卑下不知決水

灌最為失策今分城中兵數萬出據東南劉連珠寨以
以接外援賊營西北引水灌之必得其利上以為然宰
相唐恪曰水可決城中兵留為根本不可出公曰兵留
城中用兵之死法恪堅持不出兵先決水浸西北東南
金兵為金所據遂絶外援及除僉書樞密院而金人犯
城已三月矣何㮚以宰相領守禦公副之㮚忌公奏遣
報謝金營公留營七日而歸㮚方信妖人郭京用六甲
兵募市井無賴數千堅將出戰公曰自古用兵未有以
妖術成功者力爭不從以病乞解樞務凡三章未報京

城已失守金人以今上領大元帥擁重兵在外不自安

欲令迎還京師朝廷不得已遣公往興仁府迎之公密

啟上曰方今外援獨康王耳不若留在外使賊猶有所

憚上曰卿言極是但得一公文回報足耳公至興仁以

其情語守遂收公文以歸金人欲邀鑾輿出郊議未決

何㮚奏事出云車駕翌日出郊公遽云賊意殊不可測

此行恐与前日不同㮚厲聲詆公公又率馮澥共說之

澥与㮚同鄉黨長真輩一聽㮚不從及出卒至北狩皆

如公所料金將北去遣使押公還時張邦昌僭立已二

十餘日矣既歸私室卧病不出卻昌屢賀公視事李辭
之以死自誓潛以書遣太學生楊愿陳杼獻今上會上
遣宣贊舍人黄永錫至京師公因具述圍城及遣要結
末附以進遂奔滄州迎駕從至南京首陳五事一曰參
毛要害以整兵伍二曰疆理新都以便公私三曰甄收
人材駕馭用之共圖勳烈四曰恩威並行叛而討之服而
舍之五曰裂近邊之地為藩鎮以謹防狄上嘉納之及
上即位赴召立行事畢即奏言臣比備位樞府以至宗
社失守乞賜誅殛不許差內侍押赴都堂依舊供職

是日得傷暑病告假因上章待罪明日宣對面諭曰前
執政獨留卿又以疾辭何也特給假宣醫早晚内侍存
問連上三章乞致仕未允以五月丙申薨於位享年五
十有九訃聞上爲之震悼賜水銀龍腦以斂仍賻恤其
家許除乞恩例外特與長子改京秩勅有司擇日臨奠
夫人張氏一再辭免從之建炎二年十二月丙辰葬于
縣治東崇安洲先塋之右初娶鄭氏先公二十四
年卒追封和義郡夫人再娶張氏封永嘉郡夫人長子
紳承事郎次綸紱總補承奉郎女適承事郎羅永次適

將仕郎林次膺次適進士鄧士銳季未笄公天資孝謹
仁施宗族而義著朋友弟軼幼穉於季父後歸公盡以
所得貲產与之不少留士貧歸之解衣推食無吝色自
少刻意力學知名於時從官臨政所至有能稱吏歷助
道救荒賑饑民賴其力多矣然在公為不足道故不復
緒載有籟鳴集十五卷南行集十卷奏議十卷藏於家
既葬其孤不遠數舍來請銘乃為之銘曰
曹氏之先仍世不逢潛光于幽公奮自躬位卑志高言
人所難負罪南遷隨遇而安靖康之初方時多虞寇騎

憑陵庭論終如天子念公邦之遺直亟命賜罷遷膺顯
秩進居宥密知無不為奉辭牧崖全璧而歸天地易位
挺然一節濟流貫河在汙而潔公之清名宜載彝鼎作
此銘詩用廣厥垂

草倉廟詩刻

行書在寧化縣

草倉廟詩

金紫光祿大夫平章政事樵川李綱書

不愁芒屩長南謫滿願靈旗助北征酹徹一盃（盃）揩淚眼烱雲何處是三京

舊歲新皇光嗣寶歷予被命拜相屬恢復中原〻策上不採用兩閱月予以觀文殿學士出知潭州改洪州夏又改福州自洪抵吉贛來福道寧化行倦憩草倉祠下因拜神堂閒思二帝有感

作一绝写怀兼寓行踪云时大宋绍興二年壬子夏

五月吉

戒石銘并詔

在泉州晉江縣

御製戒石銘

尓俸尓禄民膏民脂下民易虐上天難欺

右太宗戒銘

近得黃庭堅所書 太宗皇帝御製戒石銘恭味旨意是使民於今不厭宋德也因思朕異時所歷郡縣其戒石多置欄檻植以花草為守為令者鮮有知戒石之所謂也于今摹勒庭堅所書頒降天下非惟刻諸庭石且令置座右為晨夕之念豈曰

小補之哉

右高宗手勑後有一岳字高宗御押也

臣等竊惟 太祖皇帝武定天下而 太宗皇帝文以接之是時□□□□□□（五代之餘遺民）赤子新去湯火哀矜□□□□□□（撫綏寄在守令）迺業大訓垂諸庭石如雲漢在天爲光昭回其施在下則爲露爲雨民（匹）霑斯澤豈其有極而吏更歲久或不知誦斯文矣 皇帝撥亂發民規接祖宗迺六月癸巳詔以黃庭堅所書刻之石將以墨本賜天下使目見知戒嗚呼此盛德大業之本豈特讀貞觀政要而太息哉 臣等

材駑不足佐□□萬分而知贊且勵蓋不獨郡
邑之吏洗然於祚賜也謹昧死書於左方紹興二
年十月癸酉端明殿學士左朝議大夫簽書樞密
院事權參知政事臣權邦彥左通議大夫參知政
事福建江南西路荊湖南北路宣撫使臣孟庾左
通奉大夫守尚書右僕射同中書門下平章事兼
知樞密院事臣□□秦檜特進尚書右僕射同中書
門下平章事兼知樞密院事都督江淮荊浙
諸軍事臣呂頤浩謹題

右諸臣題刻 中間缺字按金石續編梧州戒石銘題

後補注於旁蓋當時多方摹刻文法不少差也

案重纂福建通志王文忠十朋有修戒石詩云君
以民脂膏祿尔大夫士脂膏飽其腹曾不念赤
子貪暴以自謀誅求不知恥指呼有鷹犬嗜慾
肆蛇豕但言民至愚孰謂天在邇昭然甚可畏
殃必反乎尔聖訓十有六简嚴具天理大字刻山
骨朝夕臨坐起一念苟或违方寸寧不愧清源
庭中石整頓自今始何敢警同僚兢兢惟勅己

瑞巖宋人題刻四段

在福清縣

鄭延任子寧等題記　正書　刻觀音洞

鄭延任子寧駐軍瑞巖，拉王巖起、阮圖、葉嗣忠杖屨遊石門，汲泉烹茶，清賞終日，超然有物外之想，回首塵勞，良可歎也。紹興丙辰仲秋題。

俞壽翁等題記　正書　刻過來橋旁

臨川俞壽翁同溫陵陳謙之視旱，因登瑞巖之巔，俯滄海，窮幽趣，雖俄頃，已有蕭灑出塵之想。巖僧酌泉烹茶，使人徘徊賸概，歎動煙霞泉石之

念淳熙十一年重陽後二日

陳叔綸等題名　正書　刻遏来橋

慶元丙辰九月既望龍江陳叔綸約邑佐王牒居易晉安連元龍登嶽東嘉何禹錫三衢周少清偕焉

案非綸名經龍溪人淳熙二年進士

劉無競等題名　正書　刻遏来橋

嘉定己卯良月既望前三日劉無競題劉公著書時方儒和方瑞非陳君玉同遊

案無競字克遜真後古有古田劉無競詩前説

建陽寧古田今似之難兄與難弟能政更能訪

難兄謂後村也

祥應廟記

碑高五尺二寸廣三尺四寸三十三行行六十三字

額題祥應廟記四字隸書在莆田縣白杜方氏祠内

有宋興化祥應廟記

左朝請大夫主管台州崇道觀方略撰

左朝請大夫行尚書駕部員外郎方昭書并題額

郡北十里有神祠故號大官廟大觀元年徽宗皇帝有事于南郊裒百神而肆祀之於是詔天下名山大川及諸神之有功於民而未在祀典者許以事聞部使者始列神之功狀于朝從民請也次年賜廟號曰祥應其後九年新祀明堂復修百神之祀而吾鄉之人又

相與狀神之功迹乞爵命于朝□太常上其議曰顯應侯天子曰嘻維神威靈惠我一方宜有以寵異之迺宸筆刊字顯惠侯時則宣和之四年也謹按侯當五季時已有祠宇血食于吾民古者相傳云舊祠在驛路北旁一夕風雨晦冥雷電交作若鼓于祠中者救盈香煙忽失所在翼旦父老跡其所止之地而得于龜湖山古樟木之下因就而□之即今日廟址是也其地前直壺公後摘陳巖綬溪之水經絡其間蓋山川之秀雖善地理者莫之能得當時識者咸曰神依人而行今神棲有溪山之勝此方之人其有

乎今大族甲姓（族）多在乎神祠之左右而賤殊科列膴
仕（耆）時不乏人皆如識者之說曰大官廟者相傳云鄉人
仕有至於大官者退而歸老于其鄉率其子弟與
□之耆舊長少而有才德者每歲於社之日相與祈
穀于神既而徹籩豆陳醆斝揖遜而升堂序長
幼而敦孝弟如古所謂鄉飲酒者鄉人樂而慕之遂
以名其廟□識而（神）之錫福于吾人者如此支七閩諸郡
莆田最為瀕海地多鹹鹵而可耕之地又皆高仰無
川瀆溝洫之利旬日不雨則民有粒食之憂每歲以
旱而禱于神者未嘗不應期而雨坡田雖高而無

旱春夏之交雲霧蒸鬱昏風怪雨發作不常寒
暄之氣為厲為瘴民或苦之歲於是時民多祈禱
于神或相與迎神出次以浮屠老子之法而祝祀
之故民用無災政和七年諸郡多蝗既□□□食竹
木之葉牛羊之毛且盡民懼而禱之故環廟數十里
蝗不敢入宣和二年睦之妖賊劫庫□殺長吏聚徒
十萬殘害江浙數州之民而盜有其地朝廷□□□
提禁旅百萬以東之而賊徒括相與聚謀欲掠舟于定
海接七閩為巢穴郡使者飛檄以告且使民虛其室
以避之謂風帆信宿可至居民惶怖扶老携幼奔

竄于山谷攀援躡蹤至有踣者羣不匡之往又相與
睥睨之於是有喪其家資失其子女憂愁驚悸自隕
其身者而吾民先禱于神々賜之吉卜曰其毋害遂安
其居無一人遷徙者既而賊果就擒今天子嗣位之三
年建州狂卒葉儂聚其衆數千人殺官吏以叛奪
溪船順流而下一夕至南臺入福州外郭焚居民廬
舍其勢甚熾遂謀渡大義而南諸州守捍之兵未
集郡邑震駭莫知為計而賊徒忽一夕相驚曰官
軍陳矣其旗幟皆有顯惠侯字何也人人恐怖猶有
悔禍之衷遣使張公穆乘賊憂疑始得以斷橋阨

舟絶其南渡之謀又其後一年楊勍領西兵叛入于閩
由漳泉而来所在焚剽民罹其害賊壓我郡境守
險之卒視衆寡不敵莫有鬬志軍士方迪等忽聞
空中有聲曰女速進顯惠侯兵来矣於是我師賈
勇賊衆望風畏遁閩境晏然往時游商海賈冒
風濤歷險阻以牟利于他郡外蕃者未嘗至祠下往往
不幸有覆舟于風波遇賊于蒲葦者其後郡民周
尾商于兩浙告神以行舟次鬼子门風濤作惡頃
刻萬變舟人失色涕泣相視尾曰吾仗神之靈不應
有此遂號呼以求助虛空之中若有應聲俄頃風恬

浪息舟卒無虞又泉州綱首朱紡舟往三佛齊國亦請神之香火而虔奉之舟行迅速無有艱阻往返曾不期年獲利百倍前此之賈于外蕃者未嘗有是感皆歸德于神自是商人遠行莫不來禱竊聞古者聖賢在御百神効職無有怨恫茲興雲雨禦災殃呵斥妖孽掃除不祥降福于善人而罰其無良皆神之職也今侯血食此土顯其威靈以取爵命于前又能効職協忠順以報恩寵于此我天子建中興之業治人事神皆有次第將見褒德賞功而侯之爵號有加而未已也然則恢崇廟宇以嚴奉祀之誠上以彰君

之寵命出以答神之靈既不亦宜乎舊廟數間歷年
既久上雨旁風無所庇障元豐六年太常少卿方公
嶠始增地而廣之政和六年太子詹事方公會又率鄉
人裒金而新之今神巍然南面袞衣祝諸侯其冕服之
制薦獻之禮皆有品數祝前時為不同也祈[illegible]跪拜
卜史薦辭瞻望威容進退維慎亦睟前時為不同
也春秋祈報長幼率從酒洌肴馨神具醉止退就賓
位執醆揚觶有勸有罰莫不率命又不知畫附人物
蓋是否畫近奉圭乞　雲祠下時報必薦出入必告疾
病必禱凡有作為必卜而後從事又不知往附人物能為

是否以至天下郊祀之後郡侯祀事之初又嘗來享來
告以薦豪誠此亦前時之所宜也是故者皆與前時不同
宜其祀舊宮爲猶狹寢以修大亦其時哉信士方金姑
唱其議衆皆悅從收斂不勞而財用足工不懈而功用
成治事廳堂作東西兩序並息有所齋庖有房其合
而爲屋八十有二楹其費而爲錢一萬緡經始於紹興四
年之春而成於六年之夏也新廟既成民大和會又相
與大享于神以落之衆因請紀其事略之先廬去神
祠爲近爲兒童時嘗侍先生長者瞻拜于庭其後屢
忝奔走仕路三十餘年兩叨郡紱皆在南方過家上

家未嘗不福于祠下至則徘徊廊廡間因思古人仕
□以不去世卿為戒自罷官瀛洲挈家還里厥惟際
倒投閑有日薦乞宮祠庶幾歲時得与鄉之耆舊
杖屨相從白布長衫祀飲于侯之堂亦若古所謂鄉
飲酒者以償素願此志未决也余極侯之事蹟章之
可傳永久者滌硯捉筆而誌之
紹興八年歲次戊午孟夏丙辰朔告

登瀛閣石刻

石高八尺七寸廣三尺五寸在興化府彭㵒村

登瀛閣

宋紹興八年　高宗皇帝御書三大字賜狀元黄公度讀書處

明崇禎十六年十世孫副使鳴喬諭德起有參政鳴俊舉人起雒等重立

爐峯詩刻

在連江縣

偃覆巖下石歲寒傲霜雪深根蟠茯苓千古餘

風月紹興十年僧天石鐫

張栻書禮義廉恥四字

正書在邵武縣石岐山

禮義廉恥

案重纂福建通志云栻父浚以紹興九年知福州十一年奉祠栻書當在此時

高宗御書籍田碑

在泉州府署

籍田碑

朕惟兵興以來田畝多荒故不憚卑躬與民休息今疆塲罷警流徙復業朕親耕籍田以先黎庶三推復進勞賜耆老嘉與世俗躋於富厚昔漢文帝頻年下詔首推農事〻至於上下給足減免田租光於史冊朕心庶幾焉咨爾中外當體至懷故茲詔諭想宜知悉

泉州紹興十六年九月十九日准行在禮部尚書

符准屯田闕四月八日准紹興十六年四月六日勅中
書門下省臣寮劄子奏欲望聖慈勅命郡邑
以近降御筆籍田手詔摹刻立石於聽事所
如戒石之銘俾朝夕省覩罔敢失墜庶有以廣
聖志承天庥蒙屬省同奉聖旨依奏牒州
施行本州今恭奉聖旨摹刻立石於聽事所者
紹興十七年三月日立左從政郎司法參軍權察
推臣曾汪右從事郎節度推官臣余麟右承
議郎簽書節度判官廳公事賜緋魚袋臣
方周翰右承議郎添差通判軍州主管事兼

內勸農事賜緋魚袋臣王鑄右承議郎通判軍
州主管學事兼管內勸農事賜緋魚袋臣韩
習左朝散大夫知軍州事主管學事兼管內勸
農使賜紫金魚袋臣陳康伯

南劍州重建州學記

正書在南平縣

南劍州重建州學記

張致遠撰

羅薦可書

延平郡治當七邑之衝而舊學跨西山特跳形勝九龍雙旌演仙文華諸峯皆秀拔摩雲環顧如列屏障建劍二水會而南注風雨晦瞑神物吼躍潭靜天開想學光猶隱隱牛斗間異時偉人輩出世冠山魁科躡膴仕術業足以師世循良忠烈足以動宸極而猷

紳笏其相望也建炎而後軍興至一皆厭燬遂平為闤
武之場頃歲改卜乃喧卑近市坡老不以為便遭時右文
聖天子優游翰簡親寫經傳以師臣之請敬石奉于四
方鉅鈞鳳翥爍煥星日所以尊多士其世堡崇建傑閣
而珍藏之於是人益以學宮為弗稱而後效之議決矣
太守宋城路公採參訂與論慨然有意爭與會漕臣行
郡迺以教授陳師孟（所）與士子之肆業其合詞以請乃繙
錢幾二千萬經始於紹興乙丑之秋凡是三月占規模圖
不善掄材選工圖不精路公改除而太守大梁鄭公椿年
以賢相家風治先教化下車未幾棠陰畫（晝）靜熊軾度

已越工眾峻坡姍而告成殿閣堂序雄麗軒豁十齋南
向窗几明淨雖筦筆偏室皆視昔為愈修葺之翼之
人以溪山之勝輪奐之美爽州所未見也歲在丁卯夏
六月庚申率教子生徒入新學舍菜于先聖陛降
贊相觀者咸悅越日公即而落之以書抵致遠曰鄉校
成不可以無述且聞有脩諸矣致遠自束髮已游息於
斯固嘗惜其廢而喜其復敢辭不能永惟三代而上
之治其本教養之誠而庠序因以設三代而下存學校
虛名而已教養之意衰戰國並爭處士橫議鄭欲毀
鄉校而秦遂焚詩書漢興諸儒自以經籍相授素

木鐸業以禮於私家至公孫丞相甫為之求其察於二
千石者皆詣太常受業鄉里善者養厥後議者謂孔子
布衣養徒三千今天子太學弟子少即增員以其數東
漢之季太學生至三萬人綜唐之世六館為盛蓋郡
國不皆立制度而教養之法廢往時家飾財為目前具
耳獨文翁在蜀韓愈在潮以教化自任歷千數百年
文物光明人到于今受其賜我聖主以經術示之好俾
郡縣職乃其識列于學官後賢良孝弟之科講飲酒
鄉射之禮其有以藝中程者三歲大比歌鹿鳴而送
之閭〻儒〻有三代之風學者去澳潔居高明相與

講習以為說懿文德以待用又有如文韓者為之勸其於正
心修身齊家治國之要遠去朱委云為俯仰而無善愧則
西漢之經術東漢之名節猶以為有憾願所成就卑
陋何如哉噫師弟子分不嚴朋友之道缺甚矣雖壯
改其度執利殺其守而不如巫醫藥師百工之人不恥
相師友豈士大夫其智反不能及歟昔有而今亡也未
窮其技意輕而祗信者多矣師非其所事友非其所
畏肆口而評古今率意而議臧不得誰使正之友
惟學校修則為師友師友正則人倫明人倫明則
風俗美故既叙其建次第又得綴所嘗習知而為矜

佩所通患其以附于後座暨共盖勉旃秋七月既望郡

人左朝請大夫充敷文閣待制提舉江州太平興國

宮賜紫金魚袋張致遠記

崇致遠沙縣人宣和三年進士紹興六年知福州宋

史有傳薦可字養崇沙縣人政和二年進士高宗

朝歷知秀州常州志路採鄭椿年並紹興間任南

劍州事閱書有傳陳師孟紹興間教授郡稱賢

师

宋左朝議大夫李公埋銘

正書在福州太平山

宋故左朝議大夫李公埋銘

先考諱撰字德修世出隴西始祖本唐徙居閩粤其後居於福州懷安縣三舉進士崇寧五年科第官累遷至左朝議大夫春秋七十有七於紹興十七年三月十五日得疾終於正寢娶宜人林氏男四人曰鑄曰濤曰壔曰疇皆補將仕郎仍女四人鑄卜紹興戊辰十二月十六日庚午葬於太平山之原鑄泣血書記歲月藏於幽壤

按郡志撰字德修閩縣人據此當作懷安人李鑄名他書未見

寶華山宋人題刻一段

在連江縣

趙端禮等題名

紹興己巳趙端禮李似之蘇粹中同玉泉曇老訪

物空禪師

教授廳壁記

在龍溪縣

教授廳壁記

教授之為職其可謂難矣惟自任重而不苟者知之其以為易而無難者則苟道也何也曰教授者以天子之命教其邦人凡邦之士廩食縣官而充弟子員者多至五六百餘少不下百十數皆惟教授者是師其必有以章厲化服之使躬問學蹈繩矩出入不悖所聞然後為稱此非反之身而何以哉是可不謂難矣乎不特此爾又嘗薦先聖先師之典祀領護廟學而守其

圖書服器之藏其體至重下至金穀出納之纖悉亦皆
獨任之嗚乎是亦難矣然凡仕於今者無大小莫不有所臨
制總攝其任無刻易必皆具文書使可覆視是以雖甚
弛者亦有所難而不敢肆獨教授官雖有統若其任
之本諸身者則非簿書期會之所能察至其具於有
司而可考上之人又以其儒官優容之雖有不合不問以
是為便故今之仕者反利焉而喜為之而孰知所以充
其任者如彼其難哉故曰惟自任重而不苟者知之其以
為易而無難者則苟道也予嘗以事至漳其教授
陳君與予有故館予於其官直之舍因得以觀陳

君所施於學者予謂若陳君則可謂知其難矣時陳君
方將刻前人名氏於壁屬予記予辭謝不能者再
三既不得命乃退而書其所聞見如此以為記且以屬
後之君子云尒紹興二十六年七月甲子新安朱熹記

安平橋石刻

篆書三字字徑二尺旁款一行十七字正書在漳泉州

安平橋

左迪功郎南安縣尉陳大方立刊者劉師岳

丁丑由安平趨漳郡道出西橋見篆書豐碑屹立橋上乃摩挲其旁辨其題識以歸碑題安平橋篆書三字字徑二尺配搭匀整氣象崚嶒陳大方立棨大方紹興末任南安縣尉 亦園脞牘

王十朋雙巖詩刻

在衲安縣雙巖寺

雙巖詩

崎嶇九嶺更雙巖，遥望閬山未見三。来訪神鍾隱現處，翠微青鎖古精藍。乾道二年王十朋題

崇安縣學二公祠記

八分書在崇安縣

崇安縣學二公祠記

朱熹撰

崇安建之縣邑故宮師趙清獻公嘗為之宰故侍讀胡文定公又其邑人也兩公之德後學仰之舊矣然數十年之間為是邑者不知其幾何人無能表而出之以化于邑其乾道三年今知縣事溫陵諸葛侯始至則將革新學校以教其人而深以兩公之祠未立為己病於是訪求遺像因新學而立祠焉明年五月甲子訖工命諸生皆入於學躬率丞

揚與釋菜於先聖先師而奠于兩公之室三獻成禮揖諸生而進之曰學則孔孟尚矣然居是邦得其風聲氣俗之近則鄉大夫鄉先生之賢者豈可以不知其人哉惟趙公孝弟慈祥履繩蹈矩為政有循良之蹟立朝著蹇諤之風清節玉行為世標表固洪公之所遠聞也至於胡公聞道伊洛志在春秋著書立言啓君垂後所以明天理正人心扶三綱敘九法者深切著明體用賅貫而其正色危言援經論事剛大正直之氣亦無所愧於古人則諸君豈不知之乎吾承乏於此過不自料常欲與諸君相勵以聖賢之事今幸因吾民之餘力校室以修方將日與諸

君者徑寤俯仰乎其間頗念古昔聖賢遠矣則欲諸君追自
其近者而達之是以象兩公于此堂也諸君自今以來蓋
亦瞻其容貌而起肅敬之心考其言行以激貪懦之志然
後精思熟講反之於心以求至理之所在而折衷焉庶幾
學所行尊德久業大果能達於聖賢之事是則兩公私
淑後來之本意而亦區區平日所望于諸君也諸君豈有
意乎諸生皆拜曰諸生不敏敢不敬承夜以思無辱先生
之誨于是既退而諸葛侯使人以是說書山間屬熹為
之記熹惟今之為政者固已不遑於學校之事其或及之
而不知所以教則徒以祿利誘人而納之卑汙淺陋之域

是乃賤之而於教何有今洪葛侯于茲邑既新其學而
語之以聖賢之事又祇尊事兩公俾學者由是而教
焉則可謂知所以教矣此其志豈特賢于今之為政者而
已哉既不得辭乃具書其本末以視同志願相與勉
焉以無負洪葛侯之教也是月癸未新安朱熹記

文殊石室銘

額題石室銘三字篆書　在羅源縣

石室銘

邑人林芘撰

金華卻浩題額

昔師刊像遺南海及藏錦綉谷俱發光曜紹聖末羣玉峯忽然邑佐林君馭夢而發諸巨石之窟復設大像駕石而室之僧法駿今典此久不下山學圃翁林芘棲其麓稽昔無紀迺供以銘而丹之石詞曰

五髻上尊羣玉所還法力威光山示震盛神之以

夢爰發其伏羣玉伊何巉空突谷或殿危巔虬蟠
攪蹤或插崖要虎穿熊逕中者孤峙旁者或對真趾
地植天凝人因以屋雕梁石肩飛甍雲宿月淡寒
松風淒翠竹俯瞰人寰萬宇在目惟爾駿師重
修香宿金碧增輝龍象愈肅如金色都皇皇穆
穆如五臺峯萬靈敬服祈請禬禳確也著卜
信萬斯年克天是祝

乾道壬辰中元月刊

盧珖廟碑

正書 在尤溪縣

重修盧公祠記

石嶅撰

予承乏尤溪於其民之為善大小不敢忽適時和年豐民棲田里獄訟衰息居多暇日因講求闕遺而修舉之縣有盧府君祠因詰其所以祠於其耆老皆惘然不能對府君爵號亦莫之詳也一日有發故篋得其行狀一通來者紙敝字漫僅而可識而後知府君蓋張巡許遠之流其血食茲土也豈徒然哉府君諱珖世閩

人王氏建國避地大溪保大之年王氏兄弟相攻國大亂
南唐查文徽拔其建汀漳泉之州而置劍州於延平津
以陳誨為刺史又取其尤溪隸劍州尤溪故有戍卒禦
山寇至是以府君為守將王氏亡李仁達授閩陳覺諭
以歸南唐不從將討之仁達得知尤溪戍卒已調發無
備使陳匡鄉襲尤溪府君拒之於東郭水亭戮其力之
邑人乃奔竄不死府君兵敗乃曰吾受人之邑而為之守
邑不守何用生焉大呼而前為匡鄉將劉棹刀所殺頭目
劍州援至則無及矣邑人相與葬府君于杉嶺府君子
子之子從我俱殁季子幼棄草中鄰嫗收育訪其母歸

南唐下詔褒美授李總管而後其家即水亭建祠焉
水亭地卑神不安其居降言於巫曰吾奮孤忠冒矢石死
於賊當祀我於縣西北爽塏地邑人畏而遷之今祠是
也嗚呼死其非難處死其為難士固有視死如歸者然死
非其所當死則與自經溝瀆同科君子不之貴也若府君
其世所謂善處死者歟較府君之功於巡遠雖若有倍蓰
什百之殊然自臣義明道其言之則去殺身成仁之心見危
授命之節非可以大小論也惟其所立適在偏方下邑是
以風聲氣烈不克振耀於後世然府君之初心亦不計
敝邑被府君之賜甚厚未久而遽忘之使行狀之愊

祗不存兮亦無自而知也豈不可恨哉乃刻石以記其事而
命有司自今來歲以每秋祀於祠下且為之歌以侑神曰
潔齋造兮君之居紛坐跪兮薦肴蔬坎吹簫兮擊
鼓坐風馬兮雲車君之來兮何許既宴而娛兮其仁
且武垂慶惠兮弗無年俾我民兮長無災害

宋盧琥母鄭宜人墓在尤溪縣顯溪見重纂

福建通志古蹟門

又案十國春秋琥閩人王氏建國避地尤溪保大四年

僳山寇以琥為守將李仁達亂閩使其將陳匡範

襲尤溪琥拒之戰甚力邑人得奔竄不死琥為

劉捍刀所殺邑人葬琥於杉嶺琥五子從戰俱

殁元宗下詔褒恤此邑人所以立廟也石𡼏字子

重會稽人乾道間知尤溪有惠政

蟄龍潭題刻

在永福縣南二十五都月洲

張淵蟄龍潭題壁詩　旁鐫浮雲子釣記五字

月明風細擺垂鈎，潑潑波心有錦鱗。朝野太平多樂事，江湖蕭散一閑人。

按重纂福建通志云張淵隆興元年進士　又云

月洲有蒲澗二大字磨崖不知誰勒

宋林寬夫南山詩刻

石高三尺六寸五分廣四尺二寸八行行十字在興化府南山

南山詩刻

訪寂雲巖寺尋幽弄月池天宮知有路石磴自忘疲蓊茗中峰供澄瀾古梵窺還登瑞泉閣一覽盡雄奇涵匝丁酉冬至前二日与諸葛磷〻趙仁父訪趙周士於法海院相拉同游刻〻泉上林寬夫題

中令韓公父子祠记

正書在晋江縣

中令韓公忠獻韓王祠堂记

梁克家撰

韓彥直書

趙不敵篆額

乾道五年泉州太守為中令韩公忠獻魏公立祠於州治之大隱庵淳熙四年公五世孙康卿拜奠祠下及明年改作中令及公之祠康卿告饗如禮來謁克家曰是舉也非康卿私其先將以慰邦人無窮之思願乞文以

紀歲月嘗考景德中中令公以太常少卿知州事魏公實
生焉中令公有德於此邦邦人不能忘及拜諫議大夫召還
道及建陽而卒邦人奔走千里拜奠其殁魏公歷相三
朝大有勳業邦人曰是我諫議公之子昔生於此邦者也
則相與即州之堂因其謚而名之以著夫不忘之意歲
時享祀廟猶缺然至是易其舊貫輪奐儼然像設並崇
分左右堂佩金戴幘焜燿交映瞻者起敬罔不懽喜蓋
古之為政必因人心之所不能忘者以物成而人說

案重纂福建通志載祠舊在府治後圃宋郡守
王十朋建淳熙間五世孫康卿來泉提舉市舶

日重建淳祐间裔孙識守是邦後修明洪武初改州治為衛署祠廢萬歷间郡守程朝京建於郡庠旁　黄鳳翔記略魏公翊亮三朝功施社稷相州人嘖嘖頌祝侈為鄉邦重然公實泉署中產泉故列中令名宦魏公鄉賢而郡用忠献額祠則取魏公謚蓋存遺愛溯發祥所從来日遠先後郡守王公十朋汪公大猷真公德秀即署中建祠鐫像式隆祀典顧代遷事改祠宇久湮像設宅移荒碑剝落今郡守新安程公朝京而兩公之遺烈慨祀典之弗章爰即郡庠

一區重飭祀宇舁二像還祠中祀以春秋著為例
後復廢今合祀于五賢祠
馮登府曰文靖以淳熙六年知福州撰三山志是祀
正在此時忠獻建炎四年平建寇故為立祠彥直
世忠子嘗知臨安府以龍圖閣學士提舉萬壽
觀著水心集據輿地紀勝韓中令韓忠獻祠
即忠獻所生之地乾道中王十朋立于泉州治是
立祠在前作記在後也

徽猷閣待制劉公子羽神道碑

石在甌寧

朱熹撰書
張栻篆額

少傅劉公神道碑

淳熙五年秋七月某日觀文殿學士彭城劉侯珙薨於建康之府舍疾革時手爲書授其弟玶使以屬其友朱熹若曰珙不孝先公少傅之墓木大拱而碑未克立蓋猶有待也今家國之讐未報而珙銜恨死矣以是累子何如熹發書慟哭曰嗚呼共父遽至此耶且吾先失吾父少傅公實收教之共父之責乃吾責也即訪其家得

公弟屏山先生所次行狀又得今江陵張侯栻所為銘以次其事曰公姓劉氏諱子羽字彥脩其先自長安徙建州今為崇安縣五夫里人曾大父贈朝議大夫太素大父贈太子太保民先皆以儒學教授鄉里而皇考資政殿學士贈太師忠顯公遂以忠孝大節殺身成仁事載國史公其嗣子也少以父任補將仕郎積勞轉宣教郎權浙東安撫司書寫機宜文字入主太僕太府簿遷光祿丞辟河北河東宣撫司書寫機宜文字以功轉朝請大夫授直祕閣建炎三年擢充祕閣修撰知池州改

集英殿修撰知秦州未行除御營使司參贊軍事辟川陝宣撫處置使司參議軍事四年除徽猷閣待制紹興二年領利州路經略使兼知興元府除寶文閣直學士封彭城縣開國男食邑三百户三年責授單州團練副使白州安置四年還故官提舉江州太平觀復為集英殿修撰知鄂州權都督府參議軍事宣諭川陝踰年還報復待制知泉州八年落職奉祠尋責散官漳州安置十年以赦得還十一年復故官起為沿江安撫使知鎮江府十二年復待制進爵子益封二百户是歲罷復為

太平祠官五年而薨年五十矣公天姿英毅自少卓犖不羣年二十四五時佐忠顯公守越以羸卒數百破睦寇方臘數十萬衆卒全其城後佐忠顯公守真定會女真入寇以大兵圍其城公設方略登陴拒守數月敵不能下而去忠顯公既以節死公扶喪歸葬號天泣血以必報讎恥自誓朝廷亦素知其材使參御營使軍事時叛將范瓊擁疆兵據上流召之不來來又不肯釋兵中外洶洶知樞密院事張忠獻公與公密謀誅之一日爲遣張俊以千人度江捕他盜者使皆甲而來因召瓊俊

及劉先世詣都堂計事爲設飲食食已諸公相顧未發
公坐廡下恐瓊覺事變遽取黄紙執之趨前舉以麾瓊
曰下有敕將軍可詣大理置對瓊愕不知所爲公顧左
右擁置輿中衛以後兵送獄使光世出撫其衆數瓊在
圍城中附賊追脅二聖出狩狀且曰所誅止瓊耳汝等
固天子自將之兵也衆皆投刃曰諾因悉麾隸他軍頃
刻而定瓊竟伏誅張公由此益奇公及使川陝遂辟以
行至秦州立幕府節度五路諸將規以五年而後出師
明年敵窺江淮急張公念禁衛寡弱計所以分撓其兵

勢者遂合五路之兵以進公以非本計爭之張公曰吾寧不知此顧今東南之事方急不得不為是耳遂北至富平與敵遇戰不利敵乘勝而前宣撫司退保興州人情大震官屬有建策徙治夔州者公叱之曰孺子可斬也四川全盛敵欲入寇久矣直以川口有鐵山棧道之險未敢遽窺耳今不堅守縱使深入而吾乃僻處夔峽遂與関中聲援不復相聞進退失計悔將何及今幸敵方肆掠未逼近郡宣司但當留駐興州外繫関中之望內安全蜀之心急遣官屬出関呼召諸將收集散亡分

布险隘堅壁固壘觀釁而動庶幾猶或可以補前愆續後
咎奈何乃為此言乎張公然公言而諸參佐無敢行者
公即自請奉命北出復以單騎至秦州分遣腹心召諸
亡將諸亡將聞命大喜悉以其衆來會公命驍將吴玠
柵和尚原守大散關而分兵悉守諸險塞敵諜知我有
備引去明年敵復聚兵來攻再為玠所敗俘獲萬計蜀
土以安宣撫司移軍閬州公請獨留關外調護諸將以
通内外聲援軍民之心翕然向之又明年漢中大饑諸
帥閉境自守因有違言皆願得公與連兵張公承制可

其請公至鎮開關通商輸粟輯睦鄰援飭兵練卒柵險待敵會敵復入寇將道金商以鄉四川公以書諭金州經略使王彥使伏彊弩於險以俟之彥習用短兵屢平小盜不以公言為意敵猝至不知所為逆戰果敗走保石泉時吳玠為秦鳳經略使公聞彥失守亟移兵守饒鳳嶺且以語玠玠大驚即越境而東一日夜馳三百里中道少止請公會西縣計事公報曰敵旦夕至饒鳳下不亟守此是無蜀也公不前吾當往今又西走不知者謂吾懼而逸爾諸將得無解體乎玠得書即復馳至饒

風列營拒守敵人悉力仰攻死傷如積更募死士由間道犯祖溪岡以入繞出玠後玠遽走還澤中且來邀公欲與俱去公不可留玠先柵定軍山以守玠不可公不得已退守三泉從兵不及三百人與士卒同粗糲至取草牙木甲噉之遺玠書與訣玠持之泣下欲馳赴公未果其愛將楊政者大呼軍門曰公今不行是負劉公政等亦且舍公去矣玠乃來會三泉時敵游騎甚迫玠夜不寐起視公方甘寢自若旁無警何者遽起公詰曰此何等時而簡易若是公慨然曰吾死命也亦何言玠慙歎

玠下竟不果留公以潭毒山形斗拔其上寬平有泉水乃築壘守之儲粟十餘萬石盡徙將士家屬柵中積石數十百萬下臨走蜀道數日敵果至營數十里間一夕候騎報金大軍且至諸將皆失色入問計公曰始與公等云何今寇至欲避耶下令蓐食遲明上馬先至戰地前當山角據胡牀坐諸將追及玠請曰某輩乃當致死於此非公所宜處也公不為動敵知不可攻亦引退自敵入梁洋蜀中復大震宣撫司官屬爭咎公更為浮言相恐動力謂張公徙治潼川令下軍士憤怒或取其牓

毀之公亦以書力為張公言此已為死守敵必不敢越我而南藉令不能守我死行未晚也今一旦輕動為此兵將忿怒恐將有齮齕公墳墓者奈何張公發書大悟立止不行敵遣十餘人持書與旗來招公及玠公斬之餘一人使還曰為我語群盜欲來即來吾有死耳何可招也因復與玠謀出鋭師腹背擊之未及期而敵已遁矣蓋方敵未至公已悉徙梁洋官私之積置他所敵既深入無所得而糧日匱前後苦攻死傷十五六又聞公之將襲已也懼故遁公亟遣兵追擊之墮谿谷死者不

可計其餘衆不能自拔者猶數十柵皆降之是時金大酋撒離喝兀朮輩主兵用事計必取蜀以窺東南其選募戰攻蓋已不遺餘力而我之謀臣戰將亦無敢為必守計者獨公與張公協心戮力毅然以身當兵衝將士視公感激爭奮卒全蜀境以蔽上流寇退又方與定計政紀軍政以圖再舉而張公已困於讒公亦相次得罪徙白州矣始吳玠為裨將未知名公獨奇之言於張公張公與語大悅使盡護諸將由是上疏請還所假節傳祭戰贖公罪士大夫以是多玠之義而服公之知人既

張公入相大議合兵為北討討召公赴闕使諭指西師
且察邊備虛實公還奏敵未可圖宜益治兵廣營田以
俟釁會時又方議易置淮西大將且以其兵屬公公復
以為不可遂以親老丐郡以歸泉僧可度以賂結中貴
人屬戚里陳氏誣奏奪陳洪進守冢寺符州奉行公曰
此細事爾然小人罔上如此是乃履霜之漸不可長也
即疏其事以聞僚屬相顧莫敢連署公乃獨奏極言之
可度等皆抵罪既又大興學校以教其人堂序規模略
倣大學迄今為閩中諸郡之冠已而淮西軍果亂議者

反謂公實使然不責無以係叛將南歸之說於是有陰
障之行聞者嘆之而公不自辯也在鎮江會金復渝盟
公建議清野盡徙淮東之人於京口撫以威德兵民雜
居無敢相侵擾者嘗得盜劾之乃楚州守某者所爲前
後攻劫不可計悉具獄棄之市某者亦坐速竄於是境
內帖然道不拾遺既而敵騎久不至樞密使張俊視師
江上以問公公曰此敵畏時入寇飄忽如風雨今更遲
回是必有他意已而果復以和爲請使至植大旗舟上
書曰江南撫諭公見之怒夜以他旗易之翌日接伴使

者見旗有異大懼索之急公曰吾為守臣朝論無所與
然欲揭此於吾州之境則吾有死而已索猶不已乃遣
人境外授之會張俊歸奏事上聞公治狀及料敵語於
是後有待制之命公以和戎本非久遠計宜及閒暇時
修城壘除器械備舟楫以俟時變會相秦檜不悅諷言
者論之罷歸遂不復起覺後十有六年和議果敗敵騎
直抵采石瓜洲江津皆不守於是人皆服公前慮之深
而恨其不及用也熹之先人晚從公游疾病寓書以家
事為寄公惻然憐之收教熹如子姪故熹自幼得拜公

左右然已不及見公履戎閫府時事獨見其居家接人孝友樂易開心見誠豁然無纖芥滯吝意好賢樂善輕財喜施於姻親舊故貧病困阨之際尤孜孜焉嘗因從公門下士及一二故將問公平生大節又知其忘身狥國之忠決機料敵之明得將士心人人樂為盡死事皆偉然雖古名將不能過至其為政則又愛民禮士敦尚教化決姦擿伏不畏彊禦乃有古良吏風及公既没然後得其議奏諸書讀之知其痛憤無日不在於鏖敵而其識慮之深又如此未嘗不慨然掩卷廢書而歎也公

元妃福國夫人熊氏葬拱辰山忠顯公墓次而屏山先
生實表之繼室慶國夫人卓氏公没持家二十餘年細
大有法內外斬斬彭城侯雖熊出然其撫之厚而教之
嚴所以成就其德業為多遇族黨親疏曲有恩意薨荊
南府舍葬甌寧縣演平之原公子三人彭城侯為長次
瑞承務郎出後公弟秘閣公早卒次玶從事郎亦以公
命為屏山先生後孫男二人學雅承務郎學裘尚幼女
二人長適將仕郎呂欽次未行熹惟公家三世一心以
忠孝相傳事業皆可記而公所處尤艱且勤績效最著

八至於今賴之於是既悉論載其實又泣而為之銘以
卒承彭城侯之遺命其銘曰
天鑒皇德　曰陂其平　後畀人傑　俾扶厥傾
薦言試之　于越于鎮　卒事于西　亦危乃寧
始御於秦　偪仄飄搖　一士之得　厥猷以昭
再蹶于梁　莫相予死　亦障其衝　校績愈偉
岷嶓既奠　江漢滔滔　爾職于佚　我司其勞
曾是弗圖　讒口嗸嗸　載北載南　倏貶其褒
曰和匪同　識微慮遠　豈不諄諄　卒莫予展

我林我泉　我寄不淺　莫年壯心　有逝無反
惟忠惟孝　自我先公　勉哉嗣賢　克咸厥功
豈不咸之　又毀于成　詩勸來者　永其休聲

朱文公小蒼埜題名

刻高七尺七寸廣三尺四寸兩行行五字在興化府城南崇doc坡山

淳熙癸卯中冬朱元晦登

孝宗賜陳俊卿札

碑高七尺一寸廣四尺一寸分三層第一層碑額皇帝御書四字篆書第二層御札計七行行一十二字第三層跋二十九行行二十四字在興化府陳氏二忠祠內

卿垂車梓里諒多燕息眷言舊弼倜想良深誕序將臨耆艾可慶賜卿金器香茶至可領也式彰異數往績茂齡共益保頤以昌壽祉故茲親札宜體至懷

付陳少傅

付陳少傅

帝封

臣某以淳熙十一年十月戊辰御前祗應陳良才至臣里第傳宣聖旨伏蒙聖慈以臣賤生之日特賜

御札一封並賜金器香茶臣聞命震栗下拜登受
天威咫尺不勝隕越伏念臣頃由周行執經潛邸
因緣遭遇致身通顯入登宰輔出守藩維二十年
間任重而力小位尊而德薄偶逃罪戾徼幸實多
及此老逼病侵懇祈謝事去歲六月猥蒙詔書
矜允保全晚節歸休田廬臣之幸願已畢於此
惟是衰朽待盡在天一隅終將大恩祿塞無所敢
意宸衷軫念簪履之舊俯記弧矢之初不以
臣老而無用溫言慰藉如在廟堂之時不以臣遠
而易忘寵賚便蕃如在畿甸之地特捐異數

庸示　眷懷異荩，懽呼搢紳，歆豔矧復所賜　親

札，官而不名，尤非近比。昔唐代宗之於郭子儀，

本朝太宗皇帝之於呂端，一以社稷元勳，一以太

平名相，當時體貌度越彝章。顧臣何人，敢當此

禮。平生忝竊，末路愈光，感極淚零，靡殞莫報。

謹以　奎畫刻之琬琰，非惟昭示子孫，增輝鄉國，

抑使中外臣子咸知　聖德光大，優遇誰能為之。

老尚如此，孰不願忠厲節，以稱　九重任使之意。

此臣所為仰答　隆私庶幾萬一焉。十二年正月

辛亥，少傅、觀文殿大學士、福國公致仕、食邑九

千九百户食實封四千二百户臣陈俊卿拜手

稽首謹書

臣楊文楊忻摹鐫

賜光祿黄中美碑銘

碑高五尺四寸廣三尺周圍花邊二寸雲行書三十五行行六十四字在邵武銅青山下

宋故朝議大夫致仕贈光祿大夫黄公

神道碑銘

宣和之末國家承平百有餘年中外無事乃有二三弄臣竊國大柄建取燕雲以召非常之變有識之士□已私憂之□□□□而衆莫之覺也捷書日聞官吏相慶獨信德府司錄事邵武黄公有憂色人問其故公蹙然曰太平日久軍旅還興廩無兼歲之儲不取於民將何以濟頃今

歲荐饑民□（死）□（亡）□（散）況河北天下根本又可重困之耶
聞者莫不笑之俄而河北盜賊果蠭起信德城守甚危
金虜乘之遂不能支官吏相與匍匐拜降惟恐居後
而公獨奮然誓死□（不）□（屈）虜既入城放兵四出有挺刃脅公
以降者公顧左右踣之而逸變姓名匿里巷中虜退乃出
則先降者皆已抵罪而宣撫使獨奇公節俾行府事公
亦撫摩瘡痍期復按堵未幾以內禪恩轉朝議大夫
則以資高不當復居佐郡而省罷以歸矣靖康元年
還次京師遭圍城之變而明年欽宗出幸虜營
虜遂以兵威脅城中擁張邦昌而立之一時公卿縣

千百鼓相顧俛首唯唯聽命公獨感憤義不辱身即日移檄致其事而去以蓋當是時不約而去出此者亦四十人然不數日而公竟以病卒矣二年二月丙子也嗚呼祖宗百年禮義廉耻之化其所以涵養斯人者可謂至深遠矣然以熙寧以來羣小相師滅理窮欲以達於于亦適已六十年矣士大夫酣豢之餘心志潰爛不可收拾宜其禍變危迫而皆不知以爲憂敗衄迎降而皆不知以爲耻棄君粘罕李賊稱臣而皆不知以爲辱也而猶往有如公等者出於其間是雖人人之秉彝不容泯滅然而祖宗所以涵養斯人至深且遠者亦豈不於此而少見遺餘哉公

卒時年始六十有三夫人林氏攜挈諸孤奉公之柩崎嶇
兵火亂離之中川陸五年乃能達於故里紹興乙丑之
歲並後始克葬焉而公之子永存寖以材能有聞于世上
聞其名召以爲尚書郎軍器監出爲淮南轉運副使俾
修農戰之業以爲北向之漸前後贈公至光祿大夫而夫人
自公時已封宜人又以子貴屢逢覃恩得錫冠帔累封至
紹興郡太夫人隆興乙未八月五日年九十七而無恙又以郊
恩贈蘄春郡夫人而副使歸自淮南則使人以同郡徐君
復之狀來謁新安朱熹曰吾先君之德如是而葬久未銘
且先夫人孝履於家克享上壽世鮮及之亦當得附先

君遺子以垂後世子其圖之嘉受書者之具以光祿大夫蘄
春古人行事孝末歎息久之因論世大者必與並記其州里及子孫次第請具刻于碣首之石如左方蓋
世次閥閱公諱中美字文昭其先光州固始從王入閩居建之浦城後從
邵武國初邵武始別為建遂為郡人焉曾大父夢臣大父膺皆有隱行至公父
嘗舉進士後贈中奉大夫中奉娶施氏生公七年而
卒後贈令人中奉歿時公年甫冠勵志為學而貧不能
得書常假于人以讀率一再過而歸之則已成誦不忘
矣中元祐九年進士第調真定府左司理參軍知邢州
平鄉縣皆善其職以守正不阿忤上官罷歸退久之貧甚
不以為意親友強起之乃更調鎮西軍節度推官鄰

極邊守武將視法令條屬蔑如也公不以為撓事有不可
必庭辯之守愧屈焉改宣德郎知濬州衛縣民
有被誣殺人者公察其冤縱之同列有害公者謂公故出
死罪守疑之公不恤也會河決敗拔郡詔諸令長各護
丁夫疏鑿隄障縣獨不擾而集以功轉奉議郎除河北
都轉運司屬官北京留守辟以為真定府司録事是時
河北連歲不登民多相聚為盜而郡守歡燕敖遊
如平時公獨憂之每當集輒辭不與守問其故公對
以實守默然不悅於是乃移信德而遂去以卒焉其為
人坦易不事邊幅而與人交必以誠當官不為赫赫之名

而於事細微無不謹旁郡有疑獄部刺史多委以屬公往往得其情棄施與不問識否人雖負之不悔有求輒復周之在鎮時府丞陳紹夫死公以俸錢遣其喪女兄寡居迎養三十年始終如一日故人有通貴者招致之謝不往都轉運使呂公頤浩及其他使者多知其材欲薦之未果而竟沒論者惜之公初娶宛句劉氏贈和義郡夫人蘄春其繼室也延平人贈少師積之女夫人渾厚靜專歸黃公甚貧窶之自若晚雖豐泰亦未嘗改其度也事公之如兄如姑公之沒而歸其喪教其子孫以忠信直節立其志使為閩人以大其家歲幾滿百而卒

明不耗髮居不衰又近似有道者家人百口藹藹一以慈愛
而教告勉飭隨之未嘗見其有疾厲之色而中外整整
莫敢越軌度鄉黨傳以爲法以葬邵武縣仁澤鄉
寶隆山之原夫人葬永城鄉黃溪保銅青山下相距
蓋十里子男五人曰瑞愿瑞平皆有俊才丱角已與
薦送而皆早卒次瑞方亦卒次永存今爲朝請大夫
主管武夷山沖祐觀次永年右儒林郎知靜江府理
定縣亦先卒女五人其壻宣德郎朱康年保義郎
周郁修職郎趙彝臣通直郎杜鐸進士李先之
也孫男十人龜朋儒林郎格鉞南卿範櫶勛夏欽

鈞皆未仕而格鉞欽已矣孫女六人其壻周敦書李厖

李巖將仕郎吳時萬上官瑾上官楊曾孫十七人大正

大時大椿大全大猷大學大昌大淵大□大聲大韶大受

大嚴大任大用餘未名女十四人其壻任斗南林杞李价餘

尚幼玄孫男六人公震振公升公顯公回公煥公章嗚呼

是亦盛矣黃氏之昌阜於世也其可量哉銘曰

隱隱黃公　逢時之危　跡隨衆兆　思庸眇徽

之死弗忏　以全其歸　溫溫夫人　克相其夫

又詔其子　以成厥家　壽考尊榮　百歲而徂

寶隆之阿　黃溪之里　東西相望　兩壙對起

子孫盈前　曾玄滿後　尚有寵靈　不遠來又

宣教郎直徽猷閣新權發遣江南西路提點刑獄公事

朱熹撰并書

進士方士繇題蓋　淳熙戊申正月甲子立

建安翁鎮并男進文博文刊

案碑右方漫漶缺十數字亦按朱子文集補註於旁惟碑文世次闕閱下有及子孫次第請具刻於螭首之石如左方蓋十七字其先下有光州固始從王六字後從郎武下有國初郎武皆別于建均為文集所無此外尚有三四字出入是否刻集時遺漏未可知也碑稱子永存為朝請大夫主管武夷冲祐觀考武夷山志永存字堅叟紹興間進士以才能召為尚書郎累官至正議大夫究以何年主管冲祐觀武夷山志亦未詳言耳

案閱書中美妻林夫人贈少師積〻女渾厚靜專
歸中美甚貧處〻自若中美貴不改其度事夫
女兄如其姑中美沒於外歸其喪崎嶇川陸兵火
中五年乃至教子務以忠言直節立其志年九十
餘神明不耗起居不衰似有道者

朱文公書文山秀氣四字

正書橫寫在福州文山

文山秀氣　宋朱熹書

朱文公書蟠桃嶋三字

已佚（在福清縣）

蟠桃嶋

朱文公書香山洞三字

八分書在福清縣

香山洞

朱文公書溪山一覽四字

在南平縣

溪山一覽

朱文公書讀書處三字

正書在長樂

讀書處

朱文公題留雲二字書

在閩清縣後峯墩師巖旁有晦翁書三小字

留雲

晦翁書

朱文公題書梅溪二字

在同安縣梅溪坪龍岡庵石壁

梅溪

按重纂福建通志云以地多植梅得名

朱文公書仙苑二字

石高三尺八寸　橫寬二尺　正書每字縱橫一尺七寸　要在安溪縣

仙苑

晦翁書

朱文公書溪山第一四字

在龍溪縣雲洞石壁上

溪山第一

朱文公書錦江二字

在浦城縣大石溪

錦江

案重纂福建通志朱文公訪友過此值山花盛開

書錦江二字於石壁

朱文公書與造物游四字

石高四尺三寸 横寬一丈四寸 每字縱横一尺七寸零在興化府囊山半仔寮

與造物游

晦翁書

五月分鈔送至此冊最後一頁止下
月應由第五冊起抄送

朱文公書滄洲歌

行書　在建陽縣考亭

滄洲歌

朱熹書

富貴有餘樂，貧賤不堪憂。誰知天路幽險，倚伏互相酬。請看東门黄犬，更聽華亭清唳，千古恨難收。何似鴟夷子，散髮弄扁舟。　鴟夷子，成霸業，有餘謀。收身千乘卿相，歸把釣魚鉤。春晝五湖煙浪，秋夜一天風月，此外儘悠悠。永棄人間事，吾道付滄洲。

霹靂巖陳曄題名

正書摩崖在汀州

霹靂巖陳曄題名

慶元四年正月二十七日郡將陳曄偆乘林文仲同閲殿巖戍兵過此

案長汀縣志云從此題名處西行踰小坡崖間有度雲關三大字旁草書細字不可盡識下坡為落月池石徑詰曲而入則碧雲洞也崖間鐫陳洪範詩云祖夏感物化幽懷良獨縈薄言税

東林偶與靈境并碧障冠晨霞金潭垂杜蘅乳竇日月避丹竈風雷迎巖阿緬蒼素崟岑列崢嶸長松倚絶巇蕙萼出奇英元鶴逝九閣霓裳耀玉京芳辰盼高景燦濇芙蕖明振衣躡遥岑盈盈得無生所志在黓庶胡緣遡赤城又有碧雲谷三大字旁小字微茫不可辨

黄氏壙志

宋故黄氏壙志

公諱裳字二齋賢姓黄氏家世儒科為浦城望族曾祖應祖希哲父端虛皆不仕自父游學始居雲間公兩預鄉書以特科授初品官調郎武尉天台丞嘉定庚午十一月丙戌寢疾卒于家享年七十有三娶黄氏二男紘淩早世三女皆嫁為士人妻孫中美公少孤自立篤志于學操履臨臣不渝生死德豈報晝為窆恐言卜以是年十二月庚申葬横山之先

塋二子駙馬中美謹泣血誌諸壙

婿進士吳容填諱

囷峯題刻

在連江縣週溪

陳舜申等題記

嘉定庚午良月六日朝奉郎前秘省著作郎兼
國史院編修官實錄院檢討官蕭樵右侍郎官
陳舜申爲考贈奉議郎樊黃偕子弟孫姪輩
修慶禮宴客於囷峯因道旁有天然二石刻而
誌之長孫從事郎元南外睦宗院宗學教授德
一謹書

趙忠定書放生池三大字

在漳浦縣

放生池

案重纂福建通志載定宰未邑令歐慶鑿池放生丞相趙忠定書放生池三字刻石後趙師晉闢西湖欲遷其碑屹然不動遂止慶師晉俱紹定間知漳浦

宋知肇慶府陸公墓誌

石高一尺八寸零寬一尺三寸五分十四行行二十五字字徑圍七分正書額題宋知肇慶府陸公墓八字亦正書

在福州鼇峯書院

宋知府朝請陸公墓

公諱佩字和之其先自光州固始入閩今爲侯官人曾祖衍任朝請郎累贈金紫光祿大夫祖□任尚書郎累贈大中大夫父□任太府寺丞累贈正奉大夫妣黄氏宣奉大夫□之孫女公以父生前致仕恩澤補將仕郎銓中調政和尉丁父憂不及赴服闋（闋）調建寧尉獲強盜賞改承務郎知臨川縣爲政豈弟

吏民安之諸司以最聞次調江南西路憲司幹官
奉司以審訟公平薦之次監鄂州户部糧科院次
通判漳州及滿丐祠為三逕計當路知公長於
撫字勉其赴闕除知肇慶府開禧丙寅之官
以疾卒於五羊享年七十有七積官至朝請郎
先娶潘氏知府翔英之女次娶林氏秘書丞之奇
之女次娶莆田李氏知府之孫皆封安人並先公卒
男二人長坡後公一年亡次域以公致仕恩澤補將
仕郎嘉定壬申六月甲申葬公于懷安縣太平山之
原與安人同穴焉姪從事郎□州安福縣主管勸

農營田公事 垣謹誌　　上官振刻

同治癸酉福州新出土光緒戊寅楊雪滄爲予購得因嵌于鰲峯書院壁間以垂永久葆亭記

案雪滄冠悔堂詩鈔云陸佃墓誌出土林潁叔方伯欲贈嵌書院予審物主人爲船廠書胥屬沈幼丹制軍求之以取值昂遂止今歲芝岑中丞竟獲之予以佃爲林文昭公壻鼇峯院長郭遠堂中丞母族即文昭裔宜嵌院壁芝帥題之遂又有詩紀事

楊孝廉浚近得宋陸佃墓志真書似褚河南歐陽率

更婉秀可珍侃為宋儒林之奇壻之奇謚文昭學者稱為拙齋先生者也 侯官郭柏蒼跋

勅賜忠惠廟額記

石連額高四尺四寸廣二尺五寸十六行行三十三字字徑一寸正書額題勅賜忠惠廟記六字分三行行二字字徑四寸篆書在福州將軍山

勅賜忠惠廟記

嘉定二年秋九月福建漕臣李陜以帥臣黄度所上福州東臺山神保捍一方民事迹精閲於朝犬略言東臺山在長樂郡治之西山之神嘘雲雨滋草木鬱鬱翹翹為山之蔽舊有祠廟民咸敬事傳聞五代閩所立垂三百年其生靈響現光怪卓卓著耀者若建寇危急為患猖獗西門方警賊駭神兵东臺旗幟也

已而土蜂㘸集鉅萬賊以去又爲大溪山盜寇〻竊
菱州兵出禦陰有神助賊覩旗幟又東壺也已而遂
殲皆撻賊以平又爲歲旱禱雨霈陰扣晴隨民〻欵
莫不如志可謂能保捍一方矣然而廟未有額舊雖
號安祐侯不載會典非所以顯神功而昭上澤推天
子實寵褒〻恩其勸哉事下禮官議請額曰忠惠俞
旨□頒侍勅賜宜刻石鄉〻父老来請文臣謂神〻
有功於民於吏〻有功于民也國〻賜于神者有等
級亦猶賜於吏者〻有等級也功愈大則賜愈崇東
壺〻神既煥恩賜□袟不□使民永有歸依其於爵

秩豈不階而升哉上方依柔百神吏思稱職亦思不
低神々功神其念茲乃書其本末而系々以送迎々
詞其詞曰
鬱□蒼々翹乎昂々逢兵不入逢旱不荒孔忠且惠
爵兕可量潔牲□兮馨黍醴坎擊鼓兮神々儀乎爐
薰兮息□旗相攸基兮神々歸
嘉定十年秋八月朝奉郎尚書都官員外郎林岊撰
并書

侯官丁氏有可觀齋錄本

伏虎巖碣

石圓而銳高一丈二尺零下廣二尺四寸上廣九寸篆書三字在興化府石室巖

伏虎巖

嘉定己卯十月　　天游道人方左鉞書

卧龍山宋人題刻八段

在福州

程師孟等題名 七行行十五字字徑六寸正書在品石巖

光祿卿直昭文館知軍州程師孟公闢同刑部郎中充秘閣校理陳襄述古提點刑獄都官郎中沈紳公儀轉運判官屯田郎中湛俞仲謨新湖北轉運判官都官員外郎劉彝執中同提點刑獄內殿承制杜該伯通通判軍州鄉官員外郎馬益損之將熙寧元年冬題

孫莘老題名 十一字字徑一尺二寸正書在品石巖

庚申孟春□莘老德孺嵩游

案莘老孫覺字覺宗元豐元年以右司諫直集賢院知福州庚申元豐三年也

陳絃等題名 四行行六字字徑七寸正書在品石巖

河南陳絃以度開封李茂直景獬壬戌仲秋壬申游安國院箋經臺

案壬戌宋元豐五年

陳襄品石巖題名 字徑五寸

宣和四年題名　五行行九字字徑六寸正書在箋徑臺

提點刑獄公事□□直邀廉訪使□□□□達夫

挈家同□□□□少晚膳安國院□暮□宣和四年

三月十六日

陳休齋題名　五字字徑七寸正書在箋徑臺

陳休齋曾來

陳孔碩等題名　二十四字篆書在箋徑臺

陳孔碩膚中馮多福季求趙師夏致道袁宗癸未清

明日同游

案多福紹熙四年進士　重纂福建通志此題
名列於烏石山誤矣
王開卿等題名經臺二十八字　正書在箋
王開卿趙履節徐清伯約陳膚仲會於卧龍山時寶
慶丁亥季春甲戌日
案橫郡名勝輯要品石山一名卧龍山出井樓门
遠迤四五里有三石圓如品字名品石巖扣之諸
山皆應又名應石有箋經臺祥元符中僧可度箋楞經
嚴經於此

侯官丁氏有可觀齋鈔本

甘露山碣

碣高五尺一寸廣三尺二寸　正書三字在興化府文賦里甘露山

甘露山

皇宋嘉定十七年歲在甲申八月良辰

署莆田縣事泰甯鄒應傳立　邑人陳宓書

宋故宗諭陳公墓志

石高一尺三寸五分廣一尺十五行行二十四字字徑五分正書額題宋故宗諭陳公墓志八字分四行每行二字篆書在福州董氏

先君諱萬卿必大字也□州候官人曾祖端仁祖文若父公蕃世皆業儒潛德弗仕母柳氏陳文惠公魯國夫人之女弟也娶何氏龍圖學士之孫女也男四人長岳娶朝奉大夫孫睎甫之女次壄娶趙魏王之近屬次嵫出為伯氏後次莘娶江山知縣施國器之姪女孫男□□□持析孫女六人長許適趙典遵餘未笄先君仁孝□□□□剛正少與伯氏和卿俱力

於學伯氏以詞賦魁鄉薦而公獨抱負不遇時人惜
之嘗為宗學諭學校中皆以為模範然且輕貲樂施
有死而貧寠者衣衾棺椁必推予之心雖慈厚亦甚
明達不喜墨釋嘗謂梁皇懺法且不能自救況欲以
是徼福耶可謂自信之篤者也日課兒孫勉力為學
戒之曰先世詩書之澤不可失墜汝曹當繼述先志
振起門戶斯言至今猶在耳晚歲遂薄世事詩酒自
娛以樂乎天命奈何一疾而遽止於斯嗚呼先君生
於乙亥二月終於甲申六月今卜以紹定己丑正月
庚寅日葬于馬牧山之原行業不可無述敬敘其大

槩以藏諸壙云孤岳等泣血謹誌

卷七 錄至宋故宗諭陳公墓志止

下次應由林標人墓志銘寫起

先記于此

九月十一日

侯官丁氏有可觀齋錄本

林孺人墓誌銘

石高一尺三寸廣二尺三寸三十一行行二十五字第十九行二十七字　年月缺在莆田縣

有宋林孺人墓誌銘

福清林氏自南渡百年號禮法家君曾祖適龍圖閣直學士祖埏知沅州父璐今爲朝請大夫直秘閣母黄宜人爲余妻十九年余官不遂江湖嶺海行路萬里君不以遠近必俱嘗覆舟驚灘十口從死獲生告身橐裝漂失且半余方窘撓君夷然如平時又嘗泛離江柁折舟漩危在瞬息君亦無怖容余負居々日多君節縮營薪水未嘗嘆不足即有祿米

君事養服用一不改舊蓋其儉至惜一錢然於孤遺
悯恤籍貽所無吝其仁至不呵叱奴婢然家務劇
易粗细不戒而集余歷官行已退休々念常勇於進
為濟向々味每釀於酬卺者君佐々也余调建陽令
君已胃弱惡食抵官且愈矣後感風痺神色逾好
不類病人余垂满君苦脾泄飲歲再苦芽百粒不止
既亟父老鄉炬環匝縣门膜拜所謂佛者為君
祈安既逝邑人相吊如喪親戚既讣鄉々賢士大
夫皆唁余曰孝敬慈顺可為内则者今亡矣君諱節
封孺人生於庚戌十一月十七日亥时殁於戊子七月六日

辰時年三十九明年小祥之翼日壬申葬于壽溪西鄉
之原男曰昌既冠曰昇女曰請曰蘩昇與二女皆夭歷生
一男一女尚幼初秘閣公夫婦賢門一時君倩約似父姊
媛肖母歸余之年黃宜人卒又三年舅侍郎卒執
喪毀瘠泣慕終身事姑太碩人恭謹靈妯娌柔順待
族戚有恩意故自返柩至封坎六祀之哭者皆哀而
秘閣公與吾母之悲憤傷痛過時而未平焉君有至性
忠孝大指皆暗與吾徒合往年虜騎大入余嘗從主
帥猜我君適患懸癰呻呼聒鄰壁余猶豫未發
君曰婦之病小捷虜入大恥君之何以小妨大也余愧其

言即日渡江雖絶尚恍恍然父又以昌屬余不忍訣余曰鰥余身拊而子不使君有遺恨也君頷頷而瞑及是爲雙壙復爲家舍以讀書休息而今而後可以脩身俟命矣乃納石藏中銘曰

黔婁於陵仲子之妻遠矣世之婦人鮮不以富貴利達泄夫子也君則異是以廛退爲嗜好以義命爲限止也然彼徒而此靡彼壽而此夭者則又何理也嗟嗟乎君行踐之可哀況恩義与倫紀也夫既无獲於彼則宜有信於此也烏虖悲夫

承議郎新通判潮州軍州兼管内勸農事莆田劉克莊□

孺人爲龍圖閣學士劉文定克莊室汝煇妣人見林希逸所
撰文定行狀其墓在莆田縣西劉山元明以来久失考光緒初
元汝裔孫爲齋上舍尚文始訪得之因修葺并獲銘出之文石於
藏中首行題有宋林孺人墓誌銘通體完好僅數字少泐
函檢後村居士集互勘第二行所缺乃禮法指三字第三
行所缺乃祕閣二字第七行所缺乃一字末行結銜署
名下當有撰書等字亦漫漶莫辨此行集中無之其
字遂不可考文載本集卷三十七標目作亡室墓誌銘直
祕閣下少母黃宜人句生年年月下無辰時辰時等字祕
閣公下多與黃宜人句其餘悉同按誌稱殁於戊子七月

明年小祥之朔日葬於壽溪西劉山計時為己丑七月壙志即先妣勒石當亦志葬時不忘以文字生平考之蓋理宗紹定二年也誌又稱為夔壙後為冢舍似文定故來合葬於此而邑乘見云墓在鼓樓山乙亥冬上舍俊根精訪乃始知別葬馬坑山之原並葬歷戊子冬裔孫元桂重修舊碣在為今秋佐郡莆陽上舍以拓本見貺此誌甫經出土金石家均未著錄爰校補闕文並考定刊刻歲月以備嗜古者采擇云 大興傅以禮節子華延年室題跋

宋故昭武户曹潘公孺人劉氏墓誌銘

石高一尺七寸五分廣一尺四寸二十三行行三十字正書額題宋孺人劉氏墓誌銘八字分四行行二字篆書在福州董氏

宋故昭武户曹潘公孺人劉氏墓誌銘

姪中大夫提舉華州雲臺觀閩縣開國男食邑三百户潘景伯撰并書

甥宣教郎僉書鎮東軍節度判官廳公事黄朴篆

額

夫人姓劉諱真善福州懷安縣人劉族蕃盛載之家譜有爲侍御著作者即其後也曽大父諱與厚大父

諱長民父諱公輔父之女兄先適宣義潘公諱懷□
愛其姪之賢遂以為長子昭武户曹配焉户曹諱子
儀莊重誠慤不妄一語笑登淳熙甲辰第夫人之歸
孝事舅姑如其父母賓敬户曹惟風指是順户曹久
遊上庠一意問學恃有内助家之有亡不問焉其任
户曹也甫三閱月以悉歸自是不復再仕未五十終
于家夫人孀居手畢婚嫁辛苦勤儉垂四十年與人
謙和族黨内外無間言至臨大事獨毅然有丈夫風
歲時饗祀雖年踰老耄必躬自滌□滌□不少懈謂
吾為冢婦豈可委之他人病既革遇宣義公諱日家

人不敢以告□□□□曰今日吾舅諱辰也雖病敢
忘哀乎命撤去葷食其孝敬若此平生無□□好獨
喜觀書論孟詩書皆能舉其大略夜聽諸孫課誦聲
遏其句讀微外即為正之曰汝某句误某□矣眸子
瞭然精強不衰晚以公筠嘗請鄉薦該遇母后慶壽
恩封孺人紹定壬辰三月十日終于正寢年八十四
子男一人鈞伯娶故宣教郎陳元吉之女女二人長
適進士黃確次適進士鄭聖錫夫人高年故男女皆
先逝孫男一人公筠是□曾孫男二人阿曾仲曾將
以是年閏月庚申奉夫人柩合葬于户曹公之兆請

□伯銘其墓景伯少時荷叔父戶曹視如己子日課

絃經誦寒暑不輟飲食寢處必與鈞弟□如是者數

歲故知夫人之行實為最詳緊欲傳信以掩諸幽景

伯何敢辭□洒哭拜而銘曰

昔在民曹　涑水其行　吾家之師　鄉黨畏敬

彼美孟光　既壽且康　逵四十朞　同此坎藏

有孫有曾　澤流不已　曷其然乎　有本如是

陳瑞刻

宋故户曹潘公曁配劉氏壙志

石高一尺三寸五分廣一尺一寸五分十九行行二十九字正書字徑六分在福州董氏

□□癸丑七月八日祖考户曹卒塟城北天王崎之原越紹定壬辰三月十日祖□□人劉氏卒夏六月將奉柩以合先期啓視壙有濕公翁悲戲失措奔歸以告母氏改卜何如母曰人之居神之宅惟安利是適欲神之冝莫若遷之吉汝亟謀之未幾得兆於石吕山先曾祖之墓左三百步奉龜以告食卜閏月庚申塟亦食嗚呼吾祖歿後十有二秊而公翁始生公翁生廿九秊而改塟吾祖先君何在祖妣復何在公

筍不肖寔治兹事其能恊神之心乎戶曹公諱子儀字行父十世祖諱季蔔仕唐爲御史中丞五代入閩由長樂參村徙東郭高祖諱常官至通奉大夫曾祖諱沖祖諱師文考諱懷英少從拙齋林先生遊與東萊呂先生爲總角交既娶生三子築書室館賢士以爲之師族里子弟皆得肄業其中名士夫多由是出今所謂山齋是已戶曹伯子也初習周官學後以詞賦選入成均時東萊以學官校藝得所作於稠人中謂必佳士及知爲戶曹公喜曰吾故人潘仲傑有子矣自是出入東萊之門聲譽日振學校名流慕與之

交王公貴人爭以禮屈致淳熙甲辰登進士第注昭
武戶曹之官幾三閱月以父憂歸繼丁父所生母王
氏艱服除調泉州安溪簿未赴卒享年四十有九一
子先君諱鈞伯二女長適進士黄確次適進士鄭聖
錫皆先祖妣卒曾孫男二人阿曾仲曾戶曹公性嚴
重不妄言笑親朋無少長皆呼為司馬公私相告語
吾黨有過司馬公聞之得無罪我乎生平輕財重義
好週人緩急同舍□困於貧每捐篋笥濟之公筠不
逮事嘗聞諸長老前輩所稱道如此泣而述□□諸
壙孫男公筠謹誌

承直郎監潭州南嶽廟陳武公書諱

建安社稷壇記

正書在浦城建安縣

缺建社稷壇記

缺巖邑風物阜盛惟社稷壇并民廬歲□久侵削

鞠缺具臨時紹定四年秋永嘉陳侯昉來宰斯邑

喟然歎曰□□是缺壝為四東社西稷□□雷□附焉

壇三成壝四門其方崇之度各有數缺畢備繚以

垣甃以甓植以松柏合其地縱二十有五丈衡十有五

丈吳缺揖閣偉嚴邃□大都而無也侯去之六年

忽以書屬埜曰始余之築斯壇缺西山先生真公登

而喜焉曰吾爲子記之及先生守泉貽予書曰記將成

矣缺今邑令廖請□□□集以應同門之士莫若

子子其爲我述先生之缺社稷者多矣未易□（措）語

必得一大議論以發之所謂大議論者缺楚聞命

憮然曰悲夫先生之言大矣侯之志勤矣楚愚

陋何足以知之雖然缺之祇也（而）□□□配焉稷則

專爲原隰之祇能生五穀者而周缺唐典其制

甚備孟子曰（盛既備）民爲貴社稷次之君爲輕又曰犧牲

既成粢缺稷蓋國以民爲本社稷則□□□□

□人非土不□非穀缺流行於覆載之間以育

萬物而□□□□□此也缺責也然必先厚其在
我〻〻誠而後可以望乎缺王〻制國家〻典所以治
人而事神者為何如缺則皇〻於妖淫〻祠僕〻
於緇黄〻宫風俗日缺（濡）先生〻所謂大議論者雖
不可得而聞而僕（僕〻聆）缺也尚禮教明政刑深得聖門
學道愛人〻缺（旨）也壇〻建治材役人患償□（償所）直
不傷於經缺視有制皆書以諗後人俾勿壞缺
建寧軍府兼管内勸缺煥缺

案祖之望寶宋亭記云城西烏石巷即古官社巷也宋嘗於此建社稷壇明成化間築城改卜於德星門外此碑巋然獨存者今且面墻而立矣洗剔搜搨得四百二十二字乃宋紹定四年陳侯昉等與真西山定議築壇之成後六年爲嘉熙二年屬知建寧府事王公埜爲記而邑志失載昔米元章獲晉人書作寶晉齋今祝昌泰亦作石亭以寶此碑名曰寶宋此五百七十餘年日物之絶無而僅有也

又案重纂福建通志稱舊志職官有陳昉題

名嘉定間任今以碑考之則係紹定四年此碑作於陳去之六年距先生之殁已二年蓋陳侯追述先生之初許為記继以守泉不及為而屬王埜為之也其孫同門者則以先生曾保陳昉堪任監司又跋王埜平寇録有云予友王子文是也

延壽橋碣

碣高七尺五寸廣二尺八寸　三字字徑一尺五寸餘已書在興化府城延壽橋頭

延壽橋

郡守林清〻立

郡人陳宓書

重建武夷祠堂記

正書在崇安縣

重建武夷祠堂記

王遂撰

王鑑書

國初學校未立而四祠堂已興名賢卿相多出其中學之

不可一日廢如此嘉曆間詔州縣置學來游日衆孔孟之

後傳說之起盈目而不信塞乎而不決其歷千八百年周程

張朱極而闡之尊奉朝安中國為教若大士生是時猶得

其學而又得其所以學三代而下未有盛於此者也白鹿嶽

麓東湖象山者亭建寧莫不有祠堂而武夷諸峯山
水清美神仙之窟宅隱君子之盤旋作為精舍昔者
胡劉之岡雅朱子之講學諸生不遠千里而聚首執經問
以寫天地之秘以發鬼神之之蹟嘗在於此而大闢山坂九曲稱
在往為漁夫樵子之歡玩學士諸生因已隨其所學而解
散矣仁智有堂書樓有館既已荒蕪而草莽蔽蔭而叢
草矣季子侍郎在家孫郎中鑑動來學之思懷肯
堂之念因精舍之舊葺治而廣大之士人熊嶽正樸茂
而恬靖不妄納交因委其居守又虔樞好學而粹於文不苟
於科第就命之講說崇安攸進欣然從之游前使者

僖公友文彭公方揆公田以食之今大夫陳君樵子捐俸
金植大其規模以養以誨實異不替遂命置錢酒以饌
欲游山中亭曲之勝而未能也大虹橋幔亭因騷人逸士
之所動心而四往十傳志昭意悟乃於山林有取焉何武爵
祿軒冕非禊閒意見之所能及游心於獨觀理於物
心有出於耳目思慮之表遂老矣不能起文公於既往質
平生之所疑顧與里之後生誦詩讀書以待世所未至
或其天子賜歸翱翔山中昭以觀槁道德窮哉而歸
是非大夫崇爲之意歟精舍立於僑堅癸卯修於僑
甲辰爲之者知縣陳君樵子佐之者邑士熊蒙正

房櫨云

劉偉甫壙志

石高一尺一寸廣一尺四寸七分十五行行十六字 在興化府延壽山

余長男將仕郎偉甫丰姿玉立樸神□□有家庭
之見閒金子弟之過失□□□□疾歿于京邸行
路為之隕涕□□□父子乎自責此後生意索□
□□□□□劉肺肝今夏聞此柩橫為□傷□
□□□哉殆今猶未愈力請得歸及□□□□□
此葬巧女此所鍾愛當為□擇□□□□□當選
立嗣為此嗣者□□□□□□恕靜□一房賴以扶
植□前□□□□葬啟穴□際謂天理全昧視此

坏土歲月曷得寃痛难乎悲夫尚忍言之姑記歲月

於坎當求此　後村伯父銘以示不朽以遂此志其生以

乙亥七月二十日申時死以甲辰六月二十五日戌時葬

以丙午十一月十七日寅時湻祐六年劉克遜奉競誌

宋重金山題刻一段（宋人）

在福安縣

鄭寀等登重金山題名　鐫馬鞍石上

淳祐丁未臘月二十九日北山鄭寀偕邑令鄭

黼同登

水村遊釣碣

石下截已缺上截高左四尺八寸右四尺五寸廣二尺九寸五分隸書在興化府城桃巷劉氏祠

水村遊从

鄰舍翁後村𫝊

前郡守竹溪

南山樾蔭

石高一尺二寸 横廣七尺七寸 在莆田縣南山鄭祠

南山樾蔭

寶祐四年爲南湖鄭先生書

後學文天祥

涵江書院題額

石高二尺五寸，横廣一丈一尺二寸，榜書，上有理宗御寶。明岳正重建涵江書院，仿摹是額于上。

涵江書院

薦福院記

碑高八尺四寸廣四尺二寸分四層每層二十四行行一十二字額題南山薦福禪院方氏祠堂之記十二字篆書在莆田縣陳宅巷方廷範祠内

薦福院方氏祠堂記

忠惠方公用太史公自叙法論述其世次甚遠至唐末諱琡者爲鄣禇府長史子諱殷符爲威王府諮議以平巢功進銀青兼御史中丞僖宗中和四年也中丞七子第三子諱庭範歷官長溪古田長樂三邑遂定居于莆愴念中原蘩葵祖父衣冠於烏齊壺田及卒葬靈隱山以子貴贈金紫　然古老相傳

猶號長官云長官嘗欲營精舍以奉先合族而未果六子水部員外郎仁逸秘書少監仁岳著作郎仁瑞大理司直仁遜禮部郎中仁戴載正字仁遠叶力以成父志請隙地于官買南寺某司業圃以益之於是薦福始有院既共施寶石全庄田三十石種又施南箕田七石種南门田三石種秘監也施滁上田三石種正字也施濠浦田十石種禮部也增景祥橫圳田六石種僧先祖住山有麟也計種五十九石產錢七貫二百六十五文於是薦福始有田見於莆田令君呂承祐之記舊祠長史中丞長官三世及六房始祖於諸祖遇中丞祖妣長官祖二

壯忌則追嚴中元盂蘭供則合祭六房之後各來瞻敬
集者幾千人自創院逾三百年矣夫必一日後稍衰落賴
寶謨公忠惠公後先扶持而復振至景定庚申院貧
屋老賦急債重主僧寶熏計無所出將委之而逃忠
惠子寺丞公憫七祖垂垂廢祀慨然出私錢輸官平債
經理兩年銖寸累積一新門廡殿堂乃帥宗族白于
郡曰郡計取辦僧剎久矣新住持納助軍錢十分滿
十年換帖者亦如之問助軍多寡未嘗問僧汙潔
剎烏得不壞亟令本院歲納助軍一分歲首輸官
主僧許本宗官高者選舉又曰院以葺理而興以科

數而廢今後除聖節大禮二稅免丁醋息坑冶米麪
船甲鋼毛知通儀程炭照古例輸送惟諸色泛數不係
造司需求陪補僧正借案腳試案等官司所濟悉發小
院被擾悉窮並乞蠲免郡照所陳給據仍申漕臺
禮部禮部亦從申符下郡縣乃諭于廣族曰南山
祝聖道場也歲滿散日族之命士有隨班佛殿而不
詣祠堂者自今祝香畢並拜祠飲福院辦麪飯併勞
僕夫又靈隱金紫墓昔拘丞嘗公姓命士輩人監
學生多不預祭自今省詣院辦酒食請眾拜掃內
赴官入京人免分胙眾議曰宜著為規約願世守之寺

丞屬余記其事余惟古之尚論世家者曰種德曰積善

然成季宣孟無後臯陶庭堅不祀非種積之不善殆

顯揚之未至和長官以孫身仕閩猶爲唐官及五季分裂

仕者多就其方六子皆仕王氏入宋長官諸孫擢甲科以

文章功業著見號名臣者項背相望遂爲本朝故家

甲族余讀忠惠序譜之言曰合天下諸方莫如莆之

盛合莆之諸方莫如長官之盛蓋祕監五傳而有宗卿焉

禮部九傳而有忠惠焉宗卿哭奏陵寢淚濺御袍忠

惠昌言倫紀譯觸天顔開其風者百世興起七祖種積

于前二賢顯揚於後其世祀也宜哉新祠成併祀二賢于

兩傍以爲榮世臣子軌則非直侈方氏一門衣冠之盛而已
寺丞方盛年而繼先志捐私財而倡義舉力善進德未已
余嘗屢書不一書宗卿諱庭實忠惠諱大琮寶謨諱
信孺寺丞名演孫方需次建昌守主僧法通嘗刺血書
楞嚴法華二經其寺丞之所蹙舉猶院惟一僧通至末
我變律為禪今十有二僧賜如叢林云咸淳元年六月日
煥章閣學士通奉大夫致仕莆田縣開國子食邑六百
户劉克莊記中大夫直寶謨閣福清縣開國男食邑
三百户林希逸書

鐫者楊慶

宋知縣宣義朱君墓誌銘

石高二尺二寸廣一尺六寸二十五行行三十五字字徑四分正書額題宋知縣宣義朱君墓誌銘十字分五行行二字篆書在福州

宋知縣宣義朱君墓誌銘

朝散郎前通判漳州軍州兼管内勸農事賜緋魚

袋李億撰述

奉議郎新通判池州軍州兼管内勸農營田事提

舉□田賜緋趙櫄夫書

通直郎直祕閣賜緋魚袋致仕梁應庚篆蓋

大丞相文靖朱公倬際遇思陵擢居元輔孫枝赫弈

簪紱蟬聯爲吾邦中興相閥之盛文靖生府丞端學克脩其美嘗衣繡江右府丞生吏書文潔公著立朝謹重居家清儉鄉黨取法焉文潔生二子延平史君子茶其季也力學好脩有父風歷湘樵二郡多惠政人以比古循吏晚恬榮進專一壑不改其樂自號草窗君草窗之次子諱揆字藻卿娶李氏信仲兄江西漕幹任之女仲兄歿長兄靜齋逮倅脩憐其孤擇對甚審媒氏以君爲言靜齋雅賢君父子諾其請親迎之日竹湖兄韶導以入退曰佳壻也少以祖澤授承務郎銓中監涵頭鹽倉既至值旱飢艘運入境邀價不

侯官丁氏有可觀齋鈔本

發君罄己俸倡官帑且貸之上户合爲緡四萬増救
誘糴損直賑糶區畫有方惠徧廛野里之豪右欲掠
君之美嗾烏臺鄉貴以苛征船户誣之君拂衣歸了
無愠色事白調平江府糧料院改泰寧丞縣故有營
田民冒耕歲久郡懲庚寅辛卯變置未啟向至是始
檄君攷覈君不怵不繳束吏勿擾人吐其實歲増官
米三百餘斛□滿注海豐縣改少縣皆不赴宸後知
上杭視印□陜鄰邑竊發亟治守備明諜候寇至躬
率尉稟民兵戰禦捐賞激勵人皆用命寇敗走邑□
以安士民書已繒聞其事于州州有得民心之褒將

上功翔者俄丁草窗翁娟功者□仇偶總專戮併中
君君曰吾無慊置不辯上杭瘴癘地素前空寇未平
凋度方殷郡背□□星火君不為沮從容爬梳卒皆
辦集生平奉親孝居廬哀毀寢疾以卒生於寶慶乙
□二月癸丑以咸淳乙丑閏五月壬戌終君眉宇秀
整見謂芝蘭玉樹性敏銳遇事立剖不以累其心雖
生長貴胄嗜問學循禮法安澹泊□躁競臞然丘壑
士也入仕二十年書考功曆僅五考積階上宣義郎
傷哉直道事人為往而不三黜君男女各三人文撒
文袞並將仕郎餘俱幼慶其在後耶信一再入弔姪

女逗曰將以是年九月丙申朔葬君於賢沙飛来峯之原請銘其辭曰

蟬蜕綺紈　慕蒨修兮　宜壽而夭

理數幽兮　風蕭猿歸　澤千秌兮

鄧□刻

侯官丁氏有可觀齋錄本

宋朱藻卿壙志

石高一尺五寸廣一尺零三分十六行行二十字

字徑五分正書

公姓朱諱掞字藻卿號梅溪師相文靖魏公四世孫

由光貫閣曾祖諱端學提刑府丞秘閣贈金紫祖諱

著龍士吏書贈少師謚文潔父諱子蒸三歷郡朝請

大夫母宜人陳氏生母林氏公以寶慶乙酉仲春二

十二日生長汀縣治咸淳乙丑閏夏二十五日歿授

祖京澤銓中監酒頭倉歷知泰寧丞知上杭縣俄丁

父艱未祥而逝哀哉積階宣義郎取李氏清忠公詔

姪漕幹朝散任女男濬老文衮將仕郎取黄氏忠簡

公伯固孫文晃皆卒文蔽前儒林郎温陵理椽女四
皆殤長適黄國録明叟男碩次適葛知縣淑翁男公
輔次適劉綱卒孫男革孫女長許適真文忠公德秀
孫衍次許適陈文恭公誠之孫棣翁次未笄二尚幼
初葬兎山林坑岐羅兵擾文蔽忍死奉藏至元己丑
三月甲申祔窆四世祖巽山之原姑叙其略詳見外
叔祖鄭倖諱信誌墓云孫子文蔽百拜泣書
表弟前迪功郎興化軍莆田縣主簿陈佐填諱
魏文刻

侯官丁氏有可觀齋録本

陳煒墓誌銘

石連額高八尺一寸濶四尺二寸三十八行行六十八字額書宋提舉秘閣太常少卿退庵陳公墓誌銘十六字篆書在興化黄石東沐陳氏祠内

宋提舉秘閣太常少卿退庵陳公墓誌銘

龍圖閣學士正議大夫致仕莆田縣開國伯食邑九百户劉克莊撰文

門生朝散大夫直焕章閣提舉福建路常平義倉茶事兼提刑徐明叔書丹

門生朝請大夫顯文閣待制知福州福建路安撫使新除權刑部尚書洪天錫篆額

陳劉二氏祖父世聯墻子弟幼同學予為童子時與
君及二兄俱受學於鄉先生方澤孺余及長君已冠
仲兄及君尚髫髦長君伯有尤英妙為澤孺先生器
重余時方鈔誦歐曾李泰伯夾漈湘鄉二鄭艾軒遺
文冥搜苦思欲與方駕人皆笑其迂惟君兄弟與予
同好君諱煒字光仲年甫十二三識者見其眉宇曰
此陳氏白眉也未幾長君蚤世予哭之慟仲兄燁亦
頓挫場屋終於韋布而君未三十擢庚辰丙科調三
衢户曹秩滿再調延平理掾未上改台州推官杭相
李文清公出牧惟敬重君事必咨焉州境旱荒委君

檢放君所至集隅保田鄰計畝鞭禾劘量分數無錙
銖差他官所申訟牒紛至惟經君手衆稱公平郡有
久年不決之囚臬臺委君檢覆君密訪耆宿知死者
疇昔瘍生於脛君曰吾得其情矣臬臺以其説推鞫
官吏免失入被誣者獲昭雪文清大喜以京秩薦後
爰立擢公清要實基於此考舉及格改秩知永福縣
邑多寓貴緘狀多或數封君雖為書判然未嘗行移
且大書揭示云某官封至某狀觀者愧赧由是齟齬
無事目可漏矣期年以從兄允修倅福避嫌改調吉
之太和以樽節錢為民代輸本年税役及舊年未納

者時建督府諸郡困於軍需以苗頭計增斛面縣額
不下十萬君袖告勅詣郡力爭云此等敷斂不可使
邑人稱自陳知縣始甯別措置以助軍餉士民遮留
曰願出税米豫借縣家無失我好知縣君答以不親
行斷不可免甯去而不可增從則回縣不從則去郡
守江泰之為備申果得請而還邑人祠君於快閣之
側君禁止不能遏遂計所費而償之時諸邑爭科斂
奉承惟太和境內晏然無擾文清公薦於上以計院
召輪對言鼎足有承君之象廟堂無任責之人懦而
不能為知而不敢為靡有所不為指當時大臣而言

也又舉申公力行之語以諷議時政歲餘遷國子監
簿未兩月御筆除監察御史力辭至再有言之若易
為之實難之語上命弗俞勉强供職皂隸請入臺官
廨君嘿嘿不答及上第一義彈數執政中外駭愕有
令換疏君答以某頭可斷疏不可換飄然出關繼有
太府少卿之命不拜而行淳祐壬寅元日召奏事力
辭除廣東轉運判官入境建臺潮惠民訟首吏君黥
之潮守暴横人皆以為當軸上客不敢問君疏罷之
初君之出臺也人未知君底藴以秦疏求君之意或謂
懦不能為者謂某人某人知不敢為者謂李文清

靡所不為者謂山相疑君主山相者然靡所不為本
非佳語及劾潮守人始知君之心山相果怒未幾奪
漕一閑十年及安晚再相以舊臺諫例盼予郡之命
起家牧潮郡計舊取辦科罰兩造勝者輸賀喜錢負
者納贖罪錢君首釐革民遷善遠罪不敢犯節浮費
卻例卷為官民户僧寺代輸全年夏税及累載畸零
為錢二萬三千餘緡歲暮復給軍民家千錢又繕學
宫葺庵驛治城壁潮人至今深思之擢知袁州吉州
皆不果行兩奉祠廪余庚申名歸禁近壑公既歸衮
問余鄱陽關守見大夫誰可使者余力言君漕廣刺

潮勞績鏊公亦自知君余曰公以元勳獨相進擬何

患不從但安晚嘗欲再除君卿少上云斯人曾論李

宗勉賢相也不果名安晚以玉音見告余曰君乃李

文清所薦豈有此事論文清者自是同姓陳震察院

上誤記其名爾余請安晚爲辨誣晚云上意不順乃

是渠命未通只得少待顧鏊公記此語上若再記得

舊話須力爲之辨明上必感悟及進擬皆如余言加

秘閣以寵其行然鄱陽吏士來迎中道爲言者所沮

不果行鏊公又問余廣舶卓夢卿苦求祠孰可代之

余答曰前薦陳煒亦嘗歷察官卿少資望與夢卿一

同未出命間余去國後卒以君代卓君建琛臺懸海
賈以命易貨向來互市使者强買乾没之事毫髮不
施以所積贏餘二萬緡創拉當庫收其利息為天時
不順之備綱解水脚之需君久于外上知其清介無
附麗以樂卿召列於吏夔之選矣而止或厄之奉雲
臺祠角巾東路若未嘗貴顯者葺治園畦花柳浚沼
種菱芡即所居之側為小閣以通圃中前舊亭臺皆
粉飾而增廣之昔筆牀茶竈僅可以葉舟載往舍南
舍北小小丘壑爾今輕棹小舫可以由溝而達溪由
溪而涉江矣君人間之味薄物外之趣深居鄉不以

一事干郡邑不以一字通權貴累任嶺海遇歲荒糴
貴常艎南粟至莆鄰里鄉黨無親踈厚簿扣戶賑贍
人人蒙惠為佛老事祈君福壽者屢書不一書也前
輩有為族人作義莊者有身為相而只作郎中戶者
君待兄子如已子男析財產受恩澤女厚奩合巹命
士皆今人之所難晚好讀易及莊老書余耄且盲君
健如虎燈夕猶赴郡宴明日又攜家入郭遊覽偶感
微恙來求歲丹予奉三粒而勸勿餌君猶隱几端坐
若無甚苦奄然委蛻戊辰正月二十三日也高年七
十有七積階至朝議大夫沒之日里巷常受惠者相

率三百餘人膜拜所謂塔者至君靈几盡哀而去君
系出太丘長上世由固始遷莆遂聚居烏石山前曾
祖膏故太府少卿累贈少傅祖雅故通直郎知福州
長溪縣事父松贈中大夫母方氏贈令人娶劉氏贈
恭人先三十八年卒子男四人長息文林郎南雄州
錄事次定孫朝散郎軍器監丞知無為軍出繼四明
資政樞密長子允修次至修職郎英德府戶錄次埜
修職郎廣州新會主簿女三人長季早亡次適朝請
郎知贛州方演孫孫男三人鑑將仕郎履公豐公遺
澤未奏孫女二人長適葉丞相孫登仕郎壽頤次未

銗姪甯孫將仕郎姪女適修職郎新泉州晉江縣丞
顧介孫君卜遷於烏石山使星亭之側置冢舍庵鄰
皆甍連棟接輪奐新明成一聚落以咸淳戊辰臘月
辛丑日合葬諸孤記書世系歷官及卒葬年月于坎又
奉所著家傳來請銘如君之賢宜得李北海蔡中郎
碑之庶可以照四裔而不朽繼前修而無媿余豈
其人哉然發明君與杭相終始之至情昭揭君與山
相齟齬之大節或附伯夷青雲之傳不受元規西風
之塵則予於斯文非唯不讓李蔡欲駸駸度驊騮前
矣昔人有言鮑叔知我又云君知我勝我自知予意

君地下精爽覽之必曰此吾同學兒劉子八十餘之
老筆也君子孫皆抱負志業方興而未艾塱兄弟記
君言行無毫髮遺軼章貢使君狀君尤詳實予所未
及者可以互攷乃系之以銘銘曰叔世人物之論兮
求全而責備或尊寵於朝廷兮或不容於州里或家
修而廷壞兮或鄉譽而朝毀猗吾退庵兮則異於是
窮通一念兮用舍一致其笑談金石之擊撞兮其氣
宇風月之光霽予嘗觀之於臺閣論建之間兮又熟
察之於閨門倫紀之際外敬其英邁兮内服其純粹
及入而對仗兮凛鵰鶚之獨擊出而攬轡兮問豺狼

而不避泛觀時流兮奚啻於累百歷數前修兮僅有其

一二銘之以補耆英傳兮又以其副上之太史氏

宣教余公孺人張氏墓志銘

石高一尺九寸，寬一尺六寸，二十三行，行三十字，字徑五分，正書。額題「宋宣教余公孺人張氏墓志銘」十二字，篆書。在福州烏石山致用書院。

宋宣教余公孺人張氏墓志銘

迪功郎新差監潭州合同茶場張文虎撰并書

甥迪功郎新瑞安府府學教授趙桂芳篆額

予長女□適太宰余衛公四世孫諱充國，字漢佐。曾祖日章，朝散大夫、徽猷閣待□□；祖嶸，故宣義郎、湖南帥機；父必遂。妣安人曾氏、孺人曾氏。曾祖廉夫，故迪功郎；祖綸，故國子進士；父璃，故迪功郎致仕。母

林氏見封孺人予先君致政歸母孺人以艱苦立門戶
教二子讀書不使預家事女弟屆長未及笄能為父
母綜理纖悉予家賴之致政酷愛此女為擇佳妃知
宣教公賢而蚤孤事母兄以孝敬聞年二十三嬪于
余奉姑安人曾氏孝於在室時宣教亦盡以家事
屬中饋相敬如賓生男二人德玉振玉女一人初宣
教兄娶邢氏相繼捐館無子母夫人念念不置及
女弟産第二男乃喜若釋重負方踰年女弟以産
疾下世姑曾氏哭不絕聲宣教亦誓終身不更娶後
十二年宣教忽感微疾不起諸甥零□孤苦亦惟予

毋孺人□□□□□皆成立長男德玉娶州鈐洪公
震之女次男振玉出繼猷□□都廂張公豹變孫女
女一人納知縣曾□之孫曾知遜聘禮未行皆予毋
□人實經紀之嗚呼予哭女弟二十餘年繼哭宣教
又十餘年逝者如斯諸甥皆成立矣兹竊第還侍嘉
二甥能叶力成負土之役且求予銘予惟弟能敬□
故矣不獨使已有後而□使其兄之有後予女弟四
人皆善子甥於余者有二焉盈虚消息是蓋有數予
於宣教孺人夫矣憾宣教生於嘉定壬申卒於景
定庚申享年四十有九孺人生於嘉定辛巳卒於

淳祐己酉享年二十有九越德玉以咸淳己巳九月二十

三日奉二柩合葬於文山之原銘曰

魂氣遊變　血氣尊親　己子兄子

皆吾體身　霜露悽愴　禮樂鬼神

文山之原　昌厥後人

刻石陳洪

此石同治甲戌侯官鄉人得於田間已賃作硯材楊

雪滄林肖軒聞而輾轉爲予購獲今將去閩

留嵌致用書院壁端以壽諸世戊寅荷花生日

芝岑孫亨識

同治甲戌楊孝廉浚得此志石書法娟娟似虞世南
文虎稱竊第還侍其爲諸科進士可知郡志不載
志稱奉二柩合葬而墓石僅署孺人頗見新異侯
官郭柏蒼跋
此石末銘曰二字有直鑿痕刻石陳洪有横鑿痕
蓋將鑿爲硯矣所云太宰余衛公即余深與子
日章均見宋史侯官楊浚跋

孟氏墓誌

石高二尺五寸五分廣一尺八寸六分出土後隨即被燬茲追錄其文行字無從細考皆即輞川圖刻

宋□□提舉祕閣工部西墅劉君妣夫人孟氏墓

誌銘

孟氏莆人也諱靜次居三嘗祛而婉順□少□事工部

產子多不育僅一男曰偉甫秀異□羣兒已補將

仕郎嘗再婚而無子以□□令興甫之子將仕郎在

爲嗣一女小名巧適修職郎□□□府教授□濟孫□

偉甫早夭工部所鍾愛哭之慟□而痛未□俄亦即

世所生母常忽忽不樂後二十五載亦以疾不起生於丙辰

八月十九日亥时卒於辛未十一月二十九日享年七十六卜

葬於陳倉祔偉甫之塋以壬申端月二十六日權壙前期

求銘乃系以詞曰

小而從人　亦既有子　華而不實　傷哉未已

踦七望八　崖則亦尊　没安□□　相從□□

輞川詩殘刻

与孟孺人墓誌同一石分上下截上截高五寸刻詩下截高二尺五寸刻圖

宋刻輞川圖併詩

詩

北垞 依原刻錄入

北垞湖水北雜樹映朱欄逶迤南川水明滅青林端

裴迪和

南山北垞下結宇臨欹湖每欲採樵去扁舟出菰蒲

欹湖

吹簫凌極浦日暮送夫君湖上一回首青山卷白雲

裴迪和

空闊湖水廣青熒天色同艤舟一長嘯四面青清風

臨湖亭

輕舸迎上客悠悠湖上來當軒對樽酒四面芙蓉開

裴迪和

當軒彌滉瀁孤月正徘徊谷口猿聲發風傳入戶來

柳浪

分行接綺樹倒影入清漪不學御溝上春風傷別離

裴迪和

映池同一色逐吹散如絲結陰既得地何謝陶家詩

合文僧昭二禪師塔碣

石高一尺四寸廣八寸共九字在福州玄沙山

宋合文僧昭二禪師塔

按合文僧昭分四字行寫

侯官丁氏有可觀齋錄本

宋瓢峯山題刻一段 宋人

在霞浦縣

康執權等瓢峯山題名

邑人侍郎康執權與其子敦郎中呂公勤辛
林小瞻王子堅孫伯虎刻石紀遊題

演嶼聖跡碣

石高六尺四寸五分廣一尺五寸六分在莆田縣城内坑墘

演嶼聖跡

文天祥書

橋亭卜卦硯銘

硯縱廣七寸橫寬四寸五分上橫題橋亭卜卦硯五字篆書銘二行分左右邊草書背四行程文海銘四字一行在右下角宋謝侍郎硯大字一行居中趙元記二行在左並正書

此石吾友也不食而堅語有之人心如石不如石堅詎似當年採薇不食守義賢也

程文海銘

宋謝侍郎硯

大明永樂丙申七月洪水去橋亭易為　先生祠

相地得之　閩後學趙元□□

侯官丁氏有可觀齋録本

八閩文庫

八閩文庫
文獻集成
299

福建文獻集成

吴格 主編

續編 史部 五九

海峽出版發行集團
THE STRAITS PUBLISHING & DISTRIBUTING GROUP
福建人民出版社

本册目次

閩中石刻初編十四卷存十一卷（卷九至卷一一）

侯官丁震輯録

北京大學圖書館藏稿本

武夷山元人題刻四段

在崇安縣

達魯花赤李羅等題名　刻題詩巖

至元後庚辰春浦城達魯花赤李羅同崇安邑史林錫翁奉上司命造茶題

毋逢辰等題名二段　一刻題詩巖　一刻響聲巖

至元庚寅三春劍南毋逢辰修創書院董役者趙必社安天民熊禾詹光祖彭文甫書

至元庚寅重三節蜀人毋逢辰督修武夷書院畢偕趙必社安天民趙若羅元豫詹光祖彭文甫劉

應徐來觀文公題

案：逢辰（字希説，號梅庵）大德間任福清州，先祖（字良嗣，號月崖）崇安人，居武夷

徐夢奇等題名　刻響聲巖

至元庚寅臘月八日，古桂徐夢奇德麟詣武夷，拜謁文公祠下。翼日，與院教詹先祖泛舟九曲，徧覽仙迹。同遊宋吳章德馨，後至者蕭九成，期而不至者熊禾。

案：夢奇大德初任福州路總管同知

李良傑等題名　刻大藏峯

朝列大夫建寧路府判澶淵李良傑偕崇安主簿樵

川高道孫沖祐住山張與玉等泰定丙寅孟春曾遊

案武夷山志張與玉號霜崖三山人性雅善詩居武夷

羽流多從學閩憲薦授法師無疾而化

烏石山元人題刻 二十四段

在福州城内

參政易陽焦公寬甫會道山亭題名 正書徑二寸

歲元默敦牂中秋後ゝ二日閩省參政易陽焦公寬甫自清源歸覲道福唐又三日宣慰秀巖石祥甫載酒會于烏石ゝ道山亭申屠行雲甫省郎鎮陽毛淳卿提舉東平古純甫實家南洲卞仲元佳山釋紹玉與焉时秋雨霽金飈薦涼秀壁蒼巒雲煙晻靄如助獻酬者而衍波長陸平疇遠水皆隱現吞吐于履舄ゝ下真奇觀也蓋自閩

即有此山閲幾千年而有今日其可無以紀歲月筆之者申隱雲甫葬之石者釋紹玉也

秋澗老人登道山亭題詩 正書徑三寸 刻蠵桃塢

都會東南未可夷衣冠文物見多儀儒風興盛猶唐館霸氣沈雄入釣池海近重城朝日早江圍平野暮潮遲道山亭迥斜陽晚一片瑶鐫照詩時至元庚寅夏仲重午登道山亭秋澗老人題男公孺侍行並士人劉三益

葉重纂福建通志劉三益下尚有王公□□福唐時□近今三十八年等字

雪巖逈徒沙羅巴等題名 正書徑五寸

雪巖逈徒沙羅巴海巖逈徒苑吉祥雪庵宗師李

溥光大德二年四月望同登絶頂

濟南趙文昌同雪巖繼綄飲道山亭題詩 行書徑三寸

城綄青山市綄河市聲南北際山阿雲來雲去三

晡雨霜後霜前雨熟禾東郭農人報豐稔西皐

老子六婆娑肩輿到處皆名刹時與高人醉蹋歌

大德二年立秋日同雪巖繼綄飲烏石之道山亭濟

南趙文昌題 住山□烏石也□摹刻

林君則游道山題名 子似祖正書 徑三寸

天曆己巳仲冬八日括蒼林君則偕建安張伯陽

游道山子似祖侍書

張伯陽等題名 正書徑六寸

至元後庚辰人日建安張伯陽偕大名路仲□重游釋覺山 下缺

劉順老題名 隸書徑三寸

至正趙州三年癸未重九福唐劉順老偕子惪生懋生應生恩生志生爲大祖拂塵莆田鄭杓永陽梁說同拜

孟誠伯等題名 隸書徑六寸

趙州孟誠伯真京口蔣天則元用來游閩中三烏石山莆田鄭杓子經書石廣信章容元度勒字

章容等題名　隸書徑一尺五寸

章容元度鄭熺宗晦鄭詵子釋姜柏子貞鄭畊

子山來觀薛老峯字隼尾法

八都兒等題名　正書徑三寸

中書省斷事官八都兒丁令史王敬先江南行臺

監察御史安止善書吏曹能之福建閩海道廉訪

副使馬合麻德卿索士嵓知事張允中照磨王

正巳同登道山實至正丁亥冬季月乙酉日也

僧家奴等道山亭聯句詩　隸書徑四寸　刻[illegible]桃塢

進陪偶上道山亭疊嶂層巒繞郡青　子迪萬

業憲使僧家奴僉憲奧魯赤申屠駉赫德爾憲副朶兒只班經歷趙譚知事任允皆可補志乘之缺申屠駉高郵人監察御史福建廉訪僉事見萬姓統譜僧家奴見於元史凡四未知為何人也

井人家鋪地錦九衢樓閣畫幃屏 元卿波擬海
月添詩興座引天風吹酒醒本初久立危欄頫北
望無邊秋色杳冥冥 文卿 右憲使崞山僧家奴
元卿公僉憲奧魯赤文卿公申屠駉子迪公赫
德爾本初公暇日燕集聯句也譚忝備憲幕
重維諸公皆文章名士南北隔數千里同仕於閩以
道義相處文字為娛誠一時之佳會因勒諸石以紀
我元文物之盛云至正九年八月望日經歷趙譚識
知事任允書憲副朶兒只班善卿公徙登斯亭
覽山川之勝概觀羣公之賦詠曰此盛事也遂

案重纂福建通志
作乃麻歹延祐間任
福清州廉訪使許從
宣僉憲普顏帖木
兒郭興祖經歷王欽
知事彭□照磨禾
顏帖穆兒並足補元
職官之未詳

題於後

閩海道肅政廉訪使許從宣等題名 八分書徑二寸 刻蟠桃石

至正十二年龍集壬辰九月九日福建閩海道肅政廉訪使許從宣僉憲普顏帖穆兒郭興祖乃馬歹經歷王欽知事彭□照磨禾顏帖穆兒同登蓏山是日也天宇泬寥霜風動厲感茀物之脫□思鷹隼之□擊仰瞻宸極對越芒迹不徃昇高望遠以為樂也遂命從事者題名勒石以紀勝遊云

燕山李世安題名 正書徑二寸 刻天章臺

至正壬辰冬余以栢府之命巡廣海經三山止神光寺

案重纂福建通志作建部令迎僉乃郭繼光

明年正月朔寇逼郡城是日与廉使許希文共守南门
董督備禦越二十六日建部令憲僉乃郭繼先率援
兵南下賊遂敗潰甯適迄秋余自廣回復假禪榻之
安者踰月凡山川之形勝民物之殷庶無不在心目间也
噫人生等浮漚世事如轉蓬是以登茲山而增慨搓
故實而興嗟攸之紀然遊者亦必覽是而有感焉至正
十三年良月九日前大興府尹海道都漕運萬戶燕山
李世安識附侍行吏吳人菖思讓也

王伯顏等題名　正書徑四寸　剝道山亭

至正庚子夏南臺羣公命於道山亭歷覽山川興懷

案王伯顏字伯敬霑化人至正九年守福寧

今古刻石以紀歲月都事王伯顏不花彥芳監察御史易普剌金仲達鎖飛鵬畢觀童用賓通吾卜顏帖木兒仲賢宣使孫士敏沙學察史武徵文獻高仲彥賓王宜叔宜楊志希尹幕史達蘭不花元善四月二十又五日監察御史孔訥世川謹誌

燕赤不華遊道山題名 八分書徑四寸

至正甲辰春二月乙未朔銀青榮祿大夫平章政事雪庭公遊道山仲子岳山季子完澤鐵牧爾侍行公名燕赤不華字子實散□□氏尸溧陽天台鄭守仁董題旹住山釋宗廣刻石

忠孝文武四字 燕赤不華摹勒

忠孝文武

天秀岩三字

天秀岩 正書徑二尺 至正甲辰四月題 正書徑三寸

清泠臺三字 正書徑一尺

清泠臺

東壁亭記 正書徑二寸

東壁亭記 福城之三山閩山其一即烏石山也至正

二十四年平章政事燕赤不華摹勒皇太子所賜

忠孝文武于石亭是山之陽而建焉名其亭曰東

壁亭之西有岩名曰天秀又亭其巔曰望海望海之
西又亭焉曰東升東升之西臺焉曰清泠門其南曰
喜明曰天秀者狀其景之勝也曰清泠者即其氣之
肅也曰東曰海曰喜皆因併皇之恩錫而釋也於是
山巔海隅煥焉若重光之照臨莫不敬歎欽羨于
仰瞻之下不惟平章公忠孝文武之名可垂永遠
凡宅于茲者皆將以是自勉也不可以不記朝散大夫
江西等處左右司郎中揭傒斯記并書

户部員外郎張閣等題名

正書徑寸許
刻天秀岩

至正二十四年歲在甲辰十一月户部員外郎張閣

以董鹽筴至三山翰林□國史院編修官□賢□□
□□□□至十二月七日登道山亭讀曾文定公記
飲霹靂岩畔精□□又飲焉又自觀音岩下
匡仁王寺東登東壁亭伏觀福建行省平章燕
赤不華公摹勒皇太子所賜文武忠孝四字□□
□□望東海升二亭又飲焉日暮迺□□□□
之會可為千載之故□也從行者戶部掾□□瑞
□□伯□□□□□德山記之者□□行者
□□□□□

傅將禮等題名　正書徑四寸

至正甲辰冬奉使閩省丁丑月壽日禮部員外郎
傅야禮〻綱春官主事趙數子希顔都水少監
楊有慶自炓部史劉嵩〻彦瞻宣使蔣仲皐奏差
郭義夫同登烏石山巔遥望北闕於白雲〻表希
顔書

王叔璵等題名　隸書徑五寸

至正二十五年正月三日戶部侍郎王叔璵員外郎
張閭伯高留守司經歷曹德輔閩省檢校董公
著同登唐觀李習從行

至元殘題名　正書徑四寸

□□□□□□畢臣禮子人　門元□〻仁邦人德

〻全　□　紀績□□□　難□　此人丞元□□候

官卒陳□□□石道

蕃書摩厓　字徑六寸

飛來峯可用丹崖　副使側□書

鼓山元人題刻十二段

在福州

楊忠翊等題名 正書 刻石门

大德元年歲次丁酉十一月中旬行御史臺監察御史楊忠翊偕書史楊仲舉福州府判郝謙公餘來

案郝謙元貞間任福州判官

趙文昌題詩并題記 正書 刻石门

海上say峯劍戟稠，蒜山盤礴甲閩甌。天風下拄三千界，月島旁通十二樓。郡志昔常誇絕域，版圖今始附中州。六朝而後多詞客，識得題詩在上頭。

總統三藏大師沙羅巴監憲公脱〻木兒簽司陳錫
潘昂霄禿滿同余來遊鼓山大德二年春正月乙
未福建閩海道肅政廉訪使濟南趙文昌題時請
也侍行長老左山傑公刊諸石是年四月初吉請回
耆宿吳綺陳子脩來游

案脱〻木兒趙文昌大德間任閩海道肅政廉訪使
潘昂霄濟南人官侍讀學士禿滿至治間任福

寧州

楊剛中詩并題記　正書　刻水雲亭

飛構表林崇下與層雲平陟嶠良已超況乃臨

滄瀛盤盤汀樹分離離海帆征曙叢巒旭近秋澄潦
區明憑南慨徂暉搖遠空遺名混混空自期皆皆
宜何成名峯冒南州靈境仍幽深蔓結丹樹梯秋
明紫煙岑峻遠遂幽矚清曠豁逕心惜無同懷
登共引芳醑斟泠風來飛淙絕澗調羅翳禽誰
為鍾子期續此雲海音皇慶壬子秋九月晦日江寧
楊剛中志行來遊挹江海之清風訪古人之陳迹
顧瞻之感慨因寓之詞太末胡夢霖止水攸至請刊
諸石乃書之

案楊剛中字志行上元人泰定間除江浙儒學提

舉至正末為浙江提学皇慶間嘗為福建道照磨詩刻當在此時

郝彥澤等題名並詩 正書 刻石门

至元戊寅歲人日幽州郝彥澤永嘉劉衡孫同登小頂峯訪靈源把天风海濤〻勝彥澤題詩曰鼓時驢背穩於船且走東峯步崱巔风送海濤来異國人從石磴上青天環门勝概羅胸次常水平疇癸目前何日英雄洗兵馬放余来此傲平林泉

永嘉劉衡孫時任連江縣

林銓題名 正書 刻將軍石右

清源林銓至元庚辰季秋六日

焦公等題名　正書　刻石門

至正壬午八月寶露易陽參政焦公鎮陽郎中元偉卿宣慰王元直奉路宣慰黄顯總管岳侯運同劉潤父東平行雲甫來遊

案焦公名德祐字寬父雄州人任行省參知政事

桑兒只班等題名　隸書　刻靈源菴口

至正庚寅五月十九日憲副桑兒只班善卿僉憲奥魯赤雲卿赫德愈奉和公餞出郭閲稼因游靈源洞勒石以紀歲月云譯史盧世明書吏劉濬黄

齊賢王德政馬居禮呂鼎李元遜元臣奉差章元
振程廷璧侍行時佳山海翁長老
桑朵兒只班至正間任福建肅政廉訪使海翁即
如山

李安仁題名 正書

至正十三年李安仁

高昌兀奴國器題名 鄭潛 正書 刻靈源洞

至正二十年庚子春二月三日閩憲副高昌兀奴國器僉
事新安鄭潛彥昭同遊鼓山登天風海濤憩臨滄
亭舉觴稱壽留題刻於石止庵鄭至書

案鄭潛歙縣人任泉州路總管遂家居懷安至正間爲海北廉訪副使于縣南立白苗陽岐二義渡至今爲鄭公渡鄭至昭之孫

程世京等題名 篆書 刻大頂峯

至正乙巳九月望廣平程世京建安徐時憲郿人吳海黄厚同遊宿此

案程世京字伯崇徐時憲字崇度吳海字朝宗黄厚字伯宏

薛朝晤等題名 篆書 刻半山亭

至正二十五年秋八月朔日遼東薛朝晤雪武王用文

濟南李君實會稽胡温來遊

棠王懈時任福建行省郎中胡温字逵道

乘雲二大字　王用文正書　刻半山陳雲亭石上

乘雲

勅賜助威盤瑞二王廟記碑

在汀州府城南石固廟門左

勅賜助威盤瑞二王廟記

賜進士承務郎汀州路總管府推官朱文霆撰

朝列大夫汀州路總管府判官余清高篆蓋

武德將軍郃汀路萬户府萬户曹寶書

二王不知姓系所由始按郡志曰漢末人禦敵死節廟食顕應號石固大王一日溪溢有神像乘流而至立於石固之左衆異之號石猛大王後以息火功封左王爲

石猛助威右王為石固盤瑞而廟勅于宋之元豐求其碑碣無有惟壁畫題為紹定爐款識曰咸淳則自宋以來有廟尚矣予來臨汀凡三年境内乂安時以雨暘疾癘為民禱祠下輒獲嘉應長老嘗為予言當宋之季四郊多壘南寨軍所向嘗剋捷賊望之初為神兵蓋寨邇於廟師出必建王之旗鼓以行至今壁畫乃向時寨軍自寫其像于此也天兵下閩至汀以炬燎其庭極火輒滅而風作廟以故而後存後至元間漳寇　閩萬戶宣武領軍討捕亦告於神然後往未

發賊焚烈營且盡萬户行帳獨完萬户嘗述其異蹟
欲聞之上乞封號以褒大之以其役事遂止廟居山坳
狀如覆甑雨潦四出而廟庭絶無水或大雪彌山谷神
棲之上無雪其可異類此長老又言宋某守時自他所
請六廟之神而來曰湘洪曰石湖曰靈（曰靈顯）祐其二則助威
盤瑞是也質之郡志所言神號則同其所（初不言）自也今湘洪
石湖諸廟靈享銷落故守弗治二王廟食至今歲時
禱祀猶簫鼓歌舞其下可謂靈也已豈非山岳之英
蘊翕集於此歟不然則王之忠誠貫日月勁節　金

石故與山相為無窮歟予既表而出之因作享神之

詩以貽汀人云其詞曰

神君昔鳴白玉珂以身許國扶山河貞心化為石不磨闋

宮典山相嵬峩欃槍天上芒角搖下有火孽土亦焦題

靈斂異良孔昭風聲鶴唳兵蕭蕭時平光怪無施處

生為祥雲起甘雨民無饑寒典　戴白目不識戈

弩松榆春賦社鼓缺秋冬報賽年穀登刲羊剌豕

俎肉崇桂椒載尊醽醁缺神之來兮張兩旗玉帶

班馬左右馳九閽肅肅虎豹威瑞日盤缺鸞鵲翡神

既醉兮欣樂康老巫迭舞歌青陽鄞江水碧珠山
蒼歲〻蘭菊垂芬芳

黯澹灘石刻三大字

大德丁未十月晦日

黯澹灘

郡牧河東李倜書

侯官丁氏有可觀齋鈔本

僧无碍書九候名山四字

正書在詔安縣

九候名山

大德十一年　僧无碍

方廣巖元人題刻 三一通

在永福縣

潘朝海等題名

至大庚戌潘朝海常世典洪良玉詠於此仙閣天宇澄清人境俱勝□耕澤翁書

薛朝晤等題名 隸書

遼東薛朝晤留寓閩中閩永陽方廣之勝玉正乙巳春同遊靈武王用文莆田鄭墀會稽胡溫來遊信宿而去

倪龍輔等題名 正書

倪龍輔王光祖同遊黄仁叔君澤来

卧龍山元人題刻二段

在侯官縣

錢光鄉等題名 正書五十四字分五行書字徑五寸正書

彭城錢光鄉任福建都轉運使之明年漕暇游安國以愛亭故址荒楚彝翠品石獻奇因茲構新易名翠楚時泰定二年七月望日男守讓侍

案閩都記卧龍山有寺曰安國初名龍邱唐會昌間廢乾寧間王審知復之有得愛亭為前代刺史葛農之所又有箋經臺放生池遺愛亭洪勝今悉堙沒翠楚二大字

翠楚

棻重纂福建通志元泰定間錢光弼建亭刻翠楚二字於石

瑞巖元人題刻十段

在福清縣

徐從道等題名

徐從道偕陳夢兆朱元錫范彥章陳時己丑菊

節范陽李羅天章題

范陽李羅天章題天開圖畫四字　正書　刻瑞巖

天開圖畫　時至正己丑菊節范陽李羅天章建

楊翮等題記　隸書　刻玉虛洞

至正己丑清明前一日予侶檄至海口與鹽司令李

羅天章司丞盧永年祥卿管局范公權從政同

登瑞巖是日風清氣爽海嶼在望蓋勝遊也三月

十五日工元楊翮大韋書

曾希建等題名　隸書　刻紫霄亭後

至正辛卯夏里人曾希建鄭克赦陳叔亨林居正

陳宗魯莆田鄭宗晦来遊清貴後日

盧希韩等題名　正書　刻天妃宫後

温陵盧希韩徵賦海口鎮公暇至此同遊者陈國

輔顔希道陳仲宣李月海鄭宗晦上官仲德陈

元才陳士吉鄭克赦僧孤巖時至正己亥十一月二

十一日

奉訓伯亮等題名　隸書　刻仙廊房旁

大元福建行中書省奉訓伯亮與耆士李月海鄭

姚珍王子東遊謁傳孫崇留宿時至正二十一年

正月誌

蔣士暹等題名　隸書　刻半邊亭左

大元至正二十六年丙午四月二十五日汝南蔣士暹里

人陳積中潘騰晉安王祜同遊継而至者鄖人

草赤

梁濤騰福清人至正二十三年進士

陳舜玉等題名　正書　刻過來橋

至正丙午秋七月二日里人陳舜玉郭文德盱江施
克讓遊

廉吉祥等題名　隸書　刻觀音洞

至正丙午八月廉吉祥同下元善潘君迪林君賢
潘騰陳積中遊道士姚海陽僧妙門相從元善
子神仙保州吏李廉侍

徐子正等題名　正書　刻觀音洞左

至正丁未孟冬望日椽下徐子正偕寅友鄭彥函
里人林吉樞林允文同訪羽士施柏巖遊

蔡時亨墓誌銘

石高二尺七寸三分廣二尺五寸二十五行行二十六字額題故少府蔡公墓誌銘八字篆書

故少府蔡公墓誌銘

前汀州路儒學教授高元子樸書并

承德郎興化路總管府推官張元亨篆蓋

蔡氏自唐司空用元居仙遊赤湖之蕉溪六代端明忠惠公來閩莆城南支派蔓衍簪組繩聯四世承奉郎頎頎生邕州教授詵詵生懷安主學俊甫俊甫生祉祉生公諱時亨母吳氏新州推官仝叟之孫女公生而敏悟齠齔誦數百言少長嶷嶷如成人丙子丁丑

仙寇倡亂祖父継歿父公間關流離克苦大事徒手
辛勤自致成立始卜宅於郡庠東南薦有先疇悉
遜其弟敦睦宗族就坂居復立忠惠祠堂春秋奉子
姪以祭公好為文詞尤精吏術至元甲午郡守曹公
世貴愛其才辟為府掾廑勤端謹繡使一二裔張公
孝思大見嘆賞以名賢子孫擢補憲史按部必以公
往贊画馳驅革姦貪振寃滯門無私謁風霜凜
然郡縣莫不臒慄由閩調浙所至有聲時海寇就
逮累及齊民公審録平反者百餘人迨今浙民德
之考滿省命領計臺案牘先是官法嶮俾民

貿食產艤緺運車船靡賸蚨貲公力請隨食所產
鄉邑賴其便后代授行永豐尉公曰吾年益衰暮
役〻官途胡不知足遂棄官歸家事悉付內子課兒
讀書麈掃俗務日與姻親賓友詩酒娛樂總管亞
中張公仲儀素與公舊下車首訪公非歲序未嘗
造其門人皆尚其志操泰定丙寅孟春得疾終于
正寢年六十有六配陳氏男二人長謹娶葉正簡〻
後次同娶龔少府〻女女五人適鄭適李適林適
陳適龔俱宦族也孫男五彥章奇女三皆幼二孫
卜丁卯臘月十二丙午附葬于莆田縣嘉禾里後

溪〻原高曾祖父四世塋在焉公生於景定辛酉七

月為人沉深有局度用未盡其才而不仕惜也銘曰

忠惠〻胄當世類兮　宜宏而施終一尉兮

後溪堂坊踵紫瑞兮　子孫繩〻澤不匱兮

元福建閩海道憲副使中順公去思碑

石連額高七尺廣二尺八寸二十四行行四十四字額題福建閩海道憲副使中順公去思之碑十五字分五行行三字篆書在福州西湖宛在堂後

福建閩海道憲副使中順公去思碑

中順大夫道州路總管内勸農事三山林興祖撰

文

宣武將軍福新翼萬户達增花寺完則篤書丹

翰林院修撰徵事郎同知制誥兼國史編修河東

張翥篆額

風憲之官爲一時〻政易乃去後〻思雖中順公〻

貳我閩憲王潔冰清山搖水立庶政雨如羣生得所

可謂得其人舉其職矣然在當時則猶草木之浮乎

風霜黍苗之膏於陰雨有不知風霜之力陰雨之功

至於草木得以堅其節成其材而可以為棟梁為榱

桷者風霜之力也黍苗得以發秀堅好穎栗以粒

烝利亨者陰雨之功也第植物無情人有識見草木

何嘗思乎風霜黍苗何嘗思乎陰雨全閩之廣官吏

四民之多孰不於中順公之去後而不能自已於思

蓋公之在閩為官為吏畏其威而修其職豈不猶草

木在風霜之時而得風霜之力乎為士為農為工為

商旅貿易其道而安其生豈不如黍苗在陰雨之時
而得陰雨之功乎今其既去爲官者思之公何得此
於閩風霜所以成木也陰雨所以成苗也如公之貳
憲所以成全閩之官吏四民也故雖不相知於一時
然不能不思於去後其心誠心其長實長其久之不
能忘豈不爲河洛之思禹甘棠之思召伯也哉閩之
耆老士民咸願刻石以爲河洛甘棠以永其去後之
思來求文於興祖於是本其實而重爲之辭公名寶
哥畏兀氏踐歷風憲所至見思爲辭曰
東南海濱古有七閩用夏久矣文物彬彬去天萬里

因此一垂爲官爲吏有社有民法度是守禮義是循
士農工商莫不尊親安焉耕傾日有貳禀時諏時詢
邶貳印長全閩一人其清如水其明如神方其在亦
海宇無虞今也速斯惠澤滋新人心之誠天理之真
寫去後思勒之堅珉
至正九年十月日耆老士民趙興孫等立石
三山馮倉靜刻

高蓋山元人題刻一段

在永福縣

薛朝晤等題名 隸書 勒名山東石室

至正乙巳遼東薛朝晤靈武王用文莆田鄭墷會稽胡溫郡人高華同來

寶華山元人題刻 一段

分書在連江縣

遼東薛子顒等題名

至正乙巳秋遼東薛子顒霆武王周文東平馬玉良

晋安趙道生朱驥秦川王克恭

補陀峯題刻二段 元人

篆書在羅源縣

補陀峯題名（陳高等游）

不繫舟漁者陳高子上游仲温仲綱子元重至侍行

鍾子和

至正乙巳冬盡城葛仲温靈武王用文東萊太史元

沛郡朱仲綱仝遊期遼東薛子顒不至

旁刻西竺真藏四字

方壺巖題刻一段 元人

在永福縣越峯山

王用文遊方壺巖題名

秋日 王用文來遊

棲雲洞詩刻

在羅源縣

天開石室雲居暝，山繞蓮花水湧香。元至正乙巳冬

東萊太史元子元

象山元玩人題刻一則

在羅源縣

王用文遊象山題名

余以閩省理問官來鎮茲邑葛仲元同遊靈武王用文書

黄滔殘碑

石高二尺二寸廣一尺三寸二分十一行行十六字 項刻一佛

□□孕神 地□惟靈 螢□□夜 鶴髮□形

雙連□□ 洞深夏□ 林茂冬□ 松竹鏗□

峰巒谿屏 晶迷螮崖 茫眺鮨溟 村徑佀志

湧石泉泠 □兮律揩 菊乘君聽 勅飛額降

寺□雲名 不有地祥 焉動天庭 大士□□

珠明□馨 良牧鐸□ 華構藏經 浩劫不□

逛茆□□ 敬祝嶢嶻 勒石以銘

文江黄□載書

□祐□□十月

案東越文苑滔字文江與從兄璞由侯官徙莆居於東里稱東黄滔舉乾寧二年進士爲監察御史裏行充威武軍節度推官是時王審知爲節度使授有全閩而終其身不敢有加於天子者滔規正有力焉滔〻爲推官也值海内雲擾名士〻走〻走閩者皆主滔及福安王岳滔皆授館〻之爲設供偫未嘗慁賓於是詩人韓偓羅隱崔道融趙觀文輩皆與滔交稱滔文章爲閩初祖云滔有集十五卷滔嘗選閩古今人詩三十卷號曰閩山秀句集莆田縣志莆風清籟集俱作泉山秀句集見唐書藝文志

趙孟頫書龍津二字

正書在松溪鳳毛牛皮灘崖上

龍津

元重修定光塔銘

在福州

重修定光塔銘

黄鎮成撰

福城之東山惟九仙岌岌浮屠上出層顛八方翼峯七級梯連深蟠厚載高薄重元昔在唐季王公啟土相攸爰山大建神宇既闢招提乃標窣堵厚壤祛幽囿環甍貯潛符表徽建號定光載禩四百作鎮藩方漂搖風雨綿歷星霜宗極杌棿棼簷披猖惟寶峯師興念惟惻弗葺斯墜靡皇居

食其徒慨然聞義感激有志必就惟堅厥力踵門
千兼行市丐餘粟修於寸積重於銖石詣川運
材伐山輸堅良締構甃坎叐除寒暑六載經營載
度業業金碧峩峩丹雘制若地湧視猶天作有國
分光圖陛識鐸惟茶偉功匪志弗成卓哉斯舉振
古作程天地至久日月至明侔貞配永視此刻銘

紫鎮戚字元鎮邵武人以薦受江西儒學提舉命下
而卒著有尚書通考等書

烏石山明人題刻 四十一段

在福州城内

滁陽趙奉等題名 正書徑四寸

洪武已未孟冬既望龍虎將軍福建都指揮使滁陽趙奉資政大夫福建等處承宣布政使括蒼陳銘通奉大夫福建等處承宣布政使司左參政太原張機安遠將軍同知福建都指揮使司事祁陽王誠同遊烏石山登般若臺觀李陽冰篆歷觀古蹟慈舟釋德洽謹識住山釋道啓刻石

江右藍仲晦等題名 八分書徑三寸

洪武庚申中秋日江右藍仲晦黄尚文冶城陳則誠
林子羽林子山臨川黄公遠山之僧圓極歐月樓此

武昌吴遂等題名 正書徑六寸

洪武甲子秋九月九日福建都衛指揮使昭勇將
軍武昌吴遂同昭勇將軍福建都衛指揮使瀟
湘趙祥游南山烏石坐清冷臺時天門揭曉海宇
澄秋空闊懷忠後天下樂悠然之趣得焉于是乎
登僧行福州府都僧綱識(釋)善旭識臺西講經論沙
门德洽勒石

鱗次臺三字

鎸次壹　篆書徑一尺　建文元年沈沂爲黄濤書　篆書徑四寸

貴州僉憲陳輝等題名　正書徑五寸

貴州僉憲陳輝伯煒雲南參議王善師舜水部主事鄭文季友南康太守劉麒伯禎監察御史羅澤宗本林文秩禮亨弟審理文祜嘉亨選部主事洪英實夫金部主事陳復鼎初張衍理文光祿署丞林生子儀翰林修撰陳棖非剛刑科給事中姚銑孟聲弟鎣孟文本府學教授陳從景著福州中衛百户朱成克誠進士廖伯牛師冉鄭亮以明儒士戴侃宏黔釋性原宣德甲寅仲

春望日同觴詠于此

嘉靖壬戌年水陸征倭有功陞授本衛所世襲千

戶歷任掌事五世孫男朱忠第歷丙申年仲春吉

旦重詠于此立 正書 徑三寸

黄世玉 殘題名 正書

黄氏鏻次壹後山東西界於路南樓古寺荒□□

久大明正統乙丑仲冬□□孫□追述祖□□子孫

公□進士□□□先志□□□□□□□□□詠

□□□□□□□□□□□□□□□□真□□□□

□□□□□□□藏玉且□□□好脩□□□□

□雨□雨 雨茗春老錦□□□□□□□□重

巨喬鍾卄 有自然竹梧巢卩 黄世玉 以下漫漶

不可識

林聰等題名 正書徑五寸

成化癸巳九月九日都察院右都御史致仕林聰

季聰同福城耆英廣東按察司副使張文從周

貴州按察司僉事李叔義文宜光禄寺寺丞潘

東孟陽雲南布政左參議王英孟育封戶部

員外郎黄稱孟仁温州府知府邵銅振聲梧州

府同知丘鑑仕輝 臨川縣知縣姚洪志大懷芟

府西縣儒學教授諭李忠思誠登高西岩

李旼誼等題名　正書徑四寸

致仕僉事九十翁李叔誼又偕致仕吏部右侍郎王克復翰林檢討龔禎廣東右布政使謝璃按察副使翁晏僉事陳廷玉貴州右參政林迪右參議鄧珙鄒平教諭王佐合州同知高圭蘇州府知府李廷美同遊　有明弘治壬子秋九月望後一日日題刻　癸丑秋又偕浙江左參議謝琚蘇州府通判藍通重遊

屠夌等題名　正書徑四寸

正德己巳重九日欽差巡按監察御史屠奎巡按監察御史王注同登

公安鄒文盛題詩　行書徑二寸

烏石山高鎮大方襟連瀛海□紫江勢鄰霄崖瞻依日秀毓英豪左右邦清溜昭今元有此乾坤佳處不教雙磨崖欲寫長安景安得春容筆似杠正德癸酉八月朔旦公安鄒文盛識

華亭周鵷等題名　正書徑四寸

正德戊寅九日華亭周鵷文儀昆山周震世亨同登

烟霞病叟林廷玉題詩　正書徑四寸

烏石山或建祠宇且樹木長盛予患言於當道未幾衛卒兩度亂僉云當毀祠伐木尋有咎予非是者賦此用告諸後烏石分明是虎頭虎頭昂舞豈良謀憑君莫究從前事我爲生靈獨隱憂　正德十四年春三月烟霞病叟林廷玉書

張璽等題名　正書徑三寸

嘉靖乙酉涇縣教諭横州張璽典閩藩文衡事竣舊知縣丞陳昭重九日遂登烏石偕鄉士夫雲岑陳煒懷麓葉性九竹郭轔紀遊

高禧等題石天二字

石天　行書徑一尺四寸　嘉靖丁亥春高禧潘積中謝宜相題

隸書徑四寸

陳祥等聯句　行書徑四寸　年月銜名行書徑二寸

烏石崢嶸　祥　地設天成　位　我容戾止　鵬　朝陽

鳳鳴　題句　嘉靖戊子仲春朔日順天府尹前福

建布政司左布政使荷峯陳公祥右參政北湖

侯公位左參議松澗謝公顯按察使僉事白湖曾

公鵬偕都閫苗公俊康公英徐公丙中並遊勒石

東洲烏石聯句　草書徑四寸

烏石餞東洲公聯句環草真吾好□東洲僑煙霞此

地偏西□乾□日移千嶂動東□□□城抱五雲連荔子

丹成錦□□□□蓮花白滿川那堪共□□□西□□忽

漫賦離筵嘉靖丙申夏五月廿有四日題

撰獻科等題名　草書徑五寸

大明嘉靖三十七年戊午季冬十二月十又五日監

察御史留雲樊獻科邀吏科左給事中究

台郭汝霖來飲越三十九年庚申孟春正月

初五日汝霖又邀獻科來飲時汝霖以航海待渡

獻科按閩歷四載冬將別去山川不改光景如梭

獻科因舒喘記〻

桂林殷從儉等題名

隆慶六年長至後桂林殷從儉偕郡人羅一鸞陳全〻張抑彥到此 行書徑一尺

督工官黃朝彥刻石 行書徑三寸

張煒題超遊九霄四字

超遊九霄 行書徑二尺 萬歷丁丑夏三山張煒書 行書徑九寸

許孚遠等題名 正書徑一尺二寸

萬曆甲午九月九日中丞德清許孚遠直指陳當劉芳譽邀檢討耀州王國職方華亭方應選同登

烏石鄰霄臺

□同難遊詩 正書徑三寸

萬歷丙申四月念六日經歷陳德言照磨陳世芳檢討

張希載邀游觀先大夫遺跡有感遂成二律首

夏移尊傍石臺萬家烟井望中開江分九曲通息

島地擁三山接上台取醉便成河朔飲裁詩誰負大

夫才不堪苔蘚埋遺跡讀罷令人思轉哀烏石

山頭一樹衣萬峯蒼削映斜暉平山崖峭古人何

在華表尋仙鶴未歸投節有聲傳父老承家無

計愧輕肥生存此日思親淚徑斷寒雲湿不飛不

甥男同龢百拜書

沈儆炌等紀遊題名　正書　徑三寸

大明萬曆己亥清和既望閩三司公讌於烏石山清虚亭憑眺當空萬里一色漁燈數點隱約在望前此備此多不以月則茶宵行勝遊也附在館漢國朱運昌憲長洪歷陳行學大參雲城徐即登憲副皖城汪道亨南海金節武林高從禮都閫章贡陳大器而勒石紀歲月者則學使吴興沈儆炌也越六月建南守道四明楊德政巡道莆陽鄭美政入會城再讌於此

龍國祿書清塵嶺三字

清塵嶺 行書徑一尺 賜進士大夫龍國祿書萬歷

庚子三山晉安□□□□ 草書徑三寸

許國裁為旭上人書雲關幽鍵四字

雲關幽鍵 行書徑一尺 萬歷庚子季冬都司許國

裁為雲南鷄足山旭上人書 行書徑四寸

吳季(繼)臣等九日登鄰霄臺題名 正書徑四寸

大明萬歷二十有九載歲在辛丑同官于閩者休邑

吳繼臣太和楊寅賢長洲徐淳友盱江范煉廣昌

李可賢琴川湯来召保昌李潔會稽葉灵(禎)古歙

汪道行上幕盧邦俊濵川劉應魁十一人焉于季秋九日相率登龍山故事合野服遊曲徑逶迤入平林斗折而西上數百武登鄰霄臺之巔斯时也氣佳景清見羣山疊翠万壑爭流風帆煙艇雲靄掩映真使人應接不暇感忻然會心浮大白而趨石上恍不知其在人境也已而蒼茫暮靄起自四山乃相為嘯詠蒋月而帰乃命工鐫石以紀一时之勝云

龍國祿秋日登烏石山題詩 正書徑五寸

秋日登烏石山宿绝塵禪房與海澄諸子言別半

壁清虚一塵果因白雲深鎖自無塵大愫聚散孤峯外
鶴影黄花處處新萬歷辛丑九月望日西粵龍國禄題

薛夢雷題詩　正書徑五寸

壁立巖巖一片峯銀鈎倒挂玉芙蓉居人何處
竆遺墨薛老當年此寄蹤佩咏衣留明月在摩
崖應被古苔封却同桂氏緣非偶異代風流得再
逢山居居隱尋倒書薛老峯感賦時萬歷丁未秋
福唐薛夢雷

葉向高題詩　草書徑四寸

薛君和招同林謹任陳泰始洪汝臣諸公集薛老庄

按林材字謹任

分得東字名園開宴集羣公阿翔風流此日同檻外
林光連百雉天邊江影落雙虹筆傳薛老人何在
尊入平原酒不空莫向鄰霄臺上望烟塵今已起
□東萬曆己未夏葉向高

林材題詩 正書徑三寸

元亭東壁俯江流山郭周遭四壁收蜃氣霧浮鮫
室暝濤聲風送海門秋尊前俚賦傾千古酣後
遙心寄十洲久負投簪今白髮欣逢明聖□優游
集薛老村分得秋字林材

林廷玉題詩 正書徑五寸

按烟霞病叟即林廷玉侯官人官都御史

按用卿侯官人嘉靖丙戌狀元官祭酒

按李元陽嘉靖中御史

草樹迷濛謝豹啼江山依舊世人非野翁識破塵
寰事一度来时一醉歸 林廷玉書
烟霞病叟題冰壺二字
冰壺 正書徑四尺 烟霞病叟書 正書徑三寸
黎公崖題字 正書陽文徑四尺
烏石在黎公在
龔用卿題名 正書徑四寸
龔用卿曾遊
李元陽摹刻峋嶁碑
承帝曰咨翼輔佐卿洲渚與登鳥□之门參身

按孫昌裔字子長萬曆庚戌進士

按重纂福建通志兩峯相卧故謂之雙夢

供儀而明發爾興久旅□家有嶽麓庭智營形
析心罔拂辰往來平定華嶽泰衡宗疏事襄勞
餘秩禋欝塞脊徙南瀆衍□衣制食脩萬國
其奠寘彝蒸奈

馬森書鍾山萃靈四字　正書徑一尺

鍾山萃靈

孫子長題刻　正書徑二尺

大明孫子長讀書處

雙夢峯三字　邵蒙民題　正書徑一尺三寸

雙夢峯　正書徑一尺三寸　邵蒙民謂賓書　行書徑一寸

郃嘉民題鼎居川觀四字

鼎居川觀 篆書徑一尺 閩中郃嘉民題 篆書徑二寸

石圍二字

石圍 正書徑一尺 居人謂賓誌 正書徑一寸

許豸題松嶺二字

松嶺 行書徑一尺 許豸書 行書徑五寸

許豸題詩 草書徑四寸

荔畦隨意構爽塏頓開顏缺徑憑花補迴窗借

竹圍烟容凝石淺山色到門閒徑倚危闌畔潮來

浦漵灣

閩縣儒學重修大成殿記

閩縣儒學重修大成殿記

前進士監察御史廬陵陳仲述撰

前進士監察御史江夏萬　贊撰

監察御史栝蒼鍾道元書

國家平一海宇首興學校以養賢致士寰之郡邑守宰勵以風紀之司尊崇聖道超軼往古意欲教化行而善人多也任是責者苟不知所以宣上德意豈善於其職哉閩縣為福州附邑邑有學以

准教事學有廟以祀孔子舊在九仙山之下社稷壇
祀之左創始於宋熙甯間迄元元貞粗為完美
程文憲公鉅夫嘗記其顛末繼是以往日漸增拓
經營創置代有作者於是學有田士有養游歌
有所施教有從俊乂間出焉洪武二十有三年予按
事留閩二月初吉謁學宮自堂徂基顧瞻禮殿椽
棟榱桷朽蠹低壓雕楹藻梲丹青岩漶漫神樓
弗虔弗安師生所處上漏旁穿講學行禮但序
無次予惕然知懼將語於吏是邑者以為學校教
化所關承宣急務苟弗葺懼無副皇上責成

之意以興禮讓厚風俗曠官之刺不可逭也適分憲副使李惟蓋丞毅然以爲己任議撤舊而圖新之邑令以下祗承厥事取林伐石甃砌堅緻工効其能民獻其力踰月而告成清廟論堂軒豁宏敞庖廩庭序煥然俱新士類咸曰亟憲副公不及此感美不傳士之責也請刻石以紀狀其事來請予惟仲尼之道百王所宗萬世所賴凡有血氣者莫不尊親詔垂紳 已蜀懷印虔綏予民社之寄而議不先此亟惟舍以誕敷文化使咸知嚮方又奚以化導民使李公斯舉可謂知導民之要宜紀於

無窮不書其實以勸雖然公之職所當然者吾黨
之士來游來歌於斯盍亦相觀于道德仁義使行
脩於身仁興于國居則為善士達則為名公卿大夫
將見閩之人被化以成德靄田野有俊髦之譽起
工賈善其技術漁之習乘爭陵犯之風不作於後
相與追思李公之遺愛魯人泮宮之頌宜繼之而
有作也因書于石以俟公山西人相其事者閩邑令
平湖典史劉閏寄宜書
洪武二十又三年歲次庚午夏五月壬寅立石
景泰五年甲戌歲夏六月閩縣知縣辛預閩學

教諭何請訓導郭德薆 陳元根重立

改建栢姬廟记

在福州

改建栢姬廟记

明巡撫商周祚撰

自古没世而名湮滅者不可勝數獨忠義之神千古猶生故萇宏之血化碧子胥之氣爲濤非虛語也閩會城有栢衛姬廟舊志栢帖穆尔嘗古人至正間以行省郎中莅閩國朝兵下福州栢帖穆尔知城不可守乃引妻妾登樓諭以大義于是死者七人其女甫十歲亦与焉雖後人憐而祀焉一說麻剌國哈卜滿永樂十三年率

妻子入朝卒於三山遂家焉事聞詔有司營葬月給
其家饟三石其子感國恩築坐京臺畜白雞司晨
朝拜令女養雞々覺也以奉父命不謹慚懼經井
死自是家人時見女與雞出入壺閫今神即此女又
按晉安逸志麻喇國王女前身名阿罕得兒奉如來
々教師事蔥嶺獨眉和尚以心慕貴盛遂輪回麻喇
王宮獨眉聽知々必欲終度此子亦合掌而逝托生王
宮為白雞王女見而絕愛々永樂間王率妻子詣闕
內屬未幾病死女與白雞居雞忽人語曰阿罕為兒來
前頗憶蔥嶺周旋乎女大悟叩頭懺悔雞乃說偈

竟如即抱雞而化閩人異之號曰白雞小姐三說頗同
異其孰從而辨之由前之說理甚正而事亦有據由
後之說稍涉怪誕似不經見然宇宙大矣何所不有又
未敢遽謂其罔而無當也博採先儒之論多從柘
姬且廟在柘氏故宅不數武白雞云者未必非拾遺十
姊之說姬廟舊在院署之右後遷於左附嶽祠後寢
余更為特祠祀之經營其事而捐俸以佐之者遊擊
將軍褚翰也

福州府常豐倉新建卸金廒記

正書在福州

福州府常豐倉新建卸金廒記

左布政洪鐘撰并書

經國安民之道在憂其有備而（已夫有其備而）後可以濟其事先其憂而後可以享其樂書曰惟事事乃其有備有備無患中庸論為天下國家之常道曰凡事豫則立此經國安民者所以必先憂其有備而後可以樂其有濟也弘治丁巳歲福建鎮守員闕事聞於上特命鎮守江西御馬監太監西甌鄧公移鎮之蓋公賢聲素著簡

自帝衷也公甫下車首以兵食未備爲憂適巡按侍御
新安張公臨海郭公皆甫至相與協謀共議謂閩地阻
山負海舟楫不通他省穀粟之聚悉出土產使積之
無備豈能免於倉卒意外之虞乎乃命有司治倉廩
務陳積福州府常平倉舊有廒二十有奇歷歲既
久風雨侵淩傾圮者過半廳事後舊有正廒頹敝
特存中惟支木餘皆荆榛瓦礫而已公曰事豈容
緩宜徹而新之有司以財力無虞備爲慮適琉球國
修職貢陪臣至循故事饋以黃金番布公以非義
堅卻不受或者謂夷道遠阻返無所稽公因命檄

送藩司下福州府贍得白金為兩者四百有奇以為市材鳩工之資有未足者有司給官錢助之其費也廠每一為間者三總三廠為間者九前蓋長廊虛其楹以為出納之所上建小樓空其旁以通鬱蒸之氣皆以間之數廊則廣與間同而樓則半之其制也間之每架廣八尺通九架總七十二尺其深也間之延每間二十尺通九間總一百八十尺其廣也自下之脊凡三十六尺其高也廠之週迴繚以塼石基廣八尺有奇高與簷齊廠之下砌以長石而用方木為面以承所積其堅厚也經始於是歲之季冬迄工於戊午之孟夏其歲月

也程調則福州府知府蔣潢皆工則通判劉璽等也
嗚呼世一籧廬官一傳舍若可以苟延也惟有志於事
功者則不然蓋有官守者修其職有言責者盡其忠
吏斯土則當念斯民當其事則當思其備昔公劉有
邑民之政而詩人歌之曰乃積乃倉魯僖復周公之
宇而國人頌之曰魯侯之功皆所以美之也今公能卻
已所有以為民而使一方有乃積乃倉之盛自茲以往
救荒有備饋餉無乏則閩之人感公之惠而美其功德
亦人情之所不能忘也夫卻饋遺以新穀藏一身之廉
也務積聚以備凶荒八閩之利也慨歷階上而率新其

事百世之功也採輿頌而勒之金石千載之傳也公名
原字彥高西甌宜陽人世以貲力雄一鄉今全州學
生紹永順長官纓皆猶子也豈公之豐功善行遍於
江右而其清聲遠識重於士林衆矣此特公一事之善
云爾因併記之

汀州府學新建鄉賢祠碑

在汀州府學戟門左

汀州府新立鄉賢祠記

賜進士出身中憲大夫福建等處提刑按察司副使

奉勅提督學政宜興杭濟撰文

賜進士朝列大夫廣東布政使司左參政長汀鍾

文俊書丹

賜進士迪功郎行人司行人長汀李堅篆額

郡邑舊有鄉賢祠列其鄉之先哲有功德行義者

崇祀之所以追往開來寶盛典也汀州古閩郡隸邑有
八其地皆高山廣谷長流峻灘氣靈間洩鍾為令人
視他鄉亦相埒獨祠宇放闕無以昭潛浸興企葉〔慕〕蔡
守餘慶至郡之始興廢舉墜爰及茲典適予奉命
來督學政乃具其事洎應祀者氏名以牒請予以從
祀弗經謹按志考實舉其最若宋彭開國孫鄭
總管中立雷上舍觀張貳尹良裔楊寶謨方徐徽
士唐元楨孝子禄孫伍士宗暨我國朝張司成顯宗
劉孝子敬江秀才瀚十一人風聲氣烈表表其鄉無

忝先哲是宜祀守即闢學宮後為堂三楹序其世
代定次設位合饗以時嗟夫懿德在天地間昭不可
泯者固不繫祠之有無而人心嚮往則每激于睹瞻
之所及故世或仁人君子生而有裨名教歿則必在在
祠以表之況近於其鄉英靈萃止典則所存之地
乎此鄉賢祀典在不可或廢者何汀賢郡祀代相沿
襲遂至數百年莫之或舉良可慨已顧茲典幸遇
擴厥往初肇自今始作新美以啟曠遺以揚沉鬱
以示觀法於戲可謂彰善之至也矣是豈惟諸賢

幸哉山川郡之光於是為大郡士毗甯不為大慶

郡祠既告成棟宇翼如顏扁斯揭儼爾其中凜有

生氣謁者趍之將必歧而竦俛而思某忠孝某節義

某功烈皆吾師肸蠁感召鼓動一時繼今百世尚有

仰而起其後者則茲祠所繫其功不亦偉歟予以是

徵守之賢且他政之善可概也遂書之若夫諸賢宜

祀之實並載諸志觀者尚知所考云

大明正德二年歲次丁卯十二月初吉

文殊山明人題刻一種

在羅源縣

吴榮等游章衷洞題名

山泉吴榮雲山黄文秩竹聯林悵譽鈞雪尤瑩觀

我偶熙貞大明嘉靖丙申季秋九日同游

道南祠碑記

正書在福州城內光祿坊

道南祠碑記

懷安馬森撰

道南書院肇於嘉靖己丑督道一所金先生所建也中祀明道程夫子配以龜山楊夫子配以羅李朱三先生扁曰道南云者取龜山歸別於潁昌而明道有吾道南矣之語也夫閩古爲荒服三代盛時未通上國歷唐有常公袞始興學校人文雖開道源未究其於孔孟宗旨暨乎罔聞至宋龜山得宗程氏傳之豫章延平

晦庵始相繼倡學於閩而程氏之不傳之緒於濂溪者

大有所發以為學者準的是又一所先生之所以崇祀而

立教也先生闡性洗心學宗孔孟既不背於五先生之

道而以身率於多士矣又以五先生者（皆）奮於數百載之上

者也欲使閩者莫不興起斯一時閩士翕然從風青年

濯磨以脫去舊習蓋已寖寖於道岸矣此先生擺去

思慕且切而仰止之意由群然構祠而生祀之祠不他

構即書院後所者以先生之教在明五先生之道因之

以為時思而覩奮也今去先生三十有餘載（歲）先生仲子

存庵公復以吾閩參藩陟董憲學而多士之慕先生

者又以存庵之教如先生焉郡守吴公崧以多士之追

慕先生益遵先生（存庵）之所以教也實道南書院興起

之自肆歲久（傾）圮隙地或湮与多士謀請鳩工聿正而

葺之伍公典繼之相與成功屬森為記森嘗讀先

生所輯道南録而知先生憂道之心有不容已者焉

蓋溺於利欲者一悟即無難變溺於意見者執迷

而不可返因循前卻涉獵為功以章句訓詁為足以

窮遺經以儀文度數為足以盡儒術支離汗漫之

求於其身無以入道又烏知所謂默會諸心以立其本

者哉此先生所以懼而為是録以明建書院之本意

将以破沿襲沈錮之蔽而覺之以其趣也厥當时
稿未及梓今則布之閩中人人得而玩之而先生之衰
昭如一日矧存庵公特適作求丕承厥志則多士必
有惕然不自安於其心不徒應之以文而思所以為用力
之地矣否則煒然章程路陈迹向慕雖切應務
則虛而況於其能真證而自得者乎噫自不著不
察日用不知道在天地間固亘古今未息也孔子川
上之歎曰逝者如斯夫不舍晝夜程子曰自漢以來儒
者皆不識此義則於斯道之絕續也亦在夫學者於
此焉辨之以默識夫五先生之言而得乎録者之意

而已矣謹僭為之記而因以告吾黨焉

捍寇碑

在上杭縣

捍寇碑

王慎中撰

汀漳於閩為要郡上杭汀屬邑也邑溪南之鄉崇山造天牙錯距躍隴阪緣亘箐蕩窈綿其民狎為非義獰噬狙攫席衽戈甲潔斂無時風氣所限非性故然長子育孫生蕃齒盛耳目熟習莫改厥德少視其壯壯視其老蹲危逗幽迴為盜藪厥有治者不揆其性不閑其習盜視彼民至獷[illegible]

出攻擊剸鋤以農疾苦惟懼不殘民不見德又弗
徼威既狃於習且偷其生鴟張煌然攘奪踉蹡吏
既讎民民亦毒吏讎毒兩積交不得已於是溪南
民惡聲膠固歷弥年所崙滌無由縣豈不悲哉嘉
靖癸卯之秋歲郡丞繆侯宗堯移蹕邑事閱而歎
曰安有為吏而民實讎在邑所治交溪之南而視
若異壤民之不義惟為吏者之責要將為溪南之
民崙滌惡聲登崙維新偕之大道教設布教令開
以誠心民間不疑遐日戒徒往俗其鄉而教諭梁君
彥錦實贊繆侯之計而決其行乃与訓導鄭君

夔率學官弟子邱道充道南李如珠賴榮先從馬

戎器不除卒旅不具雍雍翼翼罷蓋斯戾魅首醜

黨郭勤有次稽首馬前爰奔厥角扶旌提襁觀

於周道歡喜歌呼激越林莽昔為魅首今為長

正昔為醜黨今為編氓刮瘢洗瘃後還骨肉携

霧撥曀再覩白日民視繆侯如出子穿弩久離

乳哺一旦還歸婉戀膝下指識慈母民視吳君如

騃童驕孺未識衣冠騶謁師儔拱揖步趨盼頸

驚喜吏既誠民民亦懷吏周行疆畝考閱壁壘

曰險尔平曰翳爾闢曰萊尔易迺犒牛酒迺給

耒耜陋兮麻縷陋置門塾男耕女織各得其業戶

誦家吟知慕為士向之盜名棄去如脫溪南山川出

垢遺留光色發揚蒼蒼濯濯嗚呼是溪南也士昔

若彼在今若此烏覩所謂習哉吏不能以誠接民

而惟頑之疾民之不得其性者可勝道耶梁君今

為泉州南安令以繆侯接寇之績告予曰願有記

予不識繆侯而知梁君之言可信故特書之俾上杭

之民使勒之石以昭不忘

明獅子毬岩題刻一段

在壽寧縣城西

獅子毬岩題刻記

甘泉子曰吾隨處體認天理者可與吾共此者其古源李子乎此心學之字訣也千聖千賢之會盡此矣苟能終身致力上達天德無難矣是在李子

嘉靖吏部尚書湛若水書

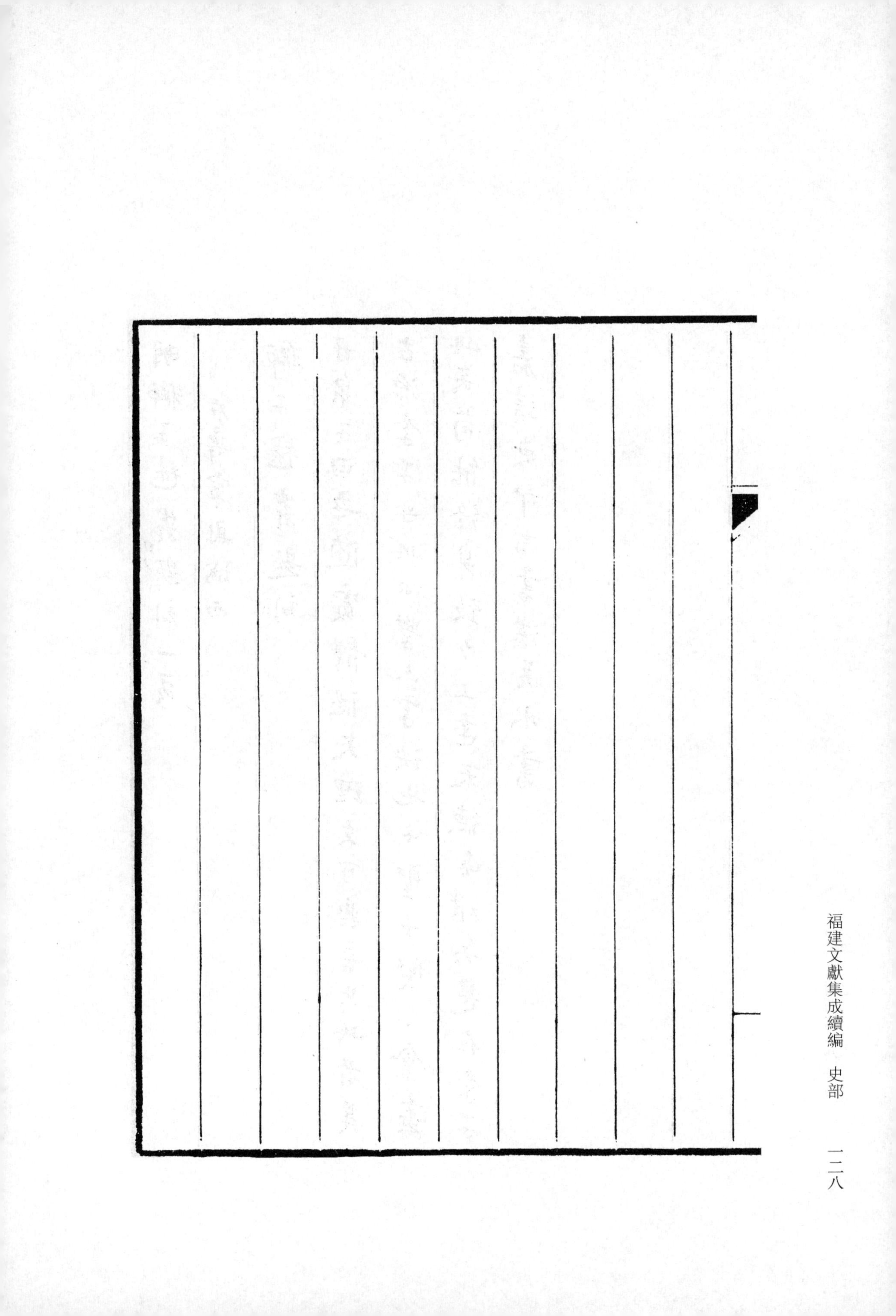

重修閭山廟记

正書在福州城内閭山巷

重修閭山廟记

陳元珂撰

閩城以三山名字内考其實蓋有九焉西南曰烏石東曰九仙北曰越王此其較著者其餘則僅存徽号焉隱於民居官署特名存焉耳閭山其處一也然山雖隱其靈則顯故廟其地者神況特異蓋山川之靈秀明而為人文幽而為鬼神理則然耳予少長居閭山下其父老往往道廣利之神曰靈應靈慧时或睹禱

於中庭則見其金冠制服儼然並峙蓋二神也及考
諸郡志則謂宋景祐進士卓公祐之為秀州推官
生而正直既沒頻著靈異後人即其居祀之所謂
應公大夫是已靈慧則姜所問不可考矣建炎三年
建寇猖獗神現身擁陰兵收金城之功既而見夢
語守者曰破賊者閩山陰兵也建人德之祀而報
焉神由是顯名建江尉楊佋綰將捕海寇禱之有
應為立祠於城隍之畔端平甲午後設陰兵纛部
武之寇有功守臣朱良驥上其事詔封為廣利侯
寶慶三年汀州寇發忽白晝晦冥神擁巨蜂無

數現身雲中賊怖而遁散晝晦中忽聞人語曰閩山書坂宅也寇平汀人以其言至祠禮謝運判洪萬有聲以其事上聞後詔加封英顯順濟廣利侯賜廟額曰靈應永樂中部使者李宏茂錄其實載諸祀典正統十三年鄉民謝雄等請於有司重新其宇自是靈愈益顯鄉人崇奉彌篤每歲三月三日則聚富室珍服奇玩競為雜劇前導神像遍遊於市肆於則奉小像於委巷喧呼竟夕豪請丙戌歲廉憲周公廣禁弗止然而廢之僅存應公像則相與匿焉由是人咸憤惋欲抱根昏夜過廟至有悲號泣下者

久之諸生李祐等因民之思乃請於監司得復其半
以其半為懷惘祠人心少豫則出至所遺像新之焉
祀靈應矣然猶以堂宇湫隘不稱祚居爲憾初僧
萬靈私蔽庵於道山下後廢於官素請丙寅春
諸鄉父老謀以其情陳於藩伯王公蒞陳公大賓請
丐以易懷惘二公特韙其舉下郡祀胡公帛議竟
允之乃遷萬(依)惘於萬靈以舊祠全返於廟由是居
民靡不鼓舞胥慶富者輸財貧者陳力長者
度工少者趨事不數月舊宇煥然復新工竟諸鄉
老高檟等琢石礱碑請記其事乃申之曰夫神依

常靈因山以靈靈無定在因人以顯古人以功德廟祀
者不少卜非其地旋復湮滅者何限獨茲廟之建
□數百年屢廢而復興神況不歇是孰使之然哉山
之靈爲之也民之幸茲廟也愈久彌篤至屢之也
如袁考狀其復之之也亦屢更生是孰使之然也哉神之
靈爲之也故徵於其廟可以知山之靈徵於人心可
以知神之靈三者交徵其將長存不朽乎能然吾
閩三山之勝甲於東南含靈毓秀發世於人文以廣
利於天下者因不獨一廟之存廢已也然而斯廟也
禦菑捍患如彼其廣其於吾閩人文之隆替民物

〻康否將亦与有靈乎不也環斯廟而居者廿有四
社菑患必祈疾病必禱求欲福〻者亦衆矣皆將
有以庇〻乎不也神道元默不可知有自然〻理有
適然〻數誠存則神斯在而靈矣

方廣巖姬巖明人題刻共四段

在永福縣

謝肇淛等方廣巖題名

萬曆甲午年九月郡人謝肇淛偕陳鳴鶴王崑仲徐熥林應泰趙有章潘以鏗林珩磨崖别蘚三日乃歸

謝肇淛等遊姬巖題名

萬曆丙辰三山謝肇淛同陳鳴鶴王崑仲徐熥遊姬巖尋龍洞而歸

謝肇淛書古難巖三字

古雞巖

曹學佺書来臺二字

來臺

重修道南祠記

正書在福州城内光祿坊

重修道南祠記

謝肇淛撰

憲宗純皇帝應期立極體道崇儒乃以自孟氏没

儒術絶微於唐漢正於唐至宋而中興於周程其弟

子散遊於海内最著於閩〻朱嶽國山嶽國受〻李

愿中庶中受〻羅文質文質受〻楊文靖於是推本

程子吾道南〻語勅建道南書院於龜山先生〻

鄉李祠先生先生延平産也遂建延平精學使

其游正明按籍而得先生舊祠於福州之道山曰道山
書院因而葺之又顏道南已而出袁召先生裔孫侍
祠越半年無應者乃檄延平召之於家家推其支屬
機機玉使其居機於書院之離樹補博士弟子世世
承襲其為令機卒傳子玉孫萬曆初張江陵為政
令廢天下書院誤及道南並祀先生木主出居私室
頃之有詔復舊而並與子應增皆已前卒遺孫九
皐方孩穉祠為豪右剝劄並列隧三十七年猜學
使者霽之城熊君謁祠而傷之因檄侯官邑大夫吳江金
君隳壞侵據悉復書院舊規余聞之穀果子宮

室不設不可以祭龜山先生之在祀典也豈非昭德章
軌為國重事哉余爲諸生時蓋嘗駿奔祠下矣雖
豚牧於皇室什器度於神幄未嘗不於邑茹嘆也
嗟乎自非毗世鴻儒貞教宏化疇能留心於經祠
登之祭之義若乎夫魏無忌俠士之雄也漢高猶祀之
於大梁范蠡霸國之彥也而越王金鑄其像況
夫先生上繼先正一貫之統下開後學千載之傳而
顧不保三畝之祠於其苗裔耶以斯知二公之舉皆
盛典也敬執簡而記之

高蓋山明人題刻 一○〇

在永福縣

陳鳴鶴等題名　勒名山水簾洞旁

萬曆丙辰八月朔郡人陳鳴鶴王崑仲徐𤊹謝

肇淛林有聲來遊

傅崇中勒宋趙清獻碑

在崇安縣署

傅崇中勒宋趙清獻碑

千載斯人一鶴一琴焚香告天疏水利民種梅

治圃或碑或亭不朽者德不滓者心儀表在望

尚論於今

天啓三年立石

案重纂福建通志傅崇中進賢人時爲邑令

武夷希空巖詩刻

在崇安縣

林汝翥希空巖題詩

百折磎頭獎濯足千尋峯頂一嘯歌

天啓甲子冬月林汝翥奉 旨歸田過此題

英節廟流香閣碑銘

在政和縣

英節廟流香閣碑銘

覃紹雷撰

唐招討張公諱謹偏將郭公諱榮張忠烈似睢陽郭勇與南將軍累敵當黃巢之亂力戰不屈全家罵賊而死廟食於政和之夏山宋崇寧間賜額英節越某年水泛鐵香爐於邑前星溪之畔止焉邑人遂建廟其上己卯冬十二月紹雷來宰是邑增其舊制凡九閱月乃落成顏曰流香立石以

誌銘曰
公兮神兮忠且英騎箕尾兮遊玉京愛佳山兮
駐鳳軿面黃熊兮履七星漢雲白兮峯月明高
閣香兮時登臨春後秋兮花鳥新死殺賊兮偕
蒼生福政人兮澤無垠
案重纂福建通志作雷瓊山人崇禎間知政和
縣

天中崇明人題刻

在平和縣大峯山

邑人張理亭書擎天二大字　徑丈許

擎天

天子萬壽四大字

天子萬壽　龍飛崇正庚辰季冬之吉臣張士良稽首拜祝

鷗潭明人題刻

在永福縣

邑人張燝題鷗潭二大字篆書旁列林瑞春等題名隸書

鷗潭

邑人林瑞春張章柯育增林元圭張燝張其默張其杰林爾晟林爾枚吳棟同覽勝西郊命名鷗潭鐫石紀遊明之五丙戌仲春時也

李公井碑文

在惠安縣

李公井碑

邑龍津以南峻既多燥民艱井汲公見而憫之嘉
靖戊申冬乃卜地捐金積石以浚深幾丈許不得泉
公為文拜禱泉湧若霆迸蘆旱益濟百家利之衆
相與追頌鐫碑以誌不忘公居鄉節概完城勳
德其濟人猶泉也蓋無往不在云公諱愷別號抑
齋官吏部郎壽八十一

瓶臺霖雨四字石刻

在同安縣北辰山龍潭上

瓶臺霖雨

案重纂福建通志嘉靖辛酉大旱邑令譚維鼎躬禱立應邑人為刻四字於石瓶臺維鼎歸也

此刻已見烏石山明人題刻

冊

明李元陽摹刻禹碑

在祁州

李元陽摹刻禹碑

承帝曰嗟翼輔佐卿洲渚與登鳥獸之門參

身洪流而明發尔興久旅忘家宿岳麓庭智營

形折心罔不辰往来平定華嶽泰衡宗疏事裒

勞餘伸禋鬱塞昏徙南瀆衍亨衣制食備萬

國其寧竄舞永奔

附畢懋康印石詩刻

在漳浦縣

蒨言韻崇阿無伴坐亦將高臺歷不到松風時洒

掃神超石縹雲倚石成質踞壑然怍冰間坐久

不能去

黄道周荔奴詩刻

在漳浦縣拳山臺

荔枝生後荔奴生，爭奈生遲屈賤名。若使環妃嘗此美，紅塵應亦送西京。

閩中金石考略一卷

佚名撰

福建省圖書館藏民國間抄本

閩中金石考略一卷，佚名纂。裒輯閩中金石，始於天水之世。陳思寶刻叢編録福建路石刻，凡福、建、泉三郡共二十餘種。其後王象之輿地紀勝、趙均金石林時地考、王昶金石萃編、孫星衍寰宇訪碑録等並有著録，然非專書。至馮登府閩中金石志、陳棨仁閩中金石略、丁震閩中石刻初編，皆專記通省金石，採摭宏富，蔚然巨帙。馮志存佚並載，陳、丁所著則專録存者，合觀三書，而閩中歷代金石之規模，始足徵據。

此録絲欄抄本，每半葉八行，白口，單録魚尾，四周單邊，版心下題「福建省立圖書館鈔本」。前有序。正文載福建金石目録，分屬三代至五代、宋、元三部，各條以年代先後爲序，下注刻製時間、撰人、書人並地點等。檢其條目，與陳棨仁閩中金石略前十二卷目録多合，惟篇次略事移易增損而已；又於陳略卷十三以下，僅取數種依時代移入前卷。

是書條目雖摘自陳略，然去取更爲精審。如唐以前金類，陳略卷十三、十四「僞刻」類著録十餘種，而此書序云「若金，則周秦漢器多贋物，惟天祐四年保福院師子爐識爲最古，左海文集曾著録之；外此如愛吾廬文鈔有西漢古鏡記，謂漢元朔五年平津侯鏡也；建昭三年銅雁足鐙識，見金石萃編，今歸于閩；隋開皇十五年馮堅造舍利塔鈴銘，其器亦在閩」，故所取亦僅此四種而已。又如陳略烏石山宋人榜書九段，於程師孟光禄吟臺、閩山二篆書，皆考爲僞刻，故此書亦不闌入。可見甄别之嚴。惜訛脱字稍多，未經精校也。（張美鶯）

内共十九頁（白頁不計）

閩中金石考略

閩中金石考略

閩金石書無專家著録蓋以僻處海隅至唐常袞李椅觀察此邦文教始盛六朝以前則闕如也宋陳思纂次寶刻叢編中有福建路石刻凡福州建州泉州三郡共二十六種今存者僅李陽氷般若臺題名貞元無垢淨光塔銘閩忠懿王德政碑而已餘皆 此專言石也若金則周秦漢器多贋物惟天祐四年保福院師子爐識為最古左海文集曾著録之外此如愛吾盧夫鈔有西漢古鏡記謂漢元朔五年平津侯鏡也建昭三年銅雁

足鐙識見金石萃編今歸于閩隋開皇十五年馮堅造舍利塔
銘其器亦在閩按堅爲文帝諱乃獨不避豈援生不諱之例
耶究之眞僞難以臆斷也石之可考者如漳浦縣泮池所得玉
壘山三字爲李漢昭烈帝書恐屬重刻他若大中九年楮符撰
正書下邳郡林夫人墓誌今在福州府學宫字甚漫漶咸通四
年劉鏞正書陁羅尼經幢八面在龍溪縣開元寺遭兵燹後今
移植民宅次則永隆三年僧光逸正書崇妙保聖堅牢塔記又
題名八段皆其時君后臣工祈福之辭也在唐末十國時尚有天

祐乙丑枯木庵樹腹碑非金非石乃鐫于福清縣雪峯寺池前

大樹之腹所謂王大王者審知也歟後有宋一代如福州之鼓

山烏石山泉州之九日山萬安橋建寧之武夷山汀州之蒼玉

洞爲子朱子蔡襄等所書則美不勝收也顧唐以書名者如柳

公權所書有九峯鎮國禅院額在懷安縣李邕所書有東山愛

同寺懷道闍黎碑在臨州今皆滅没其以文名者如歐陽詹所

撰福州南澗寺石像記泉州二公亭記則文存而碑亡至宋之

善書如蔡襄固閩人也荔枝譜各書不如劉蒙伯一書爲冠其

米芾書第一山三字福州泉州凡數見乃重摹也莆田方廷範
墓碣爲蘇軾書尤閩之僅見者也若夫新出土如紹興十八年
李撰埋銘嘉定五年陸佩墓誌紹定元年劉克莊妻林孺人墓
誌銘亦一時翠墨之寶也甆器爲宋人所書者有鼓山東際橋
天禧二年佛龕題欵福州東嶽廟元豐元年蓮盆銘至今尚存

三代至五代

重摹岣嶁夏碑 福州

公孫宏鏡欵 漢元朔五年龍溪楊氏藏

銅雁足鐙識 漢建昭三年福州王氏藏

重摹玉壘山三字 季漢昭烈帝書 漳浦

舍利鈴塔銘 開皇十五年同安林氏藏

般若臺題名 唐大曆七年李陽冰篆書 閩縣

無垢淨光塔記 貞元十五年史承宣撰 侯官

下邳郡林夫人墓誌 大中九年褚脩撰 福州

尊勝陁羅尼經幢 大中十八年歐陽偃沙門文申共書 晉江

尊勝陁羅尼經幢 咸通四年劉鏞書 龍溪

韶州刺史陳讜墓誌銘 黃滔撰 福州

福建觀察使陳岩墓誌銘 景福二年黃璞撰胡兆祉書

枯木菴樹腹題字 天祐二年 侯官

王審知德政碑 天祐三年于兢撰 王倜書 閩縣

保福院師子爐識 天祐四年 福州

義井甎題記 閩通文三年 閩縣

堅牢塔記 永隆三年林同穎撰僧無逸書 侯官

堅牢塔碑側題字 永隆三年 侯官

堅牢塔題名八段 永隆六年 侯官

宋

留從願鐘款 建隆四年 龍溪

薦福院鐘識 開寶八年 同安

重修忠懿王廟碑 開寶九年錢昱撰林操書 福州

招慶院大佛頂陀羅尼經幢 淳化元年僧元悟撰記 泉州

咸平砧盆 咸平四年 侯官

大中祥符元年僧宗美撰 林巽書 晉江

晉江文廟特磬識 咸平五年坩圖 晉江

水陸寺陀羅尼經幢

陳仁壁墓碣銘 祥符二年王禹偁撰翁成允書 莆田
承天寺陁羅尼經幢 天聖三年 晉江

東際橋佛龕題記 天禧二年 閩縣
蔡襄書陳伯孫詩 康定間 莆田

開元寺陁羅尼經幢 天聖九年 晉江
九日山宋人題名三十九段 端拱至閒慶南

蔡襄榜書二段 仰止千峯倒影 莆田
沈衡等題名 慶曆四年蔡襄書坩莫書 年表

陳洪進造象記 端拱
翟思等題名 元祐四年

劉襲禮等題名 熙寧三年 程筍書
子駿等題名 元祐六年

晌陟等題名 元祐元年
程良民題名 崇寧五年

蔣長生等題名 元祐四年
林適等題名 靖康元年

方正淑等題名 崇甯三年
林元美等題名 乾道七年
諸葛觽之題名 乾道○年
施景明題名 政和元年
張汝賢等題名 元豐八年
程祐之題名 乾道四年
司馬伋等題名 淳熙十年
張元蹈等題名 乾道九年
倪思等題名 嘉泰元年
虞仲房等題名 淳熙元年
章持等題名 嘉定十六年
林　等題名 湻熙十五年
顏熙仲等題名 淳熙三年 盧同文書
徐袞等題名 嘉定十三年余袞篆書
鄭穗政等題名 嘉熙二年
林奭等題名 淳祐四年
林躬行等題名 湻祐○年
趙師耕等題名 湻祐七年

趙竹崖修三賢祠題名 淳祐年　陳進步等重修三賢祠題名 淳祐十二年

郡守祈風題名 寶祐五年　徐明叔等題名 寶祐六年

方澄孫等題名 寶祐六年　王彥嗣修石佛記 寶祐六年

曾順伯等題名　趙德淵等題名 以下無年月

曾伯瞻等題名　葉口題名

九日山宋人榜書二段 南安

高士峯 蘇宋元篆書　姜相峯 蘇紳正書

蒼玉洞宋人題名二十八段 慶曆至紹興 汀州

王稷題名 慶曆八年
徐大方等題名 熙寧元年
蕭佐等題名 元豐九年
陳郛等題名 紹聖元年
潘天適等名 紹聖年
蔡亢題名 建中靖國元年
臧子常等題名 崇寧三年
九仙居士題名 崇寧三年
章仲寓等題名 大觀元年
戚景仲等題名 政和四年
魏元道等題名 宣和七年
干彥仁等題名 靖康元年
薛敏季等題名 建炎元年
蘇公才等題名 建炎二年
程仲淵等題名 紹興十三年
斛繼善等題名 紹興三十三年

林伯忠等題名 乾道八年

鄭良嗣題名 乾道八年

呂大猷等題名 淳祐三年

陳日華等題名 慶元三年

張行儉等題名 慶元三年

陳昳題名 嘉泰二年

陳昳等題名 嘉泰三年

趙彥橚等題名 嘉泰四年

葉夢得等題名 紹興口年

种安等題名 以下年月缺

蘇才先等題名

按部題名

蒼玉洞宋人詩刻八段 皇祐至慶元 汀州

朝賢詩 皇祐元年

張口徐大方東禪寺詩 熙寧三年

蔣奇之詩熙寧四年　郭祥正詩元豐四年
章清二老峯詩大觀元年　范智文詩紹興十三年
錢元忠詩寶慶三年　蔡儁詩慶元口年
鼓山宋人題名七十九段闕疑
蘇才翁題名慶曆六年　邵飾等題名慶曆六年
黄子光等題名慶曆六年　董淵等題名慶曆八年
開覔路井識嘉祐二年　施元長等題名嘉祐五年
帶燕度等題名二段嘉祐六年　呂伯能等題名熙寧四年

孫覺等題名 元豐二年

方寅等題名 元祐四年

錢公永等題名 元祐四年

程邁彥等名 元符三年

僧有需開堂識 大觀三年

黄裳等題名 政和四年

李綱等題名 紹興元年

宗正倫等題名 紹興十五年

袁復一等題名 紹興十九年

林槐老等題名 紹興二十一年

吳巨濟等題名 紹興二十二年

趙仲丞等題名 紹興二十五年

沈調等題名 紹興二十八年

汪若容等題名 紹興二十八年

魏元幹等題名 紹興三十一年

王之望等題名 乾道三年

陳休齋題名 淳熙四年

朱文公題名 淳熙十四年

范機等題名 慶元元年

何澹等題名 嘉泰二年

吳渙等題名 開禧元年石應孫書

陳景仁等題名 開禧二年

陳宓等題名 開禧二年

吳中等題名 嘉定七年

周燦等題名 嘉定九年

任惟明等題名 嘉定十六年

胡槼等題名 嘉定十七年

王居安等題名 寶慶三年

葉于之等題名 紹定二年

方遇題名 紹定四年

趙汝訓題名 端平三年

黃登等題名 端平三年

周圭等題名 嘉熙三年

王稼等題名 淳祐元年

張正學等題名 淳祐三年

謝奕正等題名 淳祐四年

謝安之等題名 淳祐四年

楊選題名 淳祐四年

趙與鑴等題名 淳祐四年

李鏞題名 淳祐〇年

趙房楣等題名

王子壽等題名 淳祐五年

應垕等題名 淳祐六年

喻大淵等題名 淳祐六年

蘇溥等題名 淳祐七年

趙師昕題名 淳祐七年

趙希袤等題名 淳祐七年

鄭思問等題名 淳化七年

鄭玠等題名淳祐八年　方克昌等題名淳祐九年

鄭宷等題名淳祐八年　樓治等題名淳祐八年

趙與遺等題名淳祐九年　鄭仲路等題名淳祐十年

胡垓等題名寶祐五年　趙與榥等題名寶祐六年

葉從龍等題名開慶元年　湯漢等題名開慶元年

王鎔題名景定元年　常挺等題名咸淳元年

杜膴等題名咸淳元年　劉震孫等題名咸淳二年

林希逸等題名咸淳二年　陳襲題名咸淳五年

廖邦傑題名咸淳九年　葉石覓題名

曾繼年題名以下年缺　周賓題名

柳元禮等題名　陳珏題名

鼓山宋人詩刻十七段閩縣

邵去華詩慶曆六年　黃輅詩紹興二十八年

趙汝愚詩紹熙二年　愚叟詩淳熙十三年

趙晉臣詩慶元三年　鄭昭先詩嘉定十七年

無名氏詩淳祐四年　劉震詩淳祐七年

鄭仁詩 淳祐八年　　趙汝珣詩 淳祐九年

趙與滂詩 淳祐九年　　史季溫詩 淳祐十一年

釋癡絕詩 淳祐十一年　　張鎮初詩 咸淳三年

鄭應開詩 寶祐元年　　徐錫之詩 淳祐九年

趙希忙詩 無年月

鼓山宋人榜書八段 閩縣

志歸石 蔡襄　　國師巖 蔡襄

國師巖 陳襄　　喝水巖 施元長

天風海濤 沐大公　　無量壽佛 無名氏

壽 無名氏　　蕉境 無名氏有趙与湲跋

烏石山宋人詩刻十一段

王逵詩 慶曆二年　　程師孟張巖宿猿洞詩

程師益詩 熙寧元年　　程師孟張巖沈紳唱和詩

程師孟詩 紹興二十七年　　張巖詩 熙寧三年

黄軺詩 嘉定六年　　趙公廣詩 淳熙九年

李圖南詩 年缺　　趙希道詩 淳祐四年

趙崇癸詩

烏石山宋人題名四十八段 闕聯

李上交題名 寶祐二年　師秉等題名二段 皇祐二年

程公闢等題名 熙寧元年　蔣之奇張徽題名 熙寧四年

張汝賢等題名 元豐八年　江𤊕等題名 元祐四年

柯述等題名二段 元祐四年　王若愚等題名 紹聖元年

黄思道等題名 紹聖四年　智叔等題名 崇寧四年

喬世材等題名 崇寧五年　黄琚等題名 宣和六年

鄭尚明題名紹興二年

嗣濮王仲湜題名建炎四年

孟庾等題名紹興二年

潘正夫題名紹興二年

程邁等題名紹興十五年

葉宗顗等題名紹興十五年

向考續等題名淳熙七年

陳休塈題名淳熙三年

梁敔子等題名紹熙元年

趙子直朱文公題名淳熙十年

鄒漢卿等題名嘉定五年

鄭自成等題名嘉定元年

沈　愚等題名嘉定七年

韓元豹等題名嘉定五年

蔡荃等題名嘉定七年

劉輔之等題名嘉定十年

詹文民題名嘉定十七年　王簡卿等題名寶慶三年

胡伯量等題名紹定四年　汪彥卿等題名紹定四年

項顒等題名端平二年　周自介等題名淳化元年

趙希袞等題名淳祐七年　史季温等題名淳祐十年

趙希瀞等題名淳祐十年　陳傳等題名景定四年

王鎔等題名景定四年　趙希㤄等題名咸淳二年

趙若遂等題名咸淳三年　陳濇祖等題名咸淳三年

池師曾等題名咸淳四年　鄭文龍等題名咸淳五年

烏石山宋人榜書七段 閩縣

第一山 米芾書　　宿猿洞亭 均程師孟篆書

冲天臺　　道山亭

石寶清院　　光風霽月 均朱子書

福 傳爲朱子書

莫兼達夫巖題名 皇祐二年 同安　　寶慶寺鐵井闌記 至和元年魏子男匯 浦城

萬安橋記 嘉祐五年蔡襄撰并書 晉江　　劉奕墓誌 嘉祐六年蔡襄撰并書 侯官

翰中令像贊 治平元年歐陽修撰 蔡襄書 晉江　　于山宋人題名十二段 福州

福建省立圖書館鈔本

張徽等題名 熙寧二年

江公著等題名 元符三年

葉彥成等題名 崇寧五年

何誼直等題名 政和二年

陳暘題字 政和四年

俞師直等題名 宣和四年

黄處中等題名二段 宣和七年

吴正重等題名 靖康元年

鄭滋等題名 紹興二年

程晉道等題名 紹興二年

陳休坐題名 淳熙三年

戴帨蓮華峯詩 熙寧三年曾孝修篆書 南安

沈紳鳳池山題名 熙寧三年 侯官

鼓山銘 熙年熙寧四年沈伸撰 閩縣

清源山宋人題名九段 晉江

伯常等題名 熙寧四年

胡仲方等題名 慶元三年

施誠一題名 嘉定十三年

趙楷等題名 嘉熙四年

趙宗鐖等題名 德祐元年

第一山 米芾書在今道山民居

虎邪 呂道人書無年號

東嶽廟蓮盆識 元豐元年 侯官

瑞像岩造象記 元祐二年

趙師靜等題名 慶元六年

趙貫道題名 嘉定十四年

趙楷等題名 淳祐五年

清源山宋人榜書三段 晉江

壽 淳祐四年林夔書

品石山篆經臺宋人題名三段 福州

陳孔碩等題名 嘉定十六年

陳紘等題名 元豐五年

王開卿等題名 寶慶三年

漳州開元寺石盆識 元豐六年 龍溪

高蓋山宋人題名四段 永福

黃叙題名二段 元豐八年　　鄭儆等題名 嘉泰元年

董鴻道題名 嘉熙四年

南澗殿架盧識 元豐八年 閩縣　　方廷範墓碣 蘇軾書 無年月 莆田

會道井牀題字二段 元祐三年紹興二十四年 晉江　　福州社壇銘 元祐六年柯述撰王裕民書 閩縣

武夷山宋人題名十五段 崇安

胡師文等題名 紹聖二年

何叔京等題名 淳熙二年

劉彥集等題名 淳熙五年

黃德先等題名 淳熙七年

劉嶽卿等題名 淳熙八年

劉襄等題名 淳熙九年

曾槃題名 開禧二年

鄒應傳等題名 嘉定七年

留元綱等題名 嘉定九年

蔡杭等題名 嘉禧三年

魏國表等題名 淳祐元年

翁氷等題名 寶祐二年

饒虎臣等題名 咸淳四年

黃宜任等題名 寶祐四年

晏午鳳等題名 咸淳四年

張府君墓碣 崇寧五年 福州

武夷山宋人詩刻二段 崇安

李景換骨岩詩 宣和二年

朱文公棹歌 僅存一首

武夷山宋人榜書七段 崇安

靈岩

逝者如斯

茶竈 朱子書

千巖萬壑 蔡沆

昇真元化之洞 游九言

九曲溪 趙師峕

風洞 徐自強

鐵佛殿石槽題識 大觀二年 福州

神霄玉清萬壽宮碑 宣和元年徽宗御製御書 莆田

宣和石槽識 宣和六年 福州

韓忠獻王像贊 靖康元年韓駒撰 晉江

題顯應廟詩 紹興二年李綱書 寧化

瑞巖山宋人題名四段 福清

任子寓等題名 紹興六年

俞壽翁等題名 淳熙十一年

陳叔綸等題名 慶元二年

劉克遜等題名 嘉定十二年

泉州重建州學記 紹興八年張讀撰 李邴書 晉江

友石臺記 紹興八年劉子翬撰 朱文公書 建寧

九日山宋人詩刻三段 南安

黃公度詩 紹興十二年

趙時煥趙崇㬚詩 淳祐十二年

陳炎子詩 淳祐十二年

開元寺柳三娘造塔記 紹興十五年 晉江

趙端禮寶華山題名 紹興十九年 連江

李撰埋銘 紹興十八年其子鑄并書 福州

安平橋石刻 紹興二十一年陳大方篆書 晉江

咸安郡王趙士㓲壙誌 隆興二年柯宗英撰趙不䓮書 晉江

韓中令忠獻祠碑 乾道五年韓彥直書梁克家撰 晉江

泉南佛國 王十朋書 晉江

趙大年等題名 淳熙六年

蓮華峯宋人題名二段 南安

朱文公蒼壁題名 淳熙十年 莆田

司馬伋等題名 淳熙十年

延壽橋 陳宓書 莆田

孝泉賜陳俊卿札 淳熙十二年 俊卿跋 莆田

修姜公輔墓誌 淳熙十三年 孝僅撰并書

黃中美神道碑 淳熙十五年朱文公撰并書 邵武

藩署石闌題字 紹熙五年 福州　朱文公書豳風 慶元三年 晉江

小山叢竹 朱文公書 晉江 第一山民居亦有此刻　陳日華霹靂岩題詩 慶元四年 長汀

倪思瑞岩詩 嘉泰二年 晉江　重摹泰山壽字 嘉泰四年 長汀

比邱正音等造石牆題字 嘉泰四年　嘉定甎 嘉定三年 晉江

陸侃墓誌 嘉定五年陸坦撰并書 閩縣　飲盆題識 嘉定七年 侯官

方孚若修禊題識 嘉定十二年方左鉞篆書 晉江　劉克莊妻林孺人墓誌 紹定元年克莊撰并書 莆田

水村游釣 劉克莊書 莆田　鼓山請雨記 紹定三年徐鹿卿撰 閩縣

浦城社稷壇記 嘉禧二年王埜撰 浦城　萬安祝聖放生石刻 嘉熙二年劉煒叔書 晉江

惠應廟神增封敕 寶祐元年 邵武　　寶祐砧盈識 寶祐四年 福州

余充國夫妻墓誌銘 咸淳五年張文虎撰并書 侯官　　陳休齋朱文公蓮華峰唱和詩

演嶼聖迹 文天祥書 莆田　　泉州子城甎款 晉江

李珠修甎塔識 晉江

元

武夷山元人題名五段 崇安　　毋逢辰等題名二段 至元二十八年

徐賚奇題名 至元二十八年　　李良傑等題名 嘉定三年

孛羅等題名 至元六年

烏石山元人詩刻三段 閩縣

王惲詩 至正二十八年

趙天昌詩 大德二年

僧家奴等道山亭燕集聯句 至元九年趙譚識任元書

泉州譙樓甎款 元貞元年 晉江

錢光瑯嵒石山題名 嘉定二年 侯官

重建協應廟記 至順元年林定老撰陳鉅翁書 莆田

鼓山元人題名六段 閩縣

楊忠翊題名 大德元

林餘題名 至元六年

朶兒只班等題名 至正十年

薛朝晤等題名 至正二十五年

程世京等題名 至正二十五年

鼓山元人詩刻五段 閩縣

趙文昌詩 大德二年

楊剛中詩 皇慶元年

郝彥澤詩 後至元四年

鄭至詩二段 至正二十年

泉州書院記 大德○年高仰之撰 晉江

泉州路學大東記 大德元年楊應子撰林坤書 晉江

加封大成至聖文宣王詔 大德十一年林天澤識蘇謙書 晉江

一百大寺看經記 延祐三年 晉江

南山崇福寺鐘銘 延祐六年 龍溪

清源山元人榜書二段

蓬萊 至治元年僧一聰書

出岫無心 天曆元年壬子真書

石門和尚塔誌 元統元年 晉江

烏石山元人題名十七段 閩縣

悳德榕等題名 至正二年 信雲甫書

林君則等題名 天曆二年

劉順老題名 至正三年

章容等題名

許從宣等題名 至正十二年

重建清源純陽洞記 後至元四年 僧用平撰孫彥方書晉江有原刻重摹二石

沙羅巴等題名 大德二年

張伯陽等題名 後至元六年

孟誠等題名 挪枸隸書

八都丁兒等題名 至正七年

李世安題名 至正十三年

福建省立圖書館鈔本

王伯顔不花等題名 至正二十年孔訥書

燕赤不華等題名 至正二十四年鄭守仁書

張閭題名 至正二十四年

傅好禮等題名 至正二十四年

王叔璵等題名 至正二十五年

至元題名殘字

蒙古書題名 福清

瑞岩山元人題名九段

徐從道等題名 至正九年孛羅書

楊翮題名 至正九年

曾希建題名 至正十一年

盧希韓等題名 至正十九年

伯亮題名 至正二十一年

蔣士進等題名 至正二十六年

陳犀玉等題名 至正二十六年

薦吉祥等題名 至正二十六年

徐子正等題名 至正二十七年

偰玉立等九日山題名 至正十年 南安

偰玉立瑞像岩詩 至正十年 晉江

九日山元人榜書三段 南安

泉南佛國 至正十年偰玉立書

如此江山 方麟篆書

無名木 施德寬隸書

延福寺砌明堂記 至正十一年僧道圓誌 南安

阿里沙雪峯題名 至正十二年 侯官

烏石山東壁亭記 至正二十四年揭汯記并書 閩縣

左丞兩題記 至正二十三年

承天寺石爐識 至正二十七年僧和實題 晉江

僧碧霄岩記 至正二十七年鄭潛撰并書 晉江

莆陽金石初編二卷

[清] 莆田劉尚文編

上海圖書館藏清光緒間刻本

莆陽金石初編二卷，清劉尚文編。尚文（一八四五—一九〇八），字澹齋，莆田人。家貧無力攻書，遂習經商。博雅嗜古，肆力經史，尤好金石，廣搜宋、元以來碑刻。光緒間莆郡重修鄉賢祠、關帝廟，作祈雨碑，尚文皆爲之撰記。著有劉澹齋詩文集不分卷、莆志書目集證二卷等。生平參見劉宗昆嫡堂兄尚文先生行狀等。

書前有謝章鋌、傅以禮、陳啓仁序。陳序云「劉君誠好古矣。顧其所收，地局於一邑，時限於一代，將以參稽古事，而零璣殘璧，取證無多，將以考一方之沿革廢置」，可知作是書之由。書分上下卷，上卷自薛廷璋墓誌至林孺人墓誌，凡十四種；下卷自延壽橋碣至蔡時亨墓誌，凡十二種；末附唐刻黄滔殘碑一種。以宋代莆陽碑刻爲主，含墓誌、壙誌、詩碑、題名、橋碣、書院碑、圖碑及殘碑等二十七種。墓誌有薛廷璋墓誌、陳仁壁墓碣銘、方金紫墓碣、方大琮墓志銘，詩刻有蔡襄書陳伯孫詩，碑記有黄滔殘碑、神霄玉清碑，書院碑有薦福院記等。間附尚文跋語，稽考，如神霄玉清碑跋：「國朝金石之學最盛，如孫淵如、王述庵、武授堂、翁覃溪、阮芸臺諸家之書，絶不見爲此碑著録。」蓋此碑乃北宋徽宗瘦金御書，宣和元年（一一一九）八月十三日奉旨立石，僅見陳棨仁閩中金石志著録。其中亦有尚文親訪所得者，如伏虎巖碣跋：「甲午春，余登石室巖和壁間……我來欲續趙、歐志。」

每條碑目下，均注明碑石尺寸、製作時間、地點、出土時地、碑文書體、撰書人、行字

難較識辨、漶漫泐磨凡，字文隸、篆摹臨或間，刻碑録過文全。體書及字文題額並，徑字、數

數、字徑，並額題文字及書體。全文過録碑刻，間或臨摹篆、隸文字，凡磨泐漫漶、辨識較難者，則以「□」標示。末附按語考證，涉及與碑刻相關之年代、人物事跡、碑文行字數、内容，對書體、墨跡書丹人等加以辨正，間或指出他書著録疏誤處。如朱文公小蒼埜題名，孫星衍寰宇訪碑録卷九著録無年月，又誤記書體爲八分，是書指出時間爲「癸卯中冬」，即淳熙十年（一一八三）十一月，碑刻書體原爲正書。

書中所收，如莆田龜湖古白杜村方氏祠堂内祥應廟記碑刻，記載宋時泉州祈風活動與航海順利之關係，跋語涉及宋代航海求神風俗，均有資於考證閩地民俗風尚。（趙成傑）

莆陽金石初編

光緒庚子

刊於福州

王友士鋟板

莆陽金石初編序

金石之學上可以詁經次可以庀史又次可以考彼時體制及文字之升降閩之金石唐以前少所聞見唐以來流傳漸夥其爲此學者自宋鄭夾漈以逮國朝林同人皆有成書然大抵搜羅四方而不盡注意於三山二水間也陳恭甫侍御修福建通志其中金石一類采摭極爲明備惜未刊行其後遂多散佚此則祇言閩省矣而猶非專收一邑也興化劉澹齋上舍博雅嗜古予曾爲序其所纂族譜一日復出其莆陽金石初編屬予及門林生鴻儔李生澄濤示余請序其所收不出莆田地近則耳目易周殆不患其不精矣而讀其所作題跋攷訂既不苟而

文筆亦復淵雅信乎可以行遠矣雖然文字之託於金石者以其可久可恃也而有時亦不盡然漳州開元寺有唐咸通經幢寫刻俱勝予道光末游漳屢見之完好如故也及同治子主丹霞芝山兩講席時已經甲子之亂寺燬而幢亦碎然雖碎而其字亦尚完好如故也龍溪林孝廉廣邁召匠修之移諸其家負氈椎而來者遂不得見寺亦旋改爲試院左文襄公平粵寇回師暫駐於院中而朱子所勒石柱聯句所謂五百年逃墨歸儒者委埋土壤不知若干年矣是時忽出文襄見之大喜乃拈爲故實作楹帖懸之前堂夫天下之至堅重者莫如石乃此兩石忽見忽隱忽埋於土忽移於家其流轉不異一紙然則非有人

網羅散失聚而成爲一書又安知金石之必不銷磨哉而澹齋
之作誠爲不可少矣君生長夾漈之鄉先正遺風未沫涵江烟
景綿麗青山碧水緣樹紅樓之中摩挲碑刻日與古人結寂寞
之歡吾能不爲之神遠哉光緒癸巳中秋長樂謝章鋌序於致
用書院之惟半室時年七十有四

莆陽金石新編序

金石之錄浩如煙海大抵臚列郡國薈萃成編自鳴博雅未有即生長釣游之地蒐剔殘碑勒爲成書者也明陳暐吳中金石新編 國朝葉封嵩陽石刻集記始即偏方一隅網羅散佚文核語詳尚論者重之然皆就宦游所及採輯遺文辯證完闕成一家言至於揚駿烈闡清芬攷桑梓之舊聞傳先正之文獻蓋無聞焉興化劉君尚文學專而好古取一邑中碑碣自有宋以後水澨山陬剜苔剔蘚成莆陽金石新編中自林孺人誌銘以下強半爲文定公手譔彰先德詒子孫愴舊游弔名蹟地里近則耳目易周考鑒精則文字無舛蓋於此觀君之用心而賢後

裔之表揚志篤也夫古人著述賴金石以傳然金銷石毀無千年而不泐幸而存者貴錄全文以垂後世歐陽子集古錄撮其大要讀者以未窺全豹爲憾未若洪文惠隸釋隸續二書摭拾佚文首尾完具爲有資於考訂也君是編實師其意校勘明覈題跋簡雅卓然非苟而已矣余昔佐郡莆陽曾跋林孺人墓碑拓本今讀全編仿彿靑山綠水間重聯謦欬徘徊古歡安得與君再事幽探蒐討古蹟也然則攄懷舊之蓄念發思古之幽情非君此作其誰與歸光緒丁酉二月上澣大興傅以禮節之拜序

莆石初編序

曩余爲金石之學嘗輯閩中金石略一書同志之友若錢塘魏稼孫會稽何竟山侯官楊雪滄大興傅節之及同里許澂甫龔詠樵諸君子相與參同考異部勒成編而莆田劉君澹齋復數數以所得其鄉石刻椎拓郵贈蓋歷二十餘年而始脫藁敝帚之享視若千金方將付諸手民以質之當世通人達士會歐倭搆兵時局大變戎馬熢燧之際無復有談經術績學業者頗險傾側躁進之輩蔑倫常縱仁義謂堯舜不足爲孔孟不足法橫議謬論附託於域外機巧功利之說以蠱天下之視聽蓋洪水猛獸篡弒楊墨之禍之烈未有甚於此時者也田居無事憮然

觀時爽然若失於是曩所習之業所訂之書束閣而憖置者久
矣己亥之秋澹齋書來以所箸莆石初編屬序棖觸舊好未免
有見獵之喜詳爲繙帑見所錄莆田宋人石刻數十種大半爲
余金石略所收而言加詳考加核蓋以莆人言莆事宜其徵實
無譌可與武氏安陽偃師熊氏濬縣諸金石録相亞也塵鞅牽
纏煙毫鮮暇置案頭者數月歲律崢嶸清齏文債復加檢閱躊
躇未及下筆客或進曰劉君誠好古矣顧其所收地局於一邑
時限於一代將以參稽古事而零璣殘璧取證無多將以考一
方之沿革廢置與夫利病風俗則又今古異宜諸多更變劉君
合兼採元明下及　昭代擇其係桑梓之事廣輯成書他日圖

經之取材官吏之敷政將於是乎賴不更成有用之書耶余曰然是亦一說也并書之以質劉君

光緒二十五年仲冬日晉江陳棨仁叙

莆陽金石初編

劉尙文編

薛廷璋墓誌

石高四尺廣二尺四寸二十行行四十五字至三十八字不等碑額河東府君墓誌銘記八字正書在廣業里吉宦山

大宋平海軍節度泉州故節度討擊使百丈鎭遏都指揮使銀青光祿大夫檢校刑部尙書兼御史大夫上柱國薛公墓誌記

前攝龍巖縣尉鄉貢寓士劉務本撰

騎仕郎試太常寺奉禮郎黃元

薛氏　初任姓奚仲爲夏禹掌車服大夫封薛侯以地爲姓

奚仲生仲虺輔弼於湯頗有成績洎生獻　定惠後遷分裔
于閩公其裔也諱延璋字德華其先河東人曾祖諱述大順二
年擢明經第除儒林郎行　省常侍祖諱鎔舉明經下第父諱
畤不仕娶潁川陳氏生四子公卽長也壯歲負宏略里中識者
謂他日將材　庚戌遂捨危邦就之有道今府主太尉眷服
來人俾臨貔武二年貳職于百丈鎮託薦加鎮遏都指揮專彼
戎柄甚著和門之德十年之内部下尤肅大宋開寶七年方
㐫於不幸攻瘉與滎陽鄭　同興殁於門蟻其年三月一日自
卯迨酉鄭氏相次終于百丈清源西里私第享年五十鄭氏芳
年四十有　邑之茂族　叶采藻之風稟齊眉之敬無何幽蘭

忽謝與公權坫所居之前嗚呼鸞鳳之影雙沉琴瑟之韻俱斷
嗣子一人曰士儒跨竹之歲通經相府未冠蜺麻攝漳州龍巖
縣尉　往儒學俟有嘉　女五人長適江夏黃仁雋次納綵范
陽盧崇德皆未冠之年曳藍袍竹簡次納綵滎陽
拾螢　功彎弧待試次二人未笄俱尚柔行公仲季三人簡言
少而好學會平海軍釋褐攝　縣尉尋　途　百丈打急指
揮遷右全勝訓戎金繼元昆之稱次珣言竹簡之後累仲昆之
職中道而衰棣華　萎　曰　而特異誓擁方袍今藩
后外　付之百丈管界　僧龍也龍虎得非奚仲之遠世貽
耶公與鄭氏草草　逝鄉人咸嗟其年冬十一月改葬合祔類

平生之枕席卜彼里吉　東山禮也滎陽鄭氏兄曰居敬敏而

好學外通指掌之秘素與愚相善一旦以府君始末　爲埋文

希傍敘骨肉懿德於幽壤之間　而弗可直而書之其詞曰

任氏厥分　立茲華裔　伯禹興湯　挺襄生惠

分枝于閩　傳馨遠世　遠世之孫　慶　和門

知歸有道　我台恩　鄰鄉靜守　狘武開屯

一旦何之　東流草草　鸞鳳雙　菱花空老

鐵馬誰驅　金雀塵鏁　鬱鬱佳城　重泉是扃

雲

河東府君墓志在莆田廣業里吉宦山中去郡七十里地遠

而僻故職地志者于府君大節略焉按志稱府君薛姓諱廷
辨字德華府主太尉晉服承人俾臨銳武貳職于百丈鎮託
薦加鎮遏都指揮開寶七年殁于蠓門年五十按府君之生
當在唐莊宗同光三年乙酉又稱庚戌捨危邦而就有道則
爲保大八年府君年二十六考吳氏十國春秋是時吳越兵
入閩破南唐兵獲唐將查文徽府君似在軍中當時歸附府
主當爲陳洪進立石時洪進猶存大傳本傳失載史氏誤也
又按官階結銜似與吳越相符吳氏春秋惟吳越六部尚書
承制加檢校九國皆無考全唐文及金石萃編唐臣太保馬
洪司徒蔣彥威太傅林仁肇皆加檢校疑吳氏亦誤又碑載

打急指揮與右金勝訓戎等官足補吳氏百官志之遺所痛府君憫羅寇災寇凶爲誰志不著明配鄭氏與府君同日死似爲井殉志亦不詳皇皇雙節足爲世軌當時節義淪喪死綏之臣不加褒恤此歐陽子所以致嘆於五代之臣也今幸獲此碑詳加考索備司風者采焉撰碑者爲龍巖尉鄉貢寓士劉務本書碑者爲騎仕郎試太常寺奉禮郎黃元口附以備考 劉尙文跋

陳仁壁墓碣銘

碑高八尺一寸廣四尺三寸計二十八行行五十三字碑額潁川府君墓碣六字篆書

大宋故承奉郎檢校尙書膳部員外郎守泉州錄事參軍賜緋魚袋贈太子洗馬陳府君墓碣銘 并序

承奉郎守尙書禮部員外郎知　制誥騎都尉賜紫金魚袋

王禹偁撰

兩漢公卿多補郡吏由督郵功曹而用者十、四五故其治道鄰于三代蓋考行于鄉試才于州而召登于朝也斯得鄉舉里選之遺制與其道雖廢其人或存陳府君近之矣唐末大亂天下分裂東南曰閩有王審知者據之自立繼以李留張陳凡五帥

七十年雖附庸于江南稱藩于中原其屬吏皆自署也故積善之門篤行之士道不行于朝而行于郡不在乎身而在乎後爾

君諱仁壁字象玄其先潁川大族今爲閩人曾祖諱晃隱德不仕祖諱樞唐廣州清遠令考諱沆登進士第時梁開平中也嘗從事大名府覩梁政多僻知中國必亂且以清遠府君旅櫬在嶺表因棄官南走萬里負喪而歸葬畢杜門堅拒王氏辟命終身不爲僞官所汚至今鄉人以先輩呼其家　君卽先輩之子以文行稱于州里閩帥重而辟之也君曰吾先人策名中夏遭時不幸介在僞土義不受祿者全其節也雖專地悍帥不敢加害名高而行著故也吾小子負荷世德未聞于朝一旦又將

拒之禍且至矣乃屈身應命凢歷官六歷職八開寶中以主帥
命入朝　太祖嘉之　制授檢校尙書膳部員外郎賜銀章朱
紱始眞拜錄事參軍厚禮遣之　故相國太師忠順公籍地入
覲　君實預其謀旣而謂人曰吾嘗被　天子命無辱于先人
也今時雖可惜而年已過矣吾其樂山水守松楸而終天年乎
乃辭以老而命次子靖入于　朝而後令終于家享年七十初
靖之歸　國也再任許州司戸參軍時富春孫何濟陽丁謂皆
當時之文豪也靖與之交用是辭格一變端拱中拜疏議邊
上奇其節擢授將作監丞主利國監後隷御史府尋以制䝉爲
職皆非所樂也繼上章言時事　上益重之超拜秘書丞直史

館賜五品服色四年　郊祀畢以靖貴贈　君太子洗馬明年秋靖得告南歸且將以漏澤責其墓墓有誌孫何爲其文又請尚書禮部員外郎知　制誥王禹偁書墓表禹偁因謂曰墓之有表古也然近世有德行無祿位者多表而旌之據禮子爲大夫父爲士祭則大夫葬則士今洗馬秘丞俱爲五品官而欲表之與無位者同矣何以示貴按今五品以上立碑七品以上立碣碣其墓宜矣靖乃拜而謝之　君之行已業官理家訓子暨僑署之官職卒葬之年月宅兆之原里五男三女男爲令子女得嘉壻凡是數者孫之誌具矣夫人李氏封隴西縣太君亦從子之貴也銘曰

嬀姓後　潁川陳　永嘉亂　徙于閩　德不墜　世有人
魏從事　登王賓　拒僞命　名益振　生膳部　行恂恂
事連帥　姑全身　修覲禮　趨紫宸　握有蘭　佩有銀
郡督郵　始郎眞　生秘丞　文彬彬　遇聖主　爲史臣
漏斯澤　顯斯親　時孝子　時孝孫　碣其墳　垂後昆
靖至道乙未歲得是碣於　太原王元之時或有謂　母氏
存焉置碣非矣抑又分　命南北成立未遑洎歷郎署於五
兵改服色於三品景德丙午十月二十一日由史職聞　先
妣眞定縣太君累封至眞定也哀訃泣血　京師有司具奏　旒扆
翼日　詔遣中貴　宣諭賜錢十萬仍許奔喪而全禮制

大中祥符改元之戊申　皇上封　泰山之歲十二月十日

遷　先妣葬于軍壘之北崇業鄉　里桃枝源幸今福建

路按察刑獄直集賢院丁遜禮丞爲墓之誌煥乎其文章昭

然其事跡且曰合葬非古也故不祔　左司之塋（先君亦累封至左司郎中）越明年六月二十九日樹茲碣於城南五里長亭之右

先君郎中墳路之左衞之以墻屋　不朽於雲來臨之以康

莊庶無隱於遐邇　靖亦以是日遵途而歸　闕故敘記於碣

後

進士翁允成書　進士錢勳篆額　鄭舜鐫字

按靖自敘至道乙未得是碣于王氏考史傳禹偁由單州

召爲禮部員外郎知制誥隨以論開寶皇后喪出知滁州禹偁之撰是碣猶未補外時也凡仁壁所歷僞閩之官皆不書不足書也宋興始授泉州錄事參軍及洪進納土乃遣靖造朝宋授靖陽翟尉咸平三年復由刑部員外郎出爲京畿均田使未行而罷靖自敘皆畧惟碣載歷郎署于五兵史傳無之考莆陽比事錄靖以兵部郎中出知泉州又考文獻通考漢魏始有五兵宋無此名靖猶沿舊稱也後靖以秘監致仕卒熙甯時始贈尚書左僕射見彭惠安集又莆陽文獻靖傳熙甯元年諫臣以靖奏議進呈神宗嘉奬贈尚書左僕射又碣載四年郊恩贈仁壁洗馬宋百

官志秘丞洗馬俱五品又載祥符改元封禪泰山與史悉合宋志將以渻化三年冬郊皇子許王前十日薨乃改次年正月禮成大宴含光殿時靖官直史院有糾儀之奏其說亦備載于禮志又碣載五品以上立碑七品以上立碣此例自唐已然惟母在不得置碣歷考金石三例併梁氏墓銘廣例均無此說足補其缺孫何丁遜所撰仁壁及眞定太君兩誌已無存按一統志孫何篤學嗜古年十五善屬文與丁謂齊名時號孫丁觀禹偁敘述當時二人聲名卽已如是東都事略何傳亦云禹偁以二人之作韓柳以後所無也靖與之善文格一變其所撰著惜已不傳碣舊

監于城南擯路之左現移置仁壁祠内始于何時亦莫考

又按書碣爲進士翁允成閩志選舉佚其名其女見閩志

列女傳註爲殿中丞翁某女允成歷官略見於此文劉尙文跋

莆陽金石補編　卷一

蔡襄書陳伯孫詩

刻高八尺廣七尺三寸四行行五字末欵一行細字在囊山

六合萬籟息秋林月正暉琴中傳不盡石上坐忘歸

康定二年九月十五日君謨書

詩爲忠惠正書字徑一尺三寸餘題曰康定二年九月十五日書宋史並東都事略康定元年次年卽爲慶歷元年按宋朝事實康定二年十一月南郊改慶歷元年石刻于九月末改元前事略襄傳由漳州判官改校勘考忠惠集陳殿丞詩序題曰慶歷元年史館校勘某序文載本集卷二十七詩刻其在漳判赴京時集序年月編次改題也莆輿紀勝云旁一

石亦刻是詩字細不及原名後人摹縮蹟　劉尙文跋

方金紫墓碣

碣高三尺三寸廣二尺三寸在常太里黄壠

故贈金紫光祿大夫方公之墓

眉山蘇軾書

嗣孫方珙立

按坡翁之書是碣不序年月故無從細考金紫諸孫與坡翁交厚者惟惠守南圭翁子容見於坡集如曰珙者爲惠守何人亦無從細考金紫名廷範歙人歷宰長溪古田長樂三邑遂居於莆卒葬常泰里靈隱山以子貴贈金紫其顛末見吳氏十國春秋幷編中所收方氏薦福院記余娶於方屢以此

碣詢婦翁昆仲均莫能知乃函致温陵陳鐵香先生棨仁蓋先生著閩中金石志有收是碣抑據現存原石或據前人碑目彙集而成承先生覆函係據現碑收入碑額并有莆田縣印爲陳恭甫修通志時拓本方悉原碣猶在遂環山數里遍跡之一夕得之黃壠人家屋角高不滿三尺以甓累其四旁何以不附金紫之墓不可解也劉尚文跋

神霄玉清碑

碑連額高一丈一尺一寸廣四尺二寸五分計十六行行四十字碑額御筆手詔四字正書久已斷裂余始訪得之以語通守王公仍舁還原處另陷于壁在元妙觀

神霄玉清下缺

御製御書

道者體之可以即至神用之可以挈天地推之以治天下國家可使一世之民舉得其恬淡寂常之眞而躋于仁壽之域朕思是道人所固有沉迷既久待教而興俾欲革末世之流俗還隆古之純風蓋嘗稽參道家之説獨觀希夷之妙欽惟長生

大帝君　青華大帝君體道之妙立乎萬物之上統御神霄

監觀萬國無疆之休雖眇躬是荷而下民之命實明神所司迺詔天下建神霄玉清萬壽宮以嚴奉祀自京師始以致崇極以示訓化累年于茲誠忱感格高厚博臨屬者三元八節按冲科啟淨供風馬雲車來顧來饗震電交舉神光燭天羣仙翼翼浮空而來者或擲寶劍或灑玉篇駭聽奪目追參化元卿士大夫侍衛之臣悉見悉聞嘆未之有咸有紀述著之簡編嗚呼朕之所以隆振道教

帝君之所以眷命孚佑者自帝皇以還數千年絕道之後乃復見于今日可謂盛矣豈天之將興斯文以遺朕而吾民之幸適見正于今日耶布告天下其諭朕意毋忽仍令京師神霄玉清萬壽宮刻詔于碑以碑本賜天下如大中

祥符故事摹勒立石以垂无窮

宣和元年八月十三日奉　聖旨立石

保和殿直學士朝請大夫提舉上清寶籙宮編類　御筆

兼禮制局詳議官賜紫金魚袋臣蔡翛奉　聖旨題額

通侍大夫保康軍承宣使直　睿思殿同知入內內侍省事

同提點皇城司充在京　神霄玉清萬壽宮提點臣譚稹

檢校少師鎮東軍節度使中太一宮使直　保和殿　明堂

兼在京　神霄玉清萬壽宮提舉提轄使臣學臣梁師成

管勾上石

徽宗御製此碑以摹本賜天下摹勒立石由宋至今七百餘

年其間雖經兵火　國朝金石之學最盛如孫淵如王述菴
武授堂翁覃溪阮芸臺諸家之書絶不見爲此碑著錄何哉
豈其時雖奉明詔輾轉未及施行而金狄禍起刱立碑之次
年蘇常以南卽有方臘之亂此碑之傳者少有由來矣然碑
係帝親書號瘦金體非京所代作宋人玉字一點逼王之刺
其誣也哉當時能仿帝書惟弄臣楊球張補最爲逼眞謂之
東廊御筆雖與帝札襍出猶用小印以別之碑題御製御筆
而額又題御筆手詔非帝自作其誰歟嗟乎宋三百年君德
之荒未有如帝之甚者也視元老若草芥以嬖倖爲腹心復
惑林靈素劉混康等興道教築艮嶽遂至天下騷然內侮外

患同時併興以亡天下余嘗與郭子壽先生摩挲此石感慨
久之各成長歌以誌茲將先生之作併錄于左帝號教主妃
安妃遍地植立神霄碑盤固侯已碎爲礮此石幸脱東海汩
昔在藝祖開創日驢背已墜陳希夷封珠拜賜頌鴟吻天有
手乎君售欺慶歷天子亦聖德誕降赤脚猶傳疑累世受蠱
積難反金門羽客窺隱微杜光庭後更杜撰天尊天帝標新
奇四瀆封王岳封帝舊神加秩各有差鼛鼓動地胡塵起靈
素竄死無所祈汗流走僵首虛靖又有避寇張天師天兵不
下橐駝滿豈止貽誤王家兒元師再入宋社屋竟受玉印齊
髡緇德士積忿至發冢道士何乃忘恩私至今龍虎山中客

猶畫符籙售金貲請君一視神霄碑毋若宋人芒芒歸瘦金字好用非所惜不奉天罪已揮御書黨人籍御書此碑詞字固論工拙事豈無是非古人已幾誤今人嘖嘖爲今人嘖嘖稱神異胡不細閱神霄碑是何年月何興衰劉尚文跋

祥應廟記

碑高五尺二寸廣三尺四寸計三十三行行六十三字碑額祥應廟記四字隸書在白杜方氏祠内

有宋興化　祥應廟記

左朝請大夫主管台州崇道觀方略撰

左朝請大夫行尚書駕部員外郎方昭書并題額

郡北十里有神祠故號大官廟大觀元年　徽宗皇帝有事于南郊裒百神而肆祀之於是詔天下名山大川及諸神之有功於民而未在祀典者許以事聞部使者始列　神之功狀于朝從民請也次年　賜廟號曰祥應其後九年　親祀明堂復修百神之祀而吾鄉之人又相與狀　神之功迹乞爵命于

朝口太常上其議曰顯應侯　天子曰嘻維神　威靈惠我
一方宜有以寵異之迺　宸筆刋定　顯惠侯時則宣和之
四年也謹按侯當五季時已有祠宇血食于吾民古者相傳云
舊祠在驛路北旁一夕風雨晦冥雷電交作若起于祠中者較
盃香爐忽失所在翼日父老跡其所止之地而得于龜湖山古
榕木之下因就而□之即今日廟址是也其地前直壺公後擁
陳巖綬溪之水經絡其間蓋山川之秀雖善地理者莫之能得
當時識者咸曰神依人而行今神據有溪山之勝此方之人其
有□乎今大姓甲族多在乎　神祠之左右而殘殊科列膴仕
者時不乏人皆如識者之説曰大官廟者相傳云鄉人仕有至

於大官者退而歸老于其鄉率其子弟與□之耆舊若少而有才
德者每歲於社之日相與祈穀于　神既而徹籩豆陳醆斝揖
遜而升堂序長幼而敦孝弟如古所謂鄉飲酒者鄉人樂而慕
之遂以名其廟□識　神之錫福于吾人者如此夫七閩諸郡
莆田最爲瀕海地多鹹鹵而可耕之地又皆高仰無川瀆溝洫
之利旬日不雨則民有粒食之憂每歲以旱而禱于　神者未
嘗不應期而雨故田雖高而無旱春夏之交雲霧蒸鬱盲風怪
雨發作不常寒暄之氣爲厲爲瘧民或苦之歲於是時民多祈
福于　神或相與迎　神出次以浮屠老子之法而祝祀之故
民用無災政和七年諸郡多蝗既□□□食竹木之葉牛羊之

毛且盡民懼而禱之故環廟數十里蝗不敢入宣和二年睦之
妖賊刼庫口殺長吏聚徒十萬殘害江浙數州之民而盜有其
地　朝廷口口口提禁旅百萬以夷之而賊徒始相與聚謀欲
掠舟于定海據七閩爲巢穴部使者飛檄以告且使民虚其室
以避之謂風帆信宿可至居民惶怖扶老携幼奔竄于山谷攀
援蹂踐至有踣者羣不逞之徒又相與睥睨之於是有喪其家
貲失其子女憂愁驚悸自隕其身者而吾民先禱于神神賜之
吉卜曰其毋害遂安其居無一人遷徙者既而賊果就擒今
天子嗣位之三年建州狂卒葉儂聚其衆數千人殺官吏以
叛奪溪船順流而下一夕至南臺入福州外郭焚居民廬舍其

勢甚熾遂謀渡大義而南諸州守捉之兵未集郡邑震駭莫知
爲計而賊徒忽一夕相驚曰官軍陳矣其旗幟皆有　顯惠侯
字何也人人恐怖始有悔禍之意漕使張公穆乘賊憂疑始得
以斷橋沉舟絕其南渡之謀又其後一年楊勍領西兵叛入于
閩由漳泉而來所在焚剽民罹其害賊壓我郡境守險之卒視
衆寡不敵莫有鬬志軍士方迪等忽聞空中有聲曰女速進
顯惠侯兵來矣於是我師賈勇賊衆望風畏遁闔境晏然往時
遊商海賈冒風濤歷險阻以牟利于他郡外蕃者未嘗至　祠
下往往不幸有覆舟于風波遇賊于蒲葦者其後郡民周尾商
于兩浙告　神以行舟次鬼子門風濤作惡頃刻萬變舟人失

色涕泣相視尾曰吾仗　神之靈不應有此遂號呼以求助虛
空之中若有應聲俄頃風恬浪息舟卒無虞又泉州綱首朱紡
舟往三佛齊國亦請　神之香火而虔奉之舟行迅速無有艱
阻往返曾不期年獲利百倍前後之賈于外蕃者未嘗有是咸
皆歸德于　神自是商人遠行莫不來禱竊聞古者聖明在御
百神効職無有怨恫若興雲雨禦灾殃呵斥妖厲掃除不祥降
福于善人而罰其無良皆神之職也今　侯血食此土顯其威
靈以取爵命于前又能効職協忠順以報恩寵于後我　天
子建中興之業治人事神皆有次第將見褒德賞功而　侯之
爵號有加而未已也然則恢崇廟宇以嚴奉祀之誠上以彰

君之寵命幽以答　神之靈既不亦宜乎舊廟數間歷年既久

上雨旁風無所庇障元豐六年太常少卿方公嶠始增地而廣

之政和六年太子詹事方公會又率鄉人裒金而新之今　神

巍然南面秩視諸侯其冕服之制薦獻之禮皆有品數視前時

爲不同也祈甿跪拜卜史薦辭瞻望威容進退維愼亦睞前時

爲不同也春秋祈報長幼率從酒冽肴馨　神具醉止退就賓

位執醆揚觶有勸有罰莫不率命又不知往時人物若是否遠

近奔走乞靈　祠下時新必薦出入必告疾病必禱凡有作爲

必卜而後從事又不知往時人物能若是否以至　天子郊

祀之後郡侯視事之初又當來享來告以薦嘉誠此亦前時之

所無也是數者皆與前時不同宜其視舊宮爲猶狹寢以侈大
亦其時哉信士方畬始唱其議衆皆悅從故歛不勞而財用足
工不懈而功用成治其廳堂作東西兩序燕息有所齋庖有房
其合而爲屋八十有二楹其費而爲錢一萬緡經始於紹興四
年之春而成於六年之夏也新廟既成民大和會又相與大享
于　神以落之衆因請紀其事略之先廬去　神祠爲近爲兒
童時嘗侍先生長者瞻拜于庭其後塵忝奔走仕路三十餘年
兩叨郡紱皆在南方過家上冢未嘗不謁于　祠下至則徘徊
廊廡間因思古人仕口以不去其鄉爲戒自罷官瀛洲挈家還
里顧惟潦倒投閒有日薦乞宮祠庶幾歲時得與鄉之耆舊杖

屨相從白布長衫祀飲于　侯之堂亦若古所謂鄉飲酒者以

儹素願此志未央也余摭　侯之事蹟章章可傳永久者滌硯

捉筆而誌之

紹興八年歲次戊午孟夏丙辰朔建

碑前列宣朝請大夫主管台州崇道觀方略撰左朝請大夫

行尚書駕部員外郎方昭書并題額後列紹興八年歲次戊

午孟夏丙辰建按廟在龜湖古白杜村方氏聚族之所畧爲

惠守子容孫歷守潮瓊所至專訪文籍藏書一千二百笥作

萬卷樓儲之其事載八閩通志方翥傳并莆陽文獻方峻傳

昭爲宫詹會子亦見閩志選舉及文獻會傳又按宋史並東

都事略大觀元年九月辛亥饗明堂輿記郊祭不合宣和四
年饗明堂亦在九月加惠百神史不載睦寇七閩巢穴之議
史童貫傳並青溪寇軌均不詳及又記載三年叛卒葉儂焚
福州外郛謀渡大義而南爲漕帥張穆所遏考之閩志濃作
亂于建炎二年六月寇福州陷之其冬十二月隨爲提刑趙
哲所斬與碑互證葉寇福州似未嘗破其城其時爲建炎三
年幷非二年張穆職官志兼佚其名黃志最稱善本則踈畧
如是又載楊勍領叛兵由泉漳入境考蜀志勍以御營前軍
將由浙叛入閩四年三月事也七月受劉光世招安尋復叛
去迫泉州又考屏山集送張當世序庚戌張侯來守莆田余

佐郡事時逸寇楊勍犯閩官軍綴之尋敗去後一月擢侯爲郎爰考諸書悉與記合惟方氏僅修神功而於從事戎旃者畧焉又按閩志壇壝隆興二年神加封威烈夫人封淑靜湄熙間神加靈潤夫人亦加承濟皆記以後事也反覆茲碑竊歎爾時權臣奄寺盜權于内叛卒奸民弄兵于外政治不修亟亟於百神之祀何歟然碑出於南渡初年從來金石家無有道及之者因志其顛末如右劉尙文跋

莆陽金石續編　卷上　九

登瀛閣石刻

石高八尺七寸廣三尺五寸在巖潯村

登瀛閣

宋紹興八年　高宗皇帝御書三大字賜狀元黃公度讀書處

明崇禎十六年春世孫副使鳴喬諭德起有參政鳴俊舉人起雒等重立

登瀛閣三字相傳爲光堯御筆賜狀元黃公度讀書處也無款識可考至崇禎癸未世孫副使鳴喬等重立是碣始（補刻年月爲紹興八年按公度卽於是歲登第以忤秦檜

出判肇慶檜死召還終官考功員外郎夫以草茅寒畯幸
擢巍科即賜以御墨表其宅里帝之初心未嘗不欲引賢
以自近而卒格於奸相乾綱不振致使諸賢流落瘴鄉賫
志以沒無補於時帝業亦終於南渡而已劉尙文跋

宋林寬夫南山詩刻

石高三尺六寸五分廣四尺二寸八行行十字在南山

南山詩刻

訪客靈巖寺尋幽弄月池天宮知有路石磴自忘疲薌茗中峰供澄瀾古甃窺還登瑞泉閣一覽盡雄奇淯熙丁酉冬至前二日與諸葛磷之趙仁父訪趙周士於法海院相拉同遊刻之泉上林寬夫題

靈巖寺在城南鳳凰山爲莆中附郭勝景弄月池瑞泉閣法海院又爲山中之勝按諸葛磷之爲諸葛廷瑞晉江人官兵部侍郎閩志有傳當偕林趙來游時孝宗御宇南北休兵士

大夫得以流連風景游咏其間獨惜林趙諸人文章行誼不少槪見留此數行遺墨於寒煙雪瀑中其流風餘韻令人摩挲姓氏撫古興懷而不能已也劉尙文跋

朱文公小蒼埜題名

刻高七尺七寸廣三尺四寸
兩行行五字在城南棠坡山

湻熙癸卯中冬朱元晦登

按癸卯爲孝宗湻熙十年先一年文公官提舉浙江常平茶鹽因按台州唐仲友事爲王淮所疾乃乞奉祠是年六月郎有鄭丙陳賈等請帝辨明道學之疏蓋爲淮修怨而發也題石之時正自家來遊凡二行計十字寰宇訪碑錄誤作八分體亦園胜牘已辨其非然是山有蒼埜二大字八分書係明右僉御史林有孚筆林謝政後建亭於是山始勒此與文公題名之石相去二三十步 劉尙文跋

朱文公書與造物游四字

石高四尺三寸橫廣一丈四寸每字縱橫一尺七寸零在囊山半仔寮

與造物游

晦翁書

不知勒於何時無年月可考尙文識

孝宗賜陳俊卿札

碑高七尺一寸廣四尺一寸分三層第一層碑額皇帝御書四字篆書第二層御札計七行行一十二字第三層跋二十九行行二十四字在陳氏二忠祠內

卿乘車梓里諒多燕息眷言舊弼渴想良深誕序將臨耆艾可慶賜卿金器香茶至可領也式彰異數往續茂齡其益保頤以昌壽祉故茲親札宜體至懷

付陳少傅

付陳少傅　帝　封

臣恭以湻熙十一年十月戊辰　御前祗應陳良才至臣里第傳宣　聖旨伏蒙　聖慈以臣賤生之日特賜　御札一

封並賜金器香茶臣聞　命震栗下拜登受　天威咫尺不

勝隕越伏念　臣頃由周行執經　潛邸因緣遭遇致身通顯

入登宰輔出守藩維二十年間任重而力小位尊而德薄偶

逃罪戾徼幸實多及其老逼病侵懇祈謝事去歲六月始蒙

詔書矜允保全晚節歸休田廬臣之幸願已畢於此惟是

衰朽待盡在天一隅終始　大恩稱塞無所敢意　宸衷軫

念簪履之舊　俯記弧矢之初不以臣老而無用　溫言慰

藉如在廟堂之時不以臣遠而易忘　寵賚便蕃如在畿甸

之地特捐　異數庸示　眷懷里巷權呼搢紳歆豔刱復所

賜親札官而不名尤非近比昔唐代宗之於郭子儀　本

朝太宗皇帝之於吕端一以社稷元勳一以太平名相若時

體貌度越彜章顧臣何人敢當此禮平生忝竊未路愈光感

極涕零糜殞莫報謹以　奎畫刻之琬琰非惟昭示子孫增

輝鄉國抑使中外臣子咸知　聖德光大優遇無能爲之

老尚如此孰不願忠厲節以稱　九重任使之意此臣所爲

仰答　隆私庶幾萬一焉十二年正月辛亥少傅觀文殿大

學士福國公致仕食邑九千九百户食實封四千二百户臣

陳俊卿拜手稽首謹書

臣　楊文楊忻摹鐫

碑立于淯熙十二年跋後結銜所敘官階與正獻行狀九

年堅乞納祿拜少傅致仕進封福國公合賜歸之月狀不載又云有司以法當給全俸公按富鄭公故事獨受少傅之祿十二年慶壽禮成拜少師進魏國公立碑後事也與孝宗紀序封拜悉合史傳謂公八上章告老以少師魏國公致仕誤一書歧異若是公由申進封福魏備載狀志並揮麈後錄傳亦不及又考壙誌生政和癸巳十月七日使如期至則計日遣行見阜陵遇下之隆南渡高孝二祖俱能書化流宮閫光堯奎畫往往遝之孝廟僅見此石聖君賢相遺墨流傳掩映江表可不鄭重存之劉倘文跋

伏虎巖碣

石圓而銳高一丈二尺零下廣二尺四寸上廣九寸在石室巖

伏虎巖

嘉定己卯十月　天游道人方左鉞書

甲午春余登石室巖和壁間韻云遺蹟深山歲月多短碑漬雨半消磨我來欲續趙歐志爲宋爲唐不紀何目注巖腰有伏虎巖遺刻無年月可考友人林桐雲函來糾余之謬蓋所敘之欵刻在伏字上爲苔痕所蝕模糊不可辨剔而讀之方悉作於嘉定己卯十月爲方左鉞書按左鉞字武成寶謨信孺公子以蔭官德慶府司法參軍嘉定癸未八月朔卒年二

十五著有煮瀑庵集其行畧見先文定所著墓志又按信孺

左鉞均工書信孺遺刻猶存者則有廣東陽山縣觀張魏公

遺墨題字正書廣西臨桂縣韶音洞古相思曲行書廣東曲

江又有信孺所撰舜祠虞泉銘注爲方眞孺八分書按眞孺

考之葉水心所著方菘卿墓碑子二長直孺次信孺未知眞

孚即直字之訛抑別有其人莫從細考以上三碑均見寰宇

訪碑錄又翁覃溪復初齋集云信孺有詩境石刻放翁書一在

韶州武溪一在臨桂龍隱巖均信孺自識其後又云道州窊

尊亦有詩境石刻屢訪未得蓋信孺嘗從放翁問詩放翁爲

書詩境二大字信孺宦兩廣時故以此書累摹于石又天一

閣碑目亦有信孺嘉定癸酉題名篆書又有信孺唐多令詞均未注明所在以其生平考之癸酉爲甯宗嘉定六年信孺以開禧三年正月使金九月貶臨江軍次年卽爲嘉定戊辰元年王柟還自金言信孺之寃于是詔信孺自便除通判肇慶府改知韶州移道州復除提點廣東刑獄按信孺宦蹟自量復後七八年未嘗一出廣南是刻卽在其地者歟又全謝山集蘄州白龍洞亦有信孺題名隸書作於嘉定癸酉官蘄州安撫時偕判官陳孔碩題疑與天一閣所載似是一石按此信孺遺墨他處尙多吾莆竟未之見亦一憾也左鉞惟見此碣及在晉江者跋其父信孺修禊後一石耳尙文跋

甘露山碣

碣高五尺一寸廣三尺二寸在文賦里甘露山

甘露山

皇宋嘉定十七年歲在甲申八月
叚辰

署莆田縣事泰甯鄒應傳立邑人陳宓書

碣署嘉定甲申八月立考史本紀後一月而甯宗崩又考宓傳以南劍州改知漳州未行聞帝崩嗚咽累日乃乞奉祠按此書碣時猶在南劍也又考縣志職官鄒應傳以紹定三年知興碣互證鄒署縣事係在嘉定年間併非紹定甘露山在文賦里林蕣爲唐孝子林攢廬墓處甘露三降

故名攢唐書有傳宻書有重名沒時傳諫議竹隱語其子曰復齋遺墨可裒集爲卷其爲時所貴如此劉尚文跋

林孺人墓誌銘
碑高一尺三寸廣二尺三寸計三十一行行
二十五字第十九行作二十七字無篆額

有宋林孺人墓誌銘

福清林氏自南渡百年號 禮法家 君曾祖適龍圖閣直學士祖埏知沅州父琢今爲朝請大夫直 秘閣 母黃宜人爲余妻十九年余官不遂江湖嶺海行路萬里君不以遠近必俱嘗覆舟嵩灘十口從死獲生告身橐裝漂失且盡余方窘撓君夷然如平時又嘗泛灘江柁折舟漩危在瞬息君亦無怖容余貧居之日多君節縮營薪水未嘗嘆不足即有祿米君奉養服用一不改舊蓋其儉至惜一錢然於孤遺則抽簪脱珥無所吝其仁至不

呵叱奴婢然家務劇易粗細不戒而集余歷官行已退休之念常勇於進爲澹泊之味每醲於酣䣶者君佐之也余調建陽令君已胃弱惡食抵官且愈矣復感風痺神色逾好不類病人余垂滿君苦脾洩餌蕨丹黃芽百粒不止旣亟父老薌炬環匝縣門膜拜所謂佛者爲君祈安旣逝邑人相吊如喪親戚旣訃鄉之賢士大夫皆唁余曰孝敬慈順可爲內則者今亡矣君諱節時年三十九明年小祥之翼日壬申葬于壽溪西劉之原男曰封孺人生於庚戌十一月十七日亥時歿於戊子七月六日辰昌旣冠曰昇女曰靖曰鬻昇與二女皆夭庶生一男一女尚幼初秘閣公夫婦賢聞一時君淸約似父淑媛肖母歸余之年黃

宜人卒又三年舅侍郎卒執喪毀瘠泣慕終身事姑太碩人恭謹處妯娌柔順待族戚有恩意故自返柩至封坎六親之哭者皆哀而秘閣公與吾母之悲憤傷痛過時而未平焉君有至性忠孝大指皆暗與吾徒合往年虜騎大入余當從主帥督戰君適患懸癰呻呼聒鄰壁余猶豫未發君曰婦病小撓虜入大恥若之何以小妨大也余愧其言即日渡江臨絕尚惓惓姑父又以昌屬余不忍訣余曰鰥余身拊而子不使君有遺恨也君頷之而瞑及是爲雙壙復爲冢舍以讀書休息而今而後可以修身俟命矣乃納石藏中銘曰

黔婁於陵仲子之妻遠矣世之婦人鮮不以富貴利達望夫子

也君則異是以廉退爲嗜好以義命爲限止也然彼健而此廢彼壽而此夭者則又何理也嗟嗟乎君行路之所哀况恩義與倫紀也夫既無獲於彼則宜有傳於此也烏虖悲夫

承議郎新通判潮州軍州兼管內勸農事莆田劉克莊□□

孺人爲龍圖閣學士劉文定克莊室後贈淑人見林希逸所撰文定行狀其墓在莆田縣西劉山元明已來久失考光緒初元後裔澹齋上舍尚文始訪得之因修葺幷獲銘幽之石于藏中首題有宋林孺人墓誌銘通體完好僅數字少泐亟檢後村居士集互勘第二行所缺乃禮法家三字第三行所闕乃秘閣二字第七行所缺乃一字末行結銜署名下當有

撰書等字亦漫漶莫辨此行集内無之其字遂不可考文載
本集卷三十七標目作亡室墓誌銘直秘閣下少母黃宜人
句生卒年月下無亥時等字秘閣公下多與黃宜人句其餘
悉同按誌稱歿于戊子七月明年小祥翼日葬于壽溪西劉
山時爲己丑七月壙誌卽先期勒石亦去葬日不遠以文定
生平考之蓋理宗紹定二年也誌又稱爲雙壙復爲冢舍似
後來文定合葬于此而邑志則云墓在鼓樓山乙亥冬上舍
復輾轉訪得始知別葬馬坑山之原弁萬歷戊子冬裔孫元
桂重修舊碣在焉今秋佐郡莆陽上舍以拓本見貺此石甫
經出土金石家從未著錄爰校補闕文並考定棊刻年月以

備嗜古者采輯云大興傅以禮跋

延壽橋碣

碣高七尺五寸廣二尺八寸在延壽橋頭

延壽橋

郡守林清之立

郡人陳宓書

碣爲郡守林清之立陳宓正書字徑一尺五寸餘不著年月以重修橋記考之在紹定二年舊仆於地石中斷光緒丁丑重興橋工余與斯役亟爲扶正旁設雙柱以護考黄朮軒閩志清之福清人紹定二年以國子博士知興化軍與記合宋史宓傳知漳州理宗卽位遂請致仕寳慶二年除廣東刑獄

迄不就除直秘閣主管崇禧觀拜祠命而辭職名書碣之時正奉祠家居悠本工書皇宋書錄遺之後村大全集云復齋字愈大愈奇可至二三尺小楷行草端勁秀麗寸紙流落人爭寶藏至今後生輩結字運筆十人中九作復齋體此碑奇崛中具逸麗之氣誠如先文定所云劉尚文跋

劉偉甫壙誌

石高一尺一寸廣一尺四寸七分十
五行行十六字在延壽山仍納藏中

余長男將仕郎偉甫丰姿玉立機神□□有家庭之見聞無子
弟之過失□□□□疾歿于京邸行路爲之隕涕□□□□
父子乎自喪汝後生意索□□□□□割肺肝今夏聞汝柩
横爲□傷□□□幾殆今猶未愈力請得歸及□□□□□
汝葬巧女汝所鍾愛當爲□擇□□□□□當選立堪爲汝
嗣者□□□□□怨靜□一房賴以扶持□前□□□□葬
啟穴□潔謂天理全昧視此抔土歲月易得寃痛難平悲夫尙
忍言之姑記歲月於坎當求汝　後村伯父銘以示不朽以遂

汝志其生以乙亥七月三十日申時死以甲辰六月二十五日戍時葬以丙午十一月十七日寅時渻祐六年劉克遜無競誌
按偉甫爲諸祖工部無競公長子以父任將仕郎入京銓試没于京邸後二年丙午葬延壽陳倉時文定公在朝與尤木石同領史職故封壙之夕工部公親書此志納之藏中併云當求伯父後村銘以遂汝志未幾文定公歸里始行補撰文載後村大全集卷百五十三按志稱將仕字少奇母宜人方氏生母孟氏娶朱繼顧巧女朱出也初偉甫葬朱氏于陳倉至是合祔工部求解温陵郡紱歸營窆事皆壙志未及載葬未閱月工部公亦卒工部時以散大夫直秘閣主管崇禧觀

族孫尙
文跋

方大琮墓誌銘

碑甚殘缺高廣行字并書丹
均莫考在文賦里雙牌山

方氏自長官廷範始居莆六傳至福平長者祐析居後埭生隱
君中隱君生萬登紹興庚辰第監行在和劑局和劑生逵頓挫
場屋中年三子玉立喜曰吾可以隱矣後以子貴累贈中奉大
夫配碩人林氏公其仲子也諱大琮字德潤擢開禧乙丑第詞
賦爲南宮第三人授南劍州州學教授以郡先賢學術名節勵
後進飾宮廟新器服上官送某士拒不納去爲江西漕幕平大
闔決險訟兩造皆伏時幕府多佳士公與故相文淸李公今閣
學直翁徐公尤知名改秩知將樂縣公在郡泮已封崇羅先生

墓至是式龜山廬偕其孫曾欵謁松楸祀入賢于學務以禮遜迪民剽悍革心丁中奉公憂知永福縣適直兵飢守隘立栅禁港發廩日不暇給然延致士友講論文義亦不輟丁林碩人憂二邑皆止一考然有百年之思公自弱冠擢高第著孅譽人謂且立致貴顯而深自晦匿抑首常調比再服闋五十餘矣端平改元公至行在丞相鄭公一見如舊擢監六部門歷司農寺簿兼提領安邊所二年遷太府寺丞蘇民或競圍田久不決有張椿年者爲王府攙佃堂帖下所給劄公持不可曰椿年小人直欲奪百姓飯盌惡知愛國愛王府哉必行此胥吏足矣安用士人三年擢秘書郎兼景獻府教授遷著作郎兼權侍郎左郎官

除右正言辭而後受首疏曰霅川之事向也天地祖宗猶察陛
下之不得已今威福自出矣而元年御筆有曰立嗣一事難以
輕議二年御筆有曰衛王功茂深欲保持其家一則如待深仇
一則如拊愛子勵精之始每一札出萬方傳誦獨此二札讀者
憮然又曰秦王子孫蕃盛今麥飯無主矣檜死勒熺致仕今班
槖錫第矣又曰通天地間一氣耳今盭氣流行爲妖星爲洚水
爲二相不咸爲諸閫不協叛卒之變殿旅之閧皆盭氣之流注
激射也若一念之歉横于胸中而不化則一氣之盭鬱于兩間
而不銷誠能宣明洞達此歉不留將見精誠感召此盭自弭別
疏乞用嘉祐紹興故事預選親賢然故王之寃不雪它日所屬

意者可保乎權奸之罪不討它日豈無貪功者乎因極論天下大勢陛下宜自警曰炎興半守而猶牢也不可當吾世而有金甌破缺之形必裁抑近屬必檢捉官寺必不貌敬直言必不漸來小人必躬行與聲音相應天不可欺人不可愚也又宜責大臣曰佹遠雖壞而未潰也不可至卿等而有舉酒祝柱之歎必共圖大計必共保大權人材朝廷之人材豈必競相牢籠公議天下之公議豈必過爲調護君不可欺衆不可蓋也適上不御殿封上之踰月入對上曰擢卿言官論當體國公曰臣所言無非體國出袖疏曰今外無把握之力內爲安意肆志之事三邊功賞未報而後宮數十之宣一夕取辦五閫將佐暴露

而近親雙節之命同日並拜襄蜀流殍而諸璫進勸未已江北
清野而內庭木妖方興陛下倘以襄失蜀敗爲恥必志於復襄
保蜀以荆擾淮危爲憂必志於固疆場以民怨兵愁爲慮必志
于護根本又曰理亂安危自君心始格其非者大臣也捄其源
者諫臣也若但曰誠如聖諭曰非臣所能及固恩戀寵大臣之
恥也前疏則格不下後疏則又訖了學淺膽怯臣實有罪焉又
言陰潦連月都城雨色有異昔河北赤雪諫官孫甫謂其端起
于女寵侈費赤雪非雨比也河北非京城比也臣身忝此官目
覩此變所憂有甚于甫者上嘉納遷起居舍人直前奏事言陛
下汲汲然責羣臣曰大臣傲誕者有之肆行欺罔者有之豈不

以兵冗財殫而未有能畫富强之策歟羣臣又切切然望陛下曰淮南之封尚稽輪臺之悔不聞陛下何不自爲其所易然後責羣臣以所難乎兼國史院編修官實錄院檢討官嘉熙改元復直前言朱熹嘗謂政宣大臣如早用楊時諸人可捄一半今天下之才皆伲遠斧斤之餘嘉定以來權魁極力剗鋤僅存德秀了翁二人而已　陛下當饋太息徬徨之使而三十年刼火不燼之精英一爲天所奪一爲人所阻豈不大孤人望哉乞還了翁以重朝廷又曰今日獨一言路雖沮不屈有齊南史相繼之風然向者清叟去中使宣留至再同列留之給舍留之侍從經筵之臣留之曾幾何時範去內靳遺留之使外乏交留之

章　聖意日異士氣日靡臣侍清光抗疏不遠前愧臣清曼後
愧臣範惟陛下聽許臣去兼權直舍人院董琳知滁州公言曰
琳奴才不可臨郡罷之京尹　與權以火災乞削奪公乞俞其請
以謝百姓詔與權鐫秩火後求言有李子道鄒雲龍者上書御
筆並補將仕郎公封還曰昔方仲弓勸章獻立七廟范亦顏請
濮園稱親章辟光欲出岐王于外皆爲先朝所斥今窶人寒士
揣摩希合傷陛下之友睦反從而官之乎卒寢其命初遠相諱
言綱常竄謫相望世以爲戒及上親政復故王爵召眞魏洪三
公褒贈前評事胡夢昱于是稍有續前説者殿中侍御史蔣峴
惡之疏劾四人而公爲魁桀立殿上移時請置重辟賴上至仁

僅從薄譴公還而杜門謂同志曰某諫省第一義戇矣猶擢記注掌贊書侍軒陛年餘斥去乃覘意非上意也主管紹興府千秋鴻禧觀俄起知建甯府中寢四年除秘閣修撰福建路轉運判官固辭文清李公當國以書諭上意公亦以歲荒閩人艱食起視事首發常平賑糶自鄉郡始至建則上四州尤貴糴委寓士蔡君抗措置糴事且勉之曰昔文公嘗以諸司檄走山谷所以煩文公者非諸司也百姓也部內有捐粟平糶者必言其狀于朝漕計命脉在鹽公務存大體福之支邑不鬻筴私販公行長溪縣民請抱鹽稅公曰俑不可作劍人既食州鹽縣復抑賣蓮城科夫擔運永福縱卒搜捕公悉禁止湻祐改元除集英

殿修撰知廣州廣東經略安撫明年至廣四年陞寶章閣待制
經略安撫使再任兼任廣漕封莆田縣開國男食邑三百戶六年進
寶章閣直學士因任沿先風化不鄙夷其人以兼司舶盡送三
學按朱氏所定禮更造冕服爵組禮器籩豆簠簋得編鐘十于
南邑鑄足之取石於英韶以爲磬行釋菜者十鄉飲者二事俗
過時不嫁曰老女無媒而合曰絕伴喪家亭客曰閩俗有不葬
而暴屍於野者長大不巾笄者無男而立女戶者臧獲病死
而謚主者皆曉以義理求以條約雖鄙事必究極原本貴守禮
蓋書判多累千言少亦數百字廣人珍誦擢錄軍春衣錢舊
水軍出戍借一年糧公命則給免借郡計素窘公簡儉節縮

爲備安四庫各積緡十萬先是楊公長孺嘗會州用歲少數萬
至公歲羨十萬改創清海軍門樓鉅麗爲諸道冠城堞樓櫓苑
囿堂榭皆出新意營繕華好如中州而民不知役四庫外羨緡
尙十餘萬公儒者未嘗行巧取豪奪之政亦莫知其何以致此
也公初南轅或曰傳長沙者畏卑溼始安者嘆瘴癘人之情
也公此行能鬱鬱久居乎公曰君言過矣上付吾方面不已重
乎自公去國大臣之明揚近臣之密啟羣臣之造辟士人之舉
幡皆曰公宜在天子左右然朝廷每難其代久之改知隆興府
遺吏士輅新帥未至七年五月庚申感微疾乙丑終于州治年
六十五積階至朝議大夫公在鎮五年晨出視事午未小憩復

出夜漏上數刻乃休已病猶自力屬纊語不及私官吏軍民如
喪親戚朝野嗟悼吾黨相弔皆曰無以繫世道屬人望矣遺表
聞贈四官爲通議大夫公娶林氏侍郎簡肅公㮚之孫能與公
同甘苦先九年卒贈碩人葬嘉禾里之仁山一男演孫承務郎
一女前卒奉議郎新知瑞州新昌縣宋應先其壻也孫男女各
一人公父子無跬步相離授代有日命演入京銓注既發月餘
而公捐館演觸三伏走萬里扶柩哀慟行路俚俗客死不返舍
演獨奉公喪還第以某臘月壬寅以碩人合祔祭葬皆用古禮
公少温潤玉立眉目如畫晚節清羸特甚不以宦達爲樂自號
鐵菴平居問學抑畏自言四科之目最訥于言七情之中所少

惟怒一旦立殿陛與天子宰相爭是非可否賁育不能奪也遺文皆精妙可傳有奏議外制雜著若干卷公性孝友兄大輿弟大鏞早卒經紀孀幼恩誼甚篤前葬演奉家傳諫草來曰知先人深者惟一二執友臞軒王公邁旣狀其行上之太史矣銘以累子某受讀而有感焉自昔論諫之臣泛則人主之意不悟切則言者之身常危以本朝數大節目觀之論濮事獻可最切攻新法坡公最切諫瑤華道鄉最切排和議澹菴最切是數君子者前雖坎壈流落後皆遇合光顯列聖涵養作成之也端平以後言綱常者衆矣公最切然公未嘗坎壈流落外使鄉部帥巨屏內列法從陛下涵養作成之也始某得罪與公同傳歷數宰

輔皆言峴中傷深未易解晚被收召辭不敢進及對上顧問甚
寵因奏公等數人淹留將老矣惟陛下記省上不以爲忤卽日
出宸翰擢少蓬俄而侍書帷攝詞掖矣以上之於某如此知其
于公無他也使公無恙上必引以自近善類有復合之理世道
有將興之候矣嗚呼天也銘曰
偉哉方公士之準的色夷氣温外若可卽其內方嚴鐵壁玉尺
入居遺補出歷方伯遠有諫草近有治績維古人物莫盛列國
孔氏尚論指不多屈曰僑遺愛曰肸遺直惟公所立今之僑肸
世無左氏眡此銘筆
碑舊監墓左咸豐初永逆煽亂墓爲土寇所發碑併遭毀散

卧草間按碑係先文定公手撰亟檢後村大全集校之凡二千九百八十七字只存六百六十七字書丹篆額均鈌莫考後二十年復經此山曩時所見之石槩已無存金石最壽其信然耶按碑載公諱大琮字德潤爲長官廷範十世孫擢開禧乙丑南宮第三人官終寶章閣直學士史無專傳僅附見趙與權等傳又按碑初由江西漕幕爲李宗勉徐清叟鄭清之所知端平三年以右正言輪對歴陳濟邸之寃凡所疏時事考之史鑑等書悉合時帝嗜好漸開后家雙節同日併拜推恩閹美人親屬官百餘人又興入洛之師與韃挑釁襄漢淮蜀日事兵爭皆當時大故公以外臣入臺痛切言之又按

公集是年十一月十二日直前劄子有云方危機交迫悔改
己遲若遲而又遲一旦瓦解雖人主汲汲修德百官皇皇修
政祈哀於宗社請命於上帝已無所及自古危亡之極豈其
國之君皆失道臣皆失賢蓋其由來漸矣可比更生外家封
事碑不錄此文過於悲激也又碑載李子道鄒雲龍言事補
官疏寢其命周公謹又以爲爲夕郎丁植桂駁止嗟乎霅川
之獄人倫大變舉朝皆寃之崔菊坡至於終身不拜理宗召
命李鄒與蔣反敢倡興異論眞小人之尤也哉蔣將死前一
二月終日譫語若喪志者全謝山謂蔣晚節有弭變之功其
前愆可蓋者耶又按文定公銘詞以僑肸相比公歿後十年

從侍講李昂英之請予謚忠惠初議者爲太常博士雷宜中覆議者爲考功郎洪勳益信倘論人物必出於是非之公豈私於愛憎者王邁嘗語先文定公曰君銘德潤字宇實錄此碑之無諛詞尤可見矣劉尙文跋

水村遊釣碣

石下截已缺上截高左四尺八寸右四尺五寸廣二尺九寸五分今移陷桃巷劉氏祠壁

水村遊从

鄰舍翁後村刘

前郡守竹溪

按碣爲先文定公隸書無年月首尾行題署作眞書石已斷爲二下半段已失只存水村遊三字首行署鄰舍翁後村劉六字劉只半字尾行署前郡守竹溪五字竹溪爲林希逸淯祐八年知興化軍按水村爲林光世光世著水村易鏡淮東漕黃漢章上其書蒙理宗賜第累官司農卿又進景定嘉言二十

篇理宗謂其可比楊萬里千慮策光世嘗建堂于水亭之嶕
嶀山名水村堂理宗親書其匾復壂文定所書碣後亭廢碣
亡　國朝康熙間其裔公韞始得之於下林人家改壂於四
忠義祠陳恭甫修省志時碣猶完好見閩中金石志至咸同
間祠亦廢碣始斷爲二今荒祠瓦礫高與簷齊欲求延津之
合其難矣哉　劉倘文跋

南山樾蔭

石高一尺二寸橫廣七尺七寸在南山鄭祠

南山樾蔭

寶祐四年爲南湖鄭先生書

後學文天祥

按額署信國爲南湖鄭先生書考寶祐四年爲信國登第之歲南湖先生名露地志皆作梁陳人官太府卿按葉水心所撰鄭耕老墓志鄭氏自太府卿露徙莆田露孫太中大夫敖生司文準三世而爲亞卿亞卿生資深資深生安正安正生耕老又按先文定公撰鄭逢年墓誌亦云露自侯官徙莆又

按莊觀生撰鄭清墓志云觀察使常衮追尊鄉先師表贈露太府卿爰考諸書鄭氏自露始遷莆非其先由滎陽而來也露之太府卿由死後追贈非及身而授者也自露至耕老只十一世自梁陳至乾道則五百餘年併疑露非梁陳時人也南山卽露故宅後捨爲寺露亦祠其間信國所書之額在焉

劉尚文跋

涵江書院

石高二尺五寸橫廣一丈一尺二寸榜書上有理

宗御寶明岳正重建涵江書院坊摹是額其上

涵江書院

按額爲理宗御書初知軍楊棟同涵江鎮官鄭雄飛作書院

併夫子廟景定四年知軍徐直諒請額理宗親書賜之按帝

本工書當犄奎畫拜賜者多吾邑如林司農光世賜水村忠

愛堂力學齋等額先文定公賜後村樗菴兩額今皆不存當

夫昭回之光下燭江國非徒震耀閭里榮及子孫迨至物換

星移則曩時所賜堯畫與平泉之一花一石草蔓烟荒歸諸

無有是刻雖經重摹完好如故蓋其依諸聖人之宮引長歲

月詎非幸歟劉侗文跋

薦福院記

碑高八尺四寸廣四尺二寸分四層每層三十四行行一十二字碑額南山薦福禪院方氏祠堂之記十二字篆書今竪陳宅巷方廷範祠內

薦福院方氏祠堂記

忠惠方公用太史公自敘法論述其世次甚遠至唐末諱琡者爲都督府長史子諱殷符爲威王府諮議以平巢功進銀青兼御史中丞僖宗中和四年也中丞七子第三子諱庭範歷宰長溪古田長樂三邑遂定居于莆愴念中原藁葬祖父衣冠於烏齊豐田及卒葬靈隱山以子貴贈金紫然古老相傳猶號長官云長官嘗欲營精舍以奉先合族而未果六子水部員外郎仁

逸秘書少監仁岳著作郎仁瑞大理司直仁遜禮部郎中仁載正字仁遠叶力以成父志請隙地于官買南寺某司業圃以益之於是薦福始有院既共施寶石全庄田三十石種又施南箕田七石種南門田三石種秘監也施漈上田三石種正字也施濠浦田十石種禮部也增景祥橫圳田六石種從叔祖住山有麟也計種五十九石產錢七貫二百六十五文於是薦福始有田見於莆田令君呂承祐之記舊祠長史中丞長官三世及六房始祖於法堂遇中丞祖妣長官祖二妣忌則追嚴中元盂蘭供則合祭六房之後各來瞻敬集者幾千人自創院逾三百年香火如一日後稍衰落賴寶謨公忠惠公後先扶持而復振至

景定庚申院貧屋老賦急債重主僧寶熏計無所出將委之而
逃忠惠子寺丞君憫七祖垂垂廢祀慨然出私錢輸官平債經
理兩年銖寸絫積一新門廡殿堂乃帥宗族白于郡曰郡計取
辦僧刹久矣新住持納助軍錢十分滿十年換帖者亦如之間
助軍多寡未嘗問僧汚潔刹烏得不壞願令本院歲納助軍一
分歲首輸官主僧許本宗官高者選舉又曰院以葺理而興以
科歛而廢今後除聖節大禮二稅免丁醋息坑冶米麪船甲
錋毛知通儀從悉照古例輸送惟諸色泛歛如修造司需求陪
補僧正借脚試案等官司所濟無幾小院被擾無窮並乞蠲免
郡照所陳給據仍申漕臺禮部禮部亦從申符下郡縣乃諗于

廣族曰南山祝　聖道場也歲滿散日族之命士有隨班佛殿而不詣祠堂者自今祝香畢並拜祠飲福院辦麪飯併勞僕夫又靈隱金紫墓昔拘忝嘗分數命士舉人監學生多不預祭自今省謁院辦酒食請衆拜掃內赴官入京人免分胙衆議曰宜著爲規約願世守之寺丞屬余記其事余惟古之尙論世家者曰種德曰積善然成季宣孟無後皐陶庭堅不祀非種積之不善殆顯揚之未至初長官以孤身仕閩猶爲唐官及五季分裂仕者各就其方六子皆仕王氏入宋長官諸孫擢甲科以文章事業著見號名臣者項背相望遂爲本朝故家甲族余讀忠惠序譜之言曰合天下諸方莫如莆之盛合莆之諸方莫如長官

之盛蓋秘監 五傳而有宗卿焉 禮部九傳而有忠惠焉宗卿哭
奏 陵寢淚濺 御袍忠惠昌言倫紀語觸 天顏聞其風者
百世興起七祖種積於前二賢顯揚於後其世祀也宜哉新祠
成併祀二賢于兩傍以爲萬世臣子軌則非直侈方氏一門衣
冠之盛而已寺丞方盛年而繼先志捐私財而倡義舉力善進
德未已余嘗屢書不一書宗卿諱庭實忠惠諱大琮寶謨諱信
孺寺丞名演孫方需次建昌守主僧法通嘗刺血書楞嚴法華
二經者寺丞之所選舉始院惟一僧通至未幾變律爲禪今十
有二僧略如叢林云咸淳元年六月日煥章閣學士通奉大夫
致仕莆田縣開國子食邑六百戶劉克莊記中大夫直寶謨閣

福清縣開國男食邑三百户林希逸書

鐫者楊慶

按碑載咸淳元年焕章閣學士通奉大夫致仕莆田縣開國子食邑六百户劉克莊撰中大夫直寳謨閣福清縣開國男食邑三百户林希逸書考其時爲度宗初元先文定公已致政家居撰碑時年七十有九矣按忠惠自敘先世與寳謨敘長官遷莆始末合寳謨敘曰長官因官入閩遂家于莆猶在唐世併辨其自固始遷莆之非文載莆陽文獻其長官墓碣爲東坡補書併載福建通志及閩中金石志又碑略載宗卿忠惠立朝時事按宗卿以宗正少卿宣諭三京淮北見先朝

陵寢多驚犯泰陵至暴露解衣覆之歸爲帝涕泣而言以忤
秦檜補外忠惠輪對痛言濟王之寃亦爲蔣峴論罷宋史均
無專傳惟寶謨有傳又碑歷敘僧寺之貧科斂之重蓋由王
氏重僧上等之田悉歸之易世而後轉以供給郡計遂至窘
乏考宋本紀紹興辛未壬申兩年一令守臣覈上等田供高
僧外餘籍之以充軍衣併寬百姓裸科一遣司農丞鍾世明
偕福建路簡寺觀絕產田宅入官又考後村所撰林瑑及明
禪師狀志寺闕主僧納資入官資厚者給帖福曰實封莆曰
助軍并有寺偶闕僧乾沒其穀以佐經費名曰拘樁其寺產
入官畧見於載籍者如此以是碑證之紹興惟革百姓裸科

于僧刹究未及行故寺丞籌革科歛必須申請者焉嗚呼僧亡寺廢雖膏腴之產足以累之如助軍軍衣船甲翎毛等項皆取辦于僧其時地磽民貧徵需之重從可知矣劉侚文跋

陳煒墓誌銘

石連額高八尺一寸濶四尺二寸三十八行行六十八字額書宋提舉秘閣太常少卿退庵陳公墓誌銘十六字篆書在黃石東洙陳氏祠內

宋提舉秘閣太常少卿退庵陳公墓誌銘

龍圖閣學士正議大夫致仕莆田縣開國伯食邑九百戶劉克莊撰文

門生朝散大夫直煥章閣提舉福建路常平義倉茶事兼提刑徐明叔書丹

門生朝請大夫顯文閣待制知福州福建路安撫使新除權刑部尚書洪天錫篆額

陳劉二氏祖父世聯墻子弟幼同學予爲童子時與君及二兄俱受學於鄉先生方澤孺余及長君已冠仲兄及君尚髡髦長君伯有尤英妙爲澤孺先生器重余時方鈔誦歐曾李泰伯夾漈湘卿二鄭艾軒遺文冥搜苦思欲與方駕人皆笑其迂惟君兄弟與予同好君諱煒字光仲年甫十二三識者見其省守曰此陳氏白眉也未幾長君蚤世予哭之慟仲兄燁亦頓挫場屋終於韋布而君未三十擢庚辰丙科調三衢戶曹秩滿再調延平理掾未上改合州推官杭相李文淸公出牧惟敬重君事必咨焉州境旱荒委君檢放君所至集隅保田鄰計畝鞭禾劑量分數無錙銖差他官所甲訟牒紛至惟經君手衆稱公平郡有

士民遮留曰願出視米豫措縣家無失我好知縣君咨以不親
云此等數斂不可使邑人稱自陳知縣始奮別措置以助軍餉
於軍需以苗頭計繒斛面縣額不下十萬君袖告勅詣郡力爭
樽節錢爲民代輸本年稅役及舊年未納者時建督府諸郡困
無事目可漏矣期年以從兄允修倅福避嫌改調吉之太和以
未嘗行移且大書揭示云某官封至某狀觀者愧赧由是鋪甯
及格改秩知永福縣邑多寓貴緘狀多或數封君雖爲書判然
獲照雪文清大書以京秩薦後受立擢公清要實基於此考舉
於卿君曰吾得其情矣臬臺以其說推鞫官吏免失入被誣者
入年不決之囚臬臺委君覆檢君窮訪耆宿知死者疇昔瘍生

行斷不可免甯去而不可增從則回縣不從則去郡守江泰之
爲備申果得請而還邑人祠君於快閣之側君禁止不能遏遂
計所費而償之時諸邑爭科斂奉承惟太和境內晏然無擾文
清公薦於上以計院召輪對言鼎足有承君之象廟堂無任責
之人懦而不能爲知而不敢爲靡有所不爲指當時大臣而言
也又舉申公力行之語以諷議時政歲餘遷國子監簿未兩月
御筆除監察御史力辭至再有言之若易爲之實難之語上命
弗俞勉强供職皂隸請入臺官廨君嘿嘿不答及上第一義彈
數執政中外駭愕有令換疏君答以某頭可斷疏不可換飄然
出關繼有太府少卿之命不拜而行淯祐壬寅元日召奏事力

辭除廣東轉運判官入境建臺潮惠民訟首吏君黥之潮守暴
橫人皆以爲當軸上客不敢問君疏罷之初君之出臺也人未
知君底蘊以奏疏求君之意或謂懦不能爲者謂某人某人知
不敢爲者謂李文清靡所不爲者謂山相疑君主山相者然靡
所不爲本非佳語及劾潮守人始知君之心山相果怒未幾奪
漕一閑十年及安晚再相以舊臺諫例盼予郡之命起家牧潮
郡計舊取辦科罰兩造勝者輸賀喜錢負者納贖罪錢君首釐
革民遷善遠罪不敢犯節浮費卻例卷爲官民戶僧寺代輸全
年夏稅及累載畸零爲錢二萬三千餘緡歲暮復給軍民家千
錢又繕學宮葺庵驛治城壁潮人至今深思之擢知袁州吉州

皆不果行兩奉祠廩余庚申名歸禁近壑公既歸袞問余鄱陽
闕守見大夫誰可使者余力言君漕廣刺潮勞績壑公亦自知
君余曰公以元勳獨相進擬何患不從但安晚嘗欲再除君卿
少上云斯人曾論李宗勉賢相也不果名安晚以玉音見告余
曰君乃李文清所薦豈有此事論文清者自是同姓陳震察院
上誤記其名爾余請安晚爲辨誣晚云上意不順乃是渠命未
通只得少待願壑公記此語上若再記得舊話須力爲之辨明
上必感悟及進擬皆如余言加秘閣以寵其行然鄱陽吏士來
迎中道爲言者所沮不果行壑公又問余廣舶卓夢卿苦求祠
孰可代之余答曰前薦陳煒亦嘗歷察官卿少資望與夢卿一

同未出命問余去國後卒以君代卓君建琛臺愍海賈以命易
貨向來互市使者强買乾沒之事毫髮不施以所積贏餘二十萬
緡創拉當庫收其利息爲天時不順之備綱解水腳之需君久
于外上知其清介無附麗以樂卿召列於吏夔之選矣而止或
尼之奉雲臺祠角巾東路若未嘗貴顯者益治圃畦花柳浚沼
種菱芡即所居之側爲小閣以通圃中前舊亭臺皆粉飾而增
廣之昔筆牀茶竈僅可以葉舟載往舍南舍北小小丘壑爾今
輕掉小舫可以由溝而達溪由溪而涉江矣君人間之味薄物
外之趣深居鄉不以一事干郡邑不以一字通權貴累任嶺海
遇歲荒糴貴常艎南粟至莆鄰里鄉黨無親疏厚薄扣戶賑贍

人人蒙惠爲佛老事祈君福壽者屢書不一書也前輩有爲族人作義莊者有身爲相而只作郎中戶者君待兄子如己子男析財產受恩澤女厚奩合讎命士皆今人之所難晚好讀易及莊老書余耄且盲君健如虎燈夕猶赴郡宴明日又攜家入郭遊覽偶感微恙來求歲丹予奉三粒而勸勿餌君猶隱几端坐若無甚苦奄然委蛻戊辰正月二十三日也享年七十有七積階至朝議大夫沒之日里巷常受惠者相率三百餘人膜拜所謂塔者至君靈几盡哀而去君系出太丘長上世由固始遷莆遂聚居烏石山前曾祖膏故太府少卿累贈少傅祖雅故通直郎知福州長溪縣事父松贈中大夫母方氏贈令人娶劉氏贈

恭人先三十八年卒子男四人長堇文林郎南雄州錄事次定
孫朝散郎軍器監丞知無爲軍出繼四明資政樞密長子允修
次至修職郎英德府戸錄次埜修職郎廣州新會主簿女三人
長季早亡次適朝請郎知贑州方演孫孫男三人鑑將仕郎履
公豐公遺澤未奏孫女二人長適葉丞相孫登仕郎壽頣次未
笄姪甯孫將仕郎姪女適修職郎新泉州晉江縣丞顧介孫君
卜遷於烏石山使星亭之側置冢舍庵鄰皆甍連棟接輪奐新
明成一聚落以咸淳戊辰臘月辛丑日合葬諸孤記書世系歷
官及卒葬年月于坎又奉所著家傳來請銘如君之賢宜得李
北海蔡中郎碑之庶可以照四裔而不朽繼前修而無媿余豈

其人哉然發明君與杭相終始之至情昭揭君與山相齟齬之大節或附伯夷青雲之傳不受元規西風之塵則予於斯文非唯不讓李蔡欲髣髴度驊騮前矣昔人有言鮑叔知我又云君知我勝我自知予意君地下精爽覽之必曰此吾同學兒劉子八十餘之老筆也君子孫皆抱負志業方興而未艾塟兄弟記君言行無毫髮遺軼章貢使君狀君尤詳實予所未及者可以互攷乃系之以銘銘曰叔世人物之論兮求全而責備或尊寵於朝廷兮或不容於州里或家修而廷壞兮或鄉譽而朝毀猗吾退庵兮則異於是窮通一念兮用舍一致其笑談金石之擊撞兮其氣宇風月之光霽予嘗觀之於臺閣論建之間兮又熟

察之於閫門倫紀之際外敬其英邁兮內服其純粹及入而對仗兮凜鵰鶚之獨擊出而攬轡兮問豺狼而不避泛觀時流兮奚啻於累百歷數前修兮僅有其一二銘之以補耆英傳兮又以其副上之太史氏

按煒葬之次年卽爲咸淳五年先文定公以是年正月卒茲碑其爲絕筆之文乎書丹之徐明叔與篆額之洪天錫俱晉江人徐號擇齋洪號陽巖與林竹溪及先文定公號閩中文章大家洪以劾董宋臣著節宋史有傳擇齋之書此碑結體秀整純法率更所惜露立庭中風雨銷磨鋒稜已盡無復舊觀矣碑稱煒爲杭相李文清所知文清卽宗勉至薦之於朝

碑不詳歲月考其時似爲嘉熙己亥時以喬行簡平章軍國重事李宗勉史嵩之爲左右丞相煒疏所云知而不敢爲及犀所不爲碑文謂其均指當時時宰一謂文清一謂山相山相卽嵩之也後八年鄭清之復相與碑載一閉十年安晚再相盼予郡之命合按此煒以計院入朝恰在己亥時也又碑載以避從兄允修嫌改官按允修爲資政殿學士卓子華文閣直學士居仁孫太府卿膏曾孫卓居仁父子史俱有傳煒秉直不阿忤觸要津無慚先德矣碑現移監黃石東涞陳氏祠內併識之庶訪古者有考焉劉尚文跋

孟氏墓誌

石高二尺五寸五分廣一尺八寸六分出土後隨被燬只追錄其文行字無從細考背即輞川圖刻

宋□□提舉秘閣工部西墅劉君如夫人孟氏墓誌銘

孟氏莆人也諱靜次居三豐裕而婉順□少□事工部產子多不育僅一男曰偉甫秀美□羣兒已補將仕郎嘗再婚而無子以□□令興甫之子將仕郎在爲嗣一女小名巧適修職郎□□□府教授□濟孫□偉甫早夭工部所鍾愛哭之慟□而痛未□俄亦即世所生母常忽忽不樂後二十五載亦以疾不起生於丙辰八月十九日亥時卒於辛未十一月二十九日享年七十六卜葬於陳倉祔偉甫之塋以壬申端月二十六日掩壙

前期求銘乃系以詞曰

小而從人　亦既有子　華而不實　傷哉未已

踰七望八　齒則亦尊　沒安口口　相從口口

按孺人爲諸祖工部無競公側室生將仕郎偉甫爲工部所鍾愛湻祐甲長歿于京邸後二年工部亦卒孺人至咸湻辛未方卒去將仕公歿已二十七年工部公已二十五年志稱所生母忽忽不樂後二十五年亦以疾不起計工部歿時言也將仕歿後立政和令興甫子在爲嗣石鈌政和二字葬期距歿竟兩閱月時工部方宜人先窆石室嚴故以孺人附陳倉偉甫之墓石不著明當豪强毀墓急於促索致石受鋤剗

撰碑并書均以爰削過深莫能辨識陰郎輞川圖刻夫自宋

迄今六百餘年石室之阡悲不可跡而壽溪抔土巍然獨存

溪山如畫豈非以孺人豐裕婉順將仕通材秀美皆嗇於生

前者哉噫族孫尚文跋

輞川詩殘刻

與孟孺人墓誌同一石分上下截上截高五寸刻詩下截高二尺五分刻圖

宋刻輞川圖併詩

詩

北垞依原刻錄入

北垞湖水北雜樹映朱欄逶迤南川水明滅青林端

裴迪和

南山北垞下結宇臨欹湖每欲採樵去扁舟出菰蒲

欹湖

吹簫凌極浦日暮送夫君湖上一回首青山卷白雲

裴迪和

空闊湖水廣青熒天色同艤舟一長嘯四面來清風

臨湖亭

輕舸迎上客悠悠湖上來當軒對樽酒四面芙蓉開

裴迪和

當軒彌滉瀁孤月正徘徊谷口猿聲發風傳入戸來

柳浪

分行接綺樹倒影入清漪不學御溝上春風傷別離

裴迪和

映池同一色逐吹散如絲結陰既得地何謝陶家詩

按原石旁勒一三字知爲輞川第三圖分上下截有界畫痕

上截刻右丞北垞欹湖臨湖亭柳浪四詩各綴裴迪和章下

截圖山水中爲北垞書堂青巒碧嶂曲磴迴欄極見工緻一

叟拄杖徘徊于長林之下似卽右丞翁臨湖亭在其右、去亭

數武作垂柳數株婆娑搖映詩中所稱柳浪是也林木蕭森

湖光蕩漾恍置身於華岡輞水間又按右丞作是圖傳兩本

一用高紙一用矮紙今所傳者高不及尺殆矮紙本此石其

摹高紙本也然金石之學於畫本殊稀况出自右丞更非易

覯惜乎出土三年卽碎于火成毁有數信然石出諸祖宋將

仕郎偉甫公墓內故定爲宋刻嘗欲選名手重摹上石以存

唐賢名蹟因循未果 劉尚文跋

演嶼聖跡碣

石高六尺四寸五分廣一尺五寸六分在城內坑邊

演嶼聖跡

文天祥書

按碣題爲信國書無年月莆志演嶼在邑之奉谷里宋少帝舟泊大峽江滸爲元兵所迫有白馬神忽演一嶼以蔽帝舟遂免考史文丞相本傳景炎立召爲右丞相七月乃以同都督諸路軍馬出江西遂行收兵入汀州又考劉岳申胡廣所撰丞相傳及丞相年譜均云五月朔景炎帝立福州召丞相赴行在是月二十六日至行都授右丞相同都督諸路軍馬

七月四日發行都十三日至南劍州號召天下十一月入汀州是月北軍逼福安帝舟航海明年正月北兵入汀州丞相乃移屯漳州龍巖縣按此帝之航海丞相未嘗從行其書法作鍾太尉體亦與丞相他書不類此碣爲丞相作是耶非耶當質諸博識者聞大峽江滸亦有是刻竟未之見余舊有演嶼歌一什並錄附焉白雁南飛斜照黃臨安宮闕森欃槍神鬼夜泣啼烏翔宋家往事愁人腸完顏萬衆渡錢塘天水一讖成災殃六宮掩面淚沾裳播遷鼠伏閩海旁敵人鐵騎方披猖千里窮追少帝航一山陡起江中央白馬將軍來九閶空中神語聞瑯瑯喜有天兵爲國防憶從圖治思理皇八埏

無事歌康莊惜哉尸素占廟廊湖邊終日聞笙簧軍國重事
誰平章閩廣都成兵火場文陸諸賢百鍊鋼鮫宮蠻戸開帝
鄉越薪可卧膽可嘗一朝興替嗟無常冬青之樹紛成行冷
風淒雨悲滄桑鯨波滚滚增慨慷道旁弔古長茫茫劉尚文跋

蔡時亨墓誌銘

石高二尺七寸三分廣二尺五寸計二十五行行二十六字碑額故少府蔡公墓誌銘八字篆書

故少府蔡公墓誌銘

前汀州路儒學教授高元子撰書并

承德郎興化路總管府推官張元亨篆蓋

蔡氏自唐司空用元居仙遊赤湖之蕉溪六代端明忠惠公來莆城南支派蔓衍簪組繩聯四世承奉郎頎頎生邕州教授詵詵生懷安主學俊甫俊甫生祉祉生公諱時亨母吳氏新州推官今發之孫女公生而敏悟齠齔誦數百言少長嶷嶷如成人丙子丁丑仙寇唱亂祖父繼歿公間關流離克盡大事徒手辛

勤自致成立始卜宅于郡庠東南薄有先疇悉遜其弟敦睦宗族就故居復立忠惠祠堂春秋率子姪以祭公好爲文詞尤精吏術至元甲午郡守曹公世貴愛其才辟爲府掾廉勤端謹繡使一齋張公孝思大見嗟賞以名賢子孫擢補憲史按部必以公往贊畫馳驅革姦貪振冤滯門無私謁風霜凛然郡縣莫不膽慄由閩調浙所至有聲時海寇就逮累及齊民公審錄平反者百餘人迨今浙民德之考滿膺省命領計臺案牘先是官法嚴峻俾民貿食產饒綱運車船靡勝頓踣公力請隨食所產鄉邑賴其便瓜代授信永豐尉公曰吾年齒衰暮役役宦途胡不知足遂棄官歸家事悉付丙子課兒讀書塵掃俗務日與姻

親賓友詩酒娛樂總管亞中張公仲儀素與公舊卜車首訪公
非歲序未嘗造其門人皆尙其志操泰定丙寅孟春得疾終于
正寢年六十有六妃陳氏男二人長謙娶葉正簡之後次同娶
龔少府之女女五人適鄭適李適林適陳適龔俱宦族也孫男
五彥章奇女三皆幼二孤卜丁卯臘月十二丙午附葬于莆田
縣嘉禾里後溪之原高曾祖父四世塋在焉公生於景定辛酉
七月爲人沉深有局度用未盡其才而不仕惜也銘曰　忠惠
之胄尙世類兮　宜宏而施終一尉兮　後溪堂坊踵紫瑞兮
子孫繩繩澤不匱兮
誌稱少府諱時亨好文詞精吏術爲郡守曹世貴𢖍使張孝

思總管張仲儀所知繡使按部必以公往贊畫馳驅革貪振
滯風霜凜然又載蔡氏入閩世次至忠惠分居足補忠惠墓
志所未及曾祖邕州教授詵祖褱安主學俊甫父衹母吳新
州推官今發孫女考黃未軒入閩通志詵第慶元元年鄒應
龍榜進士註爲襄五世孫不詳其官按此少府當爲八世孫
俊甫今發均佚又考之閩志孝思于至元間由廉訪僉事轉
副使事具名宦仲儀通志佚莆田縣志始補傳名宦並職官
志蓋仲儀治水績著閩書少府爲二公所知則其人可知矣
曹世貴及撰書之汀州教授高元子篆蓋之興化推官張元
亨悉無其名元子後二十七年復官興化教授見四如集

隅文獻證以片石遺佚若是豈由元代不事纂修典章文物蕩然無考尤見此誌之當重焉劉倘文跋

黃滔殘碑

石高二尺二寸廣一尺三寸二分十一行行十十六字通體完好無斷裂痕頂刻一佛贗跡

□□孕神　地□惟霈　螢□□夜　鶴髮□形　八畝□宮

雙蓮□□　洞深夏□　林茂冬□　松竹鏗□　峰巒豁屏

鼎迷蟾窟　茫眺鮪溟　持經僧志　湧石泉泠　□分律講

萬乘君聽　勅飛額降　寺□靈名　不有地祥　焉動天庭

大士□□　珠明□馨　頁牧聳□　華構藏經　浩刼不□

匪茲□□　敬祝巉巖　勒石以銘

文江黃□載書

□祐□□十月

黃文江南山靈巖寺殘碑久酷愛之後讀宋柘耕綠天偶筆
記碑爲黃某贗跡欲一觀不可得光緒初梁伯思司訓莆庠
持此碑索題于郭子壽先生蓋伯思三十年前到莆石猶存
聯同人推拓復詩紀其事年深失去及重來莆中蕭陳諸君
已物化石亦散失伯思猶存副本故重錄舊詩請先生併題
當其下筆低徊往復感慨咨嗟悵親朋之零落傷名蹟之銷
亡尙文少依壇坫每於客散後互相商略先生曰黃碑眞贗
難知製極古凡手弗能辦又曰伯思性怪異初來莆爲某公
掌書記素不工畫忽鍵戶終夕襍作花卉鳥獸人物紙盡則
糊諸壁淋漓殆遍見者咸匿笑伯思弗恤也某公亦不之喜

重新其壁伯思畫如初晚歲尤劇詩律亦漸頹唐時聞先生語心異之今重展是卷歷歷如目前事伯思已沒先生今歲亦歸道山十餘寒暑舊侶半喪亡詎知曩日之傷二陳者而轉傷先生耶戊子冬偶在榕城幸獲茲卷意當伯思攜歸如毫毛一縷飄蕩於寒原廣野間孰能踪跡不圖停蹤客邸得諸意外此中似冥冥有主之者艮朋手跡舍我誰歸歟爰行裝稍併識顛末劉倘文跋

次男　璞
婿張景琳　仝校字

福州王友士鐫字

四明尊堯集四卷

[宋]沙縣陳瓘撰

中國國家圖書館藏明刻本

四明尊堯集四卷，宋陳瓘撰。瓘（一〇五七—一一二二），字瑩中，號了齋，晚號了翁，南劍州沙縣人。元豐二年（一〇七九）進士。歷官昭慶軍掌書記、湖州州學教授，簽署越州判官，攝通判明州。紹聖初，徵爲太學博士，遷祕書省校書郎，因言事忤執政意，出通判滄州，移知衛州。徽宗即位，召拜左正言，尋遷右司諫，上疏極論蔡卞、章惇諸人之罪，謫監揚州糧料院，改知無爲軍。明年還爲著作郎，遷右司員外郎兼權給事中，面責宰相曾布之過，尋出知泰州。崇寧間入元祐黨籍，除名勒停，編管袁州，移徙廉州，還居明州。後坐其子正彙上書訟蔡京，逮繫開封獄，安置台州羈管，移居楚州而卒。靖康元年（一一二六）詔贈諫議大夫，紹興二十六年（一一五六）賜謚「忠肅」。撰有了齋易説、了齋詩集等。

是書專爲辨駁王安石日録而作。神宗熙寧間，王安石推行新法，曾私記君臣言對議論之語，撰爲日録八十卷。至哲宗紹聖間，朝廷大興紹述之議，啓用新黨，復行新法。陳氏以爲「紹聖史官蔡卞，專據日録以修神考實録，薄神考而厚安石，尊私史而壓宗廟」，故於徽宗即位之初，建言改修神宗實録，並進呈日録辨以辨其妄，然於安石尚有回護之辭。至編隸廉州之日，進而申述未盡之意，撰成合浦尊堯集，指責蔡卞僞增日録，猶未顯然攻擊安石。迨移居明州之時，深悔往昔所論回隱不直，乃著是書，力詆安石之矯誣，指斥日録爲悖史。是書「取安石日録，編類其語，得六十五段，釐爲八門：一曰聖訓，二曰論道，三曰獻替，四曰理財，五曰邊機，六曰論兵，七曰處已，八曰寓言。事爲之論，又於逐門總而論之，凡爲論四十有九篇。合爲二門爲一卷，並序一卷，共爲五卷」。日録辨、合浦尊堯集可謂是書之先聲，其宗旨則萃見於自序，所謂「合浦十論，申舊疏之餘言；四明八門，撮其要於一序」。題「四明」者，乃移居明州時所撰，其地有四明山，以别前於合浦所著，且寓改過自新之意焉；「尊堯」者，言以神宗爲堯，徽宗爲舜，助舜尊堯也。陳氏職司臺諫，不畏權勢，因言取禍，屢遭貶謫，守志堅貞，彪炳史册。惟其著書緣於新舊黨爭，且又秉持極端尊君觀念，辨駁日録不免斷章取義，抨擊安石多屬誅心之論，未必盡皆切於事實情理。

是書南宋紹興間已梓行於世，其子正同始刻於邵陽，正綱重刊於三山，餘尚有坊間刻本。元順帝後至元五年（一三三九），九世孫文綢重刊是書，隨州知州林興祖爲之序。按宋元諸刻本亡佚無傳，今存明清刻本多種，皆爲陳氏裔孫重刊本，其祖本蓋源自元刻，故皆載録林興祖序文，分卷則有一卷、四卷、十一卷之異。四卷本者，每二門爲一卷，並卷首原序及進表，若符原書五卷之本。一卷本者，乃陳忠肅公言行録所收本，列於全書八卷之卷五。四卷本者，每二門爲一卷，並卷首原序及進表，若符原書五卷之本。十一卷本者，以原序及進表爲一卷，又分八門爲八卷，並歷代序跋合而編之。

此明刻本爲商務印書館涵芬樓舊藏，卷端題「後學孫壻蕭甫重刊」、「裔孫載興校正」，當爲明嘉靖間十五世孫陳載興重刻本。卷首跋文題「咸豐丙午乳溪漁隱劉惇福跋」，按咸豐無丙午之歲，疑手書有誤。劉氏跋文以此本爲元刻，其説亦誤。臺北「故宫博物院」藏四卷本一種，版式文字全同此本，惟卷端題「十五代孫婿蕭甫重刊」、「裔孫載興校正」，與此稍異。蓋此本由書賈作僞，剜改「十五代」爲「後學」，滅去時代先後之迹，僞充元刻以索重值，而劉氏竟受其欺矣。此本卷末所附陳文綗跋缺尾，所接陳瓘責沈文缺標題及首段，且文字殘泐，然此兩葉版心下葉數連標「四十一」、「四二」，蓋重刻所據底本已缺損。臺北「故宫博物院」藏本末有責沈文標題及首段，當合兩本並觀之。（張　文）

予嘗觀播芳文粹見有陳了翁進四明尊堯集表體製駢儷洋洋千數百餘言稱揚神廟排斥王氏有痛哭流涕之意而爲別本之見也訪諸故家收藏亦未有聞今夏苕溪書賈攜得此書爲元刊索重值予半其值而得焉即繙閱之首有至元五年三山林興祖序及自序四千餘言進書表在焉編爲首卷摘取王氏所編神宗日錄六十五條分爲八門附以論四十九篇繼以後序及政和二年書後合爲四卷考了翁南劍州沙縣人今延平府屬名瓘字瑩中號了齋晚稱了翁好學砥行不慕進取父母勉以門戶計中

元豐二年進士徽宗朝歷右司諫權給事中論蔡京父子同奇禍編隸台州命知州窘辱百端卒不能害移楚州卒靖康中贈諫議大夫紹興中賜謚忠肅了翁初亦尊信王安石既而悟且悔以王氏父子及其婿蔡卞所編神宗日録而論之發其矯誣君命之罪以著此書故其後序云尊堯肯二集在合浦者尚有回護王氏之語比覺内愧外汗浹成此集標曰四明所改過也此書流傳絕少因明其目書之由並述其著書之意以跋于簡端

咸豐丙午六月夏虬溪漁隱劉惇福跋

厲樊榭先生編輯宋詩紀事，收羅宏富，謂陳了翁有了齋集，而未及此書。然所採詩僅得漁隱叢話二首、桂林府志一首、定海縣志二首，則了齋集亦未之見，況尊堯集乎？是書政和間未有刊本，紹興中其子仲孝始刊之，安故多更，舊板錯燬，其裔孫重刊於後至元間，在壽也。後來者毋忽視之。立秋後三日

又跋

涵芬樓秘笈所庋

四明尊堯集

四册

明刊本

史五八六號

重刊四明尊堯集序

尊君大義也書曰爾有嘉謀嘉猷則入告爾后于內爾乃順之于外曰斯謀斯猷惟我后之德王氏日錄何其與乖悖子雱尊其父

婿卞尊其婦翁臣安石之
不尊居何也四明尊堯集
陳了翁忠憤至今猶有生
氣視合浦尊堯異矣
翁九世孫文綗重刊是集
嗚呼

夫子南面之靈春秋尊王
之意豈容撰曰録者之坐
乎其旁豈君拜於前而容
其舊臣之坐乎其上予讀
重刊集又喜其孫之能尊
祖故不避其僭而書乎其

端歲在巳卯後至元之五
年夏六月十又二日前奉
政大夫德安府隨州知州
兼勸農事三山林興祖拜
手謹書

三山林興祖

四明尊堯集序

臣聞先王所謂道德者性命之理而已矣此王安石之精義也有三經焉有字説焉有日録焉皆性命之理也蔡卞蹇序辰鄧洵武等用心純一主行其教其所謂大有爲者性命之理而已矣其所謂繼述者亦性命之理而已矣其所謂一道德者亦以性命之理而一之也其所謂同風俗者亦以性命之理而同之也不習性命之理者謂之曲學不隨性命之理者謂之流俗黜流俗則竄其人怒曲學則火其書故自卞等用事以来其所謂國是者皆出於性命之理不可得而動揺也臣昨在諫

省所上章疏嘗以安石比于伊尹伊尹聖人也而臣迺以安石比之者臣於此時猶蔽於國是故也又臣所上章疏謂安石爲　神考之師　神考堯舜也任用安石止於九年而已矣初用後棄何嘗終以安石爲是乎臣迺以安石爲　神考之師者臣於此時猶蔽於國是故也臣昨者以言取禍幾至誅殛賴　陛下委曲保全賜臣餘命臣感激流涕念念循省得改過之義焉盖臣之所當改者亦性命之理而已矣孔子曰乾道變化各正性命又曰地道無成而代有終也性命之理其有以易此乎臣伏見治平中安石唱道之言曰道隆而德駿者

雖天子北面而問焉而與之迭爲賓主自安石唱此說以來幾五十年矣國是之淵源蓋兆於此矣臣聞天尊地卑乾坤定矣定則不可改也天子南面公侯北面其可改乎今安石性命之理迺有天子北面之禮焉夫天子北面以事其臣則人何面以當其禮臣於性命之理安得而不疑也傳曰君之所以不臣於其臣者二當其爲祭主則弗臣也當其爲師則弗臣也師無北面則是弗臣之禮也豈有天子而可使北面者乎漢顯宗之於桓榮所以事之者可謂至矣而所施之禮亦不過榮坐東嚮而已矣若乃以君而朝臣以父而拜子則是齊東

野人之語麤觕無父之教以此爲教豈不亂名分乎亂
名分之教豈可學乎臣既誤學其教豈可以不悔乎易
曰不遠復無祗悔元吉臣於既往之誤豈敢祗悔而不
改乎臣昔以安石爲　神考之師是臣重安石而輕
神考也臣昔以安石比伊尹之聖是臣戴安石而誣
陛下也臣爲　陛下耳目之官而妄進輕誣之言臣之
罪惡如丘山矣臣若不洗心自新痛絶王氏則何以明
臣改過之心乎臣之所以著尊尧集者爲欲明臣改過
之心而已矣莊周曰明北以南嚮尧之爲君也明北以
北面舜之爲臣也莊周之道虛誕實而不可以治天下

然於名分之際不敢不嚴也飛蜂走蟻猶識上下豈可以人臣自聖而至於缺名分哉孔子曰名不正則言不順言不順則事不成安石北面之言可以謂之順乎崇此不順之教則所述熙豐之事何日而戾乎廢大法而立私門啓攘奪而生後患可謂寒心孰大於此臣請序而言之昔紹聖史官蔡卞專用王安石日録以修　神考實録薄　神考而厚安石尊私史而壓　宗廟臣居諫省請改裕陵實録及在都司進日録辯當是之時臣於日録未見全帙知其爲私史而已未知其爲増史也自去闕以来尋訪此書偶得全編遂獲周覽竄身雖遠

不發討論路過長沙曾留轉藏之語待盡合浦又著亜
絶之文考詆誣譏玩之言見蔡卞僞增之意尚謂安石
趣録皆可憑據卞之所增迺有誣僞當是之時臣於日
録考之未熟知其爲增史而已未知其爲悖史也盖由
臣智識昏鈍覺悟不早追思諫省奏章乃至合浦舊述
語非正理隨倍妄談既輕　神考又誣　陛下若他時
後日　陛下以此怒臣臣將何以自救敢不悔乎日録
云卿朕師臣也迺安石矯造之言又云督責朕有爲豈
神考親發之訓既託訓以自譽又託訓以輕君輕君則
訕侮譏薄欲棄名分自譽則驕蹇陵犯前無　祖宗其

語實繫暉舉一二日録云朕自覺材極凡庸恐不足與
有爲恐古之賢君皆須天資英邁此非託訓以輕君乎
又云朕頃鄙初未有知自卿在翰林始得聞道道德之
說心稍開悟此非託訓以輕君乎又云卿初任講筵勸
朕以講學爲先朕意未知以此爲急此非託訓以輕君
乎又云卿莫只是爲在位久度朕終不足與有爲故欲
去此非託訓以輕君乎又云所以爲君臣者形而已矣
形故不足累卿此非託訓以輕君乎訕侮譏薄欲棄名
分可以畧見於此矣日録又云王安石造理深能見得
衆人所不能見此託訓以自譽也又云如安石不是智

識高遠精密不易抵當流偕天生明俊之才可以庇覆
生民此託訓以自警也又云卿無利欲無適莫非獨朕
知卿人亦盡知若餘人則安可保此託訓以自警也又
云卿才德過於人望朕知卿了天下事有餘此託訓以
自警也又云朕用卿豈與　祖宗時宰相一般此託訓
以自警也驕蹇陵犯前無　祖宗可以畧見於此矣
聖主以奉先爲孝群臣以承上爲忠明知其誣誰敢覈
實則可以箝塞衆口可以熒惑　聖聰誣脅之術莫工
於此始則留身乞批以脅制於同列終則著書矯訓以
傳述於後人誣脅臣鄰何足縷道上干　君父可不辨

乎自到闕以来至爲參政之始不録經筵之獄奏但書七對之遊辭載　神考降問之咨詢無一問仰及於三代　神考但慕魏曾謂厥身不畀皐伊仍於供職之初辰首論理財之不可恐宣利而壞俗陳孟子之耻言凡他人極論之辭掠爲巳說彼所獻管商之術歸過先猷書　神考之謙辭則曰以朕比文王豈不爲天下後世笑論　太祖之征伐則曰江南李氏何嘗理曲恣撣悖躁之筆盡假　烈考之詞矯訓誣上天孰甚於此祖宗之威靈如在　聖主之繼述日新若不辨託訓之誣何以解在天之怒而况託訓之外肆詆尤多　神考

小心慎微彼則曰好察細務　神考畏天省事彼則曰畏謹過當　神考欲除苛細之法彼則曰元首叢脞神考欲寬疑似之獄彼則曰陛下含糊　神考體貌勲賢則彼曰含容姦慝　神考嘉納忠直彼則曰不懲小人又謂姦罔之徒　陛下能誅殺否比忠良於元濟責　神考爲憲宗請不可以罷兵當必勝而後已　神考守　祖宗不殺之戒以天地好生爲心厭棄其言眷待寖薄先逐鄧綰次出安石至熙寧之末而安石前日之所怒者複見收矣至於元豐之末司馬光等前日所言者複見思矣卞等不遵　神考末命但務圖已之

私以尊紹安石爲心以必行誅殺爲事請于　哲宗而
哲宗不許請于　陛下而陛下拒之人心歸仁天助有
德遂使姦謀内潰逆黨自彰卞既不敢居金陵人亦不
復聖安石悔從王氏豈獨臣哉　朝廷搢紳協心享上
庠序義理士所同然科舉藝能孰肓遂陳其所藴有用
之士亦將先忍而後爲變王氏誣君之習合春秋尊元
之義濟濟多士何患無人又況安石所施其事既往若
不自述於文字後人安知其用心着爲此書天使之也
然安石著書之意豈是便欲施行卞所安排非無次序
自謂舉無遺策何乃急於流傳宣示遠近不太速乎然

則流傳之速天促之也天之佑序我　宋而不助王氏亦可知也如臣昔者妄推安石謂之聖人如視蟻蛭以爲太山如指蹄涔以爲太海易言無責鬼得而誅𠕇不可追齰舌何補聖人人倫之至傲上亂倫豈聖人乎聖人百世之師也教人誣僞豈聖人乎孔子集大成者也尚以不居爲謙光武有天下者也猶下禁言之詔豈可負扆北面人臣之位而丼受子雱驕僭之名乎雱爲安石畫像賛曰列聖垂教參差不齊集厥大成光乎仲尼叅卞書之大刻于石與雱所撰諸書經義並行于世臣昔以荅義應舉析字談經方務趣時何敢立異改過自

新請自今始於是取安石日録編類其語得六十五段

釐爲八門一曰聖訓二曰論道三曰獻替四曰理財五

曰邊機六曰論兵七曰處己八曰寓言爭爲之論又於

逐門總而論之凡爲論四十有九篇合爲二門爲一卷

并序一卷共爲五卷臣以憂患之餘精力困耗披文索

義十不得一加以海隅裒陋又無賜書　神考御集無

由恭閲又日録矯誣謾　御批日曆時政記抵捂同異

無文可考欲校不得但專據私書畧分真僞雖不能盡

究底蘊亦可以闢其大槩矣凡臣之所論以紹述　宗

廟爲本以辨明聖訓爲先蓋所述在彼則宗廟不尊誣語

未判則真訓不白何以光揚　神考有爲之心何以將
順　陛下述事之志凡今之士學古入官身雖未試於
朝廷心亦不忘於畎畝戴天履地寧忍同誣日拙心勞
徒唱爾偽祀古今之公義極典籍之所非陰奉竊言顯
違格訓安石欲置四輔　神考以爲不可　神考欲建
都省安石以爲不然今則四輔成矣都省毀矣道路爲
之流涕聖主能不痛心人皆獨罪於一京安知謀發於
蔡卞至於宿衛之法亦敢更張變亂舊規創立三衛用
私史包藏之計攙新經穿鑿之文以畏憚不改爲非以
果斷變易爲是按書定計以使其兄當面賛成退而竊

善京且由之而不悟他人豈測其用心爭過而闚蹤跡
乃露膺咨痛恨雖悔何追在私家何足備論於國事豈
宜如此謂塘濼未必有禆可以决水爲田謂河北要省
民徭可以減州爲縣至於言江南利害則曰州縣可析
論民兵將領則曰獎拔豪傑四海本是一家何爲分彼
分此大法無過宿衛安得率爾動揺棄舊圖新厭意安
在昔元祐更張之始方安石身殁之初衆皆獨罪於惠
卿或以安石爲朴野優加贈典欲鎮浮薄司馬光簡尺
具存呂惠卿責詞猶在深懲在列曲恕元台凡同時議
論之臣無一人指點安石往往言章疑似或干裕陵致

下以闚伺爲心包藏而待潤色誣史增汚忠賢凡慍對
曾布之言與怒罵惠卿之語例皆刊削意在罕籠欲使
共述松書將以濟其大欵布等在其術内下計無一不
行良由議贈之初不稽其弊若使早崇名分何至横流
司馬光誤國之罪可勝言哉臣聞熙寧之初論安石之
罪而中其肺肝之隱者吕誨一人而已矣熙寧之末論
安石之罪而中其肺肝之隱者吕惠卿一人而已矣吕
誨之言曰大姦似忠大詐似信外視朴野中藏巧詐驕
蹇傲上陰賊害物吕惠卿之言曰安石盡棄素學而隆
尚縱横之末數以爲奇術以至譖愬脅持蔽賢黨姦移

怒行狠方命矯令罔上要君凡此數惡莫不備具雖古之失志倒行而逆施者殆不如此平日闚望一旦掃地不知安石何苦而爲此也謀身如此以之謀國必無遠畫而 陛下既以不可少而安之臣固未易言也又曰陛下平日以何如人遇安石安石平日以何等人自任不意倉急乃至於此又曰君臣防嫌豈可爲安石而廢哉又曰臣之所論皆中其肺肝之隱臣某竊謂元祐臣僚於呂誨之言則譽之太過於惠卿之言則毀之太過此二臣者趣向雖異至於論安石之罪獻忠於 神考則其言一也豈可專譽呂誨而偏毀呂惠卿乎偏毀惠

卿此王氏所以益熾也元祐之偏可不鑒哉臣竊以天
下譬如一舟舟平則安舟偏則危臣之以言取禍初緣
此語然臣自視此語猶野人之視芹也切於愛君又欲
貢獻前日之欲殺臣者必益瞋矣然臣之肝腦本是報
國之物臣若愛吝此物則　陛下不得聞安石之罪矣
陛下不得聞安石之罪則人臣之利美成在久爲我
宋之臣豈可以不思乎迺者天子幸學拜謁宣尼本朝
故臣坐而不立躋此逆像卞唱之也輔臣縱逆而養文
禮官舞禮而行諂僭自內始達于四方萬國寒心外夷
非笑驚晃夷俟載籍所無僾加於冠何以示訓自有中

國以來五品不遜未有此比然則觀此一像而八十卷之大槩可以未讀而知矣蔡氏鄧氏薛氏皆塑安石之像祠于家廟朝拜安石而頌之曰聖矣聖矣暮拜安石而頌之曰聖矣聖矣國學風化之首也豈三家之家廟乎臣故曰廢大法而立私門啓攘奪而生後患可爲寒心莫大於此尊主愛國之士孰敢以此爲是乎是非之心人皆有之極天下之所非而可以謂之國是哉嗚呼講先王之道而以咈百姓爲先論周公之功而以僭天子爲禮咈民歲久蠹國日深僭語爲胎遂產逆像以非爲是態度日移廢道任情今甚於昔昔者初立國是使

惇行之惇既竄逐移是於布布又竄逐移是於京三是
皆發於卞謀三罪同歸乎誤國然則果國是乎果卞是
乎若以卞是爲是則操心頗僻賦性姦回如鄧綰者不
當逐也若以卞是爲是則以塗炭必敗之語誣詆神
考如常立者不當竄也　神考逐綰可以見悔用安石
之心　哲宗竄立可以見斥絶安石之意　兩朝威斷
天下皆以爲至明　陛下光揚亦以去卞爲先務掃除
舊穢允恊人心布澤日新上合天意樂於將順搢紳所
同夢闕馳誠各恨踈遠彼元祐元符之籍雖漸綏弛而
人未見用應詔上書之罪雖已釋放而士猶沮辱者不

可復問未用者自當退藏其餘雖在　朝廷或非言路
明哲之士又務保身縱有彊聒之流且無私史之隙唯
臣因論私史禍隙至深得存餘命全由獨斷臣之所報
聖恩者敢不勉乎兼臣年老病多決知處世難久與其
賫志於歿後寧若取義於生前義在殺身志惟尊　主
故以臣所著日録論之曰四明尊尭集云

四明尊堯集

進四明尊堯集表

臣瓘言臣六月初五日准通判牒准編修政典局牒

奉

聖旨取臣所著尊堯集臣依稟

聖旨不敢違滞緣臣著撰此集未經奏

御令具狀申編修政典局乞爲繳進合於御前開拆

者臣竊以畎畝愛君精神雖至芻蕘議政迂闊難行

葵向不習而常傾芹陋敢期於得獻獨因睿斷許貢

危衷中謝伏念臣糞土下材犬馬賤質數罪固多於擢髮含生無意於蕉魚初欲摩捐終難緘默因續前言之緒腼輸盡絕之忠非敢有善善惡惡之辭但欲明尊尊卑卑之義此螻蟻所能知也在縉紳安可藐然八十卷之私書奪此與彼十九年之懿續可從而遠

陛下於繼述之初首下明於茲事徵臣持將順之志在流竄而靡忘鋪張痛詆之言編類厚誣之語初謂熙寧之輔丕媿有商之臣於成湯敢肆厥欺疑安石有所弗忍及究觀於懟筆始粗見其遊辭因思大典

之久誣益頭忘軀而往詣合浦十論中譖蹤之餘言

四明八門撮其要於一序實欲彰大德之盛不敢畏

王氏之強寧碎首於邦誅忍謾心於國是彼效尤於

往轍亦苟逞於陳編難以縷闗略舉綱要謂

藝祖濫誅無罪謂

貞宗矯誣上天訕薄裕陵攘奪先美以託訓爲藉口

之術以歸過爲自譽之媒但矜詆訾之極工罔顧威

靈之如在幾乎罵矣豈不痛哉讀其書寧忍終篇稽

其文可爲流涕代言之筆盡目其徒爲儒宗首善之

宮肇塑其形爲坐像禮官無禮而行諂吏書獻佞而

請觀光乎仲尼乃王雱聖父之賛比諸孟子實雱等
輕君之情彼衰周之僻王棄貞儒之將聖當時不得
配大廟之享後人所以廣上下之祠今比安石爲欽
王之臣則方
神考爲何代之主又况一人幸學列辟班隨至尊拜
伏於爐前故臣驕倨而坐視百官氣鬱多士心寒自
有華夏以来無此悖倒之禮
神考之再相安石始終不過乎九年安石之屛迹金
陵棄置不召者十載八字威加於鄧綰萬機獨運於
元豐豈可於售述之時忽崇此不遜之像因懷先朝

三舍之法遂費今日千倍之財人材之可擢不殊國用之添費徒廣朘吾民之膏血增彼像之精神美成其私怨集於國陸贄設枝頗之喻承業以財盡爲憂忠哉古人愛君之誠異乎今日養士之意又況臨川之所學不以春秋爲可行謂天子有北面之儀謂君臣有迭賓之禮禮儀如彼名分若何此乃衰世侮君之非豈是先王訪道之法賴川舊學記刊于四紀之前辟水新雝像成於一壻之手唱如聲召應若響隨使王氏浸至於強梁乃元祐助發其氣焰胥宣仁權同之際謂介甫節行甚高宜贈崇官仍加美謚司馬

光書之于簡呂公著行之於朝不以稽弊爲心徒發
鎮浮之議負安石者重加黜責歟
神考者略不誰何遂至於枝蔓而難圖豈非由偏助
之太過雖當時未見誣史而先朝自有聖批恬不奉
行養成乖悖蒙蔽裕陵之衆疑眩耀鍾山之一書四
輔之行謀畫本生於日録三衛之設規模初定於新
經察察乎鄧綰之安排草草乎京攄之傳受考其音
聲則箎唱而塤和譬諸手足則左弱而右強凝爲冰
山烈若原火愚公老矣益堅平險之心精衛眇然未
捨塡河之頭沒而後已志不可渝望雖隔於戴盆憂

不忘於馳騁册誠上格天語遲詢要觀尊主之恭綫

議奸跱之罪淵冰在念梟磔寧逃恭惟

皇帝陛下天大普容日明徧照覽熙豐記動之史倣

虞夏採詩之官咨輿議之多方證私書之百毀舜蔡

尭緒孜孜乎善繼之勤武績文聲斤斤乎不承之美

兹所謂一人有慶可以得萬國之歡凡有識知孰不

將順天地尊卑之已定手足上下之宜分孔志在乎

春秋漢律嚴於名分戴上者皆知此義尊尭者豈獨

臣書蕪馬以市骨鸞驥者必將来矣鄭校决防川之

壅有古者其忍黙乎臣命可危衆口難遏伏望

皇帝陛下念臣投志於事上憫臣積禍於敢恭以尺
朽之廢財貢一得之愚慮言多妄發事則有稽宣宗
當紹憲之時寧容德裕之奪語武帝以述景爲事忍
視馬遷之短辭父子至情古今一揆不懲謗史之罪
則何以謝過於宗廟不毁坐像之悖則何以示順於
彝倫國是方强勢難遽改大器至重要在深思度乎苗
裔之分始於冠屨之下至矣成於剛健大患生於因
循儒宗數人自是一家之說
聖主獨斷乃爲我
宋之休天心篤愛之甚明人情企想而有待辯

神考在天之怒誠聖主奉先之仁克果斷於蔡方人
將大覺善光揚於尭績上可無爲於一顰一笑之中
成允文允武之業臣將獻駿惠大平之頌豈特進狂
簡不裁之書胷臆無奇但盡恭於文字筋骸已憊當
致命於君親仰酬再造恩退聽一成之議闔門待盡
殞首知歸臣無任惶恐戰汗激切屏營之至臣瓘誠
惶頓首頓首謹言

四明尊堯集卷之第一

後學孫婿蕭甫重刊

裔孫載典校正

聖訓門第一

上問尚書省制度

上問尚書省制度可復否余以爲亦不須如此

余曰上欲以近畿郡爲畿輔　上曰不如今屬兵部

余曰　上前欲以近畿郡爲　畿輔因推行保甲者利在使趙子幾等按察官吏易爲照管若付之諸路即恐

諸路推行滅裂無以使四方觀法　上曰不如令屬兵部

臣瓘論曰神考欲置尚書省安石以爲不須安石欲建四輔神考以爲不可三十餘年先訓未遠乃若都省之毀誰不流涕四輔之成誰不寒心此豈特一京之罪乎都省之毀無敢救之者四輔之成無敢上之者亦豈特畏京而已哉安石之所不欲爲則雖已成而必毀神考之所不欲爲則雖甚害而必行其罔上之言則託於繼述其自營之心則獨尊王氏下等之所謂國是者何事不然以此二事觀之可以見其初

心矣今可以不早辨乎孔子曰成事不説既往不咎今尚書省之毁既已久矣四輔之成既已往矣而臣猶已論之非爲追説已成之事追咎既往之人也實欲陛下察卞等國是之計而爲我宋方來之慮者非特此二事而已也故臣著此于首篇以見臣尊堯之意

上曰京師人優饒不妨

上曰京師人素優幸分外優饒他亦不妨余曰如此即是陛下聰明爲左右所蔽實未知京城百姓疾苦

臣瓘論曰京師者萬國之本也吕嘉問歛取免行錢

以擾京師之民　神考欲減省之以安京師而安石
對曰如此則是　陛下聰明為左右所蔽實未知百姓疾
若夫優饒京師而謂之不知百姓疾苦者何哉唐德
宗不恤京師之民陸贄先事進言曰聚斂之法轂下
尤嚴貴而不見優近而不見異其為憤慼又甚諸方
誅求轉繁賡類恐懼興廢無已群情動搖朝野囂然
而京邑關輔不寧矣嗚呼唐有賢臣而德宗不能聽
神考有聖訓而安石不肯順可謂流涕也矣
上曰古者什一而稅足矣余曰古非特什一而已
余曰　陛下必欲財用足須理財若理財須斷亦不

惑不爲小人異論所移乃可以有爲　上曰古者什一之
而稅足矣今取財百端不得爲少余曰古非特什一之
稅而已

臣瓘論曰　神考曰古者什一而稅足矣安石對曰
古非什一而已其對如此爲必須理財故也必須理
財乃熙寧七年語也與政七年尚守此語而　神考
反覆折難稽什一之法以百姓不足爲慮以取民百
端爲戒臣故著之以見　神考愛民之本意而又於

理財論論其本末

上以農事爲最急

上以農事爲最急余曰家可以資國國可以資天下天下須資天地　上曰若設法移民使就寬鄉亦王者所以生財闢土之道也

余曰　陛下每以勸農事爲急

上曰奉先寺進新種稻極好與一道紫衣余曰陛下每以勸農事爲急甚好初蔡河既作重閘有餘水乃勸教河側人種旱地爲稻而奉先率先種稻

臣瓘論曰以農事爲急又急於勸農　神考聖政不可揜也然臣考日録之内抵捂誣訕之言臣不能無疑焉造神考之言曰只是修水利又不似王繼恩平

得西川又撰王安石之對曰民功曰庸乃先王所甚
貴何必平西川也嗚呼是則掠美於已非[illegible]歟怨於
君呂誨之言可謂不誣矣
御批減去市易務請較固條
劉孝孫言　御批降出市易務請如兼并之家較固取
利令市易司覺察三司依條施行此仁厚愛民之意至
是進呈余曰劉孝孫稱頌此事以為聖政臣愚竊謂此
正是聖政之闕較固法是有律以來行用但申明所以
為均均無貧乃孔子之言於政有何所害　陛下不欲
行此此兼并之家有以窺見　陛下於摧制豪強有所

不敢故内連近習外惑言事官使之滕口也　上笑曰
巳有律自可施行故不須立條余曰雖有律未嘗行又
未嘗使官司振舉須先申令使兼并知所避　上曰若
設法傾之則兼并自不能爲害余曰若不明立法令但
設法相傾即是紙鋪孫家所爲紙鋪孫家爲是百姓故
制百姓不得止當如此豈有尊爲天下主乃只如紙鋪
孫家所爲何以謂之人主

臣瓘論曰吕嘉問請於律外别立市易較固一條
神考聖訓以謂已有律不須立條其時劉孝孫稱頌
聖訓曰此仁厚愛民之意也安石奏曰孝孫之言非

也此爭正是聖攻之闕　陛下不欲行此此兼并所
以窺見　陛下於摧制豪強有所不敢故内連近習
外惑言爭官使之騰口也臣竊謂　神考不欲於律
外立較固之條可謂仁厚愛民之意劉孝孫將順聖
美不爲過也日録之内但爲顯揚嘉問故不以御批
爲是不以孝孫爲然於是造　神考之言曰若設法
傾之則兼并不能爲患又撰對上之言曰若不能明
立法令但設法相傾即是紙鋪孫家所爲紙鋪孫家
爲是百姓制百姓不得故止如此豈有爲天下主乃
只是如紙鋪孫家所爲何以謂之人主嗚呼設法相

傾之語謂之不誣可乎紙鋪孫家之語謂之不詆可
乎　神考愛民守法而指爲闕政力主嘉問遂至侮
薄君父不亦悖乎
御批安撫司不得奏災傷此法可速改余曰安撫
司須要管勾奏災傷狀傚甚
臺官言進奏官遞迴奏蝗蟲狀言新法須候𡸁盡方得
聞奏　御批近揚孫永奏進奏官云安撫司不得奏災
傷狀恐亦因此法可速改以祢寅畏天威遇災恐懼之
意檢到新法令耆申縣縣申州州申轉運轉運具施行
爭狀聞奏凈盡則本州提轉各聞奏乃是進奏官誤會

條貫余曰條貫已令本州提轉申奏安撫司自不須令奏

上曰令安撫司奏何妨余曰朝廷令本州轉運司奏已是兩處奏狀亦足矣又令提刑司奏已是多又恐逐司或有弛慢新法約束若逐司不職更互覺察聞奏不知何用更令安撫司吏人枉費紙筆遞鋪虛費脚力又一處有蝗蟲

陛下閱六七紙奏狀如此勞弊精神翻故紙何如惜取日力深思熟講御天下大畧只如經畧安撫司有何限人經制事却須要管勾奏災傷狀做甚

臣瓘論曰神考當旱暵之時遇災而懼天下蝗蟲之

奏皆欲覽焉四方奏狀已至京師而奏邸却之不得通奏以新立不得奏蝗之法故也創立新法疑誤奏邸壅天下之情啓蒙蔽之患此宰相之過舉而臺諫之所當言也　神考用臺諫之言改不得奏蝗之法所以恤民隱而防壅蔽也而安石乃奏曰不知何用更令安撫司吏人枉費紙筆遞鋪虗費脚力又一處有蝗蟲　陛下閱六七紙奏狀如此勞弊精神翻故紙何益何如惜取日力深思熟講御天下大畧嗚呼是何言歟是何言歟漢宣帝時郡國不上災變則丞相魏相輒奏言之故天下無蒙蔽之患　神考曰漢

之文宣孔子所謂吾無間然者何安石之對異於魏
相之所奏言乎夫聽諫改法以正紀綱御天下大略
正在於此而安石乃以爲弊精神虛費日力甚矣其
言弇愎也
上曰此是朝廷法不干王安石事
陳曰已與王安石商量定却如此且欲更與安石商量
上曰此是朝廷法不干王安石事
臣瓘論曰書曰爾有嘉謀嘉猷則入告爾后于内爾
乃順之於外曰斯謀斯猷惟我后之德此成王戒君
陳之言也　神考聖訓蓋取諸此知尊我后則能事

玆訓矣

上曰近習亦有忠信者

余曰以　陛下崇信此輩故欲借其力沮害正論諸如此類甚衆　陛下當審察不當使姦臣得計　上曰近習亦有忠信者不爲欺不可爲恭顯小人便以爲近習之言都不可聽即爲盧杞李林甫小人便以爲大臣都不可信乎

臣瓘論曰宦者四星在皇居之側其人近至尊國家安寧則其身亦安尤當自異於疎遠之臣也故善爲計者莫如愛國國以忠賢爲本忠賢者兆民之命也

護民之命則賢者亦必與之矣曹日昇方危難之時
不顧萬死顛貞卿深與其忠以一言助之共成王事
巷伯有疾讒之心孔子取焉先聖之所取後賢之所
與皆以其忠信而已矣　神考謂近習亦有忠信者
此　聖主公平之訓也一於愛國之謂忠公議信之
之謂信馬存亮非不憎宋申錫也而能救申錫一門
之禍捨己愛憎存國大體其所爲如此公議不以爲
信乎魏洪簡之於裴度則既憎其人又沮其軍遂使
巨盜不除爲國之患其所爲如此天下豈以爲忠乎
是故持正論者其類不同而同乎愛國爲姦計者其

類不一而一於圖私然則所謂沮害正論姦臣得計者果獨在於近習耶　神考之取忠信豈非公平之
訓哉呂強請赦黨人楊復光泣戒周岌嚴遵美力辭兩尉張承業極諫揍費如此之類皆忠於國家而信於公議者也其可爲古有恭顯曾害忠臣便以爲今日之人都無可聽者乎漢詔公卿子弟爲郎以補宦官之職侍於殿上當時謀者正謂其人都不可聽故欲以此而代彼也新經義既取其說而日録又欲變亂舊規自以爲此乃宗廟社稷久長之計嗚呼　太
祖皇帝規摹安遠保全内外國本強固私家亦寧一

百五十年矣長久之計何以加此何爲而忽欲變更也自有經義以來凡三十餘年而王氏學術始見窟究計謀秘奥包藏深遠章惇不知也蔡京雖因累敢行而亦不能深察其謀主此謀者蔡卞而已矣序辰洵武其腹心也陰挾計數用新經日録之術筭人於談笑之中陷人於簡冊之内使人習之而不覺信之而不疑積日累年然後令人大悔恨也既往之事不可追矣未來之事豈可不以爲鑑哉然則今當何鑑莫如忠信愛國而已矣

右聖訓門編類王安石日録語凡十段

臣瓘論曰熙寧元年　神考内出手詔付中書門下曰朕顯承英考之遺烈致孝述羙之意未嘗須臾忘之也其時政記起居注不能具載者非均體大臣詳記而傳緝之殆將零落矣今著其録必藉事實卿等具綱舉條布以備紀述使明並日月歷萬世而不晦宰臣曾公亮等再拜稱謝　神考流涕久之臣竊惟神考之於英祖致孝述羙一詔之内所兢兢者有三事焉欲　徽猷之具載一也恐所録之非實二也俱大明之蔽晦三也流涕動心如對廟像今　陛下繼神考之志當以熙寧手詔爲師述　神考之事當以

詔中三事爲本十九年之大美若有不載雖載其事
而所記非實則晦先朝日月之明而遺　聖主繼述
之志矣傳信萬世將何賴焉王安石著矯誣之書詆
訕君父蔡卞等以乖悖之意遵而行之變亂事實攘
奪　懿美移此與彼掩晦大明臣編類其語始於
聖訓觀其大者可以考其餘矣三尺童子亦知受與
不受無加損豈聖訓乎小節不足爲豈聖訓乎以朕
比文王豈不爲天下後世笑豈聖訓乎朕自覺材極
凡庸豈聖訓乎朕頑鄙初未有知豈聖訓乎若設法
傾之則兼幷自不能爲害豈聖訓乎如番使坐位處

別設提舉官位豈聖訓乎今着其録必藉事實若使
實録之内皆記此語以爲大訓可謂之事實乎語在
日録則誣先烈者私史也語在實録則誣先烈者太
史氏也滌除誣僞　貞訓乃白粮莠未芟終害嘉穀
私史之誣發於安石成於卞武不改可也章惇由之
而不知曾布進書而不悟自餘史院臣僚前後相踵
非一人也聖主方以光揚爲務一日以史事詢焉則
卞武之外若過若故可以分矣劉摯申明新法王安
石欵罪之陳升之曰𧈅欲更與王安石商量　神考
聖訓曰此是朝廷法不干王安石事今於安石既死

之後猶欲過用日録擲其誣悖阻害公論豈不遠
神考之訓乎此等真訓深切著明託　訓雖多終不
可掩吏在辨之而已矣以熙寧手詔爲師以　詔中
三事爲本棄彼取此改舊爲新還先緒已晦之明紹
武王善繼之羡垂訓萬世流光無窮天下幸甚
論道門第二
余曰鯀汩陳五行堯晏然不以爲慝
上曰夫慣習即安之如自然不慣習即能無怨如河決
壞民産即民不怨決河壞民産即民怨余曰
陛下正當爲天之所爲所謂天之所爲者如河決是也

孔子曰惟天爲大唯堯則之堯使鯀治水鯀汩陳五行九載以陛下憂恤百姓之心宜其寢食不甘而堯晏然不以爲慮此能爲天之所爲任理而無情故也

臣瓘論曰安石曰汩陳五行九載堯晏然不以爲慮臣聞書曰在知人在安民惟帝其難之孔子曰博施濟衆堯舜其猶病諸夫知人安民堯以爲難博施濟衆堯以爲病何至於晏然不以洪水爲慮乎蓋人主晏然不以爲慮然後大臣得以如意而有爲蔡卞解釋詩書同此一説

余曰 陛下檢察市易非帝王大體此書所謂元

首叢脞也

余曰　陛下朝夕撿察市易務事煩細非　王大體此書所謂元首叢脞也

余曰市易務　陛下撿察太苛士不敢有爲俊民不章矣

余又白　上市易務如果子行人事纔立得七行法如此類甚衆但以　陛下撿察太苛故使臣頗畏縮不敢經制臣以謂　陛下不當擾之使怠惰因循使細民受弊也王省惟歲歲月日時無易乂用明俊民用章令陛下未免叢脞乃責市易務煩細此乃所謂歲月日時

既易士之有能有為者畏縮不敢有為俊民與無能偷惰之人同即儆而不章矣

臣倬論曰　神考聖訓謂市易法苛細恐其有害細民故初欲罷之所以懷保小民也而安石則曰非帝王大體此書所謂元首叢脞也　神考沮抑呂嘉問所以去蠹賊而養嘉穀也乂之用明何以加此安石則曰俊民不章矣借典謨洪範之言以文私意豈獨此哉

余曰　陛下抑捏昉恐後世議聖德

余曰唐大宗行義至不修　陛下修身與堯舜無異然

陛下不能使群臣皆忠直敢言者分曲直判功罪不如唐太宗故也如程昉盡力於河北與萬三千貫修橋乃用此錢修橋了更修廨舍營房置都日掠房錢八百文又置榻植二萬七千貫所開閉河四處障河黄河外尚有淤溉及出田四萬頃自秦以來水利之功未有及此以法論之千頃合轉一官即昉須轉四十餘官可也乃并數處功轉一官又令與宗師同放罪　陛下放宗師罪已是屈法又更抑程昉臣恐非但今日天下以爲非書之簡冊臣恐後世有以議聖德

臣瓘論曰安石謂程昉當轉四十餘官而　神考止

令轉一宮安石謂程昉無罪可放　神考必令放罪
神考審察功罪明其賞罰馭臣之柄不分于下此所
謂是也而安石曰天下以爲非又曰書之簡冊恐後
世有以議　聖德臣竊謂後世若有公議則當議其罪者
宰相王安石而已　神考聖明之斷載於簡冊安可
誣也
余曰今　陛下未免坐於流俗之中
余曰　陛下明是非好惡使人知理分所在則中人以
下亦多服從　陛下所爲必不至於敗壞今多或以爲
陛下尚可欺以其所爲故未肯悛革譬如運甓須在甓

外方能運若坐甕中豈能運耕戰歆制天下之事運流俗之人當自拔於流俗之外乃能運之今 陛下尚未免坐於流俗之中何能運流借使人順聽 陛下所爲也

臣瓘論曰痛哉流俗之論也自熙寧之初宰相之所欲爲 聖主一有所遺則立運甕之説以陳於前歲月既深其論益勝然而天下習俗自有正流不恤身害不逐世利老死而不變者其人多矣人之趣善如水之必東安可使之逆流哉

余曰商鞅立法簡而要

余曰 陛下看商鞅所以精今鑿之法 只司馬迁所以記

敎行其足若法令簡而要則右下易遵行煩而不要則
在下既難遵行在上亦難考察

余曰秦孝公擇術濟事與　陛下如何

余曰唐太宗能使佞人如裴矩者更肯正諫如此纔能
爲唐太宗　陛下聰明睿智足以遠追三代之主然剛
健篤實以成天下之務未有以及唐太宗恐　陛下不
可不思非特唐太宗至於秦孝公所以擇術濟事與
陛下如何臣恐優游退託如此則無致治之日

臣攉論曰安石詩云今人未可非商鞅商鞅能令政
必行臣始讀其詩謂安石所取於鞅者能必行其法

一事耳及觀日録乃知安石兼取其法令簡而要也
非特如此以秦孝公擇術濟事爲是以　神考優游
退託爲非嗚呼　神考初以帝王之佐望安石而安
石乃自比於鞅而以孝公之事責　神考此　神考
所以九載之後棄安石而不用也

余曰漢宣帝不足法　上曰朕自視未有一毫可
比漢宣帝

余曰漢宣帝不足法　陛下聖質高邁當慕堯舜三代
盛王如漢宣帝不足以言　上曰朕自視未有一毫可
比漢宣帝朕意趣誠廣大但才力庸短未能運動天下

事所以每事畏慎不敢妄發

臣瓘論曰日錄所造　神考謙辭或曰朕頑鄙或曰朕才力庸短或曰朕自視未有一毫可比漢宣帝如此之類不可勝舉矯誣　聖訓欺罔士類以啓悖慢之習可勝痛哉

余曰自古作事未有不以大勢驅率衆人

余曰自古作事未有不以大勢驅率衆人而能令上下如一者令運數十萬人爲保甲又使之上番乃人人取狀召其情願自古作事未嘗有如此者此乃以　陛下每事過慎故須如此

臣瓘論曰舜戒禹曰欽哉慎乃有位欽修其可願

神考每事過慎而於立法取人情願可謂得舜禹之

心矣安石乃欲以大勢驅率衆人而以　神考之過

慎爲非是非如此則蔡卞之所謂國是者有自来矣

余曰此乃定計數於前必爭功於後

余曰　陛下以爲柴世宗能辟土疆服天下何也

上曰莫是能果斷余曰柴世宗能使兵威復振非但高

平之戰能斬樊愛能等而已天下賊盜殺人亡命者皆

募以爲禁軍史臣以爲當時孤子寡婦見仇讎而不敢

校後悔之莫有貸者臣以爲史官不足以知世宗世宗

非悔也方中國兵弱以爲非募此等人不足以勝諸僭
僞之國及所募已足則法不可久弛故不復貸其死此
乃定計數於前必事功於後豈以爲失策而更悔也
臣（罹）論曰任計數者儀秦之學也必事功者強霸之
術也周世宗以信令御群臣以正義責諸國王環以
不降受賞劉仁贍以堅守蒙褒嚴續以盡忠獲存蜀
兵以反覆就誅馮道以失節被棄張美以私恩見疎
江南未服則親犯矢石期於必克既服則愛之如子
推誠盡言爲之遠慮其宏規大度不用計數雖唐太
宗不能及也今乃謂世宗初以兵弱則招集亡命給

而用之成功之後則既黜其勞又盡誅之如此則是用民如禽獸棄信如糞土此管仲之所以不取而商鞅之所以不爲也而謂世宗爲之乎蔡卞唱尊私史執爲國是先定計數以必後功每以自賢之心察操使能之柄所以使紹聖同列者定計數於先既使而後陷之所以使建中靖國之大臣者定計數於先既使而後陷之所以使其凡者亦定計數於先也京懲慱布前事方未陷之時與之格鬭乍勝乍負而京之計數終出其下卞之所定於先者其計受於安石下之所必於後者非臣之所敢知也

右論道門編類王安石日録語凡十段

臣瓘論曰孔子曰坤道其順乎承天而時行古之君子法坤之順以承其君雖有致君之道澤民之術含之以從王事不敢成也如其不順則敢心生矣敢則悖悖則戰戰則其血玄黄陰陽兩傷君臣之間豈順至此故承天之順不可不習習而後行則不疑其所行矣不習而行則天下之所共疑也尚可信哉坤之六二大臣之位也而其辭曰不習無不利古之君子習承天之事而未嘗有意於此位也用之則行舍之則藏其用而行也則以既習於未行之前耳臨事而

後習能免其疑乎然則六二之不習其害也久矣習此道者其可以捨春秋乎天尊地卑乾坤定矣春秋尊元之法尊尊卑卑一定而不可易也故為人臣而不知春秋者必陷僭偽之誅死罪之名其實皆以為善而為之不知其義被以惡名不可辭也然則處承天之位者可以捨尊元之法哉既處承天之位既捨尊元之法革而不當其悔不亡無祗悔也而繼之以改則日月之更人皆仰之何至於迷復哉

四明尊堯集卷第二

後學孫婿蕭甫重刊

裔孫載輿校正

獻替門第三

余曰　太祖爲史珪丁德裕之徒所欺濫誅無辜

余曰　太祖敢於誅殺然猶爲史珪丁德裕所欺而濫誅無辜不知　陛下於欺罔之人能有所誅殺否

臣瓘論曰　太祖皇帝臨御之初命史珪㑹訪外事珪所奏曰按驗皆實由是信之及珪與郭貴譛梁夔昇　太祖察見姦狀即亟迁夔昇爲左賛善大大而

史珪之言遂不復見用今安石謂　太祖爲史珪之徒所欺濫誅無辜即不知所欺者何事所欺者何人而乃以
太祖濫誅無辜也又丁德裕在西川時與張延通不協歸闕告延通陰事　太祖怒延通按問延通引狀
太祖始欲赦延通及便殿引問延通抗對不遜遂命斬之夫抗對不遜人臣之大罪也延通武人固不知學而事君之禮不當悖慢豈待講求經旨而後能知
借使延通爲德裕所譖本無毫髮之罪而　太祖以其不遜怒而斬之此乃至明至斷而可以爲人臣悖

德之戒也今安石乃謂　大祖爲丁德裕所欺而濫誅無辜延通不遜而可以謂之無辜斬一不遜之人而可以謂之濫誅則是人主威令無可施之地矣又况詆誣　藝祖欲以濟其誅殺之謀乎

余曰　貞宗時君目議論相與皆滅裂而已何以待夷狄

上問及貞宗時邊事余曰　貞宗實録言當時事大抵君臣議論未嘗說到底上下相與皆滅裂而已則何以待夷狄

臣瓘論曰景德中契丹犯澶淵王欽若請幸金陵當

是之時若無寇準則欽若之私計得行而天下分爲
南北久矣惟倚信寇準而不用欽若混同南北兼愛
夷夏不殺之 福如川方流此乃 眞宗所以待夷
狄之道而安石以謂君臣議論上下相與皆滅裂而
已則何以待夷狄忍施此語於 宗廟則誣薄群臣
尚何足論
上曰三尺童子亦知受與不受無加損
上又問尊號此於朕無一加損雖百字亦何補余曰受
與不受於理皆可也上曰三尺童子亦須知得受與不受
無加損

臣瓘論曰　神考不受徽號乃廟論之極美假使人
臣有啓迪之言豈可獨掠人君大美以爲已有余曰
受與不受於理皆可則是小失其　事以　神考不
受之美爲不足言也非特如此又造
神考之言曰三尺童子亦須知得受與不受無加損
嗚呼　聖主之所以力行超越近古而誣造　聖訓
以爲三尺童子之所能知輕君罔衆可謂甚矣呂誨
所謂驕蹇傲上豈非先覺也歟
余曰但恐内無其實而外爲小節以示人
上曰朕疑喪除未聽樂而徽有嫌余極論其當如此

上又疑北使在廷余曰此苟合於禮義乃所以示夷狄
也臣度　陛下聖質如此必不以行此爲難　上曰此
有何難但恐此小節不足爲余曰動容周旋中禮所
以爲盛德之至但恐内無其實而外爲　小節以示
人乃非所以應天

臣㬎論曰　神考當厚陵復土之初旱災恐懼之時
徹樂用禮　聖性所安安石身爲執政雖有入告之
言亦當揚我后之德順之于外掠爲己美固可罪矣
又矯造　神考之言曰恐此小節不足爲又自造對
上之言曰只恐内無其實而外爲小節以示人嗚呼

此　神考躬行之大美而目爲小節此何意哉譏薄
君父可謂甚矣
馮以爲我理未嘗不直
上又慮契册若堅要兩屬地如何余曰若如此即不可
許　上曰不已如何余曰不已亦未須力爭但遣使徐
以道理與之辨而已　上曰若遽交兵如何余曰必不
至如此　上曰果至如此如何余曰以人情計之不宜
便至如此契册亦人耳馮以爲我理未嘗不直　上曰
江南李氏何嘗理曲爲　太祖所滅
臣瓘論曰安石所欲建立所欲排陷必造

神考聖訓欲以文飾前非歸過　宗廟其言其事不可以一二數也至於以何嘗理曲之言歸于　神考則矯誣乖悖尤爲甚矣

余曰此事怪異難以爲條貫

上曰如蕃使坐位會聚處别設提舉官位如何余曰州縣會聚雜壓各有著令若令提舉官别設位坐此事怪異難以爲條貫

臣瓘論曰安石造　神考之問曰如蕃使坐位會聚處别設提舉官位如何然後對曰此事怪異難以爲條貫造蕃使之問可知其矯誣立怪異之對可見其

譏玩此聖主之所宜知也

右獻替門編類王安石日錄語凡六段

臣瓘論曰政教有是非命令有可否君所謂可而有否焉臣獻其否以成其可君所謂否而有可焉臣獻其可而替其否是以政平而無干民無爭心此晏子獻替之說也三代聖賢之君從諫之道改過之法其有不由此者乎晏嬰一國之佐不敢忘獻替之義以輔其君況爲天下之相當如何哉王安石進爲之初秪取六經之言所以文其私意者皆經語也因謂六經之術悉在語言先賢議論並無經旨捨古老更練

之言行新奇可意之論可獻者替可替者獻　神考
熈寧九年厭安石獻替之罔公驗執政私人之害國
先除鄧綰次出安石此成湯不吝之明而帝竟黜陟
之道也安石以熱中之心著詆誣之史追蓋前繆變
亂爭實蔡卞用事遂出其書而行之執爲國是人不
敢非然則蔡卞所執之是即安石所唱之可也謂
太祖濫誅無辜天下其以爲可乎謂　神考好惡下
分明天下其以爲可乎嗚呼此特其言之不可者爾

理財門第四

余曰正爲經術以理財爲先

上曰范純仁又有文字意甚忿言臣始見　陛下用富
弼王安石臣竊慶抃以爲必能以堯舜之道致太平今
富弼家居不出王安石乃以富國强兵霸者之事　佐
陛下余曰范純仁至中書亦責臣本以經術佑人主今
乃以理財爲先臣答以正爲經術以理財爲先故爲之
君不合經術必不出此
余曰初李常宣言以謂臣但以理財開導
余曰近日言事者更曾及學校事否　上笑曰却更不
說著余曰初李常宣言以謂臣但以財利開導　陛
下不及庠序之教及今脩成庠序貢舉之法即更置而

不言　陛下謂此等何意

　余曰今欲理財恐壞風俗

余曰今欲理財則須使能天下但見朝廷以使能爲先

而不以任賢爲急但見朝廷以理財爲務而於禮義教

化之際未有所及恐風俗壞不勝其弊　陛下當深念

國體有先後緩急　上頷之

　余曰　陛下天資超邁然好理財

余曰　陛下天資超邁非前代人主所及然好理財凡

利於理財者汲汲而用至於講道則不以爲急不急於

講道何由見理見理有不盡何能運動群臣[illegible]大以爲

然

余以爲搉法不宜太多

上又論及搉茶余以爲難　上曰今酒亦搉礬塩亦搉何獨至於茶而以爲難余以爲搉法不宜太多

余曰以理財爲先以使能爲急則人將機巧趣利

余曰理財誠不可緩然以理財爲先以使能爲急則人將機巧趣利此借成則非人主之利非天下之福天下事譬如和羹當令酸鹹適節然後爲和今偏於理財與使能非所以爲和明禮義廉耻以示人崇進忠良恐不可緩

余曰　陛下即位以來德義之教未有以加人學校又不以爲急以理財爲先務更召致無行義之人則恐於觀聽不足

上令召何揆求試問余曰揆求未可知恐或只是能作文字又無行義　上曰言財利恐不須問他行義余曰陛下即位以來德義之教未有以加人至於學校則又不以爲急既不得已以理財爲先務更召致無行義之人則恐於天下觀聽不足

余曰若官鼓鑄鐵器即必與漢同弊

上又問榷鐵如何陽叔亦多言鐵冶利害見討尋本末

余曰漢鹽鐵所以尤致人議論者以縣官所賣鐵器多苦惡至於農器多不便於民用令官吏大勝漢武時若官鼓鑄鐵器即必與漢同弊

臣瓘論曰此元豐之爭故安石所書如此

右理財門類編王安石日録語凡八段

臣瓘論曰按安石初爲從官即唱理財之說及爲参知政事遂行其所言今考日録第一卷安石於未作執政已前七對　神考並無一言及於理財至於執政供職之第一日即儵書對上之言曰人主當以成禮義廉耻之俗爲急若宣著爲利之實而義禮廉耻

之俗壞則天下不勝其弊孟子恥言利曰亦有仁義而已矣然則卒曰未有仁而後其君者人人不敢後其君此乃人主大利也嗚呼安石著書首撰此語却思孟子之說其於前日所行不可謂之無悔心也年運而往雖悔可追悔而不改濟以欺僞作此誣書陰授蔡卞卞紹聖用事之初專述熙寧及　哲宗既怒常立然後騾述元豐始與序辰謀作訐理之事矣事之本末臣請叙而論之臣聞紹聖三年尚書右丞蔡卞引選人常立爲假通直郎崇政殿說書又力薦之請賜對對之明日復請躐除侍從官　哲宗問卞曰

立詆　神考而卿薦之何也又顧丞相惇曰卿不見其語乎惇謝不知因請其語　哲宗怒曰語在常秩行狀其語云自安石罷相以来民在塗炭又云自秩與丞相去位而識者知政事必敗其諂享安石而詆薄　神考知此卞三薦之何也即命中使史院取秩行狀　哲宗親指塗炭必敗四字以示宰執惇等皆頓首謝罪請貶立退擬立監壽州酒給事中葉祖洽駮曰立詆毀　先烈謫輕地近乃改立永州監酒而撰常秩行狀者趙賁特勒停初大學博士林自用卞之意唱其言於大學曰　神考知荆公不盡尚不及

滕文公之知孟子也士大夫固駭其言矣自　宗

既怒常立卞始惶恐改意而林自滕文公之語亦自

此不敢宣言于衆卞於是與亨辰等始用蓋抹之術

右總論上

臣𤃬論曰日録載安石之言曰人君爲天地萬物主

須是蓋抹得事過乃能濟天下紹聖中蔡卞用蓋抹

之術在既寘常立之後安排之序的然可指臣請稽

其本末而論之熈寧九年鄧綰落御史中丞安石亦

相繼罷去退居鐘山著此訕書以授蔡卞卞當元佑
之時增損潤色九年筆削恩怨分明回互妨嫌以吸
衆好照顧本末以完私美書行於紹聖之始嫁禍與
進書之人悍等醉迷倒遺嫁賣不知宗廟之遺詆誣
也天實誘之使驚常立　哲宗皇帝灼見姦僞竄悖
臣于遠方卞懼僞迹浸彰於是展意改圖而用蓋抹
之術矣蓋卞之初意譏薄　神考元豐之政專務紹
述安石熙寧之事至是知其不可則與蹇序辰同謀
以　神考褒勸吳居厚手詔牓于　朝堂其迹則善
述熙寧深賛　元豐其心則出脫安石詆誣　宗廟

夫詔襃居厚乃　神考駕馭監司之意爾元祐初章
惇爭論役法劄子云役法可以緩改非如京東鐵馬
福建茶塩不改一日則有一日之害也乃卞序辰共
作敕牓之時先以章惇元祐劄子脅持宰相曰若以
君厚京東塩馬之事為不改一日則有一日之害是
以理財之詔為非也惇計無所出喋不能語於是亦
以敕牓為是矣且安石初欲理財自謂合於經術謂
光馬光之徒皆不曉孟子義利之説豈以理財為不
美哉及退而著書則於作參知政事第一日便造安
石奏　上之言曰孟子耻言利若宣著為利之説則

毀壞風俗又造安石奏上之言曰
陛下但好理財利於理財者則汲汲而用之於講道
則不以爲急又曰以理財爲先則人將機巧趣利又
曰若以理財爲先務又召致無行義之人則恐天下
視聽不足蓋安石捨衆自用造法於得君之初事過
追悔著書於十年之後歸過　宗廟圖蓋已悠是可
忍也復何議哉又歸過之言曰臣常勸　陛下不須
多張榷法又論榷鐵則曰官自鼓鑄則必與漢同弊
此所以譏　元豊之政也卞及序辰謀取　神考舊
馭監司之詔牓于　朝堂豈爲一吳居厚而已哉歆

實安石詆譏之語而杜塞天下愛君之言耳夫有舒有修天道所以変通一張一弛文武所以相濟　神考聖訓曰什一而税足矣又曰今税歛已重此則理財之正論　聖主之本心也至於　詔獎居厚則所以獎有勞之臣耳孰敢以爲非乎卞等揭揚一詔便謂安石所諱理財之事可以移過於宗廟而日録誣僞之言可以取信於天下後世盖卞等所謂盖抹者如此

右總論下

四明尊堯集卷第三

邊機門第五

余曰四夷皆衰弱數百年来未有如今日

余曰　上曰秦漢以来中國人衆地墾闢未有如今日

四夷皆衰弱數百年来亦未有如今日天其或者以中

國久爲夷狄所侮方授　陛下以兼夷狄安强中國之

事天錫　陛下聰明非不過人但　陛下用之於叢脞不

用之於帝王大畧此所以未能濟大功也　上以爲兵

須久練乃强余曰齊威王三年酣飲不省事一日烹阿

大夫用即墨大夫出兵收侵地遂覇諸侯人主誠能分

別君子小人情狀濟以果斷即兵可使一日而强
余曰夷狄人衆地大未有如今日契丹
余曰　陛下雖夙夜憂夷狄然所以待夷狄者不過如
爭巡馬過來之類規摹止於如此即終無以勝敵大抵
能放得廣大即操得廣大　陛下每事未敢放安能有
所操累世以來夷狄人衆地大未有如今日契丹　陛
下若不務廣規摹則包制契丹不得
臣瓘論曰安石勸　神考兼夷狄則奏曰夷狄皆衰
弱數百年來未有今日及論　神考包制契丹不得
則又奏曰夷狄人衆地大未有如今日契丹兩對所

論同一夷狄取快而言乍彊乍弱況隨其喜怒而論

君子小人哉

余曰　陛下於一切小事勞心於一大事獨誤

余曰且以近事驗之方邊事之興　陛下一日至数十

批降指揮城寨粮草多少使臣將校能否群臣所不能

知　陛下無所不察邊事更大壞不如未經營時此乃

於　陛下於一切小事勞心於一大事獨誤今日國事

亦猶前日邊事也

余曰西事之初臣不敢先事極爭

余曰如西事之初　陛下喻臣與韓絳中外一體且

相協濟臣竊謂　陛下此言是待臣與韓絳皆欵以事
爲已功也臣以此於西事不能存形迹然事至不得已
亦不敢嘿嘿但人臣之義量而後入故不敢先事極爭
先事極爭則無後事之驗臣終身受妨功害能之嫌
余曰昨來西事　陛下失在不詳慮熟計
余曰昨來西事自是　陛下失在不詳慮熟計若
陛下詳慮熟計則必無可悔之事
余曰浮議至於歸咎保甲淤田
余曰請試論近日慶州兵變　陛不免肝食大臣宜以
此事共憂所以消弭然方共乘　陛下恂惧合爲得專

至於歸咎於淤田保甲淤田保甲與慶州兵變自不相
關此衆人所共知非待至明然後察也衆議盡然　陛
下雖知其非能使其有所忌憚否大臣在目前議論尚
無忌憚如此則邊事疎遠何以禁其不爲欺罔
臣瓘論曰臣伏見熙寧四年三月十七日内降德音
曰朕德不明聽任失當外勤師旅内耗黎元秦晉之
郊重罹困擾使人至此咎在朕躬其推惻隱之恩以
昭悔過之義臣每讀此　詔未嘗不流涕也韓絳邊
事罪在安石　神考推恩悔過未嘗責安石也安石
著書欲掩前罪乃鋪陳誣僞之語於韓絳敗事之前

然後於韓絳敗事之後歸過　神考其所鋪陳凡有
四語其一曰臣非怯而憚事以謂　陛下且當柔遠
而脩中國之政其二曰豈宜不以生事爲憂其三曰
今災異衆關中旱正是欲靜邊鄙之時其四曰關中
騷然豈宜更有可悔之事夫造作邊事本由安石安
石所爲何嘗畏災異而憂生事哉四語誣僞可謂甚
矣日録載韓絳之言曰王安石忠於　陛下所以盡
言又曰安石所言皆是　陛下但聽之三四年後便
見效又曰安石所陳非一皆至當之言可用　陛下
宜省察及韓絳求去安石則曰韓絳不宜如此如此

則遂無一人同正論以此觀之絳與安石可謂合矣
神考以昭文殿大學士超命韓絳而位之於安石之
上者以與安石無嫌故也至於許其便宜節制諸路
皆安石所肯然後施行及韓絳敗事安石則曰臣自
接待清光以來　陛下固未嘗許韓絳以智畧且
陛下舉一方之事屬之則邊帥事宜如此又曰　陛下
失在不詳慮熟計又曰　陛下於一切小事劳心於
一大事獨誤今日國事亦猶前日邊事也夫計慮不
熟以誤大事貞是安石之罪歸過宗廟乃以為西事
之初不敢先事極争安石議事果是不争之人否又

謂慶州兵變不當歸咎於保甲淤田保甲淤田尚不
可歸咎而可歸咎於宗廟乎
諸公皆不與聞
進呈沈起奏狀　上令趣密經制交趾事諸公皆不與
聞也所奏乞　上皆從之
臣瓘論曰安石入告之言曰兵無時不可用　神考
曰用兵安可無名安石曰　陛下若果欲用兵何患
無名於是七年執政而四作邊事　神考垂拱仰成
任其所爲事成則錫功於安石事不成則引咎於己
韓絳西事既敗　神考降詔罪己未嘗責安石也熙

河奏功則解玉帶以錫安石曰非卿主謀於内無以成此梅山用兵章惇受旨於安石及其奏功則　神考擢惇而驟用之廣西之事沈起亦受旨於安石及其敗也　神考掩護中書生事之過曲從安石貸起之死而亦未嘗責安石也　神考之於安石可謂厚矣安石之所以報　上者宜何如哉臣今考日録安石於凞河梅山先書李若愚妄沮王韶而　神考崇長若愚又先書經制成筭已付章惇而神考為人游說即欲改授若愚媿然後言王韶章惇之必可任使其意以謂能知王韶者余也非　神考也能用章惇者亦余也非　神考也矜主謀之功反復張大王於数

千萬言自謂有天地以来無此功矣至於韓絳敗事
則曰陛下於一切小事勞心於一大事獨誤又曰
若陛下詳慮熟計則必無可悔之事夫安石自作
可悔之事而遂爲誣誕歸過之言　神考愛民之意
乎于天下此等誣辭何累天德但臣子之心不能平
爾沈起引惹蠻事致令交趾犯邊圍陷邕州欽廉失
守生事者起人皆知之造謀者安石人不盡知也邊
事未作之時　神考有罷起之詔曰熈河用兵未有
息期沈起又於南方妄作引惹欲治起罪以安中外
安石不肯奉詔明年果有事宜三州之民肝腦塗地

数路騷動一人焦芳當時語語以謂一路生靈橫遭屠戮職其致寇罪悉在起然起之所以得不死者良以安石護起　神考重違其請不欲盡行耳安石退而著書追記其事則謂沈起經制皆　上意謀諸公皆不與聞起所奏乞　上皆許之嗚呼四作邊事二敗二勝二勝則掠美於已二敗則歛怨於君呂誨之言辨之早矣

右邊機門編類王安石日録語凡七段

臣瓘論曰一陰一陽之謂道中國陽也夷狄陰也兩不相傷則治道明矣蛮夷猾夏不可也窮兵黷武亦

不可也兩不相傷故德交歸焉本朝之所以待夷狄者是矣景德中契丹寇澶淵王欽若請幸金陵當是時若無寇準則自江以北非我有矣欽若鄉里墳墓皆在江南倉猝之中謀畫如此王安石於四邊無事之時不恤北境其論巡鋪則曰雖棄雄州無害其論水利則曰塘濼可決水爲田卞等專擾日録以動邊機假託經義以文姦意尚賴天扶宗社不可傾搖私意之臣姦萌自露往者不足道來者尚可爲所歆詢謀當得平心愛國之人如寇準者然後可以無悔也

論兵門第六

余曰苟可以用兵不患無名

上論用兵須有名如何僉以爲無名則不可用兵余曰苟可以用兵不患無名

臣瓘論曰古人有言曰兵猶火也弗戢將自焚自焚之禍生於自用而無名也　神考曰用兵須有名可見

聖主之本心矣安石曰苟可以用兵不患無名何其言之乖戾也實不當用立名而用之豈王者之兵乎意欲用兵則立名而樂殺意欲殛竄則立名而妄誅凡學安石而有爲者皆纂述此意

余曰非什伍民而用之不可以致治強

上論所以致國治強余以爲非什伍其民而用之則不
可以致治強他時困未易議此如　陛下明於道德憂
勤政事上下無弊乃可以議此
臣瓘論曰安石曰非什伍其民而用之不可以致治
強蓋安石欲变募兵宿衛之法故其言如此
余爲　上言民可以利驅使趍爲兵
上論農兵事欲行宋道召人免税充弓箭手事潞以爲
决不可行余曰恐可行但亦不須如此誠以利害驅民
習兵則何必用宋道之策臣愚以爲當如差役法自内
脩之法成則可擧而措之天下　上曰差役則如此可

也兵爭必須自有兵處始則人不駭而爭易就今日
誠可如此但恐邊臣未能舉此以副　聖意者因畧
爲上言民可以利驅使趨爲兵
臣瓘論曰安石曰民可以利驅使趨爲兵安石此語
亦爲欲变募兵之衛之法故也
余曰欲变募兵之弊宜果断立法
余曰若藥弗瞑眩厥疾弗瘳　陛下欲变数百年募兵
之弊則宜果断詳立法制令本末備具不然無補也
余曰宿衛法固易变
上言宿衛親事官有擊指揮使傷首而主名未立宿衛

法不可不急變革余曰臣固常論法固易變

臣瓘論曰安石欲變宿衛之法先於經義創立新説然後造爲　神考聖訓謂當急變其法盖託於先訓則可以必　聖主之遵行文以經術則可以禁士大夫之竊議二者行於前三衛作於後漸危根本忠義寒心人皆獨罪於一京安知謀發於私史若非　陛下守　藝祖之宏規循累朝之成憲使彼二書之説以叙行之今日不知其何如矣

右論兵門編類王安石日録語凡五段

臣瓘論曰以道則皇以德則帝以功則霸以力則强

藝祖創業付畀後世專用帝皇不以功力卜都于汴
非恃山河之固也其所恃者民心而已矣民心休戚
繫國安危安不忘危治不忘亂於是精選募兵慎擇
宿衛所以上安宗社下保生民爲萬世不拔之基也
安石之謀則異乎此矣欲以義勇代宿衛欲以保甲
代募兵分將豪傑旣欲付之近臣翊衛至尊又欲委
之子弟河北州縣則以爲可併江南州縣則以爲可
析以果斷易變爲請以　神考畏憚爲非　神考憂
深慮遠終拒其奉國本安寧萬世永賴其在兹乎

四明尊尭集卷第四

處己門第七

余曰臣修實録見趙槩日録一冊乃知槩非長者也

上問歐陽脩余稱其性質甚好問何如邵亢余曰非亢比也又問何如趙抃僉以爲勝抃　上曰人言先帝服藥時脩見　太皇太后決事喜曰官家病妨甚自有聖明天子余曰　語非士大夫之語必非脩出若太皇太后決事有稱歎之言容或有之亦是人之常情但如陛下所聞必非脩語　上曰語出於趙槩余曰臣脩實

録見趙槩所進日録一册如韓琦言語即無一句豈是
韓琦都不語如歐陽脩言語於傳布爲不便者所録甚
多見槩多漏中書語人以此怨歐陽脩但謂其淳直不
能匿爭及見槩所進日録乃知槩非長者也
臣瓘論曰治平中韓琦趙槩歐陽脩同爲執政
神考嗣位之初安石脩撰　英宗實録見趙槩所進
日録一册如歐陽脩言語於傳布爲不便者所録甚
多史官王安石於是謂槩爲非長者焉以其歸過於
同列故也歸過同列猶曰不可則掠美於己而歸過
於君父者其罪當何如哉詆誣譏玩之言布滿天下

於　神考爲不便者其傳廣矣尊主愛君之士無不痛心　聖主所宜察也

上曰王安石造理深能見衆人所不見

上又顧趙抃曰王安石造理深能見得衆人所不見

上曰如王安石不是智識高遠精密不易抵當流俗

天生明俊之才可以庇覆生民

上曰流俗小人論說不可聽流俗人所共称以爲好人者却不是好人如王安石不是智識高遠精密不易抵當流俗毀謍亦何由能安職朕極知委他相公且與協心施爲天生明俊之才可以庇覆生民須與他勉強施

爲若虛過却日月乃是自棄

上曰以朕比文王恐爲天下後世笑卿言當爲人法

内批令改定經義序余進呈　上曰以朕比文王恐爲天下後世笑卿言當爲人法恐如此不便且如陟降庭止之類朕豈能如此豈不自知

臣瓘論曰安石初進三經義序極其褒讚　神考命安石改進此　聖人之謙德也安石退書其事乃僞造神考謙詞曰以朕比文王恐爲天下後世笑又曰卿言當爲人法嗚呼言而世爲天下法此聖人之事

也安石之言自謂可以爲天下法而謂　神考比文
王則爲天下後世笑詆誣宗廟可謂甚矣凡造　神
考謙辭皆用此意有曰朕禎鄙有曰朕才力庸短有
曰朕自視未有一毫可比漢宣帝如此之類其誣不
一愛君之士聞而流涕者豈一人哉且　祐考熙寧
之末既逐鄧綰尋出安石尤以　神考陟降爲非而
誣造聖訓著於文字以舒其悖訕之氣
余曰讒誣之人才或過於呂誨則臣不敢保
陛下無疑也
余曰臣平生操行本不爲人所疑在　仁宗朝知制誥

反一次上殿與大臣又無黨爰衆　陛下不次接擢曾未有所施呂誨乃使以方盧杞就令臣所有如杞亦須有所施爲其罪狀明白乃可比杞今既未有一事以比杞此不待　陛下聰明然後知其妄若任事久疑似之迹多而讒誣之人才或過於呂誨則臣未敢保　陛下無疑也

臣攉論曰臣嘗讀呂誨論安石疏曰大姦似忠大詐似信惟其用舍繫時之休否至如少正卯之才言僞而堅順非而澤強記而愽非孔宣父之明孰能去之盧杞天下謂之姦邪唯唐德宗不知終成大患所以

言知人之難堯舜其猶病諸又曰伏見參知政事王
安石外宗朴野中藏巧詐驕蹇慢上陰賊害物又曰
侍講進説非傳道也安石居是職遂有請坐之議亂
君臣之分况非道德輔聰明者乎但要君求名而已
又曰安石自居政府事無大小與同列異議或因對
奏留身進説多乞　御批從中而下以塞同列議論
是則掠美於已非則歛怨於君又曰挾情壞法徇私
報怨又曰小惠必報纖仇必復又曰宰相不覩事旬
日差除自專逐近臣補外皆不附已者妄言盡出
聖意若然不應是安石報怨之人丞相不書勑命

本朝故事未之聞也意示作威聳動朝著又曰是非任性凌轢同列又曰　陛下方稽法唐堯親睦九族以風天下而小人章辟光建言俾岐王遷居于外離間之罪固不容誅　陛下尋有旨送中書欲以正罪安石堅拒不從仍進危言以惑　聖聽意在離間遂成其事姦迹甚明又曰兵與財兼領之其握權重輕可知矣雖名之曰商搉財利其實動搖天下也又曰誠恐　陛下以其才辯久而倚毗情僞不得知邪正無復辯遂致大姦得路群陰彙進則賢者退去亂由是生又曰臣竊安石之迹固無遠畧惟務改作立異

於人徒文言而飾非將罔上以欺下臣竊憂之故安
石以誨爲讒誣
余曰　陛下似於君子小人殊未察
余曰　上士君子固有不爲功名爵禄事　陛下陛下
似於君子小人殊未察　上曰知卿無利欲無適莫非
特朕知卿人亦具知若餘人即豈可保
余曰臣父子以小人紛紛不敢安職
余曰臣父子豢　陛下知遇所以向時每事消息盈虚
以待　陛下深察誠欲助成　陛下盛德大業而已小
人紛紛不敢安職今復　陛下召用臣所以不敢固辭

者誠欵粗有所効以報　陛下知遇
上曰雱説卿意似不專爲病
上曰卿每求罷朕寢食不安卿如此必是以朕終不能有成功久留無補所以决去余曰臣前所以求罷皆以
陛下因事有疑心義不敢不求罷今来直以病故非有他
上曰雱説卿意似不專爲病朕亦與雱説卿莫只是在位久度朕終不足與有爲故欵去
臣瓘論曰雱聖其父父賢其子而謂在廷之臣皆小人也君子小人自有公論無足辯者至於造　神考之言曰度朕終不足與有爲則是託訓以薄君父也

可不辨乎
上曰朕仰慕卿道德
上曰朕仰慕卿道德甚至卿似未體朕意諸事切勿爲
嫌疑形迹
余曰以　陛下聖質如此何所不可企及
密院退　上曰人才豈不自知朕自度不能遠畧不過
能保　祖宗舊業而已余曰　陛下不宜過自退託以
陛下聖質如此何所不可企及
臣瓘論曰安石託　訓之言曰朕仰慕卿道德甚至
而自書對上之言曰以　陛下聖質如此何所不可

企及以君語臣而曰仰慕責難於君而曰企及非臣之所敢知也

上曰周公爲成王所疑故逃居東

上曰周公爲成王所疑故逃居東及成王不疑則歸周縱朕於卿有疑今既相見無疑卿亦可止

臣瓘論曰熙寧八年安石再爲相其年七月頒三經義于天下當是之時安石與呂惠卿同在中書已反目而不相語矣明年　神考以御史中丞鄧綰攽因頗僻怒而出之安石求出亦不留也觀其人讀其書不論其人可乎臣今取三經義考安石及雱解經之

微意先論其時然後以日録合之譏薄之言藏於經
義詆誣之語肆於私史追思　神考所以眷待安石
之意臣能流涕而已矣雱所撰書義以謂聖人君子
不可疑而遠之也疑而遠之則違天矣又以謂人君
不明可惑以非義則於周公忠聖不敢無疑又以謂
成王不明爲小人所惑故疑周公又謂成王易懷疑
忠聖之人而安石所撰士師八成義以謂守正特立
之士以邦朋邦誣而不容于時此禍本之所在而大
盗之所以作也蔡卞繼述之説其本在此守此意者
謂之守正不然則指爲邦朋立此説者謂之特立不

然則指爲流俗非我類者皆邦朋也異我説者皆邦
誣也於是用其所謂守正特立之士嚴其所謂邦朋
邦誣之人從而喜曰禍本消矣大盜息矣此天下之所
謂國是也人主不得遠同列不敢議惇布在其術内
而不知也臣昨在諫省嘗進中説一卷但論蔡卞力
主私意所述在彼負誣　神考輕欺哲宗及觀目録
然後知罪乃始於安石雱假詩書以文其姦安石託
聖訓以肆其誣三經日録誣僞相應蓋雱以易壞之
語誣薄成王所以甚明其父之聖忠而不可疑也安
石自聖遂以其悖詐之身僣比周公而以含糊不分

明之語上詆　先烈者不可一一數聖主繼志述事

事忘追遠三經包藏之說日録誣訕之言其亦忍聞

之乎向使安石不著日録則私意之在三經及他書

者未盡露也今三經日録前唱後應枝葉粲然非無

文義而大理舛逆奸名犯教習用其說者終爲身害

臣於王氏之學安敢無改往自新之意也

右處巳門編類王安石日録語凡十一段

臣瓘論曰爲人臣者皋夔稷契自處則必處其君於

堯舜以伊周傅説自處則必處其君於三代臣竊考

日録王安石之所以自處者何其異也誣薄　神考

加以譏玩託　訓造誣靡所不至而自以其身比之
皐夔傳説何其異也嗚呼　神考以堯舜用人之道舉安
石而相之虛心眷倚誠禮俱盡雖成湯之於伊尹不
過如此及鄧綰以姦回敗露安石求去亦遂出之然
後自攬威柄用人惟己凡安石所怒之人無不復用凡
安石所喜之人往往斥去不膠不執　聖政日新自
是厥後豈復以安石爲可任也哉見賢焉而用之有
罪也而去之此　神考之所以合乎堯舜者也以不
各之明改用人之過此神考之所以合乎成湯者也
安石退居以後追思前事有不當之悔無克己之功

祗悔不改安於遂非游蕩既遠終以迷復著書歷詆

不分上下傲然自聖聊以忘憂而已矣雱謂安石之

聖過於仲尼安石謂小人紛紛獨賢其子當是之時

臣以答義應舉析字談經患害事之難究棄而不習

恍若周之寓言躋爲聖典凡安石之身教王雱之口

學臣皆以爲是也昔之所是今覺其非既知其非安

敢不改

寓言門第八

上言卿朕師臣也

上曰天下事方有緒卿若去如何了卿所以爲朕用者

非爲功名利禄但以懷道術有可以澤生民不當自埋
没使人不被其澤而已朕所以用卿亦豈有他天生聰
明所以相與盡其道以人民而已非以爲功名也自古
君臣如卿與朕相知極少豈與近世君臣相類朕頃鄙
初未有知自卿在翰林始得聞道之説心稍開悟卿朕
師臣也斷不許卿出外
曽言師臣不可復兼條例司
上言雖得知經善講者吳申不能講韓維亦不知經義
令差呂惠卿説書退而曽言師臣不可復兼條例司余
以爲無害乃已

張戬言當築招賢館致常秩館中　陛下亦屈巳

師之

上曰張戬言王安石負儒學並未能爲　陛下做得事

朕問能如何做得事戬言當築招賢館如常秩者德行爲衆

人所推必大過人致之館中令執政時往訪問政事

陛下亦屈巳師之

臣瓘論曰熙寧之初　神考以安石爲賢自鄧綰熙

逐以後不以安石爲賢矣安石退而著書憤懟怨望

當此之時傲然自聖於是書訨　訓之言曰卿朕師

臣也又曰君臣之義重於朋友朕既與卿爲君臣宜

爲朕少屈此等不遜之言託於　聖訓前後不一又謂呂惠卿亦師臣也又謂如常秩者亦嘗屈巳師之惠卿師臣則假曽公亮之言常秩可師則假張戩之言　神考嘗謂常秩不識去就豈有不識去就之人而可以爲　聖主之師乎况張戩言行出處自有本末豈肯崇奬不識去就之人而請　聖主屈巳以師之哉　神考以尭舜之道光宅天下高厚如天地光明如日月安石乃欲與惠卿常秩俱爲師臣輕慢君父不亦甚乎其事矯僞臣故繫之於寓言

上曰楚國長公主衣衾至有蟣蝨

駕至楚國長公主宅洗奠　上召中書入見慟哭言李璘負仁宗恩遇長主無恩禮可便與節度副使安置上曰璘都不恤長主衣服飲食藥物至於呼醫亦多作阻隔長主衣衾乃至有蟣蝨至自取炭生火炭坼傷面

臣璀論曰大長主衣衾而有蟣蝨豈實事乎臣故曰寓言也

余曰章辟光何以合　聖旨

上曰章辟光者相公言其爲人果然所言但爲身計而已以爲人多排弊臣者余曰此人本亦無文學不知何以能上書合　聖旨疑有所假乎　上曰所上書文辭

亦甚好
余曰外人但見　陛下數說章辟光者則於聖德
不能無疑
余曰　陛下比見章辟光在廷之士極怪駭人主誤見
一小人亦豈遽有傷但　陛下未傳見士大夫而所特
見乃衆人共知其姦險者則在廷怪駭固宜輔臣皆得
待　陛下清光見　陛下分別邪正是非詳盡至於外人
但見　陛下數說如章辟光者則於聖德不能無疑　聖
聞所以不早布於天下誠以時有此等爭故也
上歆加辟光罪余曰辟光疏有何險語今以訪聞

便加之罪恐刑罰不中
御批近以章辟光入奏言事内一事防微言當謹宿衛
出入又言當謹宿衛出入又言當令岐王建外邸訪聞
乃自傳播云言岐邸事稱　旨故召對覵其意乃懷姦
閒吾骨肉以要利置君於惡理不可容朕誤見此人曉
夕思之甚爲慚愧可將此上來敗旨及呈呂誨言其傳
播　上曰如何處置欲加之罪皆逡巡莫言余曰辟光
疏有何險語　上曰無險語只言當防微杜漸而已奏
對云何　上曰亦不過如此余曰辟光誠小人然　陛
下訪聞之語恐未必實且辟光既作傾險之事何肯自傳

播或恐奏疏時疏爲人所見或恐奏疏後語從中泄今
以訪聞使加之罪恐刑罰不中隸 朝廷之行賞罰之後其弊且
言建外郎事在召對之際 陛下不以爲非今 因傳播而罪之
是 陛下納其言而惡其播恐累 陛下至德皆曰亦須急與一
差遣令出去 上曰莫如此亦好余曰 陛下召見此人者無樂
擢即是不納用其人可知今與差遣逐去則議者必謂 陛下納
其言播其惡而已恐非已聞也
上曰善只納下文字休
臣權論曰昔安石用章辟光之言力拒 聖批使不得行呂公
著范純仁之徒亦各有章疏彈擊安石以辟光一事爲安石衆
罪之首安石追愧前謬退而著書反覆數千言紛亂事實以文
已過遂以其事歸于神考欲以上誣 宗廟下罔後學大抵所
書之詞皆以分析呂誨等章疏爲主嗚呼 威靈在天安可
誣也士知公議安可罔也臣於 聖訓門中既論之矣盧

無不實故復繫此於寓言

余曰　上言開陳事退輙録以備省他時去位當

繕録以進

余為上言歟　陛下開陳事退輙録以備自省及他時

去位當繕録以進

臣瓘論曰日録書安石之言曰歟　陛下開陳事退

輙録以備自省他時去位當繕録以進臣考日録凡

日之所開陳書于日録有至數千萬言者自朝至夕

奏對于上前議事于中書延客詢訪或至夜分而一

日之内輙録之言其多若是臣是以知其為寓言也

繕寫之語奏白於未相之時又七八年然後去位去位以後九年而薨於其中間不賤寫進之語臣是知其爲寓言也　熙寧九年御史中丞鄧綰以頗僻姦回敗露黜逐　批訓甚明惠卿所奏日録三卷具間所記安石之罪中其肺肝之隱何用此得罪若使安石當時果有進呈之語則　神考既得惠卿日録之後十五六年並不取索者何哉然則寫進之語可知其欺僞矣虚無不實故臣以爲寓言也

右寓言門編類王安石日録語凡八段

臣瓘論曰莊子曰寓言十九蓋十語而九虚無也虚

無之說其可稽乎無稽之言不可聽也而可以用之於天下乎用其說於天下不衰則亂西晉及江左是也宋高祖立儒妙史文四學君子以爲不可夫道一而已矣學道者豈有四哉史者往古之事實文者剛柔之相文無文無史焉可以謂之儒也至於莊周妙學則虛無似理實不可用古人有言曰譬如欲造宮室必於空地若於虛空則不能成儒者之空空地也莊周之空虛空也託於虛空而欲求宮室之成是適越而北轅也然莊周著書汪洋自適而已本無誑齎求利之意故寓言之過小安石著書掠美歸過誣

君訕上故寓言之罪大宋齊丘學博名自致顯位一不如意則携衣笥望秦淮門歎去者數矣輕於去就視鼎鑊如無也同類尊奬以爲國之元老又曰宋公造國手也而其交李證古陳覺之徒專取莊氏之學以文其姦喜妄說其言當時謀議皆可考也人之常言曰老聃莊周臣竊以爲老氏莊氏不可同日而語也堯舜之道安民而已矣老氏清淨何負於民漢文用之黎民醇厚三代以來治天下者莫有及焉豈可與莊周言同日而語哉若使漢文專用堯舜則其治不既於三代矣老子之言曰善言無瑕讁又曰不言

之教無爲之益天下希及之蓋老氏之言以無爲爲

本以不言爲教及其有言也貴無瑕謫其旨十語九

僞而爲學者之大患乎故臣因論寓言而兼明莊老

之所以異

四明尊堯集後叙

右四明尊堯集者蒭蕘攺過之書也昔諫省所論合浦所述妄推王荆公以為　神考之師又妄以王荆公擬于伊尹議論乖錯得罪公議窒惕悔恨故不敢不攺也夫蒭蕘者匹夫之采薪者爾其人未必有知而其言或不可廢心竊効之此集之所以作也　聖主詢知因命取焉此集之所以達于上也野人之芹欲獻無路適逢　詔索皷舞而進之自以為適及其時不知其可不可也集有序進集有表自得罪至台又有謝表瓘所以攺過之因并所以得罪之由皆具

于一庨二表之中矣夫辟靡坐像天下之有目者無
不見也天子無北面之禮天下之有耳者無不聞也
神考任相先後擧黜之庨合于虞舜天下之有心無
不知也㒒㒒堯雖陋是亦有目有耳有心之民耳四海
九州豈獨一㒒堯哉集衆說而進之者乃㒒堯之狂
易輕生者尔其心以我宋爲重而不合乎明(舊作)身之
義下愚不移不可改也已政和元年十一月始至竄
所二年正月尚書省劄子委台守取索尊堯集副本
副本在明州徐璋秀才家台守於朝旨之外遣兵官
突來追攝囚之于石佛寺然後遣兵官入家搜索并

牒明州遣兵官搜索徐璋之家初瓘之所撰尊堯集有二合浦其一也四明其二也凡合浦所著不忍以王荆公爲非故其論皆回隱不直之辭每自覽此書内愧外汗是故離家之日獨取改過一集置于行篋到台不敢復閲即以寄于數百里之外屬友人藏之及自石佛寺得釋又遣僕往通州本家取索前集之藳以俟再索五月果又有　旨取合浦集副本然切考中批之詔辭旨温潤然後知正月之索奉行峻切非　聖主之意也瓘自抵冊立詭詭尤極人情畏惡日甚一日當此之時察之於衆毁之中知其有愛君

之意雖在危辱或庶幾乎無憾者復何人哉賢士大夫嗟憫之餘或惡其訐爲直或責其干時而動或疑其所以著書者初緣私隙或謂其所以忘生者專爲取名往往多中其病嗚呼直而不訐動而不干時以公威私名實相副此皆賢知之事也愚不肖者而責之以此是乃賢士大夫樂成人之美者汎愛長厚之情尔又或以謂善善惡惡者春秋之義也尊堯之書曷可僭此瓘則以爲不然孔子曰吾志在春秋孟子曰乃所願則學孔子也夫孔子乃萬世聖賢之父孟子乃百世學者之兄父其父兄其兄者皆子弟也父之志兄

之頭皆本於春秋則天下之爲子爲弟者當繼其志
隨其頭而已矣義當繼隨乃古今子弟日日常講之
事若以是爲僭則是棄此而取彼者爲不僭矣又况
天尊地卑即是君臣之義凡在覆載之間有心知血
氣之類皆由其理由之而不知者非不具也父坐而
子立羔羊有之君一而臣二螻蟻有之夫羊蟻蒭蕘
其性雖異而同具之本皆出乎一理自太古以來至
于今日亹亹而不斷者非此理乎冠屨衣裳一易其
位則此理倒矣蒭蕘之所論者論此而已爾故殭進
四明表云豈敢有善善惡惡之辭但欲明尊尊卑卑

之義何嘗有僭擬之論乎取諸羊蟻驗諸天地然後知辟廱坐像及天子北面之說爲不然耳初建中靖國元年叅恩除實録院檢討官瓘辭不敢受當是之時未有辟廱坐像而王氏自聖之書已在史院矣鋪張短薄之詞紀述我　宋之事知而爲之其亦忍乎自王氏作畫賛以来宗王氏者皆以誚公爲過孔子矣畫賛唱於前坐像應於後迨今三十餘年元佑學術雖已焚蕩而熙寧之異論其在人心者未泯也如中丞吕公所陳十事瓘盡取其言載於集中又曰録所造熙寧之初對　上之言曰他時共致太平惟吕

惠卿一人可望又嘗謂呂太尉之學出於生知又熙
寧之末呂太尉宛丘奏劄之言曰安石閭望一旦掃
地又謂臣之所言皆中安石肺肝之隱攟於尊堯集
亦載此語因繫之以言曰呂某呂某其趣雖異而中
其肺肝之隱則一也凡集中所載如此之類雖曰得
之公議然而取捨之際亦繫芻蕘一時之見豈敢以
私意斷其是非乎更在後之君子審辯而已攟竊謂
天下大理譬如一身衆貫之在身猶手之有拳指也
其爲拳也融結而不貳其爲指也分布而不一指縮
而爲拳拳舒而爲指或弛或張皆此手也一動一寂

皆此身也身者天下之大理也皷身之物其唯子乎
聖主聖度如天無不包覆前日放廢之臣時一叙復
不終棄也一日舉而詢之則必各有對上之言矣開
陳大理博訪公議則　神考任相終始之意我　宋
強盛不撓之本何患於不白哉今日蜀堯之死生何
足算也俚諺曰市無丹砂勿棄亦埴盧華並試野醫
退藏此亦自然之勢也敢不知乎敢不知乎前年初
抵丹丘即杜其門默自喻曰心所歆陳苟已無憾而
今而後可以忘言矣然而緣取副本內外紛擾又半
年而後定方追逮困閉之時　旨外施行既不可測

覿計目前因有係吝之意既而愧且歎曰口談致命
而心則動搖將何以善其死哉念自離合浦以後十
年之間光陰精力畢於此集矣終誤咨詢聲實俱墮
尚欲㨾之而不捨乎初政典局奉　旨取索矱以此
集未經奏　御非人臣所得先見故亟封具奏請於
御前開拆由是經達　乙覧方　舜主繼　充之時
聞尊　充之説　舜心開納留中不復降出昔者竊
聞之矣及尚書省取索副本劄子付台守乃云其尊
充集元初進本在張商英家已下衡州取索兹乃實
封不下司容劉之語非萬方疎遠所可遍覩者也今

除副本之外尚餘此藁不敢復藏于私室矣欲罄其餘語跋于此集之後以俟後賢而心力疲乏恍惚健忘每思索文字則悸眩不寧臨紙數休勉強累日僅能終篇人知其髠鬌且死而不知其衰耗又如此矣雖復恋此餘生將何以哉又况絶禄以来苟營活路積垢如山死有餘愧雖並舉百川之水其將何以自滌乎就使鶗鴂之命幸脱寬網而身心垢穢亦明時之棄物矣敢不知乎敢不知乎安養不在彼浮雲非我有此涑水公所謂安樂國也洗心之藥莫良於此晁文元公亦云但以無生一方徧治衆病前哲之所

自悟先覺之所躬行實告之矣心不頓華敢不勗乎
淵水之地死將及之尚敢懈乎盖捐書不讀亦不復
爲文冥心待盡自今日始嗚呼生爲太平秉薪之民
殁作我　宋無憾之鬼復何事哉而今而後真可以
忘言矣此可與知者道難與不知者言也政和六年
八月二十八日特勒停送台州覊管前宣德郎賜緋
魚袋陳瓘書于寳城之南
先父忠肅諫議在崇寧間奮身徇國危言
正論未易殫舉而其推崇　君父排抑姦
罔尤見於尊尭一書昨李兄待制守卲陽

日嘗刊版於公庫正綱叨屬漕臺又得書坊本訛脱至甚因用舊本以俸金命工鋟木藏諸秘室非敢暴耀掠美深愧此書泯滅失真而先父愛君憂國之誠無以貽範於後裔云紹興二十九年十二月望日男右奉議郎充福建路轉運司主管文字賜緋魚袋正綱謹書

太祖忠肅公著尊堯一書爲姦人詆誣欲殺其身火其書而不可得紹興間公之仲正同以家藏本始刊于昭武公之季正綱

因書本訛甚重刊于三山蓋深惧泯滅無
以貽範其子孫也柰何世故多更舊版銷
燬爲子孫者可不思繼其志以傳於後人
歟昔先子松礀公諱宣子嘗刊貴溪文公
年譜亦有志是書而不克獲後至元丁丑
東沂
裕齋陳侯　洪　来尹沙陽拜謁祠下詢
訪遺文因奉祀田之入復歸于祠文綢乃
告族長桂山曰祀祖且歸矣吾太祖忠君
之誠萃于尊尧一書晏不可以不傳後族長

誠之道莫先於學務學之要有於求師顏子不遷不
貳得於孔子希顏之人將孰師焉葉公問孔子於子
路子路不對夫葉公有知人之明有謀國之忠愛賢
而得民慎微而憂遠其爭皆有可指其遺語之寄於
緇衣者亦可觀焉楚國之賢無出其右子路非慢賢
者也、有仲尼而彼不知焉則於其問也何足對哉
陳良楚產也　夫之或先故孟子以
良爲豪傑之士爲其能悅周公孔子之道而已不知
是則生乎　向亦孔門之所不對者也爲士而
稽古者可不監哉予元豐乙丑夏爲禮部貢院點撿

官適與校書郎范公淳夫同舍公嘗論顔子之不遷
不貳怪[illegible]問公曰伯醇誰也公黙然久之
曰不知程伯淳耶予謝曰生長東南實未知也時予
年二十有九矣[illegible]以來嘗以寡陋自愧得其傳者
如中立楊先生亦未有識也崇寧之初兄孫漸就學
其門時予在合浦始通問予之內訟改過賴其一言
漸於是時亦所以聞警予之謬予始忽其言久而後
知其爲藥石也今漸來天台考其益進聞其言益可
喜陶染薰鑄有自來矣舉脩步於南濵觀洪瀾於北
壑此可遠之基也始之不謀何以得此古之學者心

遠而莫禦然後氣融而無間物格而不惑然後養熟
而道凝山上有木其進也漸矣合抱之材豈一朝一
夕之可俟哉人之患在　　　基立而不勉亦可
以愈於彼爾而物之終　　　始識而終成同
乎一默非語言之所能　　　禍尚未誅
殛戴恩自幸不知歲月之久而生死之有二也既老
且病手揮目昏簡編　　　棄今於漸之行不
能無言作責沈以貽之喜漸之能謀其始而篤之使
有成也政和二年八月十日了齋書

八閩文庫

文獻集成
300

福建文獻集成

吴格 主編

續編 史部 六〇

海峽出版發行集團
THE STRAITS PUBLISHING & DISTRIBUTING GROUP
福建人民出版社

本册目次

斯羽堂評點謝在杭先生史測二卷

[明]長樂謝肇淛撰

福建省圖書館藏明天啓間刻本

斯羽堂評點謝在杭先生史測二卷，明謝肇淛撰。肇淛（一五六七—一六二四），字在杭，號武林、小草齋主人，晚號山水勞人，長樂人。萬曆二十年（一五九二）進士，歷任湖州推官、東昌司理、南京刑部主事、兵部郎中、工部屯田司員外郎、廣西按察使、廣西左布政使等。天啓四年（一六二四）提調省試。冬入覲，卒於道。博學多識，著述宏富，徐𤊹推許爲「自六經子史以至象胥稗虞、方言地志、農圃醫卜之書，無所不蓄，亦無所不漱其芳潤。淹通融貫，隨叩隨應，更無所疑難」（徐𤊹中奉大夫廣西左布政使武林謝公行狀）。撰有小草齋集三十卷、小草齋詩話五卷、五雜組十六卷、文海披沙八卷、史觿十七卷、史考九卷等。

肇淛少喜讀史，博綜往事。萬曆三十八年官水部，暇日汎覽乙部，凡意見所及，筆録成帙，題曰史測，惟篇目未及編定。後以副本授郎中蔣謹，謹正其次序，釐爲上下二卷，付子敬，乃存諸篋衍，至崇禎間始梓行。首有肇淛萬曆三十八年自序，云：「余於史書，至是蓋三讀云。髫齔時一讀之，擇其語之佳者、事之奇者呫嗶焉而已，未察其意也。舉孝廉後復讀之，稍窺興衰之故，考離合之變，而疑信參焉。」其三即水部讀史事。是於史學亦致意再三者焉。所撰史著三種，史觿意在注史；史考通考歷代帝后名諱、紀元、疆域、職官、河渠、災異、禮樂等，有類政典；而是書則以品騭人物史籍爲主。

全書近百條，自三皇五帝、女媧迄宋，以人名、書名爲目，各繫以論。其所謂「測」

者，謂如渾儀測天，寓析疑定案、發其隱微之意。所下議論，以翻舊案、矜新奇爲尚，不脱明人史論風氣。如女媧氏條謂女媧非婦人，乃伏羲之子孫；袁盎條責袁盎爲傾危之士；張浚條論南渡之不復中興，張浚不能無責。至如衛霍條言遷史「於衛霍無褒詞，而於李氏父子極意模倣，此與傳貨殖羞貧賤之意同，乃憤世之微詞，非優劣之定論」；慕容恪王猛條推二人爲五胡人物之魁，皆爲有見。太史公列傳、人表、陳壽、晉書、魏收、五代史、宋以後史諸條，衡論史籍，校其優劣，雖見裁識，亦多史家之常言。間事考訂者，如嘉則殿書條云「唐藝文志謂隋嘉則殿書三十七萬卷，此訛也，古今集書未有至十萬卷者」。然考資治通鑑卷一百八十二隋紀稱「初，西京嘉則殿有書三十七萬卷，帝命祕書監柳顧言等詮次，除其複重猥雜，得正御本三萬七千餘卷，納於東都修文殿」，是三十七萬卷中多重複闌入者，正本無此多也。書中亦時出警示之語，如阮籍條謂「有志之士，寧爲嵇不爲阮」；范質條云「范質爲周宰相，頗負才望，一旦失節於宋太祖，不過馮瀛王之續耳」；朱浚條謂朱浚以晦翁曾孫而諂事賈似道，及元兵至建寧，能抗節死難，足以自贖。則激於晚明時局，感慨繫之也。

肇淛自序外，書前又有蔣謹天啓四年序、謝兆申序、張慎言序，末有蔣謹、蔣敬各一跋。正文有圈點。鈐有「耐庵」、「侯官鄭氏藏書」、「昌英珍祕」、「大通樓藏書印」等印。（張美鶯）

蔣尊陽先生手訂

史測

斯羽堂藏板

序

余於史書至是三讀

云髫亂時一讀之擇其語

之雋者事之奇者咕嗶

為而已未察其意也犇

孝廉後復讀之稍窺興
衰之故考離合之變而終
信參焉令歲官水部多暇
日而恨未以載籍自隨乃假
之陳太史氏暮歲方中汎瀾

卒業而意見所及者彙成
帙焉謂之史測嗟夫譚何
容易儀以測天不能窺蒼昊
之表蠡以測海不能極溟
渤之深皇帝王霸遞降至

於今窮無窮極其史
也吾烏乎測之其史之所
不載也吾又惡乎測之吾
測吾之所及而已
萬曆庚戌八月之朔晉安

史測敘

讀史而必鉤索史之所未載者波斯胡羅寘龍宮寶藏而以爲海外珊瑚也疑史也非信史也讀史而不

蔣序一

推覈史之所已載者王介
甫止以編年紀事目春秋
而以爲斷爛朝報也史役
也非史才也夫以我對古
人原有相規之雅則以我

歷古事自牖相駁之明庶
我得史而心胸開史得我
而魯魚核耳晉安謝在杭
博綜史學自二十一史再
外以及汪克寬考異尹啓

莘發明徐昭文考正凡例
靡不饜飫其繁而闡詰其
要若所撰史測一書舉千
古不析之疑群說未定之
案直以一言決之致女媧

之原非婦人以抑垂簾之
籍口張祿之原非應侯唐
穀之避諱石晉以醜奸究
之變更劉殷之事胡無耻
慕容恪之退巽可風以勵

蔣序三

諸夏之人物訂顔師古經
籍志以證嘉則殿書三十
七萬卷之訛見謝承有後
漢書休文有晉書劉昫有
唐書以補管窺者之鈌皆

有關于紀綱人物而有益
于稗官爾雅者也憶自丁
巳之秋在杭官水部予亦
官水部嘗抵掌相與測千
古事而在杭爰出是編畀

蔣序四

余誠足以匡予見之所不
逮但惜僅屬副本篇目尚
未編定今故悉正其次序
列爲上下二卷俾授見輩
備参攷焉庶幾得爲完瑜

或可公之同好耳然余又
竊有歎焉夫蠡鱗屬耳而
測海黄鍾籥屬耳而測數
璿璣玉衡械屬耳而測天
是編玉屑琳函幾百餘幅

又安不可測史耶金身化
于莛草芥子納夫須彌悟
鉅于微會全于偏世之善
測者又不止于史矣時
天啓甲子陽月之望

賜同進士出身大中大夫奉
勅整飭南瑞兵備江西布政
使司右叅政兼按察司僉
事前奉政大夫修政廣尹
奉

蔣序六

勑督理淮北河道工部都水
清吏司郎中徵仕郎中書
舍人蔣謹題

史測叙

吾家水部在杭讀史則有觿且有史測爲觿取諸解結測取諸渾儀其視史鉞固已遠矣其觿未梓〻其測爲而叙

之曰夫史何易非千古代以
爲是非乎哉史遷得尊於宋
而不得尊於唐班固得尊於
唐而不盡尊於宋沈約魏收
劉昫之倫見絀於宋而不能

不伸於水部即歐陽五代之
史見詡於宋而不能不抑於
我水部豈過汰也與𢦏誅項
伯不貸於季布貸曹操猶愈
於裕道成論五胡則賢慕容

恪而次王猛核唐玄之臣則
右盧襄愼而劣姚崇罪張浚
淮西之役則不空易酈瓊而
使之叛嗚嘑是可以觀水部
之所誅褒矣史氏不能以眼

鏡千古然則千古有不易之
是非乎一代之是非可憑史
而案乎今之臆古之臆耳誰
以不疑傳誰以不爽銖石衡
乎如其史也吾見冗如宋元

而極矣譌如新唐諸書而㪚

矣而遷之識固罕矣水部有

言國志近典而體裁多𠀤晉

書近雜而詞理有致是水部

所以是非史氏之是非也孰

往史氏而謂彼是彼非則無
庸是史測爲矣史測者其測
世之眼乎測世之微志也善
史者當於是有史師矣
宗弟兆中謹簒

史測序

夫史衡世衡人者也史以一世之是非為千古案而讀史則又以千古之是非衡一世史案焉此豈可一人臆計一時繁數之孚噫臆而概焉則枉史且枉人於百世之上矣宋呂胡二氏之所以為史病也宋而上之而為周為唐刑名則

張序一

南爵名則周代有所治不盡從沿遞而下彊則
秦蒻則趙宋代有所專不盡從華而人不繇是
耶善用世則知讀史矣善讀史則幾用世矣古
世不有功千古其人而負譏於千古者夸誠功
千古也則千古有議吾不能不與其功如其匪
功卽不議吾罟與焉吾不敢與腐儒爭也絕世

々人絶世之才其不獲以絶世見者史豈能悉紀而拾影摘瑕者乃斷々不少貸則正心誠意之學不幾為枉抑豪傑之爰書耶令吾世而有弘羊僅即可佐計而有操懿父子即可為名世矣此豈迂論耶說所能與水部議耶水部測史大致與呂胡異其鉅不必以毛摘其顯不必以

隱發其得不必以失盇其媺不必以愿爽若將
指千古之人若事於掌上而不敢輕枉一人焉
亦不妄恕一人爲彼豈以人所是非爲吾目所
是非乎哉嗟夫是非之相奪久矣料當世而以
白簡彈千古而以青編其不枉是非非是者幾
何哉而水部之衡若是〻其爲古人世憂爲古

人才惜乎吾知水部〻徵又以見志矣水部剔

有史觿未刻余得讀其測而序之如此其觿則

爲史解結而測則爲史覈案夫能爲案則亦可

以爲史珥則亦可以爲世領矣其奉

命濬河亦如是用〻耳消息其盈涸高下其隆

窪其與衡世局何異乎其亦以此自澂矣衡古

則不為古没自衛則不為世沒予即藉此以測

水部

晉蓮澤張慎言撰

吳延陵蔣世楠書

謝在杭先生史測目錄

卷之上

趙襄子

韓趙魏

平原君

又

蘇秦

四豪

李斯

項羽

鄧通韓嫣董賢

平陽公主

子虛賦

衞霍

治行第一

帝王世表

三王世家

太史公列傳

朱勃

郭丹

楊喬

仲長統

陳伯敬

周舉

蔡邕

曹操

斯羽堂評點謝在杭先生史測　卷上

吴延陵尊陽蔣謹訂

男世翰較

三皇五帝紀

帝摯在位九年政微弱而堯德盛諸侯歸之摯乃率羣臣造唐而致禪焉是禪不始自舜禹也

炎帝侵陵諸侯諸侯叛之軒轅乃修德治兵與炎帝戰於阪泉三戰而後得其志是征伐不始

自湯武也神農八傳至於榆罔是傳子不始自啓也無懷氏之前封禪萬有餘家仲尼觀之不能盡識是書契不始自倉頡也鴻荒之事若沒若滅存而不論可也

女媧氏

女媧代伏羲以木德王非婦人也史但言其作笙簧鍊五色石補天斷鼇足以立四極聚蘆灰以止滔水以濟冀州又曰宓犧之後巳經數世

特舉女媧以其功高而充三皇則女媧者伏羲之子孫其非女主明甚乃野史謂唐玄宗西行一婦人携鯉魚扣行在謂爲女媧之神亦矯誣之甚矣

子車氏

應劭曰秦穆公與羣臣飲酒而酣公曰生共此樂死共此哀於是子車氏兄弟三人許諾及公薨皆從死黄鳥詩所爲作也夫黄鳥之詩曰臨

其穴惴惴其慄彼蒼者天殲我良人使三子之死出於本心何至臨穴惴慄而詩人何至痛恨之若此哉劭說恐未足信也

偶語

人皆言秦法偶語棄市非也李斯請燒詩書有偶語詩書者棄市耳至漢武帝時顔異以腹誹棄市法不尤苛於秦百倍耶

張禄

范雎易名張祿而當時亦自有張祿求於孟嘗君願衣新而不舊倉庾盈而不虛孟嘗使人奉黃金百斤文織百純而進之祿不受也曰君將掘君之偶錢發君之庾粟以補士則衣弊履穿而不贍耳何暇衣新而不舊倉庾盈而不虛乎孟嘗君曰奈何祿曰秦四塞之國也游宦者不得入焉願得君尺一之書往於是孟嘗君與之書往而大遇言於秦王以千金遺孟嘗孟嘗辭

曰此張先生所謂衣新而不舊倉庾盈而不虛者也

莊生

莊生以廉直聞楚國然其人反覆小人也與陶朱公素善則其子犯重辠當力爲解何事遠囑及受千金之賂妄言天文以誑楚王求赦赦巳行矣朱公長男重棄千金不過兒子憨態豈爲相責何足深恥乃復入言而殺其弟嘻亦甚矣

使楚王對莊生曰寡人本不知天嚮言星宿其次應赦者卿也非關吾左右事不知生何以對受賕不法欺君不忠賣友不義狙詐傾危莫此爲尤索隱乃謂驗其行事非莊周不能是何重誣漆園叟也

趙襄子

趙襄子亦賢矣爲伯魯之不立也不肯立子必欲傳位與伯魯之子代成君及其蚤死復取代

成君子浣立爲太子此之所爲即漢明帝有愧色焉而趙光義無論已戰國之時父子兄弟爭繼立而叛殺者相望於冊也嗚呼母恤亦賢矣元魏河南王平原卒長子和出家爲僧舍其子顯以爵讓於弟鑒鑒後以顯年壯復遜爵歸之夷狄若此諸夏不當媿死耶

韓趙魏

智伯聞人也其破於韓趙魏不幸也晉之衰也

六卿爲政范中行亡而韓趙魏三子者視晉爲囊中物矣獨智伯求昭公之曾孫立之而執國柄焉雖云强横猶晉之臣立其朝而北面事之視三子擁重兵據險阻者有順逆之分焉故知伯者三子之所忌也知伯不亾三子能晏然胙茅土徼天子之命乎知伯亾而晉反朝三家不掉之勢成矣雖欲不命爲諸侯不可得已曰然則司馬氏之編年以是發端何也曰此紀周之

所以亡也秦之强也據關中之勝號令十二諸
侯莫敢不從也蘇秦以合從之利反覆數千百
言焦脣敝舌而莫之聽從者彼六國之君豈皆
土木偶人而孟嘗信陵趙奢廉藺之輩豈不深
惟國計哉勢遠則聲援難聞衆多則號令不一
近者朝閉戶而夕被兵鞭之長未能遽及馬腹
也而遠者唱其重利禍未剝牀何如且媮旦夕
之安乎其蠶食瓦解折北而不支也勢也故秦

秋之時其地當秦之咽喉而其强盛足以抗秦者莫如晉重耳之霸也穆公孟明惴惴然執櫜鞬聽號令惟謹及襄靈之世無歲不戰而秦之詘於晉者十常七八也故晉强則秦不敢出函谷關而燕齊諸國皆可以高支其枕自晉之分爲三也趙最强而最遠魏次之而居其中韓最弱而最近秦以强秦而攻弱韓泰山之壓卵耳故范雎遠交近攻之策行而宜陽首拔周室震

動韓亡而趙魏不能自存周室隨之矣嗚呼自平王賜岐西之地而秦以霸威烈分三晉之命而秦以王故春秋托始於隱而通鑑發端於威烈也兩者天下之大勢也

平原君

人以受馮亭上黨爲平原君辠似也然當馮亭未獻之時趙王固問平原君矣受上黨秦師必至武安君必將何以禦之平原君曰澠池之會

臣觀武安君小頭而面鋭瞳子白黑分明瞻視不轉小頭而面鋭者敢決斷也瞳子白黑分明者見事明也瞻視不轉者執志强也可與持久難與爭鋒廉頗爲人勇鷙而愛士知難而忍恥與之野戰則不如持守足以當之此數語者察秦趙之情形廉白之勝負如指諸掌長平之敗趙自用趙括耳於平原何尤

又

平原於四豪中稱劣一詘於信陵再詘於春申然其譽不少損者何也善乎其對秦王之言曰富而爲交者爲貧也貴而爲交者爲賤也夫魏齊者勝之友也在固不出也今又不在臣所凜凜數語千載之下尚能動人況在當時唐人詩曰未知肝膽向誰是令人却憶平原君

蘇秦

蘇秦之爲從計亦至矣然不引張儀爲援而必

入之於秦又不以情告儀而必以術激之是自敗之道也計不已左乎噫秦亦知合從之必不能久固而又知秦之必敗從也故入儀於秦而又以術凌駕其左使儀知術之不已若懼而不敢動得以終秦之世則已矣遑卹六國哉故儀亦謂蘇君之時儀何敢言且蘇君在儀寧渠能乎此儀爲秦所愚也然儀實不及秦爲儀較易爲秦殊難應侯則又難矣

四豪

四豪皆非眞知人者其好客徒爲豪舉耳孟嘗雞鳴狗盜盡得其力而不能識馮驩平原有心人也毛公薛公寓其國而不知毛遂居門下三年而不識也春申徂詐盜國類呂不韋身𢿱人手宜矣信陵才品優於三君而不能知虞卿豈以爲平原請封故嗛之耶

李斯

李斯之不終也於其辭荀卿書見之矣詬莫大於貧賤而悲莫甚於窮困此兩語與戰國說士旨相謬盭戰國說士高者如魯仲連下者如虞卿陳軫蔡澤皆有輕世肆志之心焉而斯之志向乃爾及得志之日自謂物極則衰吾不知所稅駕可謂知幾矣而終不能自尅以及於難悲夫總之富貴念重不遑爲身謀耳

項羽

項羽之失天下始於掠關中也何者羽所與爭天下者漢也諸侯就封沛公入蜀棧道既燒義帝徂落天下事定矣使羽而都關中以鎮之沛公必不敢東出徐命諸將討不服縱帝業不就未遽潰裂乃爾自羽見長安殘破骨肉枕籍煨燼狼藉遂起衣錦晝行之想而委百二金湯於三降將之手故淮陰侯得乘秦民之怨佐沛公定三秦如探囊取物其後雖屢戰屢北而軍聲

復振餽餉不乏者有關中根本之地在也彭城戎馬之場無險足恃進不足以戰退不足以守豈足爲帝王都哉故羽之暴最慘於坑二十萬卒燒秦宮室大掠而東乃其敗亾之兆亦胎於此孰謂天道無知哉

項伯

項伯藉之季父位左令尹同姓之卿也其約張良俱亡不失故舊之誼其爲沛公解曰人有大

功而擊之不義語亦甚善至於項莊拔劍起舞而以身翼蔽沛公是亦不可以已乎比置太公俎上又饒舌焉此籍之叛臣也國亡之後身受射陽之封而改從劉姓無恥甚矣高祖封項伯逐鄭君乃其本懷其誅丁公封季布者僞也按年表項伯名纏

四皓

秦漢之時上之人惟以名取士而士亦以名自

高而不疑如四皓者學術無所傳聞道德無所表見高帝欲求一見之而不可得帝豈真有所慕於四老人哉人情貴耳而賤目舍其所可致者而馳思於其所不可致者家雞黄鵠之喻古人所爲嘆也至於並后疋嫡國本動揺環朝廷之謀臣智士義夫猛將敝脣舌而爭之不得也一旦四老人者奉觴而立青宫之側遂使萬乘失其威椒房失其寵羽翼既成相對飲泣而莫

敢誰何卒之太子立趙王虓人蟲支解而四老

人者莫知其所終也眞耶僞耶葢難言之矣周

亞夫名將也不以七國爲憂而惟以得劇孟爲

喜夫一劇孟何足道兵法固有先聲而後實者

習以成風劉歆谷永得以文其奸王莽因之潛

移國祚所由來漸矣

張薛疆

高帝末年其心惓惓然無一息不在呂氏也其

欲易太子斬樊噲遺命以太尉屬周勃此豈兒
女子見解哉迨留侯畫策取四老人爲羽翼而
後太子定呂氏之餤漸烈矣惠帝旣崩太后哭
泣不下簺尚有憚諸大臣之心焉辟疆位列侍
中年僅十五乳臭何知乃敢首倡封諸呂將南
北軍之議而後兵柄盡入其手幾危社稷平勃
爲國大臣輕信孺子黄口之言而不顧天下之
大計它日閒居深念計無復之向非陸賈獻謀

酈寄行間襄平之節不矯典客之印不屬雖百平勃如呂氏何哉留侯帷幄之功未足贖其子之辠也

袁盎

袁盎傾危之士也絳侯平呂氏有大功上尊禮之宜也而毀其非社稷臣淮南王以謀叛廢死辠當爾也則謂上斬丞相御史可以謝天下遂陷諸縣令不發封者悉棄市患趙談之譖而廷

辱之使毁不用相吳而私受財物明其不反出使失節抱頭鼠竄恨鼂錯之禁已而誣上以斬錯可令六國罷兵迹其行事可謂陰賊之極而善自文飾身死人手非不幸也按盎父爲羣盜昔人所謂不良之輩寧有好種於盎見之矣

王孫

漂母謂韓信爲王孫景帝謂魏其侯爲王孫王孫猶今言公子然美稱也故雋不疑亦稱暴勝

之爲公子是巳乃注謂魏其字王孫勝之字公子何異癡人前說夢耶按史惟馮唐子馮遂字王孫後漢薛漢字公子而南陽有杜公子乃名也

周亞夫

周亞夫之策七國善矣然七國之圍梁政如項羽之烹太公所謂攻其所必救也使太公糜於俎上高祖何以雪終天之痛使吳楚盡鋭攻梁

梁破而孝王歿亞夫成功之日何以謝太后乎
軍中之令能行於天子不得按轡馳驅而不能
行於士卒夜驚格鬬直至帳下也可爲節制之
師乎將軍之令所以必行於三軍者亦以天子
之故耳詔之不遵安用令爲假令奸臣賊子藉
口以行其私反旆向闕如姚令言趙匡胤之爲
其誰禁之是亞夫兩語爲之亂階也王猛謂苻
堅亞夫前却人主以爲名將竊所未喻可謂知

君臣之大義也已

漢武帝

漢武帝立皇子弗陵而殺鉤弋夫人也史臣贊之曰昭然遠見爲後世慮豈可謂非賢聖哉諡爲武不虛耳嗟夫天下豈有無母之國哉因噎而廢食因蹶而截足帝之所以防患者踈矣帝之疾也託孤於霍光上官桀光之忠勤任之是也桀爲何如人使桀謀得成燕倉弗覺燕王立

而漢事去矣則危漢者不在帝所殺之人而在帝所彌留付託者也自帝作偪而後拂跋氏遂用之爲家法欲立其子先去其母使人不樂其有子而子不樂其爲君也干天地之和絶天性之愛臯莫大焉而謂之曰賢聖也可乎若我國家之制主雖少母后不得臨朝噫斯其爲聖人之法也巳

田蚡

田蚡爲丞相食邑於鄃鄃居河北河決而南則鄃無水菑邑收多蚡言於上曰江河之決皆天事未易以人力爲彊塞之未必應天而望氣者承蚡旨亦以爲言於是久之不復塞萬曆癸卯河決歸德時歸德沈公初拜相於是總河御史大夫發山東卒二十萬別開河注水魚單豐沛之間盡爲魚鼈此雖非出相君之意而當事者承望取悅甘以鄰國爲壑心亦忍矣

鄧通韓嫣董賢

文帝之寵鄧通也賜之嚴道銅山得自鑄錢鄧氏錢布天下而通卒不免餓死武帝之愛韓嫣也蹕道未行先乘副車比於王者至以金丸爲彈而卒爲江都王所譖太后賜死上爲再三請不得也哀帝之貴董賢也土木衣錦繡奴僮賜禁兵東園祕器珠襦玉匣養生送死無不畢備而賢卒以譴自殺悲夫聖人之言曰死生有命

富貴在天以萬乘之權不能庇一疋夫豈有命

哉抑吾又聞之始進不可不慎也君以此始必

以此終董賢不足論矣鄧通韓嫣皆士人也而

猥以色舉其及不亦宜乎

平陽公主

讀漢平陽公主嫁衛青事不覺太息公主貴矣

即擇尊貴者尚之則丞相御史大夫皆可何必

大將軍主旣嫌衛舊爲我家馬前奴矣即擇廷

臣尊貴稍亞大將軍者亦何不可而必嫁青青
亦不以爲嫌娶之而不辭也漢俗之薄惡甚矣
然武帝家法以欒大方士猶得尚公主其壻青
又安足怪

子虛賦

司馬相如先爲梁王著子虛之賦天子讀而善
之及召見請爲天子游獵之賦亦以子虛發端
是相如有兩子虛賦矣今人指游獵之賦爲子

虛賦而先時在梁所著者竟軼不傳也大人賦雖詼奇然其麗終不及上林封禪書至不經乃是獨刱之筆

衞霍

衞青雖庸才然當匈奴强盛之時力摧勍敵以愜漢之威德折節下士敬重汲長孺問質國家所疑亦賢將也伍被謂其遇士大夫有禮於士卒有恩衆皆樂爲之用騎上下山若蜚材幹絕

人所賜金帛盡以賜軍吏雖古名將弗過信矣驃騎百戰百勝所向無前匈奴未滅不以家爲及不學古兵法不與神君交皆有大見解者惜天奪之速耳李廣才氣無雙然師無紀律終非大將之任李陵名辱行汚以太史公故千古爲之抱寃幸矣余又謂司馬子長於衛霍無褒詞而於李氏父子極意摸倣此與傳貨殖羞貧賤之意同乃憤世之微詞非優劣之定論也

治行第一

均漢吏也在文帝時則渤海吳公舉爲第一在武帝時則上黨義縱舉爲第一其相距何翅鶠鳳巳也武帝之知人媲義姁多矣太史公於趙禹張湯義縱王溫舒尹齊楊僕之治皆曰上以爲能允哉董狐之筆乎

帝王世表

黄帝終始傳曰漢興百有餘年有人不短不長

出白燕之鄉持天下之政時有嬰兒主卻行車褚少孫以霍大將軍當之且系之黃帝之後此其意欲何爲嗚呼當光之專政挾震主之威下人獻詇騃騃有改玉改步之想矣使子孟不死豈無稱符瑞頌功德如安漢公者乎索隱以爲腐儒吾以爲其心可誅不在孔光劉歆下也

三王世家

讀三王世家具見西漢詔令奏議之體祄屬大

司馬去病建議制曰下御史既而丞相青翟等
覆議制不允令更議以列侯家之既而青翟等
又執前議制又不允仍令家以列侯既而青翟
等又請令史官具吉日擇禮儀上御史奏輿地
圖制曰可既而復請所立國名乃定三王之封
覆奏未央宮御史大夫下丞相丞相下中二千
石二千石下郡太守諸侯相丞書從事下當用
者如律令焉而三國策文端重典則有訓誥之

體東京以下弗及也太史公謂天子恭讓羣臣守義文辭爛然甚可觀者信矣但以丞相居御史大夫之次此不可曉按漢書高紀亦云御史大夫品下相國相國酇侯下諸侯王御史中執法下郡守蓋漢制也

太史公列傳

太史公列傳所合有不以世次者皆有深意老子之與韓非同源也魯仲連之與鄒陽同放也屈原賈生同文同地也扁鵲倉公同術也至其

前後次第多有錯亂。據其自序藏之名山，副在京師，則非未脫藁之筆也。或亦好奇之過也。孟堅漢書貨殖、闌及周秦，蔚宗孔融，至與荀彧同傳，則無識甚矣。

子卯

禮爲知悼子之喪而發也。

子卯不舉樂，其來已久。說者謂桀以乙卯亡，紂以甲子亡，故以爲戒。其說誕而不經，然而相沿莫或非之也。吾考漢翼奉上封事曰：北方之情好也好行貪狼申子主之東方之情怒也怒行陰賊亥卯主之貪狼必待陰賊而後動陰賊必待貪狼而後用二者並行是以王者忌子卯也禮經避之春秋諱焉此說頗有理解然申子亥卯同功異位獨忌子卯而不忌申亥何也

趙李

楊用修以阮籍詩趙李相經過爲趙季李款此固未可知但以漢書小臣趙李爲季季與款則誤

矣按漢書本文成帝數爲微行又多近幸小臣

何

趙李從微賤專寵小臣自屬上句趙則指飛燕兄弟而李亦非李夫人也必宮中有李姓耳即永疏中言以掖庭獄爲趙李報德復怨其謂內寵無疑矣用修誤讀小臣屬下句又偶見有二人姓同故强認之趙季李款皆陽翟輕俠爲太守何並所誅其人不足稱亦未聞其專寵也

霍光

霍光擁昭立宣勳烈葢世而不能保其宗吾嘗
考其人大率慘覈少恩非長者也侯史吳匿桑
遷原與匿反有閒徐仁之議未大失也而遷怒
坐以縱反車丞相急護其壻亦自人情且以丞
相召中二千石以下常事耳而遽以爲辠微幼
公奏記白頭翁幾不脫虎口哉婁敬江充見天
子得以常服而儒生召見兩吏挾持欲去佩刀
嫌其忤已獨不除用任宣所謂廷尉李种王平

左馮翊賈勝胡等皆坐逆將軍意下獄死則其威燄去莽操一間耳獨有增符璽郎秩怒魏弱翁逐車丞相子二事頗得大體

龔遂趙充國

龔遂入朝王生戒之曰天子卽召見問何以治渤海宜曰皆聖主之德非小臣之力也遂旣召見如王生語對上曰嗟乎安得長者之言而稱之趙充國平羌自金城還入朝浩星賜教充國

新王生指充國曰吾老矣豈嫌伐一時之功以
欺明主卒以其意對上亦是之兩人意見不同
如此龔近於諛趙近於伐然龔治行也不妨歸
美於上趙軍務也利害機宜豈可避嫌而不言
故余謂兩人皆長者也

劉向

劉向苦心力學爲時儒宗乃以淮南黄白之法
上天子試無効驗下詔獄論死得其兄陽成侯

乞入國以贖方得免使向於是時亦不過文成
五利之續耳語曰金不可作世不可度以向之
賢見不及此唐白樂天貶江州日亦爲方士所
惑留意鑪冉一夕而敗宋潘逍遥獻方於太宗
及帝升遐懼誅削髮爲僧此與劉向何異哉蘇
子由亦嘗試之將舉火見一大猫據爐而溺須
臾不見術終不成富鄭公積黃白書一櫃後爲
顒華嚴長老投之火中豁然有悟則世必無此

衕明矣范文正得方於同舍程明道得方於佛腹中蘇子瞻得方於扶風僧而皆不爲非卓然自信者不能也

中山王勝

漢中山王勝有子百二十餘人此古今所無也晉姚弋仲有子四十二人吐谷渾有子六十餘人然犬羊之種何足道　國朝慶成王子恰百人俱有爵位可與中山媲美矣

中山王孺子妾

樂府題有中山王孺子妾解者紛紛不一按漢書藝文志有詔賜中山靖王子噲孺子妾氷未央材人歌詩四篇注孺人王妾之有品號者也妾王之衆妾也氷其名也

人表

班孟堅作漢書信有良史之才而其見解淺於龍門文采劣於蔚宗至其最舛駁不倫者古今

人表也仁知皆聖人之一體分之爲三已自無據而於古帝王君臣如共工孔甲之類皆居仁人之科而惡如桓魋靳尚至與孔文子鄭子臧棘子成同列也張晏謂其馳騖數千歲之中旁觀諸子事業未究而尋遇竇氏之難使之然乎噫斯言猶爲班生掩瑕也

朱勃

朱叔陽十二通詩書言詞嫺雅至今伏波見之

爽然自失非凡兒也小器速成之語況故爲慰弟之詞耳伏波立功業位封侯而叔陽不過縣令論富貴誠相懸絕至於馬革裹屍謗興薏苡遺骸萬里藁葬路傍卒能詣闕上書爲地下訟不白之寃者朱也葢棺論定所得孰多矧援旣貴之後屢肆卑侮而益身自親此其器識有過牧羊兒百倍者況於是爲不知人矣

郭丹

郭丹字少卿南陽穰人從師長安買符入函谷關既入乃封符乞人慨然歎曰大丈夫不乘使者車終不出關後十二年爲諫議大夫持節使南陽果乘高車出關如其志焉此與終童棄繻事大相類然終童功業不卒而丹出典州郡入爲三公家無遺產子孫困匱文學操行皆有足多者過終遠矣

楊喬

吾讀楊喬傳未嘗不高其節而哀其志也帝女禁臠人之所欲辭之不得則亦已矣何遽至不食以死哉賢者誠重其死匹夫匹婦其計必然而無所復之故不難捐七尺以殉之龔生死拒亂命猶來膏薰之誚況立人之朝而食其祿者乎故東漢之節義輕生尚氣其天性也

仲長統

仲長統之議論於漢季蓋傑然者也東漢士習

喜名檢務矯飾而統之言曰君子居位爲士民之長固宜重肉累帛朱輪四馬今反謂薄屋者爲高藿食者爲清旣失天地之性又開虛僞之名夫選用必取善士善士富者少而貧者多祿不足以供養安能不少營門乎從而皋之是設機置穽以待天下之君子也噫此名言也爲士君子者固不宜貨殖以圖富厚而官人者顯以敝車羸馬爲足維風易俗亦已過矣此亦萬世

之通弊也

陳伯敬

漢桓帝時汝南有陳伯敬者性多禁忌呵叱狗馬終不言死行路聞凶便解駕留止還觸歸忌則寄宿鄉亭然年老不過舉孝廉竟坐事爲太守邵夔所殺時人罔忌禁者多談爲證焉葢漢之時拘忌者尚少故伯敬所行詑爲異事至今日而過伯敬者多矣乃禍敗相尋迄不衰止世

俗彝矘可勝歎哉

周舉

周舉立於桓靈之朝以忠直稱然中常侍孫程等挾廢立之威懷表爭功無人臣禮極矣徙封遠縣未足以彰國憲周不以此贊帝之决而急於諫止謂忘大德錄小過且謂程等雖韓彭吳賈之功何以加之噫是何見之舛也天之所興孰能廢之微諸宦者帝終不立乎太阿之柄潛

移內豎非一日矣得此機會一鼓其勇盡罷十九侯之黨與委任忠良此一舉也漢可復振自舉一言而虐燄復熾誰生厲階吾謂舉之辠不在胡廣趙戒下也

蔡邕

楊子雲劇秦美新法言曰自周公以來未若漢公之懿也至今文士皆爲口實余讀蔡中郎集有表太尉董公爲相國一表詞甚詳切謂卓生

應期運氣禀山嶽黜廢頑凶爰立聖哲而辭疾讓位乖羣生仰望之心宜益隆委任責以相業之成此等議論與子雲無異使邕不爲此表犯卓之怒不過死死卓與死允等耳懼勢畏死乃卒不免身名俱殞悲夫

曹操

曹操雖奸雄悖逆然其自言初欲爲國家討賊立功作征西將軍則未爲全誑也自古亂臣賊

子筮仕之初豈遽有改玉改步之思哉偶值世亂建立功勳又無英主以駕馭之地峻威行爪牙四布然後漸有跋扈之志耳許劭謂操治世之能臣亂世之奸雄非虛語也操之末年殺大臣弑皇后兇惡已極然猶不敢遽登寶位校之劉裕蕭道成輩猶爲彼善於此至丕嗣王位而遽偃然改元目中已無天子矣禪授之際彼此推遜文詞粲然至三至四奉山陽以不賓終其

身而不殺篡賊之中最爲有道者矣懿也傳子及孫術亦如之跡二雄之得國其樹功建業尚在趙宋之上今人以成敗論人宜其厚誅操懿而薄責匡胤也

曹丕

子桓典論夸述所長若項發口縱俯馬蹄而仰月支及與鄧將軍持蔗交臂恐皆未爲實錄想其人護前不在雲長朱桓下也獨謂余少曉持

複自謂無對俗雙戟爲坐鐵室鑲楯爲蔽木戶後從陳國袁敏學以單攻複每爲若神對家不知所出先日若逢敏於狹路直决耳此論亦自當家但其駿爽可喜終恐不及東阿東阿以才見忌不能沈酣行素而苦求征伐悖矣讀自試表令人黯然

何夔

何夔矜嚴履正誓死不辱可謂卓然自信然於

節儉之世獨尚豪汰至其子曾遂至日食萬錢
曾子劭至二萬作法於奢敝宜爾也貽厥之謀
可不慎哉

賈詡程昱

賈詡程昱皆帷幄之計士自許追蹤良平然詡
既爲戎首引傕汜以亂長安而昱以人脯充三
日糧此直剽刦之靡耳可謂良臣乎

陳壽

陳壽之志三國不惟正統不明而亦體裁無法魏志帝后之後不及佐命元功卽以紹術勝國繼之至於董卓與操了不相涉何以傳也蜀志不首昭烈而冠以二牧於義何居且國號爲漢而江東詞命皆以吳漢並稱矣絀漢爲蜀是失實也蔣琬費禕反在黃皓陳祗之後可乎吳志諸帝之後恩入劉繇太史慈士燮而後及后夫人何也謝承不傳而傳及趙達輩輕重倒置矣

裴松之注文采典實而事義互見道元水經之傳所當另表出之以傳世者也

謝在杭先生史測目錄

卷之下

晉書

鄭鮮之

宋書

梁武帝

郗氏

韓子高

江斅

魏收

史測　卷下目

嘉則殿書

趙仁奬和逢堯

盧懷慎

竇易直

王涯

五代

李懌

陶穀

斯羽堂評點謝在杭先生史測 卷下

吳延陵尊陽蔣謹手訂

男世楠校

晉武帝

晉武帝初平吳會統一海寓自謂高光之匹而上天儆戒災異頻仍皆古今所未見者太康七年八年九年皆以元旦日食而九年之六月復食前殿地陷深至數丈中有破船河陰雨赤雪

二項魯國池水色赤如血太廟梁折地陷爲君臣者可以寒心矣而泄泄然以龍見爲祥虜内附爲盛卒舉金甌而碎之悍婦騃兒之手也亦可憐矣

阮籍

阮嗣宗之酣飲爲逃死耳魏晉之際天下多故名士少全不得已而托之麴糵其志誠亦可悲司馬昭之求婚也值其醉六十日不得言而中

止可謂超然物外矣東平相從事中郎之拜不亦可以已乎遺落世事必與朝宴勸進之文成於醉中何夙具也孔子謂甯武子愚不可及籍旣以醉自全而復厠足篡逆則孰若張膽明目爲賈充荀勗之輩哉中散雖不得其死然猶非薄湯武有志之士寧爲嵇不爲阮也

劉琨

劉琨志大才踈勳業不卒委身豎子以膏刀鑊

似亦無足多者然而威望震於生前月旦流於身後至使桓溫聞形似之語振衣喜躍夫桓之功業豈琨所敢望哉而推重若此其志行皎然必有以取信於天下也吾讀其贈盧諶詩爲之潸然出涕漓門白登之譬蓋尚欲得一當以報晉也諶雖酬答乖剌而能泥首稱寃卒獲昭雪庶不負地下矣

晉初諸將

晉初諸人顯尚浮華見識不定或困阨無聊負志不遂或勳業盛滿覬望飛騰卄以士林標表陷是非類者衆矣鍾會王敦凶孽亡論桓溫雄略自足馳騁而不逢英主駕馭遽起遺臭之思周圯父子忠勳望族而晚節跋扈孟觀索綝志節不卒竟以凶終祖約隕其家聲郭默忿成睚眦此數子者使節制得宜殫其才力皆干城虓虎之選也士行擁兵上流乾道將革若非警折

翼之夢志未可量石頭之舉首鼠兩端旣召兵
還復欲西歸黽勉太眞之勸因會爲功豈純臣
哉

劉殷

語曰求忠臣必於孝子之門異哉劉殷之爲孝
也齊王冏之昏亂視之司馬攸牟祜固已遠矣
殷不應攸祜之辟而就冏之諮雖曰保首領也
神武睿姿之訣不可以已耶劉聰以羯胡干天

紀。腥膻淫亂。昏虐無章。有志之士。恥立其朝。而殷以故國衣冠。覥顏北面。位至三公。二女四孫。同位貴嬪。甘心醜穢。恬不知羞。至於王彰陳元達等。雖仕僞朝。猶時犯顏敢諫。而殷其然無聞也。聰以小貴人賜懷帝也。曰。此名公之孫。特以相妻。青衣行酒之時。庾珉王儁。慟哭失聲。不知政此老賊。揚揚得意時耶。吾嘗笑其訓子之言曰。凡人尚不可面斥其過。而況萬乘乎。聽之刑政舛惡流連荒亡雖犬羊之性而寔殷之播亂宮闈奪其鑒而益之疾也敗名辱親莫此爲甚幼年之至性寧足贖末節之老悖耶然則天之賜粟也何故曰九歲哭董人所難也天之賜粟眞僞未可知或好事者爲之也夫孝子不辱其身不毀其名殷自少時人有餽遺悉受不辭直云待後富貴相爲酬謝則其志趣之凡陋已於稚年卜之矣志節不終又何怪也王延與殷同

時幼亦以卧氷著名而六十之年同事犬戎乃其卒也以不從靳準之亂見殺較又勝殷一着矣

慕容恪王猛

五胡人物當以慕容恪爲第一而王猛次之恪輔少主而國不疑誅慕輿根而衆不懸功崇位極常有退然之色過慱陸遠矣然徒張皇武功而不深惟國計以暐之庸暗既不悅垂當時才

望無出慕容德之右者舍此二人而付國於貪鄙之太傅肉尚未寒宗社爲墟貽厥之道或有所未盡歟猛之遇主遭時千古無兩得位行志窮極快願然跡其爲政不出申韓雖國人屏息上下側目較之玄恭遺愛固已遠矣當討從言聽之日不能憂深慮遠處置鮮卑而使伏戎於莽乘閒竊發可爲智乎德政不修而惓惓以殺慕容垂爲請至誘其子使叛而復表之此豈大

丈夫所爲哉堅之冦晉踊躍不寐是時政使猛在未必能救其敗也何者德澤不足以固結人心而本先撥也

晉書

三國志近典而體裁多舛晉書頗雜而詞理有致校之爲優所恨論斷多用儷語無復班馬古色矣禮樂輿服諸志文藻燦然可觀而考引故實尤極明備西京以還無此作也弘農釋音而

不釋義遂使腐儒妄改魚豕傳訛惜夫

鄭鮮之

鄭鮮之立危亂之朝事譎篡之主它人順指氣使之不暇而獨能盡意辯難必使裕窮屈而後置之當時如劉毅諸葛長民之輩意趣稍殊身首異處鮮之之不爲國武子也葢亦撩虎鬚矣然孟德不能容崔琰楊脩而寄奴能容鮮之較是勝它一着也隋煬帝凶逆猜忌蘇威薛道衡

等皆以勝已取禍而獨能容庾自直凡有篇章必示之令其詆訶改易數四俟其稱善然後方出乃知人固有幸不幸耳

宋書 弘

休文宋書創志符瑞開萬世諛佞之端名教之皐人也但其紀載文而不靡質而不俚至張暢傳敘與李孝伯交語情事及范曄下獄情景生動如畫而筆力自覺從横無對太史公荆軻傳

後僅見此作又當令扶風諸公下拜也鼂以道
謂約詩賦足多而史非其所長非但不知約亦
且不知史矣按暢一人兩傳事皆重出而四十
六卷中到彥之有目無傳葢腐儒因其鈌文遂
掇拾南史畧刪改之以補其鈌亦猶褚少孫以
封禪書補武紀也斷者徒以帝號魏主致疑而
不考後自有張暢傳贗巳了然不必疑也

梁武帝

武帝癡心奉佛不過爲長生耳君臣附和相與
獻諛在位四十年間老人星三十四五見何繁
也史謂其天祥地瑞無絶歲時亦已窺其微矣
以英武之主而爲狄教迷惑舉全盛之金甌破
之胡雛不亦大可惜哉或謂自古帝王壽未有
及八袠者故天象應之非也當霸先佞佛之時
老人星亦數見矣而卒無應焉故知獻諛者爲
之也

郗氏

釋氏輪廻報應之説本以勸人爲善也梁武帝后郗氏平生妬忌損物害人死而爲蟒尚未足快人意乃帝一爲禮佛懺悔即生忉利天見一天人容貌端麗異香馥郁是以一生惡業一懺盡釋既免惡道又生天界人復何憚而不爲惡哉釋教之不足取信者以此

韓子高

韓子高容貌美麗於文帝有龍陽之寵野史載之甚備所謂古有女主亦當有男后者是也但皆云子高亦姓陳故有吳孟子之語考之史乃韓姓耳其父延慶以子高之寵官至給事中山陰令此又鄧通韓嫣所未沐之典也

江斆

江斆湛之孫欲尚宋世祖女宋世諸主莫不嚴妬太宗嫉之乃使人為斆作表讓婚曰伏承詔

旨當以臨海公主降嬪榮出望表恩加典外顧
審輸蔽伏用憂惶臣寒門顇族人凡質陋閭閻
有對本隔天姻如臣素流室貧業寡年近將冠
皆已有室荆釵布帬足得成禮每不自解無偶
迄茲謀訪莫尋素族弗問自惟門慶屬降公主
天恩所覃容及醜末懷憂抱惕慮不獲免徵命
所當果膺茲舉雖門泰宗榮於臣非幸仰緣聖
貸冒陳愚實自晉氏以來配尚王姬者雖累經

美胄亟有名才至如王敦懾氣桓溫斂威眞長
佯愚以求免子敬炙足以違詔王偃無仲都之
質而倮露於北階何瑀闕龍工之姿而投軀於
深井謝莊殆自同於矇室殷沖幾不免於彊鉏
數人者非無才意而勢屈於崇貴事隔於聞覽
吞悲茹氣無所逃訴制勒甚於僕隷防閑過於
婢妾往來出入人理之常當賓待客朋友之義
而令掃轍息駕無闚門之期廢筵抽席絕接對

之理非唯交友離異乃亦兄弟踈闊第令受酒
肉之賜制以動靜監子荷錢帛之私節其言笑
姆妳爭媚相勸以嚴尼媼競前相諂以急第令
必凡庸下才監子皆葭萌愚昬議舉止則未閑
是非聽言語則謬於虛實姆妳敢恃耆舊唯賛
妒忌尼媼自倡多知務檢口舌其間又有應答
問訊卜筮師母乃至殘餘飲食詰辯與誰衣被
故敝必責頭領又出入之宜繁省難衷或進不

獲前或入不聽出不入則嫌於欲疏求出則疑有別意召必以三晡爲期遣必以日出爲限夕不見晩䰟朝不識曙星至於夜步月而弄琴書拱袂而披卷一生之内與此長乖又聲影纔聞則少婢奔迸裾袂向席則老醜叢來左右整刷以疑寵見嫌賓客未冠以少容致斥禮則有劉滕象則有貫魚本無嫚嫡之嫌豈有輕婦之誚況今義絶傍和虔恭正匹而每事必言無儀適

設辭輒言輕易我又竊聞諸主集聚唯論夫族
緩不足爲急者法急則可爲緩者師更相扇誘
本其恒意不可貸借固實常辭或言野敗去或
言人笑我雖家曰私理有甚王憲發口所言恒
同科律王藻雖復偃假頗經學族戲笑之事遂
爲寃魂者愛憂憤用致夭絕傷理害義難以具
聞夫螽斯之德實致克昌專妒之行有妨繁衍
是以尚主之門往往絕嗣駙馬之身通離釁咎

以臣凡弱何以克堪必將毀族淪門豈伊身眚前後嬰此其人雖衆然皆患彰遐邇事融天朝故吞言咽理無敢論訴臣幸屬聖明矜照由道弘物以典處親以公臣之鄙懷可得自盡如臣門分世荷殊榮足守前基便預提拂清官顯宦或由才升一叨婚戚咸有恩假是以仰冒非宜披露丹實非唯止陳一已規全深願寔乃廣申諸門憂患之切伏願天慈照察特賜蠲停使燕

雀微羣。得保叢蔚。蠢物含生。自已彌篤。若恩詔難降。披請不申。便當刊膚剪髮。投山竄海。挨宋時尉馬尚主規制。大約與今時彷彿。然叔文名家子。父欸非命。甘近禁臠。不能自辭。而人主代爲之辭。太宗知公主之妬忌。而不能禁。徒托之文以爲戲笑。至於今日。則視爲故常。莫有怪者。噫。弊也久矣。

魏收

北朝諸史皆瑣靡不足觀惟魏收作魏書體裁
既備詞藻亦雄揚推任情足以自逹其意所謂
舉之則升天按之則入地信當代之鴻筆也所
恨委質左衽耳目心志惟戎狄是崇而排抑江
左不遺餘力晉雖偏安然以符堅王猛之强盛
未敢不以正朔歸之至收而斥之爲僭天文志
謂魏爲北帝晉爲南帝又謂晉滅之後太微有
變多應魏國亦明知晉之正矣而以爲僭可乎

宋齊梁陳相繼君天下百餘年觀高歡對杜弼言江東有一吳兒老翁蕭衍中原士大夫望之以爲正朔所在則雖南北分朝未始無定論也而直斥爲島夷是何島何夷耶至於諸人列傳吹毛抉垢雖崇勲宿望無不雌黄百年之中殆無全人而各傳之後子系太繁既無可稱徒存名字殆類家譜殊穢紀載總由腥膻之習未經除盡耳

元孝友

北魏之朝公卿士庶皆無妾䏺臨淮王孝友上言婦人多幸生逢今世舉朝略是無妾天下殆皆一妻父母嫁女則教之以妬姑姊逢迎必相勸以忌議自王公一品以下遞爲娶妾限制詔付有司議奏不同竟不用也高麗俗亦無妾太府卿村榆上言我國男少女多而人不敢畜妾它國來取臣恐人物皆將北流宜隨品降殺許

得增置議下宰相有畏妻者寢不報二事何相類耶

崔浩

崔浩之才學智辯當時諸臣無出其右者計從言聽寵冠一時而卒不免夷族之慘雖虜情之傾側要亦浩有以取之也郊祠父子並乘軺軒遷都之議違衆獨立已犯洛陽少年之戒矣欲滅高涼發李順之陰私而卒致之大辟秉心不

赤忍乎功成寵極不知求退而播揚國書勒石自衒此張賔王猛所不爲也而自比子房非笑諸葛其及不亦宜乎佛氏輪迴之教固誠惑溺而神仙妖妄眇茫其惑有甚於釋氏者浩於空王排詆不遺餘力而師事道士寇謙之禮拜甚謹自比結王生之襪至罄物力以造靜輪欲令與天神交接以此譏佛何異鮑老郭郎之相笑也夫既栖心玄門而復鋭意仕進受賕倚勢而

復詆訶公卿投戈之夢神殛之矣即無果報其
欸未爲不幸也余又按宋書柳元景傳載拓跋
燾南寇汝潁浩密有異志柳光世要河北義士
爲浩應謀泄被誅河東大姓坐夷滅者甚衆此
事魏書不載而宋書載之則浩被禍之慘又不
專爲國史一事也

王嶷

元魏之初憲典火烈雖飛鴞食椹戎風漸革而

犬羊獰暴喜怒靡常一時元勳智士如和跋莫題奚牧賀狄二李順古弼崔浩酈道元之輩無不身首分門甚者憯及五族惟王嶷在任十四年文奏盈几終日昏睡而卒得自保時人爲之語曰實癡昬終保存噫嶷之癡也乃其所以爲智也爲亂朝之臣者不亦難乎

斛律光

斛律明月齊之名將國以其身爲存亡足以遠

追遥抗近疋恪垂矣乃以求婢不得譖獨孤永業使不安於疆埸以致西境蹙弱河洛騷動此子蘭郭開之所爲而光爲之乎史乘所載恐非其實至如褚遂良之忠謇而譖劉洎崔仁師陷之死地吾亦未敢以爲信也

李䄂

高齊李䄂常曰文章之事不足流於後世經邦致治庶及古人故所作文筆了無稿草惟留心

政事而已噫文章者經國之大業不朽之盛事一時治績安與較遠近哉計袒至今日千有餘年文人墨士之筆如陰何徐庾輩流傳不啻拱璧而袒之經邦致治者果安在也此言遂爲萬古俗吏作偭矣

秦王俊 隋傳十

隋書秦王俊傳俊頗好内妃崔氏妒之於瓜中進毒得疾徵還京師歲餘薨於秦邸崔氏以毒

王之故下詔廢絶賜死於其家此實錄也至許
智藏傳又言秦王俊有疾上馳召之夜夢其亡
妃崔氏泣曰本來相迎聞許智藏將至當必相
苦爲之奈何後又夢曰妾得計矣當入靈府中
以避之一崔氏也一言以妒賜死於王薨之後
一言先死而迎王史書之自相予盾可笑如此
葢智藏傳所言傚二豎子而文飾之也

梁元帝

元帝之不終也宜哉君父被難身爲臣子以討賊爲名而遷延不進待景篡弑而後圖之幸危利災之心其辠有浮於景者棟雖爲賊所奉旋遭廢熱黄口孺子何辜之有而六門之内自極兵威不亦寃乎使簡文不先爲景害未必得保首領也善乎王僧辯之言曰平賊之謀臣爲已任成濟之事請舉别人斯言凛凛足以寒賊子亂臣之膽矣討武陵之將生還不爲成功聞廬

陵之薨入關而躍㵪爲之破圍正兄弟絕食於獄割臂自啖它人猶不可況兄弟乎大難未夷骨肉相僇株守江陵以國于敵身首異處非不幸也

○唐睿宗

唐自高祖以來三遜天位以授其子史臣謂獨睿宗上畏天戒發於誠心夫玄宗之始發難也不白之相王而與劉幽求等定計與晉陽挾父

一也功成不賞太平側目前星有變之占星官有以窺其隱矣春之禪迫於時勢不得已也唐有天下二十君而立不以正者十三焉或托禪受或乘兵革或出於宦竪强臣之手蓋其家法然矣

○嘉則殿書

唐藝文志謂隋嘉則殿書三十七萬卷此訛也古今集書未有至十萬卷者考隋經籍志凡經

傳存亡及道佛二藏合止得五萬六千八百八十一卷耳當師古等撰隋書時不但耳聞而寔（鑿可據）目擊之且篇目俱在至宋人修唐書有何所據而綦增至是今人沿襲舛謬遂以爲實葢未考之隋書也

趙仁奬和逢堯

武曌之世官爵猥濫極矣趙仁奬者賣薪王戎墓下忽負一束詣臺云助國調鼎遂拜侍御史

善歌黄麞時爲語曰趙仁奬出王戎墓下入朱
博臺中舍彼負薪登兹列栢行人不避驄馬坐
客惟聽黄麞又有和逢堯者負芻詣闕下自言
願助天子和飪百度有司讓曰昔桀不道伊尹
負芻于湯今天子聖明百司以和尚何所調逢
堯不能答流莊州逢堯者效仁奬而不售者也
然仁奬後卒無聞而逢堯仍舉進士高第官御
史中丞使突厥與爭禮風釆凛然而卒以太平

之黨寘殛也龍蛇見血本質彰矣

○盧懷慎 三十四

盧懷慎名臣也其諫武后陳時政批鱗侃侃不避斧鑕此豈真伴食中書者哉開元之主銳於有爲而意氣用事刑政弦急懷慎之無所事事欲以清淨之治諷之也矧姚崇多才而娼忌身衣之後猶能賣張說苟逞長而觸其所嫉能以功名終乎懷慎於是乎審所處矣善乎其臨沒

之言曰上求治甚切然享國既久稍倦於勤將有憸人乘間而進者嗟乎是言也即宋璟張九齡未之有言也而豈崇之所敢望哉噫知微知彰知柔知剛萬夫之望吾於懷慎無間然矣

○竇易直 七十七

唐竇易直勸文宗凡宰相啓擬五取三二取一文宗曰卿宜勸我擇宰相不容勸我疑宰相噫五取三二取一猶以爲疑也猶有千百而不見

用一二者尚足爲信任乎文宗受制家奴稱孱劣主而能爲是言後之號英主者媿之遠矣

○王涯 百○四卷

王涯於唐宰相中最爲猥劣然性酷好書畫前代書法名画人所寳惜者必以厚貨得之不受貨者啗以官爵被誅之日籍其家書數萬卷侔於内府李林甫元載之徒知有是乎其誅宦官意亦甚善謀踈取禍遺臭萬年悲夫

五代

朱溫以穿窬之靡遭時昏亂幸竊大物兇淫驕恣卒殞其軀究其所至不過董卓祿山之流二世而亡晚矣存勗承父遺志興復討賊於五代諸君之中最爲名正言順入汴之後使其從張承業之言擇唐宗室而立之及無可立而後自取未爲晚也而器小易盈功成遽驕自謂指上取天下哲婦顛僮交煽内外始以一方平海内

而終不能以海内容其身身殉樂器亦可哀也
石敬塘援夷亂華摽戈入室山後數百年腥膻
寔爲戎首其辠不在朱温下而子孫食報亦足
相當矣劉知遠郭威志非豫期乘亂竊據知遠
得之稍正而威守之頗順然皆卑卑傭豎無足
道者明宗世宗皆以螟蛉暗襲天統據其休養
生息勵精撥亂亦庶幾足以有爲之君而天未
悔禍享國不永明遂爲晋作倆而柴適爲宋驅

除傳曰天之棄商久矣諸君其何誅焉

李懌

後唐張文寶知貢舉所放進士中書有覆落者乃請下學士院作詩賦爲貢舉格命李懌爲之懌笑曰予少舉進士登科蓋偶然耳後生可畏來者未可量假令予復就禮部試未必不落第安能與英俊爲准格噫懌之言不但識主司之體亦可謂知文章之變矣今以芻狗陳物強名

程式徒令後生小子心非巷議亦何益哉故歐陽公以憚爲知體

陶穀

陶穀於五代亦有文名然使吳越則宿官妓乞金鐘仕本朝則搆禪稿知太祖有異志送別牽衣欲行臣禮見屬官有好馬求之不與給令草密詔而嚇取之孚李崧薦用之恩後希徐逢吉意譖之以至滅族李後主研有彈石强取以去

怒其索而碎之避石晉諱改唐姓爲陶終身不
復翰林日久不得大用輒出怨語又不能教子
一字不成而囑主司登高第作清異録妄誕不
經所引之書强半烏有文士無行𣪘其最也歿
後墓門屢掩屢發髑髏零落亦天道耳

范質

范質爲周宰相頗負才望一旦失節於宋太祖
依阿取容不過馮瀛王之續耳其言曰人能鼻

吸三斗醇醋則可作宰相此與蘇味道模稜之旨寧有異耶

五代史

歐陽公五代史筆法亦自謹嚴但其敘事無復史漢一段縱横飛揚之氣毋論史漢即以晉書宋書視之亦自不可同日而語楊用修謂其委靡不振不足爲司馬遷家奴固似太過而宋人高自稱譽即公論贊亦惓惓以春秋自況毋乃

刻畫無鹽唐突西子耶良史之法以無意敘事而美刺自見卽春秋褒貶聖人亦非有心爲之也五代史意在語先故步步牽顧氣便索然而論贊動輒急於自解尤可笑耳

宋太宗

杜太后之傳位次子私心也宋太祖之傳位於弟公心也太宗之背弟立子賊心也至於燭影斧聲不必疑也自古弑逆之賊皆有以逼之使

然陳夫人不訴楊廣未郎行兇嚴道育不捕劉
劭未便舉事開寶之末神器付之開封大位定
矣彌留之際惓惓顧命何嫌何疑而遽萌此念
郎嗣位之初廷美尹開封德昭稱皇子蓋尚未
有背盟之念也逢其惡者趙普也

趙師羼

趙師羼學作犬吠以媚侂胄千古傳爲話柄然
其爲京兆尹也戮奸僧抑豪强侃侃然有直聲

固一時之能臣也說者以爲太學諸生被其裁抑倡爲無根之謗此其眞贗固未可知而師羼之遺臭已振古莫雪矣因憶史傳所載如孟宗王祥皆以孝感格天然宗後爲吳光祿勲孫綝廢立之時宗爲之告太廟祥亦靦顏仕晉位至三公嗟夫一行之至廼掠百世之名一事之疵足貽終身之累故脩己者當愼其全觀人者當考其大也

張浚

南渡之不復中興非獨秦檜之辠張浚不能無責焉當苗劉誅後高宗鋭意恢復浚以陜蜀爲急是也然金人大兵聚在江淮而行在駐蹕逼居建康臨安之間以事勢論自宜急淮而緩蜀况有劉子羽吴玠在西方不足憂也卽欲從關陜入中原則當嚴師江上虚張聲勢以牽制兀术而遣名將精兵如劉岳輩度散關畧河南使

彼首尾不支自當北遁討不出此而合五路兵
於富平令金得撤淮兵以赴援一戰喪師河洛
震動自此金之攻蜀日益急而東西無犄角之
勢矣至於淮西之師王德酈瓊已有詔書受岳
飛節制而飛又面奏方畧欲從京洛入潼關號
召五路叛將以攻汴京此勝算也高宗已許不
從中制矣而浚輒更酈瓊之軍命王德爲都統
而呂祉叅之飛策其必敗也又艴然疑其欲得

兵柄竟不信從卒之酈瓊畔呂祉死而淮上之軍勢於是益弱矣秦檜旣死孝宗受禪雖有卧薪嘗膽之志而其時非紹興之時也一則和盟久定武備懈弛二則宿將略盡惟幄無人而浚志銳才踈徒委大事於顯忠宏淵輩及符離一敗而天下事愈不可爲矣浚雖終身沮抑和議然使和議不成浚能必制女直之死命乎至於殺曲端引秦檜排李綱趙鼎量褊識闇又所不

論也浚子敬夫爲世大儒故史臣傳浚多所溢美至比之諸葛武侯烏足爲信史哉

朱浚

朱浚晦翁曾孫也諂事賈似道每進劄子必曰其萬拜時人謂之朱萬拜然其後元兵入建寧執浚欲降之曰豈有朱晦翁孫而失節者遂自經均一朱浚也何其諂附權貴於前而能抗節死難於後若兩截人耶今人但知朱萬拜而不

知其死節足以自贖也

宋興亡

七修類藁載宋以乙亥取江州亦以乙亥失江州以丙子取江南亦以丙子失江南以巳卯混一天下亦以巳卯亡國取天下於孤兒寡婦亦亡天下於孤兒寡婦以爲報應不特此也幹離不陷汴京宋臣有請其嘗者觀其形貌政與藝祖絕相類其殺太宗子孫幾盡而伯顏下臨安

有識之者後於帝王廟中見周世宗像與之分毫無異此二事報應不尤異耶

宋以後史

宋史之宂濫極矣而元史尤甚帝紀逐日書事直是一爛朝報耳謂之書且不可况名之史乎不知國初諸公何以憒憒至此亦大可笑也

遼史差覺簡勁有法所謂夷狄之有君者大都史書優劣班馬尚矣范曄陳壽猶不失作者之

步趨沈約宋書魏收魏史筆氣飛揚生動又其次也今人知有唐太宗晉書而不知有沈約晉書知有歐陽脩唐書而不知有劉昫唐書舊唐書余家有之其筆力遠出歐宋之上沈約晉書恨未之見然以宋書度之想當勝文皇十倍也謝承後漢書恐亦不下蔚宗而世遠無傳可爲短氣休文宋書張暢兩傳補者誤也至宋史程師孟一人既入列傳又見循吏不尤堪捧腹耶

附錄

張秋厚謝在杭惠示史測因憶南都舊傳

墨趵聊作

蕭蕭葉葉過枇竹傾蓋論交伐木來班馬史林

存筆削鍾王墨趵寄池浮刪清嘉石三山曙河

晏玄圭九澤秋玉槲讌庭元有種需君今日濟

川冊

尊陽蒋謹題

跋語

史刪一編爲閩中謝在杭先生所著論議慷
慨讀之足見其人余先子曁在杭同官時嘗
以是編相訂迨不肖髮甫燥即以是手授余

今先子殁且五年所矣書田蕪兮耘未歟久懷赧於箕裘墨寶發兮蹟未陳徒增悲于風木偶搜遺笥檢果梓人遑覩眼青庶存手澤云爾

世楠敬跋

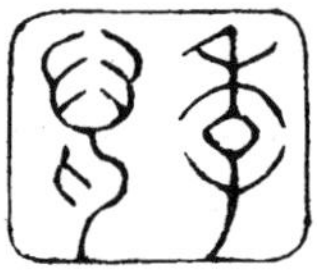

冶園暇筆二卷

［明］侯官邵捷春撰

日本内閣文庫藏明崇禎三年刻本

冶園暇筆二卷，明邵捷春撰。捷春字肇復，號冶園、劍津，侯官人。萬曆四十七年（一六一九）進士。歷官吏部郎中、四川右參政、浙江按察使。崇禎十年（一六三七），轉四川按察副使，守成都城拒寇，尋擢右僉都御史。十三年，張獻忠等攻蜀，邵氏坐失事論死，次年仰藥死獄中。南明福王時，贈兵部右侍郎。撰有次韻落花詩、劍津集等。

是書首崇禎三年門人謝彦章序，次天啓六年（一六二六）邵氏小引，次目録。卷端題名「冶園暇筆初集」，署「閩邵捷春肇復甫著，師鄭洪如堯天甫訂」。小引自云：「嘗閒居冶園中，略披往事，或爲前哲論著所遺與褒刺偶偏者，不揣培蛙，劈空翻案，粗陳一臆，要不欲作侏儒觀場，徇聲逐影，見欺于贗史。」謝序則贊其「引今證古，崇論宏議」，「出奇翻宿，堅致鈎神」。因知其意在爲古人作翻案文章，故持論頗不隨陳規。

書分二卷，起周吕尚，訖宋賈似道，卷二末虎豹、鸚䳇、釋氏三條則雜論名物及佛教。大抵爲臧否人物，議論往往出奇，如謂吕尚平生不過陰符之略，遇文王則善，遇武王則否，絶不可擬之孔子也；謂伍員蓋匹夫之勇耳，即父兄冤死，亦不該反讎於君，皇天當爲楚君誅此三人；謂天寶之亂，罪不在楊太真，而在李林甫、安禄山也，軍士不能殺禄山、斥天子，而尤寵妃，如吕尚斬妲己、高熲斬麗華，皆老腐之見也；謂梁元帝焚書，蓋其所好皆老子之流，乃異端曲説，不可與暴秦焚儒籍並視之；謂賈似道行公田法，未爲盡非，士大夫或有所不便，托爲擾民以攻賈。又代古人立言，如擬蕭何解嘲，辨韓信驕跡已現，即何活信，信未必不負何；擬富弼貽司馬光書，辨光「閩人狡險，楚人輕易」之論等。然統觀全書，評騭似無一定標準，時寬時嚴。若雖尊正統，貶劉備非誠心爲漢除賊，不宜紹漢統，又回護曹操、司馬昭；雖斥女禍，責吕、武、衛子夫、霍顯，又於楊貴妃等有所優容；雖崇儒家，然於釋氏條謂佛皆華人爲其説以儆世，託名雖假，勸戒則真，既無佛則不必闢云云。抑務求新奇而故作驚人語耶？

按上海圖書館藏四庫全書總目殘稿著録「劍津集八卷附治園暇筆一卷（福建巡撫採進本）」一，未詳刊刻時間；孫殿起清代禁書知見録著録邵氏劍津集八卷，萬曆間刻本，「又一部作十卷」；今北京大學圖書館藏崇禎間刻本劍津集十卷，則俱爲邵氏詩作，無附録。蓋萬曆間劍津集先刻成，天啓六年是書稿成，曾以一卷附刊於劍津集八卷本後；崇禎三年又單行付梓，釐爲二卷，即爲是本。（張桂麗）

治園暇筆 一

共二册

冶園暇筆序

作史者必才學識兼全

而後驅策神明位置

古昔從經衡緯無不

如意蓋自龍门扶風而

下才不任剪劃學不任
蒐羅識不任甄鑒以啓
秉於品題之端然按諸
事以供品題則手學要
矣尤須識而濟之以勝

膽生于識而能堅識之所
至惟能張上下千百年
之膽始能用上下千百
季之識揖其人而視其
肺肝吾家世守一經漁

射亭　二

畋互索具牖中窺日耳
竊聞先人論史而得其
概今見吾
師邵鈎津先生治園
暇筆超呂尚追賈以道

而以虎韜鸚武釋氏終

之其簡截明易徼顯婉

暢具見才引今證古崇論

宏議具見學出奇翫宿

堅致鈎神具見識而議

者議擬者擬為若無人恢
恢遊刃則出之于胸而成
其無碍辭才也辛業不覺
拊几而歎曰異哉吾師之
暇筆也歟台溪哉姑攝

其一二于論呂尚第以遇
文則善遇武則否兩語
評之論荆軻則以欲之一
字盡之論周擧左雄豈
惟評各成其是以爲國耶

識有所慨而發憤其膽之
所欲言也它如評伯樂嗟
相人之尤難知人也評郅
都識當難之無能禦難
也評江油李氏恥丈夫也評

呂夷簡黜娼嫉也許南渡
追禍源也至于賈似道而
寬其買公田以充軍實
之罪非寬似道也恐議
軍國者以道爲戒將國

謝序　五

之大事無與擬當也評止
美呂尚將也開國之聖王師
之為尚父賈似道相也承
家之辱主任之為父師得
人則昌失人則亡豈非龜鑑

乱嗟夫聖明既没麒麟鳳
鳥不得見矣武非呂尚即虎
豹之嘯怒而已矣文如伯
道即鸚鵡之能言而已矣
力而有口將安用之其時多

暇而上下千百年爲明爲
良爲貞爲淫爲治爲亂爲
淂爲失一切同歸于空無
如持心是佛之了一生是
治園中之公案也其識始

也膽在世中其識終也膽在世外才與學可及也識與膽不可及也予小子不敏惴〻無敢輕言史也請從此面壁究心矣

崇禎庚午秋孟及门屬
吏古歙謝彥章頓首書
于眉署之慰蘇亭

小引

朱晦翁云讀徹語孟學庸而後觀史如提明鑑在手妍媸莫逃且觀其是須求其不是處觀其不是須求其是處無過取聖賢義理作一權衡以斷之張南軒

亦云看史當于幾微節目與夫
疑似取舍間三復之不在槫聞
見助文詞爲高更不可被史官
謾過如言定國爲廷尉天下無
寃民趙蓋韓楊之死定國不聞
耶史氏將誰欺二公所言洵得

引

尚論古人之方矣不侫懷空抱
虛何異瓠壺而謬思品題千古
不亦迂乎矧生當季世廻眎前
人淑慝貞壬多類恒河沙數青
不勝汗顔不勝禿必欲槩爲論
列精殫而莫之逮舌敝而莫之

二

詳卽逮矣詳矣是非之案又不
免經先民所已結芒芒駢贅其
中博雅之儒不乃謂我攟塚室
之含珠與縱人情物理古今同
然要亦無容遼豕自多招人姍
笑爲也雖然秀才子以經義售

世一得當遂謂了讀書一局洎
立朝廷分符竹事會當前覺無
下手處政未常以隔代人事跡
置諸聖賢秤上一權衡也雖所
劈畫近是無亦幸其意見偶符
奇中未必盡繇六經語孟盡能

至是無非其模稜應世世不敢
執而窮詰之者什八九矣故嘗
閒居治圃中畧披往事或爲前
哲論著所遺與褒刺偶偏者不
揣埳蛙劈空翻案粗陳一臆要
不欲作侏儒觀場徇聲逐影見

歎于贋史一旦當事旁皇令人
詭迂儒無用也顧語不能作驚
人期于達旨卷不能充一握取
乎近情若是非不謬于聖賢知
罪聊聽之當世
丙寅長至日冶園客邵捷春題

於枕書齋

冶園暇筆目録

一卷

目錄

目錄

鉤弋夫人

衛后

二卷

汲黯魏徵韓休陸贄

霍顯

馬援

王成

周舉左雄

擬鄧騭答張禹書

目錄

目錄

冶園暇筆初集

閩邵捷春肇復甫著

師鄭洪如堯天甫訂

呂尚

羆熊之夢叶于渭濱卒然相遇所言者無非陰符之略拂拭后車載與俱歸豈將蓄之以遺武王乎曰非也果如是則何以言至德吾知文之意矣紂命爲西伯而征伐專焉微呂尚則何以張皇六師制西方之諸侯故其得呂亦若爲商

而得者相武伐紂紂則非文所能知也呂始終以
陰謀勝用之文則善用之武則否故魯論亟稱
夷齊無一言及呂尚優劣昭然後世欲立太公
之廟擬孔子者陋矣
呂尚平生全是陰符得力文王獵而得之豈
有伐紂之心果是使專征伐時欲用呂尚以
制諸侯之爲亂者厥后武王用呂尚做成鷹
揚事業孔子深不滿于呂也故絕口不道此
人

答小弁議

或問小弁之怨高子曰小人孟子曰仁人若斯相遠何與學者左高而右孟信與曰高子之議就平王後事惡之也孟子之議就幽王已事原之也廢嫡立庶以階亡會投兔死人之不恤伐木折薪之不如豈其不屬于毛不離于裏乎故曰我罪伊何我辰安在疾首隕涕于以感悟其所生雖怨也而不忘所以爲親親驪山之難父死于戎非戎也申侯也宜臼得立恬然于東且

遺畿内之民以戍申忘戎也德申侯也則曷不
爲鹿之伎伎曷不爲雉之雊雊曷不爲敬共之
桑與梓曷不爲瞻依之父若母向之惄然如擣
不遑假寐祇憂不得爲嗣王焉耳烏在其爲親
親以談笑當涕泣越人其兄之不可不復仇不
討賊與手刃者何以異將無越人其親乎王秉
心則忍信讒如疇未至衛宣之殺伋子晉獻之
殺申生也爲宜臼者患不孝不患無所如閔子
馬之謂公鉏可也彼傳不及此但曰何辜于天

伯夷何辜哉捐墨胎如脫躧餓西山而不怨牧
野興師奮焉叩馬以思卷其太白普天之粟不
如一薇君尚如此矧而父乎其末章云我躬不
閱遑恤我後怨之不已又從而絕之毋惟其蔑
親以爲利德賊以爲功萬世之戮民也或曰歷
山之泣不然乎曰未底豫焉泣也未允若焉泣
也其視天下草芥也推其變可以竊負而逃遵
海濵而處烏在其以天下易吾親耶故從后事
言之鬻斯八章怨已之不有天下也非怨已之

不順乎親也或曰孟子與平王何居曰詩可以
怨以怨爲小人故闗其爲詩未嘗與平王也
平王宜臼也爲幽王所廢居于舅氏申侯之
家怨王而作小弁以鳴無罪雖曰親之過大
不忍恝然及幽王爲犬戎弑死驪山寔申侯
召之而來是申侯者平王不共戴之仇也乃
德其全已而遣畿內之民以戍申無父甚矣
此國風揚之水所繇作也以後事觀之小弁
之怨全爲失位而非如舜之怨也孟子闗高

子但概言詩可以怨不是取平王蔑親崇讎之事

論春秋

春秋者誅心之典也反之心而安雖前乎春秋後乎春秋爲春秋所不及褒者皆聖人所必錄也反之心而不安雖前乎春秋後乎春秋爲春秋所不及貶者皆聖人所必誅也春秋之作揭二百四十二年之心以垂戒萬世如化工之生物不但賦形併其情性亦皆具焉豈徒晝筆也哉得其意者雖不讀春秋可以居身可以論人矣

世人行事俱本心術春秋窺見其微故褒貶無遺讀春秋者是非情僞明如觀火不過把自心來作權量耳

魯莊公

莊公忘父之讎猶不能防閑其母使之往來於齊罪已大矣郯之役與讎滅親丹楹刻桷呂娶哀姜夫帥師者受命于廟受脤于社婚亦如之莊其可以妥先靈乎原其故屈於力而未能且以蓋父母之醜而佯蔽罪於彭生若曰齊襄吾舅云爾而不知欲蓋彌彰仁義喪矣何以爲君也哉

魯桓之夫人文姜通于齊襄桓公知之以謫

文姜是齊侯享公使公子彭生殺公于車魯人責齊齊因殺彭生以滅其口魯莊立則與齊爲不共戴之仇也復縱其母往來于齊八年又與齊圍郕郕姬姓文王之後也二十三年及二十四年丹桓宫之楹又刻其桷迎哀姜故爲盛飾皆忘讎也

衛宣公晉獻公

或曰衛宣烝夷姜而有伋子晉獻烝齊姜而有申生二子皆順命而死者也不死蔑父之父而死順父之子天道安施曰然有無道之天有無道而道未嘗無之天治亂運也猶春之有冬晝之有夜屈伸往來勢也故天道有時而晦塞而不全晦塞者則冬之有松栢也夜之有辰星也生生耿耿存衽世而不滅衛宣晉獻宜死而生無道之天也二子生非其類必死之而穢乃除

則無道而道未嘗無之天也況伋子死而壽先之申生死奚齊卓子亦隨之二君豈欲殺所愛哉殺所愛甚於殺二君也天道難于吾於茲益信

衛宣事見左傳桓十六年晉獻事見左傳莊二十八年二公皆淫父妾生子既而宣寵伋子之婦殺伋子獻寵驪姬之子殺申生伋子申生皆順命而死是矣獨惟天不死宣獻而死伋申何也卒之所寵者壽也代伋子殺奚

卓也被里克殺豈非天滅二君之所愛乎摠
之伋申二子生來不正天亦滅衛晉之醜天
道畢竟明白

子文

子張稱子文曰舊令尹之政必以告新令尹得臣非其所舉而代者哉治兵於蔿終日而鞭七人貫三人耳何其與治兵於睽終朝不戮一人者異也子文豈以舊政告之耶蔿賈知其必敗故不賀城濮之役死于連穀則得臣無禮而驕子文與有過焉

得臣子玉也僖二十三年伐陳取焦夷城頓而還有功子文使爲令尹二十七年楚子圍

宋使子文治兵于睽不戮一人子玉復治兵于蔿終日而鞭七人貫三人耳孫叔敖之父蔿賈其年尚幼不賀子文之得人知子玉必敗也城濮之役在僖二十八年子玉戰敗及連穀而死

季孫行父

孔子云再斯可責備賢者意也襄仲殺適立庶是時文子尚未執政魯有人也何獨以討賊望之若但不爲使齊亦何救於惡及視它日聘于晉而求遭喪之禮至則襄公尋卒事不虛矣卽使備豫不虞亦古之善教也過求何害范文子謂其相二君妾不衣帛馬不食粟可不謂忠乎能思之力也

襄仲殺太子惡及其弟視夫人姜氏歸齊哭

而過市仲立庶子倭是爲宣公事在文公十八年

桑田巫醫緩

桑田巫知大厲之夢醫緩知二豎之夢一則見殺一則禮而歸之何與緩恃秦伯之使景公畏而不敢若桑田巫則否獨怪公不食新巫言如響而不自知其見殺抑又何也信乎左道無靈其前所云皆賂公左右而得之矣死何寃焉

事見左傳成十年

扁鵲

扁鵲知簡子之復生起虢太子於已死桓侯未疾作而識其腠理技絕矣秦太醫令李醯自知不如也使人刺殺之嗟夫后羿以殺人之術殺身當也扁鵲以生人之術殺身豈天道乎曰天道也羿之生而死之鵲之死而生之死生之命不制于天而制于兩人匹夫與上帝爭衡能無禍歟故負天下之絕技者毋爲技使斯明於天道虧盈之理矣

扁鵲事見史記

公子光

方季子之辭也光以嫡孫當立之說與僚爭焉不得則上告天子下告方伯直在光也廼隱忍而事之十有三年則君臣之分定矣其可弑乎或曰王僚之死當也光無罪焉故春秋書吳弑不直書光意可知矣然則罪將安歸歸夷昧也使夷昧念其同氣則方彌留之頃盍召季札而謂之曰諸樊舍子而立弟爲季也季如固遜則有嫡孫在非僚有也吳之臣庶其肯奉僚以爲

君乎奈何忘天顯之恩陰養其子之惡使儌幸
於所不當得是以嗣位不終死於非命夷昧之
貽謀不善也
光諸樊之子也僚夷昧之子也

季札

壽夢賢季子必欲以次及之釀亂之道也兄弟之生相去不遠如天之福各有其年則及季之身墓木拱矣尚可君乎此季子之智所以絕望於斯也刎蕭墻之禍必不能無札又知之故夷眛卒而札不取是以鱄諸之劍讓王僚也季札可謂智矣或謂其辭國階亂則將以壽夢為何君哉甚矣其不察也

壽夢吳王也生四子諸樊餘祭夷眛季札欲

以次相傳而至札夷昧死則札宜君矣札不受夷昧之子僚遂自立爲王魯昭二十七年諸樊之子光告鱄設諸曰我王嗣也吾欲求之遂伏甲於堀室而享王設諸寘劍魚中以進遂弑僚而自立札自上國使歸聞變曰哀死事生以待天命非我立亂立者從之復命哭墓復位而待鱄設諸即伍員入吴時所進於公子光之刺客也

荀息

胡氏拘於例而不會其意故謂荀息不食其言聖人姑與之以示信夫息從君於昏何足取哉蘇氏以爲疑于忠譬之忠於盜賊死於比暱故書曰及其大夫荀息貶之也愚曰皆未必然荀息之死奚齊卓子也如召忽之死子糾季路之死孔悝匹夫匹婦之諒君子所置而不論者也書及者所以甚里克之罪耳里克殺二君與一大夫其惡彰矣故書曰及其大夫荀息惡里克

也若取而斃之里克固不容誅奚齊卓子荀息
三人者薄乎云爾惡得無罪
荀息事見僖九年

中生宋痤戾太子

親女子小人之禍晉獻宋平漢武其最烈乎申生戾太子仁厚有餘者也驪姬江充之計曷以得行況充之惡已逞於趙丹帝何不察焉太子痤雖美而狠其於伊戾不相能久矣一旦請從之野享公曰夫不惡女乎行不違時歃牲加書之誣中焉豈浸潤者哉異乎公之惑矣故去讒遠色可尊賢即可親親聖人之言可畏也夫

申生事見桓二年及四年宋痤事見襄二十

六年戾太子江充事見漢武申生受驪姬之
譖戾太子受江充之讒皆曰浸潤獨宋痤見
害於伊戾其情甚淺而易見宋平可謂大愚
矣

秦穆公

左氏曰秦穆公之不爲盟主也宜哉死而棄民先王違世猶詒之法今縱無法以遺後嗣而又收其良以死難以在上矣嗚呼穆公之以三良殉也其命亂也曷足怪焉康公已長子桑繞朝諸臣猶在誰令子車氏之子死者魏武之命不行於顆穆能起而殺之乎左氏非定論也

三良子車氏之三子奄息仲行鍼虎也

蒯聵輒

魯哀公三年聵因晉趙鞅寘于河上衛人拒之不得入十五年刼孔悝十六年立爲莊公十七年晉人伐衛衛人逐之以與晉平晉立襄公之孫般師而去十六年莊公再入逐般師衛懼晉伐遂弑莊公出公輒雖君於衛十有三矣魯哀公十六年聵入而奔魯十九年再入君衛二十五年衛人逐之又奔越越人納之不克二十六年奔宋城鉏以弓問子貢謀再入也後竟歸死

於越不得正首丘嗚呼無父母之人而能令終者自古及今未之嘗聞予讀左氏傳於贖輒兩人三致意焉

事見左傳

擬子服景伯遺叔孫輒書

吳欲伐我以問子子對曰魯有名而無情伐之必得志焉是何語也公山不狃非人乎與子同奔猶曰非禮也未臣而有伐焉奔命而死可也及王問且曰魯雖無與立必有與斃彼不以所惡廢鄉子欲以小惡覆宗國殆何以見先君我雖贅孤孫與戰于夷叔子析朱鉏獲焉吳猶曰此同車必使能國未可望也請與行成使執政者少待焉城下之盟可無辱也恐以三軍暴骨

如莽姑許之乎子何能害焉

叔孫輒時奔在吴吴爲魯伐邾將以伐魯故

問輒對云云公山不狃亦在吴責輒之對吴

畢竟伐魯孟懿子問景伯景伯替之戰獲叔

子與析朱鉏許魯行成事在哀八年

孫林父甯殖

獻公戒孫甯食日旰不召非有大無禮於其臣也林父殺三大夫不與盟偪君於奔又追之以兵其將死君乎林父信有罪矣殖方疾召喜而告以納君之懇懇也喜受命不二而終見殺或曰逐君者出納君者死衛失刑矣君子曰不然殖雖悔禍屬其子以掩之又將置剽於何地乎是明教子弑也逐一君復弑一君父子之罪浮於孫矣尸何過焉

孫甯事見襄十四年獻公因二子怒乃使子
蟜子伯子皮三子與盟孫子皆殺之公出奔
齊襄公二十年甯殖召其子甯喜告之曰吾
得罪于君悔無及也君入則掩之襄二十六
年甯悼子喜承父命許納獻公殺殤公剽二
十七年獻公患喜專政殺之尸於朝

叔孫豹

趙孟之偷也孝伯又甚焉豹皆知其將死不二年相繼以亡公子裯居喪而不哀在慼而有嘉容豹亦知其不度立之必爲季孫憂乃豎牛也非所淫於齊婦以生者乎殺孟丙及仲壬寘饋于箇披邑以與南遺惡孰如之豹何不蚤知而寵以家政也微昭子不賞私勞父兄之讎其誰爲復哉見千里而忘眉睫札之所謂不慎舉必及於禍其智遠矣溺愛者昏叔孫有焉無欲則

明季札有焉

趙孟趙武也孝伯仲孫羯也襄三十七年豹至自會謂孝伯曰趙孟將死矣孝伯曰人生幾何誰能無偷豹曰吾語諸趙孟之偷也而又甚焉孟孫將死矣公子裯魯昭公也豹亦知其不終若巳淫齊婦而生豎牛寵之以政卒爲牛害事在昭公四五年

吳起

荀卿後子夏而出是非謬于聖人李斯事之覆國殞身宜也子夏孔門高弟西河之士相與而北面之者不可勝旣廼有吳起何也其用兵過穰苴殺妻求將爲士吮疽誰爲授此術者逃魯之魏去魏之齊竟以讒死孰傳而孰教之耶嗟乎師舜而舜師跖而跖常道也舜始跖終起之謂乎朝歌牧野康叔之風已遐雖有高賢無所施其漸摩不然不可者拒卜之門墻固未甚峻

與議者毋以吳起槩子夏之徒

起與武侯說在德不在險全竊孔門之餘唾

以媚君不知起之殺妻棄母德安在乎其死

晚矣

晏嬰公孫弘

世傳平仲一狐裘三十年豚肩不掩豆所居湫隘公爲之營爽塏而不遷儉則儉矣較禹之惡衣服菲飲食卑宮室則已過狐裘不惡豚肩不菲居近市而不陋以爲儉者目末俗之驕奢言也三歸反坫侈于前而嬰以齒勝使遇桓公建豎當越仲遠甚惜乎齊景之不足與有爲也公孫弘布被似與嬰之意同長孺斥其詐何也謂三公不應布被布被爲詐將毋被以文繡乃爲

直乎三公被文繡則天子當以何被乎夫人難爲儉不難爲奢孔子曰與其奢也寧儉又曰今也純儉吾從衆故當時有能儉者聖人亟取焉不暇問其詐不詐也詐爲儉者猶知儉爲美德而附麗之不猶愈于好奢者忘奢之爲惡而故趨之耶弘山東窶人致位宰相不以純綿麗舄華其躬而行韋布之素于枕席之間亦自尋常事也況被非公服私居取其適體布被亦何不適者而必大軫之所貢冰蠶同昌之所織神絲

始有以別于衆曰此王公大人之被也與漢文
身衣皂綈後宮衣不曳地足稱儉德之君賈生
猶有帝服后飾墻屋被文繡之憂其見蚤矣浸
至孝武日驕日侈人人習爲固然驟而見一布
被郡指以爲詐日與雪固恒象也蜀越有狺狺
吠之者所見少也弘立朝枉直未暇論但使弘
事事如被使公孤百執人人如弘被則頽靡之
風可以漸回漢之海內何至虛耗哉奈何因其
阿狗且併其儉而非之戇矣哉齊俗縣來喜誇

詐而退焉從俞如兩人亦庶幾不爲齊人也者兩人皆俞一予一譏非公論也故特篩之

子家羈

甚哉子家羈之不失爲臣也有七善焉昭公信
公若郈孫謀去季氏羈曰讒人以君徼幸事若
不克君受其名不可爲也舍民數世以求克事
不可必也且政在焉其難圖也公退之則辭而
錦于公宫以示其不洩知公之遂而不可諫也
毋徒以身見疑而買罪焉及平子登臺請囚請
亡羈又曰君其許之政自之出久矣隱民多取
食焉日入慝作弗可知也同求將合君必悔之

弗聽公徒敗公將行子家子曰諸臣僞劫君者而負罪以出君止意如之事君也不敢不改君竟孫于齊齊侯請致千社子家子曰失魯而以千社爲臣誰與之立臧昭伯要之盟則謂羈也不佞不能與二三子同心陷君於難罪孰大焉通外内而去君君將速入弗通何爲而何守焉乃不與盟此其意欲公之歸也季孫震于晉侯之命練冠麻衣跣行請罪于家子子曰君與之歸一慙之不忍而終身慙乎言以一乘入于魯師

季孫必與君歸公卒務于從者而不能也羈之

說窮矣無如君何矣從公喪至自乾侯聞季孫

之欲止之也易幾而哭已而曰立君則羈不敢

知羈也君知其出也未知其入羈將逃也始終

從君于義不激不亢不詭不隨可謂賢矣

詳見左傳昭二十五年起

閩書　卷之一

趙襄子

趙帥韓魏以滅智氏怨已報矣又飲其頭而牪心焉欲何爲也哉夫人已甚之情未有不激人之怒者也洛邑頑民西山餓士武庚祿父之叛皆太白一旌有以激之也三監周戚而尚不忍焉況商家臣子乎智伯漆其頭豫子漆其身不然何以見人心千古不死也

范鞅趙鞅

晉之不得爲盟主也執政之偷也季孫逐君范獻子取貨焉乾侯之會謀納公也獻子以死懼季喜以難復晉君晉定新立將以師納矣獻子又謂公君季孫因使私焉曰子必來我受其無咎適歷之會季孫無恙而歸察釋君附臣范氏之辠也蒯聵欲殺毋得罪奔晉趙簡子帥師納于戚俾得以其閒切孔悝獲還衛封既又伐衛逐聵立猷其子弑逆臣子不能討又皆助焉三家

分晉職此之繇也

扈之會昭二十七年諸國謀納昭君子魯范
獻子取貨于季孫乃謂宋樂祁黎衛北宮喜
二大夫曰季孫無罪而君伐之君又不克而
自出也季氏有備有援有天之賛有民之助
有堅守之心有列國之權子欲圍魯無成死
之二子懼皆辭獻子以難納復晉君三十一
年獻子又私爲季氏謀事見左傳趙鞅納衛
太子于戚事見哀公二年後刼悝見十四年

遂贖立献事見十六七年

[illegible]卷之一

子西

子西爲國者也不知其它召建之子勝備吳竟
也勝請伐鄭以報父讐姑告之以楚未節不欲
勤楚師也且救鄭而與之盟寻楚以佰舉也况
建奔鄭與晉盟襲之不義取殺子西豈得與勝
同仇哉唯知有國而已惜哉其以復言爲信期
死爲勇不知勝之詐而亂也媿子高矣宜其掩
面而死與故善爲國者在知人

哀十六年楚太子建奔鄭與晉人謀襲鄭鄭

人殺之是自取也白公勝安得讎鄭之殺其父乎請于子西以兵伐鄭故子西不從爲公不爲私也勝何可更恨子西子期哉特惜子西召白公于吳葉公阻之不聽以取殺身之禍

伍奢伍尚伍員

平王楚之昏主也無極楚之讒人也太子建楚平之猜子也三者俱而禍不作者幾有矣奢其貞亮之臣乎勢不能與建居城父而無忌也蓋亦勸建以孝諭平於愛銷所懟而臧所醜則納媳之事彼此兩忘而讒無所入矣萬一王心中於讒慝猶可徐而說也曰君一過多矣何信于讒若爲太子蓄怨而未忘者雖無與叛之謀似有欲叛之意王卽不信無極亦將以其觸所諱

也而殺之矣奢盖五而絞者也二子聞免父之命奔而懟馬則如奮揚之既執而免未可知也不幸偕死則巳不失爲孝父不失爲忠一往一逃明示以反讎之有日也王之怒愈不可戢父之死益决矣尚其孝而愚乎員又甚焉逢比之于不聞其快心于桀紂也牧野之師不聞其洩羑里之寃也員借吳入郢鞭尸走王其將以爲快乎鬬辛有言君討臣誰敢讐之君命天也若死天命將誰讐夫辛不以父之死而聽弟之殺

昭也員獨非平臣與旣逞志于楚可以死而見
父兄於地下矣且因吳以禍越越亦有怨于其
親乎不然何急于越亾而自抽屬鏤之劍以死
也始以孝而成狂終以智而成貪員蓋匹夫之
勇耳噫死者無知則員何補於父兄死者而有
知也皇天后土豈不爲楚先君誅此三人以明
臣子無反仇之義哉毋謂員之死也吳殺之亦
鬼神之討之耳

田文

或訾孟嘗君雞鳴狗盜之雄何也良醫之囊不盡赤箭青芝之牛溲馬渤亦兼蓄焉夫有所用之也當囚秦時所不死者僅如毛髮耳向微雞狗之伎何以脫於虎狼之牙寬博而談詩書其無救於文必矣羑里之囚以美人出司馬之要以微服過千金之子不死於盜賊誰謂竊狐白而走函關非保身之微權也不如是則口吃而箸著書爲秦之鬼而已亦何足取哉

田文囚於秦求解于秦寵妃妃欲其狐白裘
裘已先獻秦王矣文之客爲狗盗入王宫竊
出與妃妃爲之説王釋還夜半馳至函谷關
關門未啓客善爲鷄鳴者門啓而出遂得逃
歸向與韓非同策則死於秦矣韓非口吃善
著書者也

韓非

世每多韓非之智而冤其死於秦嗚呼非以不仁而死當也孟嘗平原春申信陵皆諸公子畜客擯秦非干韓不用遂欲因秦以亡韓非丘墓不在韓乎思一舉而散天下之從何也吳欲伐魯謀之叔孫輒公山不狃謂輒曰君子違不適讎國未臣而有伐之奔命焉死之可也所托也則隱非揣摩人情懸合世故非愚人也滅宗國以成功名曾無不狃之見李斯所以得行其譖

也子房終始爲韓不過以家世宦韓耳況非爲
韓孫子乎雖説難孤憤諸書鑿鑿不刋視屈子
離騷數篇不忘欲反之意何如令秦王信而用
之終與高斯同戮憯刻少恩拔本塞源寧復有
生道哉

要離聶政

俠者借交報讎而忘其軀市義殉名寔則以武犯禁道所不載君子曰緩急人所時有也啞虎草兵醫師蓄焉夫夫也邂逅然諾終始不渝既已死生存亡矣利害不施於委尻斯不亦奇行之尤哉要離聶政取途一也獨其用情相反彼此若不相襲是非微有辨焉方嚴氏之奔齊也察政於屠肆之間儼然裝百金爲壽志豈須臾忘俠累哉政雖心許之尚有待也毋已奎姊已

嫁然後賣身以赴至乃鈹面決眼不欲株連乎有生者若悲哀而死政之旁以暴其名非政意也向使政知姊之有是則亦未肯以身許嚴仲子矣離何德于吳光何仇于慶忌捐軀爲糜猶曰匹夫慕義何處不勉焉乃使燔其妻子揚其灰以必遂其所欲爲異哉賊親殉人非生來無心何以至此元人克潭州尹穀自焚其家人李芾沈忠各有刃其妻子臣子死君父之難彼皆有所爲而非苟然以求名者離何居焉則固政

之罪人也已

聶政前後不忍忘親借交報仇亦義氣所激

所以爲俠如要離燔妻子是誠何心而以附

於俠士難矣

呂不韋

不韋智士也害滅秦者也范蠡之流乎方勾踐困於吳謀所以篡吳者蠡覓西苧蘿之女進夫差敗焉邯鄲姬御而生子之祀潛移六國猛將謀臣俠人刺客環伺而莫之誰何不韋談笑指麾六世之炎倏爲灰燼摶浪之椎山東之竿楚漢之烽火皆後起也不韋爲六國除秦蚤矣楷乎蠡以破吳餘智載西施去作五湖遊以良賈脫于禍韋之奇貨售而不免自殺抑何不以賈

終也豈猶有待于政之亡以甘心乎嗟夫荆軻輕數人之命不能令血濡縷不韋斬秦宗於股掌一死又何愛焉而况匹夫假父有天下之半也

范蠡爲越王進西施以禍吳與呂不韋私趙妃以進異人陰滅其嗣意雖殊而事畧同

六國

人衷六國併於秦是皆按秦罪未按六國罪也楚子僭王問鼎春秋時已爲戎首當烹滅久矣韓趙魏裂晉河山唐叔無後田和挾周請侯姜不血食燕雖令德之裔哉其滅視王制奄有萬乘微樂毅幾爲子噲斬宗既復不能自強竟以迂踈劍術促之亡何俱尤秦耶且秦亦非能有六國也吞二周殘民以逞天厭之矣假不韋以覆嬴宗於旌盾又假趙高傳胡亥以矯殺其太

子譬之群盜禦人于貨方逃之叢薄以剖其囊忽遇於菟出而摶之拖腸碎首矣士何獵者至而刺馬食其肉而寢處其皮六國群盜也秦於菟也各肆兇殘遞爲殄滅惡足惟乎

蘇秦李斯

蘇季子佩六國金印車騎輜重擬王者李斯位三公富貴生殺出其門見者縮頸吐舌謂立談取卿相智矣及二子以車裂夷滅終始相率以爲愚見何不蚤也方其擯秦策用逐客書售魂已遊矣丈夫無利人之計掉三寸舌以徼非常之倖三軍暴骨百姓荼毒宜其及也使有庸人之智飯牛洛陽郊牽犬上蔡門豈不樂哉而必抵死慱浮榮不知止也愚矣愚矣

蘇秦用合縱策擯秦李斯上逐客書售秦俱得意後蘇秦車裂李斯腰斬使皆不牟富貴蘇耕洛陽李獵上蔡何至不得其死

荆軻

荆軻無聶政之勇而欲過之所以遅而不往者欲繫之也所以濡而忍不即刺王者欲牵之也不然挚圖而進可以中王之胸何但血濡縷乎必得約契以報其術迂矣秦政豈齊桓哉曹沫之事不行於王軻詎不知而姑爲苟且一時之計得復歸燕以饜其所未足秦雖食言報怨豈遑恤哉使如聶政直入刺累無反顧之思百秦王一時盡矣名爲以身許人而陰欲全之宜何

四十

踐之蚤叱也

荆軻事見史記

趙高

斷獄者必推原其開罪於何人而後爲公案論趙高者無不以爲罪矣問其所得罪者秦始皇也罪之是乎恕之是乎曰恕之何也始皇肆六世之餘烈恣睢三十六年凡有血氣無不思啖其肉剸其後諸皆面諛而心夷之者高僇其尸於轀涼車與鮑魚等臭上郡劍扶蘇望夷殺胡亥父子三人死各一方天下之殺運開怨氣吐尚可罪趙高乎招方士以求不死之藥穿驪山

以護不朽之軀除謚法以爲子孫萬世之計皆
千古窮奇之惡令當時一一成其志則亦飛廉
惡來耳吁趙高而有罪也飛廉惡來將不得爲
忠臣邪

始皇崩於沙丘趙高與李斯秘不發喪載尸
於轀涼車中恐其臭也又載鮑魚雜之轀涼
本轀重之車有牕牖閉之則轀開之則涼

伯樂

昔人云千里馬常有伯樂不常有傷才士之不遇也雖然士而才則信常有矣如孔子所謂不稱其力則亦豈常有哉蹄地而鳴孫堅之馬也徽斯馬則孫其草澤中泥矣奔浪而迎王行思之馬也徽斯馬則王其魚腹中物矣授鞚而起符堅之馬也徽斯馬則符不死於澗亦死於慕容軍矣世有才士當君父之難而能忼慨授命輾轉㘭回如此馬者乎常則效力變則效死伯

樂雖善知馬亦未必知其良之至於此也吾故爲之辭曰伯樂常有如是之千里馬不常有苟如是之千里馬不常有則知如是之馬者果不常有也

蒯通

信乞食淮陰城下辱於群少年豈有意王侯哉及沛公拜以上將解衣推食割數千里之齊而王之欲極矣通安得以不忠之語導之鼎足而居令天下相宰而朝且曰勇略震主者身危功蓋天下者不賞矜功恃能之念非通其誰挑之會兵固陵期而不至其徼有要乎不然漢王遇我甚厚信初無畔漢語也或謂信不用通以爲憾嗚呼雲夢擒而入賀斬則通階之釁也利口

覆邦家然哉然哉

韓信初無叛意及通說之然後有矜功心故

沛公與信越等期會兵於固陵以滅羽信等

不至以致沛公恨之僞遊雲夢擒信而歸蕭

何爲呂后紿信入賀而斬之似皆通致之也

擬趙王歇遺李左車書

成安不用君策以趣於亡君計得矣乃生而致之麾下豈所謂能見夢於元君而不能脫豫且之網耶雖然主辱臣死寡人僉矣君何顏更受師事忿計之不從而幸言之信以爲功天下其誰能說之虞不腊而宫老以族行不聞執於晋君君之受縛其有衷矣吾隱忍就桓意乎不然信金雖多諒不能購吾廣武君一毛明矣願君念故而毋與漢俱

成安君陳餘也與趙王歇聚二十萬兵於井陘口廣武軍李左車說陳餘絶韓信張耳糧深溝高壘勿與戰不十日而兩將擒陳餘不用其計遂敗身死泜水上趙王歇亦被擒韓信生募廣武君致麾下教以攻燕齊之策信從之

張良

程子曰張良有儒者氣象而亦以此說漢王不義甚矣嗚呼小不忍則亂大謀其是之謂乎漢王起兵沛下時良遇於留遽知其天受而傾黄石之謀目從事馬經營百戰將以混一輿圖豈伊願有天下之半特未能如拔山者何耳既已糧盡兵疲請割鴻溝以東而去彼豈遂忘漢哉養威蓄銳再鼓而西其本心也不乘此時擊之以沾沾小仁小信養虎遺患何取于良良初勸

沛公謝鴻門王漢中忍以俟羽之亡固陵一着
結帝王之局則忍趣羽於亡也豈得謂之不義
噫咆哮傖父天厭其毒猶仗義而存之何異玆
父所謂不重傷不禽二毛乎高孝之間諸君子
不主和議程子以倍項籍爲非則將以和金人
爲是矣然與否與

張子房勸漢王追羽固陵正是斬草除根豈
曰不義羽從來幹事兇狠酷虐罪不容于死
戕之何過若割鴻溝之半予之是武人爲于

大君秦政再生矣

卷之一

擬蕭何解嘲

或謂鄼侯韓淮陰相國所扳也相國扳之相國殺之何相戾之甚也鄼侯曰寃哉非予殺信信自殺也請爲齊假王帝忌之矣期固陵不至帝憾之矣陳兵出入帝疑之矣奪楚王易封淮陰恥與列侯俱鬱鬱不得志陳豨過辭衆屬耳目焉屏左右與之言不尤開之隙乎且豨尋反矣徼舍人弟信渾身皆口不能辯其無他也后方召予謀意爲漢進信者何則爲漢劓信者亦何

苟進未必然之說乎能活信信豈能不負乎哉果乘帝擊趙代郎擁兵從中應為主上詰何何口塞何先信死矣故不敢為信地姑以聽后所欲為或曰然

韓信之拜上將固何力也其後以及見收皆信自取顛末俱在史中紿信入賀奉呂后旨何敢曲為信地乎或曰成也蕭何敗也何故須察之

惠帝篤於小仁而未知大義論

司馬氏謂孝惠篤于小仁而未知大義愚曰不然孝惠有心而無術者也豈得謂之小仁呂氏怨戚姬已甚不但殺之也斷手足去耳目使爲人彘居厠中此非人也豺狼也尚可忍乎若曰父母有過則諫諫而不聽則號泣隨之此爲過未成者言也毋之殘虐既已至此雖涕泣道之將何以改圖故棄國家而不恤縱酒色以傷生有所激也孟子曰殺一不辜而得天下聖人不

爲不以天下易此心也惠帝有聖人之心矣惜其不能豫爲處也即位之初亟下一詔令趙王就封戚夫人從之往更選忠正者爲之輔不可乎慮不及此至于禍不可爲諫無所施惟有棄身捐國而已驪姬譖而申生不忍訴以傷父心寧縊死于新城故謚曰共雖非中道然亦人子用情之若無可柰何者也君寔謂守大業不當爲小仁絰是貪富貴之心彼豈謂惠帝崩大業遂委地乎抑亦有外潘也或曰惠固仁矣享國

不經何也曰此天之所以絶呂氏也楚靈王殺
人如不勝其二子見殺于遂氏之族王及楚梁
聞之自投車下曰人之愛其子也亦如余乎余
殺人子多矣能無及此乎乃縊于申亥氏惠帝
崩立假子則不安立他王則不願孤寡婦人俛
首歸朝至召匈奴嫚書不忍見聞辱甚于死能
取匈奴而入覬之耶吾故曰天之所以絶呂氏
也

淮南王長

劉長椎殺辟陽侯審食其也豈止爲母報哉食其不力爭而長之母死時盍承呂氏之意而不敢救也其承呂氏之意何也監宫之亂已萌櫱于高帝未崩之日至是而長殺之洗其幟也文帝釋而弗治良有意焉豈曰仁柔之過或曰長不聲罪致討而輕殺之不已恣乎曰如是則揚父母之惡矣帝亦喜其殺之而不言也不然以藩王入覲擅殺列侯于輦下漢君臣知而不問

法安在哉然則長一椎足以懲兩人矣後來之
反姑當從別議焉
辟陽侯審食其者當吕后臨朝時任爲左相
使監宫得幸辟臣因而决事劉長之毋死于
吕后之妬曾托食其居閒而卒不爲言所以
致劉長之擊

趙王恢廢國事

張無垢云婦人妬者非特妬其夫且又妬人之夫極論得精切趙王恢納呂產女爲后后殺其愛姬王遂悲憤自殺王之死固過矣於呂太后何與乃廢其嗣而王呂祿何哉曰王用婦人棄宗廟禮因罰之夫念恢之宗廟似也而幷毀其宗廟則與楚子伐徵舒以縣陳奚異所謂惡蹊田而罰之牛者也長呂婦之妬廢趙王之宗其妬如意母妬劉長母猶自家心腹上病痛不足

悚矣

呂氏中心欲王諸呂故乘帳死取一題目廢而立之

張辟彊

諸呂擅權張辟彊啓之平勃遂之也孝惠初晏駕太后蹴踖旁皇欲樹諸呂爲援猶懼將相大臣而未敢遽行也諸呂之伸縮豈不尚在平勃哉辟彊一言兩人無難色即假以南北軍是虎方踣而扶之也辟彊豎子信無謀矣兩人智計殊絶而輕從之何哉愚謂自安者所以自危也懟太后心者所以長太后惡也或曰旨從中授辟彊第爲之委諭耳不然閱歷老成乃爲十三

歲兒所使昏瞶極矣曰似有之
張良請四皓定太子爲呂氏計也其孫又說
平勃立産禄輩迹似呂家之黨

漢法

參夷赤族法之慘者也而加諸大臣械繫下獄法之賤者也而亦加諸大臣其故何哉漢所用爲相者非法吏則武夫全無不忍之心者故朝廷不以爲意而輕殺之彼亦不自知禮義廉耻而輕就死焉嗚呼申商孫吳之輩豈足以治世哉故終漢無一善狀由置相之失也與春秋戰國執政無以異可嘆也夫

郅都

史有不察其心而猥據事以揚之者郅都能直諫是也當野彘犯厠賈姬危矣爲都者執戈矛鳴金鼓以疾救之不辭也帝方旁皇目都都不行至使帝不禁欲往此亦不忍人之情發於作見何暇惜娥眉哉都且伏上前力阻之非愛帝也愛身也非直言也卸罪也令其時不諫聽帝往則以一姬之故傷及萬乗都將何以辭戮人主不以頭目捍手足固當都亦不可以股肱代

腹心乎戎狄猶禽獸也夷我郊保虔劉我邊陲
天子命大將軍討之中郎將䠞注以從不敢愛
死者衛人也曾一彘不敢當一姬不能救不勇
不仁民何賴焉且曰上一姬復進一姬天下所
少寧賈姬等死生呼吸之中作此計較是必毛
嬙西施絶世所無而後徃而全之與牛羊無罪
而就死人猶隱之豈以牛羊為有無哉甚矣都
之無人心也號曰蒼鷹其為慘酷所從來矣
中郎將不能殺彘救人而却假愛君之名以

止漢景之往救蒼鷹心胆何用直諌

鉤弋夫人

甚哉漢武之行悖也母以子貴情也母以子死情乎弗陵生而尧母其門是以弗陵爲聖人鉤弋爲慶都也弗陵而聖人何至縱其母以亂人國鉤弋而慶都又何有聖人之母稱制以憑陵中外如吕氏之爲者苟虞其爲吕氏則司晨之牝天下大不祥人也何當以尧母名俄愛俄夷鉤弋信不辜矣且亦何以教弗陵迆葛藟猶庇本根人非梟獍靡不愛親者母以罪死子猶哀

五十六

焉況悍妬未聞而豫杜其萌爲異日安劉之計
是毋因子死也爲之子者遂得晏然于南面與
殺父自立者何殊桀所不忍爲也尭忍之乎人
主方以孝治天下輕賊所生割人子劬勞之愛
貽百身莫贖之悲慘哉武也哀其毋豈復念其
父亦非所以自爲謀矣憒憒然以不學無術之
人爲周公當時周公在傍安所置其耳目忍聽
成王之毋死於非命可以爲周公乎古人因麑
而釋麑憐其毋併及其子故推之可以托國霍

光會無此念而寄以六尺之孤何也漢之天下
蓋岌岌矣賴高惠文景之澤尚在人心於鉤弋
之存亡何與哉昭廟享年不終蓋亦以毋故憤
懣哀悼而死耶惠帝觸人彘傷生吾毋殺弟毋
且引咎責躬之不置況吾父殺吾毋畧無痛心
非人矣惜質童齡承顧命者皆屠劍之流誠
得端士左右講明天理孺慕油然當必號天慟
地痛所遭之不辛捐天位而弗居漢安得有孝
昭哉其崩于十三年也晚也雲陵之起皇太后

之追尊則何益矣帝亦無可柰何隱忍負慝於
十三年中誰謂不以念母賓天也嗚呼蘇氏有
言聖人不恃智以防亂恃其無致亂之道鉤弋
死而漢家無兩雄徵羨而吹虀也昭之夭昌邑
之淫大物竟歸于戮死之餘帝會一一計之與
漢武愛鉤弋愛其子也殺鉤弋亦爲其子也
旣愛子而不能全其母可謂仁乎況鉤弋悍
妬未聞而殺之武帝背謬如此則戾太子之
死又何怪焉

衛后

衛子夫者平陽侯之妾衛媪女也吾不知其他
聞衛媪私於小吏鄭季而生大將軍青者青蓋
子夫同母弟云其來賤矣子夫美而善謳會武
帝幸平陽公主家説之因公主送入宫立爲夫
人未幾生太子據冊爲皇后而陳后廢矣成風
以妾母爲夫人春秋譏之况謳者乎况爲天下
母乎歸妹之象曰君子以永終知敝爲始合不
以正也堂堂漢天子何患無后而娶及妖人何

以爲世毋儀巫蠱之禍冝其及也高宗悅一尼媪而内爲后其情愈僻其禍亦愈奇皆足爲人主不慎配之戒

戾太子衛子夫之所生其來賤矣冝毋子不善終也於以見漢武立后之過

治園暇筆 二 終

冶園暇筆初集

閩邵捷春肇復甫著

汲黯魏徵韓休陸贄

進言非難容言爲難汲魏韓陸四君子者言多見售間有不售亦無罪也惟遇不受言之主忠憤激昂計是非不計死生廼謂之難彼漢武帝唐太宗玄宗德宗各有直臣亦不失爲容言之主矣

四臣遇容言之君故以直顯未足爲奇畢竟

亦是空言雖切何補

霍顯

婦人女子之識無異于嬰孩刑于之道寔在丈夫霍子孟徒以椎魯受遺擁昭立宣廢昌邑武人行伊周之事威權震世不能深自挹損驂乘之時天子亦如芒刺則豈無驕矜之氣溢于中庭而妻習見其然遂謂皇后可殺而奪天子可再廢而再立若夜虫之赴火不死不休也噫顯不足道矣光之罪其可辭耶雖不能明發其妻之惡亦豈宜成就其妻之惡殺后陷於不知立

女爲后非不知也陰妻邪謀殺越人于貨又因
而利之族夷之慘不足以贖其毒后之區區
擁立何功之與有先儒猶以少恩爲孝宣病非
確論也

馬援

有勢則從無勢則去翻手作雲覆手作雨險薄之態無取于友生況君臣虖援當窮無所之依隗囂以求活爲之往來蜀洛閒僕僕不憚煩稱知已矣後乃棄隴就洛抑何薄也如曰擇君而事則當文叔起兵舂陵何不與鄧馮輩仗策相從及天意有在人情已屬始與之論君臣之誼智安在哉最後親征一事郭子横力争至斷靷曰止猶取决于援之一言私恩公論正可兩全

之候也聚米爲山之計不亦可以已邪勸兵而進毫無故主之誼然則嚣嚣之蓄援爲腹心者無乃納賊于垣中虖于陽於援爲生平交見則陳兵自衛夫亦窺援之叵測也歟真王一統河山卧榻無容鼾睡當年謀臣猛將自有起而任之者何必援也雲臺不與豈獨以椒親嫌或亦有病其不武者矣

援向事隗囂稱相得敗節事漢極力贊成滅隴之兵此等所爲大是忍心害理

王成

嗟乎皚人之所不能不能者忌之矣功名之際
人所難處哉膠東相王成勞來不怠流民至自
占八萬餘口可謂上懷國恤下軫民艱而以異
等爵關內侯宜也成在時未聞有以僞增彈射
之者適會其卒于官故從而媒櫱之夫成之以
戶口上也必有版籍可稽征輸可課非如軍之
可以虛名耗也茍有名無實異日責賦于八萬
戶將何以應縣官之求成豈自知其將死而以

貽之後乎蓋長史守丞之上計也利在户如常額催科易辦一旦增以八萬其後消長之數未必能取盈也盈之則其力憊不盈則其考殿故以僞增抑成者乃所以自安也甚矣人之妨功而害能損人而便已也

周舉左雄

左雄之薦馮直爲其武猛之足以將也與魏無知進陳孺子同意周舉之劾左雄爲貪汚之辱所舉也與韓厥戮宣子之僕同意二者各成其是以爲國耳然雄不免介介于舉日進君適所以自伐豈猶有黨同之望與非周之詞嚴義正幾成隙矣欲其謝過得乎愚以周左兩人有心無心之别

周左事詳見漢順三年左雄薦馮直只爲武

猛一節周舉亦左雄薦爲尚書者反劾左雄妄薦馮直之貪汚者不大相悖乎及左帷周周引韓厥斬宣僕事明已不徇薦主以恕貪汚見周舉之正

擬鄧隲答張禹書

某聞太尉有言虞詡涼州之議疆場之故也猶將保之以靖能者今壹不免其身何以示後竊謂太尉過矣任賢使能國之經也知士而不用與無士同龔少卿出水衡守渤海寇子翼以金吾留長社夫固謂二臣之可以任也朝歌賊發不治之日久矣計無可使者覽涼州三策而後乃今知陛卿非常人也奉命以往無寧菑患不畏寇盜社禝賴之髖髀之所將斧斤是用愛其

利而任其錞不亦惑哉誠謂謟也材無之不可
不材又何愛焉且人皆畏難以安者易者予賢
能而以艱危嘗不肖何功之與有楊伯起辟自
弘農清白照人所居皆嚴郡亦隲傾之耶謟此
行當稱是無勤太尉

鄧隲頗能推進賢士如楊震清白亦其所舉
郎以謟治朝歌或亦因議凉州不可棄事體
明快故任以盤錯張禹雖尤隲之陷謟亦是
私意不是用才公道漢安時事

王嘉鮑宣

王莽睥睨神器舉朝所當爭者也王嘉鮑宣號漢廷骨鯁者曾不聞其談及而切切於董賢息夫躬之兩人必欲去之而後已其將以是甚於莽與豺狼不問而問狐狸抑何陋也况其所以去之者又不得其道夫嬖倖小人盤據君心勢必從其蠱惑之處潛爲鍼砭迺可旋消非得二三忠讜左右人主莫如之何嘉曰孔光宣亦曰孔光是謂孔光進而二豎灰矣顧孔光何人哉

最貪饕最苟容最無恥者也帝以董賢爲大司馬而光廿下之帝以王莽爲大司馬而光力舉之又安望克自振拔乎厥後宣以權辱宰相捕獄抵罪光且不能容一司隷而致其髡鉗也公卿駢首就戮而宣與焉雖莽爲之亦宣戚之也使嘉不死於巳未之獄當亦死於癸亥矣愚于二公也無取

王鮑不敢指斥莽賊只斥董息二人是欺哀帝之私人也且共譽孔光是畏王莽之私人

也二公皆有死道

郭泰

林宗友叔度於布衣拔千頃之波也識季偉於雨餘見危坐之容也辨南州之高士以置芻也晰鉅鹿之偉人以墮甑也觀於所異觀於所忽皆未足多黄允有雋才而奬借之尤深亦何不知人者黜妻以求合雖其後事眉宇間豈無輕薄之倪庸陋之態爲賢者所覺泰獨不之察曰高才絕人足成偉器可謂失言哉袁隗爲其外林宗亦迷其中不能欺妻以隱慝猶能欺泰以

賸才況龍門登而黨禍熾其於元禮無所規諷

有先見之智者如是乎祇自鬨而已易曰井甃

無咎詩曰明哲保身林宗有焉

黄憲茅容徐穉孟敏等俱爲林宗賞識何獨

不能識黄允之偷薄隱慝而譽爲偉器不能

止李膺之立名招禍而結爲知巳

京房

夫易開物成務冒天下之道者也晢於理進退存亡不失其正晢於數遠近幽深遂知來物京房之所謂易理與數與大姦據于墉人主孚於剝埕之更生周堪張猛梢之楊興輩皆負時名相繼而死是易所謂月幾望君子征凶之候也居則觀象玩詞動則觀變玩占以理以數吉凶悔吝居可知矣房以孝廉爲郎職司門戶克車騎者也其術長於占候天子悅之稍得進乃不

自料其卑賤抵掌軒頗指斥權奸非公侯而思
射隼於高墉之上既已攖顯之鋒矣復陳考功
課吏法令煩猥且中群臣之忌啓釁生讒故顯
得拾其私而以婦翁張博之陰事中之含章之
貞括囊之慎何不聞與陰陽災變遠能得之於
天頭顱異處妻子流離近不能得之身將謂房
爲卜筮之書而暗於趨避又安在其爲占候之
工也傳曰是與神物以前民用又曰人謀鬼謀
百姓與能是卜筮爲顓蒙設也筮咸季主之所

司也房以易殺身會無百姓之能借推筭而要利達其學易者乃所以死於易耳先儒譏其得易之末噫房而得易之末也則胡不端策拂龜而以當身之出處語嘿占之耶月進之心不勝其保身之智其於末也何有少室之龜定吉凶成亹亹而不免於刳腸之痛此其所以爲京房也與

旣云知易而不能寡過又不能免死本末俱無足取將無利令智昏與其師焦延壽常曰

得我道以亡身者京生也焦可謂知易矣京
房事見漢元甲申二年

李固杜喬張陵

一梁冀也李杜不能折之於前而反殺其身張陵乃能劾身於後而大褫其魄非李杜之正色不如張陵之抗直也陰賊其君謀深而事隱知之者惟天地神祇耳律之則無據誅之則無名故雖欲聲其罪終不能箝其口若以疑似之情結大逆之案使皐陶復生未能得也況冀專擅有年自太后而下無非私人而兵權又在其握豈大漸彌留之際倉皇急遽請太后御前殿號

召百官窮推尚食罪人斯得俯首伏誅是冀一孤雛腐鼠耳冀真孤雛腐鼠也哉何待論者之迂也若果出此豈惟冀不受誅徒以發大難之端荼毒盈庭有不忍言者矣此李杜兩人之所爲隱忍也已而太后寘天內無與援炎炎之勢漸以微矣況正朔嵩呼堂陛凜如惡然帶劍入省無人臣禮衆所知也非如煮餅之置毒猶可以解說者是以張陵一叱而奪之劍糾之罪宜其服也況僅以俸贖猶從薄責則何不甘受哉

既恕其三年之喪而苐絕其期故陵得以悴豹
虎之咆哮也向令質帝方崩陵爲太尉亦未必
能如何矣論者謂李杜不能引退以陷於亡從
古凶人竊柄未有空國投簪聽人主孤立者大
臣國之棟也棟折榱崩屋將爲墟其何賴焉昜
之姤曰以杞包瓜含章有隕自天夫姤當女壯
之秋藉一二罡鉉靜以制之尚兾天心可回也
使皆掉臂而去宗社生靈委之誰人有道則見
無道則隱此君子進退之常規非所以律大臣

也王臣蹇蹇匪躬之故彼獨無鴻寔之智而弗以身嘗哉固有不忍懟焉者耳柄國大臣嘗以李杜爲正全身遠害胡可訓也

劉備

陳壽不以劉備紹正統其亦有說劉虞牧有幽州政善民歸可以正大位矣廼却袁紹諸將之議戮力勤王不圖僥倖可謂葛藟庇其本根宗室中最賢者備如有志則何不佐之攘逐辟兇而乃依殺虞之公孫瓚非操戈以攻同室乎已而歸陶謙降呂布及不得於布又引身就曹瞞依孫權此數者皆漢獻罪人不能聲罪致討反因之偷食取容甚至劉璋藉之以討張魯增兵

厚給孤窮之勢亦可憐矣備北到葭萌而倍之
轉襲成都客其館而謀其主以是施於宅人且
不可况吾宗乎散髪入山言出何口也持此以
服天下難矣晦翁有云先主見幾不明經權俱
失當劉琮迎降之際不能取荊州烏在其知權
耶至於狼狽失據乃不得已而出於竊盜之計
善用權者政不如此備不見與於君子久矣厥
後以昭烈承漢獻特以峙中爲其彼善於此耳
非予之也存漢統也

劉備不依劉虞而依陶謙呂布曹操孫權等是不爲漢除賊反欲䝉之以成功始事已不正矣最後襲取劉璋尤不是

曹操

古今篡弑之臣不一何獨至於操而唾罵之者蝟如也操初聚兵討賊不過騁其智計以牟富貴耳董卓既誅黄巾既平諸袁諸劉不復稱兵犄角操將與誰爲敵哉惟群雄乘釁而動以誅操爲名操安能束手待斃不挾天子以敵之乎敵愈多而禍愈迫兵愈不可解天子反依之以爲安俄而公俄而侯俄而王皆衆敵人迫之也噫操雖奸猶托名漢相以制群雄不知群雄之

治兵相攻者何名也將誅操以安漢乎抑蔑其
所忌相與以篡漢乎讀史者當自知之毋但曰
曹瞞漢賊也

荀彧陳群

陳太丘之詣荀朗陵也車中載群以往荀待之著彧膝前至動星象勤太史之占一時稱盛已長而仕位皆通顯豈不偉哉然彧止操受九錫轟轟數語不憚忤操雖其智不足以知人而欲依之以扶漢壽春一死爲漢之心白矣陳群亦漢臣也不能討賊反勸之正大位依阿苟容一忠一佞何星淵之隔歟太丘常告客曰興吾門者此子也豈知玷家聲者即此子乎

陳群寔之孫也荀彧淑之孫也後皆仕操彧
死漢室群勸操正大位

司馬昭

曹操生而漢亡司馬昭生而魏亡天殆生昭以洩漢之忿乎或謂操不殺獻而昭卒弑髦曰不然髦死於成濟髦激之也使獻亦爲髦所爲則操豈無成濟哉然昭猶僞哭其尸至於誅成濟夷其三族操如處此未必能爲昭矣曰何以知之伏后董妃皆死於操手操之殘忍有餘故曰不能爲昭也晉紹漢統天祚之哉天祚之哉

漢獻爲操所制而伏后董妃皆被殺故獻得

全若魏王髦忿司馬昭權重率兵討昭故昭
之黨賈充與戰南闕下令舍人成濟刺殺髦
昭聞之大驚聞陳泰言遂斬成濟以謝天下

賈充

有妬妻以絶其嗣有淫女以穢其宗或悲賈充之不幸愚曰非不幸也宜也爲權臣而弑君一死豈足贖哉此與蔡邕哭董卓之罪同故其食報不爽毫釐誰謂天道遠乎

賈充妻郭槐極妬嘗生子乳母抱之充近而撫子槐謂私其乳母扑殺之子尋戀死後再生子復如是故竟絶充嗣生女長爲晉惠皇后大悍妬弑姑楊太后毒殺故太子遹趙王

倫廢爲庶人殺之次女倫香與小吏韓壽充
知不得已嫁之生韓謐郭槐因無子請立其
女孫謐爲世孫遂姓賈故曰姊妻淫女爲司
馬昭令成濟刺魏主髦故曰爲權臣弑君董
卓擅漢脅蔡邕仕三日之間歷三臺後遷尚
書及卓爲呂布誅死邕在王允坐中聞之驚
嘆遂爲允收下廷尉死於獄亦無子只有女
名琰

江油李氏

夫死君妻死夫忠義之氣交相搏激其常理也馬邈守江油全無死戰心一意賣降李氏特女流耳胡更轟轟烈烈嘤夫於前縊死於後古今不朽之綱常轉爲兒女子所持邈尚可謂丈夫哉偷生悞國其得罪於君也猶時有不肖之臣與邈共之若毋爲降虜得罪於妻千秋萬歲一邈而已臭穢之肝腸豺狼不食豈惟不得爲丈夫併不得爲妾婦矣

馬邈蜀之江油守也其妻李氏見邈泄泄每以忠義諫之邈不聽而出降鄧艾妻竟縊死

擬慕容垂貽王猛書

垂戮餘地也未歸死於尉氏敢布腹心惟公命馬戎車將發遣孺子令負蒯緱以趨不腆敝器觧以從軍相對悽然觀者泣下自謂驩甚無厭獲死所矣未幾駕至洛陽公狀以聞乃知駃子狂奔貽憂主上垂也無所逃罪恐冒卒焉之誅有傷陛下之明姑且奉頭鼠竄以需異日陳之追及藍田自分必死頼主上明察而賜之生然尚蒙姑息未悉垂之所以也頃方震定始知前

事大謬不然足下明並日月幽遐舉照豈肘腋之姦而不遑燭敢問洛陽舊使誰爲賂之使人之詞誰爲命之燕軍之犇誰爲紿之公必了了於胸中矣使昊天不哀無罪燕人殺令以殉軍秦王又裂垂而甘心焉孰爲慕容氏父子剖心以白無他者公且揚揚自詑以爲料人而中莫余及也已公盍聞乎黥布彭越韓信三人皆楚材也沛公得之以成大業僕雖駑下其於三人何如哉戴罪而行不東走晉北走趙西走涼倦

㦬委身歸秦亦知王今之沛公而足下今之蕭張也若開誠布公使垂父子得保首領以歿其又何求況郊中邂逅王卽慨馬許以事定之後放歸鄉里世守幽燕慰諭勤勤有踰骨肉非如孟德之要雲長也雲長且不忘豢養必辭白馬之圍而後去僕父子逃死於秦王哀憐之推心置腹寵以冠軍特達相知力排群議恩厚矣昔人有言士爲知巳者用女爲說巳者容若垂之遇王不難殺身以報其忍叛乎歷陽蘇峻未遠

爲晉禍庾元規獨違衆論下詔徵之旋激其變至兵入臺城而已走潯陽晉之宗社幾不血食今秦王得公如孔明公爲王謀不啻自爲謀也毋亦集思廣益以襂來者元規覆轍願勿循之

仰干丙焫

燕慕容垂得罪亡秦符堅素忌垂一日來歸深與相結王猛閙之謂其父子爲龍虎不易制意欲去之得專秦權符堅不聽猛因發兵長安請慕容垂之子令叅軍事爲已鄉導臨

行造垂飲別垂觧佩刀贈行猛至洛陽詐照
垂所親使謂令曰王猛疾人如仇秦王心亦
難知吾今還東汝可速發令遂奔燕軍猛表
令叛狀垂懼而走秦王追而餇之燕人以令
爲反間從之涉河是王猛蓄意害垂非集思
廣益之道也

符融

凡兵視主將之氣為勝負者也堅謀大舉融力爭之而不得氣已縮矣兵屯洛澗遷延不進猶遣朱遂以說之故朱遂得乘其間全師覆沒宜哉荀林父率師救鄭至河而鄭及楚平可以還矣先穀違令欲戰卒敗於楚然則將無奪人之氣求勝得乎使融知伐晉有三難斷焉不徃雖百石玄惡得而敗之愚故曰林父符融皆謀而不斷者也

淝水之敗與宣十二年晉師救鄭之敗皆是主將不能退師而聽二三之說故也符融是苟林父後身

謝安

淝水之捷非安之算得也朱序反間故乘未集而挫之於前陣後一呼又乘氣奪而潰之於後皆秦自取敗耳然則圍棋賭墅從容鎮定豈俱迂蹤而無見哉符秦以百萬渡江晉之君臣束手待俘使安亦震索矍矍則胡以鼓其壯故惟弱而示之強怯而示之勇然後將士有所恃而聽其指揮軍志所謂愚之故可與赴死地者此術是也

天未亡晉故謝安得以寡取勝不然符秦百萬如紅爐燎一毛矣

唐太宗

唐有天下世民爲之也建成何功可掩然據其上郎挾長而攘不當居之富貴其於元吉也何有乃亦憪然交搆兩兄之間豈將秉鷸蚌相持而徐拾之也耶世民智計殊絶髣髴曹瞞視建成元吉若虎豹之於狐豚不恣爪牙而啀之幸矣更思與之爭雄不亦愚乎蹀血玄武門自貽伊慼何足悼也

建成與世民爲難固已愚矣猶曰自爲計也

元吉何名而亦與之構豈直愛建成哉料其
隱念的是莊子刺虎之謀

房玄齡杜如晦

初太宗之讓兄也雖未必如子臧之篤使天策諸人將順其美則建成之天下或亦幸而得焉操戈之難無自作矣何乃徼功擁立勸行周公之事亂所由生房杜輩之罪也天不靖晉重耳出亡有狐趙之屬負羈紲從左提右挈故子圉死於高梁不然子子亡人未能入也嗚呼禍人骨肉呂成富貴寧有後哉或謂貞觀之相業爛焉而其子孫皆不肖以為房杜措畫未原其

二十七

初矣

孤趙諸君子從重耳出亡從容以待子圉之死晉國竟爲重耳所有旁枉輩不能教人孝弟勸世民行周公之事禍人骨肉宜子孫之不肖也

魏徵王珪

同室有鬭爲若妻者不涕泣而道被髮而救及鬭且死又奉巾櫛以適於丹其夫者是何人也哉魏徵王珪臣事建成是宜委曲調停以俾天倫無恙也不此是圖日以除秦王爲計事敗不能殉且覥顔吕從面折廷諍披瀝示忠而曰吾恥君不爲堯舜曰願爲臯夔稷契何異乎康錢樹子對長安富兒握手指天栢舟自誓者哉噫愧彌甚矣

魏王二人終不能免事仇之罪

擬薛季昶貽張柬之書

公嚮謂諸武爲杌上肉今竟如何兵至玄武門易之兄弟既已伏誅此時戮三思輩以謝天下誰不快心夫何濡忍不决令其死灰復然而後勸上誅之晚矣天王毋后可以雙陸可以點籌狎暱如此能聽公等殺之耶公當早勺計亡爲諸武杌上肉也

諸武擅權張柬之等兵至玄武門可以并誅此輩顧乃養虎遺患自貽伊慼天乎人也大

抵天下事無遠慮必有近憂

常何

明珠憚於暗投奇寶横於道側特達相知格外獎借雖桃李盈門不爲私也若馬周之遇主非關何薦周自薦耳方其客遊長安拓落如也逆旅人易之呼酒濯足其趣自殊高山流水無爲子期托舍何家何弟謂得一書生猶桓子元之於郗景興也處之幕中足矣周亦自謂何客猶馮鋏士之於田孟嘗也歸來食魚足矣何豈知薦周周豈覬何薦哉會朝廷詔求直言周始以

平生所蘊吐之二十餘條若爲武人發抒以副人主側席之思令非太宗虛懷聽識幾作介胄之言讀耳幸天作合非夢非卜假一草爲羔雉何因上惟問安得自誣爲能而不以實告耶驌驦長鳴於櫪下伯樂聞而知其非常馬也拔而去之司廐者曾有游揚力與然則馬周驌驦也太宗伯樂也常何廐卒而已賜絹三百匹無亦酬其芻秣之勞或謂何薦周者志賓王起家之自云爾

李敬業

敬業之立意非真姑置勿論但傳檄舉兵儘足以吐唐家之氣而寒武氏之心矣當時敗唐爲周盈朝諸臣莫有正言其非者梁公從容以待五王乘勢以圖亦天幸耳如武之族有一巨奸如王莽其人天下豈唐有哉敬業當時能聽思溫之言鼓衆而前直指洛陽義兵一入五王從中應焉武族既除神器遂定其于唐且爲靖難之臣于勳且爲幹蠱之子矣安知駱丞之爲業

謀主者其意不出于此乎何乃覬圖天險先取常潤二州自謀巢穴是顯示天下以無王也故敬業以及誅幷賓王輩亦被惡名以死悲夫

楊太真

天寳之亂兆於太真未至之前非太真罪也相林甫將祿山欲不亂得乎馬嵬軍士已殺楊國忠故不得不殺太真以自安也勢也自古以女寵亡國者不一而太真當時又非有干政亂朝戕宗祧殺臣庶之罪也不過尤物之移人耳而爲所移者何人哉登高而仆臨流而溺未聞有罪山水而廢登臨者也楚莊不納夏姬而聽巫臣之聘以奔晋勾踐不留西施而縱范蠡之載

以游陶何必深罪二婦乎呂尚斬妲巳高熲斬麗華皆老腐之見使妲巳在其能迷武王耶麗華殺而徒以甚楊廣之怨其死于丁卯也熲自殺也陳夫人之迫幸亦惡得而禁之君子不咎夫䰟色之人而咎有色之人惑矣或曰楊氏無罪與曰楊氏之罪在不死于壽王而欣然入宮耳上不爲息夫人之守死下不爲樂昌公主之破鏡馬嵬之變天以清褻塵也洗兒之穢又不足道矣

明皇奪壽王妃楊太真而寵之是種禍胎也
軍士不䏻殺禄山而殺太真不敢斥天子而
尤寵妃何也

李絳李吉甫

君子進小人退國之經也邇奸崇邪欲以親賢

不亦難乎憲宗信李絳而又暱吉甫左晝方而

右晝員未有能得者也吉甫勸上爲樂閫絳言

而止吉甫勸上嚴刑聞絳言而止吉甫勸上用

兵聞絳言而止且云吉甫專爲媚悅絳真宰相

也涇渭既明則何不去甫而專用絳哉咀參苓

矣亦畜鴆毒養麋鹿矣亦畜虎豹傳曰好人所

惡惡人所好是謂拂人之性若憲宗者不并拂

巳之性者耶

事見唐憲宗史

裴度

官軍三十年不至蔡州城下夜半風雪中潛行七十里出其不意元濟爲俘何怪哉晋公在中書一小吏能出納其印而無所忌疎亦甚矣若守官如守城自不當有此事雖云識量過人未爲得也

度能乘元濟之疎而襲之已而中書又以疎見襲於小吏不然相公之印誰能出也

韓偓

賢者莫難於得君已得君矣與不得君同韓偓
之謂乎不爲貽範草麻昭宗非不信也而範竟
起復薦趙崇王賛以自代昭宗非不從也而身
竟坐貶濮州司馬徒煩天子泣别偓其不幸矣
夫

總是昭宗未盡好惡之道偓不得遇主

梁孝元

孝元既降魏，焚書十四萬，或誚爲亡秦之續。愚曰：不然。始皇惡儒者稱引聖賢以議其非，揣摩文字以攘其國，故盡燬之。孝元之所好者，老子也。積帙盈籍，皆老之支流也。異端曲說，或可養生，而不可維世，猥欲恃之以固存，逮國亡猶云讀書萬卷，廼有今日，不大惑耶？夫千聖百王所以脩身御世者，悉載於書，猶武庫然。善用之，寸鐵亦足殺人；不善用之，五兵反以藉寇。今有千金之產者必藏挺刄防侮予也其一人自謂強有力無庸是堅銳者俄而群盜至以手搏之一則有其器而無擊刺之方日夜酣歌䠶睡盜乘間而掠之倉皇不知所操卒大亡其財反尤器械之無功而銷沉之噫秦政以手搏者也蕭繹有兵而無擊刺者也

秦政以暴焚書梁元以愚焚書書之不幸數百年而一厄

嚴續唐鎬 南唐

嚴相公之歌姬艷矣，唐給事之犀帶瑩然，方其各挾所有以自多也，一顧一笑，視萬物無與易者。一旦情移愛弛，此有所忌，彼有所慕，各出之以為注焉。於是嚴之尤物，遂為唐所弃矣。然則唐之兼有二也，不已奢乎？曰非也。艷妃嬙方處嚴之負，乃所以為勝也；唐之得，乃所以為失也。千古英雄僨于聲伎者不一，嚴公慨焉捐而與之，酌酒與歌，腰間伏劒往矣。唐其有遺憂也哉。

趙普

兄終弟及之命太祖不違則誠誤矣宋宣公吳諸樊兩人而后再覆之車也趙中令佐命元勳言無不聽若知其誤則何不隱諷之力争之顧默默以徇君也河陽一表且惓惓于皇弟之仁孝金匱之遺言抑何重爲太宗地乎德昭怏死廷美不安太宗背毋忘兄情巳露矣然猶示以太后遺旨普曰陛下豈容再誤又何堅爲太宗篡乎夫宋之天下非傳自祖宗也亦非如唐之

世民血戰而有之也黄袍加身區區二弟豈有力哉建成元吉不能得之世民光義光美何以得之太祖當時蹀血禁門君子猶以房杜諸臣爲罪則普之不容于死斷可知已況云生平已讀論語一部得力當在何處君臣之義兄弟之道論語中有乎無也

宋太宗過處全是趙普成之旣曰金匱有遺言而又曰陛下豈容再誤何等矛盾

呂夷簡

相天下者不貴才而貴量與識若夷簡者識量皆缺焉方仁宗之始親政也忽疑張耆晏殊輩六人曾附太后與簡議罷之簡遽以爲然盡亦思太后稱制中外事是耶非耶六人之附劉氏郎諸武諸張之附則天耶董獨之不辨帝欲罷郎罷之太無涇渭哉逮押班唱名併罷及已然後旁皇錯愕而疑其故是方吃拳而始覺打拳之痛也使設身以處彼六人者豈不當亦旁皇

錯愕各令私人如閻文應者密爲調耶當日夷簡偕六人左右垂簾六人罷夷簡獨得不罷六人皆君子亦不能忘情于簡矣故帝併及之以示進退不測非有中主之者庶幾可杜諸臣之疑而簡不任怨也故旋罷旋收自夏徂冬僅距七月帝之所以全簡也見不及此而聽文應一言思傾郭后罷者郭后用者爲誰退悲進喜子文不爲賢者爲之乎試平心而揣我若附劉則當與衆同斥若不附劉徐亦自白置之可也周

公遭流言避居東都者二年矣而不失几几之
常王感風雷之變與鴟鴞之詩召公于東荃宰
釋然雖缺斨破斧總以安周而匪以報怨也大
臣用心之公固如此簡初信讒而終脩怨識量
安在哉況深宮邃壼言之有無不可知南箕其
舌政欺人于不及睹聞之處安必文應之不出
於此也君子曰疑不可開疑開讒入業已任細
人爲耳目生奸成亂固其所也縱云后有是言
天下之毋亦不當仇君毋可仇君父亦可仇矣

未幾瑶華出文應與有謀焉其於后豈不顯宿
怨者簡胡不合前後而察之也旣聽其讒又成
其惡文應不足責矣夷簡尚復有人心耶越年
曹后不遽立帝或有意焉瑶華密召悔心露矣
一朝之忿廢黜原非本心向非引光武以爲據
帝當無此慚德哉夷簡心術不正陷君於過致
瑶華暴卒帝悼無及宜與文應同竄死于瘴鄉
者同罪異罰簡也俾免厥后契丹報聘口傳與
國書相左幾陷富公于夷以悞國事其平生傾

險大都若此孫沔謂張禹復生椽甫再見至言
也曰元規藥石恨遲聞十年至蔡襄再劾始聑
聑而去噫十年之前沔爲御史裏行不嘗力救
道輔諸人與救道輔諸人所以斥夷簡也不嘗
請絡制而立后乎緩曹后冊立所以需君悔也
彼先後獻替皆藥石昔擠之而今受之得于昕
欲飽也排斥忠良原其夙心負諸父文穆公之
畢多矣夾袋家風湮滅無聞惜哉

夷簡蒙正之侄也始爲潁川推官因蒙正薦

四十二

之故仁宗朝拜相不意張耆晏殊輩六人被
廢簡不之救閻闍文應言且恨郭后中主而
傾之至於被黜然則仁宗廢后之過實夷簡
成之其僞君子矣乎

擬富弼貽司馬光書

君實對上云閩人狡險，楚人輕易，弼竊以爲過矣。天之生人猶生物也，祥麟猛虎，蘭薰蕕臭，何地無之。舜象旦鮮，同出一門，聖狂相去，什百千萬，豈以方隅分哉。陳平章王參知固閩楚產也，以朝廷病兩人，固當以兩人概閩楚，其誰首肯焉。閩有升之，則豈無陳襄鄭俠其人乎。楚有安石，則豈無劉恕孔文仲其人乎。此數人者同時同地，力爭新法，屹然不阿，後先矯矯者，猶未暇

四十三

更僕數也公第言所以不可之故俾人主知賢奸如白黑之不相淆水火之不相入則用舍當矣若曰閩人狡險則凡生于閩者盡不能伸其說若曰楚人輕易則凡生于楚者并不能悟其君何以使陳鄭劉孔輩互相激昂也上方倚任變更斷斷無回攻者愈衆用之愈堅當変訕時非不解職辭去而挽留之命惓惓不替帝胸中伏有一安石焉不第安石執拗帝亦執拗也故曰大人格君心之非從容感悟談言微中則胸

中之安石去朝中之安石自去矣安石去彼數安石者將焉附哉公其圖之

去奸者當推其心據其事使人主不惑而後大奸可拔以闔楚概二人其論偏矣

王安石

安石清介朴儉人也，第不曉事，多執拗耳。呂惠卿、章惇、曾布之徒，依阿取寵，圖一身之富貴，總天下之利害，而安石不察，拂群議以遂己私，卒使願治之主，爲釀亂之朝，惜哉！開誠心，布公道，集衆思，廣忠益，大臣經世之方，則衆未之聞矣。

王廣淵

君子不喜異。微有異焉，則必有奸佞之徒，聞風附會，以拾其利者。荆公。刱議青苗法，見沮於蘇子由，逾月不言矣。京東轉運王廣淵乞留本道錢帛五十萬，貸之貧民，歲收息半之，明附新法之議，陰剥民間之膏，於是青苗決意行矣。嗚呼。人品心術之不辨，惟同己者。收之，吏弊民情之不察，惟異己者。斥之，烏在其爲相君哉。如廣淵者，媒利迎合，何足責也。

只責荆公偏聽

吕文德

夷人所求寧有利吾中國者哉置榷場于樊城則彼此各豎堡而敵有所守南北之援絶蒙古之兵益熾此不待智者而後知也文德貪一玉帶不暇致思誤國家大計猶稚子握千金之壁而可以搏黍易也

李綱

經制兩河矢心報國此綱之後事也洵無議矣
納張愨之降以啓兵端綱在太常何不言乎至
兵連禍結帝議東幸議建牧然後勸定太子位
號以招來豪傑此若貪定策之功要焦頭爛額
之賞者也不思帝既召兵倉皇避位欲使太子
當之太子何策徒假區區位號以激忠義之士
赴闕勤王此迂計也且云肅宗靈武建號不出
明皇後世惜之肅宗卒定王室何嘗以擅立而

陷敵耶欽宗即位既明舉族北轅乘輿播遷其咎安在天生李泌唐祚既厲而復完則肅宗之斷也欽宗外懾強夷內惑群奸雖百李綱無所用之位號明否何足言哉

南渡

曆數不一家，山河不一姓，從古廢興，如寒暑之更代。獨宋亡而天下後世聞者憤而欲狂，悲而欲涕，何也？前夫宋者，失中原於中原，楚人忘之，楚人得之。未有陷中原于夷虜，而敷天左袵，如宋之甚者也。起千古帝王，以臨于上，質於左右，因以失守之罪，誅其君臣，亦何辭焉？夫宋之所以亡者，已在神宗之朝。彼以果銳之氣，誤用於富強，認執拗之安石，以爲不世出之聖賢，勤兵遠畧。故有不加賦而財足之説。以觽其窮黷。章呂輩又從而附和之。外樹敵而內自虛。其能久乎。自是而紹聖熈豐之流毒也。自是而靖國熈豐之濫觴也。自是而南渡熈豐之覆局也。圖未來之土宇。喪自有之邦家。不大惑與。有人於此。不知恬淡養生。日治金丹而餌之。不效且死。而其子娩娩不悛。相與服其父所未盡之藥。一旦金丹毒發。而不可救。如唐穆憲而亡。妄意長生之徃鑒也。憲穆之狂愚凶于而身。神徽之狂愚凶于而國。不特國也。開闢以來之神州。盡爲禽獸之區。誰生厲階。嗚呼痛哉。非天祚皇明。何以回已翻之天地。已沉之日月。華夷中外。莫爲辨矣。

說宋之敗全由神宗用安石所致

燕雲六州

階禍啓釁者徽宗也阿意徼功者蔡京蔡攸也玩寇喪師者王黼童貫也燕雲一泒本石晉以賂契丹于宋何有胡不度德量力輕信邪謀狡馬啓疆寵任非人以圖祖宗所未恢之土宇縻費無功亟邀金師以滅之金何愛于我奪我所不能得之物以畀我也愚矣即以空城塞所請且縣鄙我而收其稅也況陰與粘沒喝言矣曰姊存海上之盟我死汝則爲之其思索寄于宋

朝者已十奚待張戩來歸明予以納叛之名乎然則燕雲六州是亾宋之餌京黼諸人五國城傕魂之鬼物也若恤隣固圉之道僅僅發諸宋昭與高儷王俣耳誰爲言之誰爲聽之金非亾宋宋自亾也

楊時

龜山推轂于蔡京，天下惜之。與蘇轍、程頤、藉安石同誤，後雖與之忤，何以服人心哉？易曰「輿說輻，夫妻反目」，三人有焉。

問韓世忠鎭江之戰何如

赤壁之師淝水之戰千古快心然皆天幸而無成謀華容不備孟德逃歸洛澗無兵符堅遁走渠魁猶在雖捷無功而兩軍方且揚揚莫爲再計狃目前而忘遠略何哉曹魏符秦憑恃山河與其車賦甲兵無日不討軍實而遣之動云百萬先聲所向與之敵者皆後起爲應制于人而非制人者也苟得勝焉幸矣遑知其他宋金之勢何以異是北轅而後中華之力已不待戰而

屈也使一褐夫與賁育持狠顧脅息能不爲其所斃亦足稱雄況求勝乎方兀朮由秀趨平江也世忠軍于鎮以待之因設伏于金山之上下已而賊騎果來是猶張虎口而延之入勢甚便也苟如所戒兩兵夾擊豈有遺哉夫何岸兵未入廟兵先出前後之機失其所戒僅獲兩騎使兀朮振策以馳既墜復跳而免不知岸側之兵當時安在也上下二百人襲五騎而遺其三豈非我師之胆已先寒哉此一失也及世忠接戰

于江兀數十合皆制勝焉龍虎大王兀朮壻也
既已爲擒兀朮之氣固幷奪矣哀求窮蹙操縱
由吾乘此之便客馳一使檄數千兵亦足以制
其敝以壯吾軍雖取兀朮猶探諸懷何有于壻
世忠小勝而驕不思後勁爲計遂欲挾一大王
以要我兩宮歸我疆土如是則以相全噫赳赳
元戎而爲此言抑何戇也劉季不肯以成皐易
太公彼寧以中原易一壻哉雖八千不能拒十
萬相持江上四十八日曠而久矣彼客我主彼

勞我逸彼困我銳豈不可以招四方之援乃坐
而待斃蓬箬爲燎我師遂潰以中國長技倒而
授敵此再失也秦檜未歸和議未堅良將猶聚
兵勢猶雄機會可乘而自失之帝將何所恃哉
宜其行成以求免也嚮使畫策萬全則操爲俘
堅爲虜兀朮可執而釁鼓矣東風與便朱亭反
閒龍神假手孰令爲之皆天意也人事不臧而
尤天不祐可乎愚固以世忠之與公瑾也安石
也異時而同失者也

不殺兀朮之婿但求兩宮之還戰勝而驕故
終失之

王淮

淮，本壬人也，欲收時望，以自固，首薦朱晦翁。特以萬里一言，豈本心哉！卒之論仲友，拂其意，憚於公議，乃不得已奪新命以授之，若示晦翁之得乎？淮之巧于逐賢，古今稀有也。僞學一蹶，非論仲友垂涎于提刑，而欲攫之者。晦翁不乞祠，淮假手於陳賈，其誰爲之。

唐仲友，淮之戚也。授以提刑，淮之私仲友也。晦翁不喻其意而論之，淮故奪提刑以授熹，熹之所以乞祠也。

賈似道

君子於天下事宜平心以論之買公田以充軍實似道之聽良貴未爲盡非况宋先有限田之制其後官至數千頃而貧民無立錐之地奸究安能不生軍國安能不憊且似道又忍割萬畝以爲倡矣士大夫或有所不便者因托爲擾民以攻之黠民憾其迫買故橋其值而以磽瘠售價多而租少欲不取足于田主得乎一取足而反嗷嗷焉以上爲虐此何說也向使法行而國

利臣民各無自封之計夷何憂不豫宗社生靈
何憂不安哉雖然法以人行新莽之井田無異
于商周也而卒以敗似道取攻于朝取怨于野
毋惑也語曰非常之源黎民懼焉又曰百姓可
與樂成難與慮始以國僑之賢不免民誦況似
道乎

虎豹

客問于予曰毛蟲之暴無如虎豹惟商辛蓄之周公驅之矣及繫革之五爻曰大人虎變上爻曰君子豹變將大人君子與猛獸同乎哉予曰否易變易也故皆曰象象其變而文也夫禽獸之爲害者不惟虎豹禽獸之與人異類也苟觸其所忌一蛇一蝎亦殺人而有餘罟擭陷穽設則食其肉而寢處其皮謂禽獸不以人爲虎豹而讐之耶嗚呼昆虫無知原不足㤀彼剖胎斮

脛葅醢炮烙甚至以人食獸以杈父刳心人乎虎豹乎虎豹尚可與之搏此而孰與搏乎末世兵荒禍烈頭顱積野肝腦塗地易子而炊折骸而爨人自爲虎豹而不知矣若曰肥肉肥馬無父無君等之率獸食人其爲無形之虎豹益叵測矣於虎豹乎何尤

鸚鵡

或謂鸚鵡隴西之慧鳥也然與非與使慧則何不於見執時號曰我栖山之物也與世無爭而胡以縶我爲楚囚也朝焉夕焉蕲免之聲聒耳雖有剛腸亦將哀而釋之不然如在麻成忠雕籠時悟壽普一唱數月不復作聲豈無嫌其寂而縱之耶不巧於能言又不巧於不能言宜其以縶死也蒯徹之於漢高以巧辯得不烹于鼎上甄濟之於祿山以僞瘖得終老於青巖其語

嘿皆慧焉鸚鵡之於二者何居此其所以爲鳥
也雖然同一喙耳徨徨言而見殺鸚鵡言而見
珍富人市之如市駿馬焉飼之如飼嬰兒焉不
慧而能愚人如是乎噫以羽族愚靈人此其所
以爲慧鳥也

釋氏

法顯記云佛生於殷末道成於周初至成王十二年經律始到新頭河噫言何謬也殷周之際六經已具何無一言及佛縱疾其左道惑人亦何無一言闢佛乎意佛皆華人爲其說以儆世者聖帝明王以仁義禮樂教天下不足而賞之刑之民僞日滋刑賞之又不足則幾無術矣於是有賢智之過者造爲釋迦如來菩薩羅漢達摩金剛等號與夫蓮華華嚴大乘法華億萬經

典有天堂地獄因果輪廻之說以慈悲爲室和柔忍辱爲度庶幾世之貪淫巧姤狠惡狙詐者十儆二三其流之弊有乞士上於諸佛乞法資益惠命下於施主乞食資益色身落髪燃指違君親捐妻子不耕而食不織而衣其稗者披衲持鉢請疏結廬卒以其有餘畜變童艾婦飲食供具埒於素封其爲火宅僧則飲酒茹葷享家室如常積厚則出山還俗矣然則佛之說未足以勸善而反以藪奸劉晝上高歡有言尼與優

婆夷寔僧之妻妾損胎殺子其慘難言今僧尼二百許萬併俗女有四百餘萬六月一損胎則是年族二百萬戸驗此佛是滅胎之鬼矣旨哉言也且佛云出家不脩善根不如在家若在家能脩善根則勝出家意亦良是但出家則恩愛盡割與牛馬等耳雖嚙草芥被服乘奉鞭策而不敢怒亦謂之脩善根乎夫馬牛尚能致遠引重而後仰飼於人不知此輩何功於世而煩四方以奉之耶親戚友生饑寒疾苦趐焉弗顧與

六十一

人錙銖處有德色一見比丘則自許爲檀越錢刀粟帛捐如泥沙何也毋乃即此爲結緣善事一切貪淫巧妬狠惡狙詐之孽俱可幸而免耶嗚呼惑亦甚矣佛之託名雖假而其勸戒則真不播穀種而求福田利益得乎今見聖賢經傳狎而侮之對佛書必盥栰頂禮而誦誦已而塵緣俗氣如故令西方有真佛豈容此矯誣而不之罪與亦幸其無是佛耳天竺流沙之外去中國婢霄壤服食語言宮室器用色色不同若猩

狌狒狒之與我不同類也安能如經典所稱知中國之情狀曲盡無遺哉累數譯而不能相通之人彼行彼術足矣何暇轉相變易二帝三王仁覆天下亦不能于正朔不加之地教之化之刑之賞之佛何人斯乃呶呶然用夷變夏此必無之理也無之則依佛者固非而闢佛亦未爲得也予解之曰無佛而已何以闢爲傳燈録謂馬祖向大梅和尚道卽心是佛幻語中不覺吐出真情悟此者謂之不惑

圖書在版編目（CIP）數據

福建文獻集成續編．史部．第六輯：5冊/吴格主編．--福州：福建人民出版社，2024.12.--（八閩文庫）.--ISBN978-7-211-09683-1

Ⅰ.K295.7

中國國家版本館CIP數據核字第2025XA0289號

福建文獻集成續編・史部（第六輯）

主　　編：吴　格
責任編輯：莫清洋
裝幀設計：張志偉
美術編輯：陳培亮
出版發行：福建人民出版社
電　　話：0591-87533169（發行部）
網　　址：http://www.fjpph.com
電子郵箱：fjpph7221@126.com
地　　址：福建省福州市東水路76號
郵政編碼：350001
經　　銷：福建新華發行（集團）有限責任公司
印刷裝訂：雅昌文化（集團）有限公司
地　　址：深圳市南山區深雲路19號
開　　本：787毫米×1092毫米　1/16
印　　張：173.5
版　　次：2024年12月第1版第1次印刷
書　　號：ISBN 978-7-211-09683-1
定　　價：2500.00元（全5冊）